法律文明史研究院文库 · 何勤华主编

国家重点学科华东政法大学法律史学科项目
上海市人文社科基地华东政法大学外国法与比较法研究院 | 资助

法律文明史文库
中华原创

税法总论

陈清秀 著

法律出版社
LAW PRESS · CHINA

总　序

文明，是指人类进化（发展）到一定阶段而形成的生存方式（行为样态）以及其所创造的成果。其主要标志有八：一是私有制的产生；二是阶级的形成；三是文字的诞生；四是创造财富的能力达到了能够养活一部分无需直接从事生产（获取食物）的人口，从而形成了社会分工；五是国家的正式诞生；六是法律的基本定型并发挥着主要的社会规范作用；七是除了物质生活之外，形成了相应的精神（宗教、艺术、建筑等）生活；八是人类的思想觉悟和道德品格达到了“我为人人，人人为我”以及“己所不欲，勿施于人”的境界。

法律，是文明的重要内容和主要标志，法律文明就是人类文明中与法律相关的各项元素的总和，具体包括法律意识和法律思想（观念），法律规范、法典和判例，法律制度，法律实施、法律行为以及其相应设施（法院、监狱等），法律教育，法律学术，法律遗存等。法律文明的萌芽，最早可以追溯到早期人类（公元前200万年）的非洲能人“奥杜韦（Olduvai）遗址”，其被考古学家初步认定为游群社会，已经出现了“集体决议”“权力”“国体”等意识之萌芽。经历了漫长的发展之后，才与私有制、阶级、军队、国家和文字等一起诞生。公元前3500年苏美尔人在美索不达米亚南部建立乌鲁克(Uruk)城邦,前3100年美尼斯(Menes)统一埃及,前2350年印度的村落形成哈拉帕(Harappa)城邦,前2070年禹在中国建立夏王朝,分别标志着法律文明在美索不达米亚、埃及、印度和中国的正式诞生。

人类法律文明诞生以后,至今已经过去了5000多年。在这历史的长河中,涌现了众多的法典、判例、人物、作品和法律事件,吟唱传诵着无数的法律诗歌和故事篇章:《梅腾自传》、《汉穆拉比法典》、皋陶、摩西、《赫梯国王哈吐什尔和埃及法老拉美西斯二世的同盟条约》、“哈里斯”大纸草、《摩奴法典》、《法经》、梭伦立法、《十二表法》、柏拉图与《法律篇》、《圣经》、《古兰经》、《唐律疏议》、《大宪章》、格劳秀斯与《战争与和平法》、《威斯特伐利亚和约》、孟德斯鸠与《论法的精神》、布莱克斯通、《独立宣言》、《人权宣言》、《美国宪法》、“马伯里诉麦迪逊案”与马歇尔大法官、《拿破仑法典》、奥斯汀、康德、萨维尼、梅因、沈家本、梅特兰、霍姆斯、美浓部达吉、罗斯科·庞德,等等。对这些丰富厚重的法律文明遗产进行发掘、整理、研究和总结,对我们了解、吸收和借鉴人类在创造法律、治理社会、促进生产、富足生活方面的经验,建设现代法治国家的意义极为重大。

鉴于此,华东政法大学于2015年6月成立了法律文明史研究院,以期为开展上述研究工作提供一个学术平台。编辑出版“法律文明史研究院文库”就是这一平台的中心工作之一。由于法律文明史所涉时间跨度很大,上下五千年;牵涉范围很广,涵盖世界众多国家;研究专题非常丰富,耕耘空间极其宽广,光靠几个或几十个人是无法从事这项宏大学术事业的。因此,在法律出版社的支持下,我们尝试搭建一个出版的园地和平台,热忱欢迎全国英才一起参与这一研究工作,踊跃惠赐文稿,以推进我国的法律文明史研究,为繁荣法律学术做出贡献。

何勤华

于华东政法大学

法律文明史研究院

2016年2月26日

翁岳生　序

陈清秀教授是我在台湾大学指导的博士研究生，专攻税法及行政法，他出身农家，勤奋向学，以第一名的优异成绩考上台大法律系，在大学部期间，经常旁听我讲授的行政法，其后在台大法律研究所硕士及博士班期间，多年进修我开授的行政法专题研究课程，对行政法学探求有深厚的学义基础。

清秀大学部即学习日文及德文，研究所期间强化法学日文及法学德文，因此可以阅读参考德日等国家之法律文献，进行学术研究。执行律师业务期间，经常代理当事人申请台湾地区司法机构“大法官”解释，如释字第 177 号解释是第一件民众申请解释得获得救济的案件（“大法官”解释效力及于申请原因案件），即是由其代理当事人提出申请者。其后如释字第 275 号解释（行政罚应以故意或过失为要件）、释字第 337 号解释（有关营业税漏税罚应以漏税结果为要件）以及释字 503 号解释（一行为不二罚）等 10 多号解释，均由其代理当事人提出申请。最近释字 745 号解释（有关薪资所得者应准予实报实销扣除成本费用）也由其提出申请。他在执行律师业务期间,协助“大法官”发挥解释功能,有助于法治之发展。

在 1998 年间,他协助“立委”推动台湾地区“诉愿法”及“行政诉讼法”的大规模修改工作,前者由原本 26 条条文增加为 101 条,后者由原本 34 条条文增加为 308 条。如废除再诉讼程序,统一由台湾地区“高等行政法院”受理第一审诉讼程序以及导入课予义务诉讼等,使其皆顺利于 1998 年 10 月 28 日公布,并自 2000 年 7 月 1 日施行。也协助“立委”推动“行政程序法”之制定,由于当时各方提出版本甚多,台湾地区立法机构“司法及法制委员会”审议不易,因此他与其他行政法学者共同协助整理统合版本,使其可以顺利完成制定,并于 1999 年 2 月 3 日公布,自 2001 年 1 月 1 日施行。

在 1999 年 10 月清秀任台北市“法规委员会主任委员”,从事公职工作,经常将利益法学理论的利益平衡原理运用在“行政法令”解释工作上,而深获各方好评。在实务工作期间,仍继续关心学术研究,陆续再版《税法总论》及《行政诉讼法》等书。其于 2008 年担任台湾地区行政机构“人事行政局长”,对于公共政策分析有深刻认识。他于 2011 年间转任东吴大学专任教职工作,更勤于著述,迄今出版《行政罚法》、《税法各论》(上、下册)、《国际税法》、《现代财税法原理》、《税法基础案例研习》等书,最近几年研究儒释道哲学思想,而热衷于法理学研究,出版发表《法理学》(2018 年第 2 版),可谓著作等身。

清秀热心于集体研究,10 多年来积极参加两岸行政法学研讨会以及两岸财税法学研讨会,发表论文或参加与谈。他也联合其他法律学者,共同参与写作《行政罚法》(廖義男教授主编)、《地方自治法》(与蔡志方教授共同主编)、《税法各论》(与黄茂荣教授、葛克昌教授共同主编)等书,并协助本人主编《行政法》(1998 年版)一书。

清秀的人生价值观与哲学观,深受传统中华文化之熏陶与影响,尤其对于传统儒释道哲学思想,更有深厚研究兴趣,经常期盼能将哲学价值理念,落实到处世态度及研究工作上:他长期吃素且行善为念,这也是他积极努力向上的动力。

清秀著作的税法总论,在台湾地区已发行第10版,内容精辟丰富,对于初学租税法学者而言,是一本体系性教科书,可供入门参考。该书将出版简体字版,本人特此为之序。

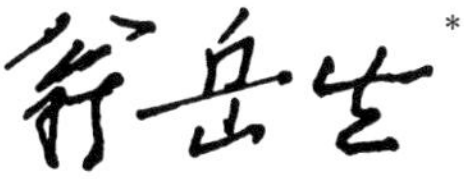*

2019年8月

* 中国台湾地区司法机构前负责人。

刘剑文　序

欣闻东吴大学陈清秀教授大作《税法总论》即将在中国大陆付梓出版,作为清秀兄多年的挚友,非常有幸能见证这一历史性的时刻。在税法学快速发展的近20年,大陆的税法学研究从早期学习借鉴德国、日本的税法学理论,到今日形成的以“公共财产权”“理财治国观”“财税一体化”“领域法学”为主轴的财税法学,是在摄取前人、其他法域优秀成果的基础上,经历了从“取经”到“本土化”的过程。该书凝聚着清秀兄深耕税法领域多年的心血结晶与独到见解,在台湾地区自1997出版至今已经反复修订10个版次,其出版对于推进我国税法学理论学说有借鉴、互动效应,也会带来新的思想及理念。我谨为之序。

我与清秀兄相交相识20余年,其为人为学令人钦佩,是吾辈学习榜样。清秀兄长期致力于财税法、行政法研究,硕果累累,在海峡两岸颇有影响。清秀兄为人谦和、敦厚,深受儒释道思想影响,并将之嵌入其人生哲学,乐于助人、与人为善。求学期间师从于中国台湾地区司法机构前负责人翁岳生先生以及黄茂荣“大法官”,并游学于德国、日本、美国多所知名高校,大师的点拨成就了其扎实的学术功底及广阔的国际视野。在专任东吴大学教授之前，历任植根法律事务所合伙人、台北市“法规会主任委员”、台湾地区行政机构“人事行政局局长”，现兼任台湾地区多个“部会”的“委员”等职，多元化的实务历练成就了其学术与实务双修的研究方法。在学习、研究的同时，不负平时所愿、为情、为志，最近成功声请台湾地区司法机构“大法官”解释释字745号解释“薪资所得未许实额减除费用案”等多号解释，福泽后人。

王国维在其《人间词话》中提及成就学问的三重境界，“古今之成大事业、大学问者，罔不经过三种之境界：‘昨夜西风凋碧树。独上高楼，望尽天涯路。’此第一境界也。‘衣带渐宽终不悔，为伊消得人憔悴。’此第二境界也。‘众里寻他千百度，蓦然回首，那人却在灯火阑珊处。’此第三境界也。”王国维归纳的三境界，第一境界为“知”之大境界，乃求学与立志之境。第二境界为“行”之境界，为实现远大理想而坚忍不拔。第三境界为“得”之境界，功到自然成。实为“渐修”与“顿悟”的辩证统一，理论学习尤其是创新的阶段性与艰苦性，从伊始的酝酿、过程中的反复推敲，最后通过著作的撰写达到一个圆满飞跃的过程。清秀兄在参酌德、日学说，关照中国台湾地区本土实践的同时，去恶存善、去伪存真、去虚存实、去粗存精、由表及里、由此及彼，始终取向于各方利益均衡（公平与效能）之法学方法（体现儒家思想的中庸之道），顺应事件本质发展之自然法思想理念（体现老庄哲学永续生存发展思想），并参酌运用现代法学方之法解释适用法规理论，俾能在个别案件上处理妥当，实现个案正义。毋宁是思想的凝聚，精神的贯注。蕴含了一种纯粹的研究体验，使人突破研究的“瓶颈”；设定了价值导向的灯塔，引导人到达一种精进的研究之境。就此创造过程的本身就是超越法律文本的解释与适用，是研究者自身修炼心性提升锐度的“坐禅”。

税法学的专业性决定了其注重工具性，但其权利保护之法的属性注定其更重视价值性。尽管外部社会的变迁制约税法学的发展，但作为税法学内因的工具性与价值性不断博弈，推动税法学的发展。税法学外部体系的构成和变化决定于内部体系，税法法学方法的目的与任务在于井然体系的建构与严谨概念的诠释，使法学成为一门具有系统性、客观性的学科。税法学理论的发展，系以税法的基本建制原则为起点，税收法定、量能课税及稽征经济原则三项基本前提及纳税人权利保护支柱下,逐步开展。税法理论不仅改变公法的面貌,连带也丰富私法的体系结构与规范取向,整个法体系在一定程度上受到税法理论的影响。观察税法理论的演进,可以清晰地看到两道发展脉络:第一,以事件本质为要的税法学释义学;第二,在税法学释义学基础下所拓展的“国家—人民”均衡理论。在此过程中实现从吸收汲取到吐纳释放的转变,以及从理论述说到实务实践的转变。本书依序探讨税法的基础理论、税捐债务法、税捐稽征程序、税捐罚则、税捐权利保护,期有助于税法解释学理论的开展与实践。既“取融经意”亦“自铸伟辞”,做到“酌奇不失其贞,玩华而不坠其实”。

总之,清秀兄是中国台湾地区税收法治发展的重要推动者、献身者,同时也是近20年来台湾地区税收法治化过程最完整、最深入的观察者和记录者之一。通过撰写本书,不仅描绘出台湾地区税收法治化的形成、演变、发展的全景,析毫剖厘地勾勒出生动形象的税法总论画卷,更折射出他追求税收法治化的执着信念与其身体力行的半生轨迹。

特为之序。

 *

2019年8月

* 世界税法协会(ITLA)主席,中国法学会财税法学研究会会长,北京大学教授、博士研究生导师。

汤贡亮　序

著名税法学者陈清秀教授的扛鼎之作《税法总论》繁体字版自 1997 共有 10 版问世，因其高水平的学术造诣，影响遍及大学和实务界。这次出版的简体字版《税法总论》与他所著简体字版《税法各论》相配套、相呼应，在税法研究领域作顶层设计，高屋建瓴，将税法总论的各项重要问题，从税法基础理论、基本原理、基本原则到税捐债务法律关系、税捐稽征程序关系、税捐罚则以及税捐权利保护等税法一般共通性问题，作了深刻的综合性研究与阐发，构建了完美、精致、严谨的，与税收理论、政策、制度相衔接的税收法律新体系。本书可供大学研习税法课程使用，也可作为处理实务税务案件之参考。

汤贡亮*

2019 年 8 月

---

* 中国法学会财税法学研究会顾问、中国税收教育研究会副会长，中央财经大学财政税务学院教授、博士研究生导师。

熊伟　序

陈清秀教授是中国台湾地区杰出的税法学者，经历丰富，专业精深，对税法、行政法和宪法都有造诣。本书分原理、实体、征管、处罚、救济等篇，选取税法中的通用问题深入研讨，展现了作者扎实的理论功底、宽阔的学科视野和精到的分析能力。有助于读者系统全面地掌握税法的理念、原则和体系，更可以帮助读者建立比较研究的视角。无论是对初学税法者还是资深专业人士，都具有非常重要的学习参考价值。

 *

2019 年 8 月

---

* 中国法学会财税法学研究会常务副会长，武汉大学教授、博士研究生导师。

贾绍华　序

现代法治国家强调依法治税，税收法治体系的表里形貌由不同层次规范与多重制度系统交织而成。税收治理现代化是国家治理现代化的重要一环，是建构我国法治国家的基本元素。陈清秀教授的《税法总论》蕴含前瞻的视野与进步的思想，有助于税法理念的深耕内化以及税法逻辑的缜密化。全书以价值法学为导引、秩序理念和制度工具为分析主轴，依序探讨税法的基础理论、税捐债务法、税捐稽征程序、税捐罚则、税捐权利保护。通过对税法全景式关照与系统性论述，为税收法治的落实，建立周全的思维通路与实践取径。

*

2019年8月

---

* 中国法学会财税法学会副会长，扬州税务学院原院长。

陈少英　序

陈清秀教授是中国台湾地区税法学界颇有影响力的学者，长期在税法领域潜心耕耘，《税法总论》便是他的研究结晶。该书全面阐述了现代税法的变迁，对税法总论的各项重要问题，作了体系化、类型化的综合分析与探讨，内容十分丰富。税法以法律行为或其经济后果为课税客体，因而与民商法的交集处甚多；税法承载着多元的价值取向，又需与宪法、行政法的价值保持协调。由于税法是一门年轻的新兴学科，它的理论构建一开始就是开放的、包容的，所以科学整合税法理论是一个崭新的命题。该书每次再版都追求理论的创新，重视法学方法的运用，如利益均衡理论、对税法基本原则的重新归类，都对税法理论水准的提升做出了重大的学术贡献。随着我国财税改革的不断深入以及财税法治建设的不断加强，对于理论供给的需求也愈发强烈。加强财税法基础理论，尤其是财税法总论的研究，是时代赋予中国财税法学人的光荣使命。所以，陈清秀教授的《税法总论》非常值得我们认真拜读，借此完善中国财税法学理论体系,以推动中国财税改革和财税立法的进程。

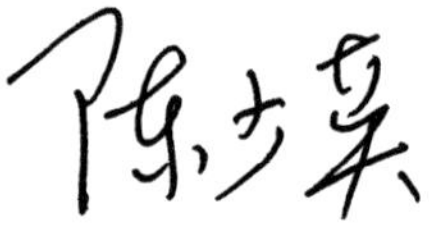 *

2019 年 8 月

---

* 中国法学会财税法学研究会副会长,华东政法大学教授。

施正文　序

税法形式上鲜明的专业性、复杂性和综合性，并不减损和掩饰其法律性、法学性和法理性。陈清秀教授的代表作《税法总论》，运用概念法学、利益法学、比较法学乃至实证法学等方法，对税法的基础理论、基本制度从原理层面进行了系统且深入的研究，将税法中基础性和前沿性、理论性和实务性、综合性和专题性等问题融会贯通，展示了税法博大精深的法理魄力，堪称税法大家的经典之作。是故，多年前我就推荐我的研究生将该书的繁体版作为必读书目，简体版的出版，必将惠及更多税法学人。

 *

2019 年 8 月

---

* 中国法学会财税法学研究会副会长，中国政法大学教授、博士研究生导师。

朱大旗　序

《税法总论》依公平与效率本旨，秉利益均衡、税捐正义之精神，深入系统地探讨税法基础理论，全面细致地剖析税捐债务法、税捐稽征程序、税捐罚则暨税捐权利保护的基本制度和实务问题。爬罗剔抉，融贯东西，探微释奥，匠心独运，深具理论指引与制度建构之要义，于税法理论开拓和制度实践探索补白贡献良多。

[*]

2019 年 8 月

---

* 中国法学会财税法学研究会副会长，中国人民大学教授、博士研究生导师。

许多奇　序

《税法总论》运用法律上构造类型建立体系化税法的外部体系和内在机理，从税收法定与量能（平等）负担原则、税法的适用与国际税法、纳税人基本权利与课税界限等各角度，从实体法和程序法的双重维度展现税法的基本概念、原理及其运行逻辑，对我国税收法治现代化建设具有基础理论指导意义，是研习税法学理论和实务界人士的案头必备书。

*

2019 年 8 月

---

* 中国法学会财税法学研究会常务理事，复旦大学法学院教授、博士研究生导师。

王桦宇　序

陈清秀教授是我在东吴大学访学时的指导教授。在“税法总论”课堂上，受陈老师指教提携良多、受益匪浅，在校内咖啡馆，也经常一起讨论两岸业界交流。在办理案件过程中，遇到税案中的一些疑难复杂问题，团队同仁通过翻阅陈老师所著《税法总论》，往往会有很多新启发和新思维。欣闻陈老师新书简体版出版，特别予以推荐！

*

2019 年 8 月

---

* 北京盈科（上海）律师事务所高级合伙人、盈科全国财税法专业委员会主任、上海市律师协会税法业务研究委员会副主任。

目录

第一章　基础理论

第一节　税法的意义及其特征

一、税法的意义

税捐乃是国家或地方公共团体，基于其课税权，为获得其财政收入之目的，而无对待给付的，对于一切具备法定课税要件的人，所课征的一种金钱给付。税捐法即是规定作为课税权主体的国家或地方公共团体，与作为经济活动主体的人民间的法律关系。其内容包括规定税捐法律关系的实体（税捐债权债务关系）的税捐实体法，规定税捐的核定征收及税捐债权的实现的程序的税捐程序法，规定对税捐的核定征收等处分不服的行政救济及行政诉讼的税捐救济法，以及规定违背税法规定的处罚的税捐处罚法等。

税法对所有的经济活动均发生影响，税捐的负担尤其对于民众的投资、消费及储蓄的可能性加以限制。税法直接或间接与私法的交易活动链接不同的税捐负担。因此，促使交易当事人尽可能选择在税捐上有利的交易方式，而对于交易活动的形成发生作用。由于税法通过税捐而剥夺大部分人的所得财产,因此税法应特别重视税捐正义。①

二、税法学在体系上的地位

(一)税法学作为税捐学的一个学科

以税捐作为探讨对象的学术科目,不仅是税法学而已,也包括经济学的观点、研究税捐问题的财政学的租税理论、税捐政策学的租税理论以及企业经济的租税理论。此四个方面的税捐理论应互相合作与互相补充。

1. 税法学

对于税法作体系的、理论的研究为目的之独立的学术领域,即称为税法学,或单纯称为税捐法。换言之,税法学把握课税的法律秩序,依据宪法、基本人权、课税权力的分配比较衡量税法的规定,并依法律的授权规定衡量法规性命令。税法学的主要课题乃是将此类法规素材加以体系化,进行税法的方法训练以及正确术语的操作(符合量能课税的公正课税),纳税人权利的保护,税捐罚则体系的建立及其合理化,并致力于研究正当的课税。此外,税法学也应理解税法的制度沿革,以求从中正确了解现行税法规定。②

税法强调税捐负担的分配公平,因此致力于强化课税的普遍性与公平性,以避免财富过度集中于少数人手中,以致影响社会的安定,因此税法学的研究,有助于达成平均社会财富的目标。

2. 财政学的税捐理论

财政学的税捐理论是以经由税捐满足公共财政需要为其课题,属于经济学的一个领域,利用各种经济学的分析方法,探讨税捐的本质及任务、机能及经济效果等,包括研究下述问题:③从民众经济观点,税捐负担的最适当分配;税捐在总体经济上的作用,尤其课税对于生产、消费、储蓄、投资、竞争、资本的累积等各种民众经济活动的影响。就此德国税法

---

① Tipke/Lang, Steuerrecht, 12. Aufl., 1989, S. 1.

② Tipke/Lang, aaO., S. 2.

③ Tipke/Lang, aaO., S. 3.

学者罗曼·西尔(Roman Seer)教授分析认为可分三种学派:[①]

一是"典型的国家经济的税捐理论":着重在"规范的、伦理的"研究,探讨课税公平、税捐正义以及课税的伦理,其研究成果在税法上也可以直接参考运用。

二是"实证的财政学理论",以价值中立之态度,采取量化的,尤其是数学的模型,进行税捐研究。此种财政学的研究,包括提出"最适课税理论"(die Optimalsteuertheorie),研究税捐之作用,如何使税捐负担发挥"最大福利的资源分配"效果,其首先特别强调"效率"观点,税捐体系不应妨碍社会资源之有效分配,最后才关注税捐正义的规范意义。其最重要之研究结论,即提倡"消费导向之所得"(Konsumorientierte Besteurung)课税体系。[②] 其研究采取价值中立,比较不考虑税捐公平正义问题以及财富重分配之问题,在法学上以及实务上参考价值相对较低,但其最适课税分析对于如何实现税捐平等以及简化税法的稽征程序应有帮助。

三是有关税捐心理学以及社会学之研究,也属于财政学范围。税捐心理学研究纳税人对于课税之态度、动机、情绪以及行为模式等。有关纳税伦理也涉及纳税义务履行之态度。依据此一研究成果,立法者以及主管机关应采取因应措施,使纳税人愿意主动纳税,避免纳税人抗税。

由于现行的税法规定,常以财政学的理论及研究成果为基础进行规定。因此,为正确理解实定税法,如能同时具备有关财政学的理论知识更佳。

3. 税捐政策学的税捐理论

税捐政策学是介于财政学与税法学的中间位置的新兴学问领域,对于税捐制度的整体或个别问题,综合考虑法律的、行政的、经济的观点等各种观点,检讨现行制度的合理性,或寻求什么是合理的解决对策,以阐明应该采取何种制度为目的。此种理论是税捐领域的立法学,必须利用财政学与税法学的研究成果。另外,在税法的研究上,也有不少值得参考

---

① Tipke/Lang, Steuerrecht, 21. Aufl., 2013, § 1 Rz. 16ff.

② Tipke/Lang, Steuerrecht, 21. Aufl., 2013, § 1 Rz. 18.

税捐政策学的研究成果的地方。[①]

4. 企业经济的税捐理论

企业经济的税捐理论(Die Betribswirtschaftliche Steuerlehre)是一般企业经济理论的一部分,其特殊的任务在于将课税作为企业经营的影响因素加以探讨,并对于税捐在企业经营的内部及中间过程,尤其是企业组织形态、经营规模、企业的设立及废止、财务调度及分配、投资、生产与营业的竞争等所发生的经济上作用,加以研究。在此,此种税捐理论是以现行的法令规定、行政函释及法院实务上判决为基础数据,分析比较不同的交易活动方式的税捐效果,以发展企业经营的税捐规划的基础,以达成经由法律上所容许的最少的税负,获得最大的利润。因此,企业经济的税捐理论作为最少税负的理论,最好是在忠于文义的法律适用的情形,可以获得蓬勃发展。至于根据法律目的的解释、法律漏洞的补充、税捐规避的防止以及伦理原则的适用,则对于此种理论的发展发生妨碍作用。[②] 由于此种交易方式的税捐规划,仍然应取向于现行规范,因此,其税捐规划的咨询,仍属于法律咨询的范围,依中国台湾地区"律师法"第 20 条第 1 项的规定,为律师得办理之法律事务。[③]

5. 税法学与会计学的关系

会计学是以关于测定企业的资本及利益的原理及技术的体系研究为目的的学术领域,其中有关于所得税法上课税对象的企业利益,即课税所得的计算原理及技术,称为税务会计。在课税所得的计算上,经常基于政策及行政的考虑,而规定与企业会计的原则为不同的处理,除了此种特别规定的情形外,课税所得的计算,应以企业会计为依据。即各会计年度的收益及成本费用的金额,应依"一般公认会计原则"(一般公认公正妥当的会计处理基准)加以计算。[④] 因此,税务会计基本上是以企业会计为基

---

① [日]金子宏:《租税法》,平成四年(1992 年)第 4 版,第 33 页。

② Tipke/Lang,aaO.,S. 3 f.

③ 世界各主要发达国家如美国、德国、日本立法例均将律师纳入当然得办理税务代理人业务的资格范围,当系本此意旨。

④ 有关一般公认会计原则,请参见徐景亮:《一般公认会计原则诠释》(第 1 册、第 2 册),1993 年第 6 版。

础,为理解税法上各项税务会计的规定,有关企业会计的知识是不可或缺的。另外,企业会计准则不明确的部分,也通过税捐法令及解释函令加以阐明及补充,即税务会计也发挥补充企业会计的空白,或修正企业会计的任务。①

唯企业会计是以正确计算企业活动的成果,以向股东及一般利害关系人报告为目的。而税法上的企业所得,是以课税为目的,基本上虽以一般公认会计原则加以计算,但在税法上,基于量能课税与税捐政策等观点考虑,也有不将某些企业收益列入课税所得的范围(如非课税所得、免税所得),或对于某些企业的费用,不承认列为课税所得计算上的费用(如罚金、罚锾,不得列为费用或损失;捐赠及交际费超过一定限额时,不承认为费用或损失),另基于税法的划一性、稽征的便宜或企业会计原则的抽象性等理由,在一般所得的计算上,税务会计未必与企业会计原则一致。②

(二)税法在法体系上的地位

1. 税法为公法的一种

税法的法律关系有一方是由国家或地方公共团体以公权力主体的特殊资格地位,享受税法上权利(主要为税捐债权)负担税法上义务,因此,规范税捐的法规范整体,即税法,性质上为公法,其法规主要以维护公共利益而非个人利益为目的。

税法为财政法的一部分,财政法包括公课法、预算法、公共财产及债务法。其中公课法又包括税捐法与规费及负担金法。

税法与其他法律领域比较,税法特别重视正义的实现,经由广泛的法的支配(依法课税原则),课税平等原则以及法安定性的优越意义,公权力行政(经由行政处分而非契约为行为),纯粹执行法律(单纯适用法律),较少行政裁量(但有推计课税)等,表现税法的特殊性。③

---

① [日]金子宏:《租税法》,第33页以下。
② [日]田中二郎:《租税法》,第62页。
③ Tipke/Lang,Steuerrecht,S.4.

以往将税法理解为有关税捐的核课征收的法律，即对于课税权(作为行政权的一环)的行使，加以制约的法律，构成行政作用法的一部分，此种见解较偏重税捐行政法或税捐程序法的层面。而在今日，税捐法乃是以税捐债务的观念为中心所构成的独立法律领域，此种税捐法在公法中构成一个独立的法律体系，乃是基于以下两点考虑：

(1)税法所规范对象的经济活动越来越复杂，且税捐负担占经济上的比重与日俱增，不应仅单纯以确保国家或地方公共团体的收入观点加以规制，而有必要反省在经济体制中，税捐的意义及其任务，观察被课税的个人及企业的立场，以促进经济的发展及安定，在此观点下，建构税捐法，使其愈加复杂精致，而有必要建立其本身独立的法律体系和解释理论。[①]

(2)税捐法广泛建立在量能课税的基础原则上。此一量能课税原则促使税法成为一个独自的取向于体系化及合目的的统一体，而具备特殊的合于体系的用语，并成为一个独立的法律领域。像所得、财产、销售、货物等术语，为税法的特殊用语，在大部分其他行政法的领域中，并不多见，而且税法上的各种问题，也不是借助于一般行政法的理论所能解决，也毋庸加以解决。[②]

2. 税法与民法

私法所规范的对象的个人或企业的经济活动，或其成果的各种收入或其他足以推测纳税能力的事实，乃为税法所把握作为课税的对象。且由于税法理论的发展较晚，经常借用私法的构成要件或概念，作为税法的构成要件的一部分，因此税法与民法的关系极密切。

如果民法所规范的内容，在本质上已经规定经济上事件或状态，而该事件或状态为税法所连结时，则应以民法规定为准。例如，民法规定的强制扶养义务，降低税捐上负担能力，因此在税法上应核实加以考虑。在此税法显然与民法的制度连结，因此法律适用者应接纳民法上制度。[③]

---

① [日]田中二郎:《租税法》，平成二年(1990年)第3版，第56页以下。

② Tipke/Lang, Steuerrecht, S. 5.

③ Tipke/Lang, Steuerrecht, 20. Aufl., 2010, §1 Rz. 20.

在税法上借用民法概念的解释,应秉持何种立场?概有下列各说:

统一说:基于法律秩序安定性之要求,避免纳税人遭受无法预测的损害,有采取"统一说"(或民事法优位说),认为税法应尽量与民法上概念统一为相同之解释。日本学者金子宏教授即主张:"在税法的课税要件规定中,使用私法上相同概念的情形,于税法明文规定或依其意旨显然应为不同解释的情形,另当别论,对之采取与私法上相同意义之解释,从法的安定性观点,较妥当。在此意义下,借用概念,于原则上,似应为与本来的法律领域相同的解释。"[①]采取此说者亦有认为税法应继受民事法的基本价值与原则,并按民事法的观点解释继受自民事法的借用概念。[②]

独立说:也有认为税法与民法各自有其不同之立法目的,因此采取"独立说"(概念相对说),税法应独立为解释,不受民法概念之解释的影响。

目的适合说:另有采取"目的适合说",认为税法上借用概念之解释,固然未必须要与民法概念采取不同解释之立场,但仍应注意取向于税法之目的而为解释。德国联邦宪法法院曾经判决认为,税法借用民法概念之解释,通常并非优先按照民法概念之解释为准,而仍应依据一般的法律解释方法为之,即应依据各该税法规定之目的,决定是否以及在何种程度内,承受民法领域之规定内容。基本上采取目的适合说之立场。因此,借用概念并不能推定为相同或相异之解释。其中税法之目的解释,应取向于所谓"经济的观察方法"为之。[③]

本书见解:按民事法作为私人社会或经济活动的基本体制,自然成为其他法律在立法或解释适用上必须斟酌避免矛盾之规范。盖因任何法律中的规定,如果与民事法的规定发生冲突,不仅会引起伦理价值体系的迷惑,也将妨害社会或经济活动的正常运行。[④]

在市场经济体制,民事法的规范功能是提供活动组织的设立框架与从事市场交易的法律工具,而税法则是连结其活动结果,并对其成果课

---

① [日]金子宏:《租税法》,平成四年(1992年)第4版,第112页。

② 黄茂荣:《税捐法与民事法》,载黄茂荣:《税法总论》,2012年第3版,第677页。

③ Tipke/Lang, Steuerrecht, 20. Aufl., 2010, §1 Rz. 19 ff.

④ 黄茂荣:《税捐法与民事法》,载《月旦财经法杂志》2005年9月,第102页。

税。基于上述认识,税法的立法与解释应遵守下列原则:除非另有社会或经济政策考虑,税法应尽可能不干预市场经济活动自由。税法应尽可能尊重私法自治原则与契约自由原则,不要对于企业组织、融资方式及各种法律行为施以影响。税法在追求自己之目的及正义时,不要妨害民法所建置之基本原则。例如,契约自由原则、财产权保护、过失责任与危险责任、诚信原则等,以维护其规范机能,就私法自治事项,由私人自己决定,并自己负责。①

故从尊重纳税人在民事法律关系之形成自由而论,税法除有特殊正当理由外,原则上仍应友善地尽量尊重私法自治原则,以维护课税伦理。为使税法与私法关系紧密和谐的融合,并维持法律秩序安定性,“原则上”于通常情形,宜采取民事法优位说或统一说;在“例外情形”,基于量能课税与负担公平原则之特殊考虑,于必要范围内,再采取目的适合说。

3. 税法与法律秩序的统一性

税法作为整体法律秩序之环,法律秩序之重要因素,乃是法律与正义的基本价值应避免矛盾。如果立法者在法律秩序的一部分中已经建立某种基本评价,则在其他法律秩序中,也应加以考虑,力求调和,以建立整体法律秩序之统一性。②

如果税法因为基于自己的独特税法目的,而不遵守其他法律领域之基本价值时,则将妨害法律秩序的统一性。例如,民法上的强制扶养义务,减少税捐负担能力,而税法却未能核实加以考虑时,则不仅抵触税法上家庭净额所得原则的基本价值,也否定了法律秩序的统一性。③

又如,法律禁止出口某项货物,则税法对于违反此一禁止规定的行为,即不应给予税捐优惠或补贴。再如,某一项行为,乃是刑法或有关行政秩序罚法所处罚的行为时,则税法即不应通过税捐优惠的方式,给予奖励或补贴。至于营业费用的扣除,并不属于税捐优惠,但现行所得税法则不准罚金及罚锾以营业费用扣除,其考虑乃在于罚金或罚锾要剥夺受处

---

① 黄茂荣:《税捐法与民事法》,载《月旦财经法杂志》2005 年 9 月,第 103 页。

② Tipke/Lang, Steuerrecht, 19. Aufl., 2008, §1 Rz. 29.

③ Tipke/Lang, Steuerrecht, 19. Aufl., 2008, §1 Rz. 31.

罚者的所得或财产,让其感受痛苦的制裁,倘若准予当作费用扣除,则将减轻感受痛苦的处罚效果。①

在价值竞合的案件,应导入法律秩序之统一性。在税法基于自己的目的,并无法充分地加以正当化的情形,税法不应跨越或破坏其他法律领域的基本价值,因此,应注意价值的衡量。②

又税法也与其他法律领域一样应受宪法上基本权利规定的拘束。

如果税法的规定发生价值判断矛盾时,则在法律所容许的范围内,应通过法律的解释、类推适用及目的性限缩等方式,以尽量排除价值判断的矛盾。如果仍然无法排除该矛盾时,则除其有违宪而无效的情形外,仍然有其效力。

三、税法的特质

有关税法的特色,葛克昌教授认为,一者税法为侵犯民众财产权之法律,二者为公共负担分配之法律。前者重视宪法财产权之保障与比例原则,后者重视量能负担原则以及防止税捐规避行为。③ 税法与其他法律领域相比较,具有下述的特质或特征,在解释适用税法时,必须加以考虑。税法的特质可以从实质面与形式面二者加以说明。

(一)实质的特质

税法的实质特质,表现在税捐法律关系的量能负担以及课税权人的平等性与优越性两点特征上。

1. 税捐法律关系的公益性与量能课税

税法乃是规范课税权主体(国家或地方公共团体)与纳税人(民众)间有关税捐的法律,就税权主体的方面而言,总是期待充分确保财政上必要的收入,尽可能让民众没有租税负担的感觉与抵抗,并以最小的稽征成

---

① Tipke/Lang,Steuerrecht,S. 8 f.

② Tipke/Lang,Steuerrecht,19. Aufl. ,2008,§1 Rz. 33.

③ 葛克昌:《税法基本问题——财政宪法篇》,2005 年第 2 版,第 3 页以下。

本便宜征税。而从纳税人方面来说，则期望尽可能地减轻税捐的负担，并按照经济上负担能力公平课税，且税捐的负担可以预测，俾能够进行计划的经济活动，保障法律秩序的安定。为调整两者间的冲突，以实现税捐征收的目的，税法参照其目的，不仅具有强烈的公共利益的色彩，而且有关租税负担，因涉及侵害民众受宪法保障之财产权以及公共负担之分配，特别重视"量能课税"与"负担公平"原则，以及实质课税原则（经济观察法），以防止税捐规避。

故税捐法律关系全部统一的以法律加以规范，严格地受依法课税原则（税捐法定主义）与量能课税原则的支配，一方面，否定行政机关的自由裁量；另一方面，也否定纳税人的任意处分权。

2. 课税权人的平等性与优越性

在税捐实体法上，有关纳税义务关系为税捐"债权债务关系"，税捐债权是国家（或地方自治团体）对于特定纳税义务人请求为税捐金钱给付之公法上财产请求权，税捐债务为"法定债务"，税捐债权人与税捐债务人立于平等地位，其行使权利与履行债务，均应符合诚实信用原则。

在稽征程序上，为公平、确实及迅速地核定及征收税捐，承认课税权人具有优越性，而为"权力服从关系"。

即在核定税捐债权的阶段，承认税捐债权人得行使公权力，作成行政处分（课税处分等），并赋予该行政处分具有公定力，不问相对人的意思如何，均加以拘束，以实现课税目的。

又在实现税捐债权的阶段，也承认其优越性，可以不经法院裁判程序，即可行使法律所定自力执行权，对于欠税径为强制执行（例如，中国台湾地区"税捐稽征法"第39条）。在强制执行时，也承认税捐债权的优先权，可以优先于一般债权受清偿（中国台湾地区"税捐稽征法"第6条）。

此外，对于纳税人等违反税法上的义务时，也规定税捐秩序罚及税捐刑罚，又对于课税处分等不服时，承认其得提起行政救济的程序，也均可说是优越性的表现或其结果。①

税捐稽征程序，传统上属于干预行政法领域，然而晚近学者则强调

---

① 详见[日]田中二郎：《租税法》，第64页以下。

"协同合作"理念,而属于协同合作法性质,为能正确课税,必须依赖纳税人之协力合作。[1]

(二)形式的特质

税法以复杂多样的经济活动为课税的对象,且以多数人为相对人,按照其各自的负担租税能力,进行公平普遍地课税,对于民众也必须给予有预测可能性的统一的规范。因此,税法必然具有下述形式的特质。[2]

1. 成文法性质

税法为侵害民众财产权的规范,为使民众对于税捐的负担具有预测可能性,以谋求经济生活的安定,并进行普遍公平的课税,税法特别重视成文的法律形式,而不承认以习惯法作为课税或加重课税的根据。只有例外于对于纳税人有利的习惯法(如减免税捐的行政先例法),始有成立余地。

2. 强行法性质

税法为进行公平普遍的课税,乃要求税捐法律关系的当事人应一律加以服从,而不问当事人的意思为何,因此,税法具有强行法的性质,对于一切满足课税要件的纳税义务人,原则上均应强行加以课税。非有法律的根据或其他法理上根据(如法律漏洞补充之法理),不得减免税捐,也不许以当事人的合意,决定课税标准(税基)。

3. 复杂性与技术性

由于税法把民众的各项经济活动作为课税对象,而经济活动呈现复杂多样化,并随着科技进步创新,新兴经济活动蓬勃发展,税法的规定也日趋复杂。又为确保税捐负担的公平,防范税捐的规避,税法也有详细规定的必要,加上税法除了财政收入目的外,有时也兼负实现经济政策或其他政策目的的任务,而使税法规定更加复杂难以理解。[3] 因此,如何将此

---

① 葛克昌:《税捐稽征之正当法律程序之违反及其效力》,载《财税研究》第43卷第5期,第112页。

② [日]田中二郎:《租税法》,第67页以下;[日]金子宏:《租税法》,2016年第21版,第30页以下。

③ 例如,美国税法即相当复杂,一般民众难以理解,因此税法律师扮演相当重要角色。

种复杂的税捐法规明确化,乃至简单化,乃是各国和地区立法上的重要课题。

又税法乃是为实现充分确保国家或地方公共团体的财政收入以及对于纳税人按照其经济上能力进行公平课税之目的的技术性规定,而具有技术性格。

4. 大量及反复性:类型化与外观、形式性

由于税务案件具有“大量及反复性”的特征,稽征机关以有限的人力物力进行课税,势必须以简御繁,因此,基于稽征便宜的实用性原则考虑,税法常需进行类型化的处理,采取类型化的观察法。[①] 即常以典型的事实关系乃至形式外观的事实,作为统一规范的对象,而无法逐一考虑具体案件的特殊情况。例如,房屋税及地价税,原则上是以房屋土地登记簿誊本所登记的所有权人作为纳税义务人,而不问实际上的所有权人是谁,即为适例。

四、税法学的研究方法论——中庸之道与利益均衡原则、符合自然法则永续发展原则

税法学的研究,正如同其他法律学科的研究,最终以伸张社会公平正义为目的,而不是以掌握规避税捐诀窍或节税规划为目标。因此,如何达到公平合理的课税,才是研究者的最重要课题。

税法的解释适用,同样应有法学方法论尤其是解释方法论的素养,才能圆满解释适用。因此,税法研究者,应具备法学方法论的基本知识。

由于税法把民众的经济活动进行课税,因此,经济学的分析有助于税法问题之合理解决。就此而言,法律经济分析理论以及成本效益分析等理论可以被广泛地运用于税法研究。[②] 在此意义上,税法研究者也应一并关注税法的法律经济分析,以提供税法研究上参考,俾能获得合理解决

---

① 有关类型化观察法的详细说明如后。

② 有关法律经济分析理论,参见 Posner:《法理学问题》,苏力译,元照出版有限公司 2002 年版;Posner:《正义/司法的经济学》,苏力译,元照出版有限公司 2002 年版。

税法问题的方案，以追求税法建构及其解释适用结果的“实质的合理性”（实体上的合理性），而不仅是程序上或形式上的合理性而已。

（一）利益均衡原则

本书认为，有关税捐法制之建构以及税法的解释适用与执行，均应秉持中庸之道，遵循利益均衡原则。[①] 利益均衡提供我们在税法上采取儒家思想“中庸之道”的处理模式，利人利己，营造征纳双方乃至于第三人等各方共赢的圆满和谐结果。[②]

在税法问题的利益衡量上，并不仅单纯是“个别纳税人”与“国家（税捐债权人）”二者间的利益状态之考虑，而毋宁应是个别纳税义务人之利益（包括其守法成本）、利害关系人之利益、国家社会之公共利益（包括行政成本、行政效能以及行政机关含所属公务员的利益）等三个方面的利益状态之均衡考虑。

利益均衡的思考，可以广泛运用在税捐立法（政策或法规影响评估）阶段、税法解释适用阶段、课税事实认定阶段、税捐违章处罚以及强制运行时间，乃至于税务争讼的处理上，均可进行利益权衡，以达成各方利益均衡之目标。尤其有关税捐法律问题的解决，导入利益均衡的观点，应可实现税捐正义公平的目标。

以财政收入目的规范之税法规定为例，税法上利益均衡，应当观察系争事件之本质，进行实证分析研究，了解税法背后所要掌握的经济上利益状态，尤其是经济上的负担能力，以把握课税之正当性及其界限，以确保课税结果，符合事件本质（量能课税）的合理性要求，俾能顺应其经济活动之事件本质要求，永续自然发展，促进百业欣欣向荣。

利益均衡不仅在处理量能课税之税捐负担公平问题，也可能涉及公平、效率与法安定性三方中之任何两方价值利益或三方价值利益的均衡问题，因此利益均衡的运用范围较广泛，并非单纯税捐公平所能涵盖。又

① 详见陈清秀：《利益均衡在税法上之运用》，载《东吴法律学报》2009 年 1 月，第 3 期，第 51 页以下。

② 此一利益众生的境界，也是华严经十地论中之法云地的菩萨境界。

比例原则通常涉及手段与目的间的均衡、避免过当,而利益均衡的运用,并不限于避免手段过当的均衡问题,因此其运用范围,并非比例原则所能全部涵盖。

税法上利益均衡的运用,应在现行税法规定以及普遍承认的法律原则范围内加以进行。即应在法律的解释(尤其目的解释)可能性范围内以及在允许法律漏洞补充的范围内来加以进行。① 如果各种解释存在相互矛盾,且各种矛盾都言之成理时,则应进行利益衡量及价值衡量,从中选择合理的解释结果。又在税法赋予执法机关及司法机关自为评价或判断的空间时,则运用利益均衡方法,以获得圆满结果,自为法之所许。

由于税法严格地受税捐法定主义的支配,有关税法上利益均衡的运用,不得抵触税捐法定主义,而应受宪法、法律及一般法律原则之拘束,也应遵守税法解释及适用(法律漏洞补充)的界限。

因此,如果税捐立法者已经自行利益衡量,作成决定,其法规规定相当具体明确,已无解释或法律漏洞补充空间时,则执法者应依法行政及依法审判,受到法律拘束,于此情形,应无自为利益衡量之余地。然而,如果立法者规定显有疏漏或明显有违宪疑义的情形,则执法机关基于利益均衡考虑,而进行有利于纳税人之法律漏洞补充或对于法律进行合宪性之限缩解释,仍应为法之所许。

为确保税法上利益衡量具有合法性及正当性,其利益衡量必须有合理性及说服力,而非毫无节制的、恣意的解释,也不是玩法弄法。利益衡量的论理,应与税法规定相结合,使其具有实质的正当性理由及形式的理由,俾使结论符合税捐正义与公平合理之要求,因此更能具体实践实质的法治国家之原则。②

如果能够各方的正当利益兼顾,则应可达成福国利民、利益众生的圆满目标。因此,上述税捐政策学的税捐理论、财政学的理论及研究成果,也可运用于税法学的研究上。

---

① 参见[德]卡尔·拉伦茨:《法学方法论》,陈爱娥译,1996年版,第251页。

② 孙健波:《税法解释研究——以利益平衡为中心》,2007年版,第206页。

（二）符合自然法则永续发展原则

古代黄帝及老庄哲学之道家思想，可以归纳出古代政府治理哲学，强调应当符合人之本性与事件本质之发展，具有自然法思想观念，运用于税法上，即应秉持“爱心课税”的人道主义精神，“营造良善的税捐法治环境，开创人民永续生存发展契机”。

即有关租税法规的建制与解释适用，其基本指导原理，应秉持人权保障之基本价值理念，符合天道与人情（符合民众一般法律感情），顺应事物本质的合理性与自然法则，才能符合人类社会生存发展的自然法则（大道）（永续发展原则）与经济活动（产业经济）的发展需要，使百业欣欣向荣（圣人的境界），营造民众公平良善生存发展环境，而“长利国家社稷，世利万夫百姓”，永续发展。

故课税结果仍应保留纳税人适当所得及财产之用益性，在财产及职业领域上可以自由发展，即应保障纳税人享有继续营业生存发展之空间，而不得有绞杀性课税之情况。[①]

税法学的研究方法论，总结归纳言之，可以叙述如下：[②]

1. 以概念法学理论建构税法的概念、类型及外部体系，并取向于税捐法律关系之得丧变更以及课税要件之解析，作为其分析构造，以提高税法规定的明确性、预测可能性以及法律秩序之安定性。

2. 以利益法学理论，探讨征纳双方在系争课税案件所涉及之利益状态，探求事件之特殊性（与社会的现实生活接触）（实然面之掌握）。在此有必要借助于实证的调查研究乃至统计分析，以确切判断认定各方之利益状态为何。

3. 以评价（价值）法学理论，从宪法及税法的基本价值判断，探讨税法规定之内在伦理性原则及其解释适用结果之合理性与正当性，[③]并适

---

① Tipke/Lang，Steuerrecht，20. Aufl.，2010，§4 Rz. 213.

② 陈清秀：《税法学研究方法论初探》，载《台湾法学杂志》2012 年 5 月，第 199 期，第 96～108 页。

③ 黄茂荣在释字第 688 号解释之协同意见书中也从价值法学观点，指出营业税法中与该案有关之价值、利益及概念。

度容许制定法内的法律漏洞补充,以实现税捐正义以及实质的法治国家原则。

4. 以"中庸之道"观点,以各方利益状态之分析结论为基础,进行利益权衡,最终结果达到征纳双方以及有关各方之"利益均衡",作为解决税法问题之中心思想。并以自然法思想,符合事件本质的合理性以及永续发展原则,作为利益均衡之上位阶指导原则。税法的制定与执行,最终应达到"风调雨顺、国泰民安"的圣人良善治理境界。

5. 上述各种理论,可发挥互补效果,各有其应扮演之角色任务以及其适用界限,才能适当发挥其功能。

第二节　税法的体系

一、法律体系的任务

法律秩序的全部或至少是大部分,是在特定的指导的法律思想、原理原则或一般的价值标准(其中一部分属于宪法的位阶)的支配下。法律秩序的功能是在于对于构成规范的基础的价值决定,在法律思想下,加以正当化,并加以统一,且因此尽可能地排除价值判断的矛盾。其对于法律的解释以及制定法内的暨超越制定法的法律漏洞补充,均有帮助。发现下述的法律规定的意旨上的关联,即在此法律规定意旨上的关联内,各个个别的法律规范以及规律,彼此立于法律秩序的指导原理下,并且以可以概观(透视)的排列方式,即以体系的形式加以说明,乃是学术上法学的最重要任务。[1]

---

① Karl Larenz,Methodenlehre der Rechtswissenschaft,5. Aufl. ,1983,S. 420.

二、税法体系研究的目标

在法学上致力于税法体系的建立，使其纳入整体法律秩序中，以避免课税杂乱无序，欠缺预测可能性，民众无法事先进行经济活动之规划安排，而妨害税法秩序的安定性。因此，有关课税之法律，应以符合正义的规律以及具有安定性加以理解以及建制，以建构在法律上及经济管制政策上具有效能的经济秩序。①

税法的体系理论，在于建构税法符合"税捐正义"以及"法安定性"之要求，其整体应具有正义之法的本质，使税法构成法治国家秩序之一环。②

税法的体系在追求实现下述三个目标：③

1. 税捐体系作为规范的体系，必须符合较上位阶的宪法上价值秩序。

2. 税捐体系作为规范的体系，必须与其他相同位阶的规范体系（民法、行政法）相调和。

3. 一个税捐体系作为规范的体系，其本身必须没有互相矛盾。

为实现上述目标，应再区分税法的外部体系以及内在体系进行研究。

三、税法的外部体系

（一）意义

法律的外部体系，涉及形式的法律素材秩序的种类以及其素材的技术上分类，并应尽可能地加以透视以及理解。要从外部的体系来认识法律，只有在该外部的体系与内在的内容上的体系相一致的范围内，才能成功。

法律的外部体系应尽可能地追随其内在体系，否则很容易对于内在

---

① Tipke/Lang, Steuerrecht, 20. Aufl., 2010, §4 Tz. 1 f.

② Tipke/Lang, Steuerrecht, 20. Aufl., 2010, §4 Tz. 3；黄茂荣：《税捐法体系概论》，载黄茂荣：《税法总论》（第1册），2012年增订3版，第129页。

③ Dieter Birk; Steuerrecht I, 1988, S. 42 ff.

体系产生误解。例如,中国台湾地区“所得税法”第 17 条有关购屋借款利息的扣除规定,在外部体系上属于所得的计算规定,但在内在(内容上)体系上,则属于经济管制的规范。

中国台湾地区尚无统一的税捐“法典”,各个税目并未统一规定于某一部“法律”之中,而几乎是就各个税捐,各自有一个特别的“税法”。

中国台湾地区“税捐稽征法”取代个别“税法”的规定,而应优先适用(第 1 条),因此该“法”可以减轻个别“税法”的负担,并避免重复规定。但该“法”尚非税捐的“基本法”,“税法”上的各项原则以及基本规范,有些是从宪制性规定所导出,有些则是内含在个别的“税法”之中。且中国台湾地区“税捐稽征法”亦具有技术性质,因此其尚无法充分扮演中国台湾地区“税捐行政法”总则的角色。①

(二)利用抽象概念建立外部体系

法律体系的建立方式,其中一种乃是按照形式的逻辑法则所建立抽象的、一般的概念的体系,在数个法律之中尤其是民法的体系构造,乃是以此种体系为基础,虽然此类法律的体系构造并无法以此种体系完全加以涵盖。此种体系即称为外部的体系,乃是植基于从规范对象的各项构成要件,分离出特定的要素,并将此类特定的要素加以普遍化(一般化)。从此要素中建立种类概念,此项种类概念经由附加或排除个别的决定种类的特征,而建立不同抽象程度的概念。其中较少抽象度的“下位概念”即被涵摄于“上位概念”,到最后经由此种方式大量的法律素材均可以回溯到少数的“最上位概念”。

此种体系不仅提高法律的“概观性”(鸟瞰性),而且也提高其适用上的“实用性”,因此,提高裁判的“可预见性”,从而对于“法安定性”提供最高度的保障。盖在此种体系的范围内,其体系愈是“完整”(圆满无缺),则对于任何法律问题,仅须透过逻辑的思考的运用,即可获得解答。此一体系担保所有由此所导出的推论结果,在逻辑上均无矛盾,并因此表现出在科学的学术概念的意义下的法学的“学术性”。在此种体系中,有关正

---

① Tipke/Lang, Steuerrecht, 12. Aufl., 1989, S. 15 ff.

确的价值判断的问题，被有关正确的涵摄的问题所排斥；形式的逻辑取代目的论以及法律伦理的地位。①

抽象的概念乃是外部体系的骨干，在建立抽象的概念时，就其定义所采取的特征的选择，基本上是由建立该项概念的学科所追求的目的，共同加以决定。例如，所得税法上的“所得”概念，应取向于所得税法上所追求量能课税之目的，以决定其概念特征。又如，营业税法上的“销售”概念，应取向于消费税原则，即应依据消费负担之目的，决定其概念特征。

（三）利用法律上构造类型建立体系

1. 类型思考方式

类型（typus）乃是从各项个别的法律规定中，展示出其具有意义的连结结；另外，有助于对于此类规定的适用范围及其归属于类型的意义，有较好的理解以及较正确的评定。②

类型的思考方式的价值在于：类型乃是与抽象的概念相对立，类型将包含于其中的大量个别的特征，使其明显地具有有意义的连结，并容许维持此种连结。事物的本质即反映在此种大量的个别特征中。盖此种大量的个别特征不外乎是在实际的法律生活中，反复地实现具体的人与人间的关系的特别的法律上观点。因此，对事物本质的思考，即是类型的思考。③

又类型的思考方式，也有助于较具体的表明法律关系的特定种类，尤其主观权利的种类以及债务关系的种类。④

2. 税捐法律关系的类型

税法的外部体系，如按税捐法律关系的性质加以区分，概可区分为税捐基础法、税捐实体法、税捐程序法、税捐争讼法、税捐处罚法等五个部

---

① Larenz，aaO.，S. 420 f.

② Larenz，aaO.，S. 451；有关利用类型（模块）建立体系的方法，另参见黄茂荣：《法律体系》，载《法学方法与现代民法》，1993 年增订 3 版，第 527 页以下。

③ Larenz，aaO.，S. 454.

④ Vgl. Larenz，aaO.，S. 448.

分。兹分述之:①

(1)税捐基础法,即税捐法绪论,系处理税捐的意义、种类,税捐法的意义、特质,税捐法的基本原则,税捐法的法源,税捐法的解释适用等有关税法的全体的基本问题。

(2)税捐实体法即税捐债务法,是处理税捐法律关系中,有关税捐债务关系当事人,税捐债务之内容,税捐债务之成立、变更及消灭等部分。其中构成税捐债务内容的课税要件法领域,系属有别于其他法律领域研究对象的税法的独自领域,可谓是税法全体中的最重要领域。

(3)税捐程序法,即税捐行政法,是处理税捐债务之核定与税捐的征收的程序部分,税捐债务法与税捐程序法的关系,相当于实体法与程序法的关系,后者相对于前者,乃是目的从属的关系。

(4)税捐争讼法,即税捐救济法,系对于根据税捐法规所为各种行政处分(包括课税处分等),不服提出申请复查及或诉愿、再诉愿及行政诉讼等有关税捐法律关系的争讼,称为税捐争讼。有关税捐争讼之法规即称为税捐争讼法,其对于纳税人的权利保护,具有重大意义。

(5)税捐处罚法,即税捐制裁法,系对于纳税人违反税法规定之行为所为行政秩序罚或刑罚制裁的法律,包括其制裁处罚的实体法规及其制裁的程序法两者。

以上体系分类方式,在一般税捐法教科书上概采取此一模式。

另有认为,税捐法律关系是由税捐债务关系(Steuerschuldverhältnis)(实质的部分)以及税捐程序关系(或程序义务关系)(Steuerverfahrens-verhältnis)(形式的部分)两者所构成。如果税捐义务人负担不同税捐债务(如所得税、财产税、营业税等),则有数个税捐债务关系存在。每个基于税捐债务关系的请求权,概均适合于成立有关给付裁决(核定处分)以及权利救济程序的程序义务关系。

(1)税捐债务关系即以财产法上请求权(金钱给付)为内容的债务关系,包括税捐债务,赔缴责任请求权,退税请求权,溢退税款的返还请求权

① [日]金子宏:《租税法》,平成四年(1992年)第4版,第27页以下;[日]北野弘久:《税法学原论》,1992年第3版,第52页以下。

以及税捐附带给付的请求权(利息、滞纳金、滞报金、怠报金、强制执行费用)均属之。

(2)税捐程序关系,乃是指税捐债务关系以外,以实现税捐债务关系的各项请求权为目的的各项权利与义务关系,即为实施课税之稽征程序上法律关系,包括由“稽征机关”为实现税捐债权而行使各项权限,也包括“税捐义务人”参与程序之各项权利与义务,以及参与程序之各项协力行为。尤其是以查明事实为目的的各种权利及义务,如听审请求权、拒绝陈述权;各项当事人的协力义务,包括税籍登记义务、记账及保持会计凭证义务、税捐申报义务、备询义务以及忍受调查义务等,均属之。又如,扣缴义务与代征义务等行为义务,以协助税捐机关满足税捐债权为目的,亦属于此种程序义务关系。

此种程序法上作为、忍受、不作为义务,也称为“协力义务”,可能是直接根据法律所产生,也有可能根据法律规定所作成的行政处分所产生。[①]

此外,对于税法的外部体系,亦有从税目分类观点,将税捐种类区分为所得课税、财产课税、所得及财产的使用(消费)课税,分析说明税捐的外部体系。

四、税法的内在体系

(一)各项原则作为内在体系的支柱

1. 概说

税法的内在体系理论,在于建构税法符合“税捐正义”之要求,其整体应具有正义之法的本质,使税法构成法治秩序之一环。[②]

公正的法律乃是经由各项合乎事理的原则的体系所产生,此种体系又称为内在的体系(Das inneres System)。法律内在体系的发现,乃是取

---

① Tipke/Lang, Steuerrecht, 20. Aufl., 2010, §6 Rz. 3.

② Tipke/Lang, Steuerrecht, 20. Aufl., 2010, § 4 Tz. 3;黄茂荣:《税捐法体系概论》,载黄茂荣:《税法总论》(第1册),2012年增订3版,第129页。

向于价值以及体系的思考方式,内在体系具有阐明法律秩序内部的价值判断的统一性,并对之加以说明的任务。

法律的内在体系并不是一个封闭的体系,而毋宁可能因为各项原理原则其适用范围以及相互限制的变更,或新的法律原理的发现,经由立法的变更、法学的新认识或判例的修正而有变动,因此属于“开放性”的体系。然而,基本的法律原则,例如相同事物应为相同处理的平等原则,需要进一步具体化的诚实信用原则,以及诉讼上当事人平等原则、法律上听审请求权、法官独立审判、行政应受法律拘束等法治国家原则的具体化的原则,则应属超越时代的法律思想,较不具有可变性。因此,具有可变性的,多属于各项原则的从属的(第二次的)价值决定、其具体化以及其共同作用。①

2. 内在体系之原则

依据德国学者约阿希姆·朗(Joachim Lang)教授的见解,支撑税法的内在体系的各项法律原则,可以分类如下:②

(1)税法的基础原则(Systemtragende Prinzipien des Steuerrecht)

税法的基础原则乃是支撑整部税法的原则,其在担保法治国家原则之实现,多涉及形式的与实质的法治国家原则,此类法律原则首先是宪法上的原则,例如宪法上的平等原则、租税法律主义、禁止过分的比例原则以及社会国家原则等。此外,宪法上原则于税法上被具体化之原则,例如量能课税原则、婚姻及家庭之不利课税禁止原则,均属于宪法上价值秩序所导出之原则,具有宪法上效力。此类基础原则乃属于欠缺法规形式而不具有规范特征的“开放性”原理原则,具有指导性法律思想的特征。

(2)具有宪法效力之下位原则(Verfassungskräftige Subprinzipien)

上述税法体系上之基础原则所派生出之个人课税原则、对于所有的个人之所得普遍课税原则、客观及主观的净额所得原则,虽然仅适用于部分税法规定,但其均是对于宪法的基本价值加以具体化,因此具有宪法的效力。

---

① Larenz, aaO., S. 467 f.

② Tipke/Lang, aaO., §4 Rz. 11 ff.

(3)个别法律上的原则(Einfachgesetzliche Prinzipien)

个别税法规定之原则对于税法的内容体系更进一步具体化,例如市场所得说或纯资产增加说的所得原则、名目价值(金钱价值1∶1)原则或会计原则等。此类原则并不具有宪法拘束力。

(二)在内在体系上,税法的规范类型

在研究构成税法的基础的(理解规范的)各项原则时,首先必须考虑在税法中所包含的规范,系根据不同的基本理由,乃至不同的原理原则所导出的结果。即税法的体系并不是单元的,而是双元的或多元的体系。

税法的规范类型,大别之,可区分为财政目的规范(Fiskalzwecknormen)、社会目的规范(Sozialzwcknormen)与简化规范(Vereinfachungsnormen)。一个税法或一个规范,也可能为实现双重的或数个目的。兹就三种税法的规范类型分述如后:[①]

1. 财政目的规范

税法的大部分规范均是财政目的规范(以财政收入为目的之规范)。其乃以满足公共预算所必需的财政需要为目的(原始的功能)。此类规范乃是依据分配的正义的标准,作成具体的课税价值的决定,在此当然必须考虑到基本权利。财政目的规范首先主要应取向于量能课税原则,以发挥公平及衡平功能,其亦可能取向于量益原则(如不动产税)。

财政目的规范亦可能进行税捐减免,将某些项目排除在课税要件之外。例如,为避免重复课税或过度课税,而将其他税目已经课税之标的,不纳入课税对象范围(例如,土地交易已经课征土地增值税,因此土地交易所得免征所得税)。同时,财政目的规范也可能附带具有经济的及社会的效果(附带效果),但此种附带效果并非财政目的规范的目的,例如,所得税法与营业税法的财政目的规范,并不具有妨害经济活动(投资、储蓄及消费)的目的。[②]

---

① Tipke/Lang, aaO., §4 Rz. 19 ff.

② Tipke/Lang, aaO., §4 Rz. 20.

2. 社会目的规范

税法也利用社会的目的规范加以实施，在此所谓"社会的"(Sozial)，并非单纯指援助无所得或所得甚少的群体，而更多地是指增进公共的利益或社会的利益、公共的福利、民众的团体生活等。社会目的规范乃是管制的(规制的、指导的、干预的、工具的)规范，而以实现社会政策的(修正福利的、重分配的)、经济政策的、文化政策的、健康政策的、职业政策的目的而非财政的目的。此种规范并未作成任何课税价值的决定，它可能经由各种税捐优惠减轻税负，也可能创设附加的税捐负担(例如，损失与盈余互抵及损失扣除的限制)或特别税。

凡实施"社会上所希望的"行为之人，则在税捐上即被减轻负担，反之，其实施"社会上所不希望的"行为的人，则在税捐上被课以特别负担。由于不仅有社会目的税(如酒税、烟税)，在税法中也被插入许多个别的社会目的规范。此种社会目的规范使税法难以鸟瞰其全体，并且难以理解，尤其因为此种规范并没有按照其规范目的一起加以把握并加以排列，而只是被安排放置在单纯技术上所归属的位置。社会目的规范可能取向于各项极为不同的正义的原则或合目的性原则，如取向于需要原则或功绩原则。

社会目的规范就其负担作用而言，固然违反分配正义，但仍可基于税捐上统制的理由加以正当化，此种违反平等原则的正当化，仅于其管制目的在宪法上具有足以平衡违反分配正义(量能课税原则)而值得促进的位阶，才能成立。例如，税法如果规定为促进环境保护的目的，而对于投资于环境污染防治设备的金额，准予定额抵减营利事业所得税，以奖励特定的经济上行为，此种税捐优惠，虽产生在相同的给付能力者间，而有不公平的负担效果，但此种违反平等原则却可以其管制目的(环境保护)加以正当化。

在社会目的规范中最重要的，包括下述两种：①

(1)管制的规范(Lenkungsnormen)(规律的、指导的或干预的规范)：此类规范欲透过税捐负担之减轻或加重，而引导纳税义务人之特定的公

① Tipke/Lang, aaO., §4 Rz. 21.

益行为，因此与公共利益有关，而可以通过公益原则或功绩原则加以正当化。此类规范也要求应遵守法治国家原则之规范明确性。即如果税法合法的也以管制目的进行规定时，则应在构成要件规定上以充分明确的方式指出其管制目的，而不应隐藏在财政目的规范（如过低估价之规范）中而无法被认识到。

（2）重分配规范（Umverteilungsnormen）（修正福利的、重分配的规范）：此类规范以财富调整为目的，以维护社会衡平之利益。其中财富增加（例如，税法倘若对于家庭及劳工给予税捐优惠，即属之），可以依据需要原则加以正当化。而其余财富重分配之规范（如累进税率课税），则可以社会国家原则加以正当化。

就实质而言，社会目的规范并不属于税法，而归属于经济法、社会法或其他领域。社会目的税目，例如烟酒税，一般而言，除了社会目的外，也附随地具有财政目的。有关减轻税捐负担的社会目的规范，具有税捐优惠效果，亦有称为税捐补贴或税捐利益。如果减免税负之社会目的规范，并无法加以正当化时，则构成特权，应属违宪。反之，如果加重税负之社会目的规范无法被正当化时，则构成歧视之差别待遇，违反平等原则。如果社会目的规范虽然无法加以正当化，但在其内容符合量能课税原则时，可否改作为财政目的规范加以维持，值得进一步探讨。①

3. 简化的规范

简化的规范系基于稽征技术上、经济上理由，为使税法的适用更容易、简政便民，而不应以提高财政收入为目的，而破坏税法的内在价值体系。简化具有可行性或更为经济而设，以避免法律过于复杂化，并尽可能减少争议，提高税法之实施可能性，例如通过类型化、概算费用额、免税额等规定简化稽征程序，均可使税法规定可理解、更加透明化，公平执行，并简化实现税捐债权之稽征程序，节省稽征人力物力负担。故简化的规范应取向于实用性原则，以发挥其稽征行政效率及简化的功能。

依据德国联邦宪法法院 2006 年 11 月 7 日判决见解，由于税法通常涉及经济生活中之大量事件，基于可行性之考虑，税法必须将连结到税法

---

① Tipke/Lang, aaO., §4 Rz. 22.

上法律效果之课税要件事实类型化,并因此在相当的范围内,无法兼顾个别案件甚至于整个案件类型之特殊性。但类型化仍对于纳税义务人产生经济上不平等效果,不得过分地超过一定限度。即类型化所带来之税捐上好处,与类型化所必然产生之税捐负担上之不平等,应处于适当的比例,以符合比例原则之要求。①

税法上类型化或概算化的宪法上正当性基础,在于立法者实际上对典型的生活事件类型的把握,即符合实际的情形。② 而且类型化必须符合比例原则,即其简化是适合的、必要的以及具有相当性的。③ 因此,立法者在类型化规定上,不得选择非典型的案件作为典范处理,而应以符合实际的典型案件类型作为标准,进行处理之基础。④

德国联邦宪法法院2006年11月7日判决即认为,遗产税法基于行政简化之稽征经济考虑,对于遗产中之不动产估价,采取远离一般公平市价的估价标准(违反量能课税原则),立法者并未取向于典型的情形(一般市价行情),而是以非典型的情形作为类型化基础,因此扭曲估价标准之一致性,造成租税负担不公平,即违反平等原则,而不得以行政简化之理由加以正当化。⑤

上述税法规定之三大类型,将税法规定纳入上述类型中,可以具有许多实益。例如,判断税法问题是否有税捐优惠存在(财政目的规范并无税捐优惠存在);有关法律之适用,应依据税法的原则进行目的性解释或适用等。

---

① 参见《遗产税与平等原则判决》(BVerfGE 117,1),德国联邦宪法法院第一庭2006年11月7日判决,张桐锐、高文琦译,载中国台湾地区司法机构编印:《德国联邦宪法法院裁判选辑》(13),2011年版,第315页(334)。

② BVerfG-Beschluß vom 10.4.1997(2 BvL 77/92)BStBl. 1997 II S.518.

③ Dieter Birk,Steuerrecht,12. Aufl.,2009,§ 2 Rn. 218;BVerfG,2 BvL 7/98 vom 4.4.2001 http://www.bverfg.de/entscheidungen/ls20010404_2bvl000798.html.

④ BVerfGE 116,164 <182 f.>;BVerfG,2 BvL 1/07 vom 9.12.2008,http://www.bverfg.de/ entscheidungen/ls20081209_2bvl000107.html.

⑤ 参见《遗产税与平等原则判决》(BVerfGE 117,1),德国联邦宪法法院第一庭2006年11月7日判决,张桐锐、高文琦译,载中国台湾地区司法机构编印:《德国联邦宪法法院裁判选辑》(13),2011年版,第315页(342,343)。

五、税法体系思考的实益

一个体系化的税法,并非单纯仅是法学上的美学或装饰问题而已,其相对于未经体系化的税法,具有下述优点:具有较广泛的协调、透视性、明确性、容易理解、实用性、学习可能性、验证可能性、实施可能性等。如果税法缺乏内在的体系,欠缺法律伦理的原则秩序,则税法即不属于正义秩序的一环。

一个法律体系,在法学上的运用,包括类型的运用(利用类型掌握法律数据,利用类型帮助了解,利用类型发现法律漏洞),利用法律原则补充法律漏洞以及利用体系维持法律的一贯性。① 因此,体系的思考以及体系的观念,乃是良好的税捐立法所不可或缺的前提。再者,法律适用的方法,也是取向于体系,尤其是具备各项原理原则的内在的体系,有助于处理下述问题。②

例如,对于一个税法规范进行类型化归类,在判断某项税法问题是否属于税捐优惠具有重要性。又如,在财政目的规范,以量能课税原则加以把握,并不发生税捐优惠。再如,某项业务费用支出,因为减轻经济上负担能力,故准予自税基中扣除,并非税捐优惠。又在适用税法上,必须先了解其规范目的,才能进行目的性解释,或依税法上原则进行解释。③

税法体系思考亦具有下列实益:④

(一)获得法律解释所必要的目的的取向标准

盖内在的体系乃是一项目的的原则秩序,通过法律解释的途径,可以使在体系中及其各项原则中的价值或目的思想实现出来。法律解释探求规范的意旨,乃是在探求该项规范的价值判断内容或其技术性目

---

① 黄茂荣:《税法总论》,2012 年第 3 版,第 555 页以下。
② Tipke/Lang, aaO., §4 Rz. 26 ff.
③ Tipke/Lang, aaO., §4 Tz. 25.
④ Tipke/Lang, aaO., §4 Rz. 27 ff.

的。直到考虑其基本的及个别的价值判断或目的,始能推知其法规的目的内容。

(二)发现及填补法律漏洞

由于立法者乃是从特定的原理原则或价值判断出发,但是在该项原则被转化成法律上构成要件时,并未始终一贯,因此该项原则并未在规范的构成要件上完全被涵盖,而有不一致或漏洞的情形存在。因此,扰乱了法律秩序的价值判断的一致性与伦理的一贯性,即人们所谓体系的违反。此种法律漏洞可以借助于(导出最后结论的)法律原则加以填补,即法律的类推适用。

(三)发现抵触平等原则

平等原则要求立法者的价值判断在论理上是一贯的,且彻底地加以适用。如果对于相同的事实关系而有不同的评价,即违反平等原则。然而如果一项体系的违反(违反平等原则),乃是基于在价值判断上差别待遇的事理上理由存在时,则可以正当化。例如,对于非典型的特殊案件类型,应另为特别处理。

法律体系乃是根据法律规定的意旨上的关联,将法律系统化,以排除或防止其在逻辑上或价值判断上的矛盾。因此不仅其发生于同一时空者,其相同的案件必须相同地对待,而且发生于其后者,倘无法律特征上之差异,或倘无法律思想或法律政策之改变,先后发生之相同案件,亦应为同一之处理,此为法律体系的一贯性的要求。①

(四)行使税法上赋予税捐稽征机关的行政裁量权

稽征机关在行使税法上的裁量规定时,取向于法律内在的原理原则,包括裁量基准的内涵。

① 黄茂荣:《税法总论》,2012 年第 3 版,第 568 页以下。

第三节　税法上建制的基本原则

一、概说

在法治国家或正义的国家中,课税不得实现任意的目的,而必须按照法律上属于正当意义的秩序,即按照正义的原则,加以执行。

税法上税捐正义的标准如下:

1. 正义之法乃以各项原理或原则为前提。此类原则特别是在涉及在一个社会里的权利与义务的分配,负担与请求权的分配的情形,更是被强调。原则创造统一的标准,如果以数个标准加以衡量即非正当。如果毫无原则,则形同随意、恣意,恣意并非正当。如果没有原则,则正义即丧失其基础。

各项原则通过一般化、普遍化,前后一贯地适用实用正义,并维持对于所有该原则所涵盖的人,进行平等的把握与处理,同时避免漏洞。

2. 实质的正义不仅要求单纯的各项原则,更要求合乎事理的各项原则。此类原则决定什么是正当的税捐、正当的给付、正当的价格、正当的处罚。然而,对于什么是合乎事理的见解,恐怕见仁见智。如果一个原则在社会上经由正义的习惯所肯认,则可认为此项原则合乎事理。什么被一般性的接受为合乎事理,并不需要正当化依据。又对于法的和平的作用,也应加以考虑。此外什么是合乎事理,或许应从事物的本身加以理解。又国际上法律的比较,也可以帮助发现或确认合乎事理的原则。又进行审查某项原则的相反情形,是否合乎事理或者导致更恶劣的结果,也值得尝试。再者,对于判断者而言,尤其是立法者,对此问题也享有判断余地,在判断余地的范围内,对于什么是合乎事理,也可以互相妥协。

3. 该项合乎事理的原则,必须前后一致地加以适用。①

由于正义应取向于合乎事理的各项原则,而且此类原则乃是判断是否违反平等原则之比较基准,因此有必要探讨税法上最合乎事理的基础原则,即量能课税原则、须要原则以及实用性原则。以下分述之:

二、税法上特殊的正义原则

(一)量能课税原则

依据宪法上平等原则所具体化之税捐正义之原则,要求有关纳税人之税捐负担,应当按照其经济上之负担能力分配,此尤其适用于所得税法上,应按照个别的纳税人之给付能力课税(taxation according to ability to pay)。此即为量能课税原则(das Leistungsfähigkeitsprinzip),乃是税捐正义的基础原则,并作为税捐负担公平之最高的比较标准。② 量能课税之衡量因素,包括所得、财产、消费以及上述因素之组合,均可衡量其税捐负担能力。

量能课税原则要求个人的税捐负担,应按照税捐义务人可以给付税捐的能力加以衡量。依据通说,量能课税原则乃是一项合乎事理的,极具意义的基本课税原则。③

1. 规范依据及其功能

量能课税原则,如同税捐正义,乃是分配的正义之表现。有认为是直接从宪法所导出,盖宪法规定平等原则,乃以合乎事理的比较原则为前提,且并不存在有另一个比量能课税原则更合乎事理的原则。④

量能课税原则目前已被法律哲学家、财政学者及国家法暨税捐法学

---

① Tipke/Lang, Steuerrecht, 12. Aufl., 1989, S. 26 f.; Vgl. Klaus Tipke, Über "richtiges Steuerrecht", StuW 1988, S. 262.

② Tipke/Lang, Steuerrecht, 19. Aufl., 2008, §4 Rz. 81.

③ 有关量能课税原则之探讨,参见黄茂荣:《税法总论》(第1册),增订2版,第153页;柯格钟:《论量能课税原则》,载《成大法学》第14期,2007年12月,第55页以下;刘剑文、熊伟:《税法基础理论》,2004年版,第128页以下。

④ BVerfGE 66, S. 214 (223 ff.); 67, S. 290. Vgl. Paul Kirchhof, Steuergleichheit, StuW 1984, S. 304 ff.

者所一致肯定,而且德国联邦宪法法院判例也加以适用。德国联邦宪法法院裁判即从平等原则导出量能课税原则,并承认此项课税原则具有宪法上的效力根据。其典型的见解如下:“是否以及在何种范围内,立法者在宪法上负有义务缓和或除去此种不平等的情形,乃是应依据从基本法第 3 条第 1 项(指平等权规定)所导出税捐正义的要求的基准(立法者应受此基准的拘束),加以审查,因此,课税应取向于其经济上的给付能力……”①

德国联邦宪法法院 2010 年 7 月 6 日裁判②即指出:“在税法领域,立法者在选择课税标的以及决定税率上,享有广泛的决定自由。此项由立法者自由决定何种事实关系连结相同法律效果,并在法律上给予相同的定性之原则,在此,尤其是在所得税法之领域上,应受到二种彼此连结的界限之限制:税捐负担安排应符合财务上给付能力之原则以及体系正义之要求。准此从宪法上所要求之税捐负担公平,必须导出相同给付能力之纳税义务人,也应课征相同税捐(水平的公平)。而(在垂直的方向)较高所得的课税,相较于较低所得之税捐负担,必须具有相当性。在税法上课税要件之安排,其所作成之负担决定,在负担公平之意义下,必须前后一致。此种前后公平一致处理之例外情形,需要具有特别的事物上之理由存在。本院已经在以往的裁判(BVerfGE 122,210 <231 ff.)中指出,承认财政收入以外之促进的目的或管制的目的以及类型化的及简化的需要,得作为此项特别的事物上理由。但单纯以提高税收之财政目的,则不包括在内。”

释字第 565 号解释理由书也指出:“依租税平等原则纳税义务人固应按其实质税负能力,负担应负之税捐。”依租税平等原则,纳税义务人本应按其实质税负能力,负担应负之税捐。因此,不仅税法规定内容,应符合量能课税之公平原则(参照释字第 597 号解释理由书);而且在税法的解释适用上,为贯彻量能课税之精神,也应衡酌税法规定的经济上的意义及实质课税的公平原则为之。

---

① BVerfGE 67,S. 290(297).

② BVerfGBeschlussvom 6. Juli 2010 -2 BvL 13/09.

实务上也有判决加以承认。例如,中国台湾地区台北"高等行政法院"2001年度诉字第4796号判决谓量能课税原则,认为租税负担之衡量应就个人为之(人税),应负担之对象为供私人使用之经济财(租税客体),所课者应为收益部分而不及于财产本体,税后仍留有可供私人使用之经济财(税基)。易言之,量能课税原则为其负担之衡量应以个人为准,课税时应保障财产权且平等课征。[①] 该判决并经中国台湾地区"最高行政法院"2004年度判字第59号判决加以支持。

量能课税原则作为基础法律原则,可谓是可以具体化的以及须要进一步具体化的法规。[②] 量能课税原则如同其他原则,实际上留给立法者重大的裁量空间,但在某种程度范围内,并不像平等原则本身那样不确定。量能课税原则作为保护原则,有其明确的轮廓,其保护民众免予超过给付(负担)能力的负担,并确保最低限度的生存,且顾虑到营业支出以及不可避免的私人支出可以从所得额的计算基础中扣除(净利原则)(Nettoprinzip),量能课税原则尤其要求适当的课税计算基础。

唯少部分学者,例如,德国学者克鲁泽(Kruse)则认为:"量能课税原则仅是以具体化平等原则为目的,即使平等原则可以适用。量能课税原则可以帮助解答平等原则所没有解决的许多问题,亦即在具体情形什么是平等或者什么是不平等,以及在具体情形,何处存在有不平等的处理或平等的处理。准此,量能课税原则仅是正当化平等处理或不平等处理的其中一种理由而已。就立法者而言,此项原则乃是一种基准以供立法者判断什么是平等或不平等并且想要平等或不平等的处理,它可能是某一种标准,但并不必然是一项标准。"[③]

2. 量能课税原则所把握的给付能力

(1)实际的给付能力与应有的给付能力

量能课税原则可能与下述情形相连结:

①真实的(实际的)给付能力[die realle(Ist-)Leistungs-fähigkeit]:在

---

① 同说,中国台湾高雄"高等行政法院"2006年度诉字第01150号判决。

② Kirchhof, StuW 1985, S. 329.

③ Heinrich Wilhelm Kruse, Lehrbuch des Steuerrechts, Band I Allgemeiner Teil, 1991, S. 50 f.

此情形，对于税捐义务人因懒惰、无须要或生病，而获得平均水平以下或完全无可资处分的所得的情形，较为有利。勤勉的人以及经济上有才干的人会感觉到按实际课税遭受不利益。

②潜在的（应有的）给付能力［die potentielle（Soll-）Leistungsfähigkeit］：例如，以应有所得或应有收益为出发点；此种应有的连结方式，迎合有才干的人，但对于没有才干的人或者懒惰的人，则并不因应有的税捐负担而受到鼓舞。因此，可能因纳税人无法筹措应有的税捐负担，导致执行困难。又此种应有的连结方式，由于其间接督促强制工作，而在合宪性问题上，仍有疑义。

在中国台湾地区现行"税法"规范上，并非单纯采取上述实际的连结方式，也有承认应有的连结方式，例如，中国台湾地区"所得税法"第14条规定租赁所得，稽征机关得参照"当地一般租金"调整计算租赁收入，即属之。又如，房屋税、地价税等不动产税，系与应有收益相连结，如果其实际收益与应有收益差距悬殊，并非由于欠缺给付（工作）意愿，而是因为一般经济上衰退时，则上述应有的连结方式，将可能产生显然不公平的现象。[①]

（2）经济上负担能力之指标：所得、财产以及消费

一般学者认为，由于税捐应对于足以表明其给付能力的民众的财产关系加以课税，而所得、财产以及消费可作为表彰税捐的给付能力之指标，故所得、财产及消费乃构成税捐所要把握的财产范围的三个主要部分。在量能课税原则的观点下，现行税目即可以大致区分为所得、财产以及所得使用（财产使用）的税捐。兹分述之：

①所得

有关所得（Einkommen）的理论有泉源说、纯资产增加说[②]以及交易

---

① Tipke/Lang，aaO.，S. 30 f.

② 财政学者有所谓海格—赛蒙斯定义（Haig-Simons definition，H-S definition），认为所得为在一定期间内使个人消费能力净增加的货币价值，即相当于其该期间的实际消费金额加上财富增加的金额。财富增加的净额，例如，储蓄也包括在所得中。其亦包括资产价值的增加（资本利得），不问其是否实现（Harvey S. Rosen：《财政学》，李秉正译，2005年再版，第330页以下）。此说相当于纯资产增加说。

所得说之争论。中国台湾地区“所得税法”第 14 条规定所得种类包括其他所得,因此是采取概括的所得概念,只是强调自外来流入之“收入”的概念。又依中国台湾地区“所得税法”第 24 条第 1 项规定:“营利事业所得之计算,以其本年度收入总额减除各项成本费用、损失及税捐后之纯益额为所得额。”由以上规定可知,“营利事业所得”的概念,并非采前述泉源说之限制的所得概念,而是采包括的所得概念,基本上采“纯资产增加说”的精神。又由于规定以“取得收入”的形态把握所得,故原则上应已将未实现之利得以及自己财产之利用等利用价值,排除于课税对象之外,因此实质上具有前述“交易所得说”的内涵,但其范围似又比交易所得说为广,并不以通过市场上的交易所取得之收入为限。

故中国台湾地区“所得税法”上之课税所得,应可包括通过市场取得之所得、经由市场以外取得之所得、经由私经济活动取得之所得以及从公部门取得之所得,均包括在内(释字第 508 号、释字第 607 号解释)。

②财产

财产(Vermögen)也可以表彰一个人的经济上给付能力,因此,适当作为课税的对象。

财产税的目的是对于所得课税,即是收益税的性质。它应从财产的所得中缴纳,但此一财产收益税并不以实际所得为前提,因此,与实际收益税(Ist-Ertragsteuern)(所得税)有别,一般称为应有的收益税(Soll-Ertragsteuern)。它是对于特定的财产本体的潜在收益能力(应有的收益能力)课税。又有称为资产收益税,其课税所把握的对象可能是总财产的应有收益能力(一般的财产税),也可能是特定种类的财产(资产)的应有收益能力,例如房屋税、地价税。①

财产税既然属于应有收益税,其与所得税之关系,也相当密切。尤其如果拥有财富的人并没有缴纳所得税,则财产税也适当地具有补充所得税的性质。

又为避免所得税和财产税对于财产收益重复课税,其他国家和地区立法例也有将已缴纳或应纳的财产税,纳入所得税列举扣除项目(参照

---

① Tipke/Lang, Steuerrecht, 2008, §4 Rz. 100 f.

《美国国内收入法典》第 164 条 a)。

③消费(Konsum)

财货的使用消费也足以表彰税捐的给付能力,即对于所得与财产的使用进行课税,原则上也可以被纳入量能课税的体系之中。对于消费进行课税,宜一起把握为对于所得与财产的利用(使用或消费)的课税的主要类型。[①] 德国联邦宪法法院判决也已经确认消费税(Aufwandsteuern)乃是在使用所得以满足个人的生活须要的情形下表现出其经济上的给付能力。[②]

就财货使用之"消费"而言,首先应注意者,乃是税捐上的给付能力,系相对远离生存的最低限度才开始,且税捐义务人及其家庭的社会文化的生存最低限度,在宪法上应予保障。

对于消费课税,并不必然对于生存最低限度课予负担。在此毋宁应以其课税所连结的种类为准。如果其课税是以直接税所构成,则涉及所谓支出税(Ausgabensteuer)或以消费为基础的所得税(konsumbasierteEinkommensteuer)。此种税捐想要只针对财货消费课征,而对于投资用的所得免予课税。同时此种直接的支出税,也可以使生存所必要的财货消费免税。然而在分配正义的观点下,对于被投资的所得完全免税,并不正当,而且特别是在对于劳工课税的领域,也难以衡量消费,因此,此种消费难得有机会被加以实施。

间接税仍可承担经济上给付能力之指标,如果对于生存所必须之生活须要也要负担间接税,则应给予税捐优惠,以免侵害宪法上所保障人民的最低限度的生存。[③] 在此情形,必须以社会救助加以平衡弥补。

然而在对于消费进行直接课税的情形,也可能侵害最低限度的生存。例如,对于养狗的人课征狗税以及对于拥有汽车的人课征汽车税,在 20 世纪初期,是被归入奢侈品消费税,乃属于直接的消费税,但在盲人养狗的情形或者在商务代表人所必须的汽车的情形,即触及其生存所必须的

① Tipke/Lang, Steuerrecht, 2008, §4 Rz. 111.

② BVerfGE 16, 64(74); 49, 343(354); 65, 325(346).

③ Tipke/Lang, Steuerrecht, 2008, §4 Rz. 85, 111.

生活需要。

3. 量能课税原则之运用

量能课税原则之具体化,有中国台湾地区学者认为可发展出下列具体原则:[①]普遍原则、全球所得课税原则、实值原则(以实际价值作为课税标的之原则)、实现原则(所得实现才纳入课税之原则)、客观净值(净额所得)原则、主观净值(净额所得)原则、终生所得原则、综合所得课税原则、个人所得税原则、实质课税原则。

本书认为量能课税原则之具体运用,主要有下述几项:

(1)运用范围

在税法以财政收入(满足公共预算之财政须要)为目的之规范,量能课税原则乃是其基础的衡量标准。

学者虽有谓量能课税原则衡量个人的税捐负担,只能适用于其按照个人的所得、财产及须要关系加以决定之税捐,即仅适用于直接的课税(die direkteBesteuerung)的情形。至于在间接的课税(die indirekte Besteuerung)的情形,例如销售税(加值型营业税)、消费税、交易税以及关税等,乃以市场上的参与者(无名氏)作为税捐负担主体,并赋予税捐债务人可以转嫁其税负,此种间接税则不适用量能课税原则,而应受竞争中立性原则以及社会国家原则的支配。[②]

本书认为,量能课税原则应可以适用于所有的税目种类。包括直接税与间接税,对于消费的间接课税,在制度规划上,不仅应维持竞争中立性原则,也应反映其经济上负担能力,才能实现税捐正义,避免过于严苛之课税。例如,营业人利用人头销售货物,在信托移转产权予人头的阶段,实际上尚未从事销售货物之活动,也尚未从消费者收取对价,尚无经济上负担税捐能力,基于量能课税原则之精神以及税法目的解释,即不应规定为应课税之对象,且在税法解释上,也不应解释为属于无偿移转,而应课征营业税。因此在间接税法规之制度规划以及解释适用上,仍应一体适用量能课税原则。

---

① 柯格钟:《论量能课税原则》,载《成大法学》第 14 期,2007 年 12 月,第 88 页以下。

② Kirchhof, StuW 1985, S. 325.

量能课税原则作为保护纳税人权益之原则，即使在间接税，也不得侵犯最低限度之生存权之保障。且即使在社会目的之税捐，也不许对于经济上负担能力之因素完全不予考虑。纵然在以环境保护为目的之社会目的税，倘若对于毫无税捐负担能力的情形，也加以课税，则亦无法正当化。[①]

（2）税法的解释适用基准

税捐稽征机关及行政法院在解释适用有关财政收入目的之税法规定时，也应取向于“量能课税的公平负担原则”，因此，在解释适用上发生疑义时，不应过度偏袒税捐稽征机关，而单纯以财政收入目的考虑，一概为“有利于财政之解释”；也不应偏袒纳税人，单纯以财产权之保障为目的，而一概为“有利于纳税人之解释”；而毋宁应取向于税捐法规范所涵盖之税捐正义原则，即取向于“量能课税的公平负担原则”，注意到公平考虑征纳双方利益的均衡，以兼顾征纳双方利益。[②]

如果一项税法规定是以衡量经济上负担能力为目的，则在进行法律解释时，即可适用量能课税原则。又如果已经认定有一个法律漏洞存在，则量能课税原则也可以被引用进行法律漏洞补充（限于合法的法律续造）。

例如，土地增值税的征收，旨在使土地自然涨价之利益归公，因此，如果买卖契约订立后，经过数十年后才移转产权，出卖人实质上并未获得在此期间之土地涨价利益时，则该项税款，应向获得土地自然涨价的利益的人征收，如此才符合量能课税之负担公平原则（释字第180号解释）。

在审查是否违反平等原则时，量能课税原则即扮演一项重要角色。量能课税原则让制定者享有活动空间，然而建立其个别的基准以及各项下位原则，并指出其原则的界限，则是行政法院的任务。[③]

---

① Tipke/Lang, Steuerrecht, 2008, §4 Rz. 85.

② 陈清秀：《利益均衡在税法上之运用》，载《东吴法律学报》第20卷第3期，2009年1月，第59页。

③ 陈清秀：《税法总论》，2008年第5版，第30页。

(3)净额所得原则

所得税法乃是针对纳税义务人的“可支配的所得”为对象来加以课征,可支配的所得,即净额的所得,才能表彰纳税人之经济上给付税捐能力,包括客观的及主观的净额所得,以反映纳税人之客观的及主观的给付能力。

其中表彰客观的给付能力,即客观的净额所得原则(sog. objectives Nettoprinzip),是指各项收入应先减除为获得收入所支出之必要费用及损失,以其余额为客观的净额所得额。[①] 在此所谓必要费用(necessary expense),是指为了取得所得所必要的支出。必要费用乃是指从事以获得收入为目的之经济活动所支出的经费。

地方税亦属于税捐的一种,因此有关税捐的指导原则,尤其是表彰负担公平的量能课税原则,在以财政收入为目的之地方税法规范,也应有其适用。故在地方税的课税构成要件的选择上,尤其是关于税捐客体及税捐主体的规划设计上,应取向于量能课税原则。原则上应以表彰具有经济上负担能力之所得、消费及财产作为课税标的。[②]

主观的净额所得之原则是个人及家庭生活费所须所得不课税原则。纳税义务人因为个人的关系所构成的给付能力,即是主观的给付能力。纳税义务人为自己的生存或其家庭的生存或其他理由,必须支出的金额,并不属于可支配所得的范围。因此,最低限度的生存与扶养义务,应自所得税税基中扣除,即纳税义务人客观的所得净额,于扣除其个人的基本生活费用及家庭扶养费用后,尚有剩余者,方具有主观的给付能力,而才纳入课税。在此适用所谓“不可避免的私人支出得扣除之原则”(主观的净额所得之原则)(sog. Privates odersubjektivesNettoprinzip)。[③]

(4)累进税率

依据量能课税原则,纳税人之给付能力越高者,其税捐负担应越高。量能课税原则只是要求负担能力较高者应比负担能力较低的,按比例支

① 详见葛克昌:《所得税与宪法》,2009 年第 3 版,第 91 页以下。

② 有关地方税之课征问题之探讨,参见陈清秀:《地方课税立法权之研讨》,载陈清秀:《现代税法原理与国际税法》,2008 年版,第 529 页以下。

③ Tipke/Lang, Steuerrecht, 2008, §9 Rz. 69.

出较多的税额而已,其并不要求应累进的多加支付。

故量能课税原则并不要求累进税率。累进税率乃是社会国家原则的表现,而非量能课税原则的表现。而社会国家原则乃以原先的所得分配并不公平,因此为建立正义而有必要重新分配作为前提。财富重分配的表现方式,例如,以累进税率方式为之,由此导正原先的财富分配,并改善不利者的起步机会。①

量能课税原则只要求按照给付能力课税,并无法正当化财富重分配之税捐,有关财富重分配之税捐,必须根据其他法律原则,始为法之所许。②

4. 量能课税与量益课税原则

量益课税原则或对价原则(Äquivalenzprinzip),或称受益原则,是指税捐负担作为国家给付之对价,或作为国家支出费用之补偿。有关规费的等价原则,是国家提供给付而可归属于个别的规费债务人,因此应负担对价给付。反之,税捐的量益原则是国家提供给付而可归属于某一受益群体,因此由该受益群体共同负担其对价给付,而对该群体课税。

在一般的税捐,由于其与特定的受益群体并无关系,因此排除量益原则之适用。反之,税捐负担如果针对场所之特别利用或特别损失之补偿则,可适用量益原则或等价原则(受益者负担)。例如,违反量能课税原则之环境税,即可依据量益原则据以正当化。又如,土地税及汽车牌照税,根据土地或道路之特别利用关系,而可加以正当化。③

对于财产课税,有认为财产是一个人的经济上给付能力的表现,包括对于财产的应有孳息收益以及其尚未实现的财产增值利益进行课税,具有正当性。即"基础的"财产所得比较劳力所得,更具有负担税负能力,此即学说上称为"基础说"(Fundustheorie)。④ 且通过财产税之课征,可以降低财富集中,发挥社会财富重分配效果。⑤

---

① Tipke/Lang, Steuerrecht, 2008, §4 Rz. 187.

② Kirchhof, StuW 1985, S. 325.

③ Tipke/Lang, Steuerrecht, 2008, S. 90 f.

④ Tipke/Lang, Steuerrecht, 20. Aufl., 2010, §4 Rz. 100.

⑤ Harvey S. Rosen:《财政学》,李秉正译,2005 年再版,第 447 页。

另有观点认为,对于地方因财产之用益所引起之基础建设服务(如街道、公园及其他公共设施)费用支出,应以财产税加以补偿,即财产税是财产所有人从地方获得公共服务之利益所支付的代价,此即"对价说"。即对于不动产,可以利用课税方式,将其外部成本内部化,衡平私人经济活动所引起的外部成本,由从事该活动者负担,以矫正市场机能因外部性而失效之情事。① 此一对价说,也符合不动产税通常会转嫁给承租人亦即使用者负担,而就其税捐负担主体而言,也具有"地方居民税"(Einwohnersteuer)的特征。②

上述对价原则所正当化之住宅税捐负担,可能抵触量能课税原则,盖基于宪法保障生存权之精神,人类基本生存所必须之所得应予免税。如果课征不动产税而剥夺所有人或使用人之所得,导致其生计困难,又应给予生活扶助。③

故所有的量益税捐仍应适用量能课税原则,即群体正义并不能因此就排除经由平等原则所要求之个别正义。因此,对于毫无收益能力的情形,也不能依据量益原则正当化其课税。倘若针对无法归属于个人之受益或损失,而对于无给付能力之个人征收量益税捐,即无法加以正当化。④

以环境税或能源税为例,其属于社会目的税,依据量益原则足以正当化,纳税人应承担损害环境之责任。环境税固然基于环境保护之公共利益价值,足以正当化对于量能课税原则的限制,然而却不得完全排除量能课税原则:环境保护不得正当化剥夺生存所必要之生活需要。因此环境税对于能源加重税捐负担,应有配套的衡平措施,以确保生存所必须之生活需要。即量能课税原则要求保障最低限度生存之税捐优惠,例如给予其他方式之补助。⑤

---

① 黄茂荣:《税法总论——税捐法律关系》(第3册),2008年第2版,第321页、第484页以下。

② Tipke/Lang, Steuerrecht, 20. Aufl., 2010, §13 Rz. 202.

③ Tipke/Lang, Steuerrecht, 20. Aufl., 2010, §13 Rz. 203.

④ Tipke/Lang, Steuerrecht, 2008, §4 Rz. 88.

⑤ Tipke/Lang, Steuerrecht, 2008, §8 Rz. 118.

5. 量能课税原则之违反

量能课税原则的违反，必须经由另一个合乎事理的原则，如需要原则或功绩原则（Bedürfnis-oderVerdienstprinzip）加以正当化；故税法有关以税捐优惠作为政策工具之“社会目的规范”，得有别于量能课税原则。①但其违反量能课税原则，必须为其社会目的所必要，且手段适当，并合乎比例。

倘若为满足国家财政需要而任意课税，违反量能课税原则时，则违反课税平等原则，自为法所不许。故如欠缺正当理由，仅为一群人或仅为某些个人的缘故，而给予税捐优惠利益，则构成税捐特权。给予税捐特权，乃是无正当理由地违背平等原则，而为不正当的税捐利益，以及税源的不合法的赠与。违反量能课税原则乃构成违反平等原则或违反平等原则所导出之税捐正义的要求。

（二）公益原则、需要原则、功绩原则

为正当实现社会目的规范（包括社会、经济、学术、文化、民众健康的政策目的规范）的目的，尤其税法上的补助或奖励目的，应考虑公共利益原则、需要原则以及功绩原则。换言之，在解释适用税法上有关社会目的规范时，尤其应考虑公益原则、需要原则或功绩原则。②

公益原则（Gemeinwohlprinzip）即一般的公共利益原则，有关税捐优惠之规定，通常必须有有关增进公共利益之考虑，才能正当化。否则即违反平等原则。又税法对某些类型加重课税负担，例如课征环保税捐、烟酒税捐等具有社会目的之税捐，禁止扣除等加重税捐负担之规定，均应经由维护或增进公共利益加以正当化。

需要原则（Bedürfnisprinzip）乃是考虑经济上的需要，而给予税捐优惠。经济上的需要乃是消极的经济上给付能力，尤其是并无充分的所得供给。税法上的优惠补助，如果增加递减的需要或增加给付能力，则无正当性。在社会中，如为了促进家庭利益（因应少子化，鼓励结婚及生育）

---

① Tipke/Lang, Steuerrecht, 2008, §4 Rz. 85.

② Tipke, Steuergerechtigkeit in Theorie und Praxis, 1981, S. 49 f.

而给予税捐优惠,以实质上确保家庭生活关系;为了劳资双方之地位平衡,而对于劳工之所得给予税捐优惠,也是增进公共利益之手段,属于需要原则之表现。但如财政目的规范,基于税捐上经济负担能力而减少课税,例如维持最低限度之生存权而给予基本生活费之扣除额,则不属于需要原则所要实现之社会目的规范。[①]

功绩原则(Verdienstprinzip)是对于增进公共利益之特定行为,给予酬谢优惠。例如,立法者对于发明或公益捐助,给予税捐优惠,或奖励其投资在经济上弱势之领域或为公益目的如环境保护或文化历史建筑之保护,而给予税捐优惠。[②] 即取向于“各取所值”(Jedernachseinen Verdienste)的正义法则,即系根据功绩原则。

由于在外部体系上,税法上社会目的规范与财政目的规范相结合,因此许多法律适用者不再认识到社会目的规范与财政目的规范并不适用相同的建制原则。例如,中国台湾地区“所得税法”第 17 条规定,购屋借款利息每年扣除数额最高以新台币 30 万元为限。此种规定即产生下列效果:税捐利益(补助)随着所得之增加而提高。此项规定固有认为系以须要原则为基础,但却违背正义的要求。如果两人其中一人所得新台币 400 万元,其累进税率 40%,故可节税新台币 12 万元。另一人所得新台币 200 万元,其累进税率 30%,故可节税新台币 9 万元,其支出相同的购屋贷款利息,却对于所得较高的人给予较高的税捐利益,即其补贴金额与税率高低及所得高低相连结,所得越高,补贴金额越大,其欠缺正当性而扭曲量能课税原则,似甚显然。[③] 盖从较高的所得并无法导出较高的住宅须要,且所得较高的人,比拥有较低所得的人,并不应得到较多的家庭生计或住宅建筑。[④] 因此,如要公平处理,则对于购买自用住宅借款利息,应采税捐债务之扣除(税额扣除),而不宜采取税基的扣除(Der

---

① Tipke, Steuerrecht, 20. Aufl., 2010, §4 Rz. 126.

② Tipke, aaO., §4 Rz. 129.

③ Walter Drenseck, Gestalungsuberlegungen aus Anlaßder Neuregelung der Nutzungswertbesteuerung, DStR 1986, S. 380.

④ Tipke/Lang, Steuerrecht, S. 33.

Abzug von der Bemessungsgrundlage）方式。[①]

又需要原则与功绩原则必须考虑，到底在此等原则也可适用于其他群体的情形，不得仅限制适用于特定的群体，此为平等原则所要求。

（三）实用性原则（税捐稽征经济原则）

租税制度，不仅应符合量能课税之公平及中立性之要求，同时也应符合实用性原则（das Praktikabilitätsprinzip）（税捐稽征经济原则），亦即应符合效率（efficiency）与简易性（simplicity）之要求。其中效率的要求，是税法规定应避免干预民众的经济活动行为，并符合成本效益之要求，尽量减少征纳双方之纳税及行政管理成本费用。而简易性原则，要求租税制度应具体明确，具有可实施性，并尽量简化，避免税制过于复杂，而产生管理上困扰，妨碍其有效性，造成相当高的管理成本。[②] 公平与效率如能二者兼顾，自较为理想。倘若无法兼顾，原则上应当公平优先，仅于例外情形，效率得为优先。[③]

通过此种实用性原则，避免税法的过于复杂化或实际上无法执行的困扰，并对于大量案件的课税加以简化并减轻稽征负担。此种实用性原则也间接地实现课税平等原则，因为法律如果不切实际，或者实际上根本无法实行时，则无法公平地加以适用。[④] 又一个在实务上毫无实施可能性的法律，并不适合于达成其法律目的，在法律适用与执行层面上并无可行性的法律，至少亦会损害其法律目的。[⑤]

依据黄茂荣之见解，税捐稽征经济原则之目标有三：简化税捐法规定、降低征纳双方之成本以及平等课税。其立基之法律原则为比例原则。[⑥] 税捐稽征经济原则在税法上之实践手段，涉及课税要件事实之认

---

① Paul Kirchhof, Das Steuerrecht als Mittel und als Storfaktor der Wohnungsbaupolitik 1983, DStR 1983, S. 285.

② 陈薇芸：《社会福利与所得税法》，2009 年版，第 109 ~ 111 页。

③ ［日］金子宏：《租税法》，2009 年第 14 版，第 76 页以下。

④ Tipke/Lang, Steuerrecht, S. 33.

⑤ Arndt, Praktikabilitat und Effizienz, 1983, S. 14 f.

⑥ 黄茂荣：《税捐稽征经济原则》，载黄茂荣：《税法总论》（第 1 册），2012 年第 3 版，第 590 页以下。

定者,包括下述各项:[①]

1. 简化税法规定

将税法规定简化,使一般民众也都能了解税法之规定,而能加以遵守。但因为税捐立法过于简化以至于容易形成法律漏洞,而让纳税义务人有进行税捐规划之空间,借助于法律事实之形成自由,容易导致滥用而构成税捐规避。然而,如果可以行政或司法方式进行漏洞补充,必然动摇纳税人事先从事税捐规划上所需要之法安定性,将有碍经济活动之开展。因此黄茂荣主张税法的法律漏洞应促使有关机关尽速修改,以使税捐法制合理化,而不应使该项法律漏洞变成纳税人从事经济活动时之陷阱。[②]

2. 利用税捐客体之归属基准日减少课税单位

例如,中国台湾地区“土地税法施行细则”第 20 条第 1 项规定各年期地价税以纳税义务基准日土地登记簿所载之所有权人或典权人为纳税义务人。每年一次征收以 8 月 31 日为纳税义务基准日。

3. 类型化或概算化税基之计算基础

税法或行政规则也有规定以类型化或概算化作为税基之计算基础者,例如,中国台湾地区“所得税法”上免税额及标准扣除额之概数,以表彰最低生活费。又如,收入之地区标准,如当地一般租金标准、不动产房屋之财产交易所得之计算标准、收入及支出之同业标准或费用比例之限制(如捐赠扣除受到所得额一定比例之限制,外销佣金占交易金额比例之限制)等均属之。[③]

由于类型化或概数(算)化并非以个案之具体事实为基础,因此在一定程度上,涉及推计课税,而与实质课税原则所要求之核实课税原则有违,故不应无条件容许,而必须有适当的理由。且因税基之类型化或概述化之计算规定,涉及税捐债务之发生的构成要件,宜有法律授权依据,较

---

① 以下整理自黄茂荣有关税捐稽征经济原则之观点。其不涉及课税事实之认定者,例如利用间接税捐或代征规定减少申报课税单位。

② 黄茂荣:《税捐稽征经济原则》,载黄茂荣:《税法总论》(第 1 册),2012 年第 3 版,第 603 页以下。

③ 同上书,第 615 页以下。

为妥适。否则,如无法律明文授权,即可能与税捐法定主义有违反。[①]

类型化及概算化之正确性与正当性,以统计所累积之经验数据为基础,在此基础上进行类型化与概算化,相对满足实质课税原则之要求。当其大数的经验数据与具体案件之个别情况可证明有重大落差时,必须给予个别的调整。[②]

由于类型化行政运用在课税事实之认定上,不能真正解决"弃实就虚"的实质问题,即其将法律适用到事实上不存在、而被拟制或推定存在之事实。[③] 因此,关于税捐客体之有无以及其范围之认定,适用类型化观察法以提高稽征效率时,不应使用"拟制"的手段,以确定其事实之终局状态,而充其量仅能采取"推定"方式,推定课税事实存在,并应容许纳税义务人反证推翻。[④] 有关税捐客体与税基之事实认定之类型化规定,也应保留司法机构在必要时可以经由司法审查加以矫正之机会。[⑤] 德国使用类型化规定常见者为耐用年数表、费用对于收入或所得之正确比例或概数。

4. 推计课税与查定课税

基于税捐稽征经济原则,有时以法令规定法定之概数、平均数为基础,或以法定方法计算税基,如中国台湾地区"所得税法"第 25 条对于中国台湾地区境外营利事业在中国台湾地区以内,经营境内外运输、承包营建工程或提供技术服务,而有中国台湾地区境内来源所得者,准许按照营业额之一定比例计算其所得额,采取推计课税模式。

又如,中国台湾地区"营业税法"第 23 条规定小规模营利事业等之营业税,采"简化课税",即查定课税,按照传统总营业额型课税方式,而不采加值型营业税。在此情形下,原则上应保留给纳税义务人请求核实计算税基之选择权,以符合量能课税原则。[⑥]

---

① 黄茂荣:《税捐稽征经济原则》,载黄茂荣:《税法总论》(第 1 册),2012 年第 3 版,第 610 页。

② 同上书,第 648 页。

③ 同上书,第 641 页以下。

④ 同上书,第 634 页以下。

⑤ 同上书,第 646 页。

⑥ 同上书,第 649 页。

5. 自动报缴案件，书面核定税款

稽征实务上基于降低征纳双方之程序上遵守成本，即降低稽征机关事后查核负担，以扩大自动报缴之稽征经济效果，采取友善课税之书面审核之措施（例如，中国台湾地区财政事务主管机关发布有各年度营利事业所得税结算申报案件扩大书面审核实施要点）。[①]

6. 利用拟制移转关于赠与之举证责任

中国台湾地区“遗产及赠与税法”第 5 条规定视同赠与之类型，以防止在规范面或事实面上引起认定困难问题，而有助于稽征经济。[②] 其中该条第 5 款及第 6 款有举证责任移转之规定，如纳税人能举证证明并非赠与时，则不必课征赠与税。

关于税捐债务之积极要件事实之举证责任，只有在稽征机关之举证，因为证据方法在纳税义务人之管理范围内，确实有特别困难，且所涉及之课税要件事实能够以积极事实证明其有无的情形，才能例外允许法律特别规定由纳税义务人负担举证责任。否则不适当课纳税义务人以证明积极要件事实不存在之举证责任。[③]

有关税捐简化与个别案件正义常处于紧张对立关系，个别案件正义要求满足个别案件的利益，但简化课税常无法满足此一需要。在此涉及稽征效率与税捐正义应如何兼顾问题，有认为“税捐正义应经由简化课税来加以实现”（Steuergerechtigkeit durch Steuervereinfachung）。依据此一见解，则税捐正义可谓必须经由税捐稽征经济原则来加以达成。例如，为简化稽征行政负担，税法导入类型化与概算化、平均水平、免税额及法定扣除额等[④]。

7. 税捐稽征经济原则与量能课税原则之关系

实用性原则本来是技术性的原则，与各种伦理性的原则相比，并不具有相同的价值。其界限如何到目前为止尚无法加以充分的阐明。如果立

① 黄茂荣：《税捐稽征经济原则》，载黄茂荣：《税法总论》（第 1 册），2012 年第 3 版，第 630 页。

② 同上书，第 632 页。

③ 同上书，第 649 页。

④ Tiple/Lang，Steuerrecht，20. Aufl.，2010，§4 Rz. 131 f.

法者颁布类型化的简化规定,则其必须取向于通常的情形或者平均的情形。实用性的利益,不应是经由过分损害个别案件正义(具体案件的妥当性)所换得而来。如果完全的实施量能课税原则,基于实用性的理由,仅对于某一特定的群体,无实施可能性时,则基于课税平等(公平)的理由,对于其他有关系群体,也必须加以让步。①

由于税法乃是大量案件的法律,其把握社会的及经济的成千上万的反复的生活事件,对此课税必须具有可行性,而必须采取法律上的类型化与概算额。在此一般的平等乃优先于个别的平等。此种类型化与概算额并未抵触平等原则。制定者可以广泛的规定将相同的税捐效果与经济生活的大量事件相连结,而忽略个别群体的特殊性,至于在个别案件因此所产生不公平妥当的严苛课税的情形,则可以通过中国台湾地区"税捐稽征法"第 40 条之妥当性措施(不执行欠缺妥当性之课税)加以平衡。然而,法律上的类型化以及概算额,如果其法律规定实际上使税捐义务人的全部群体比其他人产生更重大的负担致使其陷于更不利的竞争状态时则抵触了平等原则。②

三、税捐的课征与宪法原则

(一)税捐法定主义

1. 意义

税法乃是侵害民众权利的法律,有关税捐的核课与征收,均必须有法律的根据。即国家非根据法律不得核课征收税捐,亦不得要求民众缴纳税捐,而且仅于具体的经济生活事件及行为,可以被涵摄于法律的抽象构成要件前提之下时,国家的税捐债权始可成立。此项原则,即称为税捐法定主义或租税法律主义。

税捐法定主义在理论上的根据,可从民主国家原则与法治国家原则加以说明。就民主国家原则而言,意指:民众应当(通过民众代表之代议

① Tipke/Lang, Steuerrecht, S. 33.

② Kruse, Lehrbuch des Steuerrechts, Band I, Allgemeiner Teil, 1991, S. 49.

机构)自己决定想要负担什么税捐,而行政权与司法权则仅限于法律的执行与法律的监督(权力分立)。至于法治原则,则要求法安定性,即为防止行政机关对于民众的自由财产恣意干涉,以保护民众的自由财产,并对于民众的经济生活赋予法的安定性与预测可能性,乃要求税捐的核课与征收,应基于法律的根据为之。

2. 内容

税捐法定主义的内容,学者见解未尽一致,大别之,概可分为"课税要件法定主义""课税要件明确性原则""程序法的合法性原则"三部分,至于创设或加重税负的法律漏洞补充之禁止以及法律不溯既往原则等,则可认为系税捐法定主义之作用。

(1)课税要件法定主义

课税要件法定主义(Prinzip der Tatbestandmäßigkeit der Besteuerung)或称为课税之构成要件合致性原则,系从法治国家原则所导出,因此被赋予宪法的位阶,此项原则亦是课税合法性原则的特殊表现形态。课税之合法性,要求税捐的构成要件以及法律效果,均必须规定于法律之中。[①] 课税构成要件(课税要件),是指在实体法上成立纳税义务之前提要件的重要事项,包括税捐主体(税捐债务人)、税捐客体、课征标准(课税基础或税基)、税率以及税捐之减免及加重事由等,其均应以法律规定,否则,即违反课税要件法定主义。

就税捐立法而言,有关税捐之赋课征收之规定,国会亦得委任行政机关以行政命令定之,但基于课税要件法定主义之意旨,其授权制定委任命令应限于具体的、个别的委任,至于一般的、空白的委任则为法所不许。有关具体的、个别的委任与一般的、空白的委任的区别基准,必须其委任之法律本身,就委任之目的、内容及程度,已有明确规定者,始得称为具体的、个别的委任,否则即属一般、空白委任,应属无效,其据以发布之行政命令亦应属无效。

(2)课税要件以及课税规范明确性原则

在税法上,为达成法治之合法性的要求,有关课税要件以及课税规范

---

① Tiple/Lang, Steuerrecht, 21. Aufl., 2013, §3Rz. 233.

均应符合明确性之要求(Gebote der Bestimmtheit und Normenklarheit);即一切创设税捐义务的法律规定,就其内容、标的、目的及范围必须具体明确,可得特定,而使税捐义务人可以预测该项税捐负担以及具有计算可能性。

因此,税法本身应尽可能具体而明确地表明税捐主体、税捐客体、税基(税捐的计算基础)、税率及其加重或减免等税捐的要件,以便让纳税人直接从税法规定本身,即可大致理解其应于何种情形负担多少税额。即使是在以法律授权行政命令规定的情形,其授权规定本身,也应充分明确地界定其内容、标的、目的及范围,以便该项侵害具有可测量性,民众对于该项侵害究竟到什么程度,可以事先预测及计算。①

唯法治原则也不禁止税捐立法者使用不确定法律概念作为构成要件要素。此种立法手段在税法上,鉴于其复杂的规范对象,乃是不可避免的,且可能对于税捐义务人更为有利,盖其允许经由法官的宣示而更适合于个别案件的特殊性,并因此满足法治税法的另一需要(个别案件正义,具体妥当性)。税法上不确定法律概念,即属之。②

就此释字第 521 号解释理由书亦谓,法律明确性之要求,非仅指法律文义具体详尽之体例而言,制定者于制定时,仍得衡酌法律所规范生活事实之复杂性及适用于个案之妥当性,从规范上适当运用不确定法律概念或概括条款而为相应之规定。有关受规范者之行为准则及处罚之相关规定使用抽象概念者,苟其意义非难以理解,且为受规范者所得预见,并可经由司法审查加以确认,即不得谓与前揭原则相违。

但不确定法律概念之内容,如太过于一般的、不明确的而接近于内容空洞(所谓空白文句)时,则将难以依解释方法使其意义明确,而有导致公权力之恣意滥用之虞,例如规定"于公益上有必要时"时,"于经济景气对策有必要时",此类以终局目的乃至价值概念为内容之不确定法律概念,将民众之自由与所有权之界限的具体的决定,完全委由行政机关之衡

---

① Tipke/Lang, Steuerrecht, 20. Aufl., 2010, §4 Rz. 167.

② 有关税法上不确定法律概念之讨论,详见翁岳生:《论不确定法律概念与行政裁量之关系》,载氏著:《行政法与现代法治国家》,1982 年第 4 版,第 30 页以下;陈清秀:《论税法上不确定法律概念》,载氏著:《税务诉讼之理论与实务》,1991 年版,第 41 页以下。

量，此种模糊的一般条款，乃与行政之合法性原则不符，其规定因违反课税要件明确主义而应属违反宪制性规定。

税法上使用不确定法律概念之容许与否的判断标准，乃在于依据一般纳税人之理解水平（并非以税务专家或法官之理解水平），从法律本身，即可以预测其税捐负担之内容。①

又课税规范的明确性原则，要求各项税法条文规定彼此间应具有体系透明性，不应导致混乱状态，让纳税人无所适从。② 即在各个税捐法律规定（包括税捐要件等构成要件与税捐的负担等法律效果）应尽可能具有“明确性”以及其整体税捐法律秩序应尽量具有“透明性”，以便纳税人可以事先预测其税负的多少，并安排其生活。

（3）程序法上合法性原则

课税之合法性原则，在稽征行政程序法（手续法）上，乃是合法性原则（Legalitätsprinzip），或称法定原则。其内涵包括：①违法之禁止，有关课税之行政命令以及课税处分不得违反税法规定。②适用之要求，税捐稽征机关原则上不仅有权限，而且有义务核定以及征收法律上所应负担之税捐。对于税捐行政机关课以执行之义务任务，即应严格地、合法及公平地实现一切因构成要件之实现所产生的税捐债权（平等适用税法规定之要求）。③ 为满足此项法律上所课以税捐行政机关之任务，稽征机关应采取一切必要的措施，本于职权调查课税事件。稽征机关是否活动，并非属于其裁量之问题，而依法应强制其公平的核定及征收税捐。

法治的税法合法性原则，尤其排除一般行政法上的便宜原则（Opportunitätssgrundsatz）。便宜原则系指稽征机关可依合义务性之裁量决定是否以及何时实施行政程序，如认为依事件之状态以不采取处置为合乎目的时，亦可根本不采取任何措施（决意裁量），其亦可依合义务性裁量决定进行活动的时点，并选择其时点。在警察法上尤其适用便宜原则。

---

① Tiple/Lang，Steuerrecht，21. Aufl.，2013，§3Rz. 245.

② Tiple/Lang，Steuerrecht，21. Aufl.，2013，§3Rz. 244.

③ Tiple/Lang，Steuerrecht，21. Aufl.，2013，§3Rz. 238ff.

但在税法上,原则上并不适合于便宜原则。盖合法的、平等的课税并不允许询问税捐之核定及征收是否合乎目的之问题,或询问行政所须支出之费用与税捐收益间是否合乎经济的比例关系的问题。

3. 税捐法定主义之作用

基于税捐法定主义之要求,导出:不得以类推适用等法律漏洞补充方式创设或加重纳税义务。税法不得以追溯既往方式创设民众纳税义务。又基于合法课税之要求,产生下述作用:

(1)不允许课税之选择

依课税合法性原则,不仅是构成要件,而且法律效果也均必须从法律规定产生。如果稽征机关或纳税义务人均可以"选择课税"(EineBesteuerungnach Wahl)或纳税,则不仅破坏量能课税之负担公平原则,也伤害课税合法性原则之要求。如果法律并未承认课税之选择权,则在法律适用之层面上,原则上稽征机构及法院均无此项权限承认纳税人之选择权,亦不得在行政规则中承认选择权。①

倘若制定者给予税捐义务人数个法律效果可加以选择,则为例外情形。在财政目的规范领域中,仅能根据稽征经济的理由,对于选择权的承认(这也扭曲平等原则)加以正当化。

(2)不允许税捐协议

税法要求税捐之核定及征收应依法律之标准。税法原则上并不承认公法上契约创设或消灭纳税义务。有关税捐债权债务之税捐协议或税捐契约,原则上乃为法所不许,而为无效。

故公法上团体不得以契约负担义务抛弃主张依法律所发生之各项税捐债权。反之,税捐义务人亦不负担义务支付依法律所毋须负责之税捐。又税捐义务主体,为税法所明文规定,契约当事人间不得任意变更(例如,中国台湾地区"行政法院"1959 年判字第 67 号判例)。② 在私法上本于契约自由原则,纳税义务可以约定转嫁由他人负担(中国台湾地区"最高法

① Tiple/Lang,Steuerrecht,21. Aufl. ,2013, §3Rz. 236.

② 同说,中国台湾地区"行政法院"1969 年判字第 517 号判例;中国台湾地区"行政法院"1977 年判字第 418 号判例。

院”1977年台上字第1195号判例)[①]。

但稽征人员与税捐义务人基于工作负担过重之理由,也有对于事实关系(有时亦对于法规状态)之疑义,经常通过协议,取代彻底的调查事实以及依据举证责任分配法则,加以解决。换言之,在稽征实务上,为当事人之便宜以及有效率的进行课税而可见有对于例如收入金额或必要费用之金额等,进行类似和解的现象,此种情形,从法律上来看,并非双方当事人就某种税法上法律效果进行合意,而应是纳税义务人与税捐行政机关两者协谈结果,反应于税捐行政机关在课税要件事实的认定上。

由于税法的法律上构成要件特征,例如经济财的价值、法律行为的风险、一项给付的适当价格等,此类构成要件特征,须要进行事实关系的估价(估计)以及当事人的协调。此类课税基础,并无法精确的调查及计算,而必须加以估价,在此由于对于“正确的”估价,就各种不同的观点而言,均有代替可能性,因此为解决问题,可能通过“事实上的合意(妥协)”,“意见一致的估价”或以和解合意的方式行之。

此类事实上之协议,要能发生拘束力之前提,必须具备下述要件:[②]

①必须有稽征机关有权决定课税处分之公务员之参与。

②必须针对“事实关系”之不明确事项,进行协议。

稽征机关对于事实问题(并非法律问题),因为事实调查困难,而与纳税义务人进行协议,发生拘束效力。[③] 如果系争课税事实关系必须超越一般平常的花费及或超越一般平常的调查时间,才能调查清楚时,则可认为相当难以调查。盖稽征机关的调查认定事实之义务,以具有期待可能性为界限。如果预期花费之人力物力与税捐征收成果之比例关系,也可供参考。[④]

德国裁判上以往曾认为,不能针对有关事实关系之“法律上处理”之

---

① 同说,中国台湾地区“最高法院”1977年台上字第1752号判例。中国台湾地区“最高法院”1976年台上字第1119号判例,中国台湾地区“民法”第427条所谓就租赁物应纳之税捐由出租人负担并非强制规定,当事人不妨为相反之约定。

② Tiple/Lang,Steuerrecht,19. Aufl. ,2008, §21 Tz. 21.

③ vgl. BFH-Urteilvom 7. Juli 2004 X R 24/03,BFHE 206,292,BStBl II 2004,975.

④ 载http://www. steuerberater-heimhold. de/information_steuerlexikon/index/xid/504303,最后访问日期:2012年3月22日。

不明确性，进行协议。即事实上之协议不得针对有疑义之法律问题之澄清、涉及特定法律效果之发生的疑义以及有关特定法规条文之适用疑义。盖有关税捐债权之和解，基于课税合法性原则以及课税平等原则，应为法所不许。但其协议内容本身虽然属于有关法律上判断之合意，唯同时属于有关事实上之先决问题之协议时，仍为法之所许。[①]

③协议内容并未导致显然不妥当之结果。

例如，违反论理法则或经验法则之协议。[②] 整体协议结果必须尽可能接近生活事实关系，同时不得以拟制的事实关系作为课税基础。[③]

④德国实务上有认为基于"诚实信用原则"，在税捐法律关系中任何一方当事人均应适当地考虑他方当事人之正当利益，禁止该当事人与自己早先之行为相抵触（出尔反尔），以保护他方当事人善意信赖该当事人之行为，而据以为特定之处置，该项事实上之协议对于双方当事人具有拘束力。但学说上则多认为此一事实上协议，因为双方当事人意思表示合致，故具有税法上行政契约（公法契约）性质，而具有拘束力。[④]

有关事实上协议构成课税处分之基础，但如果纳税义务人或其代理人故意虚伪陈述、提供不实数据或隐匿重要课税事实关系，蒙骗稽征机关人员时，则该项事实上协议对于稽征机关不生拘束效力。

中国台湾地区"行政程序法"第136条规定：行政机关对于行政处分所依据之事实或法律关系，经依职权调查仍不能确定者，为有效达成行政目的，并解决争执，得与台湾地区居民和解，缔结行政契约，以代替行政处分。此项和解契约在税法上应有其适用。即有关课税的基础事实关系如果依据职权调查结果，仍无法查明或所费过巨，难以查明时，稽征机关就可与纳税人和解。中国台湾地区财政事务主管机关发布之税捐稽征机关税务案件协谈作业要点建立"协谈制度"，在上述说明范围内，亦有其正

---

① vgl. BFH-Urteilvom 13. August 1997 I R 12/97, BFH/NV 1998, 498; BFH-Urteilvom 3. 4. 2008 (IV R 54/04) BStBl. 2008 II S. 742.

② BFH, 06. 02. 1991 – I R 13/86, BStBl II 1991, 673.

③ BFH, 07. 07. 2004 – X R 24/03, BStBl II 2004, 975.

④ BFH, 24. 01. 2002 – III R 49/00, BStBl II 2002 II, 408.

当性与合理性。[1]

(3)行政裁量之排除

课税要件法定主义也要求,课税要件原则上不应包括“授权裁量”。有关税捐成立之构成要件及其法律效果,原则上均应以法律规定之。[2]税捐构成要件实现的法律效果,即税捐债权的发生,并非取决于行政裁量,而应直接基于法律规定而发生。

但在稽征程序上,税法仍有许多授权稽征机关裁量决定之情形,例如因天灾事变迟延纳税者,得由稽征机关裁量准予延期纳税(中国台湾地区“税捐稽征法”第10条),或移送执行不当者,得撤回之(中国台湾地区“税捐稽征法”第40条)。

在税法使用不确定法律概念之情形,在个别情形,其具体化取决于稽征机关的评价或预测之情形,仅有限度地接受法院之审查监督。在此是否例外地承认稽征机关享有判断余地,应经由法律之解释探求之。[3]

(二)税捐平等原则

1. 意义

平等原则,要求相同的事物应为相同处理,不同事物应为不同处理。在税法上,税捐平等原则有“水平的平等”与“垂直的平等”二者。水平的平等(horizontal equity)要求“相同地位的人应被相同对待”,相同的经济上给付能力者,应负担相同的税捐负担。垂直的平等(vertical equity)要求不同的支付能力者,则负担不同的税负,即富有的人应多负担税款,贫穷的人则少负担税款,而按照比例的平等负担税捐。换言之,应按照民众彼此间不同的给付能力为相异之税捐,即所谓“量能课税”原则。例如,土地增值税的征收,旨在使土地自然涨价之利益归公,因此,该项税款,应

---

① 有关税法上和解,参见黄俊杰:《谈税捐和解契约》,载《税务旬刊》第1938期,第35页;盛子龙:《租税法上和解契约与非正式协商》,载《中正大学法学集刊》第46期,2015年1月,第109~162页;江彦佐:《税务行政上和解契约与税务协谈制度之研究》,载《财税研究》第39卷第3期,第151页以下。

② Tiple/Lang,Steuerrecht,21. Aufl.,2013,§5 Tz. 146.

③ Tiple/Lang,Steuerrecht,21. Aufl.,2013,§5 Tz. 147.

向获得土地自然涨价的利益的人征收,才合乎税捐公平的原则(释字第180号解释)。

按照此种量能课税原则的课税,不须考虑国家的对待给付,而是按照下述原则出发:每个人就其牺牲应承担相同的难度,即在对于每个人课税之后,其对于私人的需要满足的限制,是在相同的程度范围内实施。一个对于私人需要满足的相对平等的牺牲,要求富人相对于穷人应负担较重的税捐,以使其相对的地位维持相同。①

为符合量能课税原则,有财政学者提出“相等比例牺牲”以及“相等边际牺牲”(equal marginal sacrifice)理论,其意义如下:

(1)“相等比例牺牲”是要求所有人因课税所牺牲效用的比例相等。即每个人因为缴纳租税而使所得减少,而造成效用(满足感)降低的数额,占其税前总效用的比例应当相同。因此在所得边际效用固定下,税率结构应为比例税率。

(2)“相等边际牺牲”,是要求所有人课税后的边际效用相等,又称为最小总牺牲原则,指每个人因为课税而纳税减少所得之后,其税后所得的最后一块钱的边际效用皆须相等。当所得边际效用递减时,税率结构应为累进税率。符合此一原则的租税,是既符合公平,也符合效率之租税。因此,针对民生必需品应从轻课税,对于奢侈品从重课税,以符合量能课税。②

2. 与立法的关系

税捐的平等也可以理解为“恣意的禁止”。如果法律上的差别待遇,并无法找到一个合乎理性的、从事物的本质所导出的理由或其他明白的理由时,则该规定即应认为是恣意的。例如,税法对于某一群人相对于另一群人,在法律上给与差别待遇;而在这二群人之间,就其性质及分量而言,并无足以正当化其不平等处理的差异存在时,即违反平等原则。例如,以“职业身分别”作为免纳所得税的依据,而非以“贫富差异”纳税能力高低作为免税的依据,即有抵触平等原则之嫌。

---

① Klein,AO,8. Aufl. ,2003, §3 Rn. 13.

② 徐伟初、欧俊男、谢文盛:《财政学》,华泰文化2005年版,第309页以下。

在决定两个事实关系是否相同或不同时，即应取向于税法的体系及其体系上合乎事理的原则，例如，量能课税原则及其下位的各项原则、市场交易所得原则、净所得原则等。至于获得财政收入，则非税法上合乎事理的原则，此种获得财政收入的目的，应经由公平的税捐加以达成，因此，为获得财政收入并不能正当化不平等的税捐侵害。

例如，有关所得的计算，对于执行业务所得与薪资所得二种所得，并未承认相同的必要费用扣除制度，是否构成不当的差别待遇？按执行业务者为获得收入，必须以自己之费用，承担提供劳务之风险，因此其相关必要费用得采取实额扣除方式，以计算其净额所得。反之，薪资所得者为获得报酬，而提供劳务工作，通常其所需费用由雇主负担，且由雇主承担工作成果之风险，因此，薪资所得者未采取费用实额扣除，而采取具有概算费用扣除方式之薪资所得特别扣除额。上述差别待遇之处理，日本学者金子宏教授认为在下述观点下，或许尚可认为并未构成不合理的差别待遇，而不违反宪法：①

(1)由于薪资所得者之职业上必要支出，与个人生活费支出，区别并不容易，如采取实额扣除，在制度执行面上有其困难，故倘若薪资所得特别扣除额，已经足以充分反映“平均的薪资所得者之必要费用”时，则其概算费用之类型化处理，具有正当性。

(2)在特定费用支出，如果超过薪资所得特别扣除额时，就超过金额，仍准予核实认定，追加扣除，即在特定类型支出，兼采实额扣除(特殊例外类型之举证推翻)。

然而，在立法政策上，应准予纳税人选择概算费用扣除或实额费用扣除，较为符合量能课税原则与课税公平。

中国台湾地区对于薪资所得者，仅承认概算费用扣除，并未承认实额费用额扣除，同时也未承认特定类型费用支出(如在职进修费用、资格取得费、通勤费用、远离家庭工作返家旅费等)之实额扣除，以至于在薪资所得者如果有特别重大费用支出，也无法扣除，其违反净额所得课税原则，

① [日]金子宏:《租税法》,2009年版,第78页、第198页以下。

并与其他种类之所得者(准予实额扣除)处于不公平的差别待遇。[①]

德国联邦宪法法院于2008年12月9日裁判[②]即宣告德国联邦所得税法第9条关于不准劳工申报减除住宅与工作地点间21公里以内之交通费用之规定违宪,理由是欠缺宪法上可支持之理由(为增加税收之财政收入目的而不准扣除费用,并非正当理由),违反宪法上平等原则所要求之税法上量能课税及客观净额所得原则。

3. 与执行的关系

税捐的平等要求税捐的一般性与普遍性,对于凡是满足税捐要件事实的人,均应强制的加以税捐,以维持负担的公平。即课税规定原则上属于强行规定,不得违反,而要求税法规定应当一体适用(所谓适用要求)。然而,税务案件属于大量反复案件,稽征机关以有限的人力物力处理,不可能巨细靡遗地调查课税。因此,应当整体性地公平执法,适用所谓"法律适用之公平原则",稽征机关不宜仅针对少数纳税义务人穷追猛打,而对于其他多数纳税义务人则轻轻放过,不予查税。从而在选案查核过程中,应注意执法之公平性。例如,针对重大异常案件,普遍性地进行调查,而不宜仅针对某一个检举案件查核,以免公权力沦为少数人挟怨报复之工具。

又在具体执行税法规定上,基于公平负担的观点,也有必要禁止税捐规避行为,防止特定人不当的减免税捐负担。在税法上即有所谓"实质税捐原则",中国台湾地区"所得税法"第43条之1所定关系企业不合营业常规的所得额的调整,即本此意旨,此类实质税捐原则的规定,在以税捐负担公平原则为建制的税法解释上,应认为是阐明当然应予适用的原则的一种宣示性规定,故不问其规定之有无,均应有实质税捐原则的

---

① 陈清秀:《执行业务所得与薪资所得之区别》,载《法学新论》第26期,2010年10月,第17~39页。

② BVerfG,2 BvL 1/07 vom 9.12.2008.

适用。[1][2] 有关平等原则在运行时间上的适用,例如欠税的分期付款缴纳(中国台湾地区"强制执行法"第 10 条),欠税强制执行的停止或撤回(中国台湾地区"税捐稽征法"第 40 条)等有关纳税人利益的权限的行使,如果在相同的情况下,而为不同处理的差别待遇(对于一方行使该权限,而对另一方则不行使该权限)时,即违反平等处理的原则。

4. 税捐中立性原则

税捐的负担原则上应保持"竞争中立性"(Wettbewerbsneutralität)的原则,即不应变更营业的公平竞争关系。如果对于竞争同业课以不公平的税负,而违背平等原则时,则亦违反竞争的中立性。竞争中立性的侵害,如果具有合乎事理的理由时,一般认为乃属法之所许。税捐中立性原则也要求对于税捐之课征,不应影响私经济部门(消费者及生产者)从事经济活动之经营决策,避免影响私经济部门的资源分配,包括企业组织形式、销售流程长短等。[3]

税捐中立性原则要求税法应当实现纳税人决定之中立性,并不应扭曲不同的法律形式之选择,即要求"法律形式之中立性"(Rechtsformneutralität),以落实按照经济上负担能力之公平课税。

在加值型营业税,在营业人多阶段销售流程中,营业税并非成本费用之一部分,而应在最后阶段存在相同的税负。因此,稽征机关最后所得征收之营业税,不得超过最终消费者所支付之税额。营业人最后不应有任何的剩余的营业税之税捐负担(营业人之角色,仅限于为国库代征税

---

① [日]田中二郎:《租税法》,第 89 页。有关实质税捐原则的详细探讨,请参见陈敏:《租税课征与经济事实之掌握——经济考察方法》,载《政大法学评论》第 26 期;陈清秀:《经济观察法在税法上之应用》,载氏著:《税法之基本原理》,第 195 页以下。

② 就此问题,有反对说认为如果欠缺法律根据,不应承认实质税捐原则作为税法的解释适用上的原则,否则将使滥用征税权力的事实正当化、合理化,变成为大众税捐的国库主义,而有使宪法上税捐法定主义名存实亡的危险([日]北野宏久:《税法学原论》,第 114 页以下)。且若无法律根据,也不应否认税捐规避行为,以维护法的安定性与法的预测可能性(北野宏九,前揭书,第 109 页;[日]金子宏:《租税法》,第 117 页)。

③ 在财政学上,税捐中立性原则,是指要求税捐之课征不应改变财货或劳务的相对价格,避免扭曲市场经济最适资源分配,及发生政府所收税收之货币价值,远低于民众因为纳税所产生不快乐感觉之货币价值,而产生"损失"的情形。此一损失,在财政学上亦称为租税的无谓损失、超额负担或福利成本(徐伟初、欧俊男、谢文盛:《财政学》,华泰文化 2005 年版,第 317 页以下)。

捐),以维持其公平竞争条件。[①] 又进口货物应课征营业税,以实现消费税之目的地课税原则,以便使外国进口货物与内国货物负担相同税负,而维持竞争中立性。而在出口货物之交易,则完全排除税捐负担,以获得在国际上相同的竞争条件。此种竞争中立性之课税目标,也应一并作为营业税法之解释基准。[②]

在国际税法上,税法的竞争中立性原则,表现为国际税捐中立性原则,其是指国际税捐体制不应对涉外纳税人之经济活动的区位选择以及企业的组织形式等产生影响,中立的国际税捐体制,既不鼓励也不阻碍纳税人在国内或国外投资、工作或消费本国产品或外国产品。一个优良的国际税法不应对资本、劳务及货物等在国际间的流动产生影响,以利于资源在全球作合理利用。[③]

其中又可区分两种类型:“资本输出中立性原则”(Kapitalexportneutralität),乃是指课税之实施,独立于其经济活动之地点(国内或国外),税捐对于资本投入之地点具有中立性,即并未取向于其投入之地点。在本国与外国投资,并无任何改变净投资报酬的税负差距,即在国外投资之收益,其应负担之税负,与在国内投资收益之税负相同。[④] 故在税捐政策上,并不影响投资地点之决定。资本的输出与否,完全排除税捐因素的考虑,此即“资本输出中立原则”。故居住国对于居住之投资者的全球(境外)所得课征所得税,必须准许国外税额扣抵,以使国外与国内的资本所得,在本国均负担相同的税负,以实现税捐中立原则。[⑤]

“资本输入中立性原则”(Kapitalimportneutralität),乃是指课税负担对于经济活动之地点全部均相同,而独立于其资本之产生地点。在间接税,例如营业税或消费税,较能广泛地实现资本输入中立性原则,即税捐负担仅在目的地国(最终消费地国),而不在原始生产地国。但在直接

---

① 此为依据欧洲法院判决观点,所整理之欧洲共同体之加值税准则之课税原则。参见 Jakob, Umsatzsteuer, 4. Aufl., 2009, Rn. 31 f。

② Jakob, Umsatzsteuer, 4. Aufl., 2009, Rn. 31 f.

③ 刘永伟:《国际税法的基本原则》,载刘剑文主编:《国际税法学》,第 59 页以下。

④ Volker Kluge, Das Internationale Steuerrecht, 4. Aufl., 2000, B 62 ff.

⑤ 张庆辉、郑文辉、曹添旺、郭炳伸:《所得税涉外课税问题之研究》,1989 年版,第 6 页以下。

税，如所得税，资本输入中立性要求仅在投资地国家（所得来源地国）课征所得税，而在资本产生地之母国（居住地国）则应免予课税。①

上述二者均是使有关跨境之影响中立化。

(三)社会国家原则

按照社会国家原则（Sozialstaatsprinzip）的精神，国家负有义务执行下述任务：②

1. 保障人性尊严，维持社会的基本生存权：照顾及保护经济上的弱者，任何人于其人格的及社会的发展遭受重大妨碍时，即有须要照顾，而享有“符合人性尊严之最低生活水平”之社会救助请求权。③ 其所造成的原因，可能是财务上的急难，身体及精神上的障碍，身体的衰弱、无能力等原因。

2. 确保机会的平等（Chancengleichheit），俾为社会的利益，个人足以自由的发展其人格，以促进阶级的流动。

3. 调整（衡平）社会的不平等（Ausgleichsozialer Ungleichheiten）或对立，以维持保障正当的社会秩序。

社会国家原则要求保障税捐义务人及其家庭最低限度的生存所需所得不课税原则。即在社会救助额度范围内，维持基本生存权（维持文化的、健康的最低限度的生活）的所得（乃至包括财产）应免于课税。④

在税法上对于经济上弱势之民众，考虑其经济上负担能力较低，而本于量能课税原则，得在财政目的规范，给予减免租税，以维持社会的衡平。⑤

为调整社会财富之社会目的，可能在收入面或者在支出面加以规定。社会国家原则也可以正当化在税法上有关“财富重分配”之社会目的规

---

① Volker Kluge, Das InternationaleSteuerrecht, 4. Aufl., 2000, B 64 ff.

② Jarass/Pieroth, Grundgesetz, Kommentar, 1989, Art. 20. Rn. 74 ff.; BVerfGE 100, 271, 284.

③ 法治斌、董保城：《宪法新论》，2014 年第 6 版，第 87 页。

④ 黄茂荣：《税法总论》（第 1 册），2012 年第 3 版，第 145 页以下。

⑤ Tiple/Lang, Steuerrecht, 21. Aufl., 2013, §3 Tz. 211.

范规定。例如,所得税及财产税采取“累进税率”的课税,以达成“财富重分配”的效果,有助于实现调整社会不平等的目标。[①] 因此,累进税率可说是从社会国家原则所导出,而非量能税捐原则。因为量能税捐原则只要求经济上的给付能力较强的人应按照比例,比给付能力较弱的人多支付税款(采取比例税率),而并不要求以累进的方式多支付税款。而社会国家原则则认为原先的所得分配并不正当,为重建正义,有必要进行财富重分配。通过累进税捐与财产的税捐,重分配财富,以矫正原先的福利分配并改善穷人的起步机会。[②]

广义的社会国家原则[③]也可以正当化税法上特别的减免负担以及特别的负担,即基于社会、经济、文化、民众健康政策等财政目的以外之政策理由,对于社会所期望的行为给予税捐的减免,而对于社会所不期望的行为则课以附加的负担,给予不利益。例如,对于有妨害民众健康的烟酒的消费,课以重税,以寓禁于征,即属之。

社会国家原则对于课税之财富重分配功能,并非漫无限制,而仍应受到财产权保障之限制。[④]

(四)法治国家原则

税法的法律秩序也应受法治国家原则的支配,[⑤]法治国家原则包括依法课税原则(法律优越与法律保留)、法的安定性、比例原则以及法院权利的保护等。

实质的法治国要求整体的租税负担应当公平地分配予各个个别的纳税义务人。至于租税负担公平分配之问题,应先探讨各项税目的正当性

---

① 法治斌、董保城:《宪法新论》,2014 年第 6 版,第 83 页。

② Tiple/Lang,Steuerrecht,21. Aufl. ,2013, §3 Tz. 212. 在此所谓累进税率,在所得税,是指所得税的税率(或所得的税捐负担的比率)随着所得的增加而提高而言。

③ 详见陈清秀:《社会国家原则在税法上之运用》(上、下),载《台湾法学杂志》第 164 期,2010 年 11 月 15 日,第 24 ~39 页;第 165 期,2010 年 12 月 1 日,第 43 ~50 页。

④ BVerfGE 93,121.

⑤ 陈清秀:《法治国原则在税法上之运用》(上、下),载《植根杂志》第 29 卷第 9 期、第 10 期,2013 年 9 月、10 月。

(合法性)问题。[①] 即税捐正义作为宪法之基本原则,是税法的核心价值,纳税义务必须符合正义原则。[②] 从宪法上观点观察,纳税义务之实体的基本价值判断,应从宪法上基本人权以及宪法上基本原则导出,包括个人的人性尊严、生存权、自由平等权、婚姻及家庭之保障、财产权及居住地不可侵犯权。[③]

实质的法治国原则要求税法应符合税捐正义的要求,税捐正义依赖国家的"课税伦理"(Besteuerungsmoral)与纳税人的"税捐伦理"(Steuermoral)维生。[④] 课税伦理要求国家或地方自治团体在课税上符合伦理法则,税捐伦理要求纳税义务人公平负担纳税义务。[⑤] 法治国家必须是正义的国家,有关税法规定必须以各项公平合理原则为基础,并加以执行,以保护民众免于不法,并落实税法规定的内部伦理性,即税法应将整体税捐负担,按照公平的标准,分配于民众负担。[⑥]

1. 法的安定性

法的安定性是从法治国家原则导出,在税法上,法的安定性追求的目标之一,要求税捐法律秩序的"连续性",税捐法规作为纳税人行为准绳的规范,嗣后不许追溯既往为不利于纳税人的变更(溯及既往税捐的禁止)。

2. 比例原则

比例原则或称为禁止过分原则,亦为法治国家原则所导出的原则,在此是指税法或税务行政(在其裁量的范围内)不得过分地进行不必要的规定或指令。在下述的情形即属过分:

(1)凡是并非达成目标所适当的(欠缺适当性),即其不适当的、对于目的不能发生作用的手段,均非必要(所谓适当性的要求)。

(2)凡是国家的措施(或处置)的目标,也可以用其他相同效果的手

---

① Tipke, Steuerrechtsordnung 1, 2. Aufl., 2000, S. 228.

② 侯作前:《税法主体的权利义务》,载徐梦洲主编:《税法原理》,中国人民大学出版社 2008 年版,第 117 页。

③ 同上书,第 118 页。

④ Tipke/Lang, Steuerrecht, 20. Aufl., 2010, § 1 Tz. 4.

⑤ Tipke, Steuerrechtsordnung 1, 2. Aufl., 2000, S. 236.

⑥ Tipke, Steuerrechtsordnung 1, 2. Aufl., 2000, S. 239.

段达成，而对于民众的有关基本权利并不发生侵害或侵害较少的。该手段即欠缺必要性（所谓必要性的要求）。

（3）凡是不合乎比例的，即对于关系人或对于第三人产生不利益，与所追求的利益不成比例（所谓狭义的比例原则、期待可能性、相当性的要求）。在此乃涉及上述两种利益的衡量。

税法的规定如果是属于财政收入目的规范以外的政策目的规范，则比例原则常是检验其合宪性的重要标准。又税法如果变更原来的税捐方式，而使民众遭受一时适应困难或将严重损害其既存的法律地位（例如，提高税负或取消税捐优惠）时，则依比例原则，也要求新法的施行，应有一个过渡期间的规定，俾民众可以适应新法安排其经济活动，不致因信赖旧法从事交易活动而遭受预测不到之损害。[1] 在稽征程序上，禁止过分原则也常扮演重要角色。例如，在已经超过核课期间，已无法再变更税捐处分，补征税款的情形，即不得再进行不必要的查账。

（五）生存权的保障与税捐的课征

1. 生存权的保障

生存权的保障指全体民众均有过着健康的、文化的最低限度的生活的权利（参见《日本国宪法》第 25 条第 1 项）。所谓健康的、文化的最低限度的生活，也就是符合人性的尊严的生活。此种人性的尊严不可侵犯的生存权利，是属于宪法上基本的价值决定，在制定及适用法规时，均应加以遵守。因此，在税捐的课征上，也不可以有侵犯人性尊严，危害全体民众过着健康的、文化的最低限度的生活的情形。

本书以下即探讨生存权的保障与税捐课征间的关系，期能建立符合人性尊严的租税法制。

2. 人性尊严与最低生活费不课税原则

从宪法保障民众生存权的规定及尊重人性的尊严暨社会的福利国家原则，均要求无论国家是以社会（福利）国家的身份给予民众生存所必须的补助（社会救助），或者国家是以税捐国家的身份给予民众维持其最低

---

① Jarass/Pieroth, GG, Art. 20 Rn. 61.

限度生存所必须的财产,不予课税。为确保民众最低限度的生存权利,课税不应该侵害民众最低限度的生存,因此国家不应该先对于民众加以课税,之后,再以社会救助的方式退还给纳税人,以资补偿。民众所获得的所得财产,首先应归属于自己;国家只能就不影响民众生存所必要的财产部分加以征收税捐。

国家对于纳税义务人的所得,在为创造民众作为有尊严的人所必要的最低前提要件的范围内,应不予课税。根据宪法上尊重人性尊严以及社会国家原则的要求,国家负有义务对于欠缺资力的民众,通过社会给付确保此项必要的最低生活条件的满足;另外,国家对于民众自己所获得的所得,在最低生存条件的金额范围内,也不应加以剥夺。

(1)生存权保障与所得税的课征

就所得税而言,表现此种保障最低生存条件的税制,可分下述三种:

①在税基的计算上,以扣除额减除。

②将扣除额纳入税率为零的领域。

③税捐债务的金额的扣除。(税额扣抵)

所得税的课税最低限额,如果远高于健康的、文化的最低生活费基准(最低生活扶助基准)时,则符合宪法保障基本生存权的规定。至于所得税的课税最低限额,可以从具有扣除生活费性质的纳税义务人本人、配偶及扶养亲属的免税额以及扣除额加以计算得出。此种在所得计算上,除准许就获得所得所必要的经费扣除(客观的纳税能力)之外,并考虑纳税人的个人主观情况,反映纳税人的主观纳税能力,就纳税义务人本人、配偶及扶养亲属等家属为维持最低限度的生活所必要的部分,因不具有纳税能力,而准予扣除,不列入课税范围(主观的净额所得原则)。

就此,德国联邦宪法法院 1992 年 9 月 25 日第二审判庭即裁判指出,所得税法上的基础扣除额规定,必须符合平均的社会救助须要,该裁判要旨认为所得税的税捐义务人,在就其所得履行所得税税捐债务之后,必须仍然保有足够的所得以支应其必要的生活费以及其家庭生活费需要(最低限度生存)。在税捐上所应给予照顾的最低限度生存金额,乃取决于一般经济上状况以及在法律社会中所承认的最低限度的需要。对此加以估计乃属立法者的任务。然而,在立法者于社会救助法中已经决定最低限度的需要时,即国家对于无资力民众于社会国家照顾保护的范围内,通过国家给付给予满足上述最低限度需要的情况下,则所得税所应给予最低限度生存金额即不应低于此项金额。①

另有学者提出"负所得税"制度,以保障民众最低生活水平。负所得税乃是对于没有所得的人或仅有一定限度所得的人,给付所得的制度,而作为租税制度之一部分。其符合所得税之财富重分配以及充实社会保障之要求。② 但其实质上并非税捐,而属于社会福利措施。

(2)生存权保障与其他税捐的课征

生存权的保护范围也适用及于其他可能影响个人生存的全部各税,在间接税的情形,学者则有主张应通过退税(Steuervergütung)来确保最低的生存条件,而在生存所必须的重要的财货,如食盐、糖等生活必需品,则不应纳入课税或从轻课税,以保障民众的最低生活需要。

在保障生存权的前提下,就地方税的课征,如果基于费用分担与受益付费的观点,而采取"人头税"(定额税)模式,按照地方居民人数平均分担税负,此种税制由于并未考虑到纳税人最低生存需要的问题,因此导致民众的所得并未超过最低生存标准,实际上并无纳税能力,却应缴税的不合理现象。因此,地方税的课征,也应与国税相同,采取量能课税原则,较符合租税正义的需求。

又在课税对象为纳税义务人生存上所必要的财产的情形,税法或规定为不课税,或规定从轻课税,例如,遗产税有一定免税额,以确保继承人供生存使用之财产免于课税;又如,自用住宅的地价税优惠税率,从轻课税,也是保障生存权的财产的表现。

3. 生存权保障与税捐债务的免除、停止执行

稽征机关如果依法平等地强制课税结果,将危害纳税义务人的经济

---

① 参见 EuGRZ 1993, S. 20 ff。德国联邦宪法法院 2009 年 2 月 9 日判决认为最低生存保障之内容,应包括维持生理生存,即食物、衣服、家庭用具、住宿、暖气、卫生与健康,以及维持人际关系与最低限度参与社会、文化与政治生活所不可或缺的各项物质条件。其必须由立法者根据社会通念、需求者的具体生活情况、经济与技术现状等条件,与时俱进,并切合实际的加以确定。在此立法者必须以可嗣后验证的方式,采取实证调查方式分析,以切合实际,不得恣意决定。

② [日]金子宏:《租税法》,2009 年第 14 版,第 76 页以下。

上生存或个人的生存时,则有免除纳税义务的必要与价值。例如,纳税义务人如果未被免除税捐债务,则将暂时或不再能够负担必要的生活费用。在此情形下,基于个别案件正义的理由,必须留给纳税义务人必要的财产不予课税,以便纳税义务人可以维持简单朴素的生活。

就此《德国税捐通则》第 163 条第 1 项第 1 句即规定:“税捐之课征,依个别之情形为不妥当时,得核定较低的租税,并得于核定税捐时,不考虑提高税额的个别课税基础。”同法第 227 条第 1 项也明定,“依个别事件的状况,税捐债务关系的请求权的收取为不妥当时,稽征机关得全部或部分免除债务;在相同的前提要件下,已经缴纳的款项可以退还或用以抵缴”。因此,稽征机关可基于妥当性观点,对于危害民众最低限度生活的税捐,不予核定,或免除其税捐债务,以维护具体案件的妥当性,实现个别的正义。

就此,中国台湾地区“税捐稽征法”第 40 条规定,“税捐稽征机关,认为移送法院强制执行不当者,得向法院撤回。已在执行中者,应即声请停止执行”,也可引用作为调整缓和不当课税,以避免危害纳税人的生存权的法规依据。盖强行课税结果,如足以危害纳税人的最低限度生活水平的保障时,其课税之强制执行,即属显然不当,稽征机关自应撤回、停止欠税之执行,以符保障民众生存权的意旨。

(六)财产权的保障与税捐的课征

1. 前言

国家不仅不得剥夺、侵害生产手段,也应保障与个人日常生活密切相关的各种财产权。法律对于财产权的限制,并非可以漫无界限,而应受到不得损害私有财产性的本质的限制。通过财产权的保障,以确保民众在财产法领域上的自由,并可以自己负责的方式,安排其生活。税捐的课征,乃是民众必须加以忍受的负担。然而在保障民众财产权的精神下,如果税捐的课征,课予民众过度的负担,并且根本地损害其财产关系时,则有违反保障财产权之可能。

2. 财产权保障与税捐课征

税法就是为公共利益之目的而“限制”民众的财产权。课税乃是为公共利益而对于财产权设定限制。原则上,课税并不是对于特定民众的特别牺牲,因此无须给予补偿。此与国家为公益目的对于特定民众征收财产(特别牺牲),应给予补偿的情形不同。

在税捐的课征与财产的持有及利用相连结的情形,例如,所得税法对于所得课税,系就所有权标的物的"使用"所产生的收益或盈余课税,并非就所有权的存在本体课税(所谓"树果原则",所得税应仅就财产之孳息课税,不应就产生孳息之财产本体课税)[①],因此其课税乃属于对于所有权的利用可能性的限制,原则上为所有权使用的社会义务的具体表现,自不违背保障财产权的精神。

又如,税捐的课征,形式上并非与所有权的利用,而是与所有权的存在及其所有权的持有相连结的情形,例如现行房屋税、地价税等财产课税,在通常情形下,民众可以从该财产的"收益"中缴纳其税款,因此如果立法者一般性的以此种财产收益为课税前提时,则此类财产课税即不违背保障所有权本体或存在的担保。[②]

3. 财产权保障与课税的界限

又所有权的利用可能性,并不能通过税捐负担毫无界限的加以限制。财产权的保障,除确保所有权的存在之外,也确保其原则上具有私人的用益性。如果经由税捐的课征来限制所有权的利用,导致完全排除所有权人的(获得收益的)利用可能性,即使所有权变成空洞的权利时,则其已逾越所有权的社会义务的界限,构成不合法的征收。

例如,当局对于所有权人完全剥夺其因所有权的利用所产生的全部收益或盈余时,则其所有权已丧失私人的用益性,而完全变成他益性或公益性,此种排除私人所有权的功能上合宪使用的做法,乃属于违法的征收,侵害民众的财产权保障。

基于保障财产权之精神,对于所有权应采取友善的课税模式,其表现方式如下:

---

① 王建煊:《租税法》,2006 年第 30 版,第 74 页。

② Papier, in: Maunz/Dürig, GG, 1983, Art. 14 Rn. 156 ff.

(1)财产权本体之保障

倘若课税不仅对于所有权加以限制,而且导致私人的所有权以及经济秩序归于破灭无效时,或者课税不只是存在于参与分担,而是构成没收时,则此种税捐的课征,已逾越所有权限制(社会拘束)的界限,而抵触保障财产权的本质内容,其正是要确保私人的所有权秩序以及参与私经济活动的可能性。就此德国联邦宪法法院判例也一向认为,对于盈余全部拿去课税并反复的侵害财产本体,此种没收性的税捐具有“征收”的作用。在此也构成税捐立法上的经济管制的界限。又因课税而损害最低限度生存保障,并不能通过所有权的社会拘束加以正当化。因为如果连自己生存所必要的财产都欠缺时,就不能接受社会拘束的限制。①

又如,所得税法对于“已实现的”收入所得方纳入课税,而对于单纯财产增值,尚未实现的所得,则不纳入课税,亦系避免产生侵害财产本体的效果。盖如财产增值尚未通过交易实现其利益,即纳入所得课税范围时,则纳税人势须变卖其财产,始能缴税。②

此外,在因通货膨胀而虚增名目所得的情形,税法也应有扣除通货膨胀而虚增所得部分的规定,否则其所得课税即可能变成实质上对于财产本体课税,而非对于其财产的收益课税。土地税法关于土地自然涨价数额的计算,就前次移转现值的认定,明定应再按物价指数调整(中国台湾地区“土地税法”第 32 条),以扣除名目增值部分,即本此意旨。

(2)财产收益课税之最高限制

由于财产税是对于财产的应有收益课税,而当财产有实际收益时,仍应课征所得税,因此,财产的整体税捐负担,应有其最高额限制。德国联邦宪法法院 1995 年 6 月 22 日提出“半数原则”(Halbteilungs-grundsatz)作为其界限。即财产税加上收益税(所得税等)的应有收益之总体税捐负担,就财产收入减除相关成本费用后之剩余收益金额,依据类型化观察

---

① Tipke/Lang, Steuerrecht, 12. Aufl., 1989, S. 52 ff.

② 由于对于已经实现的财产增值才纳入课税,纳税人要考虑在移转或出售资产时,会产生税负,因此,纳税人可能因此不愿意改变其资产组合,此一现象,在财政学上称为“闭锁效果”(lock-in effect)。参见 Rosen:《财政学》,李秉正译,第 336 页。

法,其因课税而保留于私人及公部门之手中应接近于半数,亦即至少仍应有接近半数收益归于纳税人私有。盖保障民众的私有财产权,财产权虽然负有社会义务,其财产权的使用,应同时为私人的利用及有利于公共福祉,但不能反客为主,负担租税之社会义务,不应超过应有及实有收益之半数。①

在判断税法规定是否违背保障财产权的精神时,并不是以具体个别情形为准,而是以对于一个理性的、从事经济活动的所有权人(或事业者)而言,现存的税捐负担在通常情形下,是否仍然容许在经济上具有意义的利润为准。即是以所有权人就其所有权的利用,虽然负有税捐负担,但在通常情形下,是否仍然可维持宪法所保障财产的私益性(Privatnüzigkeit)为准。至于具体个别情形的不合理的严重税负,则应通过具体妥当性的减免(Billigkeitserlaß)加以调整。在此财产权保障规定,也可作为有关个别案件妥当性的裁量的指导原则。

(3)基本生活财产不课税或从轻课税原则

如从社会国家原则及生存权保障观点而言,国家对于个人及家庭为确保基本生存所使用之财产,应给予特别保护,以保障纳税义务人及其家庭的自由范围,可以自己责任的形成个人生活领域。此一保护范围仅及于通常的或平均的使用财产(das normaleoderdurchschnittlicheGebrauchsver mögen),例如,平均一个家庭住宅之财产价值范围,以保障其家庭基本生活水平。②

出于对个人及家庭的生存权保障,有关个人及家庭维持最低限度生存所必须使用之财产,应当免于课税干预,以维持其以自己责任形成个人的生存发展空间。故一般通常或平均的水平所必须使用之住宅财产,应不予以课税,③或至少应当尽量从轻课税。

---

① BVerfGE 93,138. 有关半数理论,详见葛克昌:《所得税与宪法》,2009年第3版,第281页以下。

② Lang,in:Tipke/Lang,Steuerrecht,20. Aufl. ,2010, §4 Tz. 217.

③ BVerfGE 93,121,141.

（七）婚姻及家庭之保障与课税

宪法对于婚姻及家庭给予保障，表现在税法上有二：禁止对于家庭不利的待遇（不利负担之禁止）。促进家庭幸福之要求（立法裁量）。此种不利禁止落实平等原则，即实践量能课税之负担公平原则。

对于家庭禁止不利课税待遇，可以表现在下述事项上：

1. 对于纳税义务人及其家庭之基本生存所需费用，在国家提供社会给付以保障基本生存权之金额范围内，应不予课税（私人的净额所得原则）。

2. 强制性的扶养给付，必须符合实际的加以考虑（家庭所得分配原则）。

例如，小孩的扶养费用，与纳税义务人个人的一般生活费（在所得税法上一般生活费支出，不准扣除）不同，不能作为纳税人之经济上负担能力之衡量基础，从而欠缺课税可能性。且从保障人性尊严以及婚姻与家庭制度应特别受宪法保障之观点而言，更不得将个人一般满足喜好之生活费与为维持小孩生活所必需之小孩扶养费用，等同对待。盖一般生活费支出具有可回避性，而小孩生活费支出，则应为小孩之利益为之，具有不可回避性。①

德国联邦宪法法院 1998 年 11 月 10 日第二法庭裁判即认为，小孩照顾需要属于家庭基本生存权之一环，其照顾费用在所得税法上应予以扣除，《德国所得税法》第 32 条、第 33 条 c 规定未准予扣除，抵触《德国基本法》第 6 条第 1 项、第 2 项关于婚姻及家庭应予保障之规定。②

3. 在夫妻间所得累积合并计算而适用累进税率课税，增加税捐负担便成对于婚姻之惩罚，违反量能课税以及个人课税原则，应属违宪。如果采取夫妻所得合并计算再折半计算夫与妻之所得，适用税率算出夫与妻之分别应纳税额，再合计夫妻共同应纳税额，以避免所得合并计算而适用

---

① 参见德国联邦宪法法院 1990 年 5 月 29 日裁判，BVerfGE 82，60，87 f。

② BVerfGE 99，216，245 f. 有关本件判决评析，参见 B. Sangmeister，StuW 2001，S. 168 ff。

累进税率产生之不公平现象，则为可供选择之合宪方式。[①]

释字第696号解释理由书指出，按婚姻与家庭植基于人格自由，为社会形成与发展之基础。如因婚姻关系之有无而为税捐负担之差别待遇，致加重夫妻之经济负担，则形同对婚姻之惩罚，而有违保障婚姻与家庭制度之本旨，故系争规定所形成之差别待遇是否违反平等原则，应受较为严格之审查，所采差别待遇与目的之达成间亦须有实质关联，始合于平等原则。……系争规定有关夫妻非薪资所得强制合并计算，较之单独计算税额，增加其税负部分，因与上述目的之达成欠缺实质关联，而与平等原则有违（同说，释字第318号解释）。

4. 在配偶间或父母与子女间实际上有执行之契约，在税法上也应如同一般陌生人间之契约，加以对待。

（八）营业自由与课税

有关租税法规的建制与解释适用，也应注意维护民众的营业自由。即课税结果应保障纳税人享有继续营业生存发展之空间，而不得有绞杀性课税之情况。[②] 有关营业自由表现在税法上，有下述三项：

1. 税法应尊重私法上契约自由原则

税法的解释适用，应尽量尊重私法上法律关系之自由形成，以维护民众经济活动之营业自由，避免纳税人遭受不可预测之损害。

实务上经常引用实质课税原则，否认纳税义务人所选择之私法上法律形式或安排，以税捐规避为理由，不仅调整补税，甚至加以处罚。唯因实质课税原则之适用构成要件欠缺具体明确性，难免发生法律上见解争议的情况，在有合理争议而仍被科处漏税罚的情形，将导致纳税人对于税捐负担以及处罚欠缺预测可能性，而妨害纳税人之营业自由以及法律秩序安定性。

例如，有关民事契约类型之定性，稽征机关应尊重纳税人在商业上交易关系之合目的性规划需要，除非其选择损害财政税收利益，否则应尊重

---

① BVerfGE 6,55,80.

② Tipke/Lang, Steuerrecht, 20. Aufl., 2010, §4 Rz. 213.

纳税人之契约选择自由。[①] 合作店与专柜厂商之合作契约，约定由合作店名义出名营业，并开立发票与消费者及报缴营业税，不仅整体营业税收并无逃漏，且合作店与专柜厂商各自应负担之营业税亦无逃漏，却仅因为报税安排方式与中国台湾地区财政事务主管机关函释不合，在税捐实体上并无短漏税捐，仅因为有程序瑕疵，即被重新调整补税及科处巨额罚锾（参见中国台湾地区“最高行政法院”2009 年判字第 1061 号判决等），显侵害民众之财产权与营业自由权。[②]

2. 税法应协助促进产业经济发展

税法以及行政法规之解释，也应尊重及促进产业经济活动之自然正常发展，而不宜不当干预其正常运作。盖税法作为整体法律秩序之一环，整体法律秩序之重要因素，乃是法律与正义的基本价值应避免矛盾。

例如，如果中国台湾地区“都市计划法”为发展特色农业而承认特定专用农业区，则在中国台湾地区“农业发展条例”及“遗产及赠与税法”有关农业区免税规定中，也应加以整体配合考虑，承认“特定专用农业区”亦属于农业区之一种，而得享受免税待遇，才能符合各地发展“特色农业”之农业发展需要，[③]以免妨碍产业自由发展，侵害民众之经营自由。

同理，有关金融市场经济活动之交易习惯，也应加以尊重。例如，在债券溢价发行的情形，如果市场上有效利率低于票面利率，投资者获得有效利率之利息收益，本于实质课税原则，依据中国台湾地区“税捐稽征法”第 12 条之 1 的规定，应准予按照实际有效收益利率计算“实质的利息所得”，而非按照“莫须有”的“票面利率”计算“假设的、拟制的名目利息所得”，以避免“杀鸡取卵”，过度课税，才能维持债券交易市场之稳定发

---

① 黄茂荣：《税捐法与民事法》，载黄茂荣：《税法总论——法学方法与现代税法》，2012 年第 3 版，第 749 页。

② 详见陈清秀：《营业税法上课税主体及逃漏税之认定问题探讨》，载《月旦法学杂志》2011 年 2 月，第 189 期，第 209 页以下；张永明、杜育任：《汉登案可补税不应处罚》，载《税务旬刊》第 2129 期，2010 年 11 月 20 日，第 20 页。

③ 陈清秀：《从农业区土地免征遗产税谈税法应促进农业经济活动之健全发展》，载《台湾本土法学杂志社》第 169 期，2011 年 2 月 1 日，第 99 ~103 页。

展，保障公债制度之永续发展。[①]

中国台湾地区财政事务主管机关于 2008 年 2 月 21 日修正增订“所得税法施行细则”第 31 条之 1 第 2 项及第 3 项规定，也承认有关利息所得之计算，应以“实际有效利率”为准，而非以“票面利率”为准，以符合金融市场交易常规与同业一般法律感情。

3. 税法不应干涉民众的经营管理自由

基于经济活动的自由，纳税人对于经济活动之费用支出享有“自主决定权”，纳税义务人基本上得自由决定：为获得所得的目的，想要支付哪些费用。[②] 税法上，稽征机关不应以公权力过度介入企业之经营管理，如果成本费用或损失之发生，系基于企业营业之商业上正当利益者，而并无不合营业常规以规避税捐者，则稽征机关应予尊重，不得任意干涉，即应承认其成本费用之认列。此即法国税法上所谓“经营管理不干涉原则”。[③]

此种“经营管理不干涉原则”，乃是基于保障民众财产权及营业自由权之精神，对于市场经济活动应采取“友善课税原则”，使市场经济活动得以有效运转，经济可以蓬勃发展，而得以永续课税，营造征纳双方均赢的“利益均衡”局面。

例如，中国台湾地区“最高行政法院”2011 年度判字第 727 号判决即谓税法具有附从性，税捐构成要件之法律涵摄，原则上应尊重民商法之安排。

---

① 陈清秀：《债券溢价摊销之税法问题探讨》，载《税务旬刊六十周年特刊》，2010 年 10 月 10 日，第 54 页以下。反对说，中国台湾地区“最高行政法院”2009 年度判字第 151 号判决、中国台湾地区“最高行政法院”2010 年度判字第 181 号判决、中国台湾地区“最高行政法院”2010 年度判字第 245 号判决。

② 陈清秀：《论客观的净额所得原则》，载陈清秀：《现代税法原理与国际税法》，2010 年第 2 版，第 373 页以下。例如，劳工为提供劳务而前往工作场所，其搭乘交通工具可自由选择搭乘出租车、公交车或捷运，有关交通工具之必要费用支出，稽征机关不应任意干涉纳税人之决定自由。

③ 参见黄源浩：《论经营管理不干涉原则》，载《月旦财经法杂志》第 13 期，2008 年 6 月，第 62 ~69 页。

第四节　税捐、规费、受益费与特别公课

一、概说

公法上的负担(öffentlicheLasten)即公法上给付义务,可分为公法上金钱给付(公课)以及公法上实物给付两种。其中公法上金钱给付,亦即公课(öffentlicheAbgaben),包括税捐、规费、受益费以及特别公课等,原则上乃是指国家或其他公法人,为获得收入的目的,根据公法的法律规定,所请求的一切金钱给付。在具体情形中,是否有一项税捐、规费、受益费或特别公课存在,则应专门依其是否满足此类公课的各自的概念特征而定,至于立法者对于此类公课所选择的名称如何,则并不重要,盖其可能为逃避课征权限问题而选择某一种公课名称。[①] 故有关税捐概念以及其他公课概念的区别,实有必要加以澄清。

二、税捐

(一)税捐概念的意义

宪法上税捐概念(Steuerbegriff)的意义,主要为权限上的划分,税捐概念决定税捐立法权、税捐收益权以及税捐行政权的归属。又税捐的概念与其他公法上负担如规费、受益费以及特别公课相区别,在其课征权限的宪法根据上,亦有其意义。此外,在个别的法律领域中,税捐的概念在税捐稽征法的适用范围上以及财政收支划分法的适用上,也具有重大意义。[②]

---

① Tipke/Kruse,KommentarzurAbgabenordnung und Finanzgerichtsordung,AO,1987,§3 Tz.5.

② Tipke/Lang,Steuerrecht,12. Aufl.,1989,S. 73;DiettrBirk,Steuerrecht I,Allgemeines Steu-errecht,1988,S. 25ff.

中国台湾地区现行相关规定对于税捐概念、什么是税捐,并未加以定义,而有加以阐明的必要。

就此有学者认为,宪法上的税捐概念,可以税法上对于税捐概念的定义进行辅助解释,如参考《德国税捐通则》第3条第1项规定税捐之定义,可以理解如下:

税捐乃是

1. 金钱给付;

2. 其并未构成对于特定给付之对待给付(其并非为了某一个别的利益之补偿而被征收,此与规费及受益费相区别);

3. 由公法人所课征而且是终局的获得该项收入;

4. 为获得财政收入为目的,其财政收入目的也包括附随目的;(与刑罚、强制金、特别公课相区别);

5. 凡满足法律所定给付义务之构成要件之人,均应缴纳此项金钱给付。①

《德国税捐通则》第3条第1项第1句明文规定税捐之概念为:"税捐乃是金钱给付,其并不构成一项对于特定给付的对待给付,而且是由一个公法的公共团体,为获得收入之目的,对于一切满足法律所定给付义务的构成要件的人,所加以课征;其获得收入得为附随目的",按此项立法定义,似较严谨,足供吾人参考;②以下爰参照上述税捐的定义,分析说明税捐概念的个别特征。

(二)税捐概念的个别特征

税捐概念之特征如下:

1. 以金钱给付为内容

税捐乃是一种金钱给付,在货币经济下,税捐以金钱给付为内容,可以降低征纳双方之稽征与缴纳费用。其所负担的给付经由金额加以具体化,而且仅可以使用法定的支付工具清偿。其使用印花税票并不影响其

---

① Dieter Birk, Steuerrecht I, 12. Aufl., 2009, §2, Rn. 116.

② 就此另参见黄茂荣:《税捐法论衡》,1991年版,第4页以下。

金钱给付义务的特征,盖印花税票仅是一种缴纳方式而已。① 又如遗产税与赠与税,亦系以金钱给付为内容,只是税额在新台币 30 万元以上时得以实物抵缴而已。

至于实物给付、行为劳务、服兵役、消防役、申报、报备及其他协力义务,均不属于税捐所把握的范围。唯中国台湾地区“土地税法”第 23 条规定田赋征收实物,并非以金钱为给付内容,是为例外。有学者认为,其与税捐定义不符,而有对于农地所有人定期课以实物之公用征收义务的意义。② 中国台湾地区农地农作物以往多以生产稻米为主,若田赋不征收实物而改课征金钱给付,则农民势须于缴税期间出售稻米变现,如因此市场上供过于求,则谷贱伤农,对于农民反而不利,故以实物给付为内容,似尚属妥当。

2. 为满足公共任务的财政需要所课征

税捐是作为满足公共财政实现公共任务的需要之用。税捐并非对于公法人之特定的给付之对待给付,即并非针对个别的对价所课征,因此与规费不同。

税捐收入一般适用“统收统支原则”(整体填补之要求)(Gebot der Gesamtdeckung),所谓“统收统支原则”系指所有的各项收入,原则上均应统筹作为所有各项支出之支应财源,以提高整体财政支出效能。从而可避免对于特定类型之支出项目,优先支应。否则,有关特定目的收入无法动用,将使其他重要支出无法筹措足够财源清偿。③

在例外情形,特定税捐收入以法律明定“专款专用”,在税捐收入与特定目的连结,而指定特殊用途时,即所谓“目的税”(Zwecksteuer)④,其通过该项税捐可以执行此种公共任务,但并非具体的对待给付。目的税为支应履行公共任务的财政需要,并不具有公课权利人为有利于公课义务人之对待给付的特征。在此乃欠缺对待给付的直接性。

---

① Tipe/Kruse,AO,1987,§3 Tz.6.

② 黄茂荣:《税捐法论衡》,1991 年版,第 5 页以下。

③ 参见陈清秀:《预算法之基本原理》,载《交大法学》第 1 期,2012 年,第 44 页以下。

④ 在德国,矿油税(Mineralolsteuer)由于其收入系用于开辟道路之目的,因此为一种目的税(Kruse,Lehrbuch des Steuerre-chts,Band I,AllgemeinerTeil,1991,S.38.)。

例如,土地增值税之收入,以供育幼、养老、救济、济贫、卫生、扶助残障等公共福利事业,兴建民众住宅、征收公共设施保留地、兴办公共设施及推展民众教育之用(例如,中国台湾地区"平均地权条例"第51条),亦系属目的税。烟品健康福利捐,专款专用,指定用途于民众健康保险之安全准备、癌症防治、提升医疗质量等(例如,中国台湾地区"烟害防制法"第4条第4项),具有目的税性质。以往征收之教育捐,系"直辖市"、县(市)(局)为筹措教育科学文化支出财源,亦为目的税。[1]又如,如果公课义务人对于所涉及的行政处置的执行,取得法律上请求权,或者其公课义务的法律上存在,系以某种方式,取决于其被支应财政需要之公共任务的实现时,则于此情形,即涉及受益负担,而非税捐。[2]

然而,税捐也尚有以间接的对待给付为基础的想法存在。在地方税,财政学上仍有以受益付费(受益负担)的等价原则作为正当化依据。等价原则想要使对于个人所课征的税捐金额,取决于其个人因地方自治团体提供给付而享受的利益多寡。

例如,其收入归属于地方自治团体的事业税(Gewerbesteuer),乃因其事业与乡镇的特殊关系,为满足在该事业场所产生的地方公共服务(提供必要的基本设施,如街道、学校、医院等)的财政需要所课征者,有认为系以等价观点作为其正当化依据,[3]但事业对于此类给付并无法律上请求权,且姑不论此种受益负担之受益程度为何,实际上难以衡量,无法个别计算,而且如依此观点,则有众多小孩家庭的穷人,势必须比富有的单身汉缴纳更多的税捐,因为其家庭成员在内外的安全保障上以及公共设施(如学校、医院、街道)的使用上,乃多于该单身汉。因此,此种个人的等价原则并不合乎事理而且根本并无可行性。

只有在例外情形中,公法人团体的给付(或负担),可以个别的加以计算的情形,尤其是在某些群体的民众或个人,因其所为社会上不适当的

---

① 陈敏:《宪法之租税概念及其课征限制》,载《政大法学评论》第24期,第37页。

② Tipke/Kruse, AO, §3 Tz. 14.

③ Tipke/Kruse, AO, §3 Tz. 14.

行为导致当局须支出特别处理费用，而与其他民众并无关系的情形，即可适用等价原则。①

3. 由公法人团体以高权方式课征

该项金钱债务必须是由公法团体（各种公法的法人）（如当局、县地方自治团体）以高权的方式加以课征，即其义务之法律原因，必须是单方的经由公权力行为加以决定，而毋庸考虑义务人的意思。因此并非基于契约所为之任意的给付，也不是向其他机构所为之给付。

虽未规定乡镇的课税权，但在法律规定授权的范围内，乡镇如经其上级监督机关的核准，也可以开拓自己的税源。②

4. 以获得收入为主要目的或附随目的

该项金钱债务必须（至少是附随目的）为获得收入以满足财政需要而被课征。因此罚金、罚锾、强制金、滞纳金及滞报金、利息及费用等，并非为获得收入而被课征，而毋宁是违反义务的结果或不法行为的制裁，自均不属税捐的范围。③ 但此类在税法中所规定的金钱债务，有部分则被视为基于税捐债务关系所生的请求权，而与税捐相同处理（中国台湾地区“税捐稽征法”第 49 条）。上述“获得收入”，必须是“终局的”获得，而不应予以返还。因此如其金钱债务依法应予以返还，无法终局取得者，即不属于税捐的范围。④

其金钱给付收入不得流入非公法人团体之私法人。但其金钱给付如以特定的基金或特别财产加以管理或被使用于特定目的（目的税），则仍属流入公法人团体，而为税捐之范围。在此，并不以其金钱给付所流入之公法的法人是否为税捐收益权人为准，税捐的概念与税捐负担的合法性两者不得混淆。⑤

又其公课收入，是否流入一般预算并据以执行公共任务，或者直接供

① Tipke/Lang, Steuerrecht, S. 30; Tipke/Kruse, AO, §3 Tz. 14.
② Tipke/Lang, Steuerrecht, S. 82 f.
③ Tipke/Kruse, AO, 1987, §3 Tz. 10.
④ Tipke/Kruse, AO, §3 Tz. 12.
⑤ Tipke/Kruse, AO, §3 Tz. 11.

给该项任务的基金，也在所不问。[①]

又获得收入并不必为税捐的主要目的，而得为附随目的。因此，如果所得税法基于景气政策的理由，规定行政机关得提高税负，并就其相当于所提高税额的金额，充作为促进经济的稳定与成长的“景气调整准备金”(Konjunkturausgleichsrücklage)，其所提高的金额仍属税捐。[②]

5. 对于一切满足法律所定构成要件者加以课征

该项金钱债务，必须对于一切实现法律所定给付义务之构成要件之人，加以课征。即以课税平等(普遍性)以及课税构成要件合致性(Tatbestandsmäßigkeit)或合法性为目的。

由于课税并无对待给付关系，因此课税必须公正，而正义即是平等，法律的平等原则要求法律的普遍性，在此即要求课税的平等与普遍性。[③]然而，只要概念上是属于税捐，则并不因其违反课税之平等与构成要件合致性，而否认其为税捐。课税之平等与构成要件合致性(课税要件法定主义)固为宪法所担保，但税捐概念并不适合于此种担保。[④]

此外，税捐金钱给付，必须根据法律课征，即从法治国家原则与民主国家原则导出税捐法定主义，要求成立税捐义务的法律规范，就其内容、标的、目的及范围相当明确，并有一定界限，俾税捐负担可以衡量而且在一定的范围内，民众可以预测及概算。[⑤]

三、受益负担(规费与受益费)

(一)概说

1. 意义

税捐欠缺对待给付的特征，在与受益负担(Vorzugslasten)(规费与受

---

① Maunz/Durig, Grundgesetz, Art 105 Rn. 11; Klein/Orlopp, AO, 1986, 3. Aufl., §3 Rn. 5d.

② Klein/Orlopp, AO, §3 Rn. 9.

③ Kruse, Lehrbuch des Steuerrechts, S. 43.

④ Tipke/Lang, Steuerrecht, S. 74.

⑤ BVerfGE 13, S. 160; 19, S. 267; 34, S. 365.

益费)的区别上具有重要性。即规费(Gebühren)与受益费(Beiträge)均是公行政的利用或利用可能性的对价,不属于税捐的范围。受益负担乃是对于行政的特定给付的对待给付。此种税捐与受益负担两者间相当明确的区别,在个别情形中,仍不排除界限区分的困难。例如,受益负担与目的税,在实务上即经常难以划清界限。再者,在其规费或受益费超过其对价部分的收入流入作为一般的预算金额的情形,受益负担即可能转化成税捐。① 根据此种途径,受益负担的债权人即可以扩张其课税权限。

2. 建制原则

(1)等价原则

要具体决定受益负担可容许的金额以及受益负担转化成税捐的基准点并不容易。就此,有关受益负担的内在价值体系原则,乃是等价原则(或称受益原则或量益原则)(Äquivalenzprinzip)。其容许规费额度之衡量,适用费用填补原则(或成本费用回收原则)(Kostendeckungs-prinzip)以及受益负担原则(Vorteilsausgleich)加以说明。② 此二原则中较早的是费用填补原则,此一原则源于经济的自由主义,认为受益负担仅得填补其行政与维护费用,包括其利息以及所花费资本的偿还的支出在内,即其负担费率原则上仅能按照上述标准加以衡量。③

换言之,从规费的衡量按照行政的花费以及其本质乃作为对价,而导出费用填补原则,要求规费收入不得超过其行政花费。此一原则并非取向于个别情形,而是取向于:在特定期间内,大部分为数年所征收的规费收入,不得意图超过对于特定的行政给付的人力的及物质的行政花费。另外,规费的费率,也不得因重大的低于费用涵盖范围致扰乱与其相对应的私人设施的竞争关系。④

至于受益负担原则,乃是在第二次世界大战以后所建立的原则,系从

① Kruse, Lehrbuch des Steuerrechts, S. 39; Tipke/Kruse, AO, §3 Tz. 15; BVerwGE 13, S. 214(222); OVG Münster, AO, §Tz. 1985, S. 47; Rupp NJW 1968, S. 571; BVerwGE 13, S. 214.

② Tipke/Lang, Steuerrecht, 21. Aufl., 2013, §2 Rz. 20.

③ Koch, Abgabenordnung, 3. Aufl., 1986, §3 Rn. 14. BVerfGE 42, S. 223(228); 12, S. 169; 13, S. 214. Vgl. Tipke/Kruse, AO, §3 Tz. 15.

④ Wolff/Bachof, Verwaltungsrecht I, 9. Aufl., 1974, §44 II a; BVerwGE 12, S. 166.

禁止过分原则(Übermaßverbot)所导出,认为应以对于民众提供给付的价值利益,作为受益负担额度的基准。即必须在规费与行政机关所提供特定给付的价值间,具有相当的关系存在;其给付与对待给付间不得有显然不相当的情形存在,故其与费用填补原则不同,乃是取向于个别情形。①

中国台湾地区"规费法"第 10 条规定,主管机关订定规费收费标准应依下列原则为之:

①行政规费:依直接材(物)料、人工及其他成本,并审酌间接费用定之。即采取"费用填补"为核计原则,以反映当局提供服务之直接及间接成本。

②使用规费:依兴建、购置、营运、维护、改良、管理及其他相关成本,并考虑市场因素定之。此乃由于使用规费是当局对特定对象提供财货、劳务服务而征收之费用,类似市场经济之"价格"性质,因此应采取"成本回收原则"。

上述收费标准,属于办理管制、许可、设定权利、提供教育文化设施或其他特殊情形者,得并考虑其特性或目的定之。即可以按照当局政策需要订定收费标准。故可参采等价原则,例如以公开招标方式,提供使用,以取得相当于公平市场行情价格标准之使用费。

(2)社会国家原则与量能课征原则

除费用填补原则或等价原则支配规费法外,近年来已可见"量能课征原则"也适用及受益负担上。因此,也有按照其给付能力而征收不同程度的规费以及管制性(干预性)的规费。就此德国联邦宪法法院在幼儿园使用规费上,法规按照所得高低收取不同规费,其最高收费不超过公共服务之分担费用,认为不违宪。② 就此有学者认为按照所得高低累进收费,强化累进税率之效果,并混淆租税与受益负担之界限。且有通过规费而为财富移转与较低负担者之情形,其与直接的社会给付可能有累积效果,而有害于社会国家之透明化。③

① Klein/Orlopp, AO, §3 Rn. 6. BVerwGE 26, S. 305 (308); BVerwG BB 1990, S. 1867, Vgl. Kruse, Lehrbuch des Steuerrechts, S. 40. Wolff/Bachof, Verwaltungsrecht I, §42 II a.

② BVerfGE97, 332 (346f.).

③ Tipke/Lang, Steuerrecht, 21. Aufl., 2013, §2 Rz. 20.

依中国台湾地区“规费法”第12条,因重大灾害地区灾民因灾害所增加之规费,或老人、身心障碍者、低收入户之身份证明文件等,业务主管机关得免征、减征或停征应征收之规费,即对于经济上负担能力较差者,也得予以减免规费,在此意义范围内,规费的征收,也将量能课征的精神纳入考虑。

释字第473号解释更明白指出,量能课征原则可适用于受益负担领域,其认为民众健康保险之保险费系为确保民众健康保险制度之运作而向被保险人强制收取之费用,属于公法上金钱给付之一种,具分担金之性质。由于负担分担金之受益者,并非事实上已受领当局之给付,仅以取得受领给付之机会为已足,是收取分担金之原则,系以平衡受益与负担为目的。此项保险费核计,其斟酌之原则首重损益之衡平,即民众健康保险给付与被保险人负担之保险费额必须相当,以填补当局提供保险给付支出之一切费用为度。因为保险费额之确定并非与被保险人将来受领给付之多寡按比例计算,鉴于民众健康保险为社会保险,对于不同所得者,收取不同保险费,以符量能负担之公平性(参照解释理由书)

在受益负担之金额的衡量上,按照其所得或财产,或甚至于按其所缴纳的所得税、财产税、事业税等征收,并不致使受益负担转变成税捐,且对于贫穷的人减免受益负担,对于其给付的法律性质,也不产生影响。此外,受益负担也可基于个案妥当性的理由,加以免除。①

(3)法规依据——法律保留原则

受益负担涉及民众的义务负担事项,解释上似应有法律保留原则的适用。因此必须有法律上根据,该法律必须是直接创设支付义务或者授权颁布有关规费的法规性命令,但就其意图及范围必须可以预见。中国台湾地区“规费法”及其他公用财产之管理法规,通常即为征收受益负担之法规依据。依中国台湾地区“规费法”第10条的规定,业务主管机关订定或调整规费收费基准,应送该级民意机关备查②后公告之。此项收

---

① Tipke/Kruse, AO, §3 Tz. 16; Wolff/Bachof, Verwaltungsrecht, 9. Aufl., 1974, §42 II a2.

② 所谓备查,参照中国台湾地区“地方制度法”第2条第5款规定,系指知悉之谓。

费基准,性质上具有外部规范效力,应以“法规命令”订定收费标准,[①]而不宜以“行政规则”(仅有拘束机关内部的效力)的方式订定。另公法上营造物的规费或受益费规定也必须有“法律”授权。[②] 唯亦有认为仅须在营造物规则中核定费率即为已足。[③]

在实务上,由于中国台湾地区“依行政程序法”第 93 条规定,裁量处分可以附加负担,因此,行政机关可能作成裁量性之许可处分(例如,许可土地之利用组别之变更或都市计划之变更),但同时要求应缴纳回馈负担金,作为条件或负担。其回馈金与行政机关之给付(许可处分)具有对待给付关系,性质上亦属于受益负担,但“法规”依据可能较薄弱。

(二)规费

1. 意义

规费(Gebühren)与税捐不同的是,在其原因上,与一项给付或给予相连结,此种连结亦可能被解消,如果被解消时,则其归属于税捐范围。

规费乃是为满足当局或地方自治团体的财政需要,而以高权的方式,加以课征之金钱给付,即个人对于公共设施以特定的方式实际上加以使用的对价或享受行政机关之特别的给付的对价。规费是依据使用者付费原则或受益者付费原则征收(中国台湾地区“规费法”第 9 条)。

规费原则上是以固定的费率加以衡量。[④] 业务主管机关应依规费的订定原则,订定或调整收费基准,并检附成本资料,洽商该级规费主管机关同意,并送该级民意机关备查后公告之(中国台湾地区“规费法”第 10 条):

2. 规费种类

规费又可分为行政规费、使用规费以及特许费用。

(1)行政规费

行政规费(Verwaltungsgebühren)乃是为个人的利益或受个人委托所

---

① 中国台湾地区行政机构“法规委员会”曾召集各会研商决议采“法规命令”形式订定收费标准。

② Tipke/Kruse, AO, §3 Tz. 16.

③ Wolff/Bachof, Verwaltungsrecht II, 4. Aufl., 1976, §99Vc.

④ Tipke/Kruse, AO, §3 Tz. 17.

采取职务行为的对价。即是对于行政机关之特别的给付的对价,此种特别给付包括:

①职务上行为,如证明书、核准、许可以及使用执照之核发等。

②其他活动。

行政规费乃是当局依据职权或“法令”规定执行政务,其属为特定对象办理特定事项,或因该特定对象的行为,导致增加额外的社会成本者,应收取合理的相对给付,如审查费、登记费、证照费等规费,以避免公共资源的浪费,并促进民众财政负担公平。

中国台湾地区“规费法”第7条即规定,各机关学校为特定对象之权益办理许可、登记、考试、配额等事项,应征收行政规费。但因公务需要办理者,不适用之。

又如,其职务行为或其他活动,虽主要为公共利益存在,但为规费义务人所促使发动者,则行政机关亦得课征规费。[①] 例如,中国台湾地区“行政执行法”第29条所定代执行之费用,即属之。

(2)使用规费

使用规费(Benuzungsgebühren)乃是对于公共营造物或设施之使用的对价,而在公法上的利用关系的范围内,以公权力加以课征的金钱给付。中国台湾地区“规费法”第8条即规定,各机关学校交付特定对象或提供其使用公有道路、设施、设备及场所等项目,应征收使用规费。

例如,使用自来水、电力及瓦斯的规费,使用交通工具及博物馆的规费,使用医院、图书馆、公园、港口以及电话设施等的规费,均属之。又公立学校之学费亦属使用规费性质。[②] 即使用规费是当局对特定对象提供财货、劳务服务而征收之费用,类似市场经济之“价格”性质。

中国台湾地区商港建设费亦具有使用规费性质。[③]

上述使用规费,除以许可利用处分并课征规费之方式办理外,亦有以

---

① Tipke/Kruse, AO, §3 Tz. 18; BVerwGE 13, S. 214(219).

② Tipke/Kruse, AO, §3 Tz. 19.

③ 中国台湾地区“行政法院”1989年判字第90号判决、1989年判字第132号判决、1989年判字第159号判决及1989年判字第214号判决。参见陈敏:《“宪法”之租税概念及其课征限制》,载《政大法学评论》第24期,第37页以下。

公物使用行政契约约定缴纳使用费或以私法上基础加以征收者，在其营造物的利用关系属于《行政私法》的契约关系时，其使用规费之征收，也应遵守费用填补原则或等价原则。①

(3)特许规费

特许规费(Verleihungsgebühren)(Konzessionsabgaben)乃是核发特许或使用特许权利的对价，例如专利权人应缴纳之专利年费(中国台湾地区“专利法”第75条)。

(三)受益费

受益费或分担金(Beiträge)乃是为满足财政需要，为填补费用支出而对于下述情形，以公权力加以课征之给付：

1.对于公营造物及公共设施之建立、设置或扩张之给付；

2.对于改善街道、水路及广场，而非对于其继续性之维持及整顿之给付。②

由于受益费乃是受益人参加分担公共设施的费用，因此其判断基准亦是对待给付的观点。受益费乃为满足或减少建立公共设施等之费用而对于该公共设施所给予特别利益之人加以课征，并不考虑该受益费义务人实际上是否享受该项利益。③

唯在此所谓填补费用支出之征收，系由于(原因的连结)可以使用一项具体的对待给付，即一项具体的经济上利益，因此必须有此种可能性。④

受益费例如工程受益费即属之(参见中国台湾地区“工程受益费征收条例”第2条)。

又如，公法人的会员会费(Verbandslasten)，例如商业同业公会及工业同业公会之会员会费，以及各种职业公会(如律师公会)之会员会费，并非税捐，而均系各该公法团体为其会员谋福利的对待给付(在最广义的

---

① Wolff/Bachof, Verwaltungsrecht Ⅱ, 4. Aufl., 1976, §99Vc.

② Tipke/Lang, Steuerrecht, 21. Aufl., 2013, §2 Rz. 23.

③ Kruse, Lehrbuch des Steuerrechts, S. 41.

④ Tipke/Lang, Steuerrecht, 21. Aufl., 2013, §2 Rz. 23; Birk, Steuerrecht I, S. 31.

意义下),其会费负担相当类似于传统意义的(固有的)受益费,[①]故亦有将之归类于受益费之范围。[②]

四、特别公课

(一)意义

特别公课(Sonderabgaben)并非为了满足一般的财政需要,而对于一般民众所课征,而是为了特定任务之财政需要,而对于特定群体的民众所课征的负担,其经常流入特别基金,而不流入公共预算中。特别公课是国家对于经济统制、社会形成的工具,而非取向于量能课税原则。例如,特定的经济部门之平衡公课(Ausgleichsabgabe)。[③]

(二)正当性与合法性依据

特别公课由于并不流入财政,并非以获得收入为目的,因此并非税捐,其课征并非毫无限制,否则将有违公课负担平等原则。其课征立法权之基础与税捐立法权不同。[④]

德国联邦宪法法院判决认为,特别公课的合法性(Zulässigkeit)乃系于:在公课义务人方面与其课征公课所追求的目的两者间的特殊关系,该负担公课的群体,必须比其他任何群体或一般纳税人,就课征公课所追求的目的,显然存在有更密切关系。从公课义务人与公课目的间之事物的关系,必须对于利用特别公课提供经费之任务的达成,产生特别的群体责任。此项任务必须绝大部分属于所负担群体的事物责任,而不是属于国家的整体责任。否则,其乃涉及公共的事务,其负担仅涉及一般性,因此基本上仅得以税款支应其需要。[⑤] 换言之,特别公课必须具备下述合法

① Maunz/Dürig,GG,Art. 105 Rn. 14;Vgl. Tipke/Kruse,AO,§3 Tz. 22.

② Kruse,Lehrbuch des Steuerrechts,S. 41.

③ Tipke/Lang,Steuerrecht,S. 75.

④ Tipke/Lang,Steuerrecht,20. Aufl.,2010,§3 Rz. 24.

⑤ Tipke/Lang,Steuerrecht,S. 75 f.;Vgl. BVerfGE 55,S. 274 ff.

性标准：[①]

1. 满足特别任务的财政需要：特别公课乃是以满足特别任务的财政需要为其目的，但其不得为获得公法人团体的一般财政需要的收入的目的，而加以征收，且其收入不得被使用于支应一般的国家任务之财政需要（所谓并无一般负担的形式的特别公课）。即应有满足特别任务的财政需要之实体目的加以支持。

2. 公课义务人的同类的群体：负担特别公课的群体，必须经由共同的利益状态加以连结，并以此与一般公众加以区别。

3. 公课义务人的群体责任：在公课义务人的范围与该公课所追求的目的之间，必须存在有特殊的关联性，就此联邦宪法法院使用"事物的密切性"（Sachnähe）的概念加以描述，并且表示应以公课义务人的"群体的责任"（Gruppenveranwortung der Abgabenpflichtigen）履行该公课所应满足财政需要的任务。

4. 公课的群体用益性：最后必须该项公课收入，系为公课义务人的群体利益加以使用。在此须其收益直接或间接的主要是有利于义务人即为已足（所谓公课的群体用益性）（Gruppennützigkeit der Abgabe）。

特别公课又可区分为：

（1）以支应特别财政需要之特别公课

在以财政收入为目的的特别公课，德国联邦宪法法院即无限制的适用上述原则。

（2）有管制功能之特别公课

在非以财政收入为目的，而取向于"行为管制"的特别公课，其目的在促进一个特定的行为或对于瑕疵行为之制裁。其并非以支应特定任务之财政需要为目的，因此，上述"群体责任"及"群体用益性"的要求，则无此必要。例如，中国台湾地区"身心障碍者保护法"第31条规定进用残障人数未达规定标准者，应缴纳差额补助费，其并非以支应特定任务之财

---

① BVerfGE 55, S. 274 f.; BVerfGE 67, S. 256, 274 f.; BVerfGE 91, S. 186.; BVerfGE 92, S. 91. Tipke/Lang, Steuerrecht, 20. Aufl., 2010, §3 Rz. 24 ff. Dieter Birk, Steuerrecht I, 12. Aufl., 2009, §2, Rn. 124. Vgl. Birk, Steuerrecht, S. 29 f.; Vgl. Werner Patzig, Steuern-Gebuhren-Beiträge und Sonderabgaben, DOV, 1981, S. 745 f.

政需要为目的，因此，上述两项为征收及使用特别公课所设定的要求，仅有限度的需要而已。①

(三)与税捐之区别

特别公课与税捐的区别在于：特别公课涉及其与公课收入所要实现的目的，“具有特殊的关系”的人的给付。该公课收入所支持的目的，仅得在于实现公课义务人的共同利益，因此不得为第三人的利益或公共的利益而满足其财政需要。此外，特别公课仅能对于该公课收入所要实现的利益的群体的成员加以征收。换言之，每位公课义务人至少均潜在的因该公课收入所为财政措施而享受利益。②

特别公课与税捐不同，税捐系以支应普通或特别施政支出为目的，以一般民众为对象，课税构成要件须由法律明确规定，凡合乎要件者，一律由税捐稽征机关征收，并以之归入公库，其支出则按通常预算程序办理；特别公课之性质与税捐有异，系专款专用，且系对特定有关系之义务人课予缴纳金钱之负担，主管机关征收费用之后，自应妥为管理运用，俾符合立法所欲实现之特别政策(如环境保护)目标，不得背离征收特别公课之目的。

特别公课与目的税不同之处，在于特别公课就其课征金额系与所给予利益之费用或使用相连结；反之，目的税则无此种关联性。又特别公课亦与受益负担(规费及受益费)不同，因为特别公课并非为了公共设施的使用(可能性)或为了具体的职务行为而加以课征。③

(四)特别公课之类型

1. 作为对于一般所课予的公法上义务的免除或不履行的对待给付

特别公课之其中一种形态，乃是作为对于一般所课予的公法上义务的免除或不履行的对待给付，而加以征收者，例如，为免除一项公法上勤

---

① BVerfGE 67, S. 256, (276 f.; 277 f.).
② Maunz/Dürig, GG, Art. 105 Rn. 18.
③ Tipke/Kruse, AO, §3 Tz. 23a.

务义务所支付之补偿金（消防公课），即属之。[①] 又如，中国台湾地区“身心障碍者保护法”第 31 条规定进用残障人数未达法定标准者，应缴纳差额补助费，亦属于特别公课。

2. 作为产生或损害公共利益的对待给付加以课征者

又立于给付与对待给付关系，而与税捐有别的公课，作为产生或损害公共利益的对待给付加以课征者，亦属特别公课。在此乃涉及排除其损害或维持其损害在一定限度内所必须提供特别给付的对待给付，例如释字第 426 号解释中国台湾地区“空气污染防制费收费办法”系主管机关根据中国台湾地区“空气污染防制法”第 10 条授权订定，依此征收之空气污染防制费，性质上属于特别公课，与税捐有别。又如，对于排放污水者，课征水污染防治费（Abwasserab gabe），以专供水污染防治之用（中国台湾地区“水污染防治法”第 11 条）；对于产生一般废弃物之居民征收清除处理费（中国台湾地区“废弃物清理法”第 11 条），以支应清除处理废弃物之部分成本之需，即均系基于污染者付费原则（Verursacher prinzip）所课征之特别公课。[②]

至主管机关征收费用之后，自应妥为管理运用，俾符合所欲实现之环境保护政策目标，不得背离征收特别公课之目的，乃属当然。

3. 作为受益者负担之给付

又如果在特定群体的民众或企业，被课征公课以支应基金的财政需要或公法的法人的财政需要，而该基金或公法人系专门为该群体的所有成员的利益而存在的情形，例如，兴办工业人承购工业主管机关所开发工业区之土地、厂房时，按承购价额所缴付一定百分比的工业区开发管理基金，以充作工业区开发、管理使用（中国台湾地区“促进产业升级条例”第 34 条），此类公课既系专门为公课义务人的群体即最后为每位公课义务人（兴办工业人）的利益而存在，似具有特别公课性质（释字第 515 号解

---

① Maunz/Dürig, GG, Art. 105 Rn. 16.

② Maunz/Dürig, GG, Art. 105 Rn. 17; Tipke/Kruse, AO, §3 Tz. 23a.

释理由书)。[1] 因此在广义的意义下,可谓有给付与对待给付的关系存在,而与税捐之无对待给付的情形不同。[2]

五、环境税

环境税(Umweltsteuern,Öko-Steuern)也属于税捐的一种,其并非完全以管制为目的,但有寓禁于征的效果。环境税对于危害环境之行为,课以税捐负担,或督促其改善环保标准。并附带的获得税捐收入。环境税在其使用公共环境资源(空气、水、土壤)的观点而言,也相当于公共社会之对待给付。[3]

环境税作为社会目的税,而违反量能课税原则,但可以等价原则(污染者负担原则)加以正当化,即税捐义务人应负担危害环境之责任。环境保护之公共利益要求,固然可以限制量能课税原则,但不能因此剥夺基本生存的生活需要。例如,对于有关能源加重课税,应有配套措施以保障基本生存之生活需要的补偿措施。因此,基于量能课税原则要求应有保障最低限度生存之税捐减免措施。[4]

环境税并不得以绞杀性租税方式课征,即不得以零税收为目标,而应保留给纳税义务人决定是否采取对于环境友善的行为。[5] 因此,环境税未必均能通过税捐负担而达成立法者所追求之环境友善行为之目的。然而从经济上观点而言,环境保护不应仅单纯通过管制法规加以确保,而也有必要通过"市场诱导之手段工具"加以补充性的确保。由于危害环境之结果很难归属到特定个人或群体,因此,通常课征环境税比课征环保特

---

① 释字第515号解释理由书,是基金系专对承购工业区土地、厂房及其他建筑物兴办工业人课征,用于挹注工业区开发及管理之所需,性质上相当于对有共同利益群体者所征收之特别公课及使用规费,并非原购买土地或厂房等价格之一部分……因不可归责之事由致兴办工业人未能于法定期间内依核定开始使用在工业区购得之土地或厂房,其课征供作基金款项之法律上原因既已不存在,则构成公法上之不当得利,该兴办工业人自得依中国台湾地区"行政诉讼法"提起给付诉讼。

② Maunz/Dürig,GG. Art. 105 Rn. 18.

③ Drueen,in:Kruse/Tipke,AO,2012,§3 Tz. 13.

④ Tipke/Lamg,Steuerrecht,20. Aufl. ,2010,§8 Rz. 118.

⑤ Tipke/Lamg,Steuerrecht,20. Aufl. ,2010,§8 Rz. 114 f.

别公课更容易正当化。

有关能源税之课征，一方面通过能源含税价格提高，才能达到价格合理化之目标，才能有助于能源使用效率之提高，而节约能源，并改善环境，促进低耗能产业之发展；另一方面税收可以用以降低所得税率（薪资附带成本），创造工作机会，改善劳动市场，此即所谓"双重红利"（Doppelte Dividende，Double dividend hypothesis）理论。[①] 因为此一制度设计使污染者所在的市场与受所得税扭曲的市场的效率同时获得提升。[②]

中国台湾地区"能源税条例草案"第1条规定，为鼓励节约能源、增进能源使用效率，提升经济发展与产业升级，开发替代能源及建构永续发展的社会，并达成温室气体减量目标，特制定本"条例"。本"条例"所称能源，系指石油及其产品、煤炭及其产品和天然气，无论在中国台湾地区以内产制或自境外"进口"，除另有规定外，均依本"条例"征收能源税（中国台湾地区"能源税条例草案"第2条）。征收之能源税，应悉数解缴财政统筹运用。盖能源税之税收与规费或罚款之属性不同，应由中国台湾地区财政事务主管机关负责统收统支则为较为妥适。

环境税与环境公课比较，以碳税与碳费为例，其区别如表1所示：

表1　碳税与碳费的区别

比较项目	碳税	碳费
课征依据	严格适用租税法律主义，形式法律	适用一般法律保留原则，法律或法规命令
课征方式	就源课征	在排放阶段课征
税收用途	统收统支或专款专用	专款专用
预算编列	一般税收预算	纳入特种基金
经济影响效果	在计算民众所得时，将税捐纳入计算	在计算民众所得时，并未将公课纳入计算

① Tipke/Lamg，Steuerrecht，20. Aufl.，2010，§8 Rz. 121.

② Rosen：《财政学》，李秉正译，第290页。

第五节　课税权——税捐高权

一、概说

在法治国家中,国家公共任务之支出财政需要,主要应依赖税捐收入加以满足。此即所谓“税捐国家”(Steuerstaat),此种税捐国家之概念,不仅要求国家任务支出,而且原则上应优先以税捐收入支应,例外情形才以非税捐收入支应,而且也对于私经济活动提供自由权利的保障,国家与经济活动分离,国家仅通过课税分享私有财产之经济活动之成果。①

依据税捐国家原则,要采取非税收入形式之财政模式,应有正当理由。国家一般财政需要负担,原则上仅能由税捐收入支应。即为支应国家财政需要,大部分应以税捐收入为基础。②

有关课税等财政收入,应能满足财政支出需要,使财政收支平衡(收支平衡主义),健全财政,避免破产,而能永续生存发展。

课税权即税捐高权(Die Steuerhoheit),可区分为税捐立法权、税捐收益权以及税捐行政权三种。税捐立法权,是指制定有关税捐法律的权限;税捐收益权,是指享有税捐收入的权限;税捐行政权则是指执行税法规定,行使税捐稽征的行政权。上述三种课税权的归属,应依相关规定(例如,中国台湾地区“财政收支划分法”)决定之。③

---

① Tipke/Lang, Steuerrecht, 21. Aufl., 2013, § 1Rz. 5.

② Siekmann, in: Sachs, GG, 2. Aufl., 1999, S. 1885.

③ 有关课税权之其他国家和地区立法例探讨,请参见陈清秀:《税捐立法权与税捐收益权归属》,载《财税研究》第29卷第1期,1997年1月,第62页以下;林世铭、李慧雯:《美国州及地方政府课税权之研究》,载《财税研究》第29卷第1期,第47页以下。

二、税捐立法权的归属

(一)税捐立法权的划分理论

1. 地方自治与财政自主权

如贯彻地方自治权的意旨,地方税的立法权应划归地方自治团体。由各地方自治团体在不违反宪法法规的范围内,自行制定地方税的课税项目(税目)、标的、税基、税率等有关课税要件事项,以便由地方自治团体自行筹措地方自治事务所需财源。即地方自治团体可以按当地居民的需求,决定地方税负并提供公共服务。

2. 民众生活条件及经济秩序统一性的要求

唯若地方税立法权完全归由各地方自治团体独立自主,在各自为政的情况下,势必使各地区民众的税捐负担差异悬殊,民众生活条件不一,工商企业及民众势将迁移流动到税负较少的地方,致影响各地区经济的均衡发展。因此,为适当公平分配国家与地方的税源,维持民众生活条件的统一性以及全国整体经济秩序的统一性,以维持课税的公平以及竞争中立性,地方税的立法权,原则上也宜由国家统一立法,而只在一定的限度内,赋予各地方自治团体某种程度的税捐立法权。

例如,德国虽然采取联邦制度,但基于《德国基本法》第 72 条第 2 项规定,为建立在联邦地区之相同价值的生活条件,或基于整体国家利益,为维持法律或经济的统一性,有必要由联邦法律加以规定时,联邦即享有立法权。因此,有关归属于各邦或乡镇的税收立法权(如财产税、继承税及赠与税、汽车税及乡镇税),也多由联邦统一立法行使。①

3. 税基具有高度移动性的,宜由中央统一立法

税基具有高度移动性的,其税捐立法权宜划归中央,由中央统一立法。

---

① 参见 Tipke/Lang, Steuerrecht, 18. Aufl., 2005, S. 52 ff。但近年来由于《德国基本法》的修正,不仅赋予乡镇地方更大的财政自主权,并从《德国基本法》第 72 条第 2 项规定的“必要性原则”,检讨各邦税及地方税由联邦中央统一立法的“必要性”,认为单纯基于由各地方立法课税,可能引起税收竞争的作用,无法正当化由中央统一立法的必要性(Tipke/Lang, Steuerrecht, 18. Aufl., 2005, S. 53)。

例如，所得税、遗产税及销售税（营业税）等，税基均有流动性，如果划归地方税，由地方团体自行立法，而各地税率不一时，则会引起税基的流动，例如个人会迁往税负较低的地方居住，公司也会迁移到税负较低的地方，以享受低税负的待遇，而不利各地区经济均衡发展。

又如，房屋税、土地税、地方道路税等税基流动性较小或完全无法移动的税目，其税捐立法权则可划归地方。而且地方团体对于不动产课税，也可以用于支应地方政府所提供有关该不动产的公共服务所需经费。

4. 课税对象跨越数个地区的，应由中央统一立法

单一阶段的销售税（single-stage sales taxes）可以在任何层级的政府课征。零售、批发或制造阶段的销售税，只要其课税对象一致，适合于任何层级的政府课征。但是多阶段的销售税，例如，加值型营业税，如果由下级的地方政府课征，则在课税对象的货物或劳务跨越一个以上的课税地域（跨越数个地方政府的辖区）时，即产生稽征行政上的困难。在加值型营业税体系下的扣抵制度，要求跨区的交易应纳入计算，以便可以扣抵先前阶段在区外交易所已支付的税款。而由于各地方团体可能设定不同的税率以及课税对象，造成稽征行政上更加困扰。因此，制定一个统一的加值型营业税法，并由中央政府统一稽征，实有其必要。

（二）税捐立法权的划分

1. 划分原则

中国台湾地区“中央财政”及“国税”，“国税”与县税之划分，由当局规定并执行之。县财政及财税，由县规定并执行之。

又中国台湾地区“财政收支划分法”第7条规定，“直辖市”、县（市）及乡（镇、市）税课“立法”，以有明文规定者为限，并应依“地方税法通则”之规定。中国台湾地区“地方税法”第67条第2项亦规定：“地方税”之范围及课征，依“地方税法通则”之规定。

有关统筹分配税的规定问题，中国台湾地区司法机构释字第234号解释，“国税”与“省税”、县税之划分，依第107条第7款规定，由台湾当局规定并执行之。“财政收支划分法”第12条第2项及第3项就有关营业税与印花税统筹分配之规定，符合谋求各地经济平衡发展之意旨。

故中国台湾地区税捐“立法权”的归属原则,概可区分如下:

(1)“国税”,由台湾当局“立法”。

(2)台湾当局与各地共分税收的共分税,由台湾当局“立法”。

(3)中国台湾地区“直辖市税”,由台湾当局制定“地方税法通则”或各该“税法”的“通则”,再由“直辖市”就其具体细节“立法”。

(4)县税,由台湾当局制定“地方税法通则”或各该“税法”的“通则”,再由县就其具体细节“立法”。

(5)乡镇税,由台湾当局制定“地方税法通则”或各该“税法”的“通则”,再授权乡镇“立法”。

2. 划分现况——“地方税法通则”

中国台湾地区税捐制定权的归属现况,不论“国税”与“地方税”,均由台湾当局统一“立法”。各地自治团体的税捐“立法权”范围相当有限。只有“直辖市”、县(市)特别税课及临时税课,中国台湾地区“财政收支划分法”第 12 条及第 19 条授权各地自治团体课征之。又依据 2002 年 12 月 11 日公布之中国台湾地区“地方税法通则”规定,各地自治团体的税捐制定权,包含下述事项:

(1)开征新税目

“直辖市”、县(市)、乡(镇、市)公所得视自治财政需要,依前条规定,开征特别税课、临时税课或附加税课(中国台湾地区“地方税法通则”第 3 条第 1 项)。

其中特别税课是指为适应各地自治之需要,经“议会”“立法”课征之税(中国台湾地区“财政收支划分法”第 12 条第 6 项)。从而其应属于为满足一般财政需要所课征之普通税或为满足特别的自治事项财政需要所课征之目的税性质。

临时税课是各级当局为适应特别需要,经各级“议会”之“立法”,举办临时性质之税课(中国台湾地区“财政收支划分法”第 19 条)。临时税课应指明课征该税课之目的,并应对所开征之临时税课指定用途,并开立专款账户(中国台湾地区“地方税法通则”第 3 条第 3 项)。

故临时税课性质上应属于专款专用之目的税。

由于地方自治团体所制定之地方税自治条例,其效力只能适用于该自治团体之行政区域范围,并不及于辖区以外之地区。因此,地方课税权与国际课税的情形类似,基本上地方自治团体并不能对于与该团体并无任何关系之人或事项进行课税。且如果其税源在经济上可归属于区域外者,即不属于该地方行政区内者,则也不宜纳入课税范围,以免侵犯其他地方自治团体可掌握课税之税源,而损及其他地方自治团体之公共利益。[①] 亦即对于在其他地方自治团体所在之税源,为避免与其他地方自治团体之课税权竞合冲突或转嫁给其他地方居民负担税负,而有必要对于地方自治团体之课税权行使加以调整节制。[②]

因此有关地方课税权的范围,即使地方税法虽然欠缺明文规定,但解释上对于下列情形,地方自治团体应享有课税权:[③]

①在该地方自治团体辖区内有住所、居所或房屋之人。

②在该地方自治团体之辖区内有事务所或营业所之人。

③对于在该地方自治团体之辖区内所在之土地、房屋或财产以及因该等财产所产生之收入,或在该地方自治团体内所从事之行为。

以日本为例,大部分的地方税税源,已经由中央法律规定于日本地方税法中。因此,由地方自治团体自行立法课征的法定外地方税,多倾向于原因者负担金性质或受益者负担金性质的地方税,或着重于生活便利的受益之对价的负担,绝大多数是“环境税”之类的,例如产业废弃物处理税、核燃料税、砂石采取税、环境协力税、历史及文化之环境税等,其税源相当限定,如果仅由特定地方自治团体课征,不容易课税,而有必要偕同周边地方自治团体以广泛地域的实施,较有成果。

又此类新税的可获得的税收财源不大,相当脆弱。加上为能实施课

---

① 此类情形,犹如境内来源所得与境外来源所得之区分,地方自治团体宜仅对于其境内交易及境内来源所得课税。

② 前川尚美ほか,地方税(各論),昭和五三年(1978年),頁七〇五;中里實,地方税における企業課税,岩波講座,現代の法八政府と企業,平成九年(1997年),頁二三三以下。

③ [日]柴田护、中西博、栗田幸雄、渡边功:《地方税总则》,昭和四六年(1971年)版,第17页。有关美国各州税捐的课征,在宪法上也必须符合下述要求:州税系适用于与课税之州具有实质的关联性之活动。州税收入必须公平的按照各州所涉及税源的情况比例分配。州税对于州际通商并未差别待遇。州税与课税之州所提供的服务具有密切关系。(参見占部裕典,地方公共團體の課税權の限界——課税權の衝突と調整,總合税制研究,No.6,地方分權と税制,一九九八年五版,頁一三八以下)。

税，也有将税负转嫁其他地区居民负担的倾向，例如因为外地居民的进入而产生额外的生活环境冲击等特别负担，则基于原因者负担原则，要求其负担税捐，也有其合理性。[①] 只是为避免重复课税或不公平的负担，其税捐负担应采取“轻度负担”模式。[②]

(2)在规定范围内，调高征收率

中国台湾地区“地方税法通则”第4条规定，“直辖市”、县(市)、乡(镇、市)公所为办理自治事项，充裕财源，除印花税及土地增值税外，得就其“地方税”原规定税率(额)上限，于30%范围内，予以调高，订定征收率(额)。但原规定税率为累进税率者，各级距税率应同时调高，级距数目不得变更。前项税率(额)调整实施后，除因台湾当局原规定税率(额)上限调整而随之调整外，两年内不得调高。

税率不准调整的“地方税”，包括印花税、土地增值税，其理由为印花税属于凭证税，按书立凭证地之规定征收，因其税基具有移动性，不宜有差别税率。土地增值税基于土地政策之考虑，宜由台湾当局订定统一之税率。

(3)征收附加税

①附加税之征收标的

中国台湾地区“直辖市”、县(市)为办理自治事项，充裕财源，除关税、货物税及加值型营业税外，得就现有“国税”中附加征收。但其征收率不得超过原规定税率30%(中国台湾地区“地方税法通则”第5条)。

②附加税之征收限制

A.“关税”、货物税及加值型营业税，不得为附加税之征收标的。

“关税”是对于通过(或进入)中国台湾地区之货物所征收之过境税，世界各国和地区均不准对其附加征收，为加入世界贸易组织，自不应准许就关税附加征收。

---

① 水谷守男等：地方財政——理論と隘路，二〇〇七年一版，頁一九八、二一六。

② 福家俊朗：自治課税權の隘路——いわゆる法定外税をめぐる法律問題再論，名古屋大學法政論集一九四號，二〇〇二年十二月，頁二三以下。

货物税是对于特定货物课征，于出厂时由出厂地“国税局”征收，而由各地消费者负担，以及为避免各地以环境保护为由，利用对货物税附加征收之手段，阻碍货物税厂商于该地设厂，影响货物税厂商权益，及妨碍应税货物流通，故不应准予就货物税附加征收。

营业税属于附加税，其税额之计算，采进、销项税额扣抵法，由于税源具有流动性，各地税率允应力求一致，故不宜准许就营业税附加征收。

B. 附加征收之“国税”，如其税基已同时为特别税课或临时税课之税基者，不得另行征收（中国台湾地区“地方税法通则”第5条第2项），以避免重复课税。

C. 附加征收税率除因配合台湾当局增减税率而调整外，公布实施后两年内不得调高（中国台湾地区“地方税法通则”第5条第3项）。

（4）课税权行使之界限

①整体利益的限制

各地自治团体对于下列事项不得开征“地方税”（中国台湾地区“地方税法通则”第3条第1项）：

A. 辖区外之交易

有关辖区外税源，不得或不宜纳入课税，以免损及其他各地自治团体之课税权等公共利益。就此《日本地方税法》第733条之2即规定：“地方团体对于下列事项，不得课以法定外目的税：一、所在地位于该地方团体之区域以外之土地、房屋、对象及此类标的所产生之收入。二、所在地位于该地方团体之区域外之事务所及事业所，所进行之事业及该事业所产生之收入。三、因公务上或业务上之事由受伤，或因疾病，而经受领给付，属于政令所规定者。”

例如：

（A）在辖区外从事交易等事业活动

在地方辖区外从事交易活动，其交易地即经济活动地在辖区外，其税源可归属于辖区外地方自治团体。广义言之，如果纳税者之事务所或营业所在辖区外，则该事务所或营业所执行之业务或营业，及其收入（所得),比照国际间课税原则,也应认为其经济上可归属于辖区外税源。[①]

在此,如要对于某项交易课税,而在该地方行政区域内有该项交易之关系人时,则与其要对于区外之人课税,不如对于该区域内关系人课税为妥。例如,对于掩埋或焚烧事业废弃物之行为课税,则与其对于区外之事业废弃物排出者课税,毋宁应该优先对于区内事业废弃物之处理业者或掩埋业者课税,较合法。在此情形下,有认为在法律上可容许的,顶多是以区外的排出者作为形式上纳税义务人,而以区内事业废弃物之处理业者或掩埋业者作为特别征收义务人(代征义务人)。[②] 对于其行政区外的税务处理,如包括外国时,则也应注意遵守国际课税的原则。[③]

(B)在辖区外之财产及其收入

财产所在地在辖区外之土地、房屋及动产,及由此类财产所产生之收入(财产交易所得或财产租赁之租金收益等),在经济上可归属于辖区外税源。因此,地方自治团体如要开征财产税或财产收益税乃至于财产交易税,也不宜将上述在辖区外之财产及其收入纳入课税范围。[④]

B. 流通至辖区外之天然资源或矿产品等

流通至辖区外之天然资源或矿产品等,不得作为地方税课征,此当系考虑如果对该天然资源或矿产品等课税,则将转嫁至全地区使用该资源的民众(或消费者)负担,实质上也是对于全体民众课税,违反地方税收应取之于地方,用之于地方(受益与负担一致)的精神。

然而如果该天然资源或矿产品等之开采或生产制造,在当地产生污染或造成当地居民或地方之其他特别负担时,则基于污染者付费原则,该

---

① 有关国际间税源的归属,参照陈清秀:《台湾地区来源所得的认定标准问题——以劳务所得为中心》,载《财税研究》第 39 卷第 5 期,2007 年 9 月,第 19 页以下;杨蕙芳:《来源地税收管辖权的确立》,载刘剑文主编:《国际税法学》,2004 年第 2 版,第 96 页以下。

② 但也有认为对于区域外之境内业者(事业废弃物排出业者)课予税捐申报义务,于法亦无不合[碓井光明,法定外税をめぐる諸問題(下),自治研究,七七卷二號(二〇〇一年二月),頁十三]。

③ 中里實,地方税條例の效力の地域的限界,地方税,五一卷十一號(二〇〇〇年),頁二以下。引自碓井光明,法定外税をめぐる諸問題(下),自治研究,七七卷二號(二〇〇一年二月),頁十二以下。

④ 碓井光明,法定外税をめぐる諸問題(下),自治研究,七七卷二號(二〇〇一年二月),頁十一。

地方自治团体自得对于该天然资源或矿产品等课征特别的地方税，以符合公平原则。因此，所谓不得对于“流通至辖区外之天然资源或矿产品等”，应作目的性现缩解释，仅限于在地方上不发生特别负担之天然资源或矿产品等，才不得作为地方税之课税对象。

C. 经营范围跨越辖区之公用事业

由于经营范围跨越辖区之公用事业，如由一个地方自治团体对之课征事业税，则势必转嫁给全体用户之消费者负担，其结果，其他地方之消费者，虽然消费地不在该地方辖区，却仍须负担该项消费税，是无异将税负转嫁给其他地方居民负担，且消费地之地方自治团体原本得对于该税源课税，却被另一地方自治团体侵夺课税，故也有侵犯消费地之地方自治团体课税权之公共利益的情形，而不得课征地方税。

如由经营范围跨越辖区之各个地方自治团体共同联合办理课税（或委托其中一个地方自治团体课税），并按照一定计算方式（如消费者用户之人数或消费金额比例）分配税收，而课征地方税，于此情形下，并未转嫁其他地方居民负担，也未损及其他地方自治团体之利益，则可否开征，不无争议，本书认为，于此情形似无禁止之理。例如，日本的事业税属于地方税之一种，如果该事业跨区营业，则各地方自治团体即按照各地区营业规模比例分配税收，仍属可行。

有争议者，如果公用事业在某一地区营运，致造成环境或景观破坏，而使该地方自治团体产生特别负担（因此需额外支出特别处理费用）或使其居民忍受环境污染之特别牺牲负担时，则该地方自治团体可否对之课征目的税，以便专款专用，作为改善或防治环境污染之用，或者课征普通税，以充实弥补额外负担之公共支出？不无争议。本书认为如从使用者或受益者负担原则，乃至于污染者负担原则观察，对于此类案件，课征环境税，只要其课税收入额度与其额外负担具有相当性，则应为法之所许。在此情形，该公用事业，并非单纯以公用事业被课税，而是因为造成地方自治团体之额外负担，享受特别公共支出服务之利益而被课税，符合“受益负担”之地方税课税精神，因此，具有正当性。故地方税法对于经营范围跨越辖区之公用事业，不得课征地方税之规定，不宜采取单纯的字面上文义解释，而应作目的性限缩适用，较为合理。

例如，日本茨城县开征“核废料处理税”之地方税，以填补其额外公共服务支出之负担，一般认为有其合法性。

又如，国际机场或核能发电厂所在地之地方自治团体，如有因此额外支出公共服务之负担时，则相应的对于关系经营者课征机场税或电厂税，似应为法之所许。[①]

D. 损及整体利益或其他地方公共利益之事项

有关损及整体利益的情形，可归纳下述情形：[②]

（A）直接明文规定当局应实现的政策目标，例如应奖励新创产业，而新课征的地方税，却造成直接打击该项新产业或对之造成不良影响时，应可认为违反整体利益。

以德国为例，在有关废弃物之减量回收立法上，如果中央法律（废弃物清理法）采取“合作原则”，在废弃物处理上，抛弃式包装容器减量与利用之目标，依合作原则为之。如果地方法规立法课征包装容器税，采取诱导管制手段，因包装容器税所生之税捐上诱导效果，违反中央法律上之合作理念。其课税之要件与中央法律上合作共同负责之原则，相互抵触。亦即地方自治团体加强废弃物管制手段之地方法规，违背中央法律之基本价值决定时，则因此可能被认为违法无效。[③]

（B）相关规定足以间接显示其政策目标，尤其通过税法给予奖励之经济活动，地方税如反而给予打压或抑制其发展，则可认为有害整体利益。

（C）“法律”虽未规定其政策，但重大施政方针涉及整体利益之事项。

由于地方课税多少带来冲击，因此一般认为如其冲击并非重大，则宜

---

① 笔者以往认为机场属于供公众使用之公用事业，其经营范围跨越地方辖区，对于机场课予机场税，等于对大部分人课税，自为法所不许。该项见解，应予修正。

② 参照碓井光明，法定外税をめぐる諸問題（下），自治研究，七七卷二號（二〇〇一年二月），頁四以下。

③ 参见德国联邦宪法法院第二庭于1998年5月7日判决，参见《德国联邦宪法法院裁判选辑》（九），第85页以下所刊载李建良译，包装容器税判决。

予以尊重。

又各级各地不得对入境货物课征入境税或通过税(中国台湾地区“财政收支划分法”第18条第2项)。以保障增进各地区间的货物流通,排除各地区间的交易障碍。

②课征年限的限制

特别税课及附加税课之课征年限至多4年,临时税课至多2年,年限届满仍需继续课征者,应依中国台湾地区“地方税法通则”之规定重行办理(中国台湾地区“地方税法通则”第3条第2项)。

③重复课税的限制

各级地方对他级或同级地方之税课,除另有特别规定外,不得重征或附加(中国台湾地区“财政收支划分法”第18条第1项本文)。特别税课不得以已课征货物税或烟酒税之货物为课征对象(中国台湾地区“地方税法通则”第3条第3项)。故同种类税捐,原则上禁止重复课征。

各地对于上述事项,只有在当局并未行使其税捐“立法权”的范围内,才享有制定权。因此,对于“相同种类”的税目,在当局已经行使制定权的情形,各地对于该税目的税捐“立法权”即被排除,此即所谓同种类税目的禁止(Gleichartigkeitsverbot)。

至于一个税捐是否为同种类,仅能斟酌同种类税捐的禁止的目的,加以说明。按同种类税捐的禁止目的有二:

①防止对于某一个税捐权利人所分配的税源(表彰经济上给付能力的泉源),同时被另一个税捐权利人加以用尽。即各地自治团体不应将分配予当局的税源加以用尽。

②保护纳税人免于遭受重复的负担、过分的及不协调的课税,同时免于遭受数个税捐债权人的不公平的课税。[1]

所谓同种类税捐,德国联邦宪法法院有从税捐的标的(课税客体)、税基以及税捐的经济作用加以比较。[2] 亦有认为应以拟进行比较的税

---

① Tipke, aaO., S. 1096 f.

② BVerfGE 7, 224, 258 ff.; 13, 181, 192 ff.; 16, 64, 75 ff.; 16, 306, 316; 31, 119, 127.

捐,是否用尽相同的经济上给付能力的泉源(税源)为准。[①]

又某一个税目如果只是把握课税财货的其中一部分以及另一个税目的税基的其中一部分,仍不能否定两个税目具有相同种类性质。例如,个别的所得种类或财产种类,个别的给付或某一类群的给付,因此,特别的税捐与一般的税捐,具有同种类性质。故特别的消费税(只要它不是管制的税捐),与具有一般消费税性质的销售税,乃是同种类。但管制性的税捐则与财政收入目的之税捐,并非同种类。[②]

各地的立法权,应限于"地方性"(地区性)的税捐(örtliche Steuern)。此种地方的税捐,在概念上不外是其作用范围限于地方的税捐。即该地方税只具有地区的扩散作用,此种地区的扩散作用,必须从课税要件的规定产生,而不能从课税标的物之自然的生产所导出。地方的税捐仅限于其与地区的事实情况,尤其该地区内某一物品的占有或事实的经过相连结的公课,而且只对于该地区发生直接的作用,而不能导致影响经济的统一性。故地方税乃是并不影响经济的统一性以及生活条件的统一性的税捐。例如,地方团体对于该地区内的第二个住宅开征第二个住宅税,因为其税捐是和坐落在特定地区内的物品相连结,故属于地方性的税捐。

然而,值得注意的是,倘若只有少数地方团体课征此种地方性的税捐,则民众生活条件的统一性将无法获得确保,反而遭受损害。因此,在量能课税的观点下,地区性的连结因素,并无法维持课税的公平,因为"地区性"和经济上给付能力并无关联。由于所有的地方性特别使用税及消费税,除非其属于管制性(达成某种社会政策目的之手段)税捐,否则概与营业税(一般消费税)把握相同的税源,而对于税捐负担主体产生双重或多重负担,而有违同种类税捐禁止(双重负担禁止)的精神。[③]

(5)课税公平原则之限制

关于地方税的课征,基于课税公平原则,不得区分辖区内居民或辖区外居民,均应一体公平课税,不得仅对于辖区内居民给予减免税捐优惠,

① BVerfGE 13,181,193;16,64,75 f.

② Klaus Tipke,Die Steuerrechtsordnung,Band 3,1993,S. 1099 ff.

③ Tipke,aaO.,S. 1102 ff.

在法律上应要求区内及区外,并无差别待遇,例如对于废弃物处理课征地方税,则不分区内排出者或区外排出者,均应公平课税。[①]

又如,对于进入某地方自治团体(如某观光性岛屿)之辖区课征“环境协力税”(法定外目的税),以专款专用方式,充实地方政府维护环境美化、保全及维持整备观光设施所需之财源,在此情形,也不应区分区内居民或区外居民,原则上均应一体适用,公平课税。[②] 否则,如仅对于区外居民课税,则将税捐负担转嫁与外地居民,构成所谓“租税输出”,除非能证明境外居民享受该地方自治团体之利益特别大或耗费行政成本特别高等有差别待遇之正当合理事由外,自有违公平负担原则,而为法所不许。[③]

(6)课税立法权之行使

中国台湾地区“直辖市”、县(市)、乡(镇、市)公所开征“地方税”,应拟具“地方税自治条例”,经“直辖市”“议会”、县(市)“议会”、乡(镇、市)民代表会完成“三读”程序后公布实施(中国台湾地区“地方税法通则”第6条)。

(7)稽征程序

附加征收之税课,应由被附加税课之征收机关一并代征。前项代征事项,由委托机关与受托机关会商订定;其代征费用,由中国台湾地区财政事务主管机关另定之(中国台湾地区“地方税法通则”第8条)。

(8)自治“立法权”之监督

“地方税自治条例”公布前,应报请各该自治监督机关、中国台湾地区财政事务主管机关及中国台湾地区行政机构“主计处”备查(第6条第2项)。

此项备查,依中国台湾地区“地方制度法”第2条第5款规定,系指各

---

① 中里實,地方税條例の效力の地域的限界,地方税,五一卷十一號(二〇〇〇年),頁二以下。引自碓井光明,法定外税をめぐる諸問題(下),自治研究,七七卷二號(二〇〇一年二月),頁十二以下。

② 伊川正樹,法定外目的税之現狀——沖繩縣伊是名村の環境協力税を題材に,名城法學,五六卷一號,頁四五以下。

③ 碓井光明,法定外税をめぐる諸問題(下),自治研究,七七卷二號(二〇〇一年二月),頁十四。

地陈报各该自治监督机关、中国台湾地区财政事务主管机关及中国台湾地区行政机构“主计处”“知悉”而言。如果各该自治监督机关等认为其违反规定,应可在其公布前,表示其违反规定之意见,并要求修正违返规定部分。如果各地仍予公布,则可依据中国台湾地区“地方制度法”第30条的规定,分别由中国台湾地区财政事务主管机关(涉及“直辖市”部分)、台湾当局各该主管机关(涉及县部分)、县(涉及乡镇部分)予以函告无效。

上述备查之规定,基本上是从尊重各地自治权出发,自治监督机关等只进行合“法”性监督,而不作合目的性监督。唯如果考虑确保各地自治团体确实遵守上述自主课税权行使之界限,以确保中国台湾地区整体经建发展,似应改为“核定”或“同意”后再公布,[①]而不只是“备查”而已。只是核定的审查范围,也仅限于合“法”性监督。

3. 检讨

(1)任意课税问题

从德国、日本立法例可知,为维持全中国台湾地区民众生活条件的统一性以及经济秩序的统一暨区域均衡发展,有关“地方税”各项税目及其课税标准与税率,绝大部分都由中国台湾当局统一制定,以维持统一的课税方式及租税负担,避免混乱,并有助于实施统筹分配税的公平分配制度。

中国台湾地区“财政收支划分法”及“地方制度法”均规定“地方税”的范围及其课征,应依中国台湾当局层级的规定,基本上虽然也是采取“法定税目”的原则,但因“地方税”中之特别税课以及临时税课,其范围甚广,其课税对象、税基的计算以及税率可由各地自治团体自行选择决定,且属任意课税,并非强制课税(各地自治团体并无课税义务),加上“地方税”的征收率是否调高以及是否征收附加税,各地自治团体均可自行选择决定,故未来各地团体势必因课征“地方税”与否,而发生税捐负担的差异,不利中国台湾地区的区域均衡发展。

尤其对于税基有流动性的税目,例如所得税及遗产赠与税等若采取

---

① 日本立法例即采此做法。

附加税及特别税课等的任意课税制度,势将促使税基移到税负较低的地方,造成富人集中迁移到某一租税天堂的县市(未课征附加税、特别税课的县),引发人口不自然的流动,影响区域均衡发展至巨。

(2)新税目之意义及其性质,应明确规定

有关特别税课以及临时税课的意义,仍嫌过于广泛,解释上易生疑义,允宜进一步具体明定其意义内涵。又性质上究属于普通税(税收统收统支,支应各地的一般基准的财政需要),抑或目的税(税收专款专用,使用于特定用途或特别的财政需要),或兼指两者,也应加以明确规定。

(3)课税标准及税率的统一

又特别税课与临时税课,其具体的课税对象、课税标准与标准税率等,倘能具体加以明定,则应有助于维持中国台湾地区课税负担的一致性,确保各地民众的生活条件的统一。

此外,附加税也可考虑参考日本立法例,强制规定附加于所得税的统一征收率,以作为中国台湾地区一致的住民税,并避免各地住民负担过重。

(4)台湾当局的监督

由于各层级的各地团体的课征"地方税",均可能影响中国台湾地区整体利益以及其他各地公共利益,因此,"地方税"的开征,尤其新税目的开征,实应经台湾当局的"核定"同意,以审查其是否损及整体利益以及其他各地公共利益,方属妥当。故中国台湾地区"地方税法通则"第 6 条第 2 项规定"地方税自治条例"公布之前,应报请各该自治监督机关、中国台湾地区财政事务主管机关及中国台湾地区行政机构主计处"备查"之做法,似应改为报请核定,较妥适。实务运作上名为事先备查,实为事先审查同意。①

但为维护各地自主税课权,在审查是否损及中国全台湾地区整体利益以及其他各地公共利益,应从严解释,必须构成自治制定权之滥用,始

① 陈清秀:《地方财税法制之现状与未来改革方向》,载《当代财政》2012 年 7 月号。

足该当其要件，[1]此在各地团体间课税权的归属发生争议的情形，更有必要由台湾当局介入决定。同时为确保其审查之公正性，必要时可考虑引进专家学者及社会公正人士参与审查的机制。

三、税捐收益权的归属

（一）税捐收益权的划分理论

税捐收益权的分配，即“国税”“省税”“县税”的划分，应以“衡平”（equity）以及“效率”作为划分“国税”与“地方税”的标准。衡平的标准是指各级地方的税课收入金额应与各级地方提供公共服务所需要的支出金额相一致，效率的标准是指应将稽征的成本最小化。其具体的分配如下：[2]

1. 以累进税率进行财富重分配的税捐，应归属“国税”。

例如所得税、遗产及赠与税。由于财富重分配是台湾当局的职责，因此，用于收入重分配的税目也应归台湾当局。

2. 适合于稳定经济的税目，应划归“国税”。

如所得税，一般采取累进税率，在经济快速发展时，民众收入增加，平均税率便随之上涨，税率的上升会抑制劳力和投资供给的过快成长，从而防止经济过热的出现。反之，在经济衰退时，民众收入下降，平均税率亦随之下降，税率的下降会刺激劳力和投资供给的增长，从而使经济复苏。此种所得税的功能，便是景气调整的机能，由于稳定经济发展属于台湾当局职责，因此，适合于稳定经济发展的税目，也应划归台湾当局所有。

3. 税基（tax base）流动性大的税目，应划归台湾当局，以免造成区域间税捐竞争现象。反之，税基流动性小的税目，应划归各地。

---

① 有学者认为，为维护各地自主税课权，审查是否损及全台湾地区整体利益以及其他各地公共利益，应从严解释，须构成自治制定权之滥用程序，始足该当其要件，而其审查权应归司法机关，核备之规定仍以改为报备查为宜。参见葛克昌：《“地方税法通则”与地方自治》，载中国台湾地区台北市“法规委员会”编印：《地方自治法学论辑》（下），1999 年版，第 447 页。

② See Anwar Shah, *The Reform of Intergovemmental Fiscal Relations in Developing and Emerging Market Economies*, pp. 18 –21 (The World Bank, 1994).

4. 税捐客体（课税对象）在各地团体之间并不均匀的税目，应划归“国税”。

例如，与天然资源有关的税目，虽然税基并没有流动性，原本应可划归“地方税”，但天然资源通常并非普遍平均分布于中国台湾地区各地，因此若将此种税目归划各地，将使各地税收产生不公平的现象，而导致扭曲资源有效率分配。故有关天然资源的税目，宜划归“国税”。

5. 税捐收入应尽可能满足各级当局可能的财政需要。

因此，以政策目的取向的税目，其税收应流向负有责任提供该项公共服务的层级的当局。例如，假设环境污染的防治，是属于各地的职责，则有关环境保护的税捐收入，即应归属该地公共团体所有。

6. 容易形成“税捐输出”（tax export）的税目，不适合划归“地方税”，以避免税负转嫁给其他地区的居住者负担，而削弱“地方税”与受益负担原则的关联性。①

（二）现行税捐收益权的划分

1. 税捐收益权的划分

中国台湾地区税捐收益权之划分，依据中国台湾地区“财政收支划分法”第 4 条的规定，各级的财政收入中之税课收入：

（1）“国税”

依据中国台湾地区“财政收支划分法”第 8 条的规定，下列各税为“国税”：

①所得税。但所得税总收入 10%，应由台湾当局统筹分配“直辖市”、县（市）及乡（镇、市）。

②遗产及赠与税。但应以在“直辖市”征起之收入 50% 给该“直辖市”；在市征起之收入 80% 给该市；在乡（镇、市）征起之收入 80% 给该乡（镇、市）。

③“关税”。

---

① 朱泽民：《当前地方税制之检讨与改进方向初探》，载《财税研究》第 26 卷第 3 期，1994 年 5 月，第 29 页。

④营业税。但营业税总收入减除依规定提拨之统一发票给奖金后之40%,应由台湾当局统筹分配“直辖市”、县(市)及乡(镇、市)。

⑤货物税。但货物税总收入10%,应由台湾当局统筹分配“直辖市”、县(市)及乡(镇、市)。

⑥烟酒税。应以其总收入18%按人口比例分配“直辖市”及各县(市)。

⑦证券交易税。

⑧期货交易税。

⑨矿区税。

(2)“直辖市”及县(市)税

中国台湾地区“财政收支划分法”第12条规定,下列各税为“直辖市”及县(市)税:

①土地税,包括下列各税:

A. 地价税。但县应以在乡(镇、市)征起之收入30%给该乡(镇、市),20%由县统筹分配所属乡(镇、市)。

B. 田赋。县应以在乡(镇、市)征起之收入全部给该乡(镇、市)。

C. 土地增值税。在县(市)征起之收入20%,应缴由台湾当局统筹分配各县(市)。

②房屋税。县应以在乡(镇、市)征起之收入40%给该乡(镇、市),20%由县统筹分配所属乡(镇、市)。

③使用牌照税。

④契税。县应以在乡(镇、市)征起之收入80%给该乡(镇、市),20%由县统筹分配所属乡(镇、市)。

⑤印花税。

⑥娱乐税。县应以在乡(镇、市)征起之收入全部给该乡(镇、市)。

⑦特别税课。指适应自治之需要,制定课征之税。但不得以已征货物税或烟酒税之货物为课征对象。

2. 统筹分配税款

中国台湾地区规定台湾当局为各地方经济平衡发展,对于贫瘠之地应酌予补助。因此,中国台湾地区“财政收支划分法”规定统筹分配税,以统筹台湾当局及各地之财源，以谋求经济之平衡发展。

中国台湾地区“财政收支划分法”第16条之1规定、第8条第2项及第12条第2项至第4项规定之税课统筹分配部分，应本透明文化及公式化原则分配之；受分配各地就分得部分，应列为当年度税课收入。

（1）台湾当局统筹分配税款之来源

依台湾当局“统筹分配税款分配办法”（2015年7月13日修正）[①]规定，台湾当局统筹分配税款之来源，包括所得税总收入10%，营业税总收入原则上40%，货物税总收入10%，土地增值税在县（市）征起收入之20%以及其他收入（办法第3条）。

（2）统筹分配税之分配

现行统筹分配税，其功能有二：

①扮演“税收分享”的角色，考虑各地自治团体民众对于税收之贡献，给予分配。[②] 因此以各地前年度营利事业营业额作为分配基算因素，同时兼顾法律秩序安定性，避免影响各地施行多年之既有的财政收入规模。

②扮演“一般补助款”的角色，为满足各地自治团体的基准财政需要，而对于其基准的财政收入无法平衡的部分，由当局按照一定的法定计算公式，交付本税，以确保各地行政的统一水平。[③]

在此统筹分配税的分配标准，乃是以各地团体的“标准的财政需要”，减除其“标准的财政收入”，就收入不足部分，给予一定比例补助或全额补助。其理想的一般补助款之补助公式如下：

基准的财政需要 - 基准的财政收入 = 财源不足额 = 一般财政补助需要

A. 基准的财政收入：该地团体根据自己的收入来源所实际或可以获

---

① 此一统筹分配税分配办法每年检讨一次，重新修正发布施行，导致各地每年均与台湾当局为了分配问题争吵不休，引起冲突对立，耗费社会成本至巨，并非长治久安之制度，为世界上所稀见之制度，亟须通盘检讨改进。

② 德国立法例，就所得税（包括法人税）的收入部分，应分配与该所得税征收取得地方之地方自治团体。至于营业税及货物税则具有消费税的性质，较适合按照消费人口比例分配。

③ 就此问题详见朱泽民：《当前地方财政制度改进之研究》，载《财税研究》，第25卷第1期，第21页以下。

得的财政收入。倘若该地团体可以自己决定税率的高低时,则应以标准税率(如各地的平均税率)而非实际税率作为计算基础。以计算所得应有基本各地税目的税收能力,以避免各地自治团体怠于征税,特别减轻居民负担,却仰赖当局补助的不公平现象。

至于各地团体特别开征的法定外税目所筹措的特别财源,则非基本各地税目,不在标准的各地财政收入衡量范围,留供各该各地团体自行运用,以鼓励其努力征税。

B. 基准的财政需要额:基准的财政需要额是指各地团体以全地区统一标准的水平,执行其法定任务之行政所必要的经费中,[①]应以一般的财源加以供应的金额。至于各地自行办理任意性自治事务所需费用(如自行开办某项社会福利),则应自行筹措经费,不在基准财政需要额的计算范围。

其理想的计算公式如下:

基准财政需要额 = 测定单位的数值 × 补正系数[②] × 单位费用

在"直辖市",其任务负担较一般县市为重(如劳健保补助、高中教育费用等),故应一并纳入计算其基本的财政需要额。

展望未来,中国台湾地区对于统筹分配税应建立公平合理、长治久安的统一的计算公式。[③] 不宜像目前每年变动一次,造成动荡不安。

3. 补助款——财政调整制度

除了统筹分配税发挥部分财政调整功能之外,台湾当局对于各地的补助款也是另一个财政调整手段。有关财政平衡之补助,依台湾当局对"直辖市"及县(市)补助办法规定办理。

依该"办法"第3条规定,台湾当局为谋各地经济平衡发展,得视"直辖市"及县(市)财政收支状况,由中国台湾地区财政就下列事项酌予

---

① 一般行政服务水平所需经费的项目,应包括下述各地方所提供行政服务项目:治安:警察及消防;教育:中小学教育;卫生环保;交通:各地交通;社会福利;产业经济行政;其他行政服务。

② 在计算标准的财政需要所需经费时,也应考虑各地人口密度及薪资、租金等生活水平之差异,适当以"补正系数"方式加以调整补正。

③ 另参见陈清秀:"中央对于地方财政调整制度之探讨",载法治斌教授纪念论文集,《法治与现代行政法学》,2004年版,第517页以下。

补助：

(1)一般性补助款补助事项，包括“直辖市”、准用“直辖市”规定之县及县(市)基本财政收支差短与定额设算之教育、社会福利及基本设施等补助经费。

(2)计划型补助款之补助范围，以下列事项为限。

①计划效益涵盖面广，且具整体性之计划项目。

②跨越“直辖市”、县(市)或二个以上县(市)之建设计划。

③具有示范性作用之重大建设计划。

④因应台湾当局重大政策或建设，需由“直辖市”或县(市)配合办理之事项。

(3)台湾当局对于“直辖市”及县(市)重大事项之项目补助款。

台湾当局对下列事项应优先予以补助：

第一，前项第1款规定之“直辖市”、准用“直辖市”规定之县及县(市)基本财政收支差短。第二，对于跨区域之建设计划或合作事项。

上述补助款兼具有“一般补助金”与“特别目的补助金”双重功能，一方面作为“一般补助金”，支应满足各地自治团体基准的一般财政需要。另一方面作为指定用途之“特别目的补助金”，以补助特别贫穷的地方，发生特别灾难(如天灾、人祸)之地及其他有特别支出负担或特殊计划建设需要特别经费之地，以平衡满足各地的特殊财政需要。

4. 检讨

(1)税收分配比例问题

台湾当局与各地的任务分配，各自办理事务多少，分配多少财源。应有统计分析，才能决定台湾当局与各地应各自分配多少税收比例。台湾当局与各地共同分配的税目，例如所得税、营业税各地分享之比例应可考虑提高。

(2)台湾当局统一制定之“地方税”税收之减免问题

近年来，台湾当局减免“地方税”之例子层出不穷，例如契税、营业税、土地增值税、土地税、房屋税等税捐之减免，影响“地方税”收至巨，故产生下列有关减免制度合理化之问题：

①实体上正义：有关“地方税”税收之减免，应注重专业性与量能课

税之社会公平正义。税收之减免决策不应泛政治化，过于考虑选举之民萃模式。

②程序上正义：不应由台湾当局请客，各地买单（台湾当局片面决定减免各地方税）。而应由真正的利害关系人各地自治团体自主，或由台湾当局与各地共同决定。

外国做法：以德国为例，应经代表地方政府之参议院同意，才可通过影响地方政府权益之法案。

中国台湾地区将来应可参考释字第 550 号解释，涉及"地方税"收权益之决策，应有各地参与，各地参与决策之机制应该法制化。例如，在中国台湾地区"地方制度法"中应予以明定各地的参与权限与参与方式。

（3）统筹分配税及补助款之分配问题

①目标

为确保中国台湾地区各地统一的基本的行政服务水平，以维持民众具有人性尊严的生活水平，有关财政收入之分配财源，应足以确保各地基本的财政需要，并满足各地方依据台湾当局"法规"等应支出之特别负担（例如，在各地层级，只有"直辖市"才需负担之健保费补助款）。

②中国台湾地区与各地财政负担之划分原则

中国台湾地区"财政收支划分法"第 37 条规定台湾当局与各地财政负担原则如下：各级之支出划分如下：

（1）由中国台湾地区制定并执行者，归台湾当局。

（2）由"直辖市"制定并执行者，归"直辖市"。

（3）由县（市）制定并执行者，归县（市）。

（4）由乡（镇、市）制定并执行者，归乡（镇、市）。

前项第 1 款及第 3 款如需交由下级执行者，其经费之负担，除另有规定外，属委办事项者，由委办机关负担；属自治事项者，由该自治团体自行负担。

由台湾当局或"直辖市"、县（市）、乡（镇、市）二个以上同级或不同级共同办理者，其经费应由台湾当局或各该"直辖市"、县（市）、乡（镇、市）按比例分担之。

各地未依第 2 项及前项规定负担应负担之经费时，其上级得扣减其补助款。

上述台湾当局与各地财政负担原则,可谓采取“任务责任与支出负担链接原则”,即“谁的任务,谁负担经费”,“谁请客,谁买单”。

A. 台湾当局制定并执行的事务

统一的事务,原则上应由台湾当局负担经费。

因此,台湾当局统一制定并统一执行的事项,原则上属于台湾当局任务事项,不应要求各地负担经费。[①]

B. 台湾当局制定交由各地执行的事务

因此,台湾当局委办事项,即委托各地办理的事项,由台湾当局负担经费。

由台湾当局规定各地的“法定”义务办理事项(台湾当局统一规定由各地执行之“法定”自治事项),由各地负担经费,但台湾当局应为各地筹措财源,以满足各地基本的财政需要。例如,经由开征“地方税”、税收分享等手段为各地筹措财源,如有不足,再经由统筹分配税之分配或补助款之补助,筹措财源。

台湾当局统一制定要求各地办理的“法定”“地方”自治事务(义务办理事项),台湾当局同时应有“填补相关费用之规定”(负有同时筹措财源的义务)。[②] 以避免发生“台湾当局请客,各地买单”,致使各地财政恶化。[③] 否则倘若台湾当局只享受权力,忽略也要尽筹措财源的义务,只注意行使制定权,强制要求各地办理,却没有配套措施,同时尽到筹措财源的义务,将容易产生财政困难问题。

---

① 例如,台湾地区居民健保的保费补助,即属于台湾当局统一制定并统一执行的事项,就不应要求各地负担补助。但如果要求各地负担费用,则台湾当局应同时为各地筹措所需财源。“大法官”解释释字第550号解释便已经指出此点筹措财源的义务。

② 德国各邦宪法概均有类似筹措财源规定。参见陈清秀:《谁来负担健保费?——从北市健保费释宪案谈起》,2003年版,第326页以下。

③ 例如,中国台湾地区“老人福利法”所规定中低收入老人生活津贴,中国台湾地区“身心障碍者保护法”所规定身心障碍者生活补助,中国台湾地区“特殊境遇妇女家庭扶助条例”所规定家庭扶助等,均属于“台湾当局请客,各地买单”之案例。

四、税捐行政权的归属

(一)税捐行政权的划分理论

税捐行政权的划分,理论上并不必须和税捐收益权的划分相一致,例如"国税"不必要一定由台湾当局征收,"地方税"也不必然应由各地方征收。在此,首应考虑的是实用性(可行性)原则,由何种层级的当局征收最能降低稽征的成本,提高稽征的行政效率。而对于课税的标的以及课税的数据,可能拥有最好的信息的层级的当局,则税捐行政权即应划归该层级,以利稽征。例如,公司所得税,台湾当局较能有完整的信息掌握该公司的境内及境外所得。反之,在财产税,各地则立于较佳的地位,进行财产价值估计。因此,公司所得税的税捐行政权宜划归台湾当局,而财产税的税捐行政权则应划归各地。①

税捐行政权虽然归属于不同层级的公法人主体,但如为达成确保法律秩序与经济秩序的统一,维持课税的平等与竞争中立性的目标,则通过统一的税务行政,也较能促进此一目的之达成。换言之,税捐的课征如能通过适用一致的稽征程序(如中国台湾地区"税捐稽征法")、"行政救济程序诉愿法"及"行政诉讼法"以及台湾地区统一的行政规则(中国台湾地区财政事务主管机关解释令函),并采取中国台湾地区统一的税务人员教育训练及在职进修制度,当较能促进"税法"的规定,在台湾地区统一的公平适用。②

(二)现行税捐行政权之划分

中国台湾地区规定"国税"由台湾当局执行之,因此,"国税"的税捐行政权是归属于台湾当局。县税则由县执行之,因此,县税的税捐行政权,系归属于县。故"国税"及县税的税捐收益权与税捐行政权的归属,乃互相一致。

---

① Anwar Shah, note 2, pp. 18 – 19.

② Klaus Tipke, Die Steuerrechtsordnung, Band Ⅲ, 1993, S. 1129.

就此，中国台湾地区“税捐稽征法”第3条亦规定：税捐由各级主管税捐稽征机关稽征之，必要时得委托代征；其办法由中国台湾地区行政机构定之。因此，以往在台湾省的“国税”即依中国台湾地区行政机构令委托台湾省代征，并由台湾省连同省税，一并委托各县市“税捐稽征处”统一稽征。自1992年7月以后，台湾省的“国税”始改由中国台湾地区财政事务主管机关所属台湾省北区、中区及南区“国税局”稽征。又营业税改为“国税”之后，原先仍委托“直辖市”及各县市“税捐稽征处”统一稽征，以借重各地稽征机关原有的人力物力资源，但自2003年1月1日起改由“国税局”自征。

第六节　税法的法源

一、概说

法源（Rechtsquelle）即一个法规范所由产生的形式或法规范所表现的形式，乃是认识法的来源，从此来源可以直接认知现行法。探讨法源理论的任务，在于对于不同的法规以及法源，依据其特征，加以分析说明，并加以体系化的连结。

税捐法的法源乃是指有关税捐法的法规范的存在形式，法规范乃是对于其所涉及的民众，具有法律上拘束力的抽象及一般的（对于不特定多数案件所适用的）规定，该规定在特定的时空范围内对于民众具有拘束力，并由国家的权威加以确保。在税捐法的法源中，法律占有重要地位，至于不成文法，例如习惯法及其他不成文法，可否成立作为法源，则值得探讨。

二、成文法源

（一）宪法

宪法为根本大法，包含法律上的基本秩序以及基本的价值判断，由此建立价值秩序。宪法优越于单纯的法律,宪法上所规定的民众基本权利,具有拘束立法、行政及司法而为可以直接适用的权利,因此税捐法规、行政函释,以及行政法院裁判,均不得违背宪法。宪法上对于有关税捐的基本原则加以明定者,如税捐法定主义,以行政命令限制奖励投资条例所定各种利息免税范围,即有违租税法律主义之本旨。又如民生主义原则,也对于税法上采累进税率以实现财富重分配之目的,提供其合宪性依据。

宪法上的价值决定以及基本原则,首先是由立法者以法律的形式,加以具体化、显现,并因此转化为可适用的权利。又在许多情形,法律适用者也必须直接从宪法中获得其决定基准。

(二)法律

在税捐法定主义下,纳税义务人、课税对象及其归属、课税标准(税基)、税率等课税要件,原则上均应以“法律”的形式加以规定。因此,法律乃是税法法源的大宗。

在各国立法例上,关于形成租税法律体系之方式大致有二:一是将有关税捐稽征之基本事项与共同事项,并同各税目有关稽征之实体与程序规定为一单一法律,此乃属综合立法方式,如《美国国内收入法典》(Internal Revenue Code)与《法国税捐综合法》,即属之。二是有关税捐稽征之基本事项与共同事项,或订之于一种或二种以上之法律,且各税目分别以法律规定其稽征之实体与程序事项,此称为分税立法方式,例如,德国有税捐通则及各税目之税法,日本有国税通则法、国税征收法及各税目之税法。上述两种立法方式何者为宜,非为法理问题,而系涉及立法政策之问题,盖以综合立法之优点,在于可将复杂之租税法制维持与增进体系性与统一性;至于分税立法方式,其中有关通则法部分之租税法制,具有综合立法之相同效益,各税目部分之租税法制,可确保针对经济情事之变动而调整,且于租税立法与税务行政亦较简便。①

在有关影响民众权益重大之税捐法案于制定或修正之前,应进行“法

---

① 颜庆章:《租税法》(上册),1989 年版,第 14 页。

规影响评估”,[1]对于法律制定或修正的必要性与合理性进行分析探讨,并应进行“成本效益分析”,以最小的成本(行政成本及社会成本)发挥最大功效(为最大多数人实现最大利益)。其内容可包括:法案必要性分析;法案替代方案审视;法规影响对象评估;法规成本效益分析;公开咨询程序检讨;总体影响评估结论。[2] 如此,始能建构最完善的法律制度,达到福国利民的理想目标。

有关法规影响评估,在税法上应可以财政学研究成果为参考。例如,对于所得课税后会产生两种效果,即替代效果(substitution effect)与所得效果。财政学者认为,当课税降低了实得工资,使休闲的机会成本下降,故人们愿意以休闲取代工作,这就是替代效果,会使劳动供给减少。但同时,无论工作时数为何,课税都使个人所得减少,若假设休闲为正常财,则在其他情形不变时,所得的减少将导致休闲消费的减少,但减少休闲意味着增加工作,故所得效果将使人们工作时间增加。[3]

(三)法规命令与职权命令

1. 法规命令

法规命令系由行政机关依据法律授权所颁布的命令。在税法领域,由于受税捐法定主义之支配,课税要件的全部,原则上均应以法律规定之,因此,得以命令规定的事项,仅限于不抵触上述原则的范围。再者,税法规范的对象的经济活动,极为错综复杂多样且激烈变化,因此,欲以法律的形式完全加以把握规定,实际上有其困难,而有必要就其具体的决定委由命令规定,并配合情事变更以机动修废其规定,故在税捐法上,课税上基本的重要事项,应以法律的形式加以规定,而就其具体的、细目的事

---

① 日本于平成十三年(2001 年)制定《政策评估法》,要求政府机关在采取重大管制政策之前,应进行政策影响冲击评估。美国自里根政府即建立管制影响评估制度。台北于 2004 年 8 月 19 日亦函颁各机关执行行政法规影响评估参考规范,极力推动“行政法规”影响评估制度。相关文献,请参考中国台湾地区台北市“法规会”编印:《委托经营管理法制/行政法规影响评估》,2003 年版,第 199 页以下。

② 参照邱昌泰主持:《建立行政机关法规影响分析机制暨实证研究》,2004 年版,第 197 页以下。

③ Rosen:《财政学》,李秉正译,第 369 页。

项则以法律授权委由行政命令规定之情形不少。此种命令，在不抵触税捐法定主义的原则下，即构成有效的税法的法源。

就法规命令的合法性前提要件而言，法规命令以法律授权及对外公布为其生效要件，故满足此二要件者，方可具有法律上拘束力，构成行政法的法源。兹分别叙述之：

(1)法律的授权

对于此种法律的授权规定方式，应符合"授权明确性"的要求。此种"授权明确性"的要求程度不一，[①]是否符合"授权明确性"的审查标准，原则上当可采取下述"可预见性公式"，即授权条款的规定必须明确到足以令人预见行政机关将于何种场合、循何方向行使授权以及根据授权所订定命令可能具备之内容，始能符合明确性之要求。换言之，授权条款的规定必须达到使民众直接从授权本身，而非从根据授权所订定之命令，即可预见当局对民众所要求作为或不作为内容之明确程度，始称得上符合授权明确性之要求。[②]

就此中国台湾地区司法机构"大法官"释字第 402 号解释亦谓："法律"虽得授权以"命令"为补充规定，唯授权之目的、范围及内容，必须具体明确，然后据以发布"命令"，方符基本人权之意旨。[③] 因此，中国台湾地区立法机构应自己作成重要的决定，设定所要发布的"法规命令"的范围及目标，而只就具体细节的规定，在制定者的计划范围内，移转予行政机关。

故关于"法规命令"合法性的要求，应符合下述前提要件：[④]

①"法律"的授权行政机关以"法规命令"限制民众之自由权利，唯其授权应明确规定授权之目的、范围及内容；

②"法律"仅作概括授权时，"法规命令"内容仅能就与母"法"有关之细节性及技术性事项加以规定，且必须符合制定意旨，并未逾越母"法"

① 参照许宗力：《行政命令授权明确性问题之研究》，载氏著：《法与国家权力》，1995 年版，第 253 页以下。

② 许宗力：《行政命令授权明确性问题之研究》，第 231 页以下；BVerfGE 1,14,60。

③ 同旨，释字第 313 号解释、释字第 390 号解释、释字第 394 号解释、释字第 397 号解释。

④ 黄锦堂主持：《地方法规定位之研究》，中国台湾地区行政机构，1997 年版，第 73 页。

规定之限度。

又“法律”虽授权行政机关订立“法规命令”，唯中国台湾地区立法机构仍享有主导权，不仅可以决定是否以及以什么方式发布“法规命令”，同时也可以通过“法律”的制定或修正，废止或变更“法规命令”。

(2)对外公布

中国台湾地区“行政程序法”第157条规定“法规命令”依规定应经上级机关核定者，应于核定后始得发布。“法规命令”之发布，应刊登当局公报或新闻纸。

又依中国台湾地区“中央法规标准法”第7条规定：各机关依其职权或基于授权订定之“命令”，应视其性质分别下达或发布，并即送中国台湾地区立法机构，“法规命令”既对于民众发生“法律”上拘束效力，则性质上自应公布周知，俾民众知所遵循，并即送中国台湾地区立法机构，方完成其“命令”发布程序。

如果“法规命令”违背有效性前提要件，则不生效力。[①] 依中国台湾地区“行政程序法”第158条第1项规定：“法规命令”，有下列情形之一者，无效：

①抵触台湾地区宪制性规定、“法律”或上级机关之命令者。

②无“法律”之授权而剥夺或限制民众之自由、权利者。

③其订定依“法”应经其他机关核准，而未经核准者。

“行政法院”对于“法规性命令”的有效性可以加以审查，不待声请中国台湾地区司法机构“大法官”会议解释，即得认为其不生效力而拒绝适用(中国台湾地区“最高行政法院”2001年判字第1437号)。

又税法有时基于税捐行政上的“实用性”考虑，为了简化稽征程序，而就课税事实的认定，赋予行政机关以法规性命令，设定通案认定标准的权限，例如依据中国台湾地区“所得税法”第121条规定，由中国台湾地区财政事务主管机关拟订，呈请中国台湾地区行政机构核定公布之“固定资产耐用年数表”“递耗资产耗竭率表”，又如中国台湾地区财政事务主管机关依据中国台湾地区“所得税法”第80条第2项规定，公布“各业所得

---

① Tipke/Lang, Steuerrecht 9, Aufl., 1989, S. 91f.

额标准”,以及依据中国台湾地区“所得税法施行细则”第 73 条规定公布“同业利润标准”,此类通案认定标准,学者有认为核其性质为法律解释,故应接受“行政法院”之司法审查为妥,即通案的认定标准,不因其存在于“法规性命令”中而具有法源地位,对于“行政法院”并没有规范上的拘束力。①

按此类通案认定标准,涉及专门技术事项,其作成之行政手续如已有制度保障社会公正人士及或专家之参与决定,足以确保其判断之公正妥当性时,则为维持课税公平及稽征便宜考虑,“行政法院”似宜尊重其通案认定标准,即应承认行政机关就通案认定标准之实体内容享有判断余地或最后决定权,而仅能就其作成手续是否符合规定进行审查而已。

反之,若其作成手续并无确保其公正决定之制度保障时,则“行政法院”于裁判上自可不受其拘束,而得独立审查认定其通案认定标准内容之合理性及妥当性,并以自己之判断取代稽征机关之判断。② 只是在实际上,囿于“行政法院”的人力物力有限,法官的知识经验不易“反证推翻”其通案认定标准而已。

2. 职权命令

职权命令是指行政机关不待法律的授权,依据其组织法上的职权,为执行法律之需要或就法律对于机关本身主管事务未有规定之事项,为填补法律之真空,补充法律的不足,所订定对外发布的行政命令,其与法规命令相同之处,在于两者皆在补充及执行法律,对于民众亦有法律上拘束效力。例如,中国台湾地区“法规标准法”第 7 条规定:各机关依其法定职权或基于“法律”授权订定之“命令”,应视其性质分别下达或发布,并即送中国台湾地区立法机构,其中所谓依“法定职权”订定之“命令”,即在此所称“职权命令”。③ 中国台湾地区“地方制度法”第 27 条第 1 项亦有授权订定职权“命令”的规定。

---

① 黄茂荣:《论法源・法学方法与现代民法》,1993 年增订 2 版,第 29 页以下。

② 陈清秀:《依法行政与法律的适用》,载翁岳生编:《行政法》(上),2000 年第 2 版,第 194 页以下。

③ 陈新民:《行政法学总论》,第 193 页以下。

由于职权命令并无“法律”之授权，故不得规范剥夺或限制民众之自由、权利之事项（中国台湾地区“行政程序法”第158条第1项第2款）。如其涉及民众权利之限制或课予义务负担时，则与法律保留原则不符（释字第390号解释）。①

值得注意者，由于职权命令与行政规则均系基于行政机关的法定职权所发布的命令，因此二者不易区别，且自法律保留观点而言，因职权命令欠缺“法律”之具体授权根据，不得规定有关民众权利义务事项，故学者有主张将中国台湾地区“中央法规标准法”第7条所规定之职权命令，纳入下述行政规则加以说明，而否认其作为行政命令之一种类型。②

（四）各地自治法规

中国台湾地区“直辖市”享有课税“立法权”。又享有县税的“立法权”。又依中国台湾地区“地方制度法”第18条第2款、第19条第2款及第20条第2款规定，“直辖市”、县市及乡镇市自治事项，包括“直辖市”、县市及乡镇市税捐。又中国台湾地区“地方税法通则”也赋予各地自治团体课征“地方税”的权限（参见释字第277号解释）。因此，“直辖市”、县市及乡镇市所制定课征“地方税”之“自治条例”，亦属于法规范，为税法之法源。

（五）国际上协议

如果国际上协议内容直接涉及重要事项或民众之权利义务，且具有“法律”上效力者，只要经立法机构事先同意签订或“法律”授权签订，或事后经立法机构审议通过，并经公布者，即具有“法律”上效力（释字第329号解释），构成行政法的法源。

---

① 学者翁岳生亦谓：法律保留如采侵害保留，则具法规命令性质之职权命令在福利行政尚有部分生存空间，若法律保留采严格解释，则职权命令只能在不涉及民众权利义务时，始有存在之可能（参见翁岳生：《论法官之法规审查权》，载《台大法学论丛》第24卷第2期，第95页）。

② 许宗力：《论国会对行政命令之监督》，载氏著：《法与国家权力》，1994年第2版，第291页以下；汤德宗：《行政立法之研究——美国行政程序法本土化应用之尝试》，载翁岳生主持：《行政程序法之研究》，1990年版，第362页。

三、不成文法源

(一)习惯法与行政先例法

1. 习惯法

税法乃是限制民众财产权的规范,依据税捐法定主义,只有形式意义的法律才能作为课税的根据,因此,对于纳税人不利(创设或加重民众税捐负担)的习惯法,并无成立余地,殆无争议("行政法院"1958年判字第162号判例)。然而对于纳税人有利的习惯法,可否加以承认,不无争论,或认为税捐立法应严格地受法律的拘束,而税捐习惯法则不符税捐法定主义之要求。

唯多数学者则认为,承认有利纳税人的习惯法,并不违反税捐法定主义。因此,减轻或免除纳税义务或缓和稽征程序要件的处理,已由税捐稽征机关一般性地反复继续进行,形成行政先例,对于此项行政先例,在纳税人间已一般性地确信为法(法的确信)时,则可承认该具有习惯法地位的行政先例法存在,税捐稽征机关也应受其拘束。此种习惯法具有修正或变更现行法之效力,因此,如要变更其处理,必须修正法律。①

2. 行政先例法

关于行政先例作为法源问题,"行政法院"1959年判字第55号判例采肯定见解:行政先例原为行政法法源之一,如非与当时有效施行之成立法明文有违背,自得据为行政措施之依据。按行政先例系行政机关处理某类事务反复之惯行,与习惯法应含有一般人普遍确信其法的效力之要素者不同。因此单纯的行政惯例并非法源之一种。唯行政机关一般性地反复继续进行处理所形成的行政先例,对于此项行政先例,在民众间已一般性地确信为法(法的确信)时,则可承认该具有习惯法地位的行政先例法存在,行政机关也应受其拘束。此种习惯法具有修正或变更现行法之

---

① [日]金子宏:《租税法》,平成四年(1992年)第4版,第103页;[日]田中二郎:《租税法》,第101页;Tipke/Kruse,AO,1988,§4 Tz. 41;中国台湾地区"行政法院"1959年判字第55号判例亦谓:"行政先例原为行政法法源之一,如非与当时有效之成文法明文有背,自得据为行政措施之依据。"

效力,因此,如要变更其处理,必须修正法律。

例如,某特定物品,并不列入货物税的课税对象,历经多年,不仅为税捐稽征机关方面所承认,且在民众这一方面也信赖不课税而为行动的情形,在同一税捐法底下,骤然变更解释,将该物品纳入课税对象处理,并非妥当的措施。倘若要和以往的处理进行不同的处理时,则应修正税法规定,并阐明其意旨。在此意义下,历经多年的先例或处理,即可认为具有一种行政先例法的意义。

(二)行政规则

1. 概说

行政规则(Verwaltungsvorschrift),指为规律行政体系内部事项而下达的命令,即行政机关对下级机关或上级长官对所属公务员,依其法定职权,为规范机关内部秩序或运作所为之规定,不直接对外发生效力,通常与民众的权利义务无直接关系。乃是行政机关基于行政组织权限以及业务上的指挥监督权所发布之命令,由于其发布行政规则系从行政权衍生而来,因此毋需法律的授权,即可发布。在其并非显然违法的情形,因对于下级行政机关及其公务员因公务员法上之服从义务,而具有其拘束力,此种拘束力系在行政组织内部发生,对于民众以及"行政法院"均无拘束力。"行政法院"于裁判时,固可予以引用,但仍得依据法律,表示适当之不同见解,并不受行政规则之拘束(释字第137号、第216号解释)。因此,行政规则并非法规范,原则上不属于行政法的法源。①

然而在实际上,行政规则"事实上"发生直接对外效力。又基于平等原则与行政自我拘束原则,行政规则也有某种程度的间接对外发生效力。因此,行政规则与法源实际上具有同样的机能。故除显然违法外,司法机关尤其"行政法院"通常亦予以适用,未曾怀疑其法源地位,且若行政规则经法院确定终局裁判所适用,中国台湾地区司法机构"大法官"亦对之

---

① 翁岳生:《论法官之法规审查权》,载《台大法学论丛》第24卷第2期,第95页;陈敏:《租税法之解释函令》,载《政大法学评论》第57期,1997年版,第22页以下。反对说,主张行政规则为法源之一种,参见吴庚,前揭书,第42~43页。

进行违“宪”审查。[①]

有关税法解释令函之合“法”性审查,释字第703号解释理由书指出:主管机关本于法定职权就相关“法律”所为之阐释,自应秉持一般意义上的宪法原则及相关“法律”之制定意旨,遵守一般法律解释方法而为之——(释字第620号、第622号、第640号、第674号、第692号解释参照)。即法律之解释,应符合下列要件:应秉持一般意义上的宪法原则,例如租税法律主义;应参酌制定意旨;应遵守一般法律解释方法。

由于行政规则性质上并非对外具有拘束力之法规范,并不能创设民众的权利及义务,在行政规则的内容违反“法令”的情形,虽然行政处分违反行政规则,也不当然构成违“法”。即行政机关违反行政规则所作成的行政处分,只要仍符合“法规”的规定,原则上仍属合“法”有效。但如涉及违反平等原则或信赖保护原则时,另当别论。

2. 行政规则的机能

为确保行政法规的统一公平的执行,减轻公务人员适用法令遭遇疑义之困难与工作负担,并使行政机关的行为,以及行政程序透明化,以便让民众事先有预测可能性,进而提高行政法规的安定性,行政规则(令函)也有存在的必要。倘若没有行政规则,而委由各行政机关独自判断以解释适用行政法规定时,则各机关之行政事务势必陷于相当混乱的状态。

鉴于行政规则具有上述的重要效果,因此其内容不得抵触法律,即不得通过行政规则,对于民众课以“法令”所要求以外的义务;同时如欠缺“法令”上的根据,也不得以单纯的解释令函免除或减轻民众的义务负担。

3. 行政规则的类型

行政规则概有下述几种类型:

(1)组织性的行政规则

组织性的行政规则(令函)是行政机关在执行组织权力的范围内,规定有关行政机关的构造、内部秩序、管辖及程序。包括关于机关内部组

---

① 参见释字第218、219、222、247、248、253、267、285、287、291、294、296、310、315、316、322、333、337、339、343、359、367等号解释。

织、事务的分配、业务处理方式、人事管理等一般性规定。

有关行政机关的管辖规定与程序规定的组织性，如果是补充有意识的法律漏洞并使法律规定具有执行可能性时，则具有直接的外部效力，并因此产生具有一般拘束力的法规范。

(2)解释性的行政规则

解释令函，"行政法院"于裁判时，固可予以引用，但仍得依据"法律"，表示适当之不同见解，并不受其拘束(释字第137号、第216号解释)。因此，解释令函并非法规范，不属于税法的法源。[①]

解释令函内容不得抵触"法律"，即不得通过解释令函，对于纳税人课以"法令"所要求以外的义务；同时如欠缺"法令"上的根据，也不得以单纯的解释令函免除或减轻纳税义务。又中国台湾地区财政事务主管机关也不得发布解释令函，以违背课税平等原则的方式，限制税捐稽征机关的调查活动；经由解释令函所规定的概算额，如显然导致不正确的课税结果时，也构成违"法"。此外，以解释令函追求"法律"范围以外的经济政策或社会政策，也是违"法"。[②]

解释法规的行政规则一般并不承认是行政的固有功能领域，只有在例外情形，承认行政机关享有判断余地，原则上，法律的解释或诠释，乃是法官本来的固有任务。因此，解释法规的行政规则对于"行政法院"法官而言，并没有比文献上学说见解，具有更大的"证明及拘束价值"。

变更以前解释令函的情形，究应如何适用，不无争议。

①原则溯及生效

释字第287号解释谓："行政主管机关就行政法规所为之释示，系阐明法规之原意，固应自法规生效之日起有其适用。唯在后之释示如与在前之释示不一致时，在前之释示并非当然错误，于后释示发布前，依前释示所为之行政处分已确定者，除前释示确有违法之情形外，为维持法律秩序之安定，应不受后释示之影响。"本件解释认为案件已确定者，原则上不

① Tipke/Lang，Steuerrecht，S. 94ff.；反对说，[日]康炎村：《租税法原理》，1987年版，第34页以下，认为行政释示亦为命令之一种，可补充法律之不足，苟不违反租税法定主义，亦不能否认其效力，似认为行政释示，亦为税法之法源。

② [日]金子宏：《租税法》，第104页以下；Tipke/Lang，Steuerrecht，S. 95f。

受后释示之影响,但在前之解释违背法律损害当事人权益者,案件纵已确定,仍得适用在后解释,俾获救济。[①] 同时似认为只要未经行政处分确定之案件,均可追溯既往适用新的解释令函,唯在民众信赖旧的解释令函而已进行其生活安排者,只因尚未经行政处分确定,即应变更改以新的解释令函处理,似有违公法上信赖保护原则。

②原则向后生效,例外有利纳税人溯及生效

针对此一问题,1996 年 7 月 30 日增订公布中国台湾地区"税捐稽征法"第 1 条之 1 即规定:中国台湾地区财政事务主管机关依本"法"或"税法"所发布之解释函令,对于据以申请之案件发生效力。但有利于纳税义务人者,对于尚未核课确定之案件适用之,对于上述第 287 号解释加以修正,以兼顾民众的信赖保护,值得注意。亦即依此规定,如新令函改变以往令函见解,而导致纳税人的租税负担加重时,除据以申请之案件外,原则上该新解释函令应自发布后向将来适用,以免纳税人先前善意信赖旧的法律的秩序所进行的经济交易活动,遭遇到无法预见的租税负担,而妨害以往的交易秩序。[②]

③经过渡期间生效

中国台湾地区司法机构 2001 年 5 月 4 日"大法官"释字第 525 号解释理由书也注意到行政规则的信赖保护问题,认为行政法规(包括法规命令、解释性或裁量性行政规则)之废止或变更,于民众权利之影响,并不亚于前述"行政程序法"所规范行政处分之撤销或废止,故行政法规除预先定有施行期间或经有权机关认定系因情事变迁而停止适用,不生信赖保护问题外,制定或发布法规之机关固得依法定程序予以修改或废止,唯应兼顾规范对象值得保护之信赖利益,而给予适当保障,方符保障民众权利之意旨。制定或发布法规之机关基于公益之考虑,即社会整体利益优先

---

① 吴庚,前揭书,第 262 页。

② 反对说,陈敏:《租税法之解释函令》,载《政大法学评论》第 57 期,第 30 页,认为解释函令为不利于纳税人之变更时,仅不适用于已核课而尚未确定之案件,对尚未核课之案件则应有其适用。就此问题之探讨,参见陈清秀:《税务令函之合理化的探讨》,载氏著:《税法之基本原理》,1997 年增订 3 版,第 684 页以下;葛克昌:《税法解释函令之法律性质》,载《月旦法学杂志》第 21 期,第 72 页。

于法规适用对象之个别利益时，自得依法定程序停止法规适用或修改其内容，若因此使民众出于信赖先前“法规”继续施行，而有因信赖所生之实体法上利益受损害者，倘若现有法规中无相关补救规定可资援用时（如中国台湾地区“税捐稽征法”第48条之3等），基于信赖之保护，制定或发布“法规”之机关应采取合理之补救措施或订定过渡期间之条款，俾减轻损害。

④原则向后生效或经过渡期间生效

2011年11月23日中国台湾地区“修正税捐稽征法”第1条之1第2项及第3项增定：中国台湾地区财政事务主管机关发布解释函令，变更已发布解释函令之“法令”见解，如不利于纳税义务人者，自发布日起或中国台湾地区财政事务主管机关指定之将来一定期日起，发生效力；于发布日或中国台湾地区财政事务主管机关指定之将来一定期日前，应核课而未核课之税捐及未确定案件，不适用该变更后之解释函令。

本条2011年11月8日修正施行前，中国台湾地区财政事务主管机关发布解释函令，变更已发布解释函令之“法令”见解且不利于纳税义务人，经税捐稽征机关依中国台湾地区财政事务主管机关变更“法令”见解后之解释函令核课税捐，于本条2011年11月8日修正施行日尚未确定案件，适用前项规定。也从信赖保护原则观点，限制函释之适用范围。

综合上述规定及解释，有关行政规则之变更，似可以下述方式处理：①

A. 有利纳税人之行政规则

税法上行政规则应有信赖保护之适用，以解释性行政规则为例，原则上其最新解释，如对于纳税人有利者，应可适用释字第287号解释，追溯既往，自“法规”生效之日起有其适用。

但在变更解释见解的情形，在前之释示并非当然错误，于后释示发布前，依前释示所为之行政处分已确定者，除前释示确有违“法”之情形外，为维持法律秩序之安定，应不受后释示之影响。

---

① 陈清秀：《税法上行政规则之变更与信赖保护》，载《法学新论》第18期，2010年1月，第53页以下。

如前释示确有违法，纳税义务人应可依据中国台湾地区“税捐稽征法”第28条规定申请退税。稽征机关也应依据中国台湾地区“行政程序法”第117条规定本于职权撤销变更违“法”处分，并办理退税。

B. 不利纳税人之行政规则

如解释令函对于纳税人不利者，在不涉及信赖保护之情形，也应可适用释字第287号解释，追溯既往，自“法规”生效之日起有其适用。

在新函释变更旧函释解释见解的情形，于下述类型，可认为涉及信赖保护：

（A）已经依据旧函释作成课税处分者。

（B）虽尚未作成课税处分，但纳税人已经善意信赖旧函释从事交易活动或其他财产上处置者。于此情形，新函释宜视其信赖保护程度，本于公益与私益均衡之原则，而得为如下之处理：

a. 新函释向将来生效，即过去已经发生之案件，仍适用旧函释（参照中国台湾地区“税捐稽征法”第1条之1）。

b. 新函释订有过渡期间（如半年或一年），于过渡期间经过后才向将来生效（参照释字第525号解释）。

在纳税人依据旧函释进行税捐规避之行为者，或旧函释有重大明显违反上位规范情形者，或相关“法规”（如各种解释性、裁量性之函释）系因主张权益受害者以不正当方法或提供不正确数据而发布者，其信赖均有瑕疵不值得保护，因此，新函释应可追溯既往，对于纳税人为不利之处置，以回复合“法”课税状态。

有关“税法”的解释的具体问题，在有无解释令函以及如何适用解释令函，并不明确的情形，就纳税人而言，通常总是希望事先能够知悉税捐稽征机关对于该问题的官方解释或处理态度，以便其据以从事经济活动。因此，为提高法的安定性与预测可能性，采取类似美国的“事先核释”（advance ruling）的程序，对于事前要求税捐稽征机关表明其官方解释的程序，加以制度化，实有其必要与实益。[①] 就此中国台湾地区“税捐稽征法”第12条之1第7项亦规定：“纳税义务人得在从事特定交易行为前，

---

① ［日］金子宏：《租税法》，第104页以下。

提供相关证明文件,向税捐稽征机关申请咨询,税捐稽征机关应于六个月内答复。”

(3)简化规定的行政规则

中国台湾地区财政事务主管机关为简化行政程序作业,并提高行政效率,所发布有关事实认定基准的行政规则,即为减轻稽征机关的调查事实义务的工作负担,而颁布评价(估价)的准则以及类型化规定,例如,中国台湾地区财政事务主管机关以令函所公布的执行业务者费用标准,财产租赁收入,必要损耗及费用标准,个人出售房屋之财产交易所得标准等,“行政法院”固然可以不受其拘束,而可以从法律上及事实上观点加以审查,并容许纳税义务人以“反证”推翻。然而由于法官的经验通常无法“反证”推翻此种准则性规定,因此经常必须委由专家鉴定始能与上述准则性规定为相异之认定。①

要之,在此类准则性规定,于大部分情形均显示其合理性并无显然错误的范围内,基于简化稽征程序以及课税的平等处理的理由,“行政法院”也概均适用此类规定。就此中国台湾地区司法机构“大法官”会议释字第 361 号解释亦谓中国台湾地区财政事务主管机关以令函核定 1987 年台北市个人出售房屋交易所得,按房屋税课现值 20% 计算,系经斟酌年度、地区、经济情况所核定,并非依固定之百分比订定,符合本院释字第 218 号解释之意旨。

值得注意的是,稽征机关认定事实所依凭之证据,在并无明文规定采取“法定的证据方法”的情形,任何证据(包括人证、物证或其他证据)只要有证据力,均可采取,并无限制,故不能以行政规则限制认定事实的证据方法,此即所谓“证据方法不受限制原则”。②

(4)裁量准则的行政规则

裁量准则的行政规则提供稽征机关在行使行政裁量时的决定标准以及决定模式。例如,中国台湾地区财政事务主管机关所公布的“税务违章

① Tipke/Kruse, AO, §4 Tz. 37.

② 林锡尧:《行政程序上职权调查主义》,载翁岳生教授祝寿论文集,《当代公法理论》,1997 年版,第 325 ~326 页。

案件裁罚金额及倍数参考表”,即是有关稽征机关裁罚的裁量准则。

在裁量准则的领域,稽征行政机关享有某种决定余地,而“行政法院”仅得于有限的情形始得介入。倘若行政机关合法地颁布裁量准则时,则其亦拘束行政机关本身,行政机关必须一般性地(普遍地)适用其裁量准则,否则即抵触平等原则(所谓行政的自我拘束)。行政机关的裁量是否违反平等原则,“行政法院”仍得借助平等权审查之。根据平等原则,“行政法院”也可以且必须遵守无瑕疵的裁量准则。

如果裁量权的行使具有违法瑕疵,则因平等原则并不强制行政机关反复作成有瑕疵的行为,故其并不发生自我拘束力(并无不法的平等)(Keine Gleichheitim Unrecht)。自裁量准则能够拘束“行政法院”而论,裁量准则具有法源的性格,但裁量准则以外的其他解释令函,则不具有拘束法院的效力。①

(5)补充法规的行政规则

在法律规定有漏洞的情形,或者法律使用不确定法律概念的情形,行政机关为填补该法律漏洞或具体化该不确定法律概念,而颁布补充法律规定的行政令函。

例如,“行政法院”1966 年判字第 52 号判例谓:按受奖励事业非营业损失之利息支出,应如何计算,“法律”并无规定,中国台湾地区行政机构经提报 1963 年 10 月 17 日第 83 次会议决定,受奖励事业在计算非营业收入额课税时,应准扣除非营业损失之利息支出后,再行计算……此项命令,系中国台湾地区行政机构依其职权就适用“法律”所为之补充解释,与“法律”无何抵触,自属有效。

4. 行政规则的适用与平等原则

行政规则经由一惯的适用而建立公平的行政实务处理模式,久而久之,并因此使行政机关本身自我受到拘束,盖就同类的事件,如欠缺合理的理由,即不得为相异的处理。此即所谓行政自我拘束原则(sog. Selbstbindung der Verwaltung)。因此,如果行政机关在具体案件中,欠缺正当的合理的理由,却悖离其一贯的透过行政规则所产生的行政实务惯

---

① 黄茂荣:《论法源》,载氏著:《法学方法与现代民法》,1993 年增订 3 版,第 17 页。

例时,即有违平等原则。于此情形,民众固然不能指摘其违反行政机关内部有效的行政规则,但却可主张因在系争案件中未遵守一贯处理的行政规则,而有违平等原则。因此,行政规则经由行政惯行与平等原则的适用,乃产生法律上的外部效力。①

至于在行政机关所颁布之法规释示及依据该释示所形成对民众有利的行政惯例,如违反法律,而具体案件上,民众被排除适用该行政惯例时,可否引用平等原则主张应与其他同类案件为同等处理?就此问题,以往通说概认为平等原则并不能正当化违法之行政惯例,依照平等原则,并非赋予民众有要求行政机关重复错误的请求权。即民众并无不法的平等或重复瑕疵之请求权存在,否则行政机关将可仅通过违法的行政惯例即可变更现行法规,此与行政应受法之拘束的意旨不合(例如,中国台湾地区"最高行政法院"2006 年判字第 1251 号判决)。故行政机关如欲向将来变更其行政惯例,而为符合法律之处理,原则上民众自不得再援引以往行政惯例,要求行政机关继续违法处理。

唯在此,仍应注意有无涉及民众之信赖保护问题,而且倘若行政机关并未变更其行政释示及惯例,而仅就单一个别案件为差别差异时,则仍有违反平等原则之疑义。

因此,上述问题,原则上除行政令函显然违法外,似应认为平等原则优先于依法行政原则而适用,较为妥当。②

就此亦有学者主张在行政令函的见解比行政法院的观点,更为有利于民众的情形,行政法院固不得适用该令函,但其因此对于当事人所产生平等原则的违反,行政机关在废弃该行政令函之前,可以通过妥当性的处置(Billigkeitsmaßnahme)(例如,在课税的情形,可采取减免租税之措施)加以调整。③

---

① Hartmut Maurer, AllgemeinesVerwaltungsrecht, S. 566f.

② [日]北野弘久:《通达课税·通达行政》,载北野弘久编:判例研究日本税法体系Ⅰ,《税法 基本原理》,昭和五十七年(1982 年)再版,第 65 页以下,日本大阪地方法院昭和四十四年(1969 年)五月二十四日判决,《行裁例集》第 20 卷第 5 号、第 6 号,第 675 页;大阪地方法院昭和四十五年(1970 年)五月十二日判决,《行裁例集》第 21 卷第 5 号,第 799 页。

③ Tipke/Lang, Steuerrecht, 12. Aufl., S. 96(1989).

（三）解释、判例与决议

1. 解释

中国台湾地区司法机构“大法官”的解释，依其解释性质，具有与中国台湾地区“法律”或“命令”同等的法律上效力。就此有关“大法官”解释的效力，释字第185号解释谓：中国台湾地区司法机构解释中国台湾地区宪制性规定，并有统一解释“法律”及“命令”之权，自有拘束中国台湾地区各机关及民众之效力，各机关处理有关事项，应依解释意旨为之，违背解释之判例，当然失其效力。确定终局裁判所适用之“法律”或“命令”，或其适用“法律”“命令”所表示之见解，经中国台湾地区司法机构依民众声请解释认为与中国台湾地区宪制性规定意旨不符，其受不利确定终局裁判者，得以该解释为再审或非常上诉之理由，已非见解歧异问题。

又关于统一解释的效力，释字第188号解释谓：中国台湾当局或各地机关就其职权上适用同一“法律”或“命令”发生见解歧义，中国台湾地区司法机构依其声请所为之统一解释，除解释文内另有明定者外，应自公布当日起发生效力。各机关处理引起歧见之案件及其同类案件，适用是项“法令”时，亦有其适用。唯引起歧见之该案件，如经确定终局裁判，而其适用“法令”所表示之见解，经中国台湾地区司法机构解释为违背“法令”之本旨时，是项解释自得据为再审或非常上诉之理由。

故中国台湾地区司法机构“大法官”对于行政法规所为解释，自亦构成行政法的法源。

2. 判例

行政法院将其历年裁判审查其中足为范例者，经挑选编列为判例要旨而公布，此种判例，是否有规范性拘束力，而成为法源，学者见解不一，持否定说者，认为若承认判例具有规范性拘束力，基本上是违反“法官须依据法律独立审判”的规定，因为判例并不是法律。又依权力分立原则，司法机关只具有针对具体案件从事造法活动的权限，并不具有对一般案件从事立法活动的立法权。因此，判例只具有“事实上的拘束力”，即根据平等原则的要求，在其他相类似的案件，有被尊重的资格。①

持肯定说者，认为依中国台湾地区“法院组织法”第57条规定，赋予中国台湾地区“最高法院”得就其裁判所持法律见解，编为判例，是有关判例之形成，乃有“法律”上授权根据。又依中国台湾地区“行政法院组织法”第16条第1项及第2项规定：中国台湾地区“最高行政法院”之裁判，其所持之法律见解，认有编为判例之必要者，应经由院长、庭长、法官组成之会议决议后，报请中国台湾地区司法机构备查。中国台湾地区“最高行政法院”审理事件，关于法律见解，认有变更判例之必要时，适用前项规定。因此判例对于将来发生之同类事件，有一般之“法律”上拘束力，即具有法源地位。就此中国台湾地区司法机构“大法官”会议释字第154号解释理由书中亦肯认判例之拘束力：“行政法院”判例，在未变更前，有其拘束力，可为各级法院裁判之依据，如有违反中国台湾地区宪制性规定的情形，自应有中国台湾地区司法机构“大法官会议法”第4条第1项第2款之适用，始足以维护民众之权利。又“行政法院”1973年判字第610号判例亦谓判决如违背判例，即属适用“法规”显有错误，得为再审之理由；概均肯认判例之法源地位。

按判例除了可补充“法律”的不足外，其最主要的功能，即在于统一“法令”见解，并维持法律秩序的安定性。尤其是在条文中有文义不明或包含概括性的规定时，判例的此种功能最显然。② 故承认判例对司法机关内部之法律上拘束力，实有其必要。至于行政机关或民众有无受判例拘束之必要，则可进一步研究。

由于“行政法院”应受“法律”的拘束，而非制定者应受“行政法院”裁判的拘束，因此，如果制定者认为某项“行政法院”判例或裁判先例不合理或不满意时，即可通过“法律”的修正变更，取消判例的基础。

3. 判决

在判决理由中所表现的法律解释，具有合理性的情形，对于其他类似

---

① 黄茂荣发言，台大法学讲座，《判例之拘束力与判例之变更》，载《台大法学论丛》第9卷第1期，第7页。

② 杨日然发言：《判例之拘束力与判例之变更》，载《台大法学论丛》第9卷第1期，第6页。

事件而言，自然也有趋向于相同的解决的倾向，因此，经由判决的累积，因作为判决先例而被尊重，终至于一般性地被承认为一贯的见解，乃导致一般的法规范成立，而形成判决先例法，具有一种法源的地位。

换言之，“行政法院”的裁判虽仅是为了个案之审判，而适用“法律”，但“行政法院”在个案之裁判中所表示的“法律见解”，基于“法的平等性”以及“法的安定性”之要求，一般乃期待其具有某种程度的继续性，因此，“行政法院”的个案裁判，虽然欠缺一般性的“法律”拘束力，而在“形式上”不具有法源的地位，但因事实上仍有其拘束力，故在“事实上”却具有法源的意义。①

唯无论如何，除非“行政法院”裁判上所持见解已演变为“习惯法”，否则其裁判仍非独立之法源，其拘束力基本上仍依附在制定法上。②

唯在法官确信，判决先例中的解释并不正确，其中的法的续造（法律漏洞补充）的理由不够充分，或者当初正确的解决方式，今日因规范情境变更或整个法秩序的演变，须为他种决定时，则其不仅有权利，也有义务摒弃判决先例的见解，而不受判决先例的拘束。③

4. 决议

“行政法院”庭长评事联席会议决议，是否为行政法之法源，不无疑问，学者有谓其决议虽有整合其内部法律见解之作用，唯尚不能承认此类决议与判例相同，亦在法源之列。④

就此释字第 620 号解释理由书认为：中国台湾地区“最高行政法院”在具体个案之外，表示其适用法律见解之决议，原仅供院内法官办案之参考，并无必然之拘束力，虽不能与判例等量齐观，唯决议之制作既有法令依据（中国台湾地区“行政法院组织法”第 30 条及中国台湾地区“最高行政法院处务规程”第 28 条），又为代表中国台湾地区“最高行政法院”之法律见解，如经法官于裁判上援用时，自亦应认与命令相当，许民众依中国台湾地区司法机构“大法官审理案件法”第 5 条第 1 项第 2 款之规定，

---

① 黄茂荣：《论法源·法学方法与现代民法》，第 5 页。

② 黄茂荣：《论法源》，载氏著：《法学方法与现代民法》，第 5 页以下。

③ [法]卡尔·拉伦茨：《法学方法论》，陈爱娥译，1996 年版，第 336 页以下。

④ 吴庚，前揭书，第 54 页。

声请解释(同说,释字第622号解释理由书)

故依此见解,中国台湾地区"最高行政法院"之决议,事实上应亦兼具有部分"法源"之功能。

(四)一般法律原则与法理

1. 概说

在"税法"中虽然并未明文规定,但如课税平等原则、实质课税原则、诚实信用原则、信赖保护原则、权利滥用之禁止、比例原则、个别案件之正义、法律上听审请求权等,作为一般法律原则(Allgemeine Rechtsgrundsatze),在解释适用税捐法规时,均应承认其适用,因此并非超实证法,而是属于实证法的范围,具有税法的税源的意义。①

唯此种法律原则虽为法源,但其本身并不是法规范。法规范乃是由彼此互为条件连结的"构成要件"与"法律效果"两部分所构成。而一般法律原则则是欠缺构成要件的绝对的要求与禁止,并设定形成法律状态的准则,但因欠缺法规所必要内容的确定性而无法直接适用于具体的事实关系。例如,并没有任何的事实关系可以涵摄在应维持诚实及信用的要求底下。其构成要件与法律效果必须直到涉及具体的事实关系时,才被导出。此种过程是通过法律适用者建立规律,②即须由一般法律原则中导出法规,以便适用于特定的典型的事实关系。

因此,一般法律原则相对于其他法源,仅具有补充性,即一个法律问题首先是应依据其他法源,尤其是应依形式的法律或法规性命令加以决定。只有在无法获得答复或者显然抵触在一般法律原则中所形成的基础规范的情形,才能援引一般法律原则。③

此外,构成税法基础的正义公平的法理念,或一般社会的正义感情所肯认之法理或一般法律思想(*Allgemeine Rechtsgedanken*),乃是先于法律

---

① [日]田中二郎:《租税法》,第102页;Tipke/Kruse,AO, §4 Tz.3;吴庚,前揭书,第52页以下。有关行政法之一般法律原则,另参见城仲模主编:《行政法之一般法律原则》,1994年版,三民书局。

② Tipke/Kruse,AO, §4 Tz.5.

③ Wolff/Bachof,Verwaltungorecht Ⅰ,9. Aufl.,1974,S.123.

存在,经由归纳所获得,有认为其并非法源,但也有认为其具有填补法律漏洞,并作为法律的解释原理的机能,因此可谓具有广义的税法的法源的意义。①

2. 根据

税法的一般法律原则并非独立的法源,也不能追溯到以某一特定法源为基础,而是以下述不同的根据,作为其适用基础:②

(1)宪法的具体化

大部分的税法上一般法律原则,可以从宪法的规定及原则中导出,而属于"已经具体化的宪法"以及从宪法原则导出的推论结果。

(2)现行法律规定的连结

从现行各个税法领域中的法律规定,经由体系化、抽象化以及类型化的观察方法,也可获得一般法律原则,或者援用(类推适用或直接适用)私法规定也可承认一般法律原则。

(3)从法理导出

有些法律原理(基础法规范)直接根据正义原则导出,以及由于其具有一般性,而无法直接适用于具体案件,但构成现行有效的一般法律原则的法律上基础。

(4)习惯法

部分一般法律原则,因长期施行,被加以遵守,而可承认其具有习惯法的性质。但在最近才承认的一般法律原则,则无法以习惯法加以说明。

税法的一般法律原则的性质,实际上并非构成独特的、新的法源范畴,而是各种不同的法源的集合概念,即其常以其他法源形态表现,例如违法负担的行政处分的自由撤销原则,或为公共利益特别牺牲的公法上补偿原则,一方面符合当事人间法的确信,另一方面如已经长期施行,则可谓构成习惯法。其他行政法上一般法律原则,除已明定为成文法规定外,大部分通过法院裁判上加以承认,而具有法官法(判例法)的不成文

---

① [日]田中二郎:《租税法》,第102页;康炎村:《租税法原理》,第39页。

② Maurer,aaO.,S. 61ff.

法性质。[①]

3. 一般法律原则的种类

税法上一般法律原则,为数极多,[②]中国台湾地区“行政程序法”第4条以下并有例示某些一般法律原则。

例如,关于中国台湾地区“所得税法”第4条第4款有关“劳工”退休金免纳所得税之规定,其中“劳工”的适用范围,“税法”并无明文规定,但基于量能课税负担公平原则之税法目的解释,应不以适用“劳动基准法”规定行业之劳工为限(“行政法院”1996年11月庭长评事联席会议决议)。

又如,期待可能性原则也适用于税法上,期待可能性在法学上的概念,乃是指个案情况下,可对于义务人课予义务之尺度。不可期待性,是指所课予义务或负担,在考虑当事人人格、个人尊严及尊重债务人和经济关系下,显然过度要求或过度负担时,称之。因此,不可期待性,乃是指个人对其所负义务,所能负担的界限而言。[③]

例如,公法上义务,如果其义务之履行,在事实上或法律上不可能或无期待可能性,则其义务即归于消灭。例如,账簿已经失火烧毁,稽征机关仍命其提示账簿,事实上已无法履行提示账簿义务,故纳税义务人之提示账簿义务(中国台湾地区“税捐稽征法”第46条)即归于消灭。

此外,税法亦重视公益之要求。公权力主体的行为,无论是以公法或私法的形式为之,均应维护公共利益,始具有正当性及合法性。因此,行政行为应注意维护公共利益。此一公共利益乃典型的不确定法律概念,其不仅是在“利益内容”上具有不确定性及多面性,而且在“受益对象”方面也具有不确定性。[④]

---

① Fritz Ossenbühl, aaO., S. 158 ff.

② 参见城仲模主编:《行政法之一般法律原则》,1994年;城仲模主编:《行政法之一般法律原则》,1997年。

③ 蔡震荣,前揭文,第142页。

④ 陈新民:《公共利益的概念》,载氏著:《宪法基本权利之基本理论》(上册),1980年版,第129页以下。

实务上如"行政法院"1987年5月庭长评事联席会议决议谓:纳税义务人依中国台湾地区"所得税法"规定办理结算申报而经税捐稽征机关调查核定之案件,如于法定期间,纳税义务人未申请复查,其原查定处分,固具有形式上之确定力,唯税捐稽征机关如因发现新事实或新课税资料,认确有短征情形,为维持课税公平之原则,基于公益上之理由,要非不可自行变更原查定处分,而补征其应纳而未纳之税款(参照"行政法院"1969年判字第31号判例、中国台湾地区司法机构院字第1461号、第1629号解释)。

四、法源的位阶

(一)概说

倘若相同位阶的规范竞合时,则一般适用下述法则解决:新法规定优越于旧法规定(后法优于前法),特别法规定优越于普通法规定。[①] 倘若依据上述法则仍无法解决其矛盾时,则相互矛盾的规定彼此互相废弃,均属无效,因而产生需要填补的法律漏洞。[②]

中国台湾地区实务上似认为如普通的新法规定对于纳税人有利,应可优其于特别的旧法规定而适用,例如中国台湾地区"土地税法"为普通法,"平均地权条例"为特别法,新修正"土地税法"规定被征收土地免征土地增值税,而平均地权条例,则未及同时条正,就此中国台湾地区行政机构1994年5月7日台83财16305号函即谓:关于被征收或区段征收之土地免征土地增值税之规定,应自"土地税法"第39条、第39条之1修正公布施行后即予适用。

又一般抽象的法律,优越于执行该法律之法律规定。另上级机关所颁布之法规命令优越于下级机关之法规命令。

---

① 至于新的普通法规定,可否优越于旧的特别法规定,不无疑义,唯学者有持肯定说者(Tipke/Lang,Steuerrecht,S.89)。

② Tipke/Lang,Steuerrecht,S.89.

（二）习惯法的位阶

至于习惯法的位阶，则依其内容及其流行地区而定，如其涉及变更或补充宪法，则具有宪法位阶；如其涉及一项法律，则具有法律位阶；如其涉及命令，则具有命令的位阶。又其惯行以及法的确信必须在其所涉及的成文法规所适用的全部地区存在，否则无法建立具有该成文法规位阶的习惯法。[①]

在法源位阶理论中，有“效力优先原则”（Geltungsvorrangsprinzip）与“适用优先原则”（Anwendungsvorrangsprinzip）。前者是指高位阶法规范之效力优先于低位阶法规范，故普通法律（低位阶法规范）抵触宪法规定（高位阶法规范）者无效。后者是指适用法律机关（如行政机关或“行政法院”）适用法规范审判时，应优先适用低位阶之法规范，不得径行适用高位阶之法规范，除非缺乏适当之低位阶法规范可资适用。

因此，若系争法律问题已有相关低位阶法规范（如法律）加以规范时，法官即应适用该普通法律审判，不可舍弃内容较具体的普通法律规定于不顾，反而直接引用内容较抽象的宪法上基本权利规定，否则即有违立法者负有宪法所委托将宪法规定加以具体化、细节化与现实化的合宪性任务。[②]

只有在欠缺此种法律规定或有法律漏洞，以致对系争案件之解决仍无法通过类推适用方法提供适用之规范依据时，即唯有在面临此种“判断紧急状态”时，适用法律机关始有权限及义务援用宪法本身，无论是直接适用宪法规定或是从宪法上原则所导出的推论。[③]

---

① Wolff/Bachof，Verwaltungsrechtl，S. 140；Tipke/Kruse，Ao，§4 Tz. 40.

② 许宗力：《基本权利对国库行为之限制》，载氏著：《法与国家权力》，1994 年第 2 版，第 64 页以下。

③ Hartmut Maurer，aaO.，S. 70f.

第七节 税法的解释

一、税法解释的目标

(一)税法解释的意义

如果税务员及法官在解释法律时,越不严格遵守方法论上的原则,则其将越不受控制地、单纯以自己的法律感情、自己的主观的确信或价值观念行事,以单纯修辞学的、表象的方向运作或以不精确的、未受训练的或感情的涵摄归纳、演绎,而法安定性与课税的合法性将更蒙受损害,当事人对于决定结果也感到是运气好坏的结果,对于任何决定的预测也停留在碰碰运气的情况。

税法的具体条文的文字意义,如果不是非常明确,而可能存在有多种意义时,则适用法规的机关在适用税捐法规时,即需要对于该条文加以解释。又纵然该条文规定相当明确,但如果就相同的事项,另有其他相关条文规定与之相冲突时,则应优先适用哪一个条文,以排除两者间的矛盾,也需要加以解释。因此,税捐法规的解释,与其他法律领域的解释一样,相当重要。就此中国台湾地区司法机构"大法官"释字第267号解释理由书即谓:法律条文适用时发生疑义者,主管机关自得为符合制定意旨之阐释。

法律解释的功能,乃是在适用法律的过程中,法律适用者为将法律条文适用于所认定之事实关系,对于法律条文的规范意义内容发生疑问时,经由法律解释(Auslegung),可以使法律适用者理解其条文的意义。①

故法律解释的任务,即在排除规范矛盾,回答规范竞合与规律竞合问

---

① 有关法律的解释,参见黄茂荣:《法学方法与现代民法》,增订3版,第277页以下;杨仁寿:《法学方法论》,1991年;Karl Larenz, Methodenlehre der Rechtswissensc-haft, 5. Aufl., 1983, S. 305ff.;陈清秀:《税法的法律解释》,载氏著:《税法之基本原理》,第295页以下。

题,测定各个规定的一般适用范围,并界定其彼此的规律领域。法律解释的目标,乃是探求及阐明法律的意旨,亦即法律文义的意旨。“行政法院”1972 年判字第 169 号判例即谓:查法律之解释,旨在阐明法条之真意,使条文规定得为适当之应用,并无创设或变更法律之效力,故其解释不得逾越制定本旨之范围。

因此,法律解释应取向于法律目的,必须从目的的观点加以解释。文义的、历史的及体系的解释均仅是确认法律目的的手段。①

(二)主观说与客观说

有关法律解释的目标,有主观说与客观说之分。主观说探求依据立法者的观念,在制定法规范时应已具有的法律的意旨,即探求历史的法律制定者的意思。反之,客观说则是探求在适用法律时,而非制定法律当时,该项法律文义表现的意旨,客观说与主观说相反,并不寻求立法者的意思,而是寻求与之脱离而抽象化的“法律的意思”。

德国联邦宪法法院判决乃取向于立法者之下述已被客观化的意思(Objektivierter Wille des Gesetzgebers),即从该法律规定的文义以及其相关规定之意义关联中所导出的立法者的意思。② 由于并不以立法者的主观意思为准,因此,即使个别的参与立法程序的当事人的意见,亦不重要。③ 联邦宪法法院判例概遵循客观说的方向。

释字第 620 号解释理由书亦谓:增订中国台湾地区“民法”第 1030 条之 1 第 1 项规定之历史事实(见中国台湾地区立法机构公报第 74 卷第 39 期第 7 页至第 10 页),纵有解释为夫或妻于 1985 年 6 月 5 日后所取得而现存之原有财产,始得列入剩余财产差额分配请求权计算范围之可能,唯探求制定意旨,主要仍应取决于表现于法条文字之客观化之制定者意思,而非制定者参与制定程序当时之主观见解。增订“民法”第 1030 条之 1 就夫妻剩余财产差额分配请求权之计算,既明确规定以“婚姻关系存续

① Tipke/Lang, Steuerrecht, 1989, S. 102.
② BVerfGE 1, 299(312);11, 126.
③ BVerfGE 32, 199(244).

中”界定取得原有财产之时间范围，客观文义上显然已无就财产之取得时点再予分段或部分排除之可能，则司法机关适用上开规定，探究制定意旨，自无舍法条明文，而就制定者个人主观见解之理。况尚应评价将制定者之决定作上开解释，是否符合保障男女平等及婚姻与家庭之意旨。

税捐法律解释结果应注意是否符合情理，有无兼顾当事人的利益、利害关系人的利益与社会大众的公共利益三方的利益状态的公正衡量（平均正义与分配正义的实现）。因此，行政法规的解释目标，应不仅在探求及阐明法律的意旨，更应在探求法律所追求之公平正义与行政效能之提升如何具体实现，以伸张社会的正义，避免伤害法律所追求“公平与效能”的最终目标。因此，在法律解释有疑义的灰色地带，应考虑“情理法”兼顾，使法律规定的内涵“通情达理”，不仅符合事件本质的合理性（所谓“达理”），也与有理性的一般民众之法律感情大致相当（所谓“通情”）（Volksanschauung）。[①]

二、税法上法律解释的界限

可以加以解释的仅止于法律条文（Text）；法律解释不得完全与法律条文脱离。如果法律适用脱离条文，则变成法律的漏洞补充或法的漏洞补充范围。法律文义构成各种有代替可能性的解释的最外部界限。此种可能的（尚属可能的）或最外部的文字意义，即依其文字用语，同时尚可与多种的或不同的解释表现相链接的文字意义，构成法律解释的界限。

此种文字意义的界限，乃是从社会用语的习惯所产生。凡是该用语社会的习惯所无从理解的，在此即构成可能的文字意义的界限。适用法律的人不得逾越用语的（或专业用语的）习惯的界限。例如，不得将“雇主”的概念解释为“劳工”，亦不得将“自己的汽车”的概念，解释为“自己的以及他人的汽车”。[②]

如果逾越税法上法律解释的界限，又无法以法律的漏洞补充加以合

---

① Tipke/Kruse, AO, 2011, §4 Tz. 298 ff.

② Tipke/Lang, Steuerrecht, S. 103 f.

理说明,则其解释即可能涉及滥用,如其属于对于纳税义务人有利的解释,则解释机关之公务员可能涉及图利他人的问题,而可能负担行政疏失的法律责任风险。

反之,如果是在解释方法容许的范围内,纵然解释错误,仍属所持法律见解见仁见智的范畴,不应以涉嫌图利他人苛责于解释机关之公务员,否则中国台湾地区“刑法”乃至“贪污治罪条例”上图利他人罪规定将形成恶法,公务员的法律责任将毫无预测可能性(只要法律解释见解与司法机关不同,便是构成要件该当,违法图利他人。),致公务员只能于有法规疑义时,均偏向有利财政收入之解释,而牺牲社会的公平正义。①

三、税法解释的方法

税捐法规的解释方法,与一般的法律解释方法,大致相同,主管机关本于法定职权就相关法律所为之阐释,应秉持原则及相关“法律”之制定意旨,遵守一般法律解释方法而为之(释字第 620 号、第 622 号、第 640 号、第 674 号、第 692 号解释参照)。其中所谓一般法律解释方法,系指税捐法规在解释时所应考虑的基准或因素,概有下述五种:文义解释、体系解释、历史解释、目的解释、合宪解释。以下分述之:

(一)文义解释基准

文义解释方法(或文法的解释标准),系从法律的文义出发,文义解释在探求其文字意义。任何的解释都是从法律用语的文字意义的问题开始,即其立基于:法律想要与其规定的文字意义相符合的事物。

文法的标准并非唯一的解释标准,法官并不需要受法律文义的拘束,

---

① 按中国台湾地区“刑法”及“贪污治罪条例”关于图利他人罪规定,如果过于浮滥解释,便会使税捐机关公务员只能力求自保,而不顾民生疾苦,也不愿意合理解释税法的有关规定。发达国家立法例并无图利罪规定,即或有类似规定,其法定刑度也较轻,较不至于产生冤抑。中国台湾地区图利罪规定的要件不明确,且刑度过于严苛,故为符合责任相当性原则,有关图利罪之处理,宜采取严格解释,以有明显违背“法令”而图得私人之不法利益之情形为限。

尤其是在法律文义允许数个不同的解释的情形下。[①]

又在同一法律中各法条所使用的相同用语，由于在进行解释时，必须考虑其各自的规范目的以及其与其他法律的意义关联，因此该项相同用语的概念，一般承认可以有不同的意义。此尤其适用于在不同法律领域内使用相同概念的情形。因此民法上与税法上相同的概念，可以具有不同的意义。

倘若并未发现有不同的规范目的与不同的利益状态时，则对于同一法律中所使用相同用语的概念，并无理由作不同的解释。在此甚至于必须从相同用语的概念应具有相同意义出发。[②]

有关文义解释，例如，中国台湾地区"奖励投资条例"第23条第3项第1款关于限额免纳所得税之利息，系规定："除邮政存簿储金及短期票券以外之各种利息"，"奖励投资条例施行细则"第27条对"各种利息"加以具体定义："所称各种利息，包括公债、公司债、金融债券、金融机构之存款及工商企业借入款之利息"，中国台湾地区财政事务主管机关函释并认为"不包括私人间借款之利息"，就此释字第210号解释认为上开"施行细则"及行政函释纵符奖励投资之目的，唯径以"命令"订定，仍与当时有效之首述"各种利息"之明文规定不合，有违租税法律主义之本旨，即可谓对于"各种利息"采取文义解释。

又如"反于法律文义的解释"（Auslegung gegen den Wortlaut des Gesetzes），并非即为法所不许。在此由于已踰越法律的文义可能性范围，因此已不是单纯法律解释的问题，而在此殆均涉及变更的法律漏洞补充。如果法律规定所导致的结果，为制定法律当时所不知或所不注意，如果其早先知悉或注意时，则合理的方式应不至于如此规定时，则不遵守法律文义乃为法之所许。德国联邦财务法院判例认为如果忠于文字的解释，将导致违反法律意旨的结果，导致在经济上无法赞同的无意义的结果，导致违背经济上理性的结果或导致无意义的结果而为立法者所不愿意时，则

---

① Tipke/Kruse, AO, §4 Tz. 89.

② Tipke/Kruse, AO, §4 Tz. 91.

进行违反文义的解释，乃为法之所许。[①]

（二）体系解释基准

1. 各个法律规定的意义关联性

一个法律大部分是由不完整的法律条文亦即说明性的、限制的或引用性的法律条文所构成，此类法律条文直到与其他法律条文互相补充，始构成完整的法规或结合而成为一个规律。个别的法律条文，直到我们将之视为其条文所属的规律的一部分时，才能理解其意旨。

此种法律规定的意义关联，除具有促进理解法律条文的前后脉络的功能外，在各个个别的法律规定之间可认为事物的一致性的范围内，也对于法律的解释扮演重要角色。如依据法律文义得有数种可能的解释的情形，则就其中可以与其他法律规定保持事物的一致性的解释，应优先采纳，此种以接受两个法律规定间的事物的一致性为基础的解释，即所谓"体系的解释"。[②] 法律的外部体系性，即一个法律规定在该法律中的体系上地位，可以提供说明各个法律规定的事物的关联性。

例如，土地税法中有关土地增值税的规定，虽然在法律的外部体系上被规定于土地税法之中，但就其概念上体系性而言，则具有所得税性质，而可从所得税的概念体系观点，作为解释土地增值税规定之参考。

法律条文的意义关联的基准，首先乃是要求斟酌前后条文的脉络，如同在理解任何相关联的主题或文书一般，不能断章取义。其次，也应考虑一个规律的内部各个规定间的事物的一致性，并斟酌法律的外在排列顺序以及其基础的概念体系性，但此种概念体系性对于法律的解释仅具有有限的价值。

法律的意义关联，大多是直到探究法律的目的以及其基础的、作为基准的各项价值决定与原则的"内在的体系"，才能加以理解。于此情形，意义关联的问题，已经逾越了目的解释的基准。由此可知，法律的意义关联的问题的解答，既无法完全脱离可能的文义问题，也无法完全脱离其他

---

① Tipke/Kruse，AO，§4 Tz. 132.

② Larenz，aaO.，S. 310.

解释基准的问题。法律的意义关联及其基础的概念的体系性,直到我们注意其规律目的时,才能加以理解。①

2. 体系解释方法

体系解释的方法,乃在寻求在体系或前后的条文关系中获得认识法律的目的,从该法规在法律秩序中、该法律中、该法律章节中、段落的关连中的地位,认识法律目的。

由于规范的法律意旨,并无法只从法律的文义本身加以推知,因此,必须再探究系争拟加以解释的法律规范或法律概念,系立于何种的关联性。逻辑的体系标准即显然系基于下述要求,即法律秩序乃构成一个有完整意义的整体,并以毫无内部矛盾的方式被加以建立。由此导出:至少几乎是所有的法律规范以及法律概念,在逻辑思考法则上向上与上位概念相连结,向下则与下位概念相连结,或者经由共通的上位概念,而与其他附随的同位概念在体系上具有连贯性。至于是否要区分逻辑的标准或体系的标准,或者一起把握此标准,则仅属用语的问题而已。

逻辑体系的解释标准,乃在探求个别的法律规范与法律概念间免于矛盾的意义关联,于此乃借助于下列一般的抵触规则,即特别规范优先于一般规范。

较高位阶规范优先于较低位阶规范:故宪法优先于税法,税法优先于税法的施行细则等法规性命令,税法施行细则优先于财政事务主管机关解释令函。

较后规范优先于先前规范:后法优于前法原则。

较后的一般规范,并未优先于先前的特别规范。

由于逻辑体系的解释仅是在探求一个规定在法律体系中的地位,因此其系与该法律或某些法律的"外部的体系"相链接,即逻辑体系的解释乃与相关法律条文的外部表现形式相连结。反之,从该法律或某些法律的"内在的体系"加以推论,乃属于目的解释的范围。②

体系解释之例,例如释字第 385 号解释:课民众以缴纳租税之"法

---

① Larenz, aaO., S. 312 f.

② Tipke/Kruse, AO, §4 Tz. 93.

律”，于适用时，该“法律”所定之事项若权利义务相关连者，本于法律适用之整体性及权利义务之平衡，当不得任意割裂适用。

又如，中国台湾地区“所得税法”第 80 条第 3 项前段固规定纳税义务人申报之所得额，如在中国台湾地区财政事务主管机关规定之各该业所得额标准以上，“即以其原申报额为准”，但该条文的体系上位置，是在“所得税法”第四章“稽征程序”之第 3 节有关课税“调查”的章节中，性质上属于程序规定，并非有关纳税义务内容的实体规定，因此中国台湾地区司法机构“大法官”会议释字第 247 号解释从体系观点加以解释，认为该条文的意旨，在简化稽征手续，期使征纳两便，并非谓纳税义务人申报额在标准以上者，即不负诚实申报之义务，故倘有匿报、短漏报等情事，仍可依“税法”规定调查课税资料，予以补征或裁罚。

（三）历史的解释基准

基于主权在民的理念，法律适用机关应受法律的拘束，因此，在适用税法规定，探讨税捐法律的规范上基准的意义时，也应考虑立法者的规定意图或规范观念。尤其是立法者的规定意图与其为遂行此项意图所作成的各项可认识的价值决定，乃是对于法官具有拘束效力的方针。

其经由法律所实现的“立法者的意思”，可认为仅是其于规范意图中所要实现的各项目的、各项价值决定以及各项基本决定，对之，参与立法行为之人在实际上所已经表示意见者。法律解释首先即应取向于此，盖唯有如此，才能在法律的创造与法律的具体化的全部过程中，保持立法机关的优越地位。

实务上则通常对参与准备及草拟法律的人的规范观念，与其他解释基准尤其是法律目的相连结而加以利用，从有关法律起草者的规范观念的报告，通常即可得出法律的发生历史。

为了解参与法律的准备与起草的人的规范观念，首先应考虑各种草案、咨询纪录、法律草案的立法理由等，至于要了解参与立法行为本身的立法者的观念，则应参考议事记录。此类文件又必须根据当时的语言的理解以及法律起草者明示的加以采纳或者显然受其影响之当时的学说及判例的背景或并应根据当时的立法者所发现而为其所想要纳入考虑规范状态,即实际的现状的背景,加以诠释。在此即广义的历史的研究成为法律学解释的一种辅助手段①。

为探讨法律的成立历史经过,仅能引用一般可以接触的数据(官方的立法理由、国会的议事录等),部会会函,报告批注文件等。经常也必须参考当时的判例及文献。于此情形,仅斟酌税法上的判例及文献,尚有不足。至于被当成秘密的资料则毋须引用。②

例如,中国台湾地区司法机构"大法官审理案件法"第 13 条第 1 项即肯认历史的解释方法。释字第 267 号解释理由书谓:中国台湾地区"房屋税条例"第 15 条第 2 项第 1 款规定,当局平价配售之平民住宅房屋税减半征收,旨在对于低收入民众(贫民)之住宅,给予租税优惠,以减轻其负担,此观中国台湾地区立法机构审查报告之有关说明,即可了然,概亦采取历史的解释方法。

"行政法院"1984 年 1 月庭长评事联席会议决议谓:行为时"所得税法"……第 38 条所称之"各项罚锾"一语,参酌"所得税法"1963 年 1 月 29 日修正前之第 34 条文义及制定意旨,其范围不以"所得税法"或其他"税法"所规定之罚锾为限。亦系采取历史的解释方法,从制定沿革探究不得自所得额中扣除之"各项罚锾"的意义范围。

再如,中国台湾地区"行政法院"1997 年 1 月庭长评事联席会议决议:修正后之中国台湾地区"遗产及赠与税法"关于税率、扣除额及免税额均较修正前有利于纳税义务人,唯依中国台湾地区"中央法规标准法"第 13 条规定,应自 1995 年 1 月 15 日起生效,则依"实体从旧"之法律适用原则,自无适用修正后有关核税新规定之余地。

至于增订中国台湾地区"税捐稽征法"第 48 条之 3"从新从轻"之规定,应仅适用于罚锾金额或其他行政罚之重新核定,而不适用以重新核课遗产税及赠与税税额,此观该条明定纳税义务人违反本"法"或"税法"之规定(租税负担之核定,无此问题),作为适用该法条之前提要件,以及制定理由叙明:"……行政法上的'实体从旧'原则,其目的是要确定法律关

① Larenz, aaO., S. 316.

② Tipke/Kruse, AO, §4 Tz. 99.

系”,“所以纳税义务人对于租税负担,不能用‘从新从轻’原则”,自能明了。

(四)目的解释基准

1. 概说

法律的意义在可能的文字意义的范围内,应取决于法律的目的。法律的概念越是不确定,其取向于法律的目的越是重要。

借由目的标准的解释,在考虑法律体系(逻辑体系的解释)以及其发生历史的情况下,探讨在法规中所表现对于关系人利益的价值判断。因此,目的解释乃依据耶林(Jhering)的理论,认为各个法律概念,以及各个法律规范,均在于实现一个或数个目的。准此,目的解释并非仅注意此种法律的目的即为已足,目的解释尚要求在彼此互相抵触的各种目的,对于该法律所追求的各种目的进行评价与衡量。①

2. 客观目的解释基准的类型

立法者通过法律所要实现的目的,在多数情形中,乃是法律的客观的目的,例如法的和平的确保以及对于争讼为符合正义的决定,考虑所牵涉利益的规定的衡量、法益的保护以及公正的法院程序。此外,人们也要求法律的规定合乎事理。只有在立法者有此种意图时,才能在个别案件中,达到经由法律的解释,获得妥当的解决。由此产生两种客观目的解释基准的类型:

(1)事件本质之要求

其中一种乃是涉及所规定的事物领域的构造以及实际上的事件,此为立法者所无法加以变更,而于作成任何规范之际所应一并加以斟酌的。至于何种法律解释“合乎事理”的问题,唯有考虑所拟解释的法规范所规律的事物的性质以及其特殊的构造,才能加以解答。

(2)法律伦理要求

另一种乃涉及在一个法律规定背后的法律伦理的原则,在此种原则里,其与法理念间的意义关联,乃是可以理解体会并可加以说明的。

① Tipke/Kruse,AO,§4 Tz.94.

此类法律伦理性原则的适用范围以及共同运转的基准,例如信赖保护原则以及自己行为责任原则,乃是法律的内部体系,从此种内部体系,经常首先导出立法的目的或意旨。此种立法目的、根据或法律规定的原则,或者为立法者原先所未意想到的,而由嗣后由学说理论所发展出来,故于此情形即为"客观目的"的基准。①

在从法律的客观目的即从正义的思想所产生的客观目的的解释基准下,对于(依据法律秩序的一般的价值判断之)同种类事物(或相同意义之事物)之相同处理的原则即具有优越的意义。如对于经评价(价值判断)属于同等存在的各项构成要件,进行差别待遇(不同的评价)时,则构成"价值判断矛盾",而与"相同尺度"意义的正义理念不相符合,故避免价值判断矛盾,不仅是对于立法者,也是对于法律解释者的要求。

3. 税法上目的解释

在税法上,特别重要的是税法规范可区分财政目的规范、社会目的规范以及简化的规范。

(1)财政收入目的规定

在成立税捐债权的法规,并非以获得财政收入为目的,获得财政收入只是其动机以及一般的财政政策上的任务而已。因此,税法的解释当然不是取向于财政目的,即不是取向于税法的获得收入的目的。否则,采取尽可能提高税收"有利于财政"的解释,势将属于正确的解释。税法的解释也不是取向于民众财产权的保障,否则于有疑义时,也均应为"有利于纳税人"的解释。税法的解释毋宁应取向于法规范所涵盖的正义原则,亦即应取向于表现税法客观目的之税捐正义,例如量能课税原则等。

就财政目的之税法规范群而言,税捐的课征应受分配的正义之支配,分配的正义乃存在于经济上的给付能力,固然此种准则在具体的税捐体系中,需要利用其他正义原则所无法导出的观点加以填补,然而此种进行填补的合目的性因素,不得流于泛滥致明显的抵触按照经济上给付能力比例平等地分配税捐负担的原则,②因此税法的解释尤其应将量能课税

---

① Larenz, aaO., S. 322 f.

② Henkel, Einführung in die Rechtsphilosophie, 2. Aufl., 1977, S. 409.

原则纳入考虑，就销售税而言，则应考虑消费税原则，即对于销售税之构成要件，应依据消费负担之目的，加以解释。此如同在刑法上，刑法构成要件，并非依据刑罚目的加以解释，而是应依其所保护的法益加以解释；在财政目的规范的解释，也应探讨其所欲把握负担能力的税捐财。

例如，中国台湾地区“营业税法”规定以销售货物或劳务为课税对象，并未明定销售权利（如债权）亦在课税范围。但实务上经由目的解释，认为销售权利属于广义的销售劳务之一种，应纳入课税。例如，营业人将购买预售屋之权利转让他人，[①]营业人将信托土地之返还请求权出售他人（营业人购买农地，借名登记于他人名下，嗣后出售该农地，直接移转至买受人名下），营业人出售不良债权（应就法院分配金额大于该不良债权之原始买价差额部分，即加值部分）课征加值型营业税。[②]

在税法上，依据经济观察法所为解释，乃是取向于经济上的法律目的，即把握经济上的负担能力的解释。因此应兼顾征纳双方之利益均衡，例如释字第496号解释理由书谓：中国台湾地区财政事务主管机关令函说明固谓：计算公式中“非营业收入”减“非营业损失”之余额，若“非营业损失”大于“非营业收入”而发生营业外亏损时，应视为零处理。唯查相关之非营业损失项目繁多，如利息支出、兑换损失、免税产品盘损或发生灾害之损失等皆属之。故与营业项目相关之非营业损失，如可直接合理明确定其归属者，应具体定其归属外，倘难以区分时，则依免税产品销货（业务）收入与应税产品销货（业务）收入之比例予以推估，始符合租税公平原则（参照本“院”释字第493号解释）。

由于民法、税法以及其他公法，各自有其固有的体系，而各以不同的目的为基础，因此对于各个法律领域中所使用相同的概念，采取目的解释，可能导致不同的结果，即同一概念可以在不同的法律领域里，具有不同的意义与内容。

（2）社会目的规定

在赋予税捐优惠规定的情形，有关税捐优惠的前提要件以及其种类

---

① 中国台湾地区财政事务主管机关1992年9月2日台财税字第810824931号函。

② 中国台湾地区财政事务主管机关2010年11月3日台财税字第9900361980号函。

及范围的决定，乃以给予税捐优惠的法律目的为准。倘若对于税捐优惠规定扩张解释，符合其法律目的时，则为法之所许。又其税法的目的，也可能是取向于简化事务，平衡负担，排除税捐规避或防止滥用等，然而此类目的，必须于法律中已充分地表现出来，而且如违反较高位阶的宪法价值，则不予考虑。

又税法亦得以经济的、社会的、文化政策的性质为其附随目的，因此在税法解释之际，也应斟酌此类附随目的。

在社会目的规范，则应依其历史的、主观的社会目的（政策目的）加以解释；而在管制规范，则尤其应依其管制目的加以解释。例如，证券交易所得免税之制定目的是在健全台湾资本市场，故其免税对象并不包括中国台湾地区以外证券之交易所得在内。而依据“证券”之文义解释，也不包括未发行股票证券而单纯持有股权（或出资额）之买卖交易所得。

在社会目的规范，则应依其社会目的加以解释；而在管制规范，则尤其应依其管制目的加以解释。

又如，依据中国台湾地区“关税法”第 61 条设立之免税商店销售商品，由旅客携带出境者免税（营业税），性质上属于外销货物，不受免税数量及金额限制。而依中国台湾地区“离岛建设条例”第 10 条之 1 设立之免税购物商店，乃是以促进观光为目的，并不限制于旅客携带出境，也包括境内观光客购买之商品，本质上属于境内营业型商店，因此，规定有“定额定量”购物免税优惠。如要免税优惠不受定额定量限制，应循“关税法”规定设置免税商店。①

（3）简化目的规定

至于在稽征行政简化（便宜）规定，则应符合其简化目的而为解释。简化目的本身并非价值，其必须以法律加以规定，即必须可以从其文义导出或者借由逻辑体系的、目的的、历史的解释或以其他方式加以确认。

税捐机关以有限的人力物力，要处理大量反复的税务案件，仍有必要通过类型化的处理，注重成本效益分析，因此在不危害量能课税的前提下，仍有必要通过解释或内部行政规则的处理方式，进行简化课税的措

---

① 参见中国台湾地区财政事务主管机关法规会 2012 年度第一次会议决议。

施,尤其在轻微影响民众权益的情形,采取简化课税方式,以简政便民,征纳双方两便。

在税法解释有疑义的情形,为确认立法者之推定的意思,也可引进实用性的观点。但此项观点仅具有一项辅助的功能,盖于此情形,可以认定立法者在有两种可能的解释的情形,当会决定较具有实用性的解释。又为了平等处理所有的税捐义务人的考虑,稽征机关在某种程度的过重负担,有时也必须加以忍受。①

(4)程序目的规定

又税捐稽征程序法上规定也可适用目的的解释基准,此类规定绝不是仅为使税捐债权人得以实现其请求权而为规定,而是斟酌税捐债权人与税捐义务人双方的利害关系而规定其程序。一个程序规定是以促进实现税捐债权人的请求权为目的,或是以促进税捐义务人的权利保护为目的,乃是依其个别情形而有不同。②

例如,在营业税法上营业人应提出进项凭证证明进项税额,以申报扣抵销项税额,此一协力义务乃以证明进项税额,正确计算应纳税额以确保税捐债权为目的,因此,未办营业登记之营业人被查获逃漏税行为之后,如能提出进项凭证以证明进项税额存在,自应准予扣抵,以正确计算实体法上客观应纳税额。而不应因为其违反协力义务,迟延提出进项凭证,即不准其扣抵销项税额,导致虚增所漏应纳税额(参见释字第 700 号解释黄茂荣不同意见书)。③

4. 法律目的之探求

有关法律规定的目的,可以从法律的体系或其他已经可以认识的目

---

① Tipke/Kruse,AO,1988, §4 Tz.80.

② Tipke/Kruse,AO, §4 Tz.95.

③ 释字第 700 号解释黄茂荣不同意见书,特别指出:不得因营业人未依中国台湾地区“营业税法”第 28 条办理营业登记,即认为,得无论漏税结果之有无及范围,一概按销售额计算之销项税额,不扣除未申报之进项税额,课以漏税罚。可谓对于程序规定之目的解释精准掌握。本件解释多数意见认为:不使未依规定履行协力义务之营业人,亦得与依规定履行协力义务之营业人立于相同之法律地位,致破坏加值型营业税立基之登记及申报制度。以纳税人违反协力义务而创设新增纳税义务,承认程序法规定可以变更实体规定,导致纳税义务之发生并非基于纳税人从事经济活动所产生,而是基于违反协力义务所致,其破坏量能课税原则,至为明显。

的中,加以了解(所谓体系暨目的的推论)或者从其成立历史经过中加以了解。此外,从已经了解的法律内容,也可以推论出其基础的目的所在,即从法律上所规定的手段,推论出其目的,且从已经知悉的目的,推论出其法律内容。①

目的解释,例如中国台湾地区司法机构"大法官"释字第337号解释指出:中国台湾地区"营业税法"第51条第5款规定,纳税义务人虚报进项税额者,除追缴税款外,按所漏税额处5倍至20倍罚锾,并得停止其营业。依此规定意旨,自应以纳税义务人有虚报进项税额,并因而逃漏税报者,始得据以追缴税款及处罚。即根据制定意旨(目的),解释该条规定为漏税罚,以发生漏税结果为补税处罚之要件。

"行政法院"1971年判字第184号判例亦谓:房屋税之计征,系以申报现值为主,而辅以评定现值,本旨在使纳税义务人自行申报确实之现值,以为公平课税之依据,并含有防止纳税义务人低报现值,核实房屋现值之双重意义。故申报现值低于实际现值时,始有评定现值之适用,反之,评定现值低于申报之实际现值,则评定之现值显属不合实际,自不足为计征课税之根据。

(五)合宪的解释基准

由于宪法规范优越于其他位阶的法规范,因此个别的法律规定如与宪法原则相抵触即属无效。一个法律规定仅于其无法"合乎宪法"地加以解释时,始属违宪而无效,即只要对于一个法律规范可以进行符合宪法的解释,并且此种解释仍然具有意义时,则不得宣告其违宪无效。倘若一个法规范依其他的解释法则,允许有数个解释可能性,而其中一个或数个解释与宪法相符合,但另一个解释则导致违宪的结果时,则应优先采取与宪法相符合的解释或者最符合宪法的解释。即在有疑义时,立法者所意欲的目的是与宪法的意旨相符合者。因此,合宪性(Verfassungskonformi-tät)乃是一种解释基准。

如果在法律之中,已有具体的表现立法者的意思,则此种合宪的解释

① Tipke/Kruse, AO, §4 Tz. 96.

的原则,也不能对于此项立法者的意思不予斟酌,[①]即合宪的解释不得对于法律的目的置之不理。但是在立法者所意图的作用大于宪法所允许的范围时,则可对于该法律进行合乎宪法的限制的解释,在此种情形下,乃以在按照宪法可以维持的最大范围内,保持立法者的意图事项。在此通常涉及目的性限缩,即合宪的法律漏洞补充。

(六)解释基准相互间的关系

上述各项解释基准,乃是法律解释时所必须考虑的因素,其各自在整个法律解释过程中担任不同的任务,发挥不同的功能,从而共同在协力下完成发现法律的规范意旨的任务。

关于这些因素相互的关系,黄茂荣教授认为:“文义因素首先确定法律解释活动的范围,接着历史因素对此范围再进一步加以确定,同时并对法律的内容,即其规定意旨,作一些提示。紧接着体系因素与目的因素开始在这个范围内进行规范意旨的发现或确定工作。这个时候,合宪性因素也作了一些参与。最后,终于获得了解释的结果。于是再复核一下看它是否合乎宪法的要求。”[②]

德国学者卡尔·拉伦茨(Karl Larenz)则认为上述不同的解释基准并非涉及解释者可以任意选择的不同的解释方法,而是涉及具有不同的分量的指导的观点,其彼此的关系如下:

1. 其从一般的语言习惯所理解的文字意义,构成法律解释的出发点,同时决定法律解释的界限。接着进行体系因素的考虑,可期待使同一规律的不同规范间在事理上(内容上)彼此一致,因此,在有疑义的情形,个别规范的解释应维持其价值判断的一致性。各个法律规定的事物关联性的提示,可以从法律的外部体系以及其基础的概念体系导出。

2. 如果可能的文义以及法律的意义关联容许有不同的解释空间,则应优先采取最适合于立法者的规律意图以及系争规范的目的(历史的、目的的)的解释。

---

① Tipke/Kruse, AO, §4 Tz. 86.

② 黄茂荣:《法学方法与现代民法》,第304页以下。

3. 如果上述解释基准尚有不足,则法律解释者尚应追溯到客观目的的基准,即使其或许不为立法者所完全意识到。最后进行合宪的解释,要求在依据法律文义及前后条文脉络可以有数种解释的情形,应优先采取符合宪法原则的解释。

上述不同的解释基准,其各自的重要性,尤其是如果由于历经相当长的期间,规范状态发生变更或作为基准的法律原则发生变更,以致原先取向于历史的立法者的目的或法律起草者的规范观念的法律解释,已经无法赞同时,则必须审查合宪的解释是否可能,如果可以进行合宪的解释,则应优先采用;如果无法进行合宪的解释,则该规范违宪,应否认其效力。要之,多数的解释问题,均可以适合于方法论的方式加以解决。①

上述拉伦茨教授特别强调历史的解释优先于目的解释因素之考虑,固有其民主正当性基础。然而,就税捐正义之实现观点而言,此一解释取向反而可能危害税捐正义,侵害人权。故本书认为毋宁应当优先适用客观目的解释基准,较能维护征纳双方之利益均衡,使课税结果符合自然法则之永续发展原理。

(七)其他解释应考虑因素

近年来,在行政法及税法的解释上,也注意到法律的解释也应考虑下列因素:

1. 符合国际条约或规范之解释

为因应国际化潮流,提升竞争力,有关税法规定也应朝向国际化方向制定及解释,例如有关所得税法及营业税法规定,如已经有国际条约或国际规范作为处理准则(尤其涉外课税之国际条约)时,也应朝向与国际条约或规范相符合之解释,以排除国际贸易障碍。例如,德国税法规定在解释之际,如有疑义时,应朝向符合欧盟准则之规定解释(Richtlinienkonforme Gesetzesinterpritation)。在此基础下,欧洲法院判决亦有拘束力。纳税义务人依其情形亦得主张适用欧盟准则。②

---

① Larenz,aaO.,S. 328 ff.

② Tipke/Lang,Steuerrecht,20. Aufl.,2010,§5 Tz. 76.

又如“公民与政治权利国际公约及经济社会文化权利国际公约施行法”公布施行后，该两公约有关人权保障规定，也具有内国法效力，并应优先内国法规定而适用，以保障人权，因此，在解释时，应参照两公约之人权保障规定而为解释。①

2. 符合民众一般法律感情之解释与“解释结果导向之观察”

法律适用者在解释适用法规时，应注意符合民众的正义公平理念，不得发生显失公平之结果。其中并应斟酌民众的交易观念与交易习惯，包括商业习惯与商业伦理。此项交易习惯及商业习惯如为法院所不知者，应加以举证证明。此项证明可委托专家鉴定证明之，或由工业或商业同业公会或其他专业职业公会出具鉴定意见证明之。②

最后，法律解释也应进行“结果导向之观察”（Ergebnisbetrachtung und Folgenorientierung），在此可以斟酌解释结果对于国家经济、社会文化及环境保护等各方面之影响，以造福全体民众之利益。另外也可以斟酌可行性（实用性）的观念、行政先例或裁判先例之一致性之观念以及具体妥当性（合理性）之考虑，以排除解释结果之不合理。就此有将之归类属于客观目的解释之范围，另有归属于在法律解释过程中所应参照之法律适用者之法律感情或一般民众之法律感情。

3. 经济观察法之税法解释

中国台湾地区“税捐稽征法”第 12 条之 1 第 1 项规定：涉及租税事项之法律，其解释应本于租税法律主义之精神，依各制定目的，衡酌经济上之意义及实质课税之公平原则为之。此即经济观察法之税法解释要求。其主要表现在税法之客观目的解释上。在税法使用私法概念或民事法律关系作为规定内容时，在其足以适当反映经济状态的情形，固然基于法安定性要求，可以民事法律关系为基准。但基于税法之特殊目的，有时并非必然要求“民法优先于税法”，可能基于目的解释而导出不同结果。③

因此，依据民法所形成之事实关系，首先应依民法加以定性；而后再

① 陈清秀：《两公约实践与赋税人权保障》，载《法令月刊》第 62 卷第 2 期，2011 年 2 月，第 67～82 页。

② Tipke/Kruse, AO, 2011, §4 Tz. 300 ff.

③ Tipke/Lang, aaO., §5 Tz. 77 ff.

审查其在经济目的上是否应归属于税法的构成要件。如果民法上之定性与税法之目的相同,则可以民法为准。如果税法目的解释结果,导致与民法不同之税法概念,则应从该经济上目的加以解释。[①]

4. 符合征纳双方利益均衡之解释

又法律朝向具有实际可行性、实用性与生活经验相符合的解释,也是符合立法者的法律理性,因此,在维持课税负担公平原则下,同时取向于实用性的解释或是类型化的法律适用,也应加以肯定。

行政法规的解释也应注意成本效益之分析,注意社会资源的合理配置与经济效率原则,在此财政学理论从经济分析观点探讨税制之影响作用,颇值得我们参考。因此符合公平与经济效能之解释,也是法律解释应追求之目标。

尤其最终解释结果,如能"公平、效率及法安定性"三者兼顾,使税捐法律问题的解决,合乎"情理法",并能符合"征纳等各方利益均衡"与"符合自然法则之永续发展原理",则应属最佳状态。

第八节 税法上法律漏洞补充

一、概说

税捐稽征机关与"行政法院"为决定税务案件,均必须适用法律。此种税捐法律的适用,并不得任意加以扩张,否则如超越法律或违背法律扩张变更法律的适用范围,不仅有违课税的合法性原则与权力分立原则,而且也抵触法安定性原则,应为法所不许。

但对于抽象的法律规定加以具体化,则并非法律的扩张,其不仅有必要,而且也为法律所允许。对于在抽象的法规、不确定的法律概念、一般条款、价值概念以及类型概念中所表现的法规范(亦有称为不真正的漏洞

---

① Tipke/Lang, aaO., §5 Tz. 80.

或法内漏洞)，根据具体的生活类型，加以进一步的具体化与精确化，乃是适用法律者的任务。经由此种法律适用，使抽象的法律变成具体的法。此种在法律的内部范围内，进行建立法律体系的法律的具体化，在税法上亦为法之所许，并无争论。

有疑问的是，在立法者所认知或不认知的法律漏洞存在的情形，即在所谓法律漏洞的情形，可否通过类推适用等方式加以填补，在税法上则不无争议。以下就税法上的法律漏洞，漏洞补充的合法性及其界限，法律漏洞补充的常见的方法以及其具体案例，进行分析说明。

二、法律漏洞的意义及其种类

(一)法律漏洞的意义

漏洞乃表示一种不完整性或不圆满性(Unvollständigkeit)，因此，仅于法律对于一个特定的领域追求某种程度的完整的规定时，始能称为法律的漏洞。在一个法律规范如果未再进一步纳入法律所遗漏的其他规定，根本无法适用的情形，即有法律漏洞存在。在个别的规范本身并不完整的案件类型，可以称为规范漏洞。

在大部分法律漏洞的情形中，并不是个别的法律规定，而是特定的规律整体不完整，即对于依其基础的规范意图需要加以规定的问题，欠缺规定。又规范漏洞以及规律漏洞均是法律的规律关联的内部的漏洞。

因此，是否有此种漏洞存在，应从法律本身，其基础的规律意图，其所追求的目的以及立法者的计划的观点，加以判断。一个法律的漏洞，乃是该法律的“违反计划的不完整性”。该法律的基础的规律计划，可以从法律本身，经由历史的及目的的解释推论得出。[①]

法律漏洞与在法律政策观点下的法律缺失两者间的界限，仅能从下述问题加以导出，即该项法律按照其自己的规律意图是否不完整，或者仅是其所作成的决定经不起法律政策的批判。

---

① Karl Larenz, Methodenlehre der Rechtswissenschaft, 5. Aufl., 1983, S. 355 ff.; 日译文，参见 KLarenz:《法学方法论》，米山隆译，1991 年版，第 563 页以下。

上述二者均涉及价值判断的问题,而不是单纯的事实判断或逻辑推论问题。盖此二者均认为,法律包含一个实际上未规定但却应加以规定的规范。但其基础的价值判断标准则各有不同,其中之一情形的价值判断标准,乃是法律本身的规律意图及其内在的目的,另一种情形则是被法律所纳入的法律政策的批判的基准。如果法律并不是不完整,而是有缺失,则并不考虑漏洞的补充,而至多是考虑超法律的创制性补充(einegeset-zesübersteigendeRechtsfortbildung)。[①]

法律漏洞与法外空间(无法律漏洞)应加以区别,其两者可比较如表2所示:

表2 法律漏洞与法外空间的比较

法律漏洞	法外空间
违反计划的未加以把握	合乎计划的或未违反计划的不加以把握
在法律里欠缺解答	法律给予否定答案
(法外漏洞)可以进行法律漏洞之补充	侵入此领域构成不合法的法的创造,并违背法律,而应进行反面推论
立法者的计划、观念或目的思想在构成要件上的僵化的瑕疵	可能有法律政策上的缺失或违反公平性

在此,法律的内在的目的当然不得过于狭义理解。故不仅对于立法者的意图以及其有意作成的决定,应加以斟酌,而且在法律之中可以发现其端倪的客观的法律目的以及一般的法律原则,也应一并斟酌。其内在于任何的法律中的原则,并被要求作为法的,乃是相同性质的事物应为相同处理的原则。倘若一个法律对于某一特定的事实关系A以特定的方式加以规定,但其对于在价值判断上属于相同的情形B,却未加以规律时,则其欠缺此种规律,即可视为一个法律的漏洞。[②] 一个法律的“漏洞”乃意指依据该项法律的规律计划或其整体的关联性,可期待某一个特定的规律的欠缺而言,一个法律具有漏洞或不完整,概均取向于其所追求

① Larenz,aaO.,S.359 f.

② Larenz,aaO.,S.359 f.

的、事物上穷尽的以及于此意义下是完整的以及合乎事理的规律,加以观察。

另有对于“法律漏洞”(Gesetzeslücke)与“法的漏洞”(Rechtslücke)加以区别,在法的漏洞,一般系指并非个别的法律本身,依照其规律计划,乃是不完整的;而是法律秩序整体上,在其中某一整体的领域,需要加以规律,而在法律上却仍未加以规律,或并未包含某一法律制度,该法律制度如斟酌不可避免的交易需要或为一般的法律认知所肯认的法律原则,应该加以规定。

此种法律制度的欠缺,如果是植基于立法者有意识的决定时,则亦不得视为“法的漏洞”。又如,立法者故意地对于某一特定的问题,不加以规定,而划归“法外空间”(rechtsfreienRaum)时,则亦不涉及“法的漏洞”。①

(二)法律漏洞的种类

有关法律漏洞的种类,②可分认知的与无认知的漏洞,明显的与隐藏的漏洞以及自始的与嗣后的漏洞等,兹分述之:

1. 认知的与无认知的法律漏洞

法律漏洞可区分为有认知的与无认知的法律漏洞两种。

在某些情形,立法者有意识地不加以规定,尤其因为立法者认为其题材在法律上尚未成熟,而想要暂时将其法律效果的决定委诸判例及学说,而不加以规定,于此情形,即存在有认知的法律漏洞。

无认知的法律漏洞(UnbewußteGesetzeslücken)乃存在于违反计划的,与法律目的不相符合的法律的不完整(全)性,即立法者已有某种特定的计划,想要实现某一个特定的法律目的,但其并未成功,该项法律或其个别的法律规定,相应于其基础的计划或目的,乃留有漏洞存在,其所追求的目的,在构成要件上并未或并未完全地加以涵盖。

---

① Larenz,aaO.,S.360.

② 就此参见黄茂荣:《法律漏洞之补充的方法》,载氏著:《法学方法与现代民法》,1987年增订版,第358页以下。

在此乃涉及于其计划或目的转化成法律上构成要件时发生差错,其原因或由于立法者并未将所有的生活事实关系纳入考虑,或者由于在制定法律时尚未发生,而无法加以考虑。其因此种方式所产生的漏洞,即属于"法外漏洞"(Lückenpraeterlegem)。此种"法外漏洞"与"法内漏洞"(Lücken intra legem)不同,法内漏洞一般系指在法律内部的漏洞,由于法律使用一般条款及不确定的法律概念(尤其是评价的概念)或者其他因法律欠缺规定密度,而产生此种法内漏洞。①

2. 明显的与隐藏的法律漏洞

法律漏洞又可区分为明显的漏洞与隐藏的漏洞两种。

如果法律对于特定的案件类型并无可以适用的规定,虽然依该法律的自己的目的原应有此种规定存在时,则有"明显的漏洞"存在。

又如果法律固然对于此种案件类型含有可以适用的规定,但依该规定的意旨及目的,并不适合于此种特定的案件类型,因为该规定未考虑其(与价值判断有关系的)特殊性时,即有"隐藏的漏洞"存在。此种漏洞乃存在于欠缺一项限制。由于此种漏洞在乍看之下,并未欠缺可以适用的规定,因此称为隐藏的漏洞。

明显的与隐藏的法律漏洞间之界限,多系于:从法律所导出的一般规定,在与该一般规定的关系上,该被遗漏的规定是否将构成一项限制。如果对于一般规定需要就某种案件类型加以限制,而欠缺此种限制规定时,即属隐藏的漏洞。②

3. 自始的与嗣后的漏洞

从时间的观点来看,法律漏洞可区分为自始的漏洞(anfänglicheLücken)与嗣后的漏洞(nachträglicheLücken)。

立法者在制定法律时已经存在的漏洞,即属自始的漏洞。自始的漏洞又可分为立法者所已认知或尚不认知的漏洞。立法者如果将某一问题委诸判例及学说加以决定,即属其已认知的漏洞,于此情形下,大部分涉

---

① Tipke/Lang,Steuerrecht,12. Aufl.,1989,S. 64;Tipke/Kruse,AO,1988,§4 Tz. 114 ff.;有关法内漏洞,参见黄茂荣:《法律漏洞及其补充的方法》,载氏著:《法学方法与现代民法》,1987 年增订再版,第 317 页以下。

② Larenz,aaO.,S. 362 f.

及规定用语表现的不明确性,而涉及法律解释,并非法律漏洞补充的问题。反之,立法者所不认知的漏洞之产生,则可能因为立法者疏忽或错误,致认为其已经对于依其基本意图所需要规定的问题,加以规定。

嗣后的漏洞之产生,可能是因为在法律制定后,由于技术或经济的发展,产生新的问题,而在其规范目的以及在该法律的基本意图所把握的规定范围内,需要加以规定,但立法者却尚未注意到。又嗣后所发生的漏洞,可能是明显的或隐藏的漏洞。①

三、法律漏洞的认定与法外空间

在法律漏洞可以被补充之前,必须先确认有法律漏洞存在,对于此种法律漏洞,不得单纯地加以主张或认为可能存在。为确认法律的漏洞,必须斟酌:该法律目的(例如,立法者是否以规范超越可能的文字意义的事物为其目的?),在个别情形中,应斟酌其法律的制定历史经过,体系的观点以及有关法律解释的辅助观点等。② 即应取向于法律的固有的目的以及相同意义事物应为相同处理之要求的基准,对于法律进行批判的评价。③

有关法律漏洞如何认定,黄茂荣教授作了精辟的分析说明:"法律的功能在帮助人类将正义实现在其共同生活上。所以只要一个生活事实正义地被评定为不属于法外空间的事实,即属于法律应予规范的事项,那么如果法律对之无完全的规范,或对之所作的规范互相矛盾,或对之根本就未作规范,无论法律对与它类似之案型是否已作了规范,或对之作了不妥当的规范,则法律就该生活事实而言,便有漏洞存在。要之,在法律漏洞的认定上,重要的是一个应被规范的生活事实,根本未被规范,或未被作妥当的规范。"④

例如,在只课征啤酒税的消费税法上,人们不喝啤酒,而改喝葡萄酒,

① Larenz,aaO.,S. 363.

② Tipke/Lang,Steuerrecht,S. 114.

③ Larenz,aaO.,S. 385.

④ 黄茂荣:《法律漏洞之补充的方法》,载氏著:《法学方法与现代民法》,第 371 页。

即处于消费税法以外的空间;再如,税法课征狗税,而人们不养狗,改养猫,以避免狗税。凡此均属税法的法外空间领域,不为立法者所把握,而无法律漏洞存在。[①]

又在法外空间,即使其领域可追溯到法律政策上的瑕疵缺失,并被认为不合理,不满意或违背法律感情,或甚至于违反基本人权,但如稽征机关及行政法院侵入此项法外空间,则为法所不许,盖其乃属违背法律意旨的造法行为。在此类法外空间的情形,并不考虑类推适用,而应适用反面推论。[②]

在一般方法论上,德国学者拉伦茨认为在特定前提底下,可以允许超越立法者的计划的法律漏洞补充,即斟酌交易的需要,事物的本质以及法律伦理性原则,承认创制性的法的漏洞补充(超越制定法的法的漏洞补充)。[③] 但在税法上,仅于"整体的法律秩序的统一性"要求此种漏洞补充的范围内,始可考虑超越税捐立法者的计划的漏洞补充。[④]

在此所谓"法律秩序的统一性",系指税法乃是整体法律秩序的一部分,整体的法律秩序不许包含任何的价值判断矛盾,即如果立法者在法律秩序的一部分,就某一特定的正义的基本价值判断作成决定,则在法律秩序的其他部分,也必须贯彻此项价值判断。税法不得扰乱或破坏此种基本价值判断,在此范围内,税法并不具有独立性。[⑤]

四、法律漏洞补充的合法性

法律解释与法律漏洞补充的区别,乃是后者超越可能的文义的理解范围,而经由法律的填补(法的发现、法的继续创造、法的创造),补充(有意识的或无意识的)法律漏洞。

法律漏洞的填补,乃是行政机关以及法院的权限与义务,为填补法律

---

① Tipke/Lang, Steuerrecht, S. 114.
② Tipke/Lang, Steuerrecht, S. 115.
③ Larenz, aaO., S. 397 ff.
④ Tipke/Lang, Steuerrecht, S. 115.
⑤ Tipke/Lang, Steuerrecht, S. 8.

漏洞,必须对于法律继续贯彻其基本思想,尤其应考虑法律的价值秩序及其内在目的以及其内部体系,并使其发挥作用,法律漏洞的填补,其操作模式乃犹如立法者立于其观点下,通常应会对此问题如何加以规定一般。

法律漏洞补充方法,包括类推适用、举重明轻、举轻明重、目的性限缩、目的性扩张等均属之,在税法上是否亦为法之所许,不无争议。

(一)否定说

部分学者认为,税法上应禁止法律漏洞补充,其所持理论依据,概有法律保留原则,[①]税捐法定主义,[②]或法安定性原则之要求[③]等,认为税法以税捐法定主义为税法的最高法律原则,乃是以税法对于有关税捐事项,已经完结的加以规定为前提;又依实质平等之原则,税法之适用不得任意为有利或不利纳税者之解释,因给予某部分人利益,相对即增加他人部分之负担,是故无论有利或不利于纳税人事项之类推适用,均应禁止之;税法乃属侵害规范,由于强烈要求法安定性,故不许法律漏洞补充。

实务上亦有持此见解者,例如中国台湾地区"行政法院"1971 年判字第 417 号判例即谓:"公法之适用,以明文规定者为限,公法未设有明文者,自不得以他法之规定而类推适用,此乃适用法律之原则。"

(二)检讨

法律漏洞补充,例如类推适用,乃是贯彻平等原则之表现,不仅可以防止恣意,而且可促进课税公平以及实现税捐正义,故在一般行政法上,除行政处罚法外,概均肯认法律漏洞补充的合法性。只是在公法上法律漏洞补充的范围,与在私法领域上被广泛承认相比较,有其一定界限,应受民主国家原则(法律保留原则)以及法治国家原则(法安定性原则)的

---

① 颜庆章:《租税法》(上册),1989 年版,第 26 页;林凤珠:《税捐法定主义在现行税法之实践》,台大法研所硕士学位论文,1985 年 7 月,第 133 页以下。

② [日]中川一郎编:《税法学体系总论》,1970 年,第 83 页以下。同说,颜庆章、郑俊仁、王淑美、姚肇昌、李昭融、徐正筠:《租税法规解释适用之探讨》,中国台湾地区财政事务主管部门"税制委员会"编印,1992 年 6 月,第 20 页。

③ [日]金子宏:《租税法》,昭和六十二年(1987 年)版,第 104 页以下。

限制而已。依法行政以及依法课税原则并不禁止一般的法律漏洞补充或类推适用，尤其法律漏洞补充导致对民众有利的税捐优惠结果时，则更为法之所许。[①]

又倘若税捐立法者对于税捐构成要件（税捐主体、税捐客体、课税标准、税率）之"重大的"特征加以规定时，则其通过个别规定的理论连贯性加以具体化以及补充确实可明了的法律漏洞，并非重新创设或扩张该税捐构成要件。[②]

唯基于法安定性原则，避免民众遭受不可预测的损害，有关课予民众义务负担的课税构成要件的重要特征，应保留予立法者以法律明文规定，而排除法律的漏洞补充。另与民众基本权利的实现有关之重要事项，也应保留予立法者自己决定，不宜进行法律漏洞补充，以符民主原则。

因此，基于构成要件法定主义之要求，禁止以类推适用方式创设或加重民众的税捐负担，故稽征机关对于遗失"空白完税照"的情形，不得类推适用有关遗失"查验证"之补税规定，加以补税（释字第 151 号解释）。

又如，有关免税事项，也应以法律规定，不得以行政命令对于免税的适用范围，进行目的性限缩，限制民众的免税权利，以符合税捐法律主义的本旨。又民众依税法享有扣除额的权利，也不得以行政函释加以目的性限缩，否则即有违法律保留原则。[③]

五、法律漏洞补充的界限

法律漏洞补充的界限来自民主原则与法治国原则。和立法者不同的是，法官欠缺民主正当性，法官补充法律漏洞的权限是补充性的，所以只能有限度地行使。

在税法上，法律漏洞补充应受重大限制，即法律漏洞之补充，不仅应受法律漏洞之认定的拘束，而且经由法律漏洞补充，不得超越法律的可能

---

① Tipke/Kruse，AO，1988，§4 Tz. 121.

② Tipke/Lang，Steuerrecht，S. 66.

③ 中国台湾地区"行政法院"1988 年判字第 340 号判决，中国台湾地区司法机构"第三厅编"：《税务争讼判决要旨选辑》，1992 年版，第 701 页。

的文字意义,而扩张税捐构成要件以及创设税捐构成要件(税捐主体、税捐客体、客体的归属、税基、税率等)。如有此种情形,则其法律漏洞补充尤其类推适用,乃为法所不许。

盖法安定性要求法律的适用,以法律的"可能的文字意义"为其界限,如类推适用导致构成税捐义务人的负担时,则基于法安定性之理由(法安定性原则),应为法所不许。其法理根据另有基于课税构成要件法定主义(或构成要件合致性原则)以及税法上的国会保留原则的要求,或认为基于构成要件明确性原则(Bestimmtheitsgrundsatz)之要求。

释字第622号解释理由书即谓:应以法律明定之租税构成要件,自不得以命令为不同规定,或逾越法律,增加法律所无之要件或限制,而课民众以法律所未规定之租税义,否则即有违租税法律主义。

中国台湾地区释字第674号解释理由书亦谓主管机构本于法定职权就相关法律规定所为之阐释,如逾越法律解释之范围,而增加法律所无之租税义务,则非租税法律主义所许(同旨,释字第620号、第622号、第625号解释)。因此,如以法律漏洞补充方式,增加法律所无之租税义务,则违反租税法律主义。

例如,释字第657号解释指出中国台湾地区"所得税法施行细则"第82条第3项规定关于营利事业应将账载逾二年仍未给付之应付费用转列其他收入,增加营利事业当年度之所得及应纳税额,且可能带来一时不能克服之财务困难,影响该企业之经营,显非执行法律之细节性或技术性事项,且逾越中国台湾地区"所得税法"之授权,违反租税法律主义。即认为以法规命令增加民众之租税负担,于规定不合。

另有认为并没有任何的事实关系,依其性质当然必须加以课税者,由于欠缺此种事物法则性,因此对于具体的事实关系的课税价值,有必要由立法者作原始的决定,而禁止以类推适用方式创设税负。[①]

早年德国通说及判例均认为不利于纳税义务人之类推适用,例如,创设及加重民众之税捐负担,基于法治国家之理由(法安定性原则以及课税要件法定主义),应属违宪。

---

① Vgl. Tipke/Kruse, AO, 1988, §4 Tz. 121.

但德国部分学者晚近也有主张经由类推适用之法律漏洞补充,以贯彻立法者之意思,符合民主国家原则与平等原则,也未侵犯立法者之权限。因此,无论有利或不利纳税人之漏洞补充,应均属法之所许。① 即不利纳税人之漏洞补充,是为实现平等原则,且类推适用法律规定,符合体系正义,以及法学方法论上的法律续造以及漏洞补充之法理,而可以事先预测,足以保障法的安定性时,即不违反租税法律主义。② 但倘若民众可以信赖法条文义之界限时,则不得为不利于纳税人之类推适用。③ 当然在此不得扩大课税标的范围,例如税法对于养狗课征狗税,不能扩张及于养猫。

然而鉴于中国台湾地区现行税捐规定不够完备之处甚多,亟待加强改善完备税捐法制,方始为正途。如若过度承认不利于纳税人之法律漏洞补充,势必使税捐法制不圆满状态持续存在。④ 故原则上仍以传统通说见解为妥。

六、法律漏洞的补充方法

(一)类推适用

1. 意义及作用

如果法律涉及明显的法律漏洞,则其法律漏洞的补充,大部分是以类推适用或回溯到法律上所被建立的原则的方式为之,也可能取向于“事物之本质”,填补法律漏洞。

类推适用乃是从法律之中所理解出的各项原则,扩张适用于其与法律上所规定的案件,仅就不重要之点有差异的案件。换言之,所谓类推适用,系指将法律上的明文规定,适用到不是该法律规定所直接规范的情形,但其法律上的重要特征与法律所明文规定者相同的案型。

---

① Tipke/Lang,Steuerrecht,20. Aufl.,2010, §5 Tz. 59 ff.

② Tipke/Lang,Steuerrecht,21. Aufl.,2013, §5 Tz. 83 ff.

③ Dieter Birk,Steuerrecht,10. Aufl.,2007, §2 Rn. 144.;Klein/Gersch,AO,10. Aufl.,2009, §4 Rn. 37 f.

④ 黄茂荣:《税法总论》,2012 年第 3 版,第 403 页以下。

在类推适用上，最引起争执之问题为：如何认定拟处理之案型与法律明文规定之案型，两者在法律上具有意义的特征为相同，即就其法律上评价的基准之点上互相一致。为认识法律所规定案件的特征中，哪些具有法律上评价的意义，以及为何具有意义，必须求助于该法律规定的立法目的，亦即其规范意旨。[①]

即对于法律上的某一构成要件或对于数个彼此类似的构成要件所赋予的规律（Regel），移转适用于在法律上所未被规律的而与之相类似的构成要件B。此种移转适用的基础乃在于由于其类似性，而就法律上评价（价值判断）的基准的观点而言，应评价两个构成要件相同，亦即基于正义的要求，相同事物应为相同处理。又依回溯到法律上所建立的原则的方式，填补法律漏洞，其根据乃在于法律上所未明文规定的事实关系，同样适合于该项原则，而并无对立的原则发生作用之情事。[②]

类推适用可分法的类推（Rechtsanalogie）以及法律的类推（Gesetzes-analogie）两种。“法的类推”乃使用构成数个法条的共通基础的某项原则。亦即是从数个法律条文出发，从此等法律条文，经由归纳推论导出一般有效的、符合法律规定计划的原理原则，由此将法外漏洞转化成法内漏洞，而仅须从此一般的原则导出拟进行裁判所必要的规范。

“法律的类推”是对于某一法律条文的可能的文义范围所未曾加以把握的案件，使用构成该个别法律条文基础的某一项原则，该项原则对于类似的案件也加以把握。[③] 即是从个别的法律条文导出，系依据法律的规定计划，排除所有不重要的前提，而发展出此一法律条文的基本思想。此种经免除其不重要的前提的法律条文，即被适用于本件系争案件，此即为法律的类推。[④]

又法律规定准用，乃是法律授权类推适用。即“法律上所谓准用，系法律明定将关于某种事项（法律事实）所设之规定，适用于其相同或相类似之事项之上，故法律规定‘准用’者，必须性质相类者，始有准用余地”。

---

① 黄茂荣：《税法总论》，2012年第3版，第423页。

② Larenz, aaO., S. 365 ff.

③ Tipke/Lang, Steuerrecht, S. 113.

④ Tipke/Kruse, AO, §4 Tz. 123.

(中国台湾地区"最高法院"2010 年台抗字第 900 号民事裁定)

2. 类推适用之例

民法规定若是一般法律原则的具体表现,为全部法律领域所共通的原理时,则在公法上也可以"直接适用",并非类推适用。如果并非共通原理,则在性质类似之情形,即可类推适用之。

行政法上类推适用之例甚多,例如在行政法欠缺有关规定,呈现有法律漏洞,又无法援用其他公法规定加以填补的情形,如果具备类推适用的前提(该事实关系从法律上评价观点而言,具有类似性)时,则私法的规定也可以类推适用于公法上。例如,解释意思表示,应探求当事人之真意,不得拘泥于所用之词句,此虽为中国台湾地区"民法"第 98 条所规定,但在公法上于民众向行政机关所为之意思表示,亦应有类推适用("行政法院"1988 年判字第 463 号判决)。

又如,中国台湾地区"行政程序法"施行前,关于公法上请求权之时效相关问题,因"法律"并无明文,固得类推适用中国台湾地区"民法"相关规定;唯类推适用,应就性质相类似者为之;而基于当局享有公权力,对民众居于优越地位之公法特性,为求公法法律关系之安定,及臻于明确起见,公行政对民众之公法上请求权因时效完成者,其公权利本身应消灭。[中国台湾地区"最高行政法院"2006 年 8 月庭长法官联席会议(二)]。

另"行政法院"1991 年 6 月 12 日庭长评事联席会议决议对于中国台湾地区"农业发展条例"第 27 条规定:农业用地在依"法"作农业使用期间,移转与自行耕作之农民继续耕作者,免征土地增值税,如拍卖耕地,原所有人行踪不明,抵押权人可类推适用"民法"规定代位申请免征土地增值税。①

再如,有关中国台湾地区"税捐稽征法"第 28 条之溢缴税款之退税请求权,以往并未有加计利息规定,实务上认为得类推适用其他税法及民法规定加计利息。即溢缴税款得请求返还之范围如何,未设明文,应属法律漏洞,而须于裁判时加以补充。依中国台湾地区"税捐稽征法"第 38

---

① 有关税法上类推适用民法规定之例,参见陈清秀:《税法上之类推适用》,载氏著:《税法之基本原理》,第 113 页以下。

条第2项、第3项、第48条之1第2项及参酌中国台湾地区“民法”第182条第2项规定之同一法理，税捐稽征机关对于退税款项，应按日加计利息，一并退还。①

但在税捐之减免，实务上亦有认为：税捐之减免核属租税优惠事项，依上述中国台湾地区司法机构释字第657号解释理由书意旨，既应以法律或法律明确授权之命令定之，自不得通过“类推适用”方式为之。由此，是港埠之交通用地自不得基于类推适用之法理，类推适用中国台湾地区“土地税减免规则”第7条第1项第8款规定而免征地价税（2010年判字第1185号）。

3. 类推适用与反面推论

类推适用与举重明轻，乃是与反面推论（反面解释）（argumentum-eecontrario，Umkehrschluß）相对立，反面推论系指由于法律仅对于构成要件P连结法律效果Q，因此对于其他构成要件，即使其与构成要件P类似，亦不适用该法律效果Q。②

在法学上一般认为反面推论的公式如下：

如果一个法律规定包含构成要件P及法律效果Q，其逻辑上表现方式如下：$P \rightarrow Q$（若P，则Q）。上述规定的反面推论如下：

$\sim P \rightarrow \sim Q$（若非P，则非Q）。

只有在法律规定的“构成要件”的一方被充分地列举时，反面推论（反面解释）始能成为一个有效的逻辑规则，否则如只作了一些例示规定，则人们尚得类推适用到其他法律所未规定，但与其所例示的案型类似的案型上，此时即不得径为反面解释。③

此种反面推论仅于法律明文规定或者至少依其意旨，仅于法律效果Q限制于构成要件P，显然为立法者所意欲或依法律之目的所要求的情形，始具有正当理由。是否为此种情形，首先应依解释的途径探求之。④

---

① “行政法院”1997年8月庭长评事联席会议决议。

② Larenz，aaO.，S. 374.

③ 黄茂荣：《法律漏洞及其补充的方法》，第370页；杨仁寿：《学方法论》，1991年版，第142页、第210页。

④ Larenz，aaO.，S. 374f.

在选择类推适用或反面推论所遭到的实际困难，乃在于该项法律规定是否已经完结的(abschließend)规律，并非均可清楚地加以认识，此种认识，并无法借由逻辑的方法，而毋宁仅能经由法学方法获得，亦即必须借由逻辑体系的、目的论的、历史的以及其他解释基准判断之①。

税法上反面推论之例，例如，“行政法院”1963年判字第139号判例认为中国台湾地区“所得税法”规定：凡遭受不可抗力之灾害损失，受有保险赔偿部分，不得列为费用或损失。是凡遭受不可抗力之灾害损失而未受有保险赔偿者，自得列为费用或损失，应为该条文反面之当然解释。又如，1968年判字第305号判例对于纳税人遗失账簿的情形，谓：该项账簿既非因遭受不可抗力灾害或有关机关因公调阅以致灭失，原告复未报经该管稽征机关核准，按之同“查账准则”第11条第1项规定之反面解释，原告自无主张俟其另行设置新账，以供稽征机关查账核定之余地。

通常在禁止类推适用的情形，即容许反面推论，因此在税捐刑罚及税捐秩序罚领域，由于禁止以类推适用方式处罚民众，因此可对于处罚规定进行反面推论。例如，中国台湾地区“税捐稽征法”第41条规定纳税义务人以诈术或其他不正当方法逃漏税捐者，构成逃漏税捐罪，依反面解释，如纳税义务人并非以诈术或其他不正当方法逃漏税捐，例如单纯逾期未申报税捐，即不构成逃漏税捐罪。

(二)举轻明重与举重明轻

在规范逻辑上，与类推适用极为类似的，为当然推论(Erst-Recht-Schluss)或当然解释。包括举重以明轻以及举轻以明重。

1. 举轻明重

举轻明重原则(argumentum a minore ad maius)：在未导出相反的情形，下述推论亦为法之所许，即在立法者对于较不具有意义的情形，明确的加以规定时，则对于较重要的情形，其更是为立法者所意欲者。② 换言之，法律对于一项(依其立法目的)较不重要的事实关系所规定的法律效

---

① Tipke/Kruse, AO, §4 Tz. 124.

② Tipke/Lang, Steuerrecht, S. 108.

果，更必须适用于比较重要的情形；即对于此类较重要的情形，乃包含法律所把握者以外的其他因素，而为系争法律效果所支持者。①

举轻明重之例，例如规定禁止在此处钓鱼，则在此处撒网捕鱼，其情节更为严重，自亦在禁止之列。

有关“举轻明重”之法理，在税法以外的其他法律领域也常看见。②

2. 举重明轻

经由举重明轻原则，同样可以填补法律的漏洞，其乃是被推论：如果较多（较重的）的被允许时，则较少的（较不重要的）越是被允许。③

所谓举重明轻原则（argumentum a majore ad minus），系指如果依某一法律规定，对于构成要件 A，适用法律效果 R 时，在该法律规定的立法意旨适用于与 A 相类似的构成要件 B，甚至于更为适当的情形，则该法律效果 R 越是必须适用于构成要件 B。④

换言之，举重明轻乃是指由较大的推论到较小的情形（Der Schlußvom Größerenaufdas Kleinere），意指如果依据法律规定，即使该项较重要的事实关系，仍不产生特定的法律效果时，则相对较不重要的事实关系，越不产生特定的法律效果。此种推论方式，也可以适用于法律效果的层面，即如果一项事实关系，依据法律规定能产生较广泛的法律效果，则该项事实关系越是能产生较小的法律效果。例如，一个行为在法律上被承认作为解除事由时，则其越是可以正当化作为终止事由，即使其终止事由系采列举方式。⑤

举重明轻的正当化依据，系与类推适用相同，乃在于正义的要求，经

---

① F. Bybdlinski，JuristischeMethodenlehre und Rechtsbegriff，1982，S. 479.

② 例如，中国台湾地区司法机构“大法官”1983 年 8 月 26 日释字第 182 号解释理由书“行政法院”1984 年判字第 1353 号判例亦认为：中国台湾地区司法机构“大法官”释字第 187 号解释文前段“已阐明请领退休金应受保障，是以未获发给服务年资或未领退休金之证明，即可依行政争讼程序请求救济，则较之更应予保护之请领退休金或有关退休金额之计算标准而发生争执，自应亦可依法提起诉愿或行政诉讼”，即亦根据“举轻明重”之法理，肯认公务人员提起行政救济的权利。

③ Tipke/Kruse，AO，§4 Tz. 125.

④ K. Larenz，Methodenlehre der Rechtswissenschaft，5. Aufl.，1983，S. 373；日译文参见 K. Larenz 著：《法学方法论》，米山隆译，1991 年版，第 588 页。

⑤ F. Bydlinski，aaO.，S. 479 f.

评价相同的各个构成要件事实,应为相同处理,除非其不同处理,已经法律加以规定或者基于特殊的理由可加以正当化。[①] 换言之,此种举重明轻的推论,并非根据单纯的形式上逻辑的推论程序,而是具有目的之性质,其正当化依据,是基于正义的要求,因为在不仅是相同性质的前提存在,而且其规定的要求,在拟相比较的案件,甚至于更强烈地被满足时,则正义当然要求应为相同处理。于此情形,平等原则的形式的特征,不可或缺地必须溯及法律的评价问题,因此导致举重明轻不仅可以作为法律漏洞补充的方法,而且也是认定法律漏洞的一种手段。[②]

在税法上,举重明轻之例如以往修正前中国台湾地区"税捐稽征法"第48条之1规定,情节较为严重的漏税罚行为,可以自动报缴免罚,至于情节轻微的行为罚行为,可否自动补正免罚(例如,漏开统一发票自动补开),不无疑问,如依举重明轻之法律原则,似可援用该条文规定认为未依法开立统一发票之处罚,亦应因已自动补开而予以免除。[③]

3. 小结

上述举轻以明重以及举重以明轻,论者有谓系"当然解释"之法理,所谓当然解释,指法文虽未规定,唯依规范目的衡量,其事实之法律所规定者,更有适用之理由,而径行适用该法律规定而言。例如,桥梁禁止出租车之属通行,则大卡车更不待言矣;公园禁止折花攀枝,则摘果伐干更在禁止之列。再当然解释之射程(适用范围),系以立法旨趣之预测可能性衡量,非如扩张解释以"文义"之预测可能性衡量,其射程虽较远,但仍在立法者可能衡量之范围内,而类推适用,则系法律未规定之事项,乃出诸立法者之疏忽未预见或情况变更而生,已逸出制定旨趣之预测可能性

---

① Larenz, aaO., S. 374.

② Canaris, Die Feststellung von LückenimGesetz, 2. Aufl., 1982, S. 78.

③ 实务上以往曾采此见解[中国台湾地区司法机构"第一厅"1983年12月23日(七二)厅民一字第0911号函复"高级法院",中国台湾地区司法机构"第一厅"编:《民事法律问题研究汇编·民事特别法》,1988年5月,第450页以下]。唯嗣后又变更看法,认为不能自首免罚(中国台湾地区司法机构"第一厅"1985年1月17日厅民二字第034号函,《税捐稽征法令汇编》,1991年版,第167页以下)。晚近行政机关亦发现此项见解不妥,而拟将此种情形列入中国台湾地区"税捐稽征法"第48条之2规定违章情节轻微免罚范围。

之外，基本上是一种漏洞。[1]

唯本书认为举轻以明重以及举重以明轻之法理，如本书前述所举之例，均已逾越法律规定的文义的可能性范围，因此性质上已非“法律解释”，而属于“法律漏洞之补充方法”，故学者认为其乃属于类推适用之被强化的变种，[2]洵属的论。

(三)目的性限缩

隐藏的法律漏洞(VerdeckteGesetzeslücke)，一般系指某一事实关系为法律的文义所把握，但该法律文义逾越其法律目的，如果进行合乎目的的限缩，则将破坏其可能的文字意旨的情形。[3]

隐藏的法律漏洞的补充，乃经由附加依照其立法意旨所必要的限制法律条文之文义适用范围。即将法律所包含的，依其文字意义过于广泛的规定，回归到依其规定目的或法律的意义关系所相适合的适用范围，而被限缩，因此称为“目的性限缩”(teleologischeReduktion)。[4]

由于法律文义所涵盖之案型，有时衡诸该规定之立法意旨，显然过广，以致将不同之案型，同置于一个法律规定下，造成对“不同之案型，为相同之处理”的情形，为消除该缺失，以贯彻系争规定之立法意旨，显有对原为其文义所涵盖之案型，予以类型化，然后将与该立法意旨不符的部分，排除于其适用范围之外，以符“不同之案型，应为不同之处理”的平等要求。由于这涉及将原为法律文义所涵盖之案型，排除于该法律之适用范围外，故其法律适用之性质，属于法律补充。就这种法律补充，学说上称为“目的性的限缩”。[5]

目的性限缩与限制解释的关系，犹如个别的类推与扩张解释的关系。在目的性限缩，其规范的适用范围，已经逾越可能的文字意义所生的界限，而被限缩；反之，在个别的类推，则是被扩张。两者均涉及超越可能的文字意义的界限，而续行解释活动。由于此种界限乃是“流动的”，因此

① 杨仁寿:《法学方法论》，1991 年，第 145 页以下。

② F. Bydlinski，JuristischeMethodenlehre und Rechtsbegriff，1982，S. 479.

③ Tipke/Lang，Steuerrecht，S. 113.

④ Larenz，aaO.，S. 375.

⑤ 黄茂荣:《法学方法与现代民法》，第 427 页以下。

在个别案件中，究竟是涉及限制解释或目的性限缩，可能有疑义。[①] 其区别在于限缩程度是否已损及文义的核心，如已损及文义的核心，便是目的性限缩，否则仍属限缩解释。[②]

目的性限缩可能是基于下述要求：

1. 基于应予限缩的规范本身的意旨及目的；

2. 基于另一规范的较优越的目的，否则将无法达成该目的；

3. 基于事物之本质；

4. 基于对于某特定的案件类型应优先适用的法律原则（如诚实信用原则或比例原则等）。

如同基于法律本身可能导出类推适用的禁止（当法律上规定已想要穷尽列举，而可以允许反面推论的情形一般），在目的性限缩的禁止亦同，即如果基于法安定性的较优越的利益，要求严格遵守可能的文字意义的界限时，则禁止目的性限缩。是否属于此种情形，首先仍应依解释的途径探求之。[③]

在中国台湾地区“新法”规定未规定“过渡条款”而有漏洞之情形，释字第620号解释理由书亦认为：制定者如应设而未设“限制新法于生效后适用范围之特别规定”，即过渡条款，以适度排除新法于生效后之适用，或采取其他合理之补救措施，而显然构成法律之漏洞者，基于信赖保护、比例原则或平等原则之要求，司法机关于法律容许漏洞补充之范围内，即应考虑如何补充合理之过渡条款，唯亦须符合以漏洞补充合理过渡条款之法理。亦承认得目的性限缩。

又某一规范经由目的性限缩方式加以限制，也经常使另一规范的适用范围同时被扩张，反之，限制的（例外的）法律规范经由类推适用方式被扩张时，则因此使另一被限制的（原则的）法律规范超越其法律所明定的限制，更进一步地限缩适用范围，因此，在此种情形下，类推适用与目的性限缩，具有互相补充的作用。[④]

---

① Larenz, Methodenlehre der Rechtswissenschaft, S. 375 f.

② 黄茂荣：《法律漏洞及其补充的方法·法学方法与现代民法》，第428页。

③ Larenz, aaO., S. 376.

④ Larenz, aaO., S. 379.

有关目的性限缩之例,例如:

1. 长年买卖移转之土地增值利益,应向取得涨价利益者征收税捐

中国台湾地区司法机构“大法官”会议释字第 180 号解释,该号解释涉及土地增值税的课征,认为中国台湾地区“平均地权条例”及中国台湾地区“土地税法”规定移转现值的认定,以“申请移转时”的土地公告现值为计算基础,其所谓公告现值,系指在法定期限内(订定契约之日起一个月内)申请移转时之土地公告现值而言,如未于规定期间内申请登记缴纳土地增值税,嗣后再申请登记缴纳时,除依“法”处罚或加计利息外,如土地公告现值有不同者,其因自然涨价所生之差额利益,既非原纳税义务人所获得,就此差额计算应纳之土地增值税,即应于有法定征收原因时,另向获得该项利益者征收,始符合涨价归公之基本政策及租税公平之原则(参见本件解释理由书),即系对于税法规定,取向于制定目的与租税公平原则而为目的性限缩。

2. 死亡宣告之事件本质,限缩遗产税申报期限规定之适用

中国台湾地区“遗产及赠与税法”第 23 条第 1 项前段规定遗产税申报期限,自被继承人死亡之日起算,但在死亡宣告的情形,因为在判决宣告死亡前,纳税义务人无从申报,故“遗产及赠与税法施行细则”第 21 条就被继承人为受死亡之宣告者,规定其遗产税申报期间应自判决宣告之日起算,符合制定目的及宣告死亡者遗产税申报事件之本质,与民众有依“法律”纳税之义务的意旨,并无抵触(释字第 330 号解释),即对于中国台湾地区“遗产及赠与税法”第 23 条第 1 项前段规定,加以目的性限缩,将死亡宣告的情形,排除于适用范围之外,以符制定目的及事物之本质。

3. 税捐优惠适用范围之限制

如果对于纳税人依法享受之税捐优惠,进行目的性限缩,通常“大法官”解释均持反对意见。例如,中国台湾地区司法机构 2003 年 9 月 26 日“大法官”释字第 566 号解释理由书指出:中国台湾地区“农业发展条例”第 31 条前段规定:家庭农场之农业用地,其由能自耕之继承人一人继承或承受,而继续经营农业生产者,免征遗产税或赠与税。……前述“农业发展条例”关于农业用地之认定,除该“条例”所作之定义性规定外,虽亦应与中国台湾地区“土地法”等相关规定为整体性阐释,以定其具体适用

范围。唯若逾越此一范围，任意扩张、缩减法律所定租税义务或减免之要件，即非租税法律主义所许，纵中国台湾地区财政事务主管部门认为该“条例”第31条关于免税要件及范围规定过宽，影响财税政策或有不合奖励农业发展之原意，有修正必要，亦应循母法修正为之，殊不得任意以“施行细则”或解释性之行政规则径加限缩其适用范围。否则，其径以命令订定，限缩当时有效“法律”规定“农业用地”定义可适用之范围，均为增加“法律”所无之限制，违反中国台湾地区租税法律主义，亦与保障民众财产权之意旨暨法律保留原则有违，应不再适用（参照释字第210号、释字第674号解释意旨）。

（四）目的性扩张

类推适用，依据一个规律的一般化所发现的原则的决定以及目的性限缩，乃是按照立法意旨及法律的固有目的，对于法律的文义部分过于狭隘的修正以及部分过于广泛的修正，而构成所谓“制定法内部的法律漏洞补充”。又有时此种法律文义的修正，也以其他方式为之，在对于太过狭隘的文字意义加以扩张而未涉及类推适用的情形，则可称为“目的性扩张”（teleologischen Extension）。①

申言之，法律文义所涵盖的情形，有时衡诸该规定之立法意旨，显然过狭，以致不能贯彻该规范的意旨，是故，显有超越该规定的文义的必要，以将其适用范围扩张及于该文义所不包括的类型。由于这里涉及将原不为法律文义所涵盖的情形，包括于该法律之适用范围内，故其法律适用之性质，属于法律补充。就这种法律补充，学说上称为“目的性之扩张”。②

目的性的扩张与目的性的限缩相同者为：两者皆以立法意旨作为其调整法律规定的适用范围的依据；其与类推适用之不同为：经目的性的扩张拟予处理的类型，与法律所明文规定者不同（无类似性）。造成法律规定带有这种缺失的原因为：立法上衡诸其立法意旨，所选取的类型太过具体（过度类型化）。因此，为贯彻该立法意旨，乃放松其类型化，将之再予

---

① Larenz，aaO.，S. 381.

② 黄茂荣：《法学方法与现代民法》，第431页。

抽象化，以兼容其他适当案型。①

依据现行法院对于法律漏洞补充的权限的理解，由法院进行目的性扩张，修正法律内容，原则上乃为法之所许。然而其前提必须：该项法律目的已经明确地被查明，而且如未经修正，则势将无法在某一部分的案件类型达成该法律目的，无法避免重大的价值判断矛盾或无法避免明显的违反正义。②

税法上目的性扩张之例，例如，中国台湾地区“税捐稽征法”第48条之1规定：“纳税义务人自动向税捐稽征机关补报并补缴所漏税款者，凡属未经检举及未经稽征机关或财政部指定之调查人员进行调查之案件，各税法所定关于漏报、短报之处罚，一律免除”，实务上认为其免罚范围，“应以各税法规定之漏税罚为限”，③所谓漏税罚，一般系税捐行政秩序罚中之漏税罚而言，故本条免罚范围，如从文义解释，似无法包括中国台湾地区“税捐稽征法”第41条所定逃漏税捐罪之处罚在内。

但本条意旨，在于对于短漏税捐案件，鼓励自动报缴所漏税捐，俾能激励自新。倘若自动报缴之免罚范围，无法包括免除逃漏税捐之刑罚在内，则势将无法达成鼓励逃漏税捐者自动报缴所漏税捐的目的。因此，本条文字意义所涵盖的情形，衡诸其意旨，显然过狭，以致不能贯彻该规范意旨，因此，有超越其法律规定的文义，进行目的性扩张的必要，即应将本条规定自动报缴免罚的适用范围，扩张及于逃漏税捐刑罚的类型。④

(五)例外规定与法律漏洞补充

例外规定系指对于一般的法律上规制，就特定的情形，加以扩张或限制。在税法上，尤其是税捐优惠规定，特别是有关客体的及主体的税捐免除规定，均属之。

虽有认为例外规定应从严解释，并不许类推适用，但此种过于一般化

---

① 黄茂荣：《法学方法与现代民法》，第431页。

② Larenz, aaO., S. 384.

③ 中国台湾地区财政事务主管部门1988年12月19日台财税第770392683号函。

④ 德国税捐违章自首免罚范围，即涵盖逃漏税捐罪之处罚及短漏税捐之罚锾两种情形(《德国税捐通则》第371条及第378条第3项)，参见陈清秀：《租税违章自首免罚制度》(上)，载《植根杂志》第7卷第7期，第18页以下。

的见解并不妥当。在例外规定的情形中,固然必须避免例外规定过于广泛的解释,或经由例外规定的意旨的类推适用,致其例外最后反而变成原则。然而此并非意指例外规定应尽可能从严解释或在任何情形均排除类推适用。其决定性基准者,应是立法者将此类例外情形排除在外的理由根据。①

因此,例外规定在性质上并不排斥法律漏洞补充,尤其仍可以类推适用。如同在一般规定的情形,必须从立法目的观点审查是否有本质相同存在。如果从例外规定可以导出一般的原则时,则也可以依据此项原则,对于例外规定所未涵盖的其他案件情形,进行决定。②

第九节　税法的适用与国际税法

一、税法的适用

(一)概说

法律的适用,开始于审查一项具体的生活事实关系是否符合抽象的法规的构成要件,是否被构成要件所把握,而属于其适用范围。在进行涵摄的过程中,乃是在认为可能可以适用的法规范与事实关系之间来来往往地相互观察。如果涵摄结果,事实关系适合于抽象的法律构成要件,则产生此项规范所规定的法律效果。

(二)法律适用三段论法

只要法律秩序可以被理解为各种法规、制度及概念的一个封闭的体系时,则法律的适用,是由下述思考的推论方式所构成,即事实关系被涵摄于基准的法规(构成要件)之中,因此导出一个特定的法律效果。在此法规系构成大前提,拟决定的事实关系构成小前提,由此推论获得具体的

① Larenz, aaO., S. 339 f.
② Tipke/Kruse, AO, §4 Tz. 122.

法律效果。依据实证法律主义,法律的适用在此种逻辑的推论程序中,即已穷尽。

在逻辑上,法律适用的基本方式,乃下述三段论法的推论方式:[1]

大前提(法规)若 P 则 Q

小前提(事实)S 是 P(涵摄)

推论结果若 S 则 Q

(P 是法律构成要件,Q 是法律效果,S 是事实关系)

因此,税捐法规的适用,必须进行下述的过程:

1. 法律上构成要件的内容解释及确定:法律上构成要件内容为何?

2. 事实关系的调查及认定:已经发生什么事?或事实上存在什么?

3. 涵摄:该项事实关系是否符合法律上的构成要件特征?

4. 法律效果的确定:应适用什么?

上述过程并不是彼此相互独立,而是彼此相互交替的作用。有关事实关系的调查,则应取向于特定的法律上构成要件,而事实关系的定性,也应考虑法规范的意旨及目的。如果对于事实关系的特征,按照规范的意旨及任务,以合乎事理的方式,加以评价时,亦即针对构成要件的标准,对于事实关系的相关联部分,加以评价时,则小前提即可正确地加以建立。在解释法律之际,也应一并斟酌该具体案件及其相关的作用。因此,行政法规的适用,并不仅是单纯的逻辑上推论,而且也是一种评价的(价值判断)认识程序。

然而上述实证主义的涵摄模式,长久以来即已被打破,法律适用固然是将事实关系涵摄于法规中,然而法官的裁判活动的困难点,并不在于逻辑的推论过程或涵摄推论(三段论法),而毋宁在于其法规适用之各项前提(案情)的"调查与整备建立"。[2]

在税法上经常并非仅涉及本来意义的涵摄问题,而毋宁是涉及评价的关系,评价的归属,即定性问题。此尤其适用于价值概念(需要填补价值的概念或规范的概念)的归属上,尤其是一般条款以及不确定法律概

---

① 参见黄茂荣:《法学方法与现代民法》,1993 年增订 3 版,第 200 页。

② Tipke/Kruse, AO, 2011, §4 Tz. 203.

念,例如依规定记账、公共利益、正当理由、诚实信用、重大过失、期待可能性、公平合理。此种不确定的模糊的概念,应取向于法律的目的,通过建立案件类型以及案件比较,而逐渐累积并以此方式具体化。[①]

如果法律秩序是一个开放的、需要填补的体系以及拟适用的法规并非仅是潜在的存在时,则法律适用并非单纯地属于认识行为,而毋宁同时属于一种意志的行为。德国联邦宪法法院称为含有意志因素的评价性之认识行为。在此法律的适用,也是法律所内含之价值的实现。[②]

(三)经由法律适用者建立决定规范

由于法律秩序乃是开放的而且有漏洞的,因此,法律适用者(行政机关或法院)必须自己建立在个别案件中所欠缺的决定规范,此种现象不仅发生于根本并无法律规范存在的情形,而且在虽有法律规范但需要加以填补的情形,也同样存在。需要填补的法律规范,不确定法律概念以及一般条款,盖其乃是开放的立法规定,仅包含外观表象的法规,实际上法律适用者必须自己勤劳获得必要的决定规范,就此一般以所谓具体化或个别化称之。[③]

法律上的具体化即是决定规范的建立。此不仅适用于不确定法律概念以及一般条款,而且也适用于想象上确定的法律概念。因此,法律适用者在适用想象上确定的法律概念时,也需要自行建立决定规范。只是在此情形,法律适用者自行建立决定规范的活动空间,比在不确定法律概念的情形,较为狭窄而已。因此,法律适用总是同时属于法规范的继续建立(法的续造)(Rechtsfortbildung)。任何"适用法律"的机关决定或法院判决,均包含一个点的法规范的继续建立。然而,此种情形并不改变行政机关或法官应受法律的拘束。法律适用者的决定活动空间的范围以及自行建立决定规范的权限,由法律所事先赋予。只有在法律所决定的界限范围内,即在符合法律的意旨的范围内,法律适用者被允许实行其个人的正义理念。[④]

---

① Tipke/Lang, Steuerrecht, S. 98 ff.

② Tipke/Kruse, AO, 2011, §4 Tz. 204.

③ Tipke/Kruse, AO, 2011, §4 Tz. 206.

④ Tipke/Kruse, AO, 2011, §4Tz. 206.

(四)课税事实的认定

有关课税要件事实之认定,[①]攸关纳税义务人之实体上纳税义务负担之多寡,影响纳税义务人之权益至巨,值得深入探讨。

依据德国法学方法论学者卡尔·拉伦茨教授之见解,所有经法律判断之案件事实,都有类似的结构,不仅是单纯的事实陈述,毋宁是考虑法律上的重要性,对于事实所做的某些选择、解释以及连结的结果。[②] 为了对于实际发生的案件事实进行法律上判断,必须选择与其法律判断有关者,而对于法律判断是否具有意义,取决于可能适用于案件事实之法条。[③] 法律适用的重心,在于就案件事实之个别的部分,判断其是否符合法定构成要件中之各种要素。其判断方式包括以感知为基础的判断,以对于人类行为(通常为目的取向之行为)之解释(如意思表示或法律行为之解释)为基础之判断,其他借社会经验(一般经验法则)而取得之判断,以法律上观点(从宪法上基本价值标准所导出之伦理性原则,包括诚信原则与当事人双方利益均衡之衡平原则)之评价标准来判断该项事实的重要性(价值判断)。对于案件类型的判断,应是对向交流的,而非单向的,一方面是由一般法律思想,趋向于所应判断之系争事例;另一方面是由此类事例,经由典型的事例与比较特定的法律思想,而趋向于一般法律原则。[④]

在税法上,事实关系的定性,必须一并运用经济的观察方法为之。但事实关系之定性仍应属于任何法律适用之核心事项,并不以此为限。[⑤]

二、税法的适用原则

税法的适用原则,概可再区分为"实体从旧、程序从新"原则,从新从

---

① 详见陈清秀:《论课税要件事实之认定》,载陈清秀:《现代财税法原理》,2015 年版,第 227 页以下。

② [德]卡尔·拉伦茨:《法学方法论》,陈爱娥译,2010 年版,第 183 页。

③ 同上书,第 183 页。

④ 同上书,第 186~195 页。同说,黄茂荣:《法学方法与现代民法》,2011 年第 6 版,第 299 页以下。

⑤ Tipke/Kruse, AO, §4 Tz. 210.

优原则以及从新从轻原则，兹分述如后。

（一）实体从旧原则

在税法的适用上，除法律有特别规定外，基于法律不溯既往原则，原则上应可采取“实体从旧，程序从新”的原则（1967 年判字第 244 号判例）。即规定民众权利义务之发生、变动、丧失等之实体法规，于行为后有变更，除法令另有规定外，应适用行为时法，此所以保护民众既得之权益。至程序法规，无关民众权利义务之得丧变动，纯为规定处理作业程序，为期迅速妥适，是以适用新法（1982 年判字第 556 号判决）。[①]

在此所谓“行为时”，系指税捐法规的前提构成要件事实实现时，即要件事实终结时或行为终了时。例如，遗产税的纳税义务，应适用遗产继承开始时（死亡时）的中国台湾地区“遗产及赠与税法”（院解字第 2953 号，释字第 54 号），赠与税的纳税义务，应适用赠与行为终了时的中国台湾地区“遗产及赠与税法”。

又如，契税之课税事实发生时点（系争建物于建造完成前中途变更起造人名义之事实，系发生在 1999 年 2 月间），系在 1999 年 7 月 15 日“契税条例”修订之前，自应适用行为时之“契税条例规定”（实体从旧原则），而不能适用新法。即“课税处分原则上以课税要件已被实现之期间或时点之事实及法律状态作为认定事实及适用法律之时点”（2012 年度判字第 351 号判决）。

（二）程序从新原则

程序从新原则系指在行政处理的程序中，新的行政法规公布时，则尚在进行中的行政程序，即应向将来适用新的法规处理。性质上此系法规公布生效后，即应适用新生效的法规处理后续的行政程序。

例如，税捐稽征程序，于 2001 年 1 月 1 日中国台湾地区“行政程序法”施行之后，以往年度的税捐事件，在 2001 年 1 月 1 日以后进行稽征处理时，均可适用新的中国台湾地区“行政程序法”。又如，有关税法上违

---

① 《“行政法院”裁判要旨汇编》，第 3 辑，第 67 页以下。

章行为的处罚程序，如有变更，即应适用新的程序法规（中国台湾地区“税捐稽征法”第 50 条之 4）。再如，欠税的强制执行（院解字第 4031 号），实务上均认为应适用程序从新原则，适用新“法”处理。

唯程序从新原则系将新法适用于尚未终结的程序法律关系，因此，可能涉及“不真正的溯及效力”，而仍有公法上信赖保护原则的适用问题。

（三）从新从优原则

对于上述“实体从旧，程序从新”原则，也有例外。例如，中国台湾地区“中央法规标准法”第 18 条规定：各机关受理民众声请许可案件适用法规时，除依其性质应适用行为时之“法规”外，如在处理程序终结前，据以准许之“法规”有变更者，适用新“法规”。但旧“法规”有利于当事人而新“法规”未废除或禁止所声请之事项者，适用旧“法规”。此即所谓“从新从优”原则，系适用于民众申请许可案件。

上述规定之适用对象，以行政各机关受理民众声请许可案件为限。至于核定契税等税捐核课案件，与一般行政机关受理民众声请许可案件，殊不相同，自无前揭规定之适用(2012 年度判字第 351 号判决)。

（四）从新从轻原则

1. 以往实务见解

实务上以往认为行政秩序罚包括税捐秩序罚，应适用实体从旧原则，因此并不适用从新从轻原则。例如，中国台湾地区“行政法院”1995 年 10 月庭长评事联席会议决议：“行政法有关新旧法之适用，原则上采实体从旧、程序从新主义，本题属实体法上科罚倍数之变更，似无修正后新法之适用。”亦认为科处罚锾应适用行为时法。

唯实务上亦有持不同见解者，例如，以往台北市“诉愿审议委员会”即基于民众过去作为之可罚性及可罚价值已经变更，参酌从新从轻原则，认定从新从轻原则在行政罚的案件应有其适用，并从 1995 年 9 月起，陆续依新“法”径行改处。[①]

2. 中国台湾地区“税捐稽征法”第48条之3

由于实务见解不一，为杜争议，使征纳双方都有明确法律原则可以适用，中国台湾地区立法结构乃于1996年7月30日修正“税捐稽征法”增列第48条之3，改采“从新从轻原则”。该条规定：纳税义务人违反本“法”或“税法”之规定，适用裁处时之“法律”。但裁处前之“法律”有利于纳税义务人者，适用最有利于纳税义务人之“法律”。

从新从轻原则之适用范围，以违章裁处罚锾之案件为限。至于违章逃漏税而应课征本税部分，则仍适用实体从旧原则。[②] 即中国台湾地区“税捐稽征法”第48条之3从新从轻原则仅适用于违反作为或不作为义务而裁处之行政罚，如罚锾金额或倍数修正之情形，尚不及于除此以外之事项。课征本税有关之规定或漏税额之计算等，虽于行为后经修正，本税及据以科处行政罚所涉及之漏税额计算，如免税额、扣除额、税率等，均适用行为时“法律”。[③]

故若行政秩序罚案件在行政救济程序进行中，处罚法规已为有利行为人之变更时，则行政救济机关（复查、诉愿或“行政法院”）即应依据新法为有利行为人之裁判[④]。

例如，中国台湾地区“营业税法”第51条关于逃漏税之处罚金额倍数变更，且对于纳税人有利，则对于依旧法科罚尚未确定案件，在行政救济中，即应适用新“法”，原适用旧“法”所为科处罚锾之原处分及诉愿决定，应并予撤销（“行政法院”1996年度判字第2020号判决）。[⑤]

又以往中国台湾地区财政事务主管部门发布修正之裁罚基准，如有利于纳税义务人时，可否对于尚未确定案件一体适用，不无疑义。就此中国台湾地区“税捐稽征法”第1条之1第4项规定：中国台湾地区财政事

---

① 参见中国台湾地区台北市“诉愿审议委员会”编印：《诉愿决定书汇编选辑》（第2辑），1996年版，第1151页以下所载后记。

② 中国台湾地区财政事务主管部门1996年10月9日台财税第851919465号函。

③ “行政法院”1997年2月庭长评事联席会议决议。

④ 中国台湾地区财政事务主管部门1996年8月2日台财税第851912487号函。

⑤ 参见中国台湾地区行政机构1997年2月19日庭长评事联席会议决议。

务主管部门发布之税务违章案件裁罚金额或倍数参考表变更时,有利于纳税义务人者,对于尚未核课确定之案件适用之。比照从新从轻原则而适用之。

三、税法的效力

(一)时的效力

税捐法规如明文规定自公布尔日或发布日施行者,自公布或发布之日起算,至第三日起发生效力。此处法规生效日期之起算,应将法规公布或发布之当日算入(释161)。例如,中国台湾地区“所得税法”于某年12月30日修正公布,应将公布尔日(12月30日)算入,至翌年元旦即第三日起(自元旦凌晨起)发生效力。

又法规如特定有施行日期,或以命令特定施行日期者,自该特定日起发生效力。

(二)地域的界限

税法的效力原则上及于税法的立法机关的权限所及的全部领域。

在各地自治团体所制定的税捐规章,原则上只在该团体的区域内有其效力。在税法所适用的地域内,无论国籍,自然人或是法人,原则上均应服从该地税捐法规的规范。

在例外情形中,于国际法上,享有治外法权的外交使节等,为达成其目的所管理的机构设施及区域,乃为课税权所不及。

在国际法上有所谓“形式的属地原则”(Grundsatz der formellen Territorialität),其禁止在外国行使公权力。但在国际法上并无实质的属地原则,因此,在国际税法上,国家的课税主权常超越一国的领域。即依据内国税法的法律规定连结外国的事实关系而发生法律效果,例如在内国有住所之人,对于其境外所得,亦纳入课税范围。[1]

---

① Tipke/Lang,Steuerrecht,21. Aufl. ,2013, §1 Rz. 84.

有关课税主权之行使，一般可以区分如下：①

1. 来源地国（Quellenstaat）：适用来源地原则（Quellenstaat），仅就该国境内来源之所得及坐落于该国境内之财产课税。

2. 居住地国（Wohnsitzstaat）：纳税义务人为该国之境内居住者时，则就其全球所得或全球财产课税。但应同时考虑其基本生活费之扣除，以反映其个人主观的给付能力。同时为避免重复课税，对于境外所得或财产，已经在外国纳税部分，原则上应准予税额扣抵。②

（三）人的效力

税捐法规原则上对于该税捐法规所适用地区内的所有的人，无论是本国人或是外国人，自然人或是法人，均有其适用。

四、国际税法的功能

由于经济活动全球化，跨国企业以及跨国经济活动产生国际间课税冲突问题，加上各国税法秩序差异，而产生重复课税问题以及国际间租税规避问题。因此单纯各自为政的内国税法规范已经无法因应解决。而有必要建立类似国际私法的冲突法制度（涉外之国际税法），以发挥界定课税要件以及排除重复课税之功能。③ 国际税法包括适用于跨国的国际经济交易活动之各国税法、国际税法规范以及区域性税法规范。④

又为发挥课税公平以及竞争中立性，各国不同的税法秩序也应朝向统合或统一，建立共同的课税原则，例如量能课税、公平课税、禁制歧视、竞争中立性与比例原则等，以避免歧视及防止不当干预竞争。其理想目标则是建立跨国的统一的税捐法律秩序，例如欧盟税法规范，以发挥国际

---

① Tipke/Lang, Steuerrecht, 21. Aufl., 2013, §1 Rz. 95f.

② 有关防止重复课税之探讨，详见陈清秀：《国际间避免重复课税之方法与企业所得税》，载陈清秀：《国际税法》（第2版），2016年版，第389页以下。

③ Tipke/Lang, Steuerrecht, 21. Aufl., 2013, §1 Rz. 82f.

④ Tipke/Lang, Steuerrecht, 21. Aufl., 2013, §1 Rz. 83.

税捐中立性原则,促进公平竞争。①

第十节 经济的观察法

一、意义

经济的观察法(Die wirtschaftlicheBetrachtungsweise),亦称为实质课税原则,乃是税法上特殊的原则或观察方法,由于税法领域受量能课税原则(税捐负担公平原则)的支配,在解释适用法律时,应取向于税法规定所欲把握的经济上给付能力,因此,在税法的解释适用上,应取向于其规范目的及其规定的经济上意义,即使税法上的用语,是借用自民法的概念,也非当然与民法规定采取相同的解释,而应斟酌税法规定的特殊目的,尤其量能课税的精神。

又在课税要件事实的认定方面,也应把握其表彰经济上给付能力的实际上的经济上事实关系,而非以其单纯外观的法律形式(交易形式)为准。故无论是事实的认定或是法律的解释适用,均采取经济上的观点加以观察,此即所谓税法上经济的观察法。②

德国税法上经济观察法与日本及中国台湾地区学说实务上所称实质课税原则相当。德国税法上经济观察法,概可谓采取"经济的实质课税原则";反之,在日本,学说上对于实质课税原则的理解方式并不一致,大别之,可分二种不同见解:一为"法的实质主义",二为"经济的实质主义"。

---

① Tipke/Lang, Steuerrecht, 21. Aufl., 2013, §1 Rz. 83/97f.

② 就此问题,详情参见陈敏:《租税课征与经济事实之掌握——经济考察方法》,载《政大法学评论》第26期;葛克昌:《租税规避之研究》,台大法研所硕士学位论文,1978年;陈清秀:《经济观察法在税法上之应用》,载氏著:《税法之基本原理》,第195页以下;[日]北野弘九著:《实质课税原则》,许志雄译,载《财税研究》第17卷第5期;[日]吉良实:《实质课税主义》,郑俊仁译,载《财税研究》第19卷第5期。

（一）法的实质主义

如从法的实质主义把握实质课税原则时，则实质课税原则系指在法律的适用上，假装的表见事实（形式等）与在法律适用上其背后隐藏的真实的法律事实（实质等），如有不一致时，则应对于后者进行税法的解释适用。在此了解下，此项原则在其他法律领域亦被承认，因此，实质课税原则并非在税法上具有特别重要意义的原则。

日本学者金子宏概采上述“法的实质主义”之见解，认为“当适用租税法时，必须认定课税要件事实。在租税法中，也与其他法领域中一样，当要件事实之认定所必要的事实关系及法律关系之‘外观与实体’或‘形式与实质’不一致时，并非依照其外观或形式，而应依照其实体或实质来判断认定（当然按外观或形式课税之情况除外）。即若依据外观或形式，虽看似并无该当于课税要件之事实存在，但详细检讨观察其实体或实质发现其存在时，则必须认为已满足课税要件。反之，若依外观或形式，虽可见有课税要件之事实存在，但深入探讨实体或实质后却发现并无该项事实存在时，则必须认为并未满足课税要件。

例如，在法人账簿上列为薪资处理之支出，实际上系对从业人员之贷款金时，即非人事费用，因此不能列入费用项；反之，基于种种理由列为贷款金处理，但实际上是对从业人员所给与之薪资，则可视为人事费用列入费用项。

唯应注意者，在此仅系指对要件事实认定所必要之法律关系而言，并非按照表面上看似存在的法律关系，而应按照真实所存在的法律关系来进行要件事实的认定而已，并不得脱离真实所存在之法律关系而按照其经济上的效果或目的来判断法律要件的存在与否。所谓‘实质课税原则’，应以上述的意义加以理解适用。”①

---

① [日]金子宏：《租税法》，昭和六十三年（1988年）第2版，第119页以下；[日]金子宏：《租税法》，蔡宗羲译，1985年版，第100页以下。

(二)经济的实质主义

如从经济的实质主义之立场,理解实质课税原则时,则实质课税原则系指满足私法上的法律要件的法律事实(法形式的实质),与现实所产生经济的成果的事实(经济的实质),不相一致时,应对于后者进行税法的解释适用。在此了解下,实质课税原则可谓税法上特别具有重要意义之税法特有的原则①。

日本学者田中二郎则采用上述"经济的实质主义",认为税捐负担有必要维持实质的公平,纵然其法形式或名义相同,但其经济的实质有差异的情形,即应作不同处理。例如,让与及让与担保,法律上的外观及形式虽然相同,但其实质有差异,因此有必要为不同处理。判例即有认为让与担保所生财产之移转,不得解释为所得税法上之资产让与。又不问其法的形式或名义为何,在其经济的实质上,如可认为系享受课税对象的利益时,则通过就其实质进行课税(例如,纵然法律上无效或得撤销的不法所得及非合法所得,亦均属课税所得)的方式,可以期待实现按照税捐负担能力的公平课税。②

日本学者吉良实认为,在具体案件上如发生的是"法对法"的问题时,则应从"法的实质主义"之立场,理解实质课税主义;反之,如其问题属于"法对经济"的问题时,则应从"经济的实质主义"之立场,理解实质课税主义,如此方能发挥其功能,故将实质课税原则理解为包含上述两者的原则,似更能适合于此原则的趣旨及目的。③

(三)小结

本书认为实质课税原则或经济观察法,应从其立论根据亦即量能课税原则或税捐负担公平原则加以理解。鉴于"法律的实质主义"并不足以适当反映量能课税精神,因此吾人不宜将实质课税原则理解为"法律的

① [日]吉良实:《实质课税论　展开》,昭和五十五年(1980年)版,第65页。
② [日]田中二郎:《租税法》,昭和五十六年(1981年)补正版,第83页以下。
③ [日]吉良实:《实质课税论　展开》,昭和五十五年(1980年)版,第66页。

实质主义”，而毋宁应理解为“经济的实质主义”，较为妥当。葛克昌教授亦指出：“实质课税原则宜正名为实质负担原则，应取向于量能原则，有利不利纳税人一体适用。”[①]中国台湾地区“最高行政法院”2005 年度判字第 702 号判决即谓：“由资产或事业所生之收益，原则上应归属于所有人即名义人，然形式上名义人并未享受资产或事业所生之收益，实质上享受课税对象所带来之经济利益者另有其人时，即应归属于实际享受者。此即实质课税原则，而此项原则对纳税义务人及稽征机关，无论有利或不利均应一体适用。”本件判决适用于营业税课税案件上，[②]颇值得参考。

二、理论根据

（一）量能课税原则

经济的观察法（Die wirtschaftlicheBetrachtungsweise）乃是税捐法的独特的表现之一，而经常被视为是一种税法的特殊性。在其他法律领域，固然也有引用经济观察法，但其总比税法上较少被承认。经济观察法并非无缘无故地渊源于税法。申言之，税法乃被设定尽可能地把握有利于课税的事件、状态以及活动。一方面，由于国家及地方自治团体必须获得其收入，其中重要部分来自税课收入，因此，对于最可能丰富的税源较有兴趣；另一方面，量能课税原则（按照给付能力课税的原则）要求对于事实上有负担能力的、有给付能力的人加以课税。上述二者均指向相同的目标。

量能课税的问题，仅能以经济上观点加以解答。税法规定的税捐义务乃是与经济上的生活事实关系相连结，因此，税法的理解应斟酌经济上的形成可能性的多样性。至于其事件经过、状态及交易活动所表现之外观的法律形式，并无法合理地推论其给付能力，亦即法律形式仅属于私法秩序中法律上的“应然”（Soll），此种法律上的“应然”并非意指经济上的

---

① 葛克昌：《行政程序与纳税人基本权》，2012 年第 3 版，第 485 页。

② 本案因为借名营业，涉及销货金额（销项税额）重新调整归属，则进货金额（进项税额）也应一并调整归属，以符合公平原则。

给付能力。因此,课税应以经济上的“实然”(Ist)为准,此种经济上的“实然”,乃是属于课税对象的经济上的事件过程、状态及活动。经济观察法便是处于此种法律上的“应然”与经济上的“实然”间的紧张领域。

由于税法上的量能课税原则,要求经济观察法,因此,是否必须有经济观察法的特别法律根据的问题,即无意义。有关税法上经济观察法的规定仅具有提示功能而已,即使无法律明文规定,税法也应适用经济观察法。①

(二)税捐负担公平原则

日本学者田中二郎亦认为,实质课税原则乃源于税捐负担公平原则,属于税法之解释适用上的基本原理,并不以税法有明文规定为必要。日本最高法院裁判即认为:“实质课税之原则,宜解释为是日本税法上很早即已经承认是作为内在的条理的基本指导理念。”

日本学者北野弘久对于实质课税原则,认为应理解为“法的实质主义”,即应对于真正的法律上归属者课税,而非对于名义上的法律上归属者课税。认为如将实质课税原则理解为“经济的实质主义”,而在解释适用税法层面上,适用此项原则时,则将违反法安定性以及法的预测可能性,而与宪法上税捐法定主义不符。因此,反对实质课税原则作为税法解释适用上的基本原理,以免使法律适用过程中的课税权滥用情形正当化。故对于税捐规避行为,不得抽象或引用实质课税原则加以否定,而仅能依税法个别明文规定,始得加以否定,如欠缺此种明文规定,仍应解释为节税的合法行为。②

(三)本书见解

本书认为,经济观察法或实质课税原则,乃是量能课税原则或负担公平原则之表现,为实现税捐正义所必要之手段。从量能课税原则导出经

---

① BVefGE 11,156,161;H. W. Kruse,Steuerrecht,I. AllgemeinerTeil,3. Aufl.,1973,§9 I,S. 98 ff.

② [日]北野弘久:《实质课税原则》,许志雄译,载《财税研究》第17卷第5期,第128页以下。

济观察法,并不至于妨害法的安定性或造成课税权之滥用,盖如后所述经济观察法之适用,仍有其一定界限,即在税捐法律之解释及法律漏洞之补充之际,仍应遵守其基于税捐法定主义所导出之限制,包括法律之目的解释以其文义可能性的范围为限,而法律漏洞补充并不得对于创设或加重税捐负担的构成要件为之等。故承认经济观察法或实质课税原则,作为税法解释适用上的基本原理,并不违反税捐法定主义。

就此释字第 420 号解释理由书:涉及租税事项之法律,其解释应本于租税法律主义之精神,依各该目的,衡酌经济上之意义及实质课税之公平原则为之。是基于公平课税原则,中国台湾地区“奖励投资条例”第 27 条规定“非以有价证券买卖为专业者”,自应就营利事业实际营业情形,核实认定。公司登记(包括商业登记)之营业项目,虽未包括投资或其所登记投资范围未包括有价证券买卖,然其实际上从事庞大有价证券买卖,其买卖收入远超过其已登记之营业收入,足认其为以有价证券之买卖为主要营业时,自不得以怠于中国台湾地区“公司法”第 12 条之登记义务或违反第 15 条第 1 项所规定之限制等避租税行为,主张其非以有价证券买卖为专业,而享受免征证券交易所得税之优惠。也基于公平课税原则,承认经济观察法。

而后于 2009 年 5 月 27 日修正的中国台湾地区“税捐稽征法”第 12 之 1 条特别规定:涉及租税事项之“法律”,其解释应本于租税法律主义之精神,依各该“法律”之制定目的,衡酌经济上之意义及实质课税之公平原则为之。税捐稽征机关认定课征租税之构成要件事实时,应以实质经济事实关系及其所生实质经济利益之归属与享有为依据……因此,实质课税原则自此即已经有“法律”明文规定。

三、经济观察法在税法解释上的适用情形——经济上解释(wirschaftliche Auslegung)

(一)税法上固有概念解释

在财政目的之税法规范,意图把握纳税人之经济上负担能力,而与经济上事件或状态相联结时,从其规范的体系意义关联性,可以得知该项税法规定之解释,原则上应进行经济上意义之解释。此即税法上所谓“经济观察法”。

经济观察法采取经济的解释(wirtschaftlicheAuslegung),系基于税法规定之“体系的、目的解释”(systematisch-teleologischerAuslegung)之要求,对于经济上相同或类似事件或状态应课予负担相同的租税。如果一个税法规定是以衡量经济上负担能力为目的(财政收入目的规范),则在进行法律解释时,即可适用量能课税与实质课税原则,作为“客观目的解释基准”。①

(二)税法上借用概念解释

有关个别的税法规定借用民法或其他法律规定之概念,是否应以民事法的意义或税法以外的意义加以理解之问题,可以分述如下:

1. 倘若税法的课税要件,未加调整地连结民法上概念,且税法之目的也应按照民法之标准加以具体化时,则依据民法上概念之理解,所进行事实关系之定性,也应直接涵摄于税法上相同的概念里。例如,夫妻合并申报课税,直接与民法上夫妻概念相连结,应与民法上夫妻概念为相同之解释。②

2. 倘若税法规定之目的解释,其概念应与民法上概念有不同之理解时,则应审查民法上对于事实关系之定性,是否满足税法规定的体系、目的解释之标准。在大部分情形中,税法除把握民法规定概念所包含之案件类型外,也把握依据税法相关的类似民事法上形式之经济上内容。例如,所得税法上租赁所得之概念,除基于债法上租赁关系所产生之所得外,也包括类似的提供物之使用所产生之所得在内。③

3. 该税法规定之发生历史明确地采取民事法的解释,而对此并没有重大的体系疑义存在;或者判决先例在长年的事实上,采取此种解释,而

① Tipke/Lang,Steuerrecht,20. Aufl.,2010,§5 Rz. 43. 在税法上有关社会政策目的规范,其解释首先应取向于主观的目的(立法者意思),即其诱导管制目的或财富重分配之目的(Tipke/Lang,aaO.,§5 Rz. 43.)。

② Tipke/Lang,Steuerrecht,21. Aufl.,2013,§5 Rz. 72.

③ Tipke/Lang,Steuerrecht,21. Aufl.,2013,§5 Rz. 73.

立法者对之并未有促使修正法律的动机时(法安定性之要求)。[①]

4. 在税法明文引用民法概念及制度的情形,并非当然均应采取与民法相同之解释。例如,中国台湾地区"遗产及赠与税法"引用民法上继承制度,其继承之适用范围,也包括适用于外国继承之类似的经济事件。[②]

有关经济的解释,例如被继承人生前之连带保证债务,可否作为未偿债务自遗产中扣除?就此中国台湾地区"最高行政法院"2009 年判字第 1005 号判决从实质课税原则解释认为倘若继承人能举证主债务人已经无偿债能力,其向主债务人求偿而能返还之盖然性极低,依中国台湾地区"遗产及赠与税法"第 16 条第 13 款规定,[③]其求偿债权即不应计入遗产总额,故于此情形,该连带保证债务,即可作为未偿债务自遗产中扣除。

换言之,倘若主债务人已经陷于无资力状态,无法清偿债务时,则保证人即有义务代为履行,且实质上无法行使求偿权,因此在无法求偿的范围内,构成遗产的经济上负担,应准予自遗产中扣除。其解释从经济上负担之有无之实质的经济观点,探讨保证债务(同时享有求偿权)可否作为遗产之未偿债务扣除之法律问题,因此可谓是经济观察法之解释运用,[④]值得赞同。

四、经济观察法在法律漏洞补充的适用情形

(一)明显的法律漏洞之补充

1. 有利纳税人之漏洞补充

利用经济观察法认识法律漏洞并加以填补,如为有利于税捐义务人亦即具有减轻税捐负担效果时,则与法安定性之要求相符。又在明显的法律漏洞之填补,如同时可能发生有利及不利于税捐义务人之作用时,则

---

① Beisse, Die wirtschaftlicheBetrachtungsweisebei der AuslegungderSteuergesetze in der neuerendeutschenRechtsprechung, StuW1981, S. 14.

② Tipke/Lang, Steuerrecht, 21. Aufl., 2013, §5 Rz. 73.

③ 中国台湾地区"遗产及赠与税法"第 16 条第 13 款规定:"左列各款不计入遗产总额:十三、被继承人之债权及其他请求权不能收取或行使确有证明者。"

④ 否定说,柯格钟:《宪法解释与量能课税及实质课税原则》,第 27 页,认为保证债务的价值,系属"实值课税的问题,即税捐客体评价的问题,非属实质课税原则的问题"。

利用经济观察法，进行此种“双刃的漏洞补充”，亦为法之所许。①

例如，法律仅规定缓课股票于转让出售时，如转让价格低于面额，则以转让价格为课税基准。但在强制执行拍卖的情形，法律并未明确规定如何课税，在查封拍卖情形，固须先送存集保，然而由于旋即通过拍卖程序而转让，并有确定之交易价格，倘若其拍卖价格显然低于股票面额，则应以股票面额或实际拍卖价格认定其实现之所得？就此中国台湾地区台北“高等行政法院”2006 年度诉字第 03324 号判决认为依据实质课税原则，应以纳税人实际拍卖价格（实际取得之所得）计算其所得，而对于促进产业升级条例第 16 条之相关法规进行有利于纳税人之法律漏洞补充。② 此一判决，符合经济观察法之法规解释适用方法，即足资赞同。

2. 不利纳税人之漏洞补充

基于课税要件法定主义，利用经济观察法，对于具有课税价值的事实关系而为法律所未加以把握的，通过法官法进行类推适用的方式，创设或扩张税捐构成要件，乃为法所不许。

德国联邦宪法法院 1962 年 1 月 24 日判决认为，如果税捐构成要件被法官加以创设或扩张时，则抵触法治国家的宪法原则，盖税法的基本思想系认为对于特定的、一般的所指称的事实关系的课税价值，应由立法者加以创设决定，并基于立法者的命令所产生。上述抵触法治国家原则的疑义，并不能径行援用在税捐行政以及税捐判例所正当化。③

（二）目的性限缩以填补隐藏的法律漏洞

倘若法律文义陈述范围超过该项法律依其意旨及目的所欲规定的范围时，则意指该项法律欠缺限制，而存在所谓“隐藏的法律漏洞”。于此情形，法律之把握应限制于依其体系及法律目的所涵盖的意旨之范围内。此种操作，称为“目的性限缩”。利用经济观察法，对于创设或加重税捐负担的构成要件加以目的性限缩，因其作用有利于税捐义务人，故原则上

---

① Beisse, StuW 1981, S. 9.

② 有关此问题，参见陈清秀：《缓课股票之营利所得认定标准》，载《台湾本土法学杂志》第 144 期，2010 年 1 月，第 199 页以下。

③ BVerfG v. 24. 1. 1962 BVerfGE 13, S. 318 (328 ff.).

为法之所许。例如,某几类的事实关系,应排除于法律的适用范围之外,盖其适用将导致明显的不妥当的结果。其是否有此种不妥当的情形存在,即应依经济观察法加以决定。

在填补隐藏的法律漏洞时,运用经济观察法,与其于填补明显的法律漏洞时运用经济观察法,系进行相同的衡量,即此两种去律漏洞的填补,俾使一项经济上合理的法律意旨产生出来①。

例如,释字第 180 号解释对于土地买卖契约订立后,经长达数十年之后,才办理产权过户之情形,由于在订约后,至移转土地所有权时之期间,获得土地自然涨价利益者为买受人,并非出卖人,因此,对于土地税法有关土地增值税应向出卖人课征之规定,进行目的性限缩,认为如土地公告现值有不同者,其因自然涨价所生之差额利益,既非原纳税义务人所获得,就此差额计算应纳之土地增值税,即应于有法定征收原因时,另向获得该项利益者征收,始符合涨价归公之基本政策及租税公平之原则(参见本件解释理由书)。

五、经济观察法在事实认定上的适用情形

(一)事实关系的判断与经济观察法

在事实关系的判断上,亦应有经济观察法的适用。所谓事实关系的判断,乃是依据特定的标准对于事实关系所为的评价。此种评价标准乃是该项事实关系的目的及其经济上意义。该项事实关系的目的,应依当事人在结果上所意欲者加以决定,准此,应以当事人实际上的意图为准,而不以其假装的意图为准。在当事人间实际上并无任何意图存在的情形,例如虚伪行为及通谋虚伪意思表示,在课税上并不重要。

又如,事实关系的经济上意义,应依据其实际的内容,而非依据其外部的表现形式,加以决定。即应以此种事实关系的实际内容为准,而非以其外部的表现形式为准。事实关系的判断应取向于把握实际上的事实关系,而非把握形式上的法律形式。换言之,并非对于偶然的或恣意的法律

---

① Beisse, StuW 1981, S. 9 f.

技术上包装加以课税，而是对于事实关系的经济上核心加以课税，盖税法乃是与经济上的事件经过及活动相连结。

有关实质课税原则之运用要求，学者黄茂荣亦认为：在事实面，应按诸事实，认定与税捐之发生有关之构成要件事实（课税事实）；在当为面，应按一个人以事实为基础所具有之税负能力，定其纳税义务之有无及其应纳税额。申言之，实质课税原则中所称之“实质”，当指与纳税义务人之经济能力有关之“指标事实”的“有无”“范围”“归属”。其中所称指标事实，后来以“税捐客体”表现出来。是故，要量能课税，主要必须以“税捐客体”之有无、实际数额的大小，及其事实上的归属为基础。[①]

例如，医院由数个人隐名合伙，其所得应分别归属于各该合伙人，而不得单纯以出名营业人作为所得归属者，以符合实质课税原则（中国台湾地区“最高行政法院”2011 年度判字第 380 号判决）。

又如，借名登记属于信托关系，履行该信托契约之物权移转行为，实质上并非赠与行为，不应课征赠与税（中国台湾地区“最高行政法院”2011 年度判字第 356 号判决）。

再如，民法或公法上之损害赔偿或损失补偿，如果收入减除其对应之有关成本费用后有余额，而实现其所得，则基于量能课税原则，仍应计算所得课税（中国台湾地区“最高行政法院”2011 年度裁字第 1133 号裁定）。

又倘若有关课税的重要部分，事实关系的形式与内容不一致时，则应区分：

1. 如果事实关系并非其形式，而是其内容，系与法律上构成要件所把握的经济上事件经过及活动，相一致时，则应以其内容为准，而不以其外部的表现形式为准。即于此情形，可以穿透把握其经济上核心。

释字第 500 号解释理由书也指出：本于租税法律主义及课税公平之原则，如名目虽为“保证金”，唯实际上系属销售货物或劳务之代价，则仍应依中国台湾地区“营业税法” 规定课征营业税。

2. 如果事实关系，乃是其形式，而非其内容，系与法律上构成要件所

---

① 黄茂荣：《实质课税原则》，载《植根杂志》第 25 卷第 8 期，2009 年 8 月，第 25 页以下。

把握的经济上事件经过及活动,相一致时,则仍然应以其内容为准。因此,该项法律上构成要件并未被满足。①

有关当事人所订立的契约,其在经济上所追求的和其民法上所标示的契约形式,并不相符合的情形,在税法上如何判断的问题,德国联邦财务法院1965年7月30日判决指出:在税法上,对于事实关系的判断,应斟酌其目的及其经济上的意义,故一项事实关系的税法上评价,不许定着于当事人在民事法上所选择的外部的表象或标示,而毋宁应把握该项事件经过的经济上内容,并确认其民事法上的标示,是否正确的描述当事人所意欲的及经济上所追求的事物。因此,倘若设定有偿的地上权,同时附带协议,权利人嗣后可以无偿地请求移转土地所有权时,则此种契约在税捐上可以视为土地的买卖契约。②

(二)事实关系的判断与民法规定

德国联邦财务法院1967年10月30日判决认为,在意思表示的解释上并不受其文义的拘束,而毋宁应探求其真实的意思,在此系以一项事件经过的经济上内容为准,并且无论如何必须确认其民法上的标示,是否真正的描述当事人所已经想要的以及已经执行的事物。因此虽然契约文字记载为买卖,但在税捐上并不将该契约作为买卖契约处理,盖当事人所合意的以及已履行的内容,并不符合"买卖契约"的类型特征,因此在所得税法上,联邦财务法院类判断该事实关系为用益租赁(Verpach-tung)。③上述裁判可供参考。

六、适用类型

经济观察法的个别适用类型,有下述几种:税捐客体的经济上归属;税捐客体的核实认定;无效法律行为满足课税要件的课税;违法或

---

① Kruse, Steuerrechtl. AllgemeinerTeil, 3. Aufl., 1973; §9 Ⅲ, S. 104 ff.
② BStBl Ⅲ 1965, S. 613.
③ BStBl Ⅱ 1968, 30.

违反善良风俗行为满足课税要件的课税;税捐规避行为的否认。兹分述之:

(一)税捐客体的经济上归属

有关税捐客体的归属,是从经济上的观点加以判断,于经济上支配享受所得、财产的人,作为税捐客体所归属的税捐主体。例如,信托财产,其税捐客体的归属,通常应归属于对于该信托财产具有支配权的信托人,而非无支配处分权的受托人。

在法律有明文规定排除经济观察法之归属的情形,即应依其规定。即使法律并未明文规定,亦可经由个别的税法规定之解释,导出并非以经济的观察法之归属为准,而专以一项事实关系之法律形式的形成为准,此尤其适用于税捐义务与私法交易之正式的行为相结合的情形。由于在此应以各个个别的税法规定之解释为准。

因此,就特定的个别税目而言,并非一般性的全面排除经济的观察法之归属的适用可能性,其适用与否,毋宁必须逐一在个别案件中审查之。①

学者陈敏亦认为,中国台湾地区现行之各别税法中,关于经济财产与租税主体之结合关系,多以民法之概念规定之,且依其规定之形式,可认为并无适用经济归属之余地。但"如果税法之规定并非适用民法之概念,或所适用之民法概念,可认定系用以表示其经济内容时,依各别情形,亦非无适用经济归属之可能"。②

(二)税捐客体的核实认定

税捐客体之有无及其数额,应当核实认定,以符合实质课税原则之要求。例如,在住宅及办公混合使用之情形,有关自用住宅及其范围应容许按照建筑物实际使用情形,分别按其用途之实际面积比例计算,分别认定

---

① Tipke/Kruse, AO, §39 Tz. 4.

② 陈敏:《租税课征与经济事实之掌握——经济考察方法》,载《政大法学评论》第26期,第18页。

其应适用之房屋税率,[1]以符合量能课税之精神。

（三）无效法律行为满足课税要件的课税

无效的法律行为,在当事人间作为有效加以履行,并使其发生经济上的效果,且维持其存在时,则仍然发生税捐效果,不受该法律行为在私法上无效的影响。[2] 即基于税法着重经济事实之原理,法律行为虽然无效,当事人如仍使其经济效果发生,从而实现税法之构成要件者,因此,对该事实课征税捐,并不违反税捐法定主义。[3]

"行政法院"1993 年 9 月庭长评事联席会议即决议:按法律行为无效,或嗣后归于无效,而当事人仍使其经济效果发生,并维持其存在者,并不影响租税之课征。良以税法所欲掌握者,乃表现纳税能力之经济事实,而非该经济事实之法律外观。土地增值税系依据涨价归公之原则,对土地所有权人因土地自然涨价所得利益所课征之税款。因之,只要有自然涨价所得以及土地所有权移转之事实,依中国台湾地区"土地税法"第 28 条之规定,除有不课征之法定理由外,均应课征土地增值税,并不因土地所有权之移转本身有无效之原因而有不同。至于有无信赖保护原则之适用,应依具体个案认定之。[4]

上述情形,无论法律行为是自始无效,或者嗣后归于无效(如撤销),均有其适用。例如,一个契约或遗嘱因欠缺法定方式而无效,亦属之。又如,合伙人之股份之取得,固属无效,但事实上仍被履行时,在税法上即应予承认。法律行为因再如欠缺行为能力而无效,但仍被履行时,在税捐上即应予以考虑。

---

① 中国台湾地区财政事务主管部门 1985 年 12 月 14 日台财税第 26271 号函。

② 《德国税捐通则》第 41 条即规定:"法律行为无效,或嗣后归于无效,而当事人仍使其经济效果发生,并维持其存在者,不影响税捐之课征。但税法另有规定者,不在此限。虚伪之法律行为与事实行为,对税捐之课征不具意义。虚伪之法律行为隐藏有他项法律行为者,依该隐藏之法律行为课征税捐。"

③ 陈敏:《租税课征与经济事实之掌握——经济考察方法》,载《政大法学评论》第 26 期,第 13 页。

④ 《司法周刊》第 642 期,1993 年 10 月 6 日。就此问题,另参见陈清秀:《农地移转与非自耕农的课税问题》,载氏著:《税法之基本原理》,第 433 页以下。

再如,契约当事人间,订立通谋虚伪表示之契约,或为伪装的行为,则并不发生经济上结果,因此不得与税捐效果相连结(《德国税捐通则》第41 条第 2 项第 1 句)。反之,一个法律行为虽然有效,但实际上未被履行时,则并不发生其经济上效果,如果税法是把握该法律行为的经济上效果时,则于此情形,并未满足课税要件,而于税法上不重要。同理,以契约约定溯及既往生效,因其于实际上欠缺经济上的实施,故于税法上通常亦不加以考虑。

倘若从税法的规范目的导出,税法系以法律行为的有效性为基准时,则不适用上述原则。例如,所得税法上配偶合并申报税捐的规定,系与法律上有效的配偶相连结,因此如为无效婚姻虽然事实上为夫妻,仍属无效之配偶,即不适用上述合并申报规定。

又如,中国台湾地区“行政法院”1987 年判字第 338 号判决认为被告机关以原告预售房屋,名为委建,实则买卖,则于其营业行为成立时,即应依规定开立发票纳税。

在按照经济上给付能力课税之观点下,系以把握经济上或其他实际上之关系为准。如进一步考虑此项原则时,则可导出:[①]

1. 倘若一项法律行为固然有效,但实际上并未被执行时,则在税法上并不重要。

2. 由于是以经济上之实然为准,因此契约倒填日期(填载虚伪日期)以及契约之溯及既往(即使其溯及生效)在税法上并不重要,此种情形在倒填日期及溯及既往的期间内,欠缺经济上的实施。在劳动契约倒填日期的情形,由于自始客观给付不能而在法律上无效,因此在税法上不重要。

德国联邦财务法院裁判亦不承认溯及生效之劳动契约或薪资协议,在税法上亦不承认溯及生效之合伙契约;亦无溯及生效之提高租金;又在事业年度届满之后,公司股东决议溯及生效地变更盈余分配,在税法上并不发生作用。盖于上述情形,如承认税捐义务人嗣后可任意溯及生效地

---

① Tipke/Lang, Steuerrecht, S. 118.

变更税捐上效果时,将不符合一般的税捐正义,而妨碍典型的税捐上处理。①

3. 对于法律行为之内容之决定,其基准乃是当事人在实际上"如何"执行该法律行为。

德国联邦财务法院 1966 年 10 月 14 日判决即认为,倘若一项遗嘱被加以争执,而当事人通过一项和解终结法律争讼,其和解内容为将遗产之一部分分别归属于遗嘱继承人及争执之人,则此项和解原则上在所得税法上亦应加以考虑。②

(四)违法或违反善良风俗行为满足课税要件的课税

1. 理论依据:量能课税原则与公平课税

违法或违反善良风俗的行为,只要满足课税要件,仍不妨对之课税。此种违法行为不影响于税捐的课征,主要是基于量能课税的原则,其既有经济上给付能力,又满足课税的要件,依法自应加以课税,以符合依法课税的原则,并维护税捐负担的公平。否则,若违法行为可以享受免税待遇,而合法行为却应予课税,则守法者吃亏,违法者占尽便宜,不仅违反公平原则,使守法者处于市场上的竞争弱势,造成"劣币驱逐良币"的现象,更变相鼓励民众违法,以享受免税特权待遇,其结果,整个社会资源流向违法者手中,当非国家社会之福。

因此,一项行为如果全部或部分满足税捐构成要件时,则无论该行为是否抵触法律上的禁止规定,或违背善良风俗,对于课税均不重要。违反禁止规定或善良风俗的行为,如果满足税捐构成要件,即产生税捐义务。因此,税捐义务人不得抗辩其给付能力系植基于法律所禁止的或违反善良风俗的行为。

上述说明,并非表示税法为价值中立,税法并非价值中立,否则税法即不是"法"(Recht)。在经济观察法下,只是认为在违法的行为可以涵摄于系争个别税法的构成要件的范围内,违法行为与合法行为等同处理。

---

① BVerfG v. 117. 1967 BVerfGE 22, S. 156.

② BFH v. 14. 10. 1966 BStBl Ⅲ 1967, S. 179.

此种违法行为之事件经过，只要具备课税要件，即应课税，并非表示国家将其违法行为合法化。经由此种与经济上的实然相连结，使从事违法或违背善良风俗的行为，并没有比合法的正当行为，在税法上享受更好的待遇。

就此《德国税捐通则》第40条即明文规定："行为实现税法构成要件之全部或一部者，不因其违反法律之命令或禁止，或违反善良风俗，而影响其税捐之课征。"中国台湾地区虽无类似明文规定，为贯彻量能课征之租捐平等原则，亦应对于实现税法构成要件，但违反强行规定或公序良俗之行为课征税捐。①

2. 具体运用情形

违法或违反善良风俗行为满足课税要件的课税，例如，赌博、窃盗、诈欺、侵占、贪污、贩卖毒品等犯罪或不法行为的所得。在未被没收或返还被害人之前，其纯资产增加，并从外来流入实现，且提高其可支配所得与其经济上给付能力，因此，满足课税所得的要件，应依法课征所得税。但倘若其违法所得嗣后被没收、追缴或返还被害人时，则应给予更正退税之机会。

又如，未经取得合法营业许可执照或营利事业登记证，而擅自违规营业的行为，虽依行政法规应予取缔，但在其停止营业之前，其销售货物或劳务而取得代价的行为，仍满足营业税法的课税要件，依法应予课税。

再如，不具有专门执业人员之资格，而违反规定执行专门职业之业务获取收入者，仍应核定其执行业务所得课税，如密医执行业务收入。② 未具会计师资格，办理会计师业务③。非律师从事诉讼代理人业务④。均应核定执行业务所得课税，如欠缺账证以供查核时，则适用各该业之收入及

① 陈敏：《租税课征与经济事实之掌握——经济考察方法》，载《政大法学评论》第26期，第10页。

② 中国台湾地区财政事务主管部门1972年2月24日台财税第31185号令，载《"所得税法令"汇编》，1990年版，第2页以下。

③ "行政法院"1986年判字第888号判决，《税务争讼判决要旨选辑》，第1024页。

④ 中国台湾地区财政事务主管部门1984年7月4日台财税第55265号函。

费用标准课征所得税。

3. 违法或违背善良风俗的行为，导致支出之扣除

经济观察法系以纳税人是否有经济上负担能力，作为判断应否课税之标准。因此，违法行为的收入，因能提高纳税人的经济上负担能力，故应纳入课税范围。反之，违反规定所支出之营业费用，因其减低纳税人之经济上负担能力，故稽征机关亦不得以其支出违背法令为由，径行拒绝认列成本费用。但在法律明定禁止认列违法的费用支出的情形，例如税法所规定的各项罚锾，不得列为费用或损失，稽征机关自得对于该项与违法行为相连结的费用支出，不准认列成本费用。

换言之，违法或违背善良风俗的行为，可能导致收入与支出，积极财产或债务。该项支出与债务，乃是与违法或违背善良风俗的行为相关联，在计算税基时，应得予以扣除。盖经济观察法并非仅单方地取向于课税而已。至于因违法行为所生返还义务或回复原状义务，仅于其为经济上的负担时，才能加以斟酌。唯有关支出之扣除，实际上可能因欠缺凭证，而无法加以承认。①

又有关营业费用支出，倘若与违反法律禁止规定或违反善良风俗的行为相连结时，则在经济观察法的观点下，由于在税捐领域对于违法行为并不作道德上评价，因此稽征机关并不能径行拒绝其费用支出之扣除。在此情形，仍应审查是否满足扣除规定的前提要件（德国联邦财务法院1983年11月21日判决）。

实务上也认为营利事业依中国台湾地区“政府采购法”第98条、“九·二一震灾重建暂行条例”第25条、“原住民族工作权保障法”第12条、“身心障碍者保护法”第31条及“自由贸易港区设置管理条例”第12条等规定所缴纳之代金及差额补助费，于申报营利事业所得税时，可以其他费用或损失列支。② 也承认未依规定履行公法上义务所应缴纳之费用，可列报费用支出。

唯早期德国联邦财务法院1975年12月18日判决则认为，一切刑

① Tipke/Lang, Steuerrecht, S. 119.

② 中国台湾地区财政事务主管部门2004年5月19日台财税字第0930451477号令。

罚、罚锾以及其相关之程序费用,即使该项被处罚的基础行为,乃是税捐义务人在执行其业务活动时所进行的,也不可以作为营业费用支出加以扣除,盖法律秩序的统一性禁止间接透过税捐上的考虑(纳入扣除项目)而减轻罚金以及罚锾的制裁效果(BStBl 1976,S. 370 ff.)。

中国台湾地区"所得税法"第 38 条规定各项罚锾不得列为费用或损失,就此"行政法院"1989 年判字第 978 号判决即谓违反"法规"所处罚锾,如准其列为费用或损失列报,以便能减轻税负,无异鼓励违规,亦有失科处罚锾之本意。[①]

4. 违法行为不得作为主张税捐优惠之依据

上述违法行为不影响税捐课征的规定原则,在涉及税捐优惠(Steuervergunstigung)的情形,应进行目的性限缩。即任何人不得根据违法的或违背善良风俗的行为而要求享受税捐优惠。盖税捐优惠系期望促进或奖励符合公共利益的行为,而不是反社会性的违背善良风俗的或甚至于刑罚上可罚的行为。[②] 即税捐优惠是要促进公益之行为,公益原则排除违法、犯罪或违反善良风俗之行为。有关税捐优惠也应配合此一观点进行解释,因此,对于违法活动之团体,应否认其公益性。[③]

5. 配套措施:保密义务

又违法所得既应纳入课税,则获得违法所得者即有申报该项所得之义务。[④] 唯在此仍应注意遵守不得强制民众自白犯罪之原则,且稽征机关对于纳税人申报违法所得,因此所知悉之违法行为,原则上应负保密义务。

就此德国联邦最高法院 2004 年 5 月 5 日判决认为,稽征机关对于纳税义务人所申报贿赂不法所得之信息,依据《德国税捐通则》第 30 条规定负担保密义务,且纳税义务人自动申报不法所得之证据数据,除有强烈的公共利益存在必须追诉其犯罪行为之情形外,原则上仅得作为课税使

---

① 《税务争讼判决要选辑》,1992 年 6 月,第 245 页以下。

② Tipke/Lang,Steuerrecht,S. 120.

③ Tipke/Lang,Steuerrecht,20. Aufl.,2010,§5 Rz. 94.

④ 有关违法所得之课税问题,参见陈清秀:《违法所得之课税问题》,载《当代财政》第 31 期,2013 年 7 月,第 52 页以下。

用,不得被利用作为逃漏税捐罪以外之其他一般犯罪之证据(《德国税捐通则》第 393 条第 2 项)。就此在员工收受不法贿赂之情形,该判决认为为维护纳税义务人对于犯罪行为有保持缄默权利,不自证己罪,因此,其违法所得之申报义务范围,应降低其密度,当仅及于违法“所得金额”,而无庸揭露说明其“所得之来源原因”为何。①

七、适用界限

(一)应受税捐法定主义之限制

经济观察法如果漫无节制地适用,则税捐法定主义的精神将名存实亡,任何的课税均有可能依据实质的课税原则加以正当化,其结果,民众的经济活动将毫无预测可能性,法律秩序的安定性也势必难以维持,因此,如何划定经济观察法的界限,实在是实务界与学术界值得共同努力的目标。

由于事实关系之税法上评价,必须根据法定的税捐构成要件加以认定,因此从经济观察法的功能导出,经济观察法并不能正当化一项法律可能的文义范围所未涵盖的结果,纵然此项结果在经济上可能具有其意义。有关税捐构成要件之决定,应保留予立法者为之。经济观察法或所谓实质的课税原则,并不能补正法定课税要件或税捐构成要件特征的欠缺。税法条文所赋与的经济上意义的解释,并不能超越可能的文字意义范围。课税要件法定主义的要求,并不能通过经济观察法而规避其适用②。经济观察法也不能正当化超越一个法律的可能的文义范围,而为不利于税捐义务人的案件比照(Fallvergleichung)。

中国台湾地区实务上亦认为:“按实质课税原则乃量能课税原则或是负担公平原则之表现,为实现税捐正义所必要之手段。从量能课税原则所导出之实质课税原则须不至于妨害法的安定性或造成课税权的滥用,

---

① BGH 5 StR 139/03 – Urteil vom 5. Mai 2004 (LG Halle), http://www.hrr-strafrecht.de/hrr/5/03/5 –139 –03. php3; BGH wistra 2004, 391; BGHSt 50, 299; Klein, AO, 10. Aufl., 2009, §393 Rn. 31.

② Tipke/Kruse, AO, 2011, §34 Tz. 334.

故其适用仍有其一定界限,即在税捐法律之解释及法律漏洞之补充,仍应遵守其基于税捐法定主义所导出之限制。"(中国台湾地区高雄"高等行政法院"2009年诉字第17号判决)

(二)基于稽征经济原则,法律特别规定采取形式课税

税法为追求实现量能课税之公平负担精神,采取经济观察方法的实质课税原则。然而,由于税务案件为大量反复之案件,税法以多数人为相对人进行课税,因此基于税捐经济效率考虑,也常必须着重于客观的形式或外观的表征,而为统一的规律。再加上现实的课税技术上,对于无限多样性的经济活动,要切入纳税人之内在的、实质的关系,以究明具体的事实,也极端困难或几乎不可能,因此,税法考虑所得或财产等其法律形式上归属者,通常也是经济的实质的归属者,因此税法也在某些类型,承认着重其形式、外观进行课税之"表见课税方式"。① 在此可谓行政事务讲求"效率原则",防止纠纷并降低征纳双方稽征成本,即"税捐稽征经济原则"在税法上的表现。

在税法特别规定以法律形式为准,而不以其经济上实质为准的情形,自应从其特别规定,而不适用实质课税原则。

例如,自用住宅特别税率之适用,中国台湾地区"土地税法"第9条规定以设定户籍作为判断标准,从而排除未设定户籍而单纯事实上居住之情形。

再如,财产税(地价税及房屋税等)之课征,固然把握其享有经济上负担能力之所有权人,但所有权变动不居,为节省稽征成本,法律常规定以特定之纳税义务基准日之所有权人作为纳税义务人。于此情形,即不宜援用经济观察法再变动税捐主体。其因此引起之归属上偏差,由相续所有人利用内部关系(如买卖转让合约)中关于转嫁或分担的约定调整之。②

---

① [日]田中二郎:《租税法》,平成二年(1990年)第3版,第69页。例如,中国台湾地区"台北市房屋税征收自治条例"第3条规定:"房屋税条例"第4条第1项所称之房屋所有人,指已办竣房屋所有权登记之所有权人及未办理所有权登记之实际房屋所有人。

② 黄茂荣:《实质课税原则》,载《植根杂志》第25卷第10期,2009年10月,第18页。

上述“形式的表见课税方式”，为简化程序，也有采取通案的类型化处理，[①]此种类型化处理模式，有以法律或法律授权订定之法规命令为依据，有以行政规则订定。只要类型化的行政规则以及估价基准等，通常以事件专业为基础，因此，如果其类型化规定内容大体上妥当，而且并无显然不合理（不正确）的情形，法院也应可加以适用。[②]

(三)基于整体法律秩序之合法性原则要求，法律特别规定排除实质课税原则

例如，罚金罚锾如果在税法上准予纳入所得的扣除项目，则将发生由主管部门通过减少税捐而分担部分罚锾的结果，即不啻由主管部门补助其支出，将减低处罚效果，助长违法行为，因此，基于为维持整体法律秩序的统一性以及法律的正义观点，税法特别规定罚金及罚锾原则上不应准予扣除。[③]

又如，纳税人所为营业支出行为，如其给付行为本身即构成违法犯罪行为或秩序罚应予以处罚的行为（例如，对于公务员之贿赂行为或公职人员选举之贿选支出之款项），而客观上已经实现刑罚或秩序罚的构成要件时，则无论是否可归责或有无被追诉处罚的可能性，为维持法律秩序的统一性，考虑其他法规对于该项给付行为加以处罚，也可能认为应不准认列必要费用扣除。[④]

(四)纳税义务人违反税法上协力义务，无法进行实质课税

在纳税义务人违反税法上协力义务，例如税捐申报义务或提示账簿

---

① 有关税法上类型化处理之探讨，参见陈清秀：《论税法上类型化》，载陈清秀：《现代税法原理与国际税法》，2010 年第 2 版，第 193 页以下。

② Tipke/Lang，Steuerrecht，20. Aufl.，2010，§5 Rz. 25.

③ 碓井光明，所得税における必要經費，租税法研究第三號，所得税法の諸問題，頁七十以下。有关此问题之探讨，详见陈清秀：《论客观的净额所得原则》，载《法令月刊》第 58 卷第 9 期，2007 年 9 月，第 57 页以下。

④ 另有认为费用支出行为本身，如果该当于犯罪行为，则其反社会性较强，自应不准以必要费用扣除，以免经由税捐扣除而助长犯罪，以至于显然违背正义。除上述例外情形外，除非法律特别明定禁止扣除，否则基于净额所得课税之精神，仍应准予以必要费用扣除（碓井光明，必要經費の意義と範圍，日税研論集 Vol. 31，一九九五，頁四十）。

凭证义务或配合备询说明义务等，以至于稽征机关无法核实课税的情形，则为维持课税之公平，稽征机关可进行推计课税。必要时并得依据同业利润标准核定所得额，或采取银行存款法以间接证明方法推计所得额。在此情形，即非以实际所得额课税，而构成实质课税原则之例外。

（五）为防止税捐规避，税法特别规定排除实质课税原则

税法为避免纳税人支出浮滥或进行税捐规避，对于某些费用支出项目或金额加以限制，而以必要的费用支出为限，因此对于核实认定费用之实质课税原则构成限制。例如，交际费之认列金额限制等。

又如，营业人经营本业及附属业务以外之损失不得列为费用或损失（中国台湾地区“所得税法”第38条）。例如，营利事业贷款与非交易对象之呆账损失，属于经营本业及附属业务以外之损失，不得列为费用或损失（“行政法院”1991年判字第1563号判决）。

（六）举证责任

在税法解释适用之际，欲适用实质课税主义时，在欲适用者方面，必须主张及举证证明法形式、名义或外观等，与真实的事实、实际状态或经济的实质等，有差异性存在，而且如依据形式课税，则有不能实现按照各人负担能力课税的公平、平等的特殊情事存在。因为在通常情形，法形式等与经济的实质等互相一致，乃属原则；此两者间的差异，则属例外情形，因此认为该当于此种例外情形，而欲否定形式课税者，如对于此种情形未尽主张举证责任时，则无法适用此项实质课税原则。①

中国台湾地区“税捐稽征法”第12条之1第3项规定：“前项课征租税构成要件事实之认定，税捐稽征机关就其事实有举证之责任。”即主张实质课税事实存在之稽征机关，应负担举证责任。

又如果纳税义务人主张实质课税时，则应由其负担举证责任。《德国

① ［日］吉良实：《实质课税论　展开》，昭和五十五年（1980年）版，第95页以下；［日］吉良实：《实质课税主义》（下），郑俊仁译，载《财税研究》第19卷第5期，1987年9月，第131页。

税捐通则》第159条即规定："任何人主张其以自己名义所有之权利，或其所占有之标的物，仅是以受托人、其他人之代理人或质权人之身分所有或占有时，应依据要求证明该项权利或标的物所归属之人；否则，通常其应为该项权利或标的物所归属之人。稽征机关调查事实关系之权利，并不因此受到限制。《德国税捐通则》第102条规定（关于为保护特定之职业秘密，而拒绝陈述之权利）不受影响。"

本条基于证据资料在纳税义务人之管领领域，其主张某项权利或标的物之经济上所有权为第三人时，则应由其负担程序法上之证明义务，此为"主观的举证责任"性质，而不是可以强制执行的协力义务。如果主张者不能证明何人是委托人、被代理人或出质人时，则其自己即为课税之基础之权利或标的物所归属之人。①

上述证明，不仅应证明其并非真正权利人，更应积极证明真正权利为何人，以便稽征机关得进行真正的税捐上归属，对之行使课税权利。例如，对于信托关系之存在，应有清楚而明确证明。即应有接近确实之盖然性，足以证明被指明之人为权利或标的物所归属之人。该项证明方法，得使用所有证据方法，包括提出信托契约协议书，当事人间各项事实上之行为，具体说明信托关系之背后经济上原因，以使人确信其存在，并加以举证。②

八、未来展望

（一）实质课税原则有架空租税法律主义之虞，主管机关仍应追求课税规定之具体化

法治国家要求课税构成要件应具备明确性（Tatbestandsbestimmtheit）；即一切创设税捐义务的法律规定，就其内容、标的、目的及范围必须具体明确，而使纳税义务人可以事先预测该项税捐负担以及具有计算可能性。

---

① Seer, in: Tipke/Kruse, AO, 2010, §159 Tz. 1 f.

② Seer, in: Tipke/Kruse, AO, 2010, §159 Tz. 9.

由于实质课税原则之适用,容易使课税要件空洞化以及不确定化,导致税捐法律秩序欠缺透明性与预测可能性,妨害交易安全与经济活动自由至巨,因此,主管机关应致力于使税捐法规具体明确化,对各种类型之税捐规避行为,应尽可能以法规具体明定防范措施(个别否认规定之新设),并对于各项“滥用”法律形式之概念具体明确化,而不宜采取过于一般抽象条款之“实质课税原则”(概括否认规定)作为课税帝王条款。

例如,属于隐藏盈余分配之类型,宜改按照隐藏盈余分配之法理,另定具体法规,对于隐藏盈余分配的成立要件及法律效果,进行明文规定,作为征纳双方可以事先共同遵循的规律,而不宜全部均按照实质课税原则办理。

(二)引用实质课税原则课税,宜考虑民众信赖保护,补税免罚

《韩国国税基本法》第 81 条之 3 规定:“税务公务员,除有第 81 条之 6 第 2 项各款之一者外,应推定纳税人之诚实性与纳税者所提出之申报书之真实性。”[①]此一诚实推定可供参考。

如果纳税人之法律形式安排与稽征机关法律见解不同,而有适当理由支持时,则纵然稽征机关引用实质课税原则重新调整补税,也应推定纳税人之诚实性,不应处罚,以免妨害法律秩序安定性。

又如果以往行政惯例对于某类型之经济活动,并未引用实质课税原则进行课税。因此,造成一般纳税人之善意信赖,嗣后如认为应改变见解课税时,则参照释字第 525 号解释意旨,应考虑不溯及既往,仅向将来课税(在捐赠公共设施保留地进行税捐规避行为之类型,中国台湾地区财政事务主管部门 2003 年 6 月 3 日函释不仅不溯及既往,并给予纳税人大约半年之过渡期间调整);或者如基于课税公平负担考虑,要追溯既往适用时,则应辅导补税免罚,较为符合征纳双方之利益均衡,并可避免发生纳税人事先无法预测之损害,而维持法律秩序之安定性原则。

---

① 参见蓝元骏:《韩国〈国税基本法〉“纳税者之权利”章变革浅议》,载葛克昌主编:《纳税人权利保护》,2010 年版,第 442 页以下。

第十一节　税捐规避

一、税捐规避之概念

（一）意义

中国台湾地区“税捐稽征法”第12条之1第3项规定，纳税义务人基于获得租税利益，违背制定目的，滥用法律形式，规避租税构成要件之该当，以达成与交易常规相当之经济效果，为租税规避。此项税捐规避（Steueru-mgehung），一般认为税捐规避乃是脱法行为（Gesetze-sumgehung）之下位案型，所谓脱法行为乃是存在于：规范相对人所形成之事实关系，使其不发生不利的法律效果，而依据法律的目的，应当发生该项法律效果；或者某人所为之行为，虽然违反法律之目的，但却使其发生对自己有利的法律效果，例如补助或税捐优惠。[①] 包括滥用法律形式，规避课税要件之该当，以避免纳税义务之成立；以及滥用法律形式，以满足税捐优惠之构成要件，获得减税税负。

因此，税捐规避乃是指利用私法自治契约自由原则对于私法上法形式之选择可能性，从私经济交易之正常观点来看，欠缺合理之理由，而选择通常所不使用之法形式，于结果上实现所意图之经济目的或经济成果，但因不具备对应于通常使用之法形式之课税要件，因此减轻或排除税捐负担。[②]

换言之，所谓税捐规避，乃是指纳税人不选择税法上所考虑认为通常之法形式（交易形式），却以选择与此不同的迂回行为或多阶段行为或其他异常的法形式，来达成与选择通常的法形式之情形基本上同一的经济

---

① Tipke/Lang, Steuerrecht, 20. Aufl., 2010, §5 Rz. 95.

② ［日］金子宏：《租税法》，昭和六十三年（1988年）第2版，第109页以下；王建煊：《租税法》，1988年第13版，第581页亦谓：避税乃钻税务法规之漏洞，以获减免税利益之行为。避税本身并不违法，但却违反立法意旨，且不为社会道德规范所容。

上效果，而同时减轻或排除与通常的法形式相连结之税捐上负担。[1]

(二)与节税、逃漏税之区别

1. 税捐规避与合法节税之区别

税捐债务于税法所规定之给付义务之构成要件实现时，立即发生，反面言之，只要未实现任何法律所定税捐债务之构成要件，即不发生税捐债务，因此民众可通过避免实现税捐构成要件而避免税捐债务。例如，未获得所得，未曾消费或支出，拒绝继承遗产，未曾累积财产，即避免实现对应于与经济上给付能力相连结之税捐构成要件，而节省税捐。但如滥用法律上形成可能性而规避税法，即回避法律文义但未回避法律目的时，亦即虽未满足负担规范之构成要件文义，但却满足其税法规定(所欲把握经济上给付能力之)目的，以及相反的：虽满足有利规范(税捐优惠)之构成要件文义，但却未满足其制定目的之情形，则属于税捐规避之范围。[2]

由上述可知，税捐规避与合法的(未滥用的)节税(die legaleSteuerersparung)不同，节税乃是依据税捐法规所预定之方式，意图减少税捐负担之行为；反之，税捐规避则是利用税捐法规所未预定之异常的或不相当的形式，意图减少税捐负担之行为。[3] 由于节税与税捐规避之界限，未必十分明确，其结果，日本学者金子弘教授认为必须依社会通念决定之，[4]亦有谓应依法律之各项评价标准判断其事实关系，以了解其获得税捐利益有无抵触法律之意旨及目的。[5]

2. 税捐规避与逃漏税捐之区别

逃漏税捐(Steuerhinterziehung)乃是对于满足课税要件之事实，全部或部分予以隐匿的行为。反之，税捐规避则是回避课税要件之满足本身

① [日]清永敬次：《税法》，昭和五十七年(1982年)新版4刷，第45页；[日]佐藤义行：《租税回避行为　租税逋脱行为》，载北野弘久编：《判例研究日本税法体系Ⅰ》，昭和五十七年(1982年)再版，第111页。

② Tipke/Kruse，AO，1988，§42 Tz. 1.

③ [日]金子宏：《租税法》，第112页；李平雄：《租税回避论》，1985年12月，第7页。

④ [日]金子宏：《租税法》，第112页。

⑤ Jürgen Danzer，Die Steuerumgehung，1981，S. 37.

之行为。[①] 申言之,逃漏税捐行为乃以虚伪或其他不正当行为为构成要件,在虚伪或其他不正当行为之中,如包含带有违法性之事实的虚构性之诈欺行为时,得成立逃漏税捐行为。反之,税捐规避行为,与假装行为不同,其乃是基于当事人之真意,而为私法上适法、有效之行为。

3. 与虚伪行为之区别

税捐规避之滥用法形成之行为乃以民事法上有效的形成为前提。至于不生效力(无效)之法律行为,则不适合于发生规避税法之作用。又通谋虚伪意思表示在民法上乃属无效(中国台湾地区"民法"第87条第1项本文),而在税法上不重要,盖滥用的法律上形成并不欲作为虚构的无效行为,否则将无法达成规避之目的,故规避行为乃符合当事人之真意。[②]

而虚伪行为(如通谋虚伪意思表示等)则为非基于当事人之真意之行为,由于其并未发生一定的经济上效果或事实上效果,即其行为实际上并未被执行,因此,未满足课税要件。但虚伪行为之背后所隐藏或秘匿之事实或法律关系存在时,则其隐匿之事实或法律关系,即构成课税之基准,[③]倘该项隐藏或秘匿的行为,该当于逃漏税捐罪之构成要件时,即成立逃漏税捐罪。[④]

虚伪行为必须当事人间欠缺真实的行为意思,其并未想要发生该行为通常的法律效果。倘若当事人实际上想要该项法律行为,只是其想要的法律效果在法律上被定性为虚伪时,则仍非虚伪行为。又一个法律行为不能因为选择非典型的法律形式,即认为是虚伪的行为。[⑤]

如果以减轻租税负担为目的之行为或交易,乃是虚伪行为,足认实际

---

① [日]金子宏:《租税法》,第110页。

② BFH v. 31. 7. 1984 BStBl 1985, S. 33. (35); Tipke/Kruse, AO, §42 Tz. 22; 陈敏:《租税课征与经济事实之掌握——经济考察方法》,载《政大法学评论》第26期,第21页。

③ 陈敏:《租税课征与经济事实之掌握——经济考察方法》,载《政大法学评论》第26期,第14页。《德国税捐通则》第41条第2项即规定:"虚伪之法律行为与虚伪之事实行为,对税捐之课征不具意义。虚伪之法律行为隐藏有他项法律行为者,依该隐藏之法律行为课征税捐。"(《德国租税通则》,陈敏译,第52页)

④ [日]佐藤义行:《租税回避行为 租税逋脱行为》,第123页。

⑤ Tipke/Lang, Steuerrecht, 20. Aufl., 2010, §5 Rz. 87.

上并不存在时,则就该虚伪行为并不发生法律效果,从而也不发生租税负担之免除或减轻之效果,在结果上与税捐规避之否认发生相同之结果,但理论上,其是对于私法上真实法律关系进行课税,并非税捐规避之否认。而毋宁可认为是逃漏税之一种类型。[①] 然而,什么是私法上之真实法律关系?其认定应当按照交易当事人之效果意思,相当慎重认定之。而不得假借"私法上之法律形成"之名义,而脱离真实的法律关系,而重新架构法律关系。

假装行为,例如当事人所订立之契约书与其交易实际情形脱离,在隐匿事实的情况下,作成契约书,在此情形,得按照当事人所隐藏的真实合意所采用之契约类型,亦即以反映交易实态之契约作为前提,进行课税。

至于税捐规避行为,由于是基于当事人真意之行为,故于私法上乃是适法有效之行为,只是着重其经济交易之法形式上之异常性及不合理性,而从防止税捐负担不公平之观点,发生可否加以否认之问题。[②] 唯实际上,则有不少难以查明究竟是否虚伪行为或规避行为,乃为当事人所意欲者,且亦有不少作成虚伪行为之目的,乃是在于期待稽征机关不注意其虚伪性质者。

二、税捐规避行为之否认

(一)税捐规避行为否认之必要性

德国学者迪特尔·比尔克(Dieter Birk)认为,倘民事法上之形成仅以抽离税捐上负担构成要件为目的时,或者纳税义务人仅利用民法作为手段,使原则上为强行法规之税法在具体案件上不发生效力时,则法安定性原则即应退让。盖于此类情形,法安定性原则已丧失其宪法上之适用理由(信赖保护原则之要求),即纳税义务人有意识地通过单纯的法律上操作来规避税法上之负担构成要件,并不值得信赖保护。[③]

---

① [日]金子宏:《租税法》,第116页。

② [日]佐藤义行:《租税回避行为 租税逋脱行为》,第123页。

③ D. Birk,Steuerrecht I,AllgemeinesSteuerrecht,1988,S. 96.

税捐规避之否认,应取向于法律目的,而不应侵犯税法上自由领域。再者,税捐规避之否认,乃以滥用意图为要件,故并未侵犯信赖保护,盖基于滥用意图来规避税法,并不值得信赖保护,自不得援用法安定性原则。①

按税捐规避之否认,亦具有其合宪性,盖其乃以实现按照经济上给付能力进行"公平课税"为目的,即以实现税捐正义之实质的法治国家或正义国家为目标,且如将之视为(取向于法律之目的或原则之)法律漏洞补充之手段时,亦已充分特定。② 而税捐规避则是以形式的手段破坏按照给付能力之平等课税,故税捐规避之防止乃是立法机关与行政机关之合宪性任务。

(二)税捐规避行为纳入课税之方法

按税捐规避行为通常具有规避税法规定的意图,属于投机取巧的钻法律漏洞的行为,因此,如要否认税捐规避行为,对之加以课税,其可能的法律途径如下:

1.类推适用以填补税法的法律漏洞

对于税捐规避钻税法漏洞之脱法行为,有认为经由税法之立法目的之扩张解释,即可防制税捐规避,因此税捐规避之防制,不需有特别规定。

然而,税捐规避乃是钻法律漏洞之行为,因此,法律解释穷尽之处,才是税捐规避之开始,故无法通过法律扩张解释以防制税捐规避行为。而只能通过类推适用之方式,将针对相当的通常法律形式之课税规定,类推适用于采取不相当的异常法律形式之税捐规避行为,以进行课税。即超越税法课税规定之文义可能性之范围,扩张其课税规定之适用范围及于税捐规避行为。

如果税法容许目的论的扩张解释,或法律漏洞补充,则越不需要引用税捐规避之特别防杜条款。反之,如税法内部越不承认目的论之扩张解释,则越需要引用税捐规避之特别防杜条款。③

---

① Tipke/Kruse,AO,§42 Tz.18;Tipke/Lang,Steuerrecht,§5 Rz.95 f.

② Tipke/Kruse,AO,2002,§42 Tz.15.

③ Tipke/Lang,Steuerrecht,§5 Rz.95.

2. 相当的事实关系(相当的法律形式)之拟制

纳税人虽然选择与其经济事件不相当的法律形式,以规避税法,但为贯彻税法之立法目的,拟制纳税人已经选择与该经济事件相当之法律形式,而仍然发生税捐债务。在此乃是拟制课税要件事实关系存在,以便适用税法课税规定。此种拟制事实关系以进行课税之做法,必须有法律上依据,才能符合税捐法定主义之要求。《德国税捐通则》第 42 条有关防制税捐规避之规定,即有认为属于此种事实关系之拟制。①

中国台湾地区"最高行政法院"2012 年度判字第 557 号判决即谓:"租税规避之效果既是以与其经济实质相当之法形式作为课税之基础,故就此法形式,依税法规范之纳税主体、税目、税率等为租税之核课,难谓有违租税法定原则。"

(三)税捐规避行为纳入课税之规范基础

1. 为防止税捐规避,必须有特别的法律上根据

上述类推适用方式,或相当的事实关系(相当的法律形式)之拟制方式,倘若并无法律特别规定,则在税法上,由于受税捐法定主义之支配,因此不得经由类推适用创设税捐构成要件,也不适合以"指鹿为马"方式拟制课税事实。故为防止税捐规避,有认为必须有特别的法律上根据,否则即为法所不许。② 因此,对于各种新的税捐规避类型产生时,立法机关似应迅速地加以对应,并制定个别的否认规定,以谋求问题之解决。③

日本实务上东京高等法院平成 11 年(1999 年)6 月 21 日判决也认为,在租税法律主义之下,如果欠缺法律根据,则稽征机关并无权限将当事人所选择之法律形式进行调整为通常法律形式,从而认定满足课税要件进行课税。即当事人采取何种法律形式、何种契约类型,应任由当事人

---

① Tipke/Kruse, AO, 1999, §42 Tz. 11.

② 陈敏:《租税课征与经济事实之掌握——经济考察方法》,载《政大法学评论》第 26 期,第 23 页以下。

③ [日]金子宏:《租税法》,2009 年第 14 版,第 114 页;[日]金子宏:《租税法》,蔡宗羲译,1985 年版,第 95 页。同说,[日]清永敬次:《税法》,昭和五七年(1982 年)新版四刷,第 47 页以下;[日]中川一郎编:《税法学体系》,1970 年版,第 129 页。

间自由选择,即使基于减少财产交易所得之税负考虑,而迂回采用某一法律形式,也欠缺不予准许之根据。因此,判决国税局以税捐规避为理由进行补税处分,认定其欠缺法律依据而违法,乃撤销课税处分,虽经国税局上诉,但遭最高法院以上诉不合法驳回确定。[①]

2. 以量能课税及实质课税原则作为调整补税依据?

日本学者田中二郎法官认为:"税捐法之全体,一方面以人民之公平负担为建制,另一方面企图确保一定之税捐收入,于税捐法之具体的执行之际,基于公平负担之观点,亦有必要禁止税捐规避行为,防止特定人不当的免于税捐负担。在税捐法上,强调所谓实质课税之原则,设有关于否认同族公司之行为计算以及其他禁止税捐规避行为的规定,即是明示此一意旨,此类规定,在以公平负担税捐为建制之税捐法解释上,应视为在阐明不论其规定之有无,均当然得予以承认之原则之一种宣示性规定。"[②]

至于个别税法有关防止税捐规避之规定,应解释为是一种宣示性规定,对于无此类规定之其他税捐规避行为,亦应认为采取同样解释,以符合实质课税原则,并可按照纳税能力进行公平课税。[③]

中国台湾地区实务上,以往在欠缺否认税捐规避规定的情形,也常引用实质课税原则,准予稽征机关对于税捐规避行为调整补税。

3. 应有概括授权调整规定

在税捐法定主义之下,如果欠缺否认税捐规避的法律规定,则要对于税捐规避行为进行课税,容易被质疑违反课税要件法定原则与租税法律主义,因此必须有法律特别规定授权类推适用,才能解决其合法性争议。

又税法必须考虑经济上形成可能性之复杂多样性,因此非使用不确定的法律概念与一般条款不可,故税捐规避之否认,除有税法特别规定针

---

① 参照松浦剛,課税處分における法形式否認の限界,税大論叢,五一号,平成十八年(2006 年)六月,頁一以下。

② [日]田中二郎:《租税法》,昭和五六年(1981 年)版,第 82 页以下。

③ [日]田中二郎:《租税法》,第 83 页。同说,大阪高裁昭和三九年(1964 年)九月二四日判决,载《租税判例百选》,1968 年版,第 36 页;李平雄:《租税争讼与举证责任》,1981 年版,第 326 页以下、第 364 页;李平雄:《租税回避论》,1985 年版,第 133 页、第 267 页。

对特殊类型之税捐规避行为,进行否认防制外,不妨以不确定法律概念之一般条款加以规定。[①] 例如,《德国税捐通则》第 42 条有关防制税捐规避之规定,德国学说即有认为属于此种类推适用之授权规定。[②] 此派学者见解认为《德国税捐通则》第 42 条关于税捐规避否认之规定,乃是创设性规范,突破类推适用之禁止,此种突破一般认为是合法。[③]

中国台湾地区早年以释字第 420 号解释作为防止税捐规避行为之依据,其后中国台湾地区“税捐稽征法”第 12 条之 1 特别规定,涉及租税事项之“法律”,其解释应本于租税法律主义之精神,依各制定目的,衡酌经济上之意义及实质课税之公平原则为之。税捐稽征机关认定课征租税之构成要件事实时,应以实质经济事实关系及其所生实质经济利益之归属与享有为依据。以实质课税原则作为否认税捐规避之依据。而后于 2013 年 5 月 29 日在同条增定第 6 项明定:“税捐稽征机关查明纳税义务人及交易之相对人或关系人有第二项或第三项之情事者,为正确计算应纳税额,得按交易常规或依查得资料依各税法规定予以调整。”作为税捐规避之一般防杜条款依据。

由于上述概括规定,具有普通法性质,如果个别税法有特别租税规避防杜条款时,其特别规定应优先适用之。例如,中国台湾地区“所得税法”第 43 条之 1 关系人间不合常规交易之调整,程序上应先报经中国台湾地区财政事务主管部门“核准”,以保障纳税人之程序上权益,属于特别规定性质,应优先适用。[④]

三、税捐规避行为之成立要件

捐规规避之要件,归纳言之,概包括:为把握某一个经济上事实关系,税法与法的形成可能性相连结;法的形成可能性之滥用;税法之规避;规

---

① Kruse, Steuerrecht, 3. Aufl., 1973, S. 113.

② 柯格钟:《宪法解释与量能课税及实质课税原则》,第 37 页。

③ Vgl. Tipke/Kruse, AO, 1999, § 42 Tz. 9.

④ 陈清秀:《税捐规避行为之探讨》,载《月旦法学教室》第 156 期,2015 年 10 月,第 39 ~ 48 页。

避意图。[①] 兹分述之:

(一)为把握某一个经济上事实关系,税法与法的形成可能性相连结

税捐规避之否认的前提之一,乃是税法必须直接或间接与(税法以外之)法律尤其民法之形成可能性(法律事件、法律关系)相连结。且税法所必须考虑的,并不是其所指称或把握之法律事件(法律关系),而是想要把握与之相连结之经济上事件或状态。又立法者所考虑之经济上事件或关系,必须未完全被法律所指称或把握之法律事件(法律关系)所把握。

因此,当税法使用"婚姻"之概念,并正确的考虑"民法上之婚姻",而非夫妻之经济上生活共同体时,则自始即排除经由另一法律上形成规避"婚姻"。[②] 例如,税法所使用之法律概念,已经完全涵盖其所考虑之经济上概念内容时,则自始亦排除税捐规避。

(二)法的形成可能性之滥用

1. 法的形成可能性

纳税义务人必须使用滥用法律的形成可能性作为税捐规避之手段。在此所谓法律系指税法以外之其他法律,包括公法在内,尤其是包括受私法自治支配之民法在内。而所谓法律上形成可能性(RechtlicheGestal-tung-smöglichkeit),不仅指法律行为(意思表示),尚包括准法律行为及法律上行为(事实行为)在内,例如住所之设定等引起法律上效果之行为,即属之。

值得注意的是,在自由经济、市场经济下,纳税义务人得自由决定其于经济上如何活动,故税捐规避之否认并非把握经济上不相当之行为,例如某人不工作,因此未取得所得或销售,不在所得税及营业税所把握之范围。原则上,经济上活动之不作为,并不属于经由法律上形成进行规避之

---

① Tipke, in: Tipke/Kruse, AO, §42 Tz. 10 ff.; Tipke/Lang, Steuerrecht, S. 122 ff.

② 王建煊:《租税法》,1988 年第 13 版,第 583 页谓:甲与乙若于 1987 年 12 月 25 日先同居,而于 1988 年 1 月 1 日始正式结婚,结果 1988 年年度所得亦可免于合并申报而可少纳所得税,是为避税。唯依本书说明,此例应系节税范围,尚不构成避税。盖税法系与民法上夫妻概念相连结,而非把握其经济上生活共同体。

范围。因此,在此必须判断其相当性者,并非针对经济上或事实上行为,而是针对法律上之形成为之。

2. 法律形成(法律形式)必须是滥用

税捐规避之另一前提是,法律上形成可能性必须被滥用。此种滥用存在于选择与经济上事件不相当之法律上形成,以达规避税法之目的。滥用的基本前提是"法律上"形成不相当,至于"经济上"行为则不必判断其相当性,盖税法并未限制经济上自由,而是尊重之,并与之相连结。

一个法律形成如根本并非在于实现经济上目的,或根本欠缺合理的经济上之理由,或经由此项法律形成,于经济上根本毫无作用时,则自始即不相当,构成法律形成之滥用。①

又如,一个法律上形成,由明理的当事人于考虑其经济上事实关系,特别是其所追求之经济上目标后,将认为不适当而不予选择时,则其法律上形成亦属不相当。②

但一个法律上形成,并不因基于税捐上之理由,乃被选择,即构成不相当,而是仅以该项法律形成相对于其所追求或经济上之状态之不相当性为准。③ 倘一个法律上形成相对于其可自由形成的经济上事件或状态乃属相当时,则虽其法律上形成单纯以税法上之动机为基础,仍应予以承认。但虽不考虑节省税负之动机及目的,如无法认识其合理的经济上理由时,则仍构成税捐规避。④ 又一个法律形成衡诸其所追求之目标,乃属不相当,并以减轻税负为目的,且不能经由"经济上理由"或"其他值得注意的理由"(其他正当理由)加以正当化时,则构成法律形成之滥用。⑤

德国联邦财务法院判决亦常认为如其所选择之法律形成,乃根据值

---

① BFH BStBl 1977, S. 843; 1981, S. 223 (225); 1984, S. 426 (428); 1985, S. 33 (35); 1985, S. 680 (681).

② BFH BStBl 1972, S. 344; 1972, S. 480; 1984, S. 388 (392); 1984, S. 678 (684); 1985, S. 269 f.; 1986, S. 217 (220).

③ Birk, Stererrecht I, S. 97.

④ Tipke/Kruse, AO, §42 Tz. 13; Hübschmann/Hepp/Spitaler, AO, §42 Rn. 26.

⑤ Tipke/Kruse, AO, §42 Tz. 15; BFH BStBl 1981, S. 223 (225); 1981, S. 219; 1984, S. 426 (428); 1984, 2. 428 (430); 1985, S. 33 (35); 1985, S. 680 (681); 1987, S. 814 (817).

得注意之非税捐性质之理由所促成时,即无法律形成之滥用可言。[①]

此外,滥用法律上形成之不确定法律概念,必须借助于经济观察法加以解释,唯有如此,在具体案件上,才可能查明:什么是与该项经济上事件、事实及关系相当的法律上形成。[②]

相当的法律上形成惯常是简单的、合目的性的、一目了然的;反之,不相当的法律上形成则经常是烦琐的、复杂的、笨重的、不经济的、做作的、不自然的、奇特的、部分多余的、矛盾的、不合理的、不透明的,相当的法律形成通常进行一个或多或少直截了当的途径,反之,不相当的法律形成则经常采取迂回的途径。[③]

此种"不相当"的概念,概均被等同于"异常的"概念。[④] 唯究其实际,"不相当"与"异常的"并不相同,异常的乃是指不符合既存的练习或既存的习惯、风俗,甚至包括其表现在以前尚未曾建立习惯者。唯即使不良风俗或坏习惯,亦可能因一般被使用,而属于相当的法律上行为。且法律形成并不因其异常,即应认为不相当,此种异常方式仅是可能不相当的一个情况表征而已,决定法律形成之相当性问题,乃应取决于:系争法律形成是否对于一个经济上成果发生作用,而该经济上成果被所规避之税法规范之目的所把握者。[⑤]

有关法律形式之滥用,必须纳税义务人有规避税法之目的导向行为,其滥用与否之判断,应对于纳税义务人支配事件经过之"整体计划",加以认定。在此纳税义务人通常经由缔结许多法律行为加以组成,因此应从其整体业务行为,根据纳税人之计划,评价是否具有事件上的法律形成之关联性。又其彼此各个法律行为之成立时间是否相当接近,虽然并非必要;但如时间上相当接近,也可以作为其具有事件关联性之情况证据。[⑥]

---

① BFH BStBl 1961, S. 21 f.; 1964, S. 667 (669); 1972, S. 414; 1972, S. 322 (324); 1977, S. 843; HFR 1961, S. 34; 1964, S. 47.

② Kruse, Steuerrecht I, AllgemeinerTeil, S. 114; BFH HFR 1964, S. 266.

③ Tipke/Kruse, AO, §42 Tz. 12.

④ BFH BStBl 1977, S. 843; 1984, S. 426 (428); 1985, S. 269 (271); 1985, S. 494 (495); 1985, S. 636 (641).

⑤ Tipke/Kruse, AO, §42 Tz. 12; Hübschmann/Hepp/Spitaler, AO, §42 Rn. 28.

⑥ Tipke/Lang, Steuerrecht, 2010, §5 Rz. 102.

(三)税法之规避

滥用乃是一个最后的行为,该项不相当的法律形成必须被选择为达成规避税法之目的,由于规避仅存在于在法律目的与法律文义分歧的情形,因此仅于事先审查根据法律目的是否欲使其负担税捐或不欲使其减免税捐之后,始能肯定规避税法。[①]

税捐规避行为所规避之税法,包括全部税法规定,亦即不仅及于税捐债务法,也包括税捐程序法,包括财政目的规范以及社会目的规范,也包括国际税法。基于课税公平原则,均应有税捐规避否认规定之适用。[②]

又经由满足减免(减轻)税负规定,亦可发生"规避效果",此种案件,个别的税捐减免规范已被诈骗利用,然而人们如果认为在税法上进行目的性限缩合法时,则通过目的性限缩亦可解决此问题,此种经由滥用法律形成使有利的规范(减轻或免除之构成要件)之构成要件被满足的情形,即所谓构成要件之诈欺(Tatbestandserschleichung)。反之,其法律形成规避创设或加重税捐之规范者,其规避即所谓构成要件之回避(Tatbestandsvermeidung)。[③]

又税捐规避之前提乃是必须经由规避行为在结果上获得税法上之利益,此项利益原则上存在于:经由不相当的法律形成,比经由相当的法律形成,产生更少之税捐。其原因若非规避税捐负担(税捐加重)之规范,即是税捐减免(税捐减轻)规范被利用。但此项利益不以税捐为限,尚可能涉及基于税捐债务关系之其他请求权,如获得较高金额之退税,即属之。[④]

(四)规避意图?

德国通说认为滥用构成要件,系包括规避意图作为主观的构成要件

---

① Tipke/Kruse, AO, §42 Tz. 18; Tipke/Lang, Steuerrecht, S. 124.

② Tipke/Lang, Steuerrecht, 2008, §5 Rz. 98.

③ Tipke/Kruse, AO, §42 Tz. 18; Hübschmann/Hepp/Spitaler, AO, §42 Rn. 40.

④ Tipke/Kruse, AO, §42 Tz. 18; Hübschmann/Hepp/Spitaler, AO, §42 Rn. 39; BFH BStBl 1985, SS. 2, 3.

特征。即为适用滥用规定,要求证明税捐规避之意图。例如,学者克劳斯·提克(Klaus Tipke)即认为,“滥用”乃是为达成规避税法之目的之取向于目的之(最后的)行为,不相当的法律上形成必须被选择以达规避税法之目的,换言之,必须具有规避意图(有故意的、欺瞒的)为行为。倘人们因误解法律、欠缺经验、不成熟,而选择不相当的法律形成时,则不属于税捐规避之否认规定所把握之范围。[①] 又德国学者迪特尔·比尔克(Dieter Birk)亦认为该项法律上形成,必须在客观上,达于欠缺法安定性之需要以及排除信赖保护之主张之程度,而未达成经济上状态或事件之目的。于此,纳税义务人不必以规避特定的税捐构成要件之意图为行为,仅须其已经认识其法律形成本身乃是误入歧途,且仅为了节省税捐而加以选择,即为已足。由此导出:纳税义务人必须在认识税捐规避下,采取其法律形成。即该项经济上无意义之民事法上形成,乃被采取作为规避税捐上负担构成要件之手段。[②]

又规避意图并不必是该法律上形成之唯一目的,[③]但纳税义务人已经选择不相当的法律上形成之事实,乃是认定规避意图之决定性情况证据,因此纳税义务人必须主张其根据其他动机,始决定选择该项法律形式之确实的理由。[④]

唯亦有一部学者认为税捐构成要件乃是客观的,税法之适用乃是一项客观的事实经过,因此无须与任何主观的从属性相配合。换言之,税捐规避乃是价值中立的,因此不以可归责之规避意图为前提,税捐债权之发生并不须斟酌税捐债务人有无满足税捐构成要件之意图,因此在税捐规

---

① Tipke/Kruse,AO, §42 Tz. 17;又 Tipke 亦谓倘认为可依据法律目的进行无限制之解释或在税法上亦可进行类推适用时,则不受《德国税捐通则》第 42 条之拘束,不须命证明滥用或规避之意图。

② Birk,Steuerrecht Ⅰ,S. 98;同说,BFH v. 2. 3. 1966 BStBl Ⅲ 1966,S. 509(510);BFH v. 5. 3. 1986 BStBl Ⅱ 1986,S. 496(497)。

③ BFH BStBl 1964,SS. 667,669.

④ Klein/Or lopp,AO, §42 Rn. 4c;[日]中川一郎编:《税法学体系总论》,1970 年版,第 128 页亦谓:“在税务诉讼上,主张成立税捐规避之被告捐务署长,必须举证原告纳税义务人有税捐规避之意图。”

避之否认之特别情形下，其税捐债权之发生亦然。[①]

四、税捐规避之法律效果

（一）税法上效果

税捐稽征机关对于税捐规避行为，为正确计算应纳税额，得按交易常规或依查得资料依各税法规定予以调整（中国台湾地区“税捐稽征法”第12条之1第6项）。即税捐规避行为之作用乃被中立化，而不予考虑，其事实上所选择之法形式，对于税法上之法律效果并无意义，取而代之的是事实上未被选择之适当的法形式，乃为课税之基础；倘各具有不同的税捐负担之数个适当的法形式可加以考虑时，则除纳税义务人有异议外，应以税捐上最有纳税义务人者为准。[②]

又税捐规避之否认，并非对于事实上不存在、而为虚构的、被拟制的事实关系加以课税，[③]即税捐规避之否认仅在于确保对于真实的经济上事件或状态（税法原则上与之实际相关联）加以把握，而并非把握不属于该经济事件之基础的、不相当的法形式。为了把握此种真实的经济上事件或状态，仅是适当的法形式，被加以拟制，而非经济上事实关系被拟制。因此，只有人们将形式的法形式本身视为事实关系的情况下，才能说是对于拟制的事实关系加以课税。[④]

纳税义务人根据不适当的法形式所已缴纳之税捐，如其涉及同一税捐时，即应从根据适当的法形式所产生之税额中予以扣抵。如根据不适

---

① Hübschmann/Hepp/Spitaler, AO, §42 Rn. 45. Vgl. auchPaulick, Lehrbuch des allgemeinenSteuerrechts, 2. Aufl., 1972, S. 135 f.; v. Wallis, FR 1959, S. 319; 1963, S. 189; Wurster, Der Mißbarauchsbegriffbei der Steuerumgehung, BB1983, S. 570 ff.

② Tipke/Kruse, AO, 1989, §42 Tz. 19；［日］中川一郎编：《税法学体系》，第128页以下；［日］佐藤义行：《租税回避行为　租税逋脱行为》，载北野弘久编：《判例研究日本税法体系1》，昭和五十七年（1982年）再版，第114页。

③ Tipke/Kruse, AO, §42 Tz. 19；反对说，认为税捐规避行为之否认规定，乃是以事实上不存在而系被拟制的事实关系作为课税基础，因此为课税要件法定主义之例外规定（Kühn/Kutter/Hofmann, AO/FGO, AO, 15. Aufl., 1987, §42 Rn. 1；Hübschmann/Hepp/ Spitaler, AO, 1980, §42 Rn. 3；BFH v. 31. 7. 1984 BStBl II 1985, SS. 33. 36）。

④ Tipke/Kruse, AO, §42 Tz. 19.

当的法形式,在另一个课税年期中,已缴纳税捐时;或其不适当的法形式,在另一税目里发生不利于纳税义务人之作用时;则仍应认为如同符合适当的法形式之税捐债权已发生。倘稽征机关已经根据不适当的法形式核定税捐时,则应依法撤销或变更该项课税处分。① 否则将构成重复课税,亦即不仅征收已被规避之税捐,并且征收规避行为表面所生税捐,此无异于惩罚,当非立法之本旨。②

唯亦有认为被规避之税捐纵然已经缴纳,但其另一项因税捐规避所溢缴之税款,则不必退还,盖此项税捐并未被规避。③ 仅于不同的税捐种类之间存在有紧密关联者,例如,所得税与法人税之间的情形,始不应适用上述见解。④

德国联邦财务法院 1980 年 12 月 9 日判决则谓在通过基地公司(Basisgesellschaft)之操作,来规避分配盈余所得税的情形,应以经由滥用法形式而被规避之事实关系,作为课税基础,即应当作该基地公司未曾参与操作,来进行课税。⑤

中国台湾地区实务上近年来也倾向于认为税捐规避之处理,应补征其被规避减少之差额税捐(得减除滥用法律形式所已经缴纳之税捐)。例如,中国台湾地区财政事务主管部门 2008 年 4 月 30 日台财税字第 09700196750 号函释稽征机关依台湾地区"所得税法"第 66 条之 8 规定调整之处理原则,包括:"个人与营利事业借股权移转及虚伪安排,经稽征机关依法正确计算核定之应纳税额,得减除其因利用股权移转及虚伪安排后所缴纳之所得税税款。至税款之稽征作业,宜由稽征机关视个案情形衡酌办理。"

上开函释并表示:纳税义务人利用股权移转及虚伪安排,经稽征机关依规定调整补税处罚,且其股权可回复原状者,纳税义务人得于缴清税款

---

① Tipke/Kruse,AO, §42 Tz.19.

② Kühn/Kutter/Hofmann,AO, §42 Rn.5.

③ RFH RStBl 35,382;BFH BStBl 1956,S.28;同说,BFH v.24.2.1976 BStBl II,S.265f。

④ Klein/Orlopp,AO,3. Aufl.,1986, §42 Rn.5.

⑤ BFH BStBl II 1981,S.339 ff.;关于基地公司之税捐规避问题,参见《国际租税之规避》,郑锦城译,1984 年 1 月,第 28 页、第 274 页以下。

及罚锾后，向稽征机关申请回复原状。申请将其所有之股票，改回自己名义，其回复原状之税捐征免，在“转回时免征证券交易税、赠与税及证券交易所得税，而原移转时所纳之证券交易税及证券交易所得税准予扣抵或退还”。[①] 按纳税人如果涉及虚伪安排，则要求回复原状，尚有其依据。否则如仅是税捐规避行为，其私法上仍属有效法律行为，稽征机关并无法规依据亦无权限要求纳税人回复原状，仅是课税方式应按照实质课税原则办理而已。

(二)税捐处罚上效果

按违反税法规定之处罚，基于处罚要件法定原则与处罚要件明确性原则，应以法律有明确规定处罚者为限，始得处罚，以保障纳税人之预测可能性，并维持法律秩序之安定性。

由于税捐规避性质上属于钻法律漏洞的行为，并非违背税法规定之行为，其行为本身尚非违法，但为维持课税之公平，基于实质课税原则，税法虽特别规定对于形式上尚未满足法定课税要件之滥用法律形式之行为，通过类推适用或事实关系(课税要件所规定之相当的法律形式)之拟制方式，对于税捐规避行为按照相当的法律形式所发生之税捐债务，调整补税，具有其正当性。

然而不能以单纯税捐规避的行为，即遽认成立逃漏税捐的违章行为，而论处漏税秩序罚或漏税刑罚。[②]

德国学说实务上一般认为对于规避所得税捐行为，并无申报纳入课税所得之义务，但有义务在所得税申报书上说明其法律形式安排之事实

---

① 中国台湾地区财政事务主管部门 1991 年 5 月 27 日台财税字第 801275079 号函：台湾居民利用来自免税或低税率地区之境国法人，以经虚伪安排之资金，承购其投资事业原股东之股份或认购原股东放弃之现金增资股份，涉嫌逃漏有关税捐者，如自行申请撤回原投资案，其股权以回复原状为原则，即将境国法人目前所拥有之股份，应依原出让股份予境国法人或放弃增资认股权而转由境国法人认购之比例，逐一转回原真实股东名下。如当事人未将股权回复原状者，有关税捐问题，仍应依实质课税原则办理补税送罚，直至回复原状为止。

② 黄茂荣：《税法总论税捐法律关系》(第 3 册)，第 762 页以下；葛克昌：《行政程序与纳税人基本权》，2005 年增订版，第 333 页；李惠宗：《使用税务人头的罪与罚》，载《法令月刊》第 61 卷第 7 期，2010 年 7 月，第 13 页。

关系,俾能使稽征机关调查了解,必要时得进行调整补税。

卡尔斯鲁厄(Karlsruhe)州高等法院1993年8月18日裁判即认为被告纳税义务人应将稽征机关可以审查有无《德国税捐通则》第42条(指税捐规避之否认)规定之适用可能性所需要之事实关系完整的通知稽征机关。本件情形并未如此。依据税捐查缉调查结果,被告在其税捐申报书(指所得税及营业税申报)上并未记载其设置土地公司所取得之销售、所得及营业收益,亦未记载有关设置此一公司有关之事实,俾稽征机关得以审查由另一被告所规划安排之税捐模式可能有的税法上状态。即被告必须在税捐申报书上完整的记载其所采取之基础的法律形式之事实上性质,以便稽征机关有机会对于纳税义务人关于该部分之所得进行审查。由于被告在税捐申报书上不正确或不完整的记载有关税捐上重要事实,因此满足《德国税捐通则》第370条第1项第1款规定之逃漏税捐罪之构成要件。①

纳税义务人对于税捐申报负担诚实义务之范围,仅涉及"事实"部分。纳税义务人并无义务必须将稽征机关之法律见解,当成正确的见解来处理。因此纳税义务人及税务代理人依其情形,得沉默地采取不同于判例(决)及稽征机关之法律见解。然而于此情形,有关司法机关及稽征机关之税捐上见解基础之相关事实,应对于稽征机关揭露公开。②

换言之,纳税义务人及税务代理人得在税捐申报书上主张不同于行政机关或司法机关之法律见解(例如,在税捐申报书上主张有利自己之法律效果,如不课税),但其不得对于稽征机关就下列相关事实保密不公开(应予揭露):有关税法上解释令函等行政规则以及已经公开之裁判先例纳入行政准则,而在裁判上重要之事实。如果其未保持秘密,则稽征机关自始即可能在课税处分中,主张其认为正确之法律观点。而纳税义务人则可以通过法律救济途径主张其法律见解。③

故依据德国学说实务见解,有关税捐规避行为,仅于纳税义务人为隐

---

① wistra 1993,311 f.

② Tipke/Lang,Steuerrecht,18. Aufl.,2008,§21 Rz. 184.

③ Tipke/Lang,Steuerrecht,18. Aufl.,2008,§23 Rz. 24.

匿税捐规避之存在,而基于故意或重大过失,违反义务为不完整的或不正确的陈述的情形,始同时构成逃漏税捐,而具有可罚性;[1]此尤其是适用于稽征机关为查明纳税义务而提出询问的情形。盖只要纳税义务人对于稽征机关诚实表明其构成法形式滥用之事实关系,而未隐匿重大的情况时,稽征机关即可正确核定税捐,而毋庸处以逃漏税罚。[2]

倘若纳税义务人有合理之理由,确信其税捐规避行为属于合法租税规划行为,而未于税捐申报书上适当揭露该项租税规划事实关系(其应否课税之法律见解,得与稽征机关不同,故并非强制要求纳入课税所得申报)时,则并无故意或重大过失(违法性认识错误),自不负担逃漏税捐行为责任(故意逃漏税捐罪或重大过失短漏税捐之秩序罚责任),不得对之处罚。

中国台湾地区并未规定税捐规避行为所涉及之有关税捐事实,亦应一并纳入申报义务范围,而实务上所提供之制式税捐申报书,也并无揭露说明之字段,以供纳税义务人公开相关主张有利于己之法律见解之基础事实(例如,租税规划事实或法律形式安排之事实),因此,如纳税义务人在税捐申报时,未予揭露法律形式安排之事实,并未违反现行规定,从而基于处罚法定主义,对于纳税义务人未予揭露记载税捐规避有关滥用法律形式之事实之行为,似尚不应视为逃漏税行为处罚。

但如稽征机关在进行调查时,纳税人即有诚实完整说明陈述义务,如有隐匿事实,不实陈述或是其他拒绝配合调查等行为,违背其陈述说明课税事实的协力义务,以至于稽征机关陷于错误,而未能有机会进行审查调整补税时,则可认为构成违章漏税行为加以处罚。

(三)实务上观点

实务上对于税捐规避的行为,似倾向于比照逃漏税行为补税处罚。例如,中国台湾地区台北"高等行政法院"2002 年度诉字第 2254 号判决

---

① 此为德国通说,参见 BFH v. 1. 2. 1983 BStBl II ,1983,534;Albert Hensel,Steuerrecht, 3. Aufl. , 1933, S. 97 f. ; Klein/Orlopp, AO, §42 Rn. 6; Hübschmann/Hepp/Spitaler, AO, 1980, §42 Rn. 52。

② Kühn/Kutter/Hofmann,AO, §42 Rn,6 b;BFH v. 1. 2. 1983 BStBl II 1983,536.

即认为,查原告故意违反租税法之意旨,滥用法律上之形式或法律行为,蓄意制造外观上或形式上存在之法律关系或法律状态,使之不具备课税构成要件,以减轻或免除其应纳之租税,该交易行为,系故意以不正当方法逃漏税捐之虚伪安排,为求租税公平,自亦应以其实质上经济事实关系及所产生之实质经济利益为准,就已具备课税构成要件之实质经济行为来加以课税。因此,加以补税及处罚。①

在涉及中国台湾地区“所得税法”第 66 条之 8 规定,因税捐规避行为,而调整补税处罚案件,中国台湾地区“最高行政法院”2012 年度判字第 19 号判决亦谓:上诉人配偶既已得借由上述一连串规划行为实质使获配之股利毋须计入营利所得,则上诉人就系争营利所得未按期如实申报,即有漏报所得而逃漏所得税情事;并因此等一连串行为系上诉人所刻意规划,已属脱法行为,则上诉人就本件所得税之逃漏,纵无故意,亦有应注意、能注意而疏未注意之过失。故原判决认上诉人于本年度综合所得结算申报,漏未申报系争营利所得,已合致行为时中国台湾地区“所得税法”第 110 条第 1 项规定之裁罚要件,即无不合,亦与中国台湾地区“行政罚法”第 7 条规定无违。(同说,2012 年度判字第 583 号判决)

由于税捐规避行为是经由实质课税原则进行调整补税,并非直接满足课税要件,其与直接满足课税要件而逃漏税行为,在性质上不同,从处罚明确性原则的要求来看,不宜直接比照逃漏税行为处罚。以往实务见解通常比照逃漏税行为处罚,过于严苛,如参考日本国税通则法之立法例,对于税捐规避行为之处置,乃是按照调整补征之应纳税额,加征 15% 过少申报税,而非处罚漏税罚,可供参考。

值得注意的,税捐规避行为如果已经涉及虚伪行为时,则已经不属于单纯税捐规避行为,而仍将构成逃漏税捐罪。例如,在租税天堂国家设立纸上公司,而将原本应归属于境内公司营业收入部分,改虚伪归属于外国纸上公司名下,而短漏报营业收入,或以外国纸上公司名义进行投资,而短漏报转投资收益时,实务上有认为全体公司负责人均共同基于故意遗

① 本件判决是有名的黄任中案件补税处罚之判决。同说,中国台湾地区台北“高等行政法院”2005 年度诉字第 2294 号判决。

漏会计事项不为记录致使财务报表发生不实结果之所为，系犯中国台湾地区“商业会计法”第 71 条第 4 款之故意遗漏会计事项不为记录致使财务报表发生不正确之结果罪，以及系犯中国台湾地区“税捐稽征法”第 47 条第 1 项、第 41 条之公司负责人逃漏税捐罪。[①]

五、证明

中国台湾地区“税捐稽征法”第 12 条之 1 第 4 项及第 5 项规定：前项租税规避及第 2 项课征租税构成要件事实之认定，税捐稽征机关就其事实有举证之责任。纳税义务人依本“法”及“税法”规定所负之协力义务，不因前项规定而免除。

稽征机关或法院必须在纳税义务人之协力下，查明是否有税捐规避之事实关系。倘用尽一切查明可能性仍不能证明税捐规避存在时，则不能适用税捐规避之否认规定，因此，对于税捐规避之存在，稽征机关负有客观的举证责任。[②] 如就税捐规避之存在有疑义时，则其不利益应归由稽征机关负担。[③] 因此，就异常的法律关系之形成，如稽征机关对于减轻税捐负担乃是决定性之理由，未尽其举证责任时，则应为有利于纳税义务人之认定，而不成立税捐规避。[④]

又对于特定的法律上形成构成滥用之推定（Vermutung），并不存在，盖对于纳税义务人而言，原则上得自由的形成其法律上关系，至于其行为

---

① 此为明舫公司在英属维尔京群岛设立纸上公司逃漏税捐案件，参见台湾地区“最高法院”2012 年度台上字第 5633 号刑事判决，台湾地区“高等法院台中分院”2011 年度上诉字第 960 号刑事判决、同院 2013 年度上诉字第 1683 号刑事判决。

② Tipke/Kruse, AO, §42 Tz. 21；Hübschmann/Hepp/Spitaler, AO, §42 Rn. 53；BVerfG v. 10. 6. 1963 E Bd. 16, S. 203(210)；BFH v. 29. 1. 1975 BStBl II 1975, S. 553(554)；BFH v. 21. 1. 1976, S. 513(514 f.)；德国联邦财务法院 1966 年 3 月 2 日判决亦认为税捐规避之否认规定的适用，乃以明确的证明滥用法律形成尤其税捐规避之意图为前提（BStBl Ⅲ 1966, S. 509）。唯联邦财务法院 1987 年 10 月 29 日裁定则认为倘值得注意之理由并无法确定，且其主张之经济上理由，经稽征机关或财务法院审查证明并无意义时，则依客观的举证责任之法则，纳税义务人应蒙受不利益（BStBl II 1988, SS. 45, 48），似将客观的举证责任，归由纳税义务人负担。

③ Klein/Orlopp, AO, §42 Rn. 7.

④ [日]佐藤义行：《租税回避行为　租税逋脱行为》，第 113 页。

可达成复杂多样之经济上目标，并无法即为滥用之推定。[1] 但在稽征机关进行调查其法律上形成，是否以合理的经济上理由为基础时，纳税义务人必须履行其协力义务，倘若不为协力或无法提出合理之理由时，则可依证据评价之方式，推论此种理由并不存在，而毋庸适用客观的举证责任分配之法则。[2]

六、个别情形

有关税捐规避之例，兹列举数例说明之。

（一）资本公积转增资，再以现金减资收回增资股票

以往实务上认为“公司办理减资以现金收回资本公积转增资配发之增资股票，经核非属盈余分配，而属该项股票转让之性质”。[3] “此类股票转让时，按全部转让价格作为转让年度之证券交易所得……停止课征所得税”。[4] 因此，企业为了规避税捐，于出售土地取得收益，提列资本公积后，先行转“增资”配发增资股票，之后再办理“减资”以现金收回股票，股东取得现金后，主张该款项性质上属于股票转让之证券交易所得，应停止课征所得税。

上述税捐规避之做法，中国台湾地区财政事务主管部门嗣后于 1995 年 3 月 22 日台财税第 841611446 号函释加以否认，认为公司以土地交易增益转列资本公积并办理增资，其无偿配发股份金额，非属股东原出资额，应全数作为股东分派年度之投资收益或营利所得申报课征所得税。

对于此种税捐规避行为，中国台湾地区“行政法院”历年来裁判见解，概认为应予以补税，如纳税义务人故意或过失漏未申报所规避之税

---

① Hübschmann/Hepp/Spitaler, AO, §42 Rn. 54; BFH v. 21. 1. 1976 BStBl II 1976, SS. 513(515).

② Tipke/Kruse, AO, §42 Tz. 21.

③ 中国台湾地区财政事务主管部门 1980 年 5 月 8 日台财税第 3369 号函。

④ 中国台湾地区财政事务主管部门 1992 年 5 月 29 日台财税第 810140011 号函。

捐，也应予处罚（中国台湾地区“最高行政法院”2007 年判字第 1804 号判决）。[①]

（二）将中国台湾地区境外投资损失，以转让股权与关系人方式提早实现投资损失

营利事业投资中国台湾地区境外公司亏损，乃将境外投资公司之股权让与境外关系企业（租税天堂之纸上公司），以提早实现投资损失，由于其股权交易形式上虽有移转，但实际上并未发生财产变动之效果，而无财产交易损益可言，即并未造成资金实质流动，仅系基于减少所得税之考虑，与经营政策无关，系争投资损失尚未实现，稽征机关乃否准认列（高雄“高等行政法院”2007 年诉字第 69 号判决，中国台湾地区“最高行政法院”2009 年度裁字第 2385 号裁定）。[②]

（三）利用土地合并分割，规避土地增值税

中国台湾地区财政事务主管部门 2004 年 8 月 11 日台财税字第 09304539730 号函释：原持有应税土地之土地所有权人，利用应税土地与免征或不课征土地增值税之土地，取巧安排形成共有关系，经分割后再移转应税土地者，无论再移转时之纳税义务人是否为原土地所有权人名义，依实质课税原则及中国台湾地区“土地税法”第 28 条、第 31 条规定，该土地于分割后再移转时，应以其分割前之原规定地价或前次移转现值为原地价，计算涨价总数额课征土地增值税；本解释令发布前类此上开经共有分割且再移转之案件，应依上述规定补征其土地增值税。各稽征机关并应加强倡导，提醒纳税义务人勿取巧逃漏（另参见中国台湾地区“最高行政法院”2012 年度判字第 284 号判决）。

---

① 柯格钟主持：《税捐规避案件中补税与裁罚问题之研究报告书》（上册），2008 年 4 月，第 106 页以下。

② 本案原告投资美国厂有亏损，可循相关税法规定认列损失，例如可于营利事业所得税结算申报时，提列境外投资损失准备（指未实现）；或若其投资美国厂一直处于亏损状态，原告亦可依前揭“查核准则”第 99 条第 1 款、第 2 款规定，办理减资或清算，以实现其投资损失。

(四)以(趸缴)高额保险费方式,规避遗产税

保险之目的系在分散风险消化损失,即以较少之保费获得较大之保障。有关死亡时给付指定受益人之人寿保险金,不计入遗产总额,其意旨,乃考虑被继承人投保之目的,系为保障并避免受益人因其死亡致失经济来源,使生活陷于困境。

被继承人重病期间利用趸缴保费以安排财产型态(高额现金)改为保险给付,而于其身故后由受益人享受该经济利益,显系通过形式上合法却反于保险原理及投保常态,且以(趸缴)高额保险费方式,移动其所有财产,借以规避死亡时将之并入遗产总额所核算之遗产税,并使其继承人经由保险契约受益人之指定,仍得获得与将该财产并入遗产总额核课遗产税相同之经济实质,其所为自属租税规避,而非合法之节税(中国台湾地区"最高行政法院"2010 年裁字第 2852 号裁定)。

(五)个人签订孳息他益之股票信托

实务上认为"委托人经由股东会、董事会等会议资料知悉被投资公司将分配盈余后,签订孳息他益之信托契约;或委托人对被投资公司之盈余分配具有控制权,于签订孳息他益之信托契约后,经由盈余分配决议,将订约时该公司累积未分配之盈余以信托形式为赠与并据以申报赠与税者,该盈余于订约时已明确或可得确定,尚非信托契约订定后,受托人于信托期间管理受托股票产生之收益,则委托人以信托形式赠与该部分孳息,其实质与委任受托人领取孳息再赠与受益人之情形并无不同,依实质课税原则,该部分孳息仍属委托人之所得,应于所得发生年度依法课征委托人之综合所得税;嗣受托人交付该部分孳息与受益人时,应依法课征委托人赠与税。"①

中国台湾地区"最高行政法院"2014 年 5 月第二次庭长法官联席会议决议亦加以支持:纳税义务人将股票交付信托,签订"本金自益、孳息他益"信托契约,其中以信托契约订立时确定或可得确定之股利(股息、红

---

① 中国台湾地区财政事务主管部门 2011 年 5 月 6 日台财税字第 10000076610 号令。

利)为他益信托之标的,由受托人于股利发放后交付受益人,因该股利并非受托人本于中国台湾地区“信托法”所规范管理或处分信托股票之信托本旨而孳生,与中国台湾地区“遗产及赠与税法”第5条之1第1项系针对“信托法”规定之信托而为“视为赠与”规范之意旨不合。观其经济实质,乃纳税义务人将该股利赠与受益人而假受托人之手以实现,并因于受益人受领时始该当“遗产及赠与税法”第4条第2项所规定“他人允受”之要件,而成立该条项规定之赠与,故稽征机关依“遗产及赠与税法”第4条第2项及第10条计征赠与税,并无不合。至纳税义务人上开行为涉有租税规避情事者,亦应调整依“遗产及赠与税法”第4条第2项及第10条计征赠与税,自不待言。①

(六)关系人间不合常规价格交易——移转订价税制

移转订价(Transfer-pricing)是指关系人(包含关系企业及个人)相互间,为规避高税率课税管辖权租税课征,借由不合营业常规之交易(采取有别于“独立企业常规交易价格”之异常交易价格进行交易),安排损益,以获取税捐利益之行为。

采取此种移转订价的做法,使交易当事人间所得发生移动,导致各关系人的所得与正当的所得有别。特别是在跨国和跨地区的交易的情形,势将产生所得的国际移动,与按照正常的交易价格相比,税收将增加或减少。例如,中国台湾地区的公司以远低于市价的价格让售产品与美国子公司,减少中国台湾地区的公司所得,进而中国台湾地区的税收减少,美国的税收增加。反之,如以高于市价让售,则中国台湾地区的税收增加,美国的税收减少。②

此种从事移转订价之动机,大致可分为下列几项:规避或逃漏税负;逃避外汇管制;规避汇兑风险;美化财务报表以达特定目的;单纯之利益

---

① 另参见中国台湾地区“最高行政法院”2013年度判字第824号判决亦认为本件类型涉及税捐规避行为,但对于税捐规避之调整方式见解不同。

② [日]金子宏:《租税法》,1997年第6版,第313页。

输送;商业因素。[①]

对于上述不合营业常规的交易行为,要进行税法上的防制措施,一般是从课税权的适当调整观点,否认按不合营业常规的实际交易价格课税,而予以调整改按假设以“独立企业间之常规交易价格”进行交易时,所可获得的各企业所得课税,即按照各企业的常规交易价格之所得进行课税。[②]

有关移转订价之税制的规范依据,包括中国台湾地区“所得税法”第43条之1规定:营利事业与中国台湾地区境内外其他营利事业具有从属关系或者直接间接为另一事业所有或控制,其相互间有关收益、成本、费用与损益之摊计,如有以不合营业常规之安排,规避或减少纳税义务者,稽征机关为正确计算该事业之所得额,得报经中国台湾地区财政事务主管部门核准按营业常规予以调整,[③]以及依据中国台湾地区“所得税法”第80条第5项规定,中国台湾地区财政事务主管部门于2004年年底订定发布之“营利事业所得税不合常规移转订价查核准则”。

实务上认为“营利事业所得税不合常规移转订价查核准则”第7条第5款第5目规定调整之结果,将使其在台湾地区境内之纳税义务较未调整前为低者,应不予调整。因此,营利事业如果有不合营业常规之安排,若无规避或减少纳税义务情事,因非属中国台湾地区“所得税法”第43条之1之规定规范范围,即不得为所得之调整。[④] 此一见解导致不合常规交易之安排,仅能为不利于纳税人之调整,而不得进行有利于纳税人之调整,可能显失公平。此在国际间之不合常规交易,将产生重复课税负担之不公平结果,值得检讨。[⑤]

---

① 凌忠嫄、简锦红、李怡慧:《移转订价问题之研究》,载《财税研究》第24卷第6期,1992年,第1页以下。

② 参见陈清秀:《论移转定价税制》,载《法令月刊》第59卷第1期,2008年1月,第81页以下。

③ 《美国国内收入法典》第428条规定亦有类似规定。

④ 中国台湾地区“最高行政法院”2013年度判字第614号判决。

⑤ 在国际税法上有关移转订价税制,为避免重复课税,在一方按照常规交易价格调整提高销售价格时,则他方应一并“对应调整”提高交易相对人之进货价格,而降低其所得,以统一交易价格之课税事实认定基础,如有争议,则应进行双方协商(参见陈清秀:《论移转订价税制》,载陈清秀:《国际税法》,2016年第2版,第231页以下)。

(七)移转盈余到境外,利用租税天堂避税

所谓租税天堂(Tax Haven)是指对于法人的所得或法人的特定种类所得的税捐负担为零或极低的国家或地区。一般国际企业经常在租税天堂地区设立子公司(有称基地公司 base company),经由此途径,进行国际经济活动,由于该海外子公司所得,只要保留未分配予本地的母公司,即不被本地课征营利事业所得税,因此,即可能规避或减轻税捐负担。①

此种在租税天堂的子公司,通常并无独立的营业场所或员工而单纯被利用作为境内母公司与其交易对象间的导管(人头),故称为信箱公司或纸上公司。例如,在租税天堂设立子公司,并以专利权现物出资,该子公司并再授权境外的企业使用,收取权利金,该子公司只要保留盈余,未分配予境内的母公司,其权利金即可避免在境内被课征营利事业所得税,而在租税天堂国家则毫无或只有极低的税负。

德国联邦财务法院判例认为倘此种基地公司并非在于达成经济上之目的,且亦未展开其经济上活动时,则通过此种外国公司作为税捐权利主体之操作,构成法律形成之滥用。② 换言之,外国公司必须参与经济上交易,实现其经济上目的,其仅以节税之目的尚有未足,故其公司在外国如并无办公室,亦无从业人员时,即无经济上活动可言。③

(八)以低价让售投资股票,降低所得,规避所得税

本件投资公司所持有之投资股票,先以显著低价出售与公司股东等关系人(含亲友等人头),再由该等买受人以市价出售与第三人,此取巧安排股票移转,而达到减少原告之营利事业所得之目的,并减少股东营利所得,实际上也可归属于隐藏的盈余分配之一种类型,应按照时价调整其销售价格(中国台湾地区高雄"高等行政法院"2007 年度诉字第 379 号判决)。

---

① 有关租税天堂之防制对策,参见陈清秀:《租税天堂之税制对策》,载陈清秀:《现代税法原理与国际税法》,2010 年第 2 版,第 555 页以下。

② BFH BStBl 1975, S. 553; 1976, S. 401; 1976, S. 513; 1976, S. 608; 1977, S. 261; 1977, S. 263; 1977, S. 265; 1977, S. 268; 1979, S. 586; 1981, S. 339; 1986, S. 496.

③ Tipke/Kruse, AO, §42 Tz. 38.

(九)以高价购入土地,垫高成本,规避所得税

建设公司利用人头购入土地,再由公司以高价买入,垫高建设公司之土地成本,涉及税捐规避行为,应改按照原始取得价格作为土地成本,重行核定出售土地之收益所得(中国台湾地区台北"高等行政法院"2006年诉字第3678号判决)。

第十二节 税法上类型化观察法

一、问题之提出

税法为因应大量及反复之课税案件,采取类型化观察法(die typisierende Betrachtungsweise)以简化课税手续,减轻稽征查核负担,兼顾课税公平,并提高法的安定性,乃符合事件本质之要求。

唯类型化观察法的运用,亦常被批评未针对实际的事实关系课税,不符合个别案件正义之要求,欠缺合理妥当性,而有违课税平等原则(量能课税原则)以及课税之合法性原则。释字第218号解释对于中国台湾地区财政事务主管部门推计课税采取中国台湾地区适用基准,认为:不问年度、地区、经济情况如何不同,概按房屋评定价格,以固定不变之百分比,推计纳税义务人之所得额,自难切近实际,有失公平合理,且与中国台湾地区"所得税法"所定推计核定之意旨未尽相符。概亦提出相同批评。

因此,类型化观察法之本质为何,在税法上具有何种意义以及究竟应如何运用,方符合"公平合理"之要求,值得吾人探讨。[①]

① 有关此问题之探讨,另参见陈清秀:《论税法上类型化》,载《法令月刊》第59卷第5期,2008年5月,第88页以下,载陈清秀:《现代税法原理与国际税法》,2008年版,第206页以下;盛子龙:《宪法解释与税捐稽征经济原则》,载《宪法解释与纳税义务人之权利保障》(下册),第10页以下。

二、类型化观察法的性质

(一)事实关系之判断方法

税法上类型化观察法一般认为是事实关系之判断方法,其取向于:其依一般观念应视为典型的形成者,则依据拟适用之法律规定之意旨及目的,该典型的形成均可以而且应该在税捐判断上作为基准。[①]

换言之,类型化观察法乃是在个别案件上,依据一般的生活经验之标准,为对于事实上关系进行评价之一项原则,类型化理论并非只是单方面不利于税捐义务人之评价原则,而毋宁在有利于税捐义务人之情形,亦应予以适用。在个别案件之各种情况难以认清的情形下,其调查必须过度地,且对于当事人不能期待地侵入其个人领域,尤其属于税捐义务人之客观上难以查证之见解及意图的情形,则类型化观察法即必须被适用,在此类案件,只要未显现特别的情况,即可以认定该项拟进行裁判之案件的各种情况,与在生活上所惯常存在的情况同样存在。[②]

(二)税法的解释方法

另有认为税法上类型化并非事实关系之认定,而是法律解释的结果,其容许与否应依一般方法论原则加以判断,[③]即认为类型化观察法乃是法律解释的方法。

德国联邦财务法院 1951 年 2 月 2 日判决亦对于所得税法上扶养亲属支出之“异常负担”(außergewöhnliche Belastung)之法律概念的适用上,认为类型化乃为法之所许。[④] 似亦将类型化观察法作为法律解释之方法。

---

① H. W. Kruse, Steuerrecht I. Allgemeiner Teil, 3. Aufl., 1973, S. 110.

② BFH v. 25. 9. 1956 BStBl Ⅲ 1975, S. 2(4).

③ Schulze-Osterloh, StuW 1977, S. 132 f. Vgl. Loewer, StuW 1951, S. 745(748 ff.).

④ BFH v. 2. 2. 1951 BStBl Ⅲ 1951, S. 85.

(三)事实认定与法律解释之方法

德国学者 Josef Isensee 认为,类型化观察法可视为事实关系之认定的方法,亦可视为规范解释的方法。其中规范概念之类型化观察法的特殊性,乃在于行政经济的理由。[①]

三、类型化观察法与经济观察法之区别

由于类型化观察法乃是根据拟制的事实关系进行课税,导致税捐义务人之法律上形成于税法上未被斟酌,因此,类型化观察法涉及税法与民法间之关系之一般问题。如同援用所谓税法之独立性一般,类型化亦允许税务法官对于民事法上以节税为目的之法律形成,在税法上予以否认,由此表现与经济的观察法间产生横的连结关系,盖后者在与民法的关系上,亦强调税法的经济上特殊性。[②] 因此,类型化与经济观察法,在其解除税法与私法的关系上,均遂行一项共同目标,即欲去除税捐规避之危险。[③]

唯类型化观察法与经济观察法并不相同,经济观察法欲把握一项事实关系之经济的核心,即其经济上之“实然”。反之,类型化观察法则是取向于通常案件(Normalfall),即把握其普遍流行的“应然”。经济观察法探求实际上已发生的事实关系,对之为与民法不同之定性。而类型化则是对于一项实际上并未发生之事实关系假定其已发生,而针对一项被拟制的、理想类型的事实关系进行课税。换言之,经济观察法乃是法律适用之个别的(特殊的)、接近案件的方法。类型化观察法则有意识的不考虑个别案件,而以公式化(机械化)的粗糙纲目进行运作。因此,两项方法处于彼此对立地位,仅是就其作用有类似之处而已。[④]

---

① Josef Isensee, Die typisierende Verwaltung, 1976, S. 65 ff.

② Georg Crezelius, Steuerrechtliche Rechtsanwendung und allgemeine Rechtsordnung, 1983, S. 216.

③ Josef Isensee, Die typisierende Verwaltung, 1976, S. 92.

④ Crezelius, aaO., S. 216; Tipke/Kruse, AO, 1988, §4 Tz. 135; Kruse, Steuerrecht I. Allgemeiner Teil, 3. Aufl., 1973, S. 111.

四、类型化观察法的立论根据及其批判

(一)实用性原则

在税法上,促使类型化观察法的运用之正当化根据,有鉴于税法之大量特征,基于简化稽征行政工作,提高行政经济效率之实用性原则考虑,认为在税法的执行适用上,应予类型化,提供预先制定的解决模式,以减少调查活动,节省举证困难,以减少稽征成本,否则如须花费大量人力物力始能正确查核课税时,则其行政成本甚至超过课税收入,将不合实用性原则。①

德国学者 Josef Isensee 亦将类型化的必要性建立在稽征行政之有限的负担能力上,此最后亦可追溯至立法者本身,由于立法者控制预算而导致实际的行政能力之限制,在有限的稽征人力下欲进行课税之大量程序,自有必要赋予稽征行政机关类型化之权限。② 至于税务法院因其审判活动并未受到大量程序之案件强制所决定,而是对于已经稽征机关先行规制之生活事件进行判断,故法院对于法律案件有义务完全的进行调查,并充分探求规范之差异性,亦即应依法进行正常的、适合于个别案件之法律适用,而不得采取类型化观察法。③

对于上述 Isensee 之类型化理论,学者有批评认为由于类型化不得被税务法院所采取,故先前由稽征机关所进行之类型化即不可能是合法。对此问题,Isensee 的解决办法表现在:唯有在税捐义务人舍弃循求税务法院救济的情形,始必须接受类型化。因此,其论证基础仍有缺失。且此种类型化理论,乃欠缺实定法上根据,并抵触税法上所规定稽征机关应依职权调查事实证据之要求。④

---

① Vgl. Hans-Wolfgang Arndt, Praktikabilitat und Effizienz, 1983, S. 50.

② Isensee, Die typisierende Verwaltung, S. 171 ff.

③ Isensee, Die typisierende Verwaltung, S. 177 ff.; Vgl. Isensee, Verwaltungsraison gegen Verwaltungsrecht, StuW 1973, S. 199 ff(205).

④ Tipke/Kruse, AO, §4 Tz. 135.

(二)课税平等原则

又在税法的适用上,导出类型化观察法的另一理由,乃是基于大量税务案件之程序上课税平等原则的要求,即认为一般的平等(generelle Gleichmäßigkeit),应优先于个别的平等(individuelle Gleichmäßig-keit);个别案件之充分平等,应退居通常案件之充分的公式化的平等之后。①

葛克昌教授亦认为,所有税法之简化建制,诸如类型化、总额化、平均税率及简化性免税等,并非为大量行政方便稽征机关而设,而是借由"简化追求税捐正义",或借由租税简化以达成税捐负担平等,即系为更确切保障纳税人基本权利而建制,并保留纳税人更多自由。②

(三)私人领域之尊重

支持类型化的另一根据,乃认为对于税捐义务人而言,为了查明事实关系之目的,而过度侵犯税捐义务人之私人生活领域(其家庭关系),乃属期待不可能,且与现今所理解之国家与国民之关系不相符合。③

因此,为尊重税捐义务人之私人生活,不应深入探究其私人关系,而应依据"一般的生活经验",改以"客观的观点"判断何种支出使用,可视为专门属于职业上支出使用,以免抵触有关国家与国民关系之现代观念。④

五、类型化观察法之种类

(一)经由立法者之类型化

税捐法乃是规制大量案件之法律,即所谓大量法(Massenrecht),其规定不仅应对于多数的案件均能适用,同时也应该合乎实用。因此,导致立法者以典型的生活事实关系为基本出发点,而在某种程度内,无法对于个别案件的特殊性加以考虑。于此情形,即有发生个别不同的事实关系在

---

① Josef Isensee, Die typisierende Verwaltung, 1976, S. 133.

② 葛克昌:《行政程序与纳税人基本权》(第3版),2012年版,第399页。

③ BFH v. 25. 9. 1956 BStBl Ⅲ 1957, S. 2. Vgl. Grezelius, aaO., S. 214.

④ BFH v. 14. 11. 1958 BStBl Ⅲ 1959, S. 47; BFH v. 6. 5. 1959 BStBl Ⅲ 1959, S. 292.

税捐上被等同处理,导致可能违反平等原则的危险。平等原则要求:相同事物为相同处理;反之不同事物应依其差异性为不同之判断。[①]

鉴于税捐法有大量法之特性,立法者不可避免地必须对于税法规定加以某种程度的类型化(Typisiering),此种类型化为德国联邦宪法法院判决宣告合宪,[②]且为德国联邦财务法院1963年6月21日判决所承认。

然而立法者进行类型化,亦应受比例原则及合乎事理原则之限制。倘立法者所采等同处理或差别待遇,并无合理的观点可加以正当化时,则已逾越立法政策之裁量范围。立法者之类型化,应限定于下述情形,即仅对于经常存在而可视为典型的生活事实加以类型化或标准化。倘一项类型化规定并不适合于一个生活事实关系时,则通过解释的途径,作成一项决定,既符合立法者之意思,又符合个别案件之特殊性,乃属法律适用者之艺术。[③]

(二)经由行政机关之类型化

行政规则中与类型化观察法之运用有关者,厥为类型化行政规则,例如评价准则(方针)、折旧扣除表、基准率、概算额等,乃基于多数的个别观察之结果,系为补充不确定的法律概念所制定之平均值,旨在使行政机关在个别案件中解免其事件调查之义务。

德国联邦财务法院判决对于此种由行政机关所制定之类型化规定,概均尽可能予以适用,其根据不一,或基于行政简化与平等处理之理由,或认为是法律之适当的解释,对之并无任何疑义,但在个别案件中,如类型化规定之适用将导致显然恣意的结果或不正确的课税时,则不能适用之。

(三)经由法院之类型化

德国早期帝国财务法院裁判也运用类型化理论(Typisierungstheorie),其目的在于防止税捐规避,尤其用以确保课税之平等性。依据帝国财务法院见解,对于个别事件,其经济上之结果所应涉及之税捐,毋庸

① Heinz Paulick, Lehrbuch des allgemeinen Steuerrechts, 2. Aufl., 1972, S. 136 f.

② BVerfGE9, S. 13; 13, S. 341; 14, S. 102; 17, S. 24.

③ Paulick, aaO., S. 137.

考虑当事人之意思倾向,而应把握其典型的形成,至于一切偶然的附随情况,则可以其在课税上并无意义而置之不论。①

再者,类型化观察法不得单方的仅被适用于不利于税捐义务人的情形,类型化通常仅建立一项证明推定(Beweisvermutung),因此如经提出反证(Gegenbeweis)时,则其推定本身即无可维持。② 在此乃涉及类型化观察法的作用为何的问题,而可再区分“实质的类型化”与“形式的类型化”加以说明。

六、类型化观察法之作用

(一)实质的类型化

利用类型化观察法将生活事实关系以其典型的表现方式拟制为存在,由于此种判例有意识的忽略事实上发生的个别案件,并不允许提出反证推翻,因此,此种类型化观察法乃被称为实质的类型化(materielle Typisierung)。③ 税法的构成要件,(或许)根本无法适用于系争个别的案件,而毋宁仅能适用于被抽象化的、被类型化的事实关系,即法律适用的三段论法程序的小前提,乃是经由拟制所获得。④ 对于此种实质的类型化,德国联邦财务法院亦有判决加以排斥,例如,1970 年 3 月 17 日判决即谓:“税捐债务乃与法律上构成要件特征之实现相链接,税捐义务不得借由法律所未明文规定之事实关系之拟制而被创设。”⑤

(二)形式的类型化

在德国,最迟从 1957 年 6 月 6 日联邦财务法院判决以来,类型化观察法基本上仅具有程序法上意义,即事实关系之典型的表现方式乃被推

---

① Paulick, aaO., S. 137 f.

② Paulick, aaO., S. 138 f.

③ Tipke/Kruse, AO, §4 Tz. 134.

④ Crezelius, aaO., S. 215; Hans-Jürgen Papier, Die finanzrechtlichen Gesetzesvorbehalte und das grundgesetzliche Demokratieprinzip, 1973, S. 202 f.

⑤ BFH BStBl 1970, S. 498 f.

定为存在,但容许反证(Gegenbeweis)推翻,[①]准此,类型化观察法乃接近所谓盖然性证明,而在未逾越其界限的范围内,可作为情况证明或表见证明,此种形式的类型化观察法,即可被称为形式的类型化(formelle Typisierung)。[②] 此种形式的类型化系不可或缺的作为事实评价之手段,在此实务上有判决不称为类型化,而改称生活经验。实质的类型化是针对典型的事件经过且不许提出反证证明;而形式的类型化固然亦以典型的事件经过为出发点,但允许反证证明。即在实质的类型化,系以具有不可反证推翻的推定方式运作;而在形式的类型化,则是以可反证推翻的推定方式被建立。因此,类型化观察法乃转变成一种举证责任之理论。[③]

七、类型化规定之限制

类型化规定以提升行政效能并公平执法为目标,其规定内容不得过度牺牲量能课税的负担公平原则。为避免抵触课税之合法性以及课税之平等原则,类型化规定应以取向于经验法则及符合典型的生活事实为准,并应符合比例原则,以便大多数案件按照类型化规定处理结果,均能符合事件本质之合理性。其类型化作用原则上应尽量仅止于"推定"作用,而容许在特殊情形,得以反证推翻,或采取其他实现个别案件正义的救济措施。[④]

德国联邦宪法法院及行政法院也认为,立法者之类型化规定如果造成某种程度的背离量能课税原则而产生不正义,如果只涉及相当少数人(例如,比例不超过7.5%),且背离平等原则不是非常强烈时,则可被容忍。否则,其类型化之处理,必须有可以"举证推翻"类型化之(推定)规定,或个别案件救济之衡平措施(如《德国租税通则》第163条规定),以实现个案正义,才不至于违反平等原则。[⑤]

---

① BFH v. 6. 6. 1957 BStBl Ⅲ. 1957, S. 286.

② Tipke/Kruse, AO, §4 Tz. 134; Tipke/Lang, Steuerrecht, 12. Aufl., 1989, S. 666 f.

③ Tipke/Kruse, AO, §4 Tz. 136; Klein/Orlopp, AO, 4. Aufl., 1989, §4 Rn. 10.

④ 陈清秀:《论税法上类型化》,载《法令月刊》第59卷第5期,2008年5月,第88页以下。

⑤ 盛子龙:《宪法解释与税捐稽征经济原则》,载《宪法解释与纳税义务人之权利保障》(下册),第10页以下。

换言之,对于非典型的例外特殊情形,适用类型化规定结果,如果在个别案件的适用上,有发生显失公平的情事时,宜应准予个别的调整,以实现个别案件正义。①

此种个别的调整模式,可能包括:

1. 赋予纳税人选择权,其得选择采取核实课税方式。②

2. 对于有关税法上类型化规定的适用范围,进行有利于纳税人之目的性限缩(例如,释字第180号解释)或类推适用。③

3. 容许纳税人在量能课税原则下,提出反证推翻类型化的表见课税或推计课税方式。

4. 如果别无救济之途,而在个别案件情形产生过于严苛的结果时,则应考虑给予妥当性减免措施(ein Billigkeitserlaß)④(参照中国台湾地区"税捐稽征法"第40条),以实现个别案件正义。⑤

第十三节 税法上法律不溯既往原则

一、法律不溯既往原则之法理依据

一般认为,法律不溯既往原则系从法治国家原则中之法安定性及信

---

① 黄茂荣:《实质课税原则》,载《税法总论》(第1册增订2版),2005年版,第530页、第570页。中国台湾地区台北"高等行政法院"2007年诉字第970号判决对于捐赠土地申报列举扣除的案件中,对于中国台湾地区财政事务主管部门函释采取类型观察方法,以土地公告现值16%计算捐赠财产价值,认为"将因继承而取得之土地与因无偿受赠而取得之土地,未考虑二者取得'成本'可能有所不同,作相同之处理,且一律不考虑公共设施保留地之取得'成本',有违实质课税原则,不能全部适用"。也已经注意到类型观察方法,仍应符合实质课税原则,而应有其例外。

② 黄茂荣:《实质课税原则》,载《税法总论》(第1册),2005年增订2版,第452页。

③ 税法上有利于纳税人之类推适用,以贯彻课税公平原则,乃为法之所许(参见"行政法院"1997年8月庭长评事联席会议决议)。

④ Tipke/Lang, Steuerrecht, 18. Aufl., 2005, §4 Rz. 132.

⑤ 有关税法上个别案件正义之探讨,参见陈清秀:《税法总论》,第615页以下。

赖保护原则(关系人信赖既存之法规状态之保护)导出。[①] 从法治国家原则产生对于民众信赖现行法之保护的必要性。按民众对于依规定所制定之法规应得加以信赖,如此民众方能进行长期之计划与投资,即方能建立法的存续性及预测可能性。[②]

故"基于信赖保护原则,民众因相信既存的法律秩序,而安排其生活或处置其财产者,不能因法规之制定或修正,而使其遭受不能预见之损失,因此,禁止行政法规溯及既往,俾维持法律生活之安定,保障民众之既得权益,并维护法律尊严。信赖保护原则已被认定为法治国家之重要原则,属宪法上原则,因而,行政法规不溯及既往原则,不仅是用法(适用法规)原则,且是立法原则。"[③]

在税法上,法安定性原则要求税捐法律秩序的"连续性",税捐法规作为纳税人行为准绳的规范,嗣后不许追溯既往为不利于纳税人的变更(溯及既往税捐的禁止)。即税法要求不应追溯既往,加重民众的租税负担,以致让民众产生无法预测之损害。

二、法律不溯既往原则及其例外

(一)原则

在税法上,基于法安定性之理由,税捐义务人信赖基于该法律状态所产生之税法上地位不至于溯及既往的蒙受不利益,原则上应加以保护(所谓税捐溯及效力之禁止,溯及连结之禁止)。立法者对于已经作成之经济上处置(例如,参与经济上交易,或使用所得于投资,储蓄、消费)之结果,不得嗣后更为不利之规定。换言之,溯及效力之禁止并不适用于有利人民之规定以及负担中立之规定,亦不适用于向来的法律状态之法典化或

---

① Wolff/Bachof, Verwaltungsrecht Ⅰ, 9. Aufl., 1974, §27Ic, S. 145; Fritz Ossenbühl, Die Quellen des Verwaltungsrechts, In: Erichsen/Martens, Allgemeines Verwaltungsrecht, 8. Aufl., 1988, §9 Ⅰ 3, S. 135.

② Paulick, Lehrbuch des allgemeinen Steuerrechts, 2. Aufl., 1972, S. 77 f.

③ 林锡尧:《行政法要义》,1991 年版,第55 页。

澄清规定。[①]

就溯及效力之判断,并非以一项法律何时被提出准备草案为准,尤其并非以何时被提出于国会为准,而毋宁是以该项法律经国会决议通过之时点为准。[②]

德国联邦宪法法院判决认为,根据法治国家原则以及由此导出之法安定性原则,发展出对于负担的税法规范之溯及生效之一般性禁止。准此,不仅溯及生效的课征税捐或提高税负,乃为法所禁止,而且溯及生效的撤销或废止税捐优惠,亦为法所不许。[③]

然而,溯及生效之一般的禁止,乃经由下述保留而受限制,即仅于其信赖特定的法律状态,于事理上有正当依据且基于此项理由,值得保护的情形,始得主张其信赖之保护。[④] 因此,于个别案件中,最后乃以下述衡量为准,即个人信赖法律规定之存续与立法者对于实现公共利益之要求之意义相对立,就此两者加以衡量。[⑤]

(二)例外

在负担的法律,其真正的溯及生效之禁止原则,乃植基于包含于法治国家原则之中之信赖保护的思想。此项原则之例外,仅能适用于民众对于特定的法律状态之信赖,并不值得保护,盖于事理上并无正当化根据的情形。此种例外情形,依德国联邦宪法法院 1971 年 3 月 23 日裁判见解,[⑥]概可分下述几种案型:

1. 在该项法律之法律效果之发生所追溯既往之时点,民众早已应预计有此种新的规定(例如,原先所存在之规定仅具有暂时性质)时,则并

---

① Tipke/Lang,Steuerrecht,12. Aufl. ,1989,S. 60.

② Tipke/Lang,aaO. ,S. 60.

③ Kruse,in:Tipke/Kruse, AO, §4 Tz. 9. Vgl. BVerfGE 63, S. 343 (358), BFH BStBl 1981,S. 416.

④ BVerfGE 50,177(193).

⑤ Ebenda. Vgl. BVerfGE 25,142(154),50, S. 386(395),63, S. 312(329);67, S. 1(15);70,S. 69(84).

⑥ BVerfG v. 23 3. 1971 E Bd. 30,S. 367(387 ff.). Vgl. BVerfG v. 31 3. 1965 E Bd. 18, S. 429(439).

不要求对于民众信赖之保护。

2. 在其法律状态不明确以及混乱不清或者有漏洞,或者违反体系且不合理致对其合宪性存在有强烈的怀疑时,则民众对于现行法亦不能加以信赖。在此类情形,法治国家原则本身即要求:经由溯及生效的澄清规定重建法安定性与正义。

3. 经由溯及生效之法律变更,将不至于产生任何的损害或者仅产生根本微不足道之损害时,则相对于有事理上根据之溯及生效之法律变更,关系人对于现行法律状态之信赖并不需要保护。

4. 必须有明显的优越于信赖保护之公共利益要求之强烈的理由,而足以正当化溯及生效的情形。

中国台湾地区"最高行政法院"2009 年 12 月第二次庭长法官联席会议决议也认为:

法律不溯既往原则为法治国家基本原则之一,除有下列情形外,立法者原则上不得制定溯及性法律:民众预见法律将有所变更;现行法律规定有不清楚或紊乱之现象,立法者欲借由溯及性法律加以整理或清除;现行法律违宪而无效,立法者以新规定取代;因溯及性法律所造成之负担微不足道;溯及性法律系为达成极重要之公益上目的,且其重要性高于法安定性之要求。行政机关基于法律授权而订定对将来一般抽象事项所为发生法规范效力之法规命令,除有上述例外情形外,亦应遵守法律不溯既往原则。

三、真正的溯及效力与不真正的溯及效力

(一)概说

学说上一般将溯及效力区分为真正的溯及效力(echter Rückwirkung)与不真正的溯及效力(unechter Rückwirkung),倘该项法律嗣后变更的干涉已经解决的、属于过去的事实关系及法律关系时,则有真正的溯及效力存在。反之,倘该项法律固然并非对于已经过去的,但也非对于将来的,而是对于现在尚未终结的但已经(通过工作或资本投入,通过契约或预约)着手进行之事实关系以及法律关系向将来发生作用时,则有不真

正的溯及效力存在。[①]

对于此种真正的溯及效力与不真正的溯及效力是否为法所容许之问题，一个法律规定如果将具有不利民众的负担法律效果，适用于已经终结的事实关系时，则发生“真正的溯及效力”（或所谓“法律效果之溯及作用”）。此种情形，原则上在宪法上所不允许。

如果一个规范之负担的法律效果，适用于一个在法规公布前已经发生而在公布后才终结的构成要件事实关系时（所谓“构成要件之溯及连结”）（tatbestandliche Rückanknüpfung），则有所谓“不真正的溯及效力”（“unechte”Rückwirkung）存在。此种不真正的溯及效力，原则上并非不合法。因为以往法律状态对于民众有利的继续存在之完全保护，将会瘫痪立法者在重要领域追求公共利益，并使法律秩序无法适应生活关系变动之变更需要。且民众单纯期待不在信赖保护范围，民众不能期待法律在将来继续存在不变更。[②]

（二）税法上真正的溯及生效与不真正溯及生效

在期间税即直到其课税年期、征收期间或预先申报期间届满时，方始发生之继续性税捐，如果溯及连结在该段期间已经实现之事实关系时，则有真正的溯及生效存在，此种情形，并非不真正的溯及生效，盖于其事实关系已经实现的情形，其税捐债权于该期间届满时即发生，而无法加以阻止。[③]

倘一项法律在税捐债权发生之后始被公布，而溯及生效时，则构成真正的溯及效力。[④]

反之，在期间税，如一项法律系在税捐债权发生之前，于年度经过期间中被公布时，则属不真正的溯及效力之范围。[⑤] 此种情形，即属于“构

① Vgl. Tipke/Lang, Steuerrecht, S. 60.

② 参见德国联邦宪法法院 2010.7.7 判决。

③ Kruse, in: Tipke/Kruse, AO, §4 Tz. 8.

④ 黄茂荣：《税捐优先权之适用对象与溯及效力》，载氏著：《税捐法论衡》，1991 年版，第 91 页以下。

⑤ BVerfGE 13, S. 274(278); 13, S. 279(282 f.); 18, S. 135(144); 72, S. 200(253).

成要件之溯及连结”的概念范围,即将未来的法律效果规定,亦连结适用于过去进行之构成要件特征。例如,某项税法规定于1972年9月8日始修正公布,规定纳税义务人自1972年1月1日起至6月21日止所获得之所得,亦适用新法,即属构成要件之溯及连结,盖其法律效果(所得税之纳税义务)迨至1972年年度终了时始发生,亦即于新法公布之后始发生。①

1. 以“税捐债务成立时”之税法规定,作为课税依据——承认不真正溯及生效

如果取向于“税捐债务关系之请求权,于法律所连结给付义务之构成要件实现时,即行发生(成立)”之技术性规定,则税捐债权债务关系应适用税捐债务成立时之税法规定。

德国联邦宪法法院2010年7月7日判决②即采此见解,认为参照过去历年来德国联邦宪法法院判决,税法规范之基准的法律效果,是以税捐债务之发生为准。在税法之领域,如果立法者对于已经发生之税捐债务,嗣后变更时,才存在真正的溯及生效。在所得税法之领域,如过法规变更是在课税年度的期间过程中生效,则应归属于不真正的溯及生效,盖依据《德国税捐通则》第38条连结《德国所得税法》第36条第1项规定,所得税直到课税年度期间届满时,才发生税捐债务。③

在行为税,以行为时法为准。例如,中国台湾地区司法机构院字第77号解释:……所贴印花足数与否,应依照各该文件成立时所施行之“法令”分别核算。又如,在遗产税,中国台湾地区司法机构“大法官”释字第54号解释:中国台湾地区现行“遗产税法”既无明文规定溯及既往,则其第8条但书对于继承开始在其公布以前之案件,自不适用,也以继承时之“法律”为准。

但在期间税,例如所得税,在课税年期之期间进行中,如果税法规定

---

① BVerfGE 72,S.2000(244 ff.250).

② BVerfG,2 BvL 14/02 vom 7.7.2010, http://www.bverfg.de/entscheidungen/ls20100707_2bvl001402.html.

③ Vgl. BVerfGE 72,200 <252 f.>;97,67 <80>;Vgl. auch bereits BVerfGE 13,261 <263 f.,272>;13,274 <277 f.>;19,187 <195>;30,272 <285>.

有修正变更,无论有利或不利于纳税人,均应以课税年期届满而使税捐债务成立时之新的税法为准,作为应适用之课税"法规"依据。即该新的税法规定不真正的溯及生效,适用于整个课税年期之税捐事件。

如中国台湾地区"民法"第 1030 条之 1 剩余财产差额分配请求权之规定,系于 1985 年 6 月 3 日增订,而夫妻于"民法"亲属编修正前已结婚并取得之财产,是否有关规定之适用,无明文,有主张依据不真正溯及生效之理论,婚姻关系既然是于 1985 年 6 月 5 日以后消灭,则其婚姻关系存续中取得之财产,无论是否在 1985 年 6 月 4 日以前,均应适用 1985 年 6 月 5 日施行之新规定,即承认纳税义务人主张生存配偶之剩余财产差额分配请求权价值,而在计算遗产时,准予自被继承人遗产总额中扣除。①

唯上述见解对于法律秩序安定性影响过大,也可能不符合关系人的信赖保护要求,因此为以往实务上乃采取按照新、旧"法"期间分别"分段适用"的观点,中国台湾地区"最高行政法院"2002 年 3 月庭长法官联席会议决议即谓基于法安定性及既得权益信赖保护之要求,夫妻各于 1985 年 6 月 4 日前所取得之原有财产,不适用第 1030 条之 1 规定,不列入剩余财产差额分配请求权计算之范围。是核定死亡配偶之遗产总额时,仅得就 1985 年 6 月 5 日以后夫妻所取得之原有财产计算剩余财产差额分配额,自遗产总额中扣除。②

但释字第 620 号解释则采取不真正溯及既往理论,认为:法规范之法律关系如跨越新、旧"法"施行时期,当特定条文之所有构成要件事实于新"法"生效施行后始完全实现时,则无待另为明文规定,本即应适用条文构成要件与生活事实合致时有效之新"法",根据新"法"定其法律效果。……

增订中国台湾地区"民法"第 1030 条之 1 第 1 项规定之历史事实(见

---

① 中国台湾地区"最高行政法院"2001 年判字第 671 号判决。有关本件判决之评释,参见黄茂荣:《夫妻剩余财产差额分配请求权之规定的溯及效力》,载氏著:《税法总论》(第 1 册),第 246 页以下。

② 黄茂荣:《夫妻剩余财产差额分配请求权之规定的溯及效力》,载氏著:《税法总论》(第 1 册),第 254 页以下;台湾地区"最高法院"1992 年 10 月 8 日 1992 年度台上字第 2315 号判决。

中国台湾地区立法机构公报第74卷第39期第7页至第10页），纵有解释为夫或妻于1985年6月5日后所取得而现存之原有财产，始得列入剩余财产差额分配请求权计算范围之可能，唯探求制定意旨，主要仍应取决于表现于条文文字之客观化之制定者意思，而非制定者参与制定程序当时之主观见解。增订“民法”第1030条之1就夫妻剩余财产差额分配请求权之计算，既明确规定以“婚姻关系存续中”界定取得原有财产之时间范围，客观文义上显然已无就财产之取得时点再予分段或部分排除之可能，则司法机关适用上开规定，探究制定意旨，自无舍条文明文，而就制定者个人主观见解之理。况本院尚应评价将制定者之决定作上开解释，是否符合保障男女平等及婚姻与家庭之意旨。

因此认为依据保障男女平等及婚姻与家庭之意旨，对于在旧法时代取得之财产，即包括夫或妻于1985年6月4日修订以前所取得而现存之原有财产，均应全部适用新规定，而承认不真正溯及既往效力。

2. 以“个别的税法上事实关系之实现时”（课税经济活动时）之税法规定为准，作为课税依据

有学者认为，在信赖保护之观点下，上述见解连结技术性年度课税规定，来区分真正的与不真正的溯及效力，并不具有说服力。而毋宁应以个别的税法上事实关系之实现为准，即必须斟酌：按期间核课之年度税（期间税），系以一连串个别的事实关系为基础。① 因此，有无构成信赖保护之判断基准时，当在于纳税义务人从事“个别交易之经济活动之行为时”，而非课税期间（如课税年度）届满而成立纳税义务之时。

中国台湾地区“所得税法”如果在年度中修正，实务上一般也认为只适用于修正后始发生之个别的课税事实，而不采不真正追溯既往的做法。

例如，1998年6月20日修正公布之中国台湾地区“所得税法”第14条规定退职所得之课税方式，中国台湾地区财政事务主管部门1999年函规定，修订施行后即1998年6月22日以后退休（职）之公（政）务人员，

---

① Tipke/Lang, Steuerrecht, S. 61. Vgl. Karl Heinrich Friauf, Gesetzesankündigung und rückwirkende Gesetzgebung im Steuerrecht, und Wirtschaftsrecht, BB 1972, S. 669 (675 f.).

其所领取之各项退抚所得达扣税标准者,须课征所得税。①

上述实务见解并未追溯自1998年元旦开始适用新规定,故并未采取上述不真正溯及生效的观点;同时认为新规定只适用于新规定施行日以后“退休(职)”之公(政)务人员所领退职所得,即以“退职日”为准,而不是以“退职所得之取得日”为准。可谓相当着重纳税人的信赖保护。

四、德国实务上最新发展

(一)德国联邦宪法法院2010年7月7日判决

德国联邦宪法法院2010年7月7日判决认为在税法上不真正的溯及生效,立法者对于将来的法律效果,连结溯及过去的事实关系时,仍应充分考虑宪法上之信赖保护。对于系争法律规定所追求之一般公共利益,以及个人对于法律状态之继续适用之信赖利益,二者应进行利益衡量。在此必须维持“比例原则”。因此,一个不真正的溯及生效,只有在其为促进法律之目的,是适当的,而且是必要的,而且在被剥夺之信赖之重要性之分量,以及法律变更之正当理由之重要性与迫切性,二者整体衡量结果,仍维持在具有期待可能性之范围内时,才符合宪法上以及法治国家的信赖保护原则。②

依据其判决见解,德国税法学者海伊(Hey)教授整理和分析如下情形,尚欠缺充分理由,无法正当化不真正溯及生效之合宪性③:

1. 改善法律状态:例如新法更加符合量能课税原则以及税捐正义之要求,在此仅涉及一般变更法规之公共利益,并无特别理由,需要不真正溯及生效,将旧的案件一并纳入适用。

2. 一般性的提高税捐负担或满足因减轻其他人税捐负担所生对应之财政收入需要:但如果因应突发的及无法期待的、新发生不寻常的财政需要时(例如,当年度不可预料的税收不足),不在此限。

---

① “铨叙部”2002年2月1日部退二字第0912105396号函。

② BVerfG,2 BvL 14/02 vom 7. 7. 2010, http://www. bverfg. de/entscheidungen/ls20100707_ 2bvl001402. html.

③ Tipke/Lang,Steuerrecht,21. Aufl. ,2013, §3Rz. 272.

3. 因考虑过渡期间规定之复杂性:但立法者在有关过渡期间规定之形成安排,仍有类型化之余地。

4. 为填补税法之漏洞以及防止税捐规避,如果仅是不真正溯及既往规定的附带效果的情形:①固然立法者仍可特别针对国民经济之管制瑕疵,而有特别急迫需要时,得将已经发生之旧案件纳入规定。但立法者如果长期间早已经知悉该漏洞者,不在此限。

五、程序从新原则

中国台湾地区司法机构院解字第4031号解释认为,旧“税法”有效期间内滞欠之税款,于新“税法”修正公布后,法院可依稽征机关之请求,适用新“法”强制执行。即认为欠税之强制执行,可适用程序从新原则。

上述见解概可谓采取“程序从新原则”,认为新的稽征程序法规,原则上亦应适用于进行中之程序,据以处理以前年度的课税事件。然而此项见解,似未充分考虑民众之信赖保护,而仍有重新检讨必要。

德国联邦宪法法院1983年3月22日裁判即认为,人民对于程序规定之信赖,原则上亦应受相同保护。即在立法者(于此,系以国际法上条约之形式)对于人民所置身于向来所产生之程序法上状态,加以影响时,亦应以法安定性及信赖保护之法治国家原则,作为宪法上审查标准,加以衡量,以审查其有无侵犯宪法所保障人民之人格发展自由之基本权。即使程序规定亦可能创设信赖地位,尤其是在已经系属的程序或已经发生之程序状态之范围内的信赖地位。

例如,对于已经时效完成之事件,因时效规定(被定性为程序规定)之变更,而嗣后溯及生效加以干预时,即已逾越程序法变更之宪法上所容许之界限。在程序法之变更之信赖保护问题上,是否有在法律上已经终结之程序存在,乃属重要情况。②

---

① BVerfG,2 BvR 748/05 vom 7. 7. 2010, http://www. bverfg. de/entscheidungen/rs20100707_ 2bvr074805. html.

② BVerfGE 63,S. 343(358 ff.).

按程序上之法律关系乃始自程序开启，而终于程序终结，在程序进行中发生程序法律变更，则新法原则上得适用于尚未终结之程序法律关系，此时乃属“不真正的溯及效力”之范围，与“真正的溯及效力”有别。[①] 故得否适用新的程序法规，似仍应依“不真正的溯及效力”之容许与否之审查标准，加以判断。

六、过渡规定

税捐义务人并不许信赖立法者无限制地向将来维持基于秩序或景气政策之理由所一向给予之税捐优惠。其单纯地期待现行税法将继续存在，于宪法上并不受保护，因此一项法律上之过渡规定并不被强制要求，只是在个别案件中，税捐之课征可能不符合公平合理而已。[②]

在构成要件的溯及连结（不真正的溯及效力）之领域，原则上固为法之所许，但人民对于向来的法律状态之继续适用可能有值得保护之利益存在，而促使立法者必须通过制定“过渡规定”加以公正对待。[③]

德国联邦宪法法院 1984 年 4 月 10 日裁判，认为：“在法律对于现在的、尚未终结的法律关系向将来发生作用，因此同时使系争法律地位嗣后贬值的情形，虽然原则上为法之所许，但基于信赖保护之观点，得依其事件之状态，导出宪法上之界限。于此情形，必须在对于向来的法律规定之法律状态的存续之信赖与立法者对于公共利益之要求的意义两者之间加以衡量。……

立法者在废弃或限制受保护之法律地位时，即使其干预本身在宪法上是允许的，但根据比例性之法治国家的原则，亦负有义务作成相当的过渡规定。就此，立法者享有广泛的形成余地。联邦宪法法院仅审查：立法者在斟酌一切的情况下，对于干预的严重性与其正当化理由之重要性及

---

① H. Bauer，JuS 1984，S. 246；林合民：《公法上之信赖保护原则》，台大法研所硕士学位论文，1985 年 6 月，第 94 页。

② Kruse，in：Tipke/Kruse，AO，§4 Tz. 10.

③ Birk，Steuerrecht Ⅰ，S. 81.

迫切性间之整体衡量,是否已经逾越期待可能性之界限。”①

释字第525号解释亦谓:行政法规公布施行后,制定或发布法规之机关依法定程序予以修改或废止时,应兼顾规范对象信赖利益之保护。除法规预先定有施行期间或因情事变迁而停止适用,不产生信赖保护问题外,其因公益之必要废止法规或修改内容致民众客观上具体表现其因信赖而生之实体法上利益受损害,应采取合理之补救措施,或订定过渡期间之条款,俾减轻损害,方符宪法保障民众权利之意旨。②

释字第620号解释理由书也认为:立法者审酌法律制定、修正或废止之目的,原则上固有决定是否予以维持以及如何维持之形成空间。唯如根据信赖保护原则有特别保护之必要者,立法者即有义务另定特别规定,以限制新法于生效后之适用范围,例如明定过渡条款,于新法生效施行后,适度排除或延缓新法对之适用(本院释字第577号解释理由书参照),或采取其他合理之补救措施,如以法律明定新、旧法律应分段适用于同一构成要件事实等(1996年12月27日修正公布之中国台湾地区“劳动基准法”增订第84条之2规定参照),唯其内容仍应符合比例原则与平等原则。

在纳税人购买既成道路(市价大约为公告现值之15%左右),再捐赠予当局的情形,以往均按“公告现值”列报捐赠价值,以规避税捐的情形,③中国台湾地区财政事务主管部门为防杜此种税捐规避行为,并兼顾保障已经购买既成道路者权益,④中国台湾地区财政事务主管部门2003年6月3日台财税字第0920452464号函规定改按照实际交易价格或中国台湾地区财政事务主管部门核定之标准价值,⑤认列捐赠价值,此一新

---

① BVerfG v. 10. 4. 1984 E Bd. 67, S. 1(15 f.).

② 同说,释字第529号解释。

③ 如纳税人之最高税率40%,则其按照公告现值申报减除节省税捐金额为公告现值40%,但其投入成本只有公告现值之15%,可赚取公告现值之25%。

④ 税捐机关多年来对于此一税捐规划,并未积极处理加以取缔,致使一般纳税人可能因此误认为合法节税。

⑤ 中国台湾地区财政事务主管部门核定之既成道路土地价值为公告现值之16%。就此估价问题,涉及公用公行地役权之价值扣除,该项16%估价标准似违反估价原则,而有侵害民众财产权之虞。参见陈清秀:《既成道路之捐赠财产估价标准》,载《月旦裁判时报》(创刊号),2010年2月,第31页以下。

函释不利于纳税人，因此给予约半年缓冲期间，自 2004 年 1 月 1 日起才适用新的规定。①

上述函释给予半年过渡期间之做法，导致大富豪竞相作租税规划，原本税捐规避行为变成变相承认其合法化，对于公益造成重大损失。

七、行政规则之变更与信赖保护

如果考虑公平执行，有关税法上行政规则，如果发现错误，基于民众并无不法的平等请求权，行政机关自可更正，但原则上应向将来发生效力。不得溯及生效。②

第十四节 税法上诚实信用原则

一、前言

诚实信用原则（der Grundsatz von Treu und Glauben）要求考虑在税捐法律关系中他方当事人的正当利益，乃是从宪法上法治国家原则所导出之“一般法律原则”，属于税法的法源之一种。③ 此一原则也可直接从“正义之法理念”所导出。中国台湾地区“行政程序法”第 8 条即明文规定：行政行为应以诚实信用之方法为之，并应保护民众正当合理之信赖。

---

① 中国台湾地区财政事务主管部门 2003 年 6 月 3 日台财税字第 0920452464 号函谓自 2004 年 1 月 1 日起，个人以购入之土地捐赠，已提出土地取得成本确实证据者，其综合所得税捐赠列举扣除金额之计算，核实减除；未能提具土地取得成本确实证据或土地系受赠取得者，其捐赠列举扣除金额之计算，稽征机关得依本部核定之标准认定之。

② Tipke/Lang，Steuerrecht，21. Aufl.，2013，§3Rz. 282.

③ Drüen，in：Tipke/Kruse，AO，2011，§4 Tz. 125 ff.；Spanner，in：Hübschmann/Hepp/Spitaler，AO，1987，§4 Rn. 207 ff.；陈敏：《行政法院有关依法行政原则裁判之研究》，载《政大法学评论》第 36 期，第 116 页以下；刘春堂：《诚实信用原则与租税法》，载《财税研究》第 18 卷第 3 期，1986 年 5 月，第 15 页以下。

中国台湾地区早年“行政法院”1963 年判字第 345 号判例亦承认公法上亦有诚实信用原则之适用。[①]

二、税法上诚实信用原则之适用

税法上诚实信用原则之适用，乃以税捐债务人与特定稽征机关间立于具体的法律关系之当事人地位为其前提。[②] 因此必须有具体的税捐法律关系（税捐义务关系或税捐债务关系）存在。[③] 其适用并非针对国家整体，而是针对个别的机关代表人员；亦非针对纳税人全体，而是针对个别的纳税人及其代理人。[④] 诚实信用原则不仅保护纳税义务人之信赖，也保护稽征机关之信赖。如果一方当事人之先前行为，导致他方当事人产生信赖，并据以为无法回复原状之处置时，则该当事人嗣后不得出尔反尔，双方当事人均有义务维持前后一致性（一贯性）之行为（所谓禁反言原则）。[⑤]

在对于特定纳税义务人之具体的税捐法律关系中，本于诚信原则产生行政的自我拘束力，即在特定事件中，如维持相同情况，稽征机关应继续为相同方式之处理，以建立继续性之行政实践。[⑥]

至于超越具体的法律关系之当事人间，而在抽象的法律关系（如立法者与多数纳税人间），有关民众对于国家权力主体及其机关之行为之信赖保护，则系基于法治国家原则之法安定性要求所导出之“信赖保护原则”之适用范围，[⑦]而非诚信原则之适用对象。

---

① 同说，1963 年判字第 352 号判决。对于诚信原则如何适用于公法关系，上述判例判决均采“类推适用说”，实嫌美中不足。其后“行政法院”改采“直接适用说”，例如 1981 年判字第 975 号判决（土地登记事件）；1983 年判字第 890 号判决认为违背诚信原则之行政处分构成滥用权力之违“法”均是。

② 此为德国联邦财务法院一贯见解，Vgl. BFH v. 18. 3. 1986, HFR1986, S. 379 f.; BFH BStBl. 1975, S. 790。

③ Drüen, in: Tipke/Kruse, AO, 2011, §4 Tz. 135 ff.

④ Drüen, in: Tipke/Kruse, AO, 2011, §4 Tz. 132.

⑤ Tipke/Lang, Steuerrecht, 20. Aufl., 2010, §21 Rz. 13.

⑥ Tipke/Lang, Steuerrecht, 20. Aufl., 2010, §21 Rz. 13.

⑦ Drüen, in: Tipke/Kruse, AO, 2011, §4 Tz. 133.

诚实信用原则仅能作为对抗个别不公平的效果之手段，而不得一般普遍性的将法律部分废弃或修正，甚至以感情法学（或漂浮不定的正义控制）取代法律之地位。又诚实信用原则亦不能使税捐债务发生或消灭，但可修正变更税捐债务关系，并可阻止税捐债权或权利之行使。[①]

即依据诚实信用原则并无法创设独立的权利及义务，但已经存在的税捐法律关系则可以被修正。在税法上诚实信用原则并未导致请求权消灭，而仅是妨碍请求权之行使主张而已。特别是阻止稽征机关主张依据税法规定已经存在之税捐债务关系之请求权。同理，诚实信用原则也阻止退税请求权、税款返还请求权及损害赔偿请求权之主张。[②]

如果基于诚信原则所生拘束作用消灭时，则在请求权时效尚未完成之前，仍可重新主张行使其请求权。例如，因为善意信赖稽征机关之表示而已经为财产上处置（如出卖商品），无法回复原状时，则有诚信原则之适用。但如嗣后该项财产上处置已经回复原状时，例如买卖契约嗣后已经解约回复原状，则已经没有信赖保护必要，稽征机关仍得续行主张其请求权。[③]

在税法上，课税合法性原则以及诚实信用原则，均同样立于宪法的位阶，故在具体案件之适用，可能发生冲突，是可想象的，于此情形，即必须采取利益衡量，[④]以资调和。

有关诚实信用原则之适用类型，概可举例如下：

（一）信赖保护

倘税捐义务人因信赖稽征机关之特定行为，始据以进行无法回复之财产上处置，而依一般法律感情，税捐义务人之信赖较值得保护时，则行政之合法性原则必须让步牺牲，于此情形，依诚实信用原则，即可对抗阻碍税捐债权之请求。[⑤] 有关稽征机关之行为，并不以积极作为为限，在应

---

① Tipke/Lang, Steuerrecht, §21 Rz. 13.

② Tipke/Kruse, AO, 2011, §4 Rn 166.

③ Tipke/Kruse, AO, 2011, §4 Rn 167.

④ BFH v. 20. 2. 1958, BStBl Ⅲ 1959, S. 85.

⑤ BHF v. 5. 2. 1980 HFR 1980, S. 22\2 f.; Tipke/Lang, Sreuerreht. S. 654.

可期待有所表示或作为的情形,其沉默或不作为,甚至于无效的行政处分如民众并不知其无效,亦得构成信赖要件。

中国台湾地区"行政法院"1984 年判字第 1585 号判决亦认为税法上有公法上信赖保护原则之适用。"行政法院"1987 年判字第 474 号判决更指出:"公法上之争讼,应有信赖保护原则之适用,亦即当事人信赖行政机关之决定存在,已就其生活关系有适当的安排者,必须予以保护或给予合理之补偿。"[①]均可见以民众之信赖保护为其内容之诚实信用原则,可修正税捐债务关系。

中国台湾地区"最高行政法院"2002 年判字第 2281 号判决也认为税捐核定处分有信赖保护原则之适用。[②]

值得注意的是,诚信原则除适用于稽征机关外,亦同样适用于税捐义务人,例如,"行政法院"1986 年判字第 185 号判决即谓原告(税捐债务人)于房屋租期届满前,已受通知应限期建筑使用,竟于租期届满后不予收回仍续订租约,导致届期不能收回,揆诸诚信原则,原告应自负其责,不得解免其所负担空地税义务。[③]

在此,基于信赖保护原则,在满足下述要件下,稽征机关对于纳税义务人应受拘束:行政机关有可预计之先行行为存在(信赖基础)。纳税义务人根据上述信赖基础,而产生善意信赖,并已经为具体之处置(信赖表现活动)。[④]

(二)承诺

1. 依诚信原则导出承诺之拘束力

税法上之承诺(Zusage),例如稽征机关允诺税捐义务人,表示倘税捐义务人实现其所陈述之事实关系时,其将课征 10 万欧元之税款,或其将

---

① 本件判决系关于农地重划事件,参见《"行政法院"裁判要旨汇编》(第 7 辑下册),1989 年 6 月,第 1134 页。

② 反对说,中国台湾地区"最高行政法院"2002 年判字第 1029 号判决认为课税处分并非授益处分,自无信赖保护原则之适用。

③ 《"行政法院"裁判要旨汇编》(第 6 辑),第 352 页。

④ Tipke/Lang,Steuerrecht,20. Aufl. ,2010, §21 Rz. 12.

不予课税(税捐义务人免于课税)。

对于此种税法上承诺,德国早年通说认为应受诚实信用原则之拘束。[①] 德国联邦财务法院判决概亦采此见解,认为于例外情形,依诚实信用原则,可阻止稽征机关行使已依法律规定发生之税捐债权或确认符合法律标准之课税基础。

例如,稽征机关对于课税义务人之询问,已经承诺税捐义务人,以某一特定方式,对于某一个事实关系,在课税上(或课税基础之确认上)加以判断,即属之;[②]但适用诚信原则之前提是:在此情形下,由税捐义务人所告知之事实关系,就全部重要之点均属正确,但已完整陈述;倘其事实关系之陈述有漏洞或不正确,则稽征机关之承诺即不发生拘束力。[③]

以往德国学说认为稽征机关对于税捐义务人承诺其对于税捐义务人所意图实现之事实关系,欲以某一特定方式进行课税,而税捐义务人因此信赖上述承诺,并已为相应之处置安排时,则稽征机关即不得主张超越"所已承诺之税捐"之税捐。其已承诺免税之情形,亦同。但税捐义务人对于稽征机关之承诺,倘尚未据以作为安排处置的基础时,则稽征机关仍可径行撤销或废止承诺。

准此,倘稽征机关对于税捐义务人承诺表示如对某一团体捐赠,准予列入所得税法上之捐助扣除对象,而税捐义务人因信赖此一承诺,乃为捐助之情形,为避免纳税人发生不测之损害,即有保护其信赖之必要。

又如,税捐义务人因信赖稽征机关之承诺表示某项物品为货物税之免税物品,致未将相当于货物税之金额纳入其销售价格之中,并已进行交易的情形,以及因信赖稽征机关表示税捐义务人(团体组织)供其事业用之房屋,非属房屋税之课税对象,致怠于变更组织为非课税团体的情形,亦均属之。在此类情形,稽征机关即不得出尔反尔,推翻其承诺表示,而溯及既往课税,否则即有违诚信原则。[④]

---

① Kuhn/Kutter/Hoffmann, AO, §4 Rn. 5; Koch, AO, §4 Rn. 20.

② BFH v. 4,8. 1916. BStBl Ⅲ 1961, S. 562; BFH v. 19. 3. 1981 BStBl 1981, S. 538(541); BFH v. 16. 3. 1983 BStBl 1983, S. 459(462).

③ BFH BStBl 1983, S. 459(462).

④ [日]金子宏:《租税法》,2009 年第 14 版,第 121 页。

2. 承诺具有行政处分效力

现今德国通说认为承诺乃是对于特定的、将来的法律上行为所为有拘束力的(负有义务的)表示,因此性质上为行政处分,由于其拘束力系源自行政处分之性质所发生,故不需要援用诚实信用原则。① 在此由于构成行政处分,其本身即对于稽征机关发生拘束力,而给予处分相对人"抽象的信赖保护"。因此毋庸再要求纳税义务人必须证明:"已经信赖承诺而为处置"之具体的信赖保护要件存在。② 但在此纳税义务人通常必须事先说明其具有事先规划安排之处置利益,即其经济活动规划,涉及未来具有继续效力与持续反复之事实关系的税法上判断,因此具有必要的处置利益。③

有关稽征机关承诺之行政处分,有认为仅稽征机关对于纳税义务人就特定的未来的作为、忍受或不作为,发生单方自我课予义务之拘束力(自我拘束力),而无对外拘束力,不能拘束相对人,故相对人就系争事实关系仍得随时主张有别于承诺之法律上处理。即纳税义务人得选择运用该项承诺,但不受其拘束。④ 但在申请具有拘束力之告知(属于承诺之一种)的情形,有学者认为,在申请人嗣后实现告知处分之基础事实关系时,该告知处分也对于申请人即纳税义务人发生拘束效力。⑤

由于承诺属于行政处分,故在违法承诺之情形,亦适用一般违法授益行政处分撤销限制(信赖保护)之规定,⑥从而仅于稽征机关无事物管辖权,或税捐义务人以诈欺、胁迫或贿赂等不正当手段促成承诺,或因提供不正确或不完备数据而促成承诺,或对于承诺之违法性明知或因重大过失而不知等例外情形,始得撤销有利税捐义务人之违法承诺(参见《德国税捐通则》第 130 条第 2 项)。

---

① Roman Seer, in: Tipke/Lang, Steuerrecht, 20. Aufl., 2010, §21 Rz. 14.

② Roman Seer, in: Tipke/Lang, Steuerrecht, §21 Rz. 14.

③ Roman Seer, in: Tipke/Lang, Steuerrecht, §21 Rz. 14.

④ Roman Seer, in: Tipke/Lang, Steuerrecht, §21 Rz. 14.

⑤ Söhn, in: Hübschmann/Hepp/Spitaler, AO, 2008, §89 Rn. 246 ff.

⑥ Sckick, aaO., Rn. 49.

3. 预先核释之行政处分或函释效力

按纳税人从事投资交易活动,为确定交易之税负,并降低投资风险,应得请求稽征机关事先核示或承诺有关课税方式。此即"预先核释制度"。德国于 2006 年 9 月导入具有拘束力告知(verbindliche Ausku-nft)之制度(应收取规费)。而于《德国税捐通则》第 89 条第 2 项规定:"税务署及联邦中央税务官署,对于特定的、尚未实现之事实关系,在其就重大之税捐效果具有特别的利益之情形,得依申请发布具有拘束力之有关税捐上判断之告知。在所申请之基础事实关系实现时,具有地域管辖权之稽征机关,得作成具有拘束力之告知。……联邦财政部经联邦参议院之同意,得以法规命令规定申请具有拘束力之告知之方式、内容、申请要件及其拘束力范围。"此一具有拘束力之"告知"承诺的法律性质,为一个行政处分(但稽征机关得"裁量决定"是作成此项告知),对于稽征机关发生拘束效力。即使该告知处分违法,但非无效,原则上仍具有拘束力。在例外情形,如果告知处分违法而不利于纳税义务人时,则稽征机关仍应进行合法而有利于纳税义务人之课税处分,不受该告知处分之拘束。①

中国台湾地区对于跨境交易或投资之国际租税案件,于符合下列规定条件,也得向中国台湾地区财政事务主管部门申请预先核释(参见中国台湾地区财政事务主管部门"税务预先核释作业要点")②,以方便境外资金预估在中国台湾地区投资的租税成本,降低投资的不确定因素:

(1)投资金额不含土地达新台币 2 亿元以上或首次交易金额达新台币 5000 万元以上。

(2)对中国台湾地区具有重大经济效益者。

上述预先核释,系指中国台湾地区财政事务主管部门依据纳税义务人之申请,就一年之内即将实行之个别交易于税法上之适用,所作之核示或解释。依预先核释程序所作成之核释,其效力与中国台湾地区财政事

---

① Söhn, in: Hübschmann/Hepp/Spitaler, AO, 2008, §89 Rn. 262 ff.

② 为建立税法适用之一致性与确定性、减少征纳双方之争议并鼓励纳税义务人自动诚实申报,特设此一预先核释制度。申请预先核释不予审理之情形,包括对单纯事实或资产价值的认定,属于假设性的交易或非即将在一年内实行的交易,交易已发生或即将申报或已申报案件等("税务预先核释作业要点"第 6 点)。

务主管部门解释函令同("税务预先核释作业要点"第8点),并未以行政处分之效力方式处理。如果申请人对实际交易行为所提供之数据不正确或有严重遗漏,或为不完全或错误之陈述,致中国台湾地区财政事务主管部门依该资料或陈述作成核释者,中国台湾地区财政事务主管部门不得重行审议之,不受原先核释之拘束("税务预先核释作业要点"第9点)。

2013年5月29日修正公布中国台湾地区"税捐稽征法"第12条之1第6项规定:"纳税义务人得在从事特定交易行为前,提供相关证明文件,向税捐稽征机关申请咨询,税捐稽征机关应于六个月内答复。"此一申请税捐咨询制度,作为纳税者服务之一环,就个别交易、事实等相关法令适用等,提供预测可能性,以促进民间企业活动之进行。其答复内容,应可认为本于诚信原则,稽征机关不得任意出尔反尔,而在系争案件上有其自我拘束力,但对于申请人则无拘束力。同时为使咨询内容与回答内容中对于进行相同交易等之其他纳税人亦能提供对于相关税捐法令适用等之预测可能性的部分,应公布发表之。[①]

4. 导入公法契约之拘束力

关系企业间之交易价格,如不合常规,稽征机关得按照独立企业间常规交易价格,依法予以调整。因此,其交易活动有被认定不合常规而调整补税,甚至被处罚之法律风险。为确保纳税义务人之交易决定及计划之安定性,在进行关系人交易之前,得经纳税义务人事先申请,与稽征机关间共同签署《预先订价协议》(Advance Pricing Agreement,APA)[②]。《预先订价协议》一经签署,双方互负履行及遵守之义务(中国台湾地区"营利事业所得税不合常规移转订价查核准则"第27条)。此一预先订价协议可认为属于公法契约。

(三)撤销变更税捐行政处分之限制

适用于税捐法律关系上之诚实信用原则,亦禁止稽征机关就课税处

---

① 参见日本国税厅于平成十三年(2001年)六月发布《有关事先咨询之书面答复的事务处理程序(事务营运方针)》。

② Tipke/Lang, Steuerrecht, 20. Aufl., 2010, §21 Rz. 16.

分当时，因违反调查义务（Ermittelungspflicht），致未知悉之事实于嗣后以发现新事实或新证据为理由，对于税捐义务人为不利之撤销或变更原处分，以维持法律秩序安定性与纳税人之善意信赖保护。[①] 唯税捐义务人仅于其已履行其税法上之协力义务，尤其是税捐申报义务为限，始得援引诚实信用原则。[②]

在此所谓履行协力义务，德国实务上见解概认为必须税捐义务人已"完全"（voll）履行其协力义务，即例如提出税捐申报时，必须已经正确、完整、明确地将课税相关事实，提供稽征机关审查之情形为限。[③]

唯此项见解似嫌过于有利国库之解释，故德国学者多认为于具体案件上，应以稽征机关及税捐义务人在何种范围内违反其义务为准，倘稽征机关重大违反调查义务，则税捐义务人之轻微违反协力义务，应不予虑；反之亦然。[④] 就此德国联邦财务法院 1987 年 11 月 11 日判决亦认为仅须税捐债务人"于可期待之范围内"已履行其协力义务，尤其是税捐申报义务，即为已足，即就课税重要事实，完全的、据实的开示并陈述其所知悉之证据方法，即属履行其协力义务，而得援用诚实信用原则。[⑤]

三、税法上权利失效

诚实信用原则亦表现于权利失效（Verwirkung）制度上，税法上之权利失效制度亦可谓系从法治国家思想所导出之信赖保护的特殊形态，为禁反言（venire contra factum proprium）之下位案型。[⑥] 由于权利失效乃是诚信原则之特别的适用情形，故有谓与诚信原则之情形相同，其适用对象

---

① Tipke/Lang, Steuerrecht, 20. Aufl., 2010, §21 Rz. 406.

② 此为德国通说及联邦财务法院判决一贯见解，参见 Tipke/kruse, AO, 1986, §173 Tz. 28 ff。

③ BFH BStBl 1972, S. 107; 1974, S. 539; BFH v. 13. 11. 1985, BStBl 1986, S. 242.

④ Tipke/Kruse AO, §173 Tz. 30; Forster, in: Koch, AO, §173. Rn. 12.

⑤ BFH BStBl 1988, S. 116 f.

⑥ Forsthoff, Allgemeines Verwaltungsrecht, 10. Aufl., 1973, S. 172; Birk, Steuerrecht I, 1988, §11 Rn. 55, S. 114.

乃是具体的税捐法律关系之当事人。[①]

(一)税捐权利人之权利失效

依德国联邦财务法院近年来判例见解,税捐债权之权利失效,原则上除单纯时间因素(债权人长时间或一定时间不作为)外,尚必须有税捐债权人特定行为,根据此行为,税捐义务人依客观之判断,得信赖其不再行使权利(信赖要件);而且税捐义务人实际上已经信赖其请求权之不行使,并已经为相对应之适当安排处置者(信赖结果)。[②] 倘具备上述要件,则嗣后再行使权利即有违背诚实信用原则,而为法所不许。[③]

又税捐债权之权利失效,乃是以税捐义务人之观点为准,故与稽征机关之内部事务无关,尤其是与稽征机关有无可归责事由无涉。[④] 至于权利失效之法律效果,并未使权利归于消灭,而仅禁止权利之行使而已。[⑤] 但是否具备权利失效之要件,在程序上应依职权调查。[⑥] 唯对此权利失效之法律效果,亦有反对说认为税捐债权之消灭时效与权利失效类似,同样基于法治国家原则导出之信赖保护思想,故比照税法上消灭时效使权利归于消灭之制度,权利失效亦应使权利消灭。[⑦]

(二)税捐义务人之权利失效

税捐义务人之请求权及权利,亦可能发生权利失效,在实务上权利失效之思想,尤其在税捐义务人于税捐行政处分作成之时(及之后),虽有

---

① Tipke/Kruse, AO, §4 Tz. 68.

② BFH v. 14. 9. 1978, BStBl 1979, S. 121; BFH v. 7. 6. 1984, BStBl 1984, S. 781.

③ BFH HFR 1987, S. 1;学者有谓权利失效要件之一必须权利人知悉权利存在并处于得行使权利之状态(Ziemer/Haarmann/Lohse/Beermann, Rechtsschutz in Steuersachen 1977, Tz. 1613),但为通说所不采。

④ Tipke/Lang, Steuerrecht, S. 656.

⑤ Ziemer/Harmann/Lohse/Beermann, aaO. Tipke/Lang, Steuerrecht, S. 656; Tipke/Kruse, AO, §4 Tz. 67; Erichsen, in: Erichsen/Martens, Allgemeines Verwaltungsrecht, §10 II 7c S. 170.

⑥ Birk, Steuerrecht Ⅰ, S. 115; Jakob, DB Beilage 8, 1985, S. 18 f.; Klein/Orlopp, AO, 3. Aufl., 1986, §45i.

⑦ Ziemer/Haarmann/Lohse/Beermann, aaO., Tz. 1634.

建立信赖基础之行为,仍欲要求权利保护的情形,扮演一个重要角色。[①]

依德国联邦宪法法院 1972 年 1 月 26 日裁判见解,其导致权利失效之要件,除迟延主张权利之时间经过外,尚须权利人在下述情况不作为:有理性之人通常会为维护其权利而采取某种行动,而由于其不作为,乃产生其相对人得信赖并得加以适应及安排处置之状态。

---

① Birk, Steuerrecht Ⅰ §11 Rn. 56, S. 115; BFH 11.6, 1958, BStBl Ⅲ S. 353.

第二章　税捐债务法

第一节　税捐法律关系的基本概念

一、税捐法律关系的意义及其内容

(一)意义

法律关系是指在两个或数个权利主体之间，基于一个具体的事实关系，根据法律的规范所产生的法律上关联。其基础的法律规范如可归类为税捐法时，则其法律关系即属于税捐法上的法律关系。通常法律关系是由彼此相对立的或互相关联的各种权利与义务所构成。

税捐法上法律关系与民法上法律关系具有相同的意义，其有助于体系化的说明及掌握理解税捐法的重要特殊领域，并导出其基准的法律思想，同时促进税捐法的进一步发展。在实体法上具有意义者，乃是其法律关系与私法上法律关系相类似者，得类推适用私法上规定；又有关私法上所表现之一般法律原则，有时亦可作为税法上一般法律原则加以适用。在税捐行政诉讼程序上，特别具有意义者，例如在确认的税务行政诉讼，系请求确认某一项税捐法上法律关系存在或不存在，即是以一个法律关系作为确认之诉的标的。

（二）内容

税捐法律关系的内容是由程序的部分与实体的部分所构成，程序部分是指税捐程序关系（Steuerverfahrensverhältnis），实体的部分是指税捐债务关系（Steuerschuldverhältnis）。如果税捐义务人就数个税目负担缴纳税款的义务，则成立数个税捐债务关系。而基于税捐债务关系所发生的任何一个请求权，就其给付裁决（或核定处分）及其权利救济程序方面言之，均适当成立一个税捐程序关系。[1]

1. 税捐债务关系

税捐债务关系是指为实现税捐债权所成立的一切金钱给付请求权，包括税捐债权，责任请求权（第二次纳税义务），税捐附带给付请求权，退税请求权以及溢退税款之返还请求权等，均属之。

2. 税捐程序关系

税捐程序关系是指为实现税捐债务关系的请求权之目的所成立的各项权利及义务，此类程序法上的义务，包括作为、忍受及不作为义务在内，可能是基于法律的规定，也可能基于稽征机关依有关规定所为行政处分而成立。例如，税籍登记义务，账簿凭证及会计表册的设置、取得、保持义务，税捐申报义务，接受调查或忍受搜查的义务，代为征收及缴纳税款的代征义务及扣缴义务等，均属之。

（三）征收缴纳之法律关系

1. 概说

税捐的征收方法中，使纳税义务人以外的第三人征收税捐，再缴纳于国家或地方自治团体的方法，称为“征收缴纳”（就源征收等）。此种征收缴纳，是考虑直接从纳税义务人征收税捐有其困难，或者为有效率且确实的征收税捐而有其必要等情形，为确保税捐的征收所采取的方法。例如，

---

① Tipke/Lang, Steuerrecht, 20. Aufl., 2010, §6 Rz. 1 ff.

所得税的就源扣缴,电影院为观众代征娱乐税,证券经纪商或有价证券受让人为出卖人代征证券交易税等,均属之。

征收缴纳义务人,如果从纳税义务人的立场来看,是属于为了国家或地方自治团体而征收税捐的税捐征收机关;如果从国家或地方自治团体的立场来看,则是代替纳税义务人缴纳税捐的人。因此其具有双重性格。①

征收缴纳义务是由下列二种义务所结合的特殊义务:

(1)作为义务:自纳税义务人征收税捐的义务。

(2)给付义务:缴纳所征收税捐的义务。

征收缴纳之法律关系可区分如下:

国家、地方自治团体与征收缴纳义务人间的法律关系,属于公法上的债务关系。

征收缴纳义务人与纳税义务人间的法律关系,属于私法上的债务关系。例如,劳动契约关系、租赁关系、执行业务之委任关系。

如果征收缴纳义务人向纳税义务人征收税捐过少,以致短缴税款,事后被稽征机关追缴税款时,则征收缴纳义务人就其差额可以向纳税义务人行使求偿权。反之,倘若扣缴过多税款,并已经缴纳稽征机关时,由于其是为了纳税义务人的利益而缴纳,因此受扣缴的纳税义务人应可直接向稽征机关请求退税或自其应纳税额中扣除。

2. 正当性依据

此类征收缴纳义务并不是本来的纳税义务,但就给付义务的内容而言,类似于本来的纳税义务。征收缴纳制度是否合乎宪法?不无疑义。一般认为如果对于与纳税义务人间毫无关系的第三人,课予此项义务,则可认为违背宪法。但在可认为具有确保征收的必要性,而采取此项课税方法并不是不合理的情形,即如果是对于与纳税义务人间具有特别的关系,而便于征收税捐的人,课予此项义务,则可认为并不违背宪法保障民众财产权之规定。又对于该第三人课予此种征收缴纳义务,虽然并未给予补偿,但因相对于义务人的经营规模与收入金额,尚属轻微的经济上负

① [日]金子宏:《租税法》,1997 年第 6 版,第 563 页。

担,而可认为属于财产权的内在制约范围内。因此,税法课予扣缴或代征义务,系基于确保税收之公共利益所必要,一般认为并不违背宪法。

德国联邦宪法法院认为,扣缴义务人承担的费用与其营收相比,微不足道作为正当理由,故判决尚不违背宪法。①

日本最高法院昭和三十七年(1962 年)2 月 28 日判决认为,就源扣缴制度,可以确保国家税收,简便征税程序,节约其费用劳力,而且在纳税人方面,也可以免除申报缴纳等繁杂的事务。因此,作为对于薪资所得者的征收方法,具有效率性与合理性,符合公共福祉的要求。同时,税捐的征收原得选择最有效率的、合理的方法为之,因此,虽然同样是所得税,也可以按照所得的种类态样之不同而采取各自适当的征税方法,而为不同之规定。

所得税法考虑薪资支付者与薪资受领人间具有特别密切的关系,而有征税上特别的便宜及效率,因此以之作为征税义务人。此项义务,符合公共福祉的要求。既然基于合理的理由,使与纳税人具有特别关系的人,负担与一般民众不同的特别义务(扣缴义务),尚不违背宪法上平等原则。②

又扣缴义务之履行所必要之经济负担,与扣缴义务人的经营规模及收入金额相比较,应属轻微甚少,可认为是在财产权的内在制约范围内,因此虽然不给予补偿,也不至于违背宪法保障财产权的规定。③

由上述判例可知,第三人必须与薪资受领人间具有特别密切的关系,而有征税上特别的便宜及效率,才适合以之作为扣缴义务人。换言之,必须有正当合理的关联性,才能在宪法上具有正当性。例如,雇主与受雇人间具有劳动契约的职务关系,于其支付薪资时办理扣缴,有正当合理的关联性,因此雇主适当担任扣缴义务人。

就此释字第 317 号解释承认扣缴义务目的在使中国台湾当局得以确实掌握课税资料,为增进公共利益所必要。上述解释,并未进一步检讨扣缴义务人与纳税义务人间有无特别密切的关系(正当合理的关联性),似

① BverfGE 22,380;BVerfG DB 64,204.

② 《刑集》,第 16 卷第 2 号,第 212 页。转引自玉国文敏等编:《租税法基本判例集》,昭和五十五年(1980 年)版,第 787 页以下。

③ [日]金子宏:《租税法》,平成九年(1997 年)第 6 版,第 564 页。

较粗糙。①

释字第673号解释理由书认为：台湾当局课予何人此项扣缴义务，制定机关自得在符合比例原则之前提下，斟酌可有效贯彻上开扣缴制度之人选而为决定。……上开规定其中以机关、团体之主办会计人员及事业负责人为扣缴义务人，旨在使就源扣缴事项得以有效执行，目的洵属正当。……纳税义务人自机关、团体或事业受有中国台湾地区“所得税法”第88条第1项第2款之所得，虽给付各该所得者为机关、团体或事业，并非机关、团体之主办会计人员或事业负责人。

唯行政机关出纳人员据以办理扣缴事务等出纳工作之会计凭证，须由主办会计人员或其授权人签名、盖章，会计人员并负责机关内部各项收支之事前审核与事后复核（中国台湾地区“会计法”第101条第1项、第95条规定参照），因此系由会计人员实质参与扣缴事务；而于团体之情形，可能由会计人员实际办理团体之扣缴事务。另事业负责人则代表事业执行业务，实际负该事业经营成败之责，有关财务之支出，包括中国台湾地区“所得税法”上之扣缴事项，自为其监督之事务。是上开规定课予主办会计人员及事业负责人扣缴义务，较能贯彻就源扣缴制度之制定目的，且对上开人员业务执行所增加之负担亦属合理，并非不可期待，与比例原则尚无抵触。

上开解释忽略事业负责人以及机关团体主办会计人员均为支领薪资人员，真正利用员工享受事业经营利益者为事业主本身，却不必负担扣缴义务，实有违反利益均衡原则（利益之归属与风险之承担应当配合一

---

① 钟典晏：《所得税法上扣缴义务及其宪法界限》，台大法研所硕士学位论文，2004年。例如，实务上曾发生中山科学院对于一万多名非军职人员的“品位加给”以及“技术津贴”，是否为中国台湾地区“所得税法”第4条第8款研究补助费免纳所得税，与稽征机关的见解不同，前者认为应该免税，因此不予扣缴，后者认为应该课税，因此认为该院九名主办会计人员违反扣缴义务，要求赔缴税款及罚锾合计约新台币27亿元。本案凸显出赔缴税款责任有无要件限制。责任范围有无限制。有关本件事件，参见黄俊杰：《解释函令变更与信赖保护》，载《台湾本土法学》第20期，2001年3月，第1页以下；陈清秀：《中科院会计补税罚款合法性探讨》，载《经济日报》2002年10月4日，第15版。中国台湾地区“最高行政法院”2000年判字第2460号判决，2002年判字第1362号判决。就此德国立法例是以公库作为扣缴义务人，可供参考。又在营利事业部分，德国立法例是以雇主亦即营利事业为扣缴义务人，而不是以负责人为扣缴义务人，也可供参考。

致)。且契约关系存在于事业主与其员工之间,如要从雇主给付款项中行使扣缴权利,也只有雇主才有此一权责,将来若因扣缴错误,必须向受雇人追偿时,也只有雇主得利用给付机会办理求偿(例如,从应付薪资中行使抵销权),因此以雇主作为扣缴义务人较符合民事契约关系之事件本质的合理性,也较符合稽征行政效能要求。[①]

3. 扣缴义务

(1)扣缴义务的法律性质

扣缴义务的法律性质为何,有行政助手、行政委托与协力义务三种学说:

①行政助手说

此说主张扣缴人原则上对于扣缴内容及程度并无决定裁量权,即并无自己决定权,因此并非行政委托,仅为行政助手。但一般所谓行政助手,系指受稽征机关之指示而为非独立的协助行为,然扣缴并非受稽征机关之指示而为非独立的协助行为,因此此说有其不圆满之处。

②行政委托说

此说主张扣缴人是以自己的名义,独立执行扣缴事务,并不受稽征机关之指示办理;且其扣取税款,须自行认定有无应税之薪资所得而予以扣缴,其中包含有法律的解释适用以及事实的调查认定,因此,扣缴义务人系私人依据法律的授权,得以自己名义,对外独立执行特定的高权行政事务,其法律地位,应为行政受托人(Beliehener)。[②] 在扣缴关系中,扣缴义务人与税捐债权人的关系有认为是属于公法上的法定委任,以私人的地位因受委任行使公权力。[③]

③协力义务说

此说认为扣缴义务人并非履行行政任务的行政受托人,而毋宁是履

---

① 葛克昌:《负税捐征收义务之私人》,载《月旦法学教室》2010 年第 94 期,第 63 页。同说,柯格钟:《薪资扣缴所得税之义务人及其处罚修正刍议》,载《月旦法学杂志》2004 年第 115 期,第 130 页以下;范文清:《扣缴所得税的扣缴义务人》,载《台湾法学杂志》2014 年第 249 期,第 205 页。

② 陈敏:《扣缴薪资所得税之法律关系》,载《政大法学评论》1994 年第 51 期,第 52 页以下。

③ 黄茂荣:《税法总论》(第 1 册),第 309 页。

行自己的税捐上义务。雇主并不是在执行公法上任务,而是在履行一项公法上义务。[①] 此说从公法上协力义务的观点加以说明,应可赞同。

(2)扣缴义务的法律关系

扣缴义务是针对某些特定种类的所得,由支付者“预先缴纳”给付受领人的所得税。例如,薪资所得者的薪资所得税。扣缴义务人是税捐法律关系或税捐义务关系的当事人,是依据法律的规定,负有为了税捐债务人的计算,而为缴纳税捐的义务。其具体情形,依个别税法的规定。

扣缴义务为依据税法规定成立的义务,属于公法上的义务。此种公法上的义务之履行,不得经由雇主与受雇人间之约定加以排除。而且此一税法上义务是迭置于职务关系的权利义务上,扣取税款原则上不能成为劳资双方的民事纷争的标的。在薪资被查封或被判决支付的情形,也仍应履行扣缴义务,就薪资中扣除税捐及社会保险分担金(劳健保费)之余额,才是可查封扣押的款项。[②]

扣缴义务人与纳税义务人间的关系,在扣缴权限的范围内,有认为相当于属于税捐债权人的“征收辅助人”,税捐债权人就扣缴义务人的行为,应与自己的行为负同一责任(参照中国台湾地区“民法”第224条)。[③] 薪资所得者经由忍受扣缴税款而履行其税捐债务。在雇主扣留取税款之同时,受雇人的税捐债务归于消灭。[④] 至于扣缴义务人是否将扣取的税款缴纳予稽征机关,应由税捐债权人负担其损害风险。[⑤]

倘若扣缴义务人未将扣取的税款缴纳予稽征机关时,则应由其负担赔缴责任。此时稽征机关不得依中国台湾地区“所得税法”第89条第2项规定:“扣缴义务人未履行扣缴责任,而有行踪不明或其他情事,致无从追究者,稽征机关得径向纳税义务人征收之。”而改向纳税义务人(薪资

---

① Kirchhof, EstG, 2. Aufl., 2001, §38Rn. 9.

② Schmidt, EstG, 13. Aufl., 1994, §38Rn. 7.

③ 黄茂荣:《税法总论》(第1册),第310页。

④ 陈敏:《扣缴薪资所得税之法律关系》,载《政大法学评论》1994年第51期,第50页以下。

⑤ 黄茂荣:《税法总论》(第1册),第311页。黄茂荣教授认为其理由包括:纳税人有服从扣缴义务。纳税人对于该扣取之税款是否转交稽征机关,无监督可能。

受领人)征收之。[1] 即只有在扣缴义务人于给付时未扣取税款时,稽征机关始得径向纳税义务人征收之。

二、税法上法律关系之当事人

(一)概说

1. 税捐权利人与税捐义务人

税捐法律关系的当事人乃是税捐权利人及税捐义务人,税捐权利人乃是国家、直辖市、县(市)及乡镇地方团体,即为税捐收益权或税捐行政权所归属的主体。税捐义务人,是指在税捐法律关系中为权利与义务的主体的私人。此种权利义务可能为实体法性质,也可能为程序法性质,例如,其负担税捐债务的人,对于税捐负担缴纳责任(第二次纳税义务)的人,负有义务为第三人的计算代征或扣缴税捐的人,负有义务提出税捐申报、设置及保持账簿凭证或履行税法所定[2]其他义务的人,均属于税捐义务人。至于对于他人的税捐事件,在事实的调查过程中,负有协力义务的第三人,则并非税捐义务人。

税捐义务人与税捐债务人、税捐缴纳义务人、税捐负担主体、责任债务人等概念有别,兹分述之。[3]

2. 税捐债务人

税捐债务人,意指税捐债权债务关系中有关财产法上权利与义务的主体,其范围比税捐义务人为狭小,凡是税捐义务人必定是税捐债务人,反之,税捐义务人则未必是税捐债务人。有关非财产法上权利与义务的主体,也是属于税捐义务人。

3. 税捐缴纳义务人

税捐缴纳义务人,是指税捐的扣缴义务人以及代征义务人。此类缴纳义务人并非自己负担税捐债务,而是以第三人的身份,为税捐债务人的

---

① 陈敏:《扣缴薪资所得税之法律关系》,载《政大法学评论》1994 年第 51 期,第 49 页。

② [日]金子宏:《租税法》,第 564 页。

③ Tipke/Lang,aaO.,S. 130f.

计算为行为,例如雇主为劳工扣缴薪资所得税,电影院为观众代征娱乐税证券经纪商或有价证券受让人为出卖人代征证券交易税。

4. 税捐负担主体

税捐负担主体,是指在经济上负担税捐的人。倘若税捐债务人将其税捐转嫁予其他人负担时,则税捐债务人与税捐负担主体即非同一人,例如营业税及其他消费税,即所谓间接税,于制度上即设计以营业人为税捐债务人,而以消费者为税捐负担主体,故其税负通常即转嫁由消费者负担。此一税捐负担主体并非税法上的税捐义务人。

5. 责任债务人

责任债务人,系就他人的税捐债务关系中的债务,负担清偿责任。例如扣缴义务人未依法办理扣缴税款,应负赔缴责任,即属之。责任债务人也有称为第二次纳税义务人(详请参照后述税法上责任债务)。

(二)税捐权利能力

1. 概说

税法上权利能力,与私法上权利能力相同,系指得作为税捐法上权利与义务的(直接归属的)主体的资格或能力而言。凡是私人(相对于税捐权利人之公法人)能够作为税捐法律关系(税捐债务关系与税捐义务关系)的权利与义务的主体的人,即有税捐权利能力,而为税捐义务人,税法的权利主体或税捐主体。

权利能力的制度,乃是应适合于各个法律领域的立法目的之技术性制度,因此,税法上权利能力应考虑税法的特殊需要,系独立于私法上的权利能力,而为特别的权利能力。税捐主体可以是任何适合于承担税法的权利及义务的主体。在税法上,应以表彰在经济上的给付能力(如所得税)或在技术上可以把握经济上的给付能力的对象(如营业税等消费税),作为税法的权利主体。

权利能力又可区分为完全的权利能力与部分的权利能力,在法律承认一个权利主体享有无限制的权利能力,即属完全的权利能力。反之,如果法律对于一个权利主体,仅就特定的法律领域,承认其得为权利与义务的主体的资格时,即存在部分的权利能力,此即称为部分权利能力人。

2. 权利能力之具体类型

有关税法上权利能力人，又可分别说明如下：

(1) 自然人

自然人的税法上权利能力始于出生，终于死亡。

又自然人自死亡之日起，即不能再为诉讼当事人，自亦不能再以死亡者之名义，提起诉愿（1960 年裁字第 37 号判例）。若在诉愿程序中诉愿人死亡者，仍宜通知其继承人、遗产管理人或其他依规定得继受诉愿之人，续行诉愿程序，不得对已无权利能力之原提起诉愿人为诉愿决定（1987 年判字第 585 号判例）。

(2) 法人

基于税法上竞争中立性原则的考虑，公法人的营业组织，也被提升为税捐权利能力人，而与私人的营业组织同等地位。中国台湾地区“营业税法”第 6 条第 2 款即规定非以营利为目的之事业、机关、团体、组织，有销售货物或劳务者，为营业人，即具有营业税法上的税捐权利能力。

又私法上法人，依中国台湾地区“非讼事件法”声请设立登记后，一经法院登记于法人登记簿，即行成立而取得法人格，得为权利义务主体，此观中国台湾地区“民法”第 30 条之规定自明。[①] 又公司一经主管机关登记并发给执照后即告成立，同时取得法人资格（中国台湾地区“公司法”第 6 条）。唯私法人的成立时点，并非作为判断税捐权利能力的基准，税法是判断经济上的事件经过及其形成，而非单纯法律形式。因此，税捐权利能力可能基于经济上的理由，而有别于私法上的权利能力。有关税捐权力能力的判断基准，乃是系争有关的税法规定。

税捐权利能力并非以办理税籍登记完毕为要件，故无论公司、合伙或独资组织的营利事业，只要其独立的继续反复的从事以获得收入为目的的经济活动，不因其未依中国台湾地区“营业税法”第 9 条及“所得税法”第 18 条的规定，向主管税捐稽征机关办理营业登记及税籍登记，而否定其税法上的权利能力。[②]

---

① 中国台湾地区“最高法院”1975 年台上字第 1558 号判例。

② 中国台湾地区“行政法院”1968 年判字第 300 号判例、1980 年判字第 58 号判例。

公司如经清算人依中国台湾地区“公司法”规定声报清算完结并经法院准予备查,依据中国台湾地区司法机构“秘书长秘台厅”第01191号函释,其法人人格已归消灭,无须再依中国台湾地区“非讼事件法”第37条的规定声请终结登记,其人格始行消灭。[①] 在公司经办理清算完结,并声报法院准予备查后,始发现有漏税情事,如未依规定洽请法院撤销其清算完结准予备查之裁定,其清算程序既已终结,不能再对法人人格已告消灭之公司补征税款及处罚。[②]

按公司于清算完结向法院声报清算完结并经法院准许备查,仅为备案之性质,并无实质上之确定力,法人人格之消灭,仍以完成合法清算为前提,如尚未完成合法清算,纵经法院为准予清算完结之备查,亦不生清算完结之效果,法人人格即仍未消灭。[③] 故公司清算时,其财产不足清偿债务(包括欠税及罚锾),清算人不依中国台湾地区“公司法”规定声请宣告破产,径向法院声报清算终结者,其解散清算为不合法,不生清算完结之效果,其公司法人人格仍视为存续,[④]故公司仍应就欠税及罚锾负责。[⑤]

又具有税捐权利能力的公司法人,其设立及存在,如仅属于一种外观的法律形式,以规避税捐为主要目的,实际上并无从事任何的经济上的活动,则可能被认为是虚伪的行为不生效力,或属于法律上形式的滥用,而被加以否认,于此情形,即应穿透把握其股东,以该股东作为税捐义务人。[⑥]

(3)非法人团体

非法人团体,虽无私法上的权利能力,但税法上权利能力并非以具有私法上权利能力为必要,因此,依个别税法的规定,非法人团体亦可能具有税捐权利能力,例如中国台湾地区“营业税法”第2条第1款以营业人

---

① 中国台湾地区财政事务主管部门1991年3月6日台财税第800067431号函。

② 中国台湾地区财政事务主管部门1978年1月25日台财税第30525号函。

③ 中国台湾地区“最高行政法院”2013年度判字第192号判决,1999年度判字第3498号及2000年度判字第3354号判决。

④ 中国台湾地区财政事务主管部门1981年8月18日台财税关第19896号函。

⑤ 在公司因有中国台湾地区“公司法”第9条情形被法院判决确定者,应“撤销”公司登记,并准用“公司法”第24条及第25条规定“办理清算”(中国台湾地区经济事务主管部门2013年11月11日经商字第10202435020号函)。

⑥ Tipke/Lang, Steuerrecht, S. 132.

为税捐主体,而营业人即包括非法人团体在内(中国台湾地区“营业税法”第6条第2款、第3款)。

(4)独资、合伙

在税法上,税捐权力能力主体并非一般性的加以决定,其范围系依各个税法的规定而有不同,例如独资及合伙营利事业,在一般私法上并无权利能力,但在所得税法及营业税法上则有其特定之地位,得以其名义,享受及负担税法上之权利与义务。①

在税捐实体法上,例如在营业税法上,独资合伙依法既享有税捐权利能力,得为税捐主体,得作为纳税义务人。则在税捐稽征程序上,自应相对的享有程序当事人能力,中国台湾地区“行政程序法”第21条第5款即规定:有行政程序之当事人能力者如下……(5)其他依规定得为权利义务之主体者。因此,对于独资营利事业所作成之营业税之课税处分,其处分相对人名义应记载为“某某商号”并以其“负责人某某某”代表之(如安东益机车行负责人陈某某)。在诉愿程序上,由于独资商号为课税处分相对人,因此依据中国台湾地区“诉愿法”第18条规定,受行政处分之相对人之独资商号也有诉愿当事人能力,得以商号名义提起诉愿。

因此,依据税法规定得为税捐权利义务之主体者,即具有稽征程序之当事人能力。

同理,在行政诉讼程序上,独资商号也应有当事人能力,始符合“有权利,即有救济”之法理,然而,由于中国台湾地区“行政诉讼法”第22条规定:自然人、法人、台湾当局及各地机关、非法人之团体,有当事人能力。并未类似中国台湾地区“诉愿法”第18条规定受行政处分之相对人也有诉讼当事人能力,以至于在行政实体法上有权利能力,在诉讼上却可能认为丧失当事人能力。此当系受民事诉讼法之影响,忽略行政法尤其税法的特殊性所致。

实务上即认为独资营利事业并无诉讼当事人能力,而应以自然人名义提起行政诉讼并附记“即某某商号”。即“应以独资商号主人为当事人”,在当事人栏应记载为“某某某即某某商号”(“行政法院”1979年8月庭长评事联席会议决议)。例如,在对于独资营利事业课征营业税之案

① 1983年判字第1445号判决;1967年判字第376号判例。

件，当事人栏即记载为“再审原告陈某某即安东益机车行”①，在对于独资营利事业课征营利事业所得税之案件，当事人栏即记载为“原告张某某即昶春大楼”②。

独资营利事业与其资本主个人在民法上人格固为同一，但在税法上则有不同，各自享受负担不同的权利义务。中国台湾地区“最高行政法院”2002 年度判字第 562 号判决亦谓：独资营利事业应纳营业税与独资资本主义应纳所得税，两者课税主体各异，独资负责人纵已将系争营业所得报缴个人综合所得税，仍不影响其漏报营业收入逃漏营业税之事实。

唯中国台湾地区“最高行政法院”2001 年度判字第 2039 号判决则认为在独资营利事业废止营业的情形，其原先逃漏税行为，仍应由资本主（负责人）继续负责，因该独资与负责人个人“在税法上为同一人格”。从而，独资营业虽然废止营业，本件课税主体并不因而消灭，即仍得对负责人课征。

按上述判决所示情形，承认独资营利事业之税法上权利能力，仍可获得应予课税之相同结论。盖因独资商号既然并未依规定报缴税款，足见其并未依规定办理清算，纵然废止营业办理清算申报完竣，其税法上之法人格仍不消灭，自仍可加以补税。故似无必要引用“在税法上为同一人格”之有争议的法律观点。

（三）行政程序之当事人能力

有关行政程序之当事人及当事人能力，应适用中国台湾地区“行政程序法”第 20 条及第 21 条的规定。依据税法规定得为税捐权利义务之主体者，即具有稽征程序之当事人能力。又课税处分的相对人，为稽征程序上当事人。

（四）税法上行为能力

1. 概说

税法上行为能力，系指得有效为意思表示或接受意思表示或为其他法律行为的能力，相当于民法上行为能力。

① 中国台湾地区“最高行政法院”2002 年 4 月 25 日 2002 年度判字第 562 号判决。

② 中国台湾地区“最高行政法院”2001 年 11 月 8 日 2001 年度判字第 2039 号判决。

在程序法上的观点,行政程序上的行为能力相当于程序行为能力;在行政诉讼上,相当于诉讼能力。有关税法上行为能力应适用中国台湾地区“行政程序法”第22条规定。

故依民法规定为完全行为能力人者,在税法上也有行为能力,依民法规定为限制行为能力人,但依民法或其他法律承认其有行为能力时(如限制行为能力人就其独立营业范围内有行为能力),在税法上也承认其行为能力。但个别的行政法规中,有特别规定行为能力者,依其规定。

税法上行为的行为人,如不具有行为能力,则其所为行为无效。例如,税捐申报属于公法上行为之一种,自应以具有行为能力为要件,如不具有行为能力,其所为税捐申报应属无效,但此种无效之程序上行为,可于嗣后经其法定代理人之同意或其取得行为能力后加以同意而补正(治愈)瑕疵。

2. 法定代理与意定代理

欠缺税法上行为能力之人,其所为税法上行为,应由法定代理人代理。又无行政程序行为能力者,应由其法定代理人代为行政程序行为(中国台湾地区“行政程序法”第22条第2项)。故民法上有关法定代理规定,应可类推适用于税法上(参照中国台湾地区“诉愿法”第13条)。中国台湾地区“遗产及赠与税法施行细则”第22条第1项规定遗产税纳税义务人为未成年人或受监护宣告之人时,应由其法定代理人代为申报遗产税,亦本此意旨。

中国台湾地区“行政程序法”第24条第1项规定:当事人得委任代理人。但依“法规”或行政程序之性质不得授权者,不得为之。在税法上不具一身专属性之权利义务,无须其个人亲自处理之案件,除有特别规定外,亦得适用于税法上,例如有关税捐申报及税款缴纳事宜,均不具有属人性,自得适用上述代理规定,授权代理人代为申报缴纳。此观中国台湾地区“税捐稽征法”第19条规定为稽征税捐所发生之各种文书,得向纳税义务人之“代理人”送达及中国台湾地区“所得税法”第102条明定所得税之申报,得委托会计师或其他合法代理人代为办理,尤可明了。由于代理人之行为,效果归属于本人,故倘代理人迟误申报期限,即应由本人负责(如被加征怠报金)。[①]

---

① 1986年判字第423号判决,《行政法院裁判要旨汇编》(第6辑),第400页以下。

现行税法并未建立专业的税务代理人制度，中国台湾地区“所得税法”第118条也仅是规定会计师或“其他合法代理人”，得代办有关税务事项，所谓其他合法代理人范围如何，不无疑义。原则上税务事项并不具有一身专属性，而于性质上是可以委任他人代理。在税法上既然并无明文规定加以限制，应可适用上述行政程序法委任代理人的规定。且代理人的资格并无限制，不以专业代理人为限，但展望未来，似应参考其他国家和地区立法例，建立专业税务代理人制度。2004年6月2日公布之中国台湾地区“记账士法”，亦属之。[①]

三、税捐稽征机关

(一)概说

中国台湾地区财政事务主管部门主管中国台湾地区财政，其所属机关“赋税署”掌理“税法”规定之研拟及解释、“国税”稽征业务之指挥、监督、考核及“省”(市)、县(市)税稽征业务之督导、考核事项(中国台湾地区财政事务主管部门“赋税署组织条例”第2条)。

“赋税署”主管中国台湾地区税捐“法规”之解释，包括“国税”与“地方税”“法规”之解释，由于其拥有赋税专业人才，故提供统一的解释服务，对于税务行政之统一执行及品质提升，具有正面帮助。

中国台湾地区财政事务主管部门为培训所属公务员，提供税务人员在职训练与在职进修管道，设有所属财税人员训练所，掌理税务人员、关务人员、金融人员、一般财政人员等训练之研拟及执行事项(中国台湾地区财政事务主管部门“财税人员训练所组织条例”第2条)。

(二)“国税”之税捐稽征机关

1.“国税局”

目前中国台湾地区财政事务主管部门设有中国台湾地区财政事务主

① 但记账士偏重协助纳税人记账及报税，代理人资格定位为普考及格，而非高考及格，其税务专业水平，仍无法与境外专业税务顾问相提并论。

管部门台北"国税局"、[1]高雄"国税局"、北区"国税局"、中区"国税局"、南区"国税局"。

又"国税局"为便于稽征,得视业务需要于一等、二等局辖区内设置分局,或于各等局辖区内设稽征所,由各"国税局"报请台湾地区财政事务主管部门核转中国台湾地区行政机构核定设立。

2. 中国台湾地区财政事务主管部门"关务署"及所属各关

中国台湾地区财政事务主管部门所属"关务署",[2]"关务署"下辖基隆、台北、台中、高雄等4关,掌理关税稽征有关业务以及私运货物进出口之查缉事项(中国台湾地区财政事务主管部门"关务署组织法"第2条)。

(三)"地方"税之税捐稽征机关

"地方"税由各地设置"地方税务局"或"税捐稽征处"办理税捐业务。以台北市"税捐稽征处"为例,该处为配合业务需要,按行政区域设有13个分处,从事各税稽征并就近提供便捷的纳税服务。

(四)稽征人才之培养

税捐稽征业务之专业素养,应包括法律(尤其行政法及税法)之专业以及财政会计专业二者并重,[3]目前为止中国台湾地区考选事务主管部

---

① 配合台湾地区行政机构组织改造自2013年1月1日起,台湾地区财政事务主管部门台北市"国税局"机关名衔变更为台湾地区财政事务主管部门台北"国税局",台湾地区财政事务主管部门台湾省北区"国税局"更名为台湾地区财政事务主管部门北区"国税局"。其余亦同。

② 中国台湾地区财政事务主管部门"关务署"成立于清朝咸丰四年(1854年),原名海关总税务司署,1912年以后,其组织制度,一直沿袭下来,直到中国台湾地区财政事务主管部门"关税总局组织条例"经"三读"通过,于1991年2月1日明令公布后,正式改名为中国台湾地区财政事务主管部门"关税总局",并于2013年1月1日配合中国台湾地区行政机构组织改造,与中国台湾地区财政事务主管部门"关政司"整并成立中国台湾地区财政事务主管部门"关务署"(参见中国台湾地区财政事务主管部门"关务署"之业务介绍,http://web.customs.gov.tw/ct.asp?xItem=21537&CtNode=13106)。

③ 德国高阶税务人员多由法律人才充任,甚至有许多法官、律师或会计师转任者,法律人才济济。中国台湾地区连税务机关之法制单位,其法律人才比例严重偏低,可见人力资源管理"适才适所"之理念,有待加强。作者在以前担任人事职务任内发现此问题,正谋改善之道,并于2009年1月22日订定"中国台湾地区行政机构及所属'中央'各级机关法制业务人力配置及运用原则"(参见2012年3月5日院授人法字第1010027206号函修正),以加强各机关法制人才之引进,目前成效仍有待努力。

门有关税务人员高等考试或特种考试类科之科目，过度偏重财政会计专业，而忽略法律人才之引进。因此，税务人员有关法律专业素养较不足，导致认事用法容易发生偏差，未来应强化引进法律人才，并强化税务人员之法治素养，以提升税务行政之质量。

为提升机关人员之依法行政质量，中国台湾地区行政机构于 2008 年 11 月 4 日核定函知各机关人员核心价值为“廉正、专业、效能、关怀”（中国台湾地区考试机构后来又增加“忠诚”之核心价值）。中国台湾地区考试机构又于 2010 年函颁“公务人员服务守则”，期勉公务员强化公务伦理观念，[①]具备同理心及培养人文关怀素养，依法公正执行公务。

四、税务代理人

（一）税务代理人的任务与业务

税务代理人以保障纳税人法律上权益，实现租税正义为使命。

税务代理人作为税务专门职业人员，应基于前项使命，秉持独立公正立场，受纳税人之委任，以谨慎负责、诚信态度、严守职业秘密及伦理规范，执行职务。

税务代理人一般而言，得执行下列业务：[②]

1. 各项税务代理。包含税务行政救济之代理。
2. 税务书类之制作。
3. 提供税务咨询。
4. 其他附带业务。例如，代客记账或代办申请营业登记。

由于税务代理人既然属于专门职业人员，提供税法的专业服务，为确保其服务的质量，理论上其资格的取得，不宜过于浮滥，以德国及日本立法例为例，必须有相当于税务代理人高等考试及格者，始得充任税务代理人，其次律师及会计师，也可以执行税务代理人的业务。

---

① 参见陈清秀：《税务人员的法治伦理》，载儒道法学部落格：http://tw.myblog.yahoo.com/uda6433/article?mid=59。

② 日本税理士法即明定此三项业务。

(二)税务代理人的义务与伦理规范

有关税务代理人的义务,尤其在职业伦理方面,特别值得注意。① 其中特别值得注意的,乃是禁止从事协助"税捐规避"之服务。②

以下即介绍其他国家和地区税务代理人之伦理规范。

日本立法例明定如下:

1. 不接受逃漏税或规避税捐咨询等的义务

税理士与纳税义务人接触,商谈有关纳税事宜,难免涉及咨询或指导如何逃漏税或税捐规避行为,因此《日本税理士法》明定禁止此类行为。即税理士不得就不正当免于国税或地方税之赋课或征收,或不正当受取国税或地方税之退税,而为指示、接受咨询、或其他类似之行为(《日本税理士法》第36条)。

2. 对于逃漏税行为的忠告改正义务

《日本税理士法》不仅要求税理士不得接受逃漏税的咨询,而且更积极要求如果其知悉纳税义务人有逃漏税事实时,应加以忠告劝导其改正。即"税理士的执行税理士业务之际获知委托人有不正当的免于国税或地方税之赋课或征收事实、不正当受取国税或地方税的退税事实,或隐瞒或假装作为国税或地方税课税标准等计算基础事实一部分或全部之事实时,应立即忠告建议其改正"(同法第41条之3)。

美国财政部第230号公告课予下述律师、会计师及登记税务代理人关于税务代理业务执行时的义务与限制:③

1. 禁止提供规避税捐的咨询服务

税务代理人也不得提供税捐庇护所(tax shelter)的规避税捐意见。

虽然美国国会利用处罚纳税义务人与促进税捐规避者的法律规定,

① 税务代理人违背职业伦理规范,不只是违背良心道德而已,也是违背其职业义务的行为,构成惩戒的事由。

② 近年来中国台湾地区有关重大税捐规避之案件,有不少出于税务代理人提供税捐规划的情形,足见中国台湾地区税务代理人的职业伦理观念,仍有待建立。

③ Saltzman, IRS Practice and Procedure, 2. ed. 1991, pp. 1 - 83;中文资料,详见葛克昌、陈清秀:《中小企业与租税法——税务代理人制度之研究》,2000年版,第12页以下。

意图杜绝非法规避税捐的情形,但美国财政部则是引用执业规则禁止税务代理人以咨询意见的方式,参与非法的税捐规避行为。倘若违反关于禁止提供非法避税意见的执业规则者,如果其违规出于:

(1)故意或重大过失;

(2)明显欠缺能力(gross incompetence);

(3)所提供的避税意见,部分无法符合执业的规定时。

其处罚手段包括撤销税务代理人资格或是停业处分。然而以上的要件过于广泛,以至于包括原本不属于重大逃漏税捐所要处罚的避税投资行为。

在美国财政部第 230 号公告广泛的定义下,只要是投资行为具有“明显与有意的特征”(significant and intended feature),专门为操纵所得税及消费税目的所设计者,例如,过度行使可减少该年度的其他所得的扣除项目金额提列过高的可扣抵税款,借以冲销其他所得税,则符合其所定义的非法避税行为。

以上的定义包括主观与客观要件,客观要件为判断该扣除额的行使或是所得税的扣抵的提列是否过度,主观要件为判断扣除额的行使或是所得税扣抵的提列是否为该投资行为所具有的明显与有意的特征。由于意见(opinion)的概念范围较建议(advice)为广泛,所以当会计师或其他人员从事财务预测与计划时,若该财务预测或计划乃是以该项交易的税负结果作为假设基础者,即可能会被认定为提供规避税捐的意见。①

2. 违法、错误申报之告知义务

税务代理人如发现其委托当事人有违反税法或于税捐申报书或其他文件上有错误、遗漏者,应立即告知委托人关于其错误、遗漏与违法之处。但在税务代理人履行该咨询的义务后,即免除其他的责任,因为大致上是由委托人自己最后决定是否更正错误、遗漏或是服从法律。以上的结果与美国律师公会的见解一致,其认为律师虽有责任促请其委托人更正错误,但若委托人拒绝时,律师“得”拒绝继续为其代理诉讼。

3. 尽善良管理人注意义务

税务代理人应行使“善良管理人的注意能力”,来准备与提出税务有

① Saltzman, IRS Practice and Procedure, 2. ed. 1991, pp. 1 -85.

关的税捐申报、文件与其他文件,以及提高对税捐机关与委托人其代理行为的正确性。所谓“善良管理人的注意能力”(due diligence)即是意味着“课予税务代理人为其过失行为负责”的主要目的。因此,如果税务代理人在税务代理业务的处理过程中,有为诈欺委托人的情事时,该名税务代理人即违反管理规则,并可能因此受到撤销资格或停业的处分。

至于所谓善良管理人注意。以往美国律师公会第314号关于委托律师处理税捐申报书的意见书(ABA Opinion 314)认为:“律师受委托人请求给予关于税捐申报的建议时,可以基于对有利的法律立场具有合理的基础,而自行决定是否鼓励委托人采取该有利的法律立场。”此项合理的基础,意指胜诉机会在10% ~29%之间。①

但其后则改变见解,依1985年7月7日,美国律师公会的道德与专业责任委员会公布正式意见书第85号至第352号(Formal Opinion 85 - 352),其内容如下:“只要是律师依正当的确信认为其所建议的申报税捐方法有现行法规上的根据者,或是该方法具有现行法规上扩张、修正与废止的理由,且该理由具有诉讼上胜诉的实际上可能性者(realistic possibility),律师即可建议委托人于报税时采取该申报方法。”

换言之:“纵然律师相信所建议的申报税捐方法并非是为一般所接受的,也没有‘实质的权威’(Substantial Authority)(在此所谓‘实质的权威’,系指争讼胜诉机会在百分之三十到百分之四十之间)②支持类似的申报方法,而且该申报立场也未加以揭露,律师仍得建议委托人采取该建议的申报方法。

但律师所建议的申报方法必须是基于其正当的确信,认为应为现行法所允许,或是可作为现行法修正、扩张或是废止的正当争执点,因此所建议的申报方法可以在将来所可能提起的诉讼中,有实际的胜诉可能。除此之外,基于律师的咨询身份,律师应告知委托人若采取该申报方法,所可能会面临的处罚与法律后果。”③

---

① Patricia T. Morgan, *Tax Procedure and Tax Frand in a Nutshell.*, 1990, p. 348.

② Morgan, *Tax Procedure and Tax Frand*, p. 348.

③ Saltzman, IRS Practice and Procedure, 2. ed. 1991, pp. 1 -81, 1 -82.

就此晚近美国管理纳税代理人规则中,亦规定税务代理人执行业务准则如下:

(1)实际可行之标准(realistic possibility standard)

当税务代理人认为税捐申报书所采取之法律策略,不具有实际上之可行性(指受税捐机关认可或受法院所接受)者,即不应代委托人填制该税捐申请书,但若该税捐申报书所采取之法律策略并非显无理由,且税务代理人亦向税捐机关适当揭露其内容者,不在此限。

(2)先行告知委托人其可能触及的相关罚则

税务代理人于事先筹划或建议其委托人采取一定税捐申报策略之际,就相关于其所建议或筹划之策略,所有具合理怀疑而可能作用于委托人的税捐罚则,税务代理人皆须向委托人充分告知。

此外,税务代理人亦需告知其委托人各种适当机会,以揭露相关信息之方式,避免触犯罚则,必要时亦应告知揭露之要件与方法。本条第1项第2款之规定亦适用于税务代理人就该税捐申报策略,并不涉及罚责之情形。

(3)对委托人所提资料之信赖

于建议或筹划申报税捐策略之业务范围内,原则上税务代理人对其委托人所提供之数据讯息,得基于其合理之确信(in good faith without verification)而充分信赖之。但税务代理人本于其专业知识,亦不应忽略其所得资料中为代理人明知不实或暧昧难明之处,如该数据于客观上可能有不真实、不完全或前后矛盾之虞者,税务代理人即应向委托人为合理必要之询问。

第二节　税捐债务之发生

一、问题之提出——税捐债务发生的意义

税捐债权债务究于何时发生或成立,对于下列事项,具有其重要意义,故有探讨之必要。

1. 税捐债权债务关系所应适用之法律（所谓行为时法，或实体从旧原则），原则上乃是税捐债务发生时有效之法律，如果一个法律在税捐债务发生之后始被公布，而溯及生效时，则构成真正的溯及效力；反之，在期间税，如果一个法律在税捐债务发生之前，于该（年度）期间中被公布时，则有谓非属真正的溯及效力之范围，而涉及不真正的溯及生效之问题。[①]

2. 税捐赔缴责任（第二次纳税义务）从属于税捐债务，原则上仅就已发生之税捐债务始有成立税捐责任债务之余地（责任的从属性）（参照中国台湾地区“税捐稽征法”第 13 条第 2 项、第 14 条第 2 项）。

3. 在税捐债务发生同时确定税额之税捐，如印花税，其税捐核课期间自税捐债务发生时起算（参照中国台湾地区“税捐稽征法”第 22 条第 1 项第 3 款）。

4. 已发生之税捐债务方适于为继承或概括承受之对象（参照中国台湾地区“税捐稽征法”第 15 条）。

5. 仅就已发生之税捐债务，得为保全税捐债权而提前征收（中国台湾地区“税捐稽征法”第 25 条）。

6. 税捐债务发生在破产宣告前者，属破产债权，除另有优先受偿规定外，应与其他破产债权平均分配（中国台湾地区司法机构解字第 3578 号解释、中国台湾地区司法机构解字第 4023 号解释、中国台湾地区“税捐稽征法”第 25 条第 2 项）；税捐债务发生在破产宣告之后者，属破产财团费用（中国台湾地区“税捐稽征法”第 7 条）[②]，应先于破产债权为清偿（中国台湾地区“破产法”第 97 条）。

7. 公司重整中所发生之税捐，为公司重整债务（中国台湾地区“税捐稽征法”第 8 条），重整裁定成立前发生之税捐，为公司重整债权，其享有优先受偿权者，为优先重整债权，非依重整程序，均不得行使权利（中国台湾地区“公司法”第 296 条参照）。

8. 除另有特别规定外，税捐债务于发生之同时其清偿期届至。

---

① 参见陈清秀：《税法上法律不溯既往原则》，载氏著：《税法之基本原理》，1993 年版，第 154 页以下。

② 中国台湾地区财政事务主管部门 1970 年 10 月 26 日台财税第 27749 号令。

9. 税捐债务之发生也影响税务会计的处理。

二、税捐债务的成立时期

税捐债权(税捐债务)的成立(发生)时期,中国台湾地区并无统一明文规定,因此除了个别有特别明文规定税捐债权的成立时期,应依其规定外,解释上究应以何时为准,不无疑问。

就此理论上可能有二种解释:其一为以课税处分时为准;其二为以课税构成要件之实现时为准。兹分述之:

(一)课税处分时说

主张税捐债权债务系经由课税处分(Steverfestsetzung)而发生者,认为税捐法律关系乃是国家的财政权力之行使的关系,税捐债务除了印花税或其他直接征收缴纳的税捐之外,乃是依据行政处分(查定处分)(Veranlagung)方始成立。德国早期行政法学者奥图·迈尔(Otto Mayer)即采此说。①

又有学者认为,税捐债权之发生乃是继续性的,其成立开始于构成要件的实现,而终于税捐核定,因此税捐债权到其核定之前,乃是附停止条件的债权。在所谓查定的税捐,除了以扣缴税款方式加以征收之外,乃是直到其被核定之时,才有实现可能性。②

如果税法特别规定税捐债务关系中之请求权的主张以及其金额大小的衡量,系以稽征机关的裁量决定为前提时,则于此类情形,其请求权即直到行使裁量权时方始发生。③

---

① 金子宏,納税義務の成立時期,別冊ヅユリスト租税判例百選,一九六八年,頁一四三;鹽野宏著,Otto Mayer 行政法學の構造,昭和三十七年,頁一八五以下。

② Sohn,SteuerrechtlicheFolgenbeseitigungdurchErstattung,1973,S. 24;Kirchof,NJW 1985,S. 2978;引自 Kruse,Lehrbuch des Steuerrechts,Band I,AllgemeinerTeil,1991,S. 119。

③ Koch/Halaczinsky,AO,3. Aufl. ,1986,§38 Rn. 3.

（二）构成要件实现时说

主张此说者认为税捐债权乃是对于依据法律所负担的税捐的请求权，在法律所定税捐债务的构成要件实现时，税捐债权立即成立。

在税捐法定主义之精神下，一切有关发生税捐债务之构成要件之规定均应为立法权所保留，而以法律之形式定之，且于满足法律所定成立税捐债务之构成要件之事实实现时，即不待任何行政权之介入，在法律上当然发生个别的税捐债权债务关系。故税捐债务之发生，有如民法无因管理、不当得利及侵权行为等债之发生，系基于法律规定，而非基于法律行为或行政处分。

就此 1977 年《德国税捐通则》第 38 条即规定："基于税捐债务关系之请求权，于该法律对于其给付义务所连结的构成要件实现时，即为成立。"即采此说。

（三）检讨

税捐债权债务的成立时期，如采取行政处分（课税处分）时说时，则税捐债务势将因稽征机关的工作方式以及工作负担的差异，而有不同的成立时期。又如，课税处分在法律救济途径中被变更或暂时撤销时，则应如何适用税捐债务成立时期，也不明确。[①] 因此，为确保成立税捐债权债务的法律效果对于一切税捐义务人均适用相同的基准时，而不受不同的税捐核定的时点的影响，应以法定课税要件实现时为准，而不以课税处分时为准，较妥当。

又税捐法定主义所要求的法律保留，也要求税捐债权仅能根据法律的规定而发生，因此以法律所定税捐义务的构成要件实现时，成立税捐债权，也较符合税捐法定主义。[②] 故税捐债权债务的成立时期，以构成要件

---

① Tipke/Kruse, AO, 1989, §38 Tz. 4.

② Weber-Fas, AllgemeinesSteuerrecht, 1979, S. 128；陈敏：《租税债务关系之成立》，载《政大法学评论》1989 年 6 月，第 396 页。

实现时说较可采。[①]

就此中国台湾地区“最高行政法院”2002 年度判字第 111 号判决：“税捐债务于法定课税要件事实实现时发生，而非于课税处分成立时发生。”[②]中国台湾地区“最高行政法院”2013 年 12 月第一次庭长法官联席会议决议：依中国台湾地区“证券交易税条例”第 1 条第 1 项、第 2 条的规定，证券交易税系对买卖有价证券之交易行为所征收，以出卖人为纳税义务人，按交易成交价格依所定税率课征之税捐。于有价证券买卖契约成立时，因有关规定之税捐主体、税捐客体、税基及税率等税捐构成要件均已合致，而发生证券交易税之债务。概亦采相同见解。

三、各个税捐债务的成立时期

在法定税捐构成要件实现时，即成立抽象的税捐债务。就个别的税捐而言，一般在随时税，即在税捐客体随时发生的税捐，因于税捐客体发生时即实现课税要件事实，故亦于其时发生税捐债务。而在期间税，即在以年或月等一定期间所累积的税捐客体为对象所课征的税捐，原则上其课税要件事实于该期间终了的同时实现，故其税捐债务原则上亦于该期间终了时发生。[③] 但基于稽征便宜的技术上考虑，有时亦以期间开始时或其他时点作为税捐债务成立的基准时。

就中国台湾地区各个税目的税捐债务成立时期而言，中国台湾地区“税捐稽征法”并未统一明文规定，但在解释上概亦可分述如后：

1. 基本的税捐债务发生时期

(1)综合所得税：历年终了之时（参照中国台湾地区“所得税法”第

---

① 陈敏：《租税债务关系之成立》，第 395 页以下；黄茂荣：《税捐法论衡》，1991 年版，第 26 页。

② 中国台湾地区“最高行政法院”1988 年度判字第 630 号判决、2009 年度判字第 522 号判决。

③ [日]金子宏：《租税法》，第 450 页。

11 条第 6 项规定课税年度为每年 1 月 1 日起至 12 月 31 日止)。[①]

(2)营利事业所得税:会计年度终了之时(参照中国台湾地区"所得税法"第 24 条第 1 项、中国台湾地区"所得税法施行细则"第 27 条)。[②]

(3)营业税:每期(课征期间)届满时(参照中国台湾地区"营业税法"第 35 条第 1 项、第 40 条)。[③]

(4)地价税:每年一次征收者,以 8 月 31 日为纳税义务基准日,其分二期征收者,上期以 2 月 28 日,下期以 8 月 31 日为纳税义务基准日(参照中国台湾地区"土地税法施行细则"第 20 条),故应以 2 月 28 日经过时或 8 月 31 日经过时为准。[④]

(5)房屋税:房屋税每年征收一次,其开征日期由各地定之(参照中国台湾地区"房屋税条例"第 12 条),因此在开征日期开始之日,房屋税税捐债务即行发生。

(6)遗产税:被继承人死亡时(中国台湾地区"遗产及赠与税法"第 1 条)。释字第 608 号解释理由书即谓:继承因被继承人死亡而开始,继承人自继承开始时,即承受被继承人财产上之一切权利义务(参照中国台湾地区"民法"第 1147 条、第 1148 条),继承人依规定缴纳遗产税之义务亦应自此时发生。中国台湾地区"遗产及赠与税法"第 10 条第 1 项前段规定:遗产价值之计算,以被继承人死亡时之时价为准,即系本此意旨。

(7)赠与税:赠与契约订立时(中国台湾地区"遗产及赠与税法"第 3

---

① 例外情形,有中国台湾地区"所得税法"第 71 条之 1 第 1 项及第 2 项所定在台湾地区境内居住之个人于年度中死亡或废止住居所离境之情形,其税捐债务于死亡或出境时发生。中国台湾地区"所得税法"第 73 条第 1 项所定非境内居住者在境内有未受扣缴之所得之情形,如于年度中离境时,其税捐债务于离境时发生。

② 例外情形,有营利事业遇有解散、废止、合并或转让情事时,其当期决算所得之税捐债务于解散、废止、合并或转让时发生(中国台湾地区"所得税法"第 75 条第 1 项)。营利事业清算所得之税捐债务于清算结束时发生(中国台湾地区"所得税法"第 75 条第 2 项)。在台湾地区境内无固定营业场所及营业代理人之营利事业,在境内有未受扣缴之所得,而于年度中离境时,其税捐债务于离境时发生(中国台湾地区"所得税法"第 73 条第 1 项)。

③ 陈敏:《租税债务关系之成立》,第 388 页。

④ 《德国土地税法》第 9 条第 2 项规定:"税捐因该税捐应行核定之日历年度之开始而成立";《日本地方税法》第 359 条规定:"固定资产税之赋课期日,为该项年度之始日所属年之一月一日。"

条、第4条第2项)。[①]

(8)契税:不动产买卖、承典、交换、赠与、分割之债权契约成立生时(中国台湾地区“契税条例”第18条)。

(9)土地增值税:土地所有权移转契约订立时(中国台湾地区“土地税法”第28条、第49条)或设定典权契约订立时(中国台湾地区“土地税法”第29条)。

(10)印花税:课税凭证交付或使用时(中国台湾地区“印花税法”第8条第1项)。在印花税汇总缴纳的情形,也是于交付或使用凭证时,成立印花税债务,只是清偿期延后至汇总缴纳时。[②]

(11)货物税:货物税于应税货物出厂或进口时征收之(中国台湾地区“货物税条例”第2条),故其税捐债务于货物出厂时或进口时发生。

(12)关税:货物进口时(中国台湾地区“关税法”第5条)。

2. 预纳的税捐债务发生时期

(1)就源扣缴之所得税:于给付应扣缴之所得时(中国台湾地区“所得税法”第88条第1项)。

(2)暂缴之所得税:营利事业应于每年9月1日起1个月内办理暂缴申报(中国台湾地区“所得税法”第67条),因此于经过每年9月30日时,发生暂缴税捐债务。[③]

上述就源扣缴以及暂缴之所得税,乃涉及税捐之预缴(Steuervorauszahlung)。此种预缴债务并非在清偿期前为缴纳,而是属于附有以税捐债务之发生为解除条件的税捐债务。即于成立税捐债务时,其解除条件成就,预缴债务归于消灭,因此,该年度的税捐债权即取代预缴请求权;如年度届满后,并未发生税捐债权时,则成立税捐义务人的退税请求权,但此项退税请求权必须等到税损债权核定时,其清偿期方届至。[④]

---

① 中国台湾地区财政事务主管部门1978年10月5日台财税第36742号函释对于不动产之赠与,即谓:“赠与行为发生日之认定,应以赠与契约订立之日为准,而不以移转登记之日为准。”

② 陈敏:《租税债务关系之成立》,第389页。

③ 陈敏:《租税债务关系之成立》,第286页。

④ 陈敏:《租税债务关系之成立》,第386页;Kruse,Lehrbuch des Steuerrechts,1991,S. 118。

四、从构成要件实现而成立税捐债权所导出的推论

(一)根据法律而发生

如同税捐法律关系,税捐债务关系,也是基于法律,经由税捐义务人的行为,法律行为以及行政处分而发生。然而,税捐债权均仅能基于法律而发生,而不得经由税捐义务人的行为,法律行为或经由行政处分而发生。对于税捐债权的法律行为,即所谓税捐协议乃属无效。课税处分对于并非依法应负担的税捐加以核定或超过依法应负担的税捐加以核定时,其处分即属违法,然而,此种违法处分仅能依法撤销变更,而非当然无效。

如果税捐构成要件包含附停止的条件或者附解除条件的构成要件的免除,则于其条件成就时,税捐债权即为成立。

例如,中国台湾地区"遗产及赠与税法"第 17 条第 1 项第 6 款规定农业用地,其由能自耕之继承人继承或承受,而继续经营农业生产者,免征遗产税,但如 5 年内未继续作农业使用,且未在有关机关所令期限内改善或再有违规情形者,应追缴应纳税赋,亦可谓其税捐免除附有解除条件,于条件成就时,溯及既往发生税捐债权,应追征税捐。①

如果税捐构成要件包含附解除条件,则于满足法律构成要件时,税捐债权即发生,并于解除条件成就时消灭。②

一个事实关系可能满足数个税法规定的构成要件特征。例如,进口应征货物税的货物,即可能同时发生关税、进口营业税以及货物税。在交付应征货物税的货物予买受人时,则可能同时满足货物税条例以及营业税法的税捐债务的构成要件。

此外,税捐债务的金额,不仅可能因为实际的生活事实关系的安排而受影响,而且也可能因为法的形成尤其因为纳税人提出申请或行使选择

---

① Vgl. Woerner/Grube, Die Aufhebung und Änderung von Steuerverwaltungsakten, 8. Aufl., 1988, S. 131; BFH BStBl Ⅲ 1966, S. 314.

② Kruse, aaO., S. 114f.

权而受影响。在此,原则上并非以安排特定的生活事实内容的意思为准,即税捐义务人是否具有实现税捐构成要件的特定意思,在所不问,因此税捐债务人并不须有权利能力或行为能力,例如,在开始破产程序后,破产人的处分权受限制,只是影响请求权的主张,但并不影响其发生。而且对于实现构成要件的税捐上效果的错误,除少数例外情形外,原则上也不予考虑。①

又在期间税,税捐债权因历年届满而发生,并不考虑其课税基础是否以及何时被调查,其调查是否正确无误,以及其税捐债权是否正确的加以核定。倘若课税基础调查错误以致税捐债权被错误核定时,则可重新加以调查并撤销或变更原核定税捐之处分。②

(二)独立于清偿期而发生

由于税捐债权于法定构成要件被实现时即发生,因此其发生不须考虑其清偿期(缴纳期限)为何。即其税款应于何时缴纳,对于税捐债务的发生并无影响。税捐债权何时发生与其清偿期何时届至,乃属二回事。在税捐债权作为现在所负担的给付应予实现,以便不至于发生不为给付的法律上不利益(如产生滞纳金)的时点,其税捐债权的清偿期即届至。

税捐债权最早于其发生的同时,清偿期届至。由于税捐债务发生后通常尚须经税捐债务人之申报行为或稽征机关之课税处分,其税捐债务之具体内容,即应纳税额方确定,而后其缴纳税捐之清偿期方届至。在税捐债权经稽征机关以课税处分加以核定时,则在其核定之前,清偿期并不届至。至于预估暂缴税款并非在清偿期届至之前支付,而是给付附有解除条件的税捐债务。③

(三)独立于协力义务之履行

税捐债务成立后,通常其税捐债务金额内容大小亦同时确定,不因有

---

① Kruse, aaO., S. 114; Tipke/Lang, Steuerrecht, S. 136.
② Kurse, aaO., S. 117.
③ Kruse, aaO., S. 121.

无履行协力义务而有不同。例如,在加值型营业税,由于性质上属于消费税,而销售行为非经履行不能消费,因此,营业税的税捐客体的发生,是以当事人之一方的履行行为为准。[①] 其税捐债务的发生时期乃是在销售行为完成时(依相关规定以交货时、收款时或结算时为开立发票之时点)之当期课税期间届满时(参照《德国销售税法》第 13 条第 1 项第 1 款),[②]依据中国台湾地区“营业税法”第 35 条规定,营业人原则上应以每 2 个月为一期,于次期开始 15 日内申报缴纳营业税,因此营业税之税捐债务乃是于每 2 个月届满时,即发生纳税义务,[③]其客观的应纳税额原则上也应于税捐债务发生时即告确立。而不受嗣后有无履行协力义务之申报之影响。

故在营业税税捐债务发生时,纳税义务人依法享有之进项税额之扣抵请求权也同时发生。[④]

如果营业税之应纳税额(所漏税额)的认定,是以营业人在申报期限内有无申报进项税额作为基准,则营业税税捐债权之成立金额多寡,势将取决于税捐申报行为之有无以及申报进项税额多少而定,而非取决于法定课税要件事实之实现,如此解释,恐有违反课税要件法定主义之要求。

然而,台湾地区实务上却常因为纳税人违反协力义务而增加税捐债务,例如,释字 660 号解释:中国台湾地区财政事务主管部门就加值型及非加值型中国台湾地区“营业税法施行细则”第 52 条第 2 项第 1 款有关如何认定第 51 条第 3 款漏税额之规定,释示纳税义务人短报或漏报销售额,于经查获后始提出合规进项税额凭证者,稽征机关于计算其漏税额时不宜准其扣抵销项税额部分,符合第 35 条第 1 项、第 43 条第 1 项第 4 款及第 51 条第 3 款之制定意旨。

释字第 700 号解释亦同此见解,其理由书认为:对未依规定申请营业登记而营业者,系争函综合中国台湾地区“营业税法”……规定,限以取

---

① 黄茂荣:《税法各论》,2007 年增订 2 版,第 444 ~445 页、第 516 ~517 页。

② Tipke/Lang,Steuerrecht,19. Aufl. ,2008,S. 655.

③ 陈敏:《租税债务关系之成立》,第 388 页;陈清秀:《税法总论》,2008 年第 5 版,第 342 页。

④ Birkenfeld,Mehrwertsteuer der EU,4. Aufl. ,2001,S. 70.

得合规进项凭证,且依规定期限申报者,始得据以扣抵销项税额,符合加值型营业税按周期课征,并能自动钩稽之整体中国台湾地区“营业税法”制定目的,亦无违于依规定履行协力义务之营业人得将营业税转嫁消费者负担之经济意义及实质课税之公平原则,不使未依规定履行协力义务之营业人,亦得与依规定履行协力义务之营业人立于相同之法律地位,致破坏加值型营业税立基之登记及申报制度。故系争函以经稽征机关循前开规定核定之应纳税额为漏税额,并据以计算漏税罚,并未增加营业人所未规定之义务,于租税法律主义尚无抵触。

罗昌发在该解释不同意见书指出:中国台湾地区“营业税法”第43条第1项第3款所称核定其“销售额及应纳税额”并补征之,虽未提及“进项”交易,然“应纳税额”本身即为“销项税额”扣减“进项税额”的结果;故其所规定之“应纳税额”,即已寓有稽征机关应将进项税额纳入计算之意旨。无论如何,中国台湾地区“营业税法”第43条第1项第3款之表面文义,并无明示或默示授权主管机关排除扣抵“进项凭证”或“进项税额”之任何意旨。①

本书认为以纳税人违反协力义务为理由,导入“惩罚性”纳税义务的缺点如下:

1. 课税及违章处罚事件本质,在于营业人有无从事经济活动,而获得“营业加值”,因此实现课税要件事实,而不在于有无依规定期限申报。

2. 违反租税法律主义,将加值型营业税变更为总营业额型之营业税。且将租税债务之多少取决于协力义务之履行,而非经济活动之有无,违反租税法律主义之课税要件法定原则,以程序法规定变更实体法上纳税义务内容。

3. 量能课税之公平负担原则,乃在把握实质经济活动之成果,并非把握协力义务之违反。协力义务并非表彰经济上负担能力之指标因素,以其违反作为增加纳税义务漏税额之依据,违反量能课税原则以及中国台

① 汤德宗在其不同意见书中也指出租税法律主义应确立“实质重于形式”为“租税法律内容实质正当”的类型之一,故肯定声请人下述主张:声请人对于违反协力义务(未办理营业登记)应受处罚(行为罚)一事,并无争执;只是要求依照中国台湾地区“营业税法”第15条第1项(由“销项税额”减去“进项税额”)认定其所“漏税额”(及以此计算之漏税罚)而已。

湾地区“税捐稽征法”第12条之1规定实质课税原则。

4. 违反体系正义,将本税与处罚混淆法律体系。本号解释多数意见不仅将行为罚混为漏税罚,混淆了两种处罚的分际,破坏了本院长年以来对于此两种罚则的区分。又这种推论过程的不具逻辑性,当然会造成对民众权利过度侵犯,盖违反一行为不两罚原则,未提出进项凭证申报而违反协力义务,除被处罚行为罚外,又被处罚进项税额不准扣抵。为了稽核,钩稽制度所课与之协力义务,仅需运用类似“怠金”的行为罚,来督促民众避免怠于申报即足矣。(参见陈新民不同意见书)

5. 协力义务的事件本质,目的在确保实体上纳税义务之履行,即税捐债权之确保,并非在虚伪增加漏税额之纳税义务。

6. 惩罚性纳税义务具有行为罚性质,却没有最高处罚金额限制(进项税额相当巨大,却全部被剔除,形同巨额处罚),违反历年来解释行为罚应有最高金额限制之比例原则。

7. 违反世界潮流:依据欧洲法院判决观点,所整理之欧洲共同体之加值型营业税准则之课税原则如下:稽征机关最后所得征收之营业税,不得超过最终消费者所支付之税额。营业人最后不应有任何的剩余的营业税之税捐负担(营业人之角色,仅限于为国库代征税捐),即不应有进项税额不准扣抵,导致自己吸收税负,无法转嫁买受人负担,以维持税制中立性原则与公平竞争条件。[①]

第三节　课税要件、税捐优惠与重复课税

一、课税要件的意义及其机能

税捐乃是对于一切满足法律所定构成要件的人所强制课征的金钱给付。税捐债务在税法所规定的金钱给付义务的构成要件实现时即告发

① 参见 Jakob, Umsatzsteuer, 4. Aufl., 2009, Rn. 31 f。

生。因此,只有满足税捐构成要件,才会发生税捐债务,此即所谓构成要件合致性原则。

税捐构成要件对于民众而言,可以提供民众预测在什么情形,应支付多少税款。经由事前知悉计算,考虑税捐负担因素,而可以选择自己的日常行动与交易方式。因此,税捐构成要件即课税要件,可以明确的划定民众应负担纳税义务的范围,以确保民众的法律生活秩序的安定性与预测可能性。另外,就税捐稽征机关而言,在课税要件所规定的范围内,被赋予强制征收税捐的权限,同时也受其拘束。

在现代民主法治国家里,由于课税要件涉及侵害民众财产权的重大事项,因此要求应由国会(立法院)自己制定法律加以规定,即适用所谓“国会保留原则”,在税法上一般称为“课税要件法定主义”。又课税要件规定也应力求明确,一切创设纳税义务的法律规定,就其内容、标的、目的及范围必须明确特定,俾使纳税义务人大致上可以预测其税捐负责,并具有计算可能性。凡此,均属税捐法定主义所要求。

总之,税捐构成要件具有贯彻税捐法定主义,保障民众基本权利的功能。税捐构成要件的理论,提供建立税法基本体系的架构,有助于人们理解掌握复杂的实体税捐法规范内容。因此,在研究各个个别税法领域时,值得以税捐构成要件理论,分析检讨其中各项问题。

二、课税要件的要素

课税要件即税捐构成要件(Seeuertatbestand),乃是对于应加以课税的各项生活事实以法律规定的形式以把握。由于缴纳特定税捐的义务亦即法律效果,原则上并不是根据一个法律规范,而是从数个不同的法律规范共同作用所产生,因此,税捐构成要件乃是在实体的税捐法规范中,所规定产生税捐债务的各种抽象前提要件的整体,而属于一项总括的概念。准此,税捐构成要件可能由数个法律规定中积极的(创设或提高税捐负担)要素,以及消极的(减轻税负)要素所共同组成。

税捐构成要件,由此产生具体的税捐债务的法律效果,必须包含下列要素:税捐主体、税捐客体、税捐客体的归属、税基以及税率。[①] 以下分述之。

(一)税捐主体

税捐主体(在此意指税捐债务人)乃是税法的权利主体,而为税捐客体以及其所连结的税捐债务所归属的人。税捐主体的问题,就是指:谁是税捐债务人?谁具有满足税法规定的构成要件的资格?谁负有税捐义务?凡是可以作为税捐法律关系(税捐债务关系或税捐义务关系)的权利与义务的主体的,便具有税捐权利能力,而为税捐权利主体或税捐主体。由于权利能力并不是一般的先验概念,而是一种技术性制度,应适合于各该法律领域的目的。因此税捐权利能力与民法上权利能力不同,应充分考虑税法的特殊需要。在税法上,一般系以可以体现经济上给付能力或在技术上可以被把握经济上给付能力者,作为税捐权利主体。

税法对于具有税捐权利能力的主体并没有统一规定,而是依据各个税法(税目)的不同而异其范围。例如,其具有权利能力者,在综合所得税为个人,在营利事业所得税为公司、独资、合伙及其他营利组织,在营业税为营业人等。

又基于税法的营业竞争中立性的理由,公法人的营业组织,也被认为具有税捐权利能力,而与私人企业等同对待。

在自然人,其税捐权利能力也始于出生,终于死亡。在死亡宣告,《德国税捐通则》第 49 条规定关于税捐之课征,以死亡宣告裁判确定之日为死亡日,以免发生更正课税处分与退税之情事。中国台湾地区"遗产及赠与税法施行细则"第 21 条则规定遗产税申报期间以死亡宣告之判决宣告之日起算,即就税捐之申报,以判决宣告之日为死亡日。此项规定,亦经中国台湾地区司法机构"大法官"会议释字第 330 号解释符合制定目的及宣告死亡者遗产税申报事件之本质。

倘若将特定的税捐债务人从税捐债务人的范围的一般规定加以排除

---

① 有关税捐构成要件之探讨,详见黄茂荣:《税捐的构成要件》,载《经社法制论丛》1990 年 7 月,第 19 页以下。

时，则税捐客体即不被归属于此类税捐债务人，从而法律所定的法律效果也不对之发生，于此情形，一般即称为主体的或人的课税除外。

又有关税捐债权人的规定，也属于广义的税捐构成要件的范围，因为没有债权人就不可能有债权与债务存在。然而，谁是税捐债权人并未于各个税法中加以规定，而是规定于中国台湾地区宪制性规定第 107 条、第 109 条、第 110 条之中以及中国台湾地区“财政收支划分法”上，因此学者在讨论税捐构成要件时，通常不认为税捐债权人的规定是属于税捐构成要件的构成部分。

税捐种类可区分为直接税与间接税两种。在直接税，例如，对于所得及财产课税，原则上以所得者及财产所有人为纳税义务人，其税法上纳税义务人与经济上负担税捐之主体为同一人（但实际上可能约定转嫁给第三人如买受人负担）。

在间接税，税法上纳税义务人与经济上负担税捐者乃是不同之人，例如，一般消费税（或称销售税），通常以营业人（出卖人）为纳税义务人，但转嫁由买受人（最后为消费者）负担。

释字第 688 号解释理由书即谓：依营业税之制度精神，营业税系对买受货物或劳务之人，借由消费所表彰之租税负担能力课征之税捐，稽征技术上虽以营业人为纳税义务人，但经由后续之交易转嫁于最终之买受人，即由消费者负担。是以营业人转嫁营业税额之权益应予适当保护，以符合营业税系属消费税之制定意旨暨体系正义。

为确保营业税稽征之正确及效率，虽非不得按营业别之特性，将营业人销售凭证开立之时限，定于收款之前。唯营业人于收款前已依规定开立销售凭证、申报并缴纳之销项税额，嗣后可能因买受人陷于无资力或其他事由，而未给付价款致无从转嫁。此固不影响纳税义务人于实际收款前，即应开立销售凭证及报缴营业税之合规性。

然对于营业人因有正当之理由而无从转嫁予买受人负担之税额，中国台湾地区“营业税法”仍宜有适当之处理，例如于适当要件与程序下，允许营业人虽不解除契约办理销货退回，亦可请求退还营业人已纳税额或允其留抵应纳税额等。就此主管机关应尽速对中国台湾地区“营业税法”相关规定予以检讨改进。

(二)税捐客体

税捐客体(课税对象),是指为发生税捐债务所必要的物的要素(前提要件)的总括概念,是在探讨什么是可以加以课税的问题,也就是什么应负担纳税义务的问题。

课税必须和表彰经济上给付能力的标的、状态或事实经过相连结,例如和某人获得所得相连结。此种已取得的所得也被称为税捐财或课税财(Steuergut;Besteuerungsgut)。立法者通过税捐构成要件的规定,以某种方式把握税捐财。借由此种方式,(经济上的)税捐财变成(法律上的)税捐客体或课税对象。立法者如何设定税捐客体,一般乃属立法政策问题,委诸立法机关裁量决定。然而,在税捐客体的选择上,应留意税捐客体的明确性、普遍性、继续性、划一性,同时也应充分考虑税务行政上的便宜性、稽征成本、岁入调度能力以及负担的公平等因素。

立法者把握推定具有纳税能力的物、行为或事实作为税捐客体。至于各税的税捐客体为何,应依各个税法规定定之。如加以类型化,概可分为下述四种类型:①

1. 收益税的税捐客体:在个人综合所得税以及营利事业所得税,为个人以及营利事业之所得。在土地增值税为土地自然涨价之利得。

2. 财产税的税捐客体:在遗产及赠与税,为遗产及赠与财产;在房屋税及地价税,为房屋及土地不动产。财产税形式上以财产本体为税捐客体,以其本体之价值为税基;但实质上应以其财产之孳息(应有收益)为其税捐客体。但所谓财产之孳息,也可能包括财产之增值利益(尚未实现之可能的财产交易所得)在内。②

3. 消费税的税捐客体:在消费税中的间接消费税,例如营业税,为销售货物或劳务行为(货物的让与等)或外国货物之进口行为,货物税为出厂或进口之货物。在直接消费税,例如娱乐税,为娱乐场所的利用等的消

① [日]金子宏:《租税法》,平成四年(1992年)第4版,第148页以下。

② 黄茂荣:《不动产税及其对不动产产业的经济引导》,载黄茂荣:《税法总论——税捐法律关系》(第3册),2008年第2版,第481页。

费行为。

4. 交易税的税捐客体:例如在证券交易税,为有价证券的买卖交易行为;在不动产取得税(契税)为不动产的买卖等法律上交易行为。在印花税,为银钱收据、买卖动产契约书、承揽契约书、典卖、让受及分割不动产的物权契约书的书立(作成)事实行为。在使用牌照税为交通工具的持有事实行为。

有关税捐种类以税捐客体加以分类,德国学者认为可以如图 1 所示:

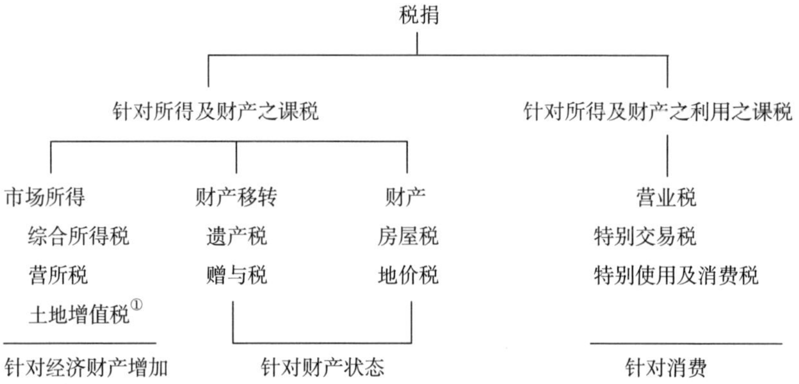

图 1

本图数据主要参考:Tipke/Lang, Steuerrecht, 20. Aufl., 2010, § 8 Rz. 29。

上述间接消费税中,基于稽征技术的理由,税捐客体与税捐财完全分离。例如,营业税的税捐财乃是非营业人所为的使用或消费,但是其税捐客体则为营业人的销售行为。

此外,亦有基于技术上理由,税捐客体并未完整地把握税捐财的全部。然而,基于课税平等的考虑,立法者应尽可能完整地把握实际上表现税捐的给付能力的税捐财。

倘若在一般的作为税捐客体的物、行为或事实之中,将特定的部分排除于课税对象之外,则就该部分的税捐客体,即例外的不发生所规定的法律效果,一般即称为客体的或物的课税除外。

有关税捐客体之范围,有“属人主义”与“属地主义”之分。如果着重

① 德国并未有特设土地增值税之税目。

于对物课税(强调产生所得之个别财产或行为),则在行使课税权时,较强调该物是否在领土内,而采属地主义。反之,如着重对人课税,在行使课税权时,对于所得者身份之强调远大于所得之发生地,而采取属人主义。[①]

在所得税,通常对于"境内居住者"(在个人为经常居住在境内者,通常以每年居住满 183 天为准;在法人则以本公司登记所在地在境内为准)采取属人主义,就其全球全部所得纳入课税范围(又称为无限制的纳税义务),即不问其所得来源地为何,包括境内及境外来源所得,均纳入课税范围。对于境外所得课税,其配套措施为在境外已经纳税部分,原则上应准予扣抵境内应纳税额。且在计算所得时,通常准予减除基本生活费之免税额及扣除额,以确保其最低生存权。[②] 又通常以累进税率方式,申报课税。

对于"境外居住者",则采取属地主义(领土原则),仅其对境内来源所得课税(具有对物课税特征);且在计算所得时,通常并未准予减除基本生活费之免税额及扣除额。又通常以固定比例税率,采扣缴税款方式确保税收。

但中国台湾地区"所得税法"在个人综合所得税,不问境内外居住者,均采取属地主义,仅就中国台湾地区来源所得课税,对于个人境外所得原则上并未纳入课税(例外情形,"中国台湾地区与大陆地区人民关系条例"第 24 条将祖国大陆所得纳入课税)。而仅在课征所得基本税额时,才纳入课税范围。

(三)税捐客体的归属

税捐客体的归属,在确认税捐客体应归属于哪一个税捐债务人。为成立税捐债务,必须一定的课税客体与特定的纳税义务人间有结合的关系存在,此种结合关系,称为税捐客体的归属。

在具体的情形,税捐客体究应归属于何人,经常产生问题。如各个税

① 王建煊:《租税法》,2006 年第 30 版,第 76 页。

② Tipke/Lang,Steuerrecht,20. Aufl. ,2010, §9 Rz. 26.

法对于客体的归属有特别规定时,自应适用各该特别规定。例如,中国台湾地区“土地税法”第3条规定地价税纳税义务人为土地所有权人,所谓所有权人系指纳税义务基准日土地登记簿所载之所有权人(中国台湾地区“土地税法实施细则”第20条)。又如,房屋税向房屋所有人征收之(中国台湾地区“房屋税条例”第4条),所谓所有权人,亦系指房屋建筑改良物登记簿所载之所有权人。

如税法未特别规定时,则基于量能课税原则与负担公平原则之要求,应把握表彰经济上给付能力的实质的事实以及税法规定之经济上意义及目的,因此,就税客体的归属,应采经济的观察方法,适用实质的课税原则,加以判断认定。就所得的归属而言,所得应归属于实际从事经济活动而获得所得者。

在实质所得者课税原则的精神下,所得税法上的收益,是归属于获得收益的人。其从事营利经济活动的人获得该项收益,也就是根据其工作及或财产的投入,在参与经济上交易活动下而产生收益的人,即为从事营利经济活动的人。此种所投入的劳力以及所利用的财产,可称为所得的泉源。至于其所被利用的财产是自己的或者是他人的财产,在收益归属的判断上,并不重要。因此,不仅是财产的所有人,而且财产的用益权人或是其他物权的或债权的用益权人(地上权人、承租人、借用人)或是小偷,均可能获得财产的收益。① 就收益归属的决定性基准,原则上是谁从事工作或投入财产,因参与经济上交易活动而产生收益的,就是该项收益所应归属的人。至于谁是收益直接“流入”他名下的人,则并不是判断基准。

依今日学说见解,系争所得的归属主体,并不是以物权或债权的所有人(持有人)为准,而是专以该关系人是否亲自利用产生课税所得的取得基础,并因此获得所得为准。纵然纳税义务人通过让与移转以处分其所得或通过其他法律行为而使该所得归属于第三人,仍然是由其本身根据取得基础,实现获得所得的构成要件。准此,所得乃是由亲自实现获得所得的构成要件的人所获得。由此可导出下述界定标准:其一为某人虽然

---

① Tipke/Lang, Steuerrecht, 20. Aufl., 2010, §9 Rz. 151 ff.

事实上财产增加，但其乃是根据上述定义，归属另一个人的所得所产生者，则在此情形下，对于所得的归属并无意义。其二为系争为获得所得而投入的财产，是自己的财产或他人的财产，并不重要。所得的构成要件，并不是与所得之取得基础的民事法上规律的概念相连结，因此并不能以人们可否处分产生所得的基础要素为准。基于此一理由，有关所得的归属，并不能单纯以财产标的之归属为准，而应以何人本身可视为所得泉源的所有人为准。①

1. 在营业税之纳税义务人之判断，中国台湾地区“最高行政法院”判决有参考黄茂荣见解，②认为：除进口货物外，营业税以货物或劳务之“销售”为其税捐客体。该客体归属于从事“销售”之营业人。因此，自然以销售营业人为其纳税义务人。又销售行为必须建立在有偿基础下，故判断是否有偿则必须以债权行为其判准。而在上开法理基础下，销售营业人之认定应以其债权行为之当事人为准。而债权行为当事人之认定，原则上应循民商契约当事人之认定原则。而民商法制为配合代理制度，其契约当事人之认定，民法所定之认定原则是，依意思表示之名义人定其当事人，不以事实上为表示之人，而以该表示之名义人，为该意思表示之表意人。因此民商法对契约当事人之认定，是采取形式外观原则，以名义人为准。

2. 当然在现行税捐稽征实务上，有关货物营业人之主体归属认定，税捐机关或法院有时也会引用“量能课税原则”，而为与契约名义人不同之认定，但此等例外情形，必须有正当理由（例如，当事人有避税意图等情形）。

3. 至于在信托法律关系上，有关信托财产管理、处分事务之处理，其契约当事人之认定，确如本院 2008 年度判字第 901 号判决、2010 年度判字第 878 号判决意旨所称：“当受托人处理信托事务而处分信托财产，其因而所生销售行为之营业税纳税义务有无及负担税捐之主体，仍应以信

---

① Georg Crezelius, Steuerrecht II, Besonderes Steuerrecht, 1991, S. 111 f.

② 黄茂荣：《销售当事人之认定》，载《植根杂志》第 28 卷第 3 期，2012 年 3 月，第 27 页以下。

托关系之受托人为归属对象”。不过引用此项法律见解时，应特别注意到“受托人到底有无‘实际’处理信托事务”，而此处所称“‘实际’处理信托事务”，配合上开法理，自应以“有无就信托财产之管理事务，出面缔结债权契约”为准。（2012 年度判字第 551 号）。此一见解，以尊重民事法律关系为基础，维护当事人间契约自由原则与市场经济自由活动，落实税法上经营管理不干涉原则，[①]并可维护法律秩序安定性，保障交易相对人之交易安全，值得赞同。[②]

倘若课税处分对于税捐客体归属判断错误时，例如，在擅自冒用第三人名义，作为土地登记名义人的情形，稽征机关不查乃以之为基础，作成课税处分，日本最高法院昭和四十八年（1973 年）4 月 26 日判决认为，此项处分内容涉及课税要件基础的重大错误，应属当然无效。

（四）税基

税基亦即课税计算基础（Die Steuerbemessungsgrundlage）或课税标准，乃是对于税捐客体整体，以金额、数量或件数加以数量化，此类金额、价额或数量等即称为税基。对于税基适用下述的税率，即可算出税额。

在所得税，税捐客体为所得，税基为课税净额所得金额。在遗产及赠与税，税基为财产价额。在房屋税及地价税，税基为房屋现值与地价总额。

在加值型营业税（Value-added tax，VAT），是对每个生产及销售阶段所增加之价值课以某个百分比的税。在计算附加价值时，将投资财的购买视同其他原料投入，可从销售中全额扣除，其税基排除投资，仅包括消费，因此财政学者称为“消费型的加值税”（consumptiontype VAT）。[③] 欧洲国家及中国台湾地区均采之。

在加值型营业税，如采取税基扣除法，税基仅含当阶段之加值，即仅

---

① 黄源浩：《论经营管理不干涉原则》，载《月旦财经法杂志》第 13 期，2008 年 6 月，第 57 页以下。

② 另参见陈清秀：《营业税法上课税主体及逃漏税之认定问题探讨》，载《月旦法学杂志》第 189 期，2011 年 1 月 15 日，第 209 ~239 页。

③ Harvey S. Rosen：《财政学》，李秉正译，2005 年再版 1 刷，第 437 页。

以营业人自己阶段之加值为其营业税之税基。如采取税额扣除法(税额相减法),则是营业人当期销项税额,扣减进项税额(前阶段税额扣除)后之余额,为当其应纳或溢付之营业税额(中国台湾地区“营业税法”第 15 条第 1 项)。在毛额型营业税,各销售阶段皆以其销售额之全部为税基(中国台湾地区“营业税法”第 21 条以下)。[①] 由于多阶段毛额型营业税,将因销售阶段多寡而异其税捐负担,不利于多个销售阶段之营业人,故违反税捐之竞争中立性原则与平等原则,[②]现行规定乃改采加值型营业税。

然而实务上仍有部分见解,变更加值型营业税之税基计算制度,改采取传统毛额型营业税,以销售营业额作为税基,计算应纳税额,以资作为处罚。例如,中国台湾地区财政事务主管部门函释在营业人违反中国台湾地区“营业税法”第 51 条第 1 款至第 4 款及第 6 款,据以处罚之案件,营业人如于经查获后始提出合规进项凭证者,稽征机关于计算其漏税额时,尚不宜准其扣抵销项税额。即仅以销项税额作为应纳税额,不准扣减进项税额。释字第 660 号解释及第 700 号解释认为其并不违反中国台湾地区宪制性规定,理由为:不使未依规定履行协力义务之营业人,亦得与依规定履行协力义务之营业人立于相同之地位,致破坏加值型营业税立基之登记及申报制度。其为提高稽征效率,而牺牲量能课税与税捐正义之追求,实非妥适。

盖“当期销售总额”原则上不会等于“当期之销售的加值”,所以最低限度应容许营业人减除虽未自动申报,但在税捐稽征机关所进行之裁处或救济程序终结前,已提出之凭证上所载进项税额。要之,自营业税是周期税立论,只能限制以“当期发生”之凭证所载进项税额为扣减范围,但不能限制仅得以“当期发生”并“已申报”之凭证所载进项税额为扣减范围。[③]

在消费税,其以金额或价额作为税基所课征的税捐,称为“从价税”。

---

① 黄茂荣:《营业税之概念及其种类》,载《植根杂志》,第 28 卷第 3 期,2012 年 3 月,第 9 页以下。

② 同上书,第 10 页。

③ 参见黄茂荣及李震山在释字第 700 号解释提出之不同意见书。

其以数量作为税基所课征的税基,称为“从量税”。就从价税而言,可按物价变动反映适当的税负,但依其交易态样不同,税基的把握与计算认定较为困难。反之,在从量税,税基的计算认定方法较简便,但因不问价格如何,其税额均属相同,而发生负担公平上问题。

例如,中国台湾地区“货物税条例”,为发挥能源税之功能,以鼓励减少使用能源为目标,故水泥及汽油等货物税均采取“从量课税”。

至于消费货物,则以消费金额作为量能课税指标,故采取“从价课税”,例如稀释天然果蔬汁、电器类及车辆、电冰箱、彩色电视机及一般乘人小客车等均从价征收课税。

(五)税率

税率是指对于税基应纳税捐金额的比率,即为算出税额,对于税基所适用的比率。

税率的决定方式如何,涉及量能课税原则以及通过税制重分配所得及财富的机能是否能获得实现,因此扮演重要角色。唯税率构造如何决定,至今尚乏原理原则可循。

税率可分为比例税率、累进税率、累退税率以及差别税率。所谓比例税率,乃是不问所得(或财产或营业销售额)多少,所得中用来付税的比例是固定的。累进税率(progressive tax rate)乃是其平均税率(其支付税额占所得或财产的比例)随所得(或财产)增加而提高。即税率随税基数额之绝对的或相对的增加而提高的税率结构。如果其平均税率随所得(或财产)增加而下降,即税率随税基数额之增加而降低的税率结构,则为累退税率。①

差别税率,是指对于不同之税捐主体或税捐客体适用不同之税率,例如银行业、保险业等金融业,就其销售额按照税率 2% 计算营业税(中国台湾地区“营业税法”第 11 条及第 21 条),而特种饮食业如酒家等就其销售额按照税率 25% 计算营业税(中国台湾地区“营业税法”第 12 条及

① Harvey S. Rosen:《财政学》,李秉正译,2005 年再版 1 刷,第 254 页。

第22条),即采差别税率。[①]

又税法为保障民众之生存权,对于住宅使用之房屋税及自用住宅地价税,也采取较低的特别优惠税率。例如,一般土地之基本税率为10‰,而自用住宅用地之优惠税率为2‰,也采取差别税率。

有关个人综合所得税、土地增值税、地价税等直接税,为达成财富重分配之目的,通常系采累进税率。遗产及赠与税原先采取累进税率,以追求财富重分配,其后于2009年1月21日修正改采优惠的比例税率10%,以吸引中国台湾地区境外资金回流,促进经济发展。

营业税、证券交易税、契税及印花税等以销售或交易为客体之税捐,为维持税捐的竞争中立性原则,避免税捐负担之竞争条件的差异,基本上系采比例税率。

在财政学理论上,就效率面而言,对于商品的最适课税,要极小化总超额负担(福利的损失高于税收),所制定税率应使得每个商品需求量减少的比例相同,此结论称为“伦赛法则”(Ramsey rule),即使所有商品之(补偿)需求同比例地下降。就不相关的商品而言,税率应与需求弹性成反比。然而,基于社会福利国原则,仍有必要偏离效率课税法则,即为减轻中低收入户之基本生活负担,有关民生必需品通常应降低消费税之税率(欧洲国家之消费税即实行此一做法)。例如,对于奢侈品课征高于民生必需品的税率,虽然将产生较高超额负担,但有助于社会的公平,因此牺牲效率为代价,换取更公平的所得分配。[②]

在以纳税义务人的经济上给付能力为直接的基准所课征的税捐,即所谓“直接税”,例如所得税及财产税,通常采用累进税率。反之,如不以纳税人的负担税捐能力作为直接的基准的税捐,即转嫁予消费者负担之“间接税”,例如消费税及交易税,则通常采用比例税率。

依中国台湾地区“特种货物及劳务税条例”规定,为抑制不动产投机炒作,取得非自用不动产之特种货物于2年内出售移转者,按照出售价格

---

① 黄茂荣:《税捐的构成要件》,载黄茂荣:《税法总论——税捐法律关系》(第3册),2008年第2版,第113页。

② Harvey S. Rosen:《财政学》,李秉正译,2005年再版1刷,第305页以下。

课征税率为10%之特种货物税。如持有期间在1年以内出售者，税率为15%。其纳税义务人为销售者，即原所有权人。此项税率以剥夺其持有期间涨价利益为目的，并兼有寓禁于征之效果。

三、税捐优惠

（一）意义

税捐优惠乃是减轻税捐负担之社会目的规范，其系指基于财政收入以外的政策目的所为税捐的减免优惠而言。此类政策目的例如社会、经济、文化、环保、民众健康等政策目的或其他政策目的。至于基于量能课税原则或是简化课税原则所为税捐减免，则不在此处税捐优惠的范围。

例如，中国台湾地区"所得税法"有关免税额规定，乃是承认家庭生活费的扣除精神，此项免税额既属"家庭生活费"的性质，准予扣除以反映纳税人的主观给付能力，并保障纳税人及其家属最低限度生存权，正是量能课税精神的表现，也是中国台湾地区"所得税法"上负担公平之强制的要求，尚与基于其他政策目的给予税捐优惠之情形不同，不宜归类于"税捐优惠"的范畴。① 就此释字第415号解释认为：中国台湾地区"所得税法"有关个人综合所得税"免税额"之规定，其目的在以税捐之优惠使纳税义务人对特定亲属或家属尽其法定扶养义务。似将免税额归类于税捐优惠之范围，其论理似不够严谨。其后释字第694号解释认为：中国台湾地区居民之生存权应予保障。中国台湾地区居民之老弱残废，无力生活者，台湾当局应予以适当之扶助与救济。所采取保障中国台湾地区居民生存与生活之扶助措施原有多端，"所得税法"有关扶养无谋生能力者之免税额规定，亦属其中之一环。如因无谋生能力者之年龄限制，而使纳税义务人无法减除免税额，将影响纳税义务人扶养满20岁而未满60岁无谋生能力者之意愿，进而影响此等弱势者生存或生活上之维持。该解

---

① Tipke/Lang，Steuerrecht，20. Aufl.，2010，§7 Rz. 37，§19 Rz. 1 ff.；葛克昌：《管制诱导性租税与违宪审查》，载葛克昌：《行政程序与纳税人基本权》，第127页以下。

释已注意到生存权之保障,作为承认免税额之依据,值得肯定。

由于基于政策目的所为税捐优惠,势必违反量能课税的精神,造成扩大社会贫富差距,且如过于浮滥,将致使财政能力恶化,因此,以税捐减免作为达成政策目的之工具,应审慎为之。

中国台湾地区"税捐稽征法"第 11 条之 4 规定:"税法"或其他"法律"为特定政策所规定之租税优惠,应明定实施年限并以达成合理之政策目的为限,不得过渡。前项租税优惠之拟订,应经税式支出评估。即认为税捐优惠不得浮滥,并应经税式支出评估。所谓"税式支出"(tax expenditure),乃是指若某项目未纳入课税对象课税或计算时,将导致税收之损失。税式支出实质上等同于给予该免税项目补贴,只是补贴是以岁收预算支出给予,而税式支出乃是以减少税收方式为之。

为能将税捐优惠措施之整理合理化,美国采取税捐岁出预算(税式支出预算)制度,随同各年度之预算,也同时向国会提出因各项税捐优惠措施所导致预估减少之税额以及其计算根据,以有效进行控制。[①]

税捐优惠,例如中国台湾地区"产业创新条例"第 10 条第 1 项规定:"为促进产业创新,公司得在投资于研究发展支出金额百分之十五限度内,抵减当年度应纳营利事业所得税额,并以不超过该公司当年度应纳营利事业所得税额百分之三十为限。"给予投资抵减之税捐优惠。

又如,以往中国台湾地区"促进产业升级条例"第 5 条第 1 项规定:"公司购置专供研究与发展、实验或质量检验用之仪器设备及节约能源或利用新及净洁能源之机器设备,得按二年加速折旧。……"给予加速折旧(认列折旧摊提支出速度较真正地按照使用年限折旧快速的方法)的税捐优惠。

(二)税捐优惠之正当合理性判断标准

税法规定,例如从经济上给付能力的观点来看,属于相同的情况,却例外减免税捐债务的税捐优惠规定,虽然违反按照经济上负担能力公平负担税捐的要求(违背税捐建制的原则,尤其量能税捐原则),但如果是

① [日]金子宏:《租税法》,2009 年第 14 版,第 80 页。

基于教育文化政策、经济政策、社会政策等公共利益的理由时,则仍然不违背平等原则①。其中税捐优惠之正当化标准,基于社会目的者是需要原则;基于经济目的者是功绩原则。上述两个目的构成税捐正义之实质的内容。②

释字第565号解释理由书亦谓:平等原则并非指绝对、机械之形式上平等,而系保障民众在法律上地位实质平等。依租税平等原则纳税义务人固应按其实质税负能力,负担应负之税捐。唯为增进公共利益,依"立法"授权裁量之范围,设例外或特别规定,给予特定范围纳税义务人减轻或免除租税之优惠措施,而为有正当理由之差别待遇者,尚非平等原则所不许。前开课征所得税注意事项第5项明定仅停征一定证券交易金额者之证券交易所得税,其所采租税优惠措施,系行政机关依"法律"授权,为增进公共利益,权衡经济发展阶段性需要与资本市场实际状况,本于专业之判断所为合理之差别规定,与平等原则亦无违背。

又中国台湾地区"促进产业升级条例"第6条,或相关投资抵减办法之制定理由,无非借由租税减免方式,提高企业投资购置机器设备之意愿,以促成产业升级之目的。此种以租税减免以达成一定经济目的之制定方式,并未严格遵守税法上所要求之量能课税原则及平等原则,在经济上不无扭曲竞争秩序之副作用,也造成营利事业所得税税基一定程度之侵蚀,当然,基于正当理由,于符合实质平等要求时,制定者有权实行税捐工具遂行其经济政策,使税捐具有经济法上意义(中国台湾地区台北"高级行政法院"2010年诉字第470号判决)。

税捐优惠如果欠缺正当理由或违反比例原则而过度给予,即构成平等原则之违反。只有在给予某一群税捐义务人特别的税捐优惠,而欠缺正当的理由(并非基于公共利益)时,才有特权存在,而违背平等原则。在判断个别的税捐优惠措施,是否为不合理的优惠特权时,主要必须判断的问题,包括该项措施的政策目的是否合理。为达成其目的,该项措施是

---

① BVerfGE 49,343［360］;BVerfGE 65,325.

② 黄茂荣:《论税捐优惠》,载黄茂荣:《税法总论——税捐法律关系》(第3册),2008年第2版,第355页。

否有效。其因此对于公平负担产生何种程度的危害等问题。①

另有认为税捐优惠所要审查之项目有三:该税捐优惠规定有无违反基本权利,尤其平等权及或财产权之保障规定。有无违反法治原则,有无法律依据、有无正当理由以及是否符合比例原则。该优惠规定有无违反权限划分,有无损害各地财政税收权益,而无对应之财政损失补偿情事。②

税捐优惠之正当合理性判断标准,应有三项:③

1. 须有助于公共利益。

2. 须符合比例原则。

3. 须符合平等原则。

兹分述之:

1. 须有助于公共利益

税捐优惠必须为公共利益始为法之所许,公共利益是不确定法律概念,对于各级政府及国会(议会)享有某种程度的判断余地。

税捐优惠只能依据公益原则(Gemeinwohlprinzip)以及与之相连结的社会国家原则(Sozialstaatsprinzip)加以正当化。如果不是基于公益目的,则是以税捐资源给予不合法的特权或赠与。参照《德国税捐通则》第 52 条第 1 项规定,公益是无私地促进公众有关物质的、精神的或道德领域(Förderung der Allgemeinheit)的利益。故税捐优惠之公益事由,包括教育文化目的、慈善目的、宗教的目的、其他公益目的、社会(福利)目的以及经济目的等。④

税捐优惠作为间接的补贴或减免的补助,与明显的、直接的补助一样,适用相同的法则。

---

① [日]金子宏:《租税法》,第 80 页。

② 黄茂荣:《论税捐优惠》,载黄茂荣:《税法总论——税捐法律关系》(第 3 册),2008 年第 2 版,第 363 页。

③ Tipke/Lang, Steuerrecht, § 19 Rz. 75 ff.;葛克昌:《管制诱导性租税与违宪审查》,载葛克昌:《行政程序与纳税人基本权》,第 122 页以下。

④ 黄茂荣:《论税捐优惠》,载黄茂荣:《税法总论——税捐法律关系》(第 3 册),2008 年第 2 版,第 427 页以下。

2. 须符合比例原则

法治国家原则也要求税捐优惠不得过度给予。禁止过分(Das Übermaßverbot)的比例原则固然主要适用于负担性或侵害性立法,其同时也适用于任何国家的行为包括税捐优惠在内。如果税捐优惠对应于所追求的公共利益目的,并不是“必要的”或“适合的”,则其已抵触禁止过分的比例原则。

税捐优惠措施,仅于其并未产生超过利益之不利效果时,对于其他并未享受税捐优惠之第三人而言,才符合比例原则。即如果税捐优惠所产生的不利后果,实质上或理论上超过其所获得的效益时,则其优惠即违反比例原则。在判断什么是符合公益目的以及判断采取何种必要的及适当的手段,以达成特定的公益目的是属于必要的及适当的手段的问题,立法者享有判断余地或立法裁量权(释字第315号)。

例如,以往中国台湾地区“促进产业升级条例”规定购置设备或技术之投资抵减,此种税捐减免上之不平等,属于例外规定,只有在产业之投资确实为促进产业升级之所需,且经评估,因税捐减免所促成之产业升级公益必须高于因违反税捐之经济中立性要求所产生之不利益时,始能容许(中国台湾地区台北“高等行政法院”2010年度诉字第470号判决)。

3. 须符合平等原则

税捐优惠,也必须符合平等原则。此犹如平等负担之要求及不平等负担之禁止,在此要求:平等优惠之要求及不平等优惠之禁止。为满足平等优惠之要求,必须遵守下列两点:①

(1)对于值得优惠之当事人范围,应进行合理的选择

在此有关优惠之当事人范围,必须符合优惠目的加以选择,而不得任意决定。且在选择决定上应斟酌比例原则。释字第411号解释也注意到此问题,该号解释对于生产事业委托研究发展经费得否抵减所得税之争议,就委托研究对象限于财团法人所属研究机关之中国台湾地区财政事务主管部门函释,即指出“至生产事业委托研究之选择自由因而受限及不在抵减范围之研究机构可能遭受不利影响,仍应随时检讨改建”。

---

① Tipke/Lang, Steuerrecht, 15. Aufl., 1996, S. 714.

又如，德国联邦宪法法院 2008 年 4 月 17 日裁判宣告《德国遗产及赠与税法》第 13 条第 1 项第 18 款规定之税捐优惠仅对于政党捐献给予税捐优惠，而对于地方选举权人团体及其相关团体之捐献则未给予税捐优惠，因此，违反机会平等原则而违宪，在立法者重新立法（可将被违反公平原则排除之团体纳入税捐优惠范围，或全部废止优惠，或全部重新界定优惠对象范围）之前，该违宪规定仍继续适用。同时考虑如果扩大税捐优惠范围，财政税收损失有限，因此宣告于此过渡期间内，该税捐优惠规定应类推适用，扩张及于地方选举权人团体，以维护公平原则。①

（2）对于优惠应具有合理的衡量基础

原则上，经济管制的税捐优惠，其合理的标准乃是符合事理基准之"优惠的需要"（Vergünstigungsbedürfnis）。如果衡量的基础是越有需要者，优惠减少；反之，越无需要者，反而优惠增加者，则违反宪法上平等原则及优惠（补贴）正义。例如，购买自用住宅贷款利息采"扣除额"优惠方式，而非采"税额抵扣方式"优惠，即有此问题。

（三）纳税义务人如何实现其平等权

倘若纳税义务人认为其不合法地被排除优惠对象范围，或第三人不合法获得优惠，由于行政诉讼是以原告自己的权利受损害为前提，因此原告必须主张自己也应纳入税捐优惠范围，如行政机关予以驳回，再提起行政诉讼，最后必要时再声请中国台湾地区司法机构"大法官"解释。

如果纳税义务人并非主张请求纳入税捐优惠范围，而是反对第三人享受不当的税捐优惠时，则其主观公权利原则上并未遭受侵害，其提起诉讼或声请"大法官"解释，仅于下述情形才属合法，即其声明请求排除第三人之税捐优惠，同时必然因此改善原告的法律上地位。②

在具有竞争状态的情形，德国实务上认为如果涉及重大的、不可忍受的竞争侵害，即对于竞争者给予税捐优惠，将间接地构成未享受税捐优惠者之负担时，则其提起诉讼或请求宪法裁判解释，请求排除第三人之税捐

---

① BVerfG, Beschl., v. 17. 4. 2008 – 2 BvL 4/05, NVwZ 2008, 998, 1003 f.

② Tipke/Lang, aaO., § 19 Rz. 78.

优惠,即属程序合法。①

(四)最低税负制度

由于税捐优惠过度时,将导致税捐负担不公平,因此有必要引进最低税负制度。最低税负制系为使适用租税减免规定,而缴纳较低之税负甚至不用缴税的公司或高所得个人,都能缴到基本之所得税额的一种制度。中国台湾地区于2005年年底制定公布"所得基本税额条例",并原则上自2006年开始施行。

在此"条例"下之税基称为"基本所得额";至少需缴纳之最低税负,系按基本所得额减除扣除额后,乘上税率之金额,称为"基本税额"。营利事业的基本税额之税率为10%,基本税额=(基本所得额-扣除额200万元)×税率10%。

个人之基本税额=(基本所得额-扣除额600万元)×税率20%。

四、重复课税

黄茂荣教授认为"重复课税是指同一税捐客体,利用相同或不同之税目,对于同一或不同税捐主体,同时或先后课征两次以上之税捐而言"。盖"税捐主体之所以有负担税捐能力,在直接税乃因税捐客体之归属结果;在间接税,乃因转嫁的可能性。是故,关于重复课税有关问题之探讨,应以税捐客体为轴心"。②

德国学者蒂普克和朗(Tipke/Lang)两位教授则认为对于同一"税捐财(税源)"经由不同的税法的税捐客体加以多次把握,或经由一个税法的税捐客体加以重复把握时,即构成重复课税。③ 盖税捐之负担作用来自税捐财(Steuergüter),因此应以实质上表彰经济上负担能力之事实关系、给付能力之泉源为准,即应以税源(税捐财)作为比较有无重复

---

① BVerfGE 86,28,40;99,280,297.

② 黄茂荣:《重复课税》,载黄茂荣:《税法总论——税捐法律关系》(第3册),2008年第2版,第301页以下。

③ Tipke/Lang,aaO.,§7 Rz.41.

课税之对象,而不宜单纯按照形式概念法学之稽征技术上操作以课税要件之“税捐客体”为比较基准。因此应当审查的是,系争税捐是否“开采”同一税捐给付能力之泉源(获得的或所使用的所得、财产、经由继承或赠与取得之利益)以及是否对于消费、投资、储蓄发生相同作用。①

有关重复课税之种类如下:②

1. 不同课税主体间之重复课征(包括国际间重复课征,内国不同级政府间重复课征)。

2. 相同税捐种类,而不同税目间之重复课征(包括一般所得税与特别所得税间,一般财产税与特别财产税间,一般消费税与特别消费税间)。

3. 不同税捐种类或税目间之重复课征(例如,财产税与所得税间,遗产税与赠与税间,证券交易税与证券交易所得税间)。

4. 相同税目间之重复课征(例如,营业税之进项税额不准扣抵而产生重复课征)。

5. 税捐与工程受益费或规费间之重复课征。

重复课税包括法律上重复课税以及经济上重复负担二者。兹分述如下:

(一)法律上重复课税

对于同一纳税义务人之同一税捐财(如所得、财产或消费),利用相同或不同之税目,重复进行课税时,即称为“法律上重复课税”(Doppelbesteuerung)。

例如,对于同一个纳税人,就其从事交易活动所取得之所得,由不同的国家行使课税权,即构成法律上的重复课税。台湾地区“所得税法”第3条第2项也规定营利事业总机构(本公司)在中国台湾地区境内者,应就境内外来源之全球所得课税(属人主义),但境外来源所得部分(如境

---

① Tipke/Lang, aaO., §7 Rz. 42.

② 黄茂荣:《重复课税》,载黄茂荣:《税法总论——税捐法律关系》(第3册),2008年第2版,第301页以下。

外分公司之所得),如已经在境外纳税,其所纳税额,原则上可以扣抵中国台湾地区所得税,以避免重复课税。

释字第608号解释理由书中表示:继承人因继承取得未上市或未上柜股份有限公司之股票,与继承人于继承该股票后获分配之股利,分属不同之租税客体,分别课征遗产税及综合所得税,不生重复课税之问题。关于重复课税是否违反宪制性规定之原则性问题,自无解释之必要。

廖义男在释字第608号解释之不同意见书中指出:对于同一税捐主体,就其同一之财产或所得来源(租税客体),利用不同之税目,同时或先后课征两次以上之税,即为重复课税。其是否符合租税法律主义,或是否符合比例原则,而不过分侵害保障民众财产权,应值得探讨。其认为中国台湾地区"所得税法"第4条第17款前段规定,因继承而取得之财产,免纳所得税,系因继承之财产依规定应缴纳遗产税,故不再课征所得税。其旨趣乃对同一财产应避免遗产税及所得税重复课税。因此,如果对于公司未分配盈余之资产净值纳入遗产课税,又以行政函释规定继承人在继承股权之后获得公司将该保留盈余之分配,系属继承人之所得,应课征继承人之综合所得税,而不视为被继承人之遗产,将会导致与中国台湾地区"所得税法"第4条第17款规定之意旨相违背,则不能不谓该"命令"抵触"法律",且其导致对同一财产重复课税之结果,增加民众不必要之过分负担,违反比例原则,亦与保障民众财产权规定之意旨有所不符。

本书认为,由于目前遗产税之税率已经调降为10% ~20%,且有巨额之免税额及扣除额,因此纵然重复课税,未必造成纳税人之过度负担,从而亦未必因为重复课税,即构成违反比例原则。

另有行政机关通过法律解释造成重复课税之情形,例如在释字第700号解释案件,罗昌发在不同意见书指出:"声请人为兴建房屋而委托营造公司施工之支出(并取得含税之二联式发票),均不为稽征机关承认作为'进项支出';该进项支出所已经缴纳之'进项税额',亦不为稽征机关承认得以扣减。系争函释适用于本件原因事件之结果,不啻认为营业人兴建房屋销售,毫无成本支出可言。且其结果将使营业人于缴纳营业税时,重复缴纳已经在进项支出时缴纳的营业税。法律解释,不外乎合理性。系争函释所造成偏离交易现实之不合理结果,且背离营业税法之意旨,甚为明显。”诚哉斯言,此种法律上重复课税本非制定者本意,可惜释字第700号解释未能予以纠正,仅能留待将来制定机关进行修订,或中国台湾地区财政事务主管部门重新颁布避免重复课税之解释令。

(二)经济上重复负担

对于同一税捐财,对于两个不同的纳税人进行课税,即发生经济上重复负担(Doppelbelastung)。在此税捐债务人及课税期间无庸相同。

例如,对于公司营利所得在公司阶段进行课征营利事业所得税,在盈余分配与个人股东后,对于同一营利所得再对于个人股东进行课征综合所得税,即构成经济上重复负担。中国台湾地区“所得税法”引进两税合一制度,对于股东所获得之营利所得中,内含已经在公司阶段缴纳之营利事业所得税,准予扣抵综合所得税,即在排除重复负担。

典型的国际间经济上重复负担,是对于股利的重复负担,例如,跨境企业,境国子公司的所得在境国被课征企业所得税,于盈余分配与中国台湾地区母公司后,母公司对于该项盈余分配之所得,仍必须在中国台湾地区被课征所得税。即对于企业所获得之境外股息红利,在经济上重复负担。

为排除同时行使课税权所发生国际间之经济上重复课税问题,通常两国家或地区间订定防止双重课税之租税协定,加以解决。[1]

重复课税之排除,通常可认为是落实量能课税原则,并维持税捐竞争中立性原则,并非税捐优惠。由于重复课税或重复负担,如果不过度侵害纳税人之经济上负担能力(例如,数个税捐并未用尽经济上给付能力之同一泉源),[2]即并未违反比例原则或过度侵害财产权时,则并非当然被禁止。

---

① 陈清秀:《国际间避免重复课税之方法与企业所得税》,载陈清秀:《现代税法原理与国际税法》,2010年第2版,第639页以下。

② BVerfGE 49,343 [355];BVerfGE 65,325.

第四节　税捐债权的不可变更性及其例外

一、问题之提出

税捐债权于税捐义务人实现法定课税构成要件时即行发生，在税捐债权发生之后，可否因税捐义务人的行为（如解除买卖契约等），又使已发生的税捐债权归于消灭？此乃涉及税捐债权的不可变更性问题。

二、税捐债权的不可变更性

税捐债权发生后原则上即具有不可变更性，课税乃是把握事实上的经济上事件经过，此项事件经过一旦已经发生，即无法再使其不发生。因此，税捐债权原则上并不因事实上的事件经过或法律上形成使其追溯既往，倒填日期或溯及既往而受影响。其参与实现法律上税捐构成要件的当事人，无法通过民事法上协议而对于已经发生的公法上税捐债权加以影响。且稽征机关或其他行政机关授予溯及效力的行政处分，也不影响已发生的税捐债权。在此范围内，契约与行政处分并无区别。①

换言之，税捐债务在经由构成要件满足时成立，原则上即不能变更。一个实际的生活事实关系（事实上的事件经过）在其实现之后，无法再溯及生效的变更。例如运送、进口、流通市面等，均属于此种事实上的事件过程。

---

① Kruse，aaO.，S. 121；有关税捐债权的不可变更性问题，另参见陈敏：《溯及影响租税债务之事项》，载《政大法学评论》第41期，1990年6月，第61页以下。

三、不可变更性之例外

(一)概说

事实上的事件经过固然无法使其溯及既往,然而,与课税成立要件的实现相连结的法律效果,则可加以废弃,而且也可以拟制已经实现的构成要件并未被实现。此种情形中,大部分是通过对于已经实现的事实关系发生影响的民法规定的保护目的,通过法律的技术性简化目的或者通过具体妥当性的考虑所促成。[①]

在税法不仅是直接与实际的生活事实关系相连结,而且课税要件也多与法律行为、行政处分,或私法或公法的法律关系相连结,而此种事件经过则可以具有溯及既往效力地加以撤销或变更,从而溯及既往影响税捐债务之存否。[②] 在此大致可区分下列几种类型:[③]

1. 民法上溯及生效之要件事实(详如后述)。

2. 具有溯及既往拘束效力之行政机关证明或法院之裁判。

例如,有关课税基础事实之行为效力的许可或其他行政处分,被撤销时;在遗产税案件,有关父子关系存否诉讼之裁判;或有关申报、核定之课税标准等或税额等之计算基础的事实,已经诉讼判决(包括与确定判决有同一效力之和解等)确定其事实有差异、变动者;或纳税义务人已经申报、核定之所得或其他课税客体,事后被认定应归属于第三人,且对于该第三人已经加以课税时。

3. 嗣后情事变更(如嗣后减少买卖价金或提高价金)。

4. 具有溯及效力之私法上租税条款约定。[④]

5. 其他类似情形。[⑤]

---

① Kruse,aaO.,S. 122.

② 《德国税捐通则》第175条第1项第2款明定发生溯及生效事由时,应作成、撤销或变更课税处分。

③ Tipke/Lang,Steuerrecht,21. Aufl.,2013,§21 Rz. 440ff. S. 137.

④ Tipke/Lang,Steuerrecht,S. 137.

⑤ 在税法规定解除条件之成就,也可能影响已经确定行政处分之合法性,例如,继承农地核准免税,嗣后因为违反继续耕作义务,而使免税之解除条件成就,仍应补税处分。

例如，账簿凭证被扣押或因其他不得已的情形，以致无法据以计算课税标准或税额等，而该事由事后消灭者。

又如，依据租税协议所规定有权机关间之协议，就有关课税标准或税额等，进行与已经申报、核定之内容不同内容之合意者。[①]

（二）无效法律行为

在课税基础的法律行为不生效力，唯当事人起初仍使该法律行为的经济上效果发生并维持其存在时，基于实质课税原则，仍发生税捐债务。然而，如果当事人间嗣后以法律行为无效为理由，除去该项法律行为所已发生的经济上效果时，则已发生的税捐债权溯及既往归于消灭。[②] 此种不生效力的法律行为的溯及处理，固然并未改变下述事实：在当事人已于某特定期间内发生该法律行为的经济上结果，并使其存在。虽然此种事实上的经过并无法使其不发生，法律（税法）仍然容许此项溯及处理具有溯及既往的效力。即于此情形，税捐债权溯及既往至其发生时点归于消灭，稽征机关应撤销或变更已作成的课税处分，并退还已缴纳的税款。此种经由可能拟制另一个事实关系，取代事实上已经实现的事实关系，乃是通过民法上有关法律行为无效的规定的规范目的，加以正当化。因此，在此范围内，税法乃追随遵循民法的价值决定。又税法不仅是追随民法上保护规定的价值决定，而且也遵循民法上技术性简化规定的规范目的。[③]

例如，在契税的情形，如果父母非为子女之利益，代理未成年子女将其财产赠与他人，违反中国台湾地区“民法”第 1088 条第 2 项规定时，则其赠与关系，系属违反禁止规定，其契约自始无效，应不予课征契税，其已缴契税应予退还。[④]

---

① 参见《日本国税通则法》第 23 条及同法施行令第 6 条第 1 项。

② 陈敏：《溯及影响租税债务之事项》，载《政大法学评论》第 41 期，1990 年 6 月，第 67 页；Tipke/Kruse，AO，1987，§175 Tz. 14。

③ Kruse，aaO.，S. 122.

④ 台湾省“财政厅”1970 年 9 月 23 日财税三字第 16847 号令、中国台湾地区财政事务主管部门 1976 年 2 月 12 日台财税第 30887 号函。

再如，房屋买卖，卖方之债权人（指已实施查封之债权人）诉请法院判决确定而涂销其所有权移转登记，致买受人无法取得所有权时，则其原已缴纳之契税，应予以退还。[①]

此外，因拍卖无效经法院判决涂销移转登记，回复原所有权人名义时，其已征收之土地增值税亦应予以退还。[②]

（三）法律行为之撤销

只有在法律行为乃是课税的对象的情形，税法才能溯及生效地加以执行。例如，订立房屋不动产买卖契约或其他法律行为，成立契税的税捐债务，于该法律行为生效时，其构成要件即被满足。反之，在该法律行为依法不生效力或者因有民法规定之瑕疵而经由有效的撤销使其溯及既往不生效力时则构成要件即未被满足。因此，在成立对于不动产所有权的移转请求权之买卖契约或其他法律行为订立同时所产生的税捐债权，一旦该等法律行为被依法撤销而归于无效，且当事人亦已有效地排除该法律行为之经济上效果（回复原状）时，则税捐债权即归于消灭。[③] 例如：

中国台湾地区财政事务主管部门 2003 年 2 月 19 日台财税字第 0920451458 号令：赠与不动产，已缴清赠与税并完成移转登记者，参照中国台湾地区财政事务主管部门 1989 年 5 月 29 日台财税第 780139722 号函释，原则上应不准撤回赠与税申报。唯赠与人如有法定之撤销权，例如中国台湾地区“民法”第 88 条、第 92 条、第 412 条、第 416 条等，于取具法院确定判决或与确定判决有同一效力之法院和解笔录、法院调解笔录、乡镇市调解委员会调解书等，并据以涂销移转登记回复所有权后，申请撤回赠与税申报及退税者，除有撤销权之事实业经法院调查认定可据以退税外，稽征机关仍应就其是否有撤销权之事实本诸职权调查认定，于就当事人提出之证据查证属实后，始准予退税。

---

① 中国台湾地区财政事务主管部门 1992 年 6 月 2 日台财税第 811666637 号函。

② 中国台湾地区“土地税法令汇编”，1992 年，第 124 页。

③ Kruse，aaO.，S. 123；陈敏：《溯及影响租税债务之事项》，载《政大法学评论》第 41 期，1990 年 6 月，第 70 页。

又以和解方式排除得撤销之法律行为的经济上效果时，税捐义务人仍不妨主张系争得撤销法律行为应自始作为无效处理。①

反之，如果该项课税构成要件并不是和法律行为本身相连结，而是和该法律行为的履行事实相连结时，则因该项事实上的经过并不受法律行为撤销及其无效的影响，因此，税法无法溯及既往地加以执行。

例如，使用公共水陆道路之交通工具所有人或使用人，应缴纳使用牌照税（中国台湾地区"使用牌照税法"第3条），因此对于车辆的买卖契约的撤销，并溯及既往归于无效，并不影响已发生的税捐债权。因为汽车的受让人只要是使用人（占有人），即为税捐债务人，直到其将汽车返还予出卖人为止。此种"占有使用汽车"乃属于事实上的经过，此项事实经过并不因其原因买卖行为溯及既往无效甚至于可能包括其履行行为溯及无效而受影响。②

（四）税捐条款（不真正的解除条件之成就）

税捐条款（Steuerklauseln），系指在契约或章程中规定契约或章程的效力，或契约或章程中的个别约款的效力，系于下述条件：该项契约或章程并未满足或仅满足某一特定的税捐构成要件，因此并不发生或仅发生某一特定的税捐债权。如果此项前提条件并未具备，因为依据有权课税机关（稽征机关或法院）的见解，其仍然满足税捐构成要件或其他税捐构成要件时，则该项法律行为，如同在意思表示不一致或自始给付不能的情形，其全部或部分不生效力。③

此种税捐条款是否足以溯及生效的影响税捐债务，不无争议。德国实务上联邦财务法院判决认为此种税捐条款为真正的解除条件，于条件成就时，该法律行为溯及既往至税捐债权发生时失其效力，并承认其对于税捐债权发生影响。

学者则多认为，税捐条款系对于一个民事法上契约附加不真正的解

---

① Woerner/grube, aaO., S. 133; BFH BStBl II 1971, S. 597.

② Kruse, aaO., S. 123.

③ Kruse, aaO., S. 124.

除条件(不真正的现在条件),盖于订立契约当时,客观的税法状态已经确定,只是尚不明了稽征机关的宣示性决定为何而已,此项契约的有效性乃取决于其税捐效果——按照稽征机关的核定税额处分——是否符合当事人所预期者。如果并不符合,稽征机关并未采取税捐义务人的法律见解时,则该项契约自始即不生效力。如果该项契约未被实施,则依据实质课税原则推论,从该项契约并不发生任何税捐上效果,其课税处分应予撤销。[①] 尤其在税捐上判断,涉及当事人的重大的经济上利害关系,而就系争问题,实际上存在有税法的不安定性,又对于该项事实经过,在税捐上也尚未发生作用的情形,更应承认此种税捐条款的效力。然而,如果其实际上涉及税捐投机行为时,则应否认此种税捐条款。[②]

此种不真正的现在条件必须在缔结法律行为时即已合意,如果嗣后方才合意税捐条款,则对于税捐债权并不产生影响。

(五)法律行为之解除

1. 解除权之行使

在课税对象系把握私法上法律行为的情形,如果该项法律行为因物有瑕疵而遭买受人解除契约,或因给付不能或给付迟延而经买受人依民法规定解除契约时,则依民法规定,其买卖契约之法律关系嗣后已经溯及既往归于消灭,如当事人间亦作回复原状处理,并未保持其契约之经济上效果时,则税捐构成要件亦溯及既往未被满足,其已发生的税捐债权应归于消灭。[③]

例如,中国台湾地区财政事务主管部门 1986 年 3 月 10 日台财税第 7522037 号函释即谓:“××君出售房屋办妥移转登记后,因买受人未依约支付价金,既经查明已依法院调解笔录办竣涂销登记回复原状,核非所

---

① Tipke/Lang, Steuerrecht, S. 138; Kruse, aaO., S. 125; Tipke/Kruse, AO, 1988, §41 Tz. 22;陈敏:《溯及影响租税债务之事项》,载《政大法学评论》第 41 期,1990 年 6 月,第 68 页以下。

② Woerner/Grube, aaO., S. 132.

③ 陈敏:《溯及影响租税债务之事项》,载《政大法学评论》第 41 期,1990 年 6 月,第 72 页。

有权之移转,应不课征契税。[①]”又如,中国台湾地区财政事务主管部门1982年1月14日台财税第30316号函释谓:土地买卖已申报现值缴清土地增值税,并向地政机关办竣所有权移转登记,经该地法院民事庭调解成立,已向地政机关办理涂销登记,恢复为原所有权名义者,准依中国台湾地区财政事务主管部门1981年5月29日台财税第34363号函释,免征土地增值税,其原已缴纳之税款,应予退还。[②]

唯中国台湾地区“行政法院”1969年判字第371号判例则持相反见解:“不动产之买卖契税,系就不动产买卖之债权契约行为而课征,并不以完成不动产所有权移转取得之物权行为为其要件。故买卖行为一经发生,既应投纳契税。至该买卖契约以后是否履行,既与契约纳税义务不产生影响,自亦不因其后买卖契约解除而可请求退税。[③]”此项判例观点,似未考虑民法上解除契约回复原状的规范目的,亦与税法上量能课税原则的精神不合,尤其当事人既未完成交易,并未享受该项交易所生经济上效果,却责令其负担税负,似亦显失公平,故本件判例容有商榷余地。

再如,依据中国台湾地区“印花税法”第8条规定,应纳印花税之凭证一经书立交付使用,即应贴足印花税票。即印花税系把握凭证的书立交付使用的事实行为课税,并非以法律行为作为课税对象。因此,不动产契约书在书立后交付或使用时,即应贴足印花税票,不因事后解除契约而受影响。[④] 如其向主管机关申请物权登记前解除契约,其已计贴之印花税票,既非适用法令或计算错误,不得申请退还(中国台湾地区财政事务

① 中国台湾地区财政事务主管部门“税制委员会”编印:“房屋税契税法令汇编”,1992年,第89页。反对说,中国台湾地区财政事务主管部门1984年4月3日台财税第52300号函:“房屋于办竣所有权移转登记后,因故兴讼,经该地法院判决,涂销所有权移转登记,已缴纳之契税仍不得退还”(参见陈敏:《溯及影响租税债务之事项》,载《政大法学评论》第41期,1990年6月,第88页)。

② 中国台湾地区财政事务主管部门“税制委员会”编制:“土地税法令汇编”,1992年版,第81页。

③ 同说,“行政法院”1972年判字第408号判例。

④ “行政法院”1986年判字第1263号判决,载《税务争讼判决要旨选辑》,1992年版,第131页。

主管部门 1989 年 12 月 20 日台财税第 780396067 号函)。[①]

2. 法律行为基础不存在

又法律行为基础的不存在(Wegfalls der Geschäftsgrundlage)的思想,也被适用于当事人所未期待的、重大的税捐上效果发生的情形,即由于双方当事人乃是以相互了解其所从事的交易是免税为前提,才从事此项交易,而嗣后既经稽征机关核定应课征重税,则其法律行为基础即已丧失不存在,依公平合理之理由(Billigkeitsgründen),税捐义务人即得行使解除权,取消此项交易,回复原状,以消灭其税捐债务。[②]

(六)法律行为之合意解除

1. 原则

如果当事人间嗣后以债法上契约赋予溯及生效,而仅发生债法上效力,并无法溯及生效地排除其物权的法律地位时,则此种情形在税法上原则上仍不予斟酌,盖税捐义务人对于已发生的税捐债权,不得溯及生效地加以影响,否则即属不法地干预公法上关系。[③] 经由债法契约所为撤销解除(Rückgängigmachung),与单纯的契约倒填日期(填载不实的日期)及契约的溯及发生关系(具有溯及效力的生效)并不相同,在后二者的情形,其形式的处理并不符合经济上的实施情形,然而,课税却应以经济上的实施为准。在劳动契约倒填日期的情形,涉及自始客观的给付不能,依中国台湾地区"民法"第 246 条规定应属无效,因此在税上也不予斟酌。[④]

就此中国台湾地区"行政法院"1989 年判字第 1144 号判决亦谓:"查赠与税系以赠与之债权契约为课征之对象,系争赠与契约,已经合法成立,既如前述,纵令嗣经合意解除,亦不影响系争赠与税之课征。"[⑤]

---

① 中国台湾地区财政事务主管部门"税制委员会"编印:《营业税、印花税、证券交易税"法令"汇编》,1990 年版,第 266 页以下。

② 参见 Herrmann/Heuer/Raupach, Einkommensteuergesetz, 1970. §4 Rn. 34 f.;引用德国联邦财务法院判决先例见解。

③ BFH v. 18. 9. 1984 BstBl. II 1985, S. 55 ff.;Tipke/Lang, Steuerrecht, S. 137 f.

④ Tipke/Lang, Steuerrecht, S. 137 f.

⑤ 《税务争讼判决要旨选辑》,1992 年版,第 659 页。同说,"行政法院"1987 年判字第 1676 号判决,同选辑,第 663 页以下。

2. 例外

在营业交易于嗣后合意撤销、解除(Rückgängigmachung von Geschäftsvorfällen),并将该法律行为作为无效处理的情形,于下述例外情形,也允许发生税捐上效果:

(1)当事人对于重大的税捐上的效果有错误,事先未曾加以预见;

(2)未发生"税捐延期"(Steuerschiebung)的投机情形,或并无不法的企图;

(3)其事件经过(处置)尚未以其他方式发生税捐上作用。[①]

盖鉴于税法的复杂性以及欠缺明确性,如果纳税义务人对于重大的税捐上效果发生错误,均应归由纳税义务人负担时,则与诚实信用原则有违,故应准许交易之嗣后溯及生效地解消,可以影响原已发生的税捐义务。

就此德国学者海因里希·魏特林·克鲁斯(Heinrich Wihelm Kruse)亦认为在当事人因不可归责的对于法律行为之税法上效果发生错误,并已经将该法律行为溯及既往地作为无效处理而回复原状时,则如果执意课征已经发生的税捐债务,实显失公平(unbillig),在此类情形,已经被作为无效而回复原状的原来法律行为,在税捐核定上可不予斟酌,其税捐债务于依《德国税捐通则》第 163 条第 1 项第 1 句规定为免除处分之通知同时消灭。[②]

中国台湾地区财政事务主管部门 1984 年 7 月 14 日台财税第 55807 号函释亦谓:"已办理建物所有权登记之不动产移转,在尚未办竣产权移转登记前,解除契约或撤销移转时,仍应免征契税,如有已纳税款,并准退还,未办理建物所有权登记之不动产移转,在房屋税籍未更名前,解除契约或撤销移转时,仍应免征契税,如有已纳税款,并准退还。[③]"此种"双方合意"解除契约或撤销移转的情形,在未办竣产权移转登记或税籍更名登

---

① BFH v. 22. 10. 1953 BstBl. Ⅲ 1953, S. 359; BFH v. 22. 6. 1967 BstBl. Ⅱ 1968, S. 4; Vgl. Tipke/Lang, Steuerrecht, S. 128.

② Kruse, aaO., S. 127.

③ 中国台湾地区财政事务主管部门"税制委员会"编印:《房屋税、契税"法令"汇编》, 1992 年,第 88 页。

记之前提下，其产权移转之经济效果尚不发生，故双方当事人合意回复原状时，准予免征契税，应属合理妥当。

但在产权移转之后，如契约双方当事人再合意解除契约，尤其在稽征机关查获漏税之后，才解除契约时，则实务上一般认为是为规避税捐，而不准溯及既往消灭税捐债务。

例如，中国台湾地区"最高行政法院"2000 年度判字第 2913 号判决即谓："依交易之法律行为课征之租税，于该交易之法律行为有效成立时，即成立租税请求权，契约成立后，在履行时，如发生其他妨碍履行之事由，则课税要素并不因之而溯及丧失，必须该契约自始存在瑕疵，因而解除者，始有发生溯及消灭税法效力。"如果买卖股权双方当事人已经转让过户完毕，嗣后经稽征机关认定以不相当代价而为让与，应课征赠与税时，即不得再主张让与契约合意解除，而请求撤销赠与税申报及课税处分。

（七）资产负债表之更正或变更

在税捐上，发生溯及生效的事实，也包括先前年度资产负债表的更正或变更。在此乃涉及资产负债表的连续性（同一性）对于次一年度发生作用的情形。①

（八）基础处分之作成、废弃或变更

在税捐稽征机关对于税额之核定，以本机关或他机关之另一行政处分为基础并受其拘束的情形，该为课税基础之处分即所谓基础处分（Grundlagenbescheid）。例如，房屋现值之核定，即为对于遗产税之课税处分具有拘束力之基础处分（中国台湾地区"遗产及赠与税法"第 10 条第 2 项）。再如，公告地价之核定，即为对于地价税具有拘束力之基础处分（中国台湾地区"土地税法"第 15 条）。此类基础处分嗣后如经撤销或变更时，则对于其原先已作成之后续处分（原先已核定税额之课税处

---

① Tipke/Lang, AO, § 175 Tz. 12.

分),即发生溯及生效之事实,其后续处分亦应配合撤销或变更。[①]

例如,土地公告地价嗣后经纳税人提起行政争讼而获变更,则对原告已确定之地价课税处分,稽征机关即得因课税事实变更,而依职权更正退还其溢缴税款。[②]

(九)法律特别规定

中国台湾地区"营业税法"第 15 条第 1 项规定:"营业人因销货退回或折让而退还买受人之营业税额,应于发生销货退回或折让之当期销项税额中扣减之。营业人因进货退出或折让而收回之营业税额,应于发生进货退出或折让之当期进项税额中扣减之。"即当事人对于应课营业税之销货行为作回复原状处理时,即影响营业税之计算基础,但并不影响已经发生的营业税债权,而是在嗣后回复原状时点所属期间的销项税额或进项税额加以扣减变更。此种销货退回或进货退出的回复原状行为虽不影响已发生的税捐债权,但基于公平合理之理由,仍应在税法上予以考虑。[③]

又如,中国台湾地区"营利事业所得税查核准则"第 19 条第 1 项前段规定:销货退回已在账簿记录冲转并依"统一发票使用办法"第 20 条规定取得凭证者,应予认定。中国台湾地区财政事务主管部门 1978 年 7 月 3 日台财税第 34268 号函释谓:"营利事业之销货于次年度发生退回,其销货退回因所属会计年度不同,应列为次年度销货退回处理。"[④]概与上述意旨相同。但如果销售货物,因事后未支付价金而被解除买卖契约,经判决回复原状,倘若胜诉判决确定年度,出卖人处于停业中或类似的状态,其价金债权消灭之损失,纵然列报为当年度的费用损失,也无法获得救济的特殊情形,此时似应准予溯及销售年度,请求撤销变更该年度

① 陈敏:《溯及影响租税债务之事项》,载《政大法学评论》第 41 期,1990 年 6 月,第 65 页。

② 中国台湾地区财政事务主管部门 1985 年 2 月 8 日台财税第 11695 号函。

③ Kruse,aaO.,S.126.

④ 中国台湾地区财政事务主管部门"税制委员会"编:"所得税法令汇编",1990 年版,第 288 页。同说,陈敏:《溯及影响租税债务之事项》,载《政大法学评论》第 41 期,第 64 页。

的所得税。以避免无所得而课征所得税,并符合公正妥当的会计处理基准。①

(十)溯及生效之事实与权利救济

在税捐债权发生后,如发生溯及生效足以影响税捐债务的事实时,如各税法内有特别规定调整其税捐债务的事实时,如各税法内有特别规定调整其税捐效果者,自应依其规定办理。如无特别规定,基于税捐构成要件合致性原则以及课税平等之要求,亦应调整其税捐效果,予以退税或补税。②

申言之,如其事实发生在税捐申报前,则因税捐债务归于消灭,其申报义务亦归于消灭,应毋庸再为核定税捐之课税处分。

如发生在课税处分之后,而于课税处分确定之前,则税捐债务人应循复查行政救济程序请求撤销变更原处分。反之,如发生在课税处分确定之后,则解释上税捐债务人应以新发生之事实,依中国台湾地区"行政程序法"第 128 条第 1 项第 2 款规定发生新事实为理由,请求稽征机关准予程序再开,并作成撤销变更原课税处分之行政处分(参照中国台湾地区台北"高等行政法院"2007 年度诉字第 5 号判决),③且一并请求退还已纳税款。

倘稽征机关拒绝撤销变更原处分,则税捐债务人对于此一拒绝处分得提起"课予义务之诉愿"及"课予义务诉讼",以资救济。唯在此所谓请求撤销变更原课税处分,原则上仅能在溯及生效之事实影响所及之范围内为之,并不得就整个已确定之案件重新处理。④

又在前述契约当事人行使解除权或撤销权,而解除或撤销法律行为,因此发生足以影响税捐债务溯及生效之事实时,如依法应会同撤销税捐

---

① [日]金子宏:《租税法》,第 530 页。

② 陈敏:《溯及影响租税债务之事项》,载《政大法学评论》第 41 期,第 78 页。

③ 就此《德国税捐通则》第 175 条第 1 项即明定如发生对过去具有税捐效力之事实(溯及生效之事实)时,应废弃或变更课税处分(参见《德国租税通则》,陈敏译,1985 年版,第 196 页),足资参考。

④ 陈敏,前揭文,第 78 页以下。

申报而契约相对人拒不会同办理时，则他方当事人应可提起民事诉讼请求判令会同办理撤销申报，当事人间有争议时，当事人亦得依法提起确认法律关系（例如，不动产买卖关系或赠与契约关系）不存在之诉讼，俟取得确定判决后，再持以向税捐稽征机关主张溯及生效之事实。

四、已发生之税捐债权，因形成权之行使而变更

各个税法另有规定对税捐义务人赋予形成权（选择权），经由该形成权的行使，可能影响已发生的税捐债权。此种形成权的行使，固然并未改变事实关系，但却给予税捐义务人有对于已发生的法律效果即税捐债权加以变更，并自行决定税捐金额的可能性，在此限度，税捐债权乃受税捐义务人处分支配。①

此种赋予税捐义务人形成权的理由，不一而足，或基于避免过分课税，或具有奖励补助的特征。例如，中国台湾地区“所得税法”第 15 条第 2 项赋予夫妻选择合并申报方式的权利；第 17 条赋予纳税义务人选择标准扣除额或列举扣除额方式的权利；中国台湾地区“土地税法”第 30 条第 2 项赋予土地现值申报义务人选择按公告现值或市价申报的权利；中国台湾地区“土地税法”第 34 条之 1 赋予土地所有权人选择适用自用住宅用地优惠税率课征土地增值税之权利，均属之。

第五节　税法上责任债务（第二次纳税义务）

一、目的

税捐债务人为履行自己的债务，必须负其责任，倘不履行时，债权人原则上得对其全部财产加以追偿。税法并不承认自然债务，即谁负有税

① Kruse, aaO., S. 1217.

捐债务,就必须负其责任,并不存在有任何不必负责的税捐债务。[①]

为确保税捐债务之履行,税法也创设一些责任要件,使第三人对于税捐债务负责。即对于满足责任要件的人,使其对于他人的税捐债务负责,并赋予税捐债权人得对于责任债务人的财产加以取偿。此类税法上责任债务,也有称为"第二次纳税义务",其制度目的是在可认为无法对于本来的纳税义务人征收全部或部分的税捐时,则以与该纳税义务人具有人的或物的特殊关系的第三人,作为第二次纳税义务人,使其补充地负担本来的纳税义务人的纳税义务的义务,以确保税捐的征收。[②]

此种责任债务法上,应规定下列事项:[③]

(1)什么人因为什么行为或状况而应对于何种税捐债务的履行,负担责任。

(2)在什么范围内应该负责,即无限制的或限制的责任,物的责任。

(3)在什么范围内,其责任应具有从属性。

(4)对于责任债务人请求负责,究应采法定主义或便宜主义。

(5)是否应原始地或补充地负责。

中国台湾地区"税捐稽征法"第 13 条第 2 项以及第 14 条第 2 项即系就责任债务为规定。此外,个别税法也有关于责任债务的规定。

二、责任要件

(一)概说

责任请求权系于税法所规定责任的构成要件实现时发生。[④] 但在所须负责的主要的请求权(税捐债权)发生之前,并不发生,因此具有从属性。主要债务人和责任债务人之间为连带债务人的关系。盖税捐债务人

---

① 按税法上税捐债权于罹于消灭时效后,通说认为其权利即归于消灭,即采权利消灭主义,故并不承认自然债务。

② [日]金子宏:《租税法》,2009 年第 14 版,第 136 页。

③ Tipke/Lang, Steuerrecht, 19. Aufl., 2008, §7 Rz. 49.

④ 同说,陈敏:《租税债务关系之成立》,载《政大法学评论》第 39 期,1989 年 6 月,第 390 页。

与责任人债务两者,系就同一税捐给付各负全部给付责任,且债权人仅得一次获得满足,不得重复受偿,故两者系属连带债务人关系。①

(二)违背义务之损害赔偿责任

在第三人负有税法上的协力义务,协助税捐债务人履行其税法上义务或以其他方式为税捐债务人活动的情形,如果该第三人的行为,例如,因为违反义务而导致税捐请求权的实现可能性降低,即其请求权遭受危害的情形,尤其因该人的行为导致税捐遭受短漏甚或参与逃漏税时,即危害到税捐债权。在此情形,通常即产生损害赔偿之责任债务。

此类赔缴责任之类型如下:

1. 法定代理人责任

《德国税捐通则》第 69 条规定法定代理人因故意或重大过失违反对其所课税之义务,致使税捐债务关系之请求权,未经或未适时核定或履行时,应负担责任。此责任包括因违反义务而应缴纳之滞纳金。此种法定代理人之损害赔偿责任,中国台湾地区并未统一规定,而只就下述二种情形规定之:

(1)清算人未依"法"缴清税捐,即分配剩余财产,应就未清缴之税捐,负缴纳义务(中国台湾地区"税捐稽征法"第 13 条第 2 项)。

(2)遗嘱执行人、继承人、受遗赠人或遗产管理人,未依"法"缴清税捐,即分割遗产或交付遗赠,应就未清缴之税捐,负缴纳义务(中国台湾地区"税捐稽征法"第 14 条第 2 项)。

中国台湾地区台北"高等行政法院"2006 年度诉字第 2513 号判决即谓:中国台湾地区"税捐稽征法"第 14 条第 2 项之规定,必须代缴义务人未依规定按税捐受清偿之顺序缴清税捐,即径为分割遗产或交付遗赠时,始负有纳税义务,此为学说上所称之"税法上责任债务"或"第二次纳税义务",其目的是在可认为无法对于本来的纳税义务人征收全部或部分税捐时,则以与该纳税义务具有人的或物的特殊关系的第三人,作为第二次

① 参见陈清秀:《税法上之连带债务》,载《财税研究》第 26 卷第 2 期,1994 年 3 月,第 46 页以下。

纳税义务人,使其补充地负担原来纳税义务人应负担之纳税义务,以确保税捐之征收。

2. 扣缴义务人与代缴义务人责任

扣缴义务人违反扣缴义务应负补缴应扣未扣或短扣之税款责任(中国台湾地区"所得税法"第114条)。中国台湾地区"最高行政法院"2004年度判字第1600号判决即谓:按课税事实一旦发生,纳税义务人固应本于自己之责任,负缴纳税捐之义务,但为确保税捐之稽征,税法亦创设某些责任条件,使符合责任条件之特定第三人对于他人之税捐债务负责之情形,此为学理上所称之"税法上责任债务"。本件上诉人既为扣缴义务人,对于旭展公司上述以现金收回系争减资,于给付股东时,未办理扣缴税款,违反中国台湾地区"所得税法"第88条规定,参酌中国台湾地区"所得税法"第114条第1款规定,应负赔缴责任,上诉人主张被上诉人仅应向纳税义务人补征其应缴之税额,其不应负担该责任云云,尤无足采。

房屋承受人未依规定扣缴前手之欠税,应负补缴责任(中国台湾地区"房屋税条例"第22条)。中国台湾地区"房屋税条例"第4条第3项规定所有权人住址不明,应由管理人缴纳,即为此种责任之适例(中国台湾地区台北"高等行政法院"2008年度诉字第1725号判决)。

娱乐税代缴义务人违反代缴义务应负补缴责任(中国台湾地区"娱乐税法"第14条)。证券交易税代征人违反代征义务应负赔缴责任(中国台湾地区"证券交易税条例"第9条)。

3. 参与逃漏税行为责任

参与逃漏税行为者,应否负赔缴责任,《德国税捐通则》第71条采肯定说,中国台湾地区并无明文规定。依中国台湾地区"公司法"第23条第2项规定:公司负责人对于公司业务之执行,如有违反"法令"致他人受有损害时,对他人应与公司负连带赔偿之责。解释上公司负责人亦应依本条规定负赔缴责任,较合理,唯中国台湾地区"最高法院"1973年台上字第2号民事判例则认为本条以保护私权为目的,不保护公权利,故税捐债权人不得根据本条规定请求损害赔偿。

上述因违反义务而应负赔偿责任,是否以故意、过失为其责任要件,不无疑问。就此《德国税捐通则》第69条规定法定代理人的赔缴责任,以故意或重大过失违反义务为限。

在雇主违反对于劳工薪资给付之扣缴义务,而应负担赔缴责任之情形,德国通说概认为除法律另有特别规定外,固不以故意及过失为责任要件,但其有责性,在稽征机关行使裁量权决定是否要求赔缴时,应一并考虑。如果因为不可归责的法规错误,以致未予扣缴税款,则可以不要求雇主负赔缴责任。① 即倘若扣缴义务人(雇主)因不可归责事由而不知法律或误认事实,致未扣缴薪资所得税时,则对于扣缴义务人要求负赔缴责任,即非公平合理而有裁量瑕疵。例如,雇主由于稽征机关错误或不明确的告知(陈述)、税务官员不明确的事务处理或不明确的薪资所得税准则规定,乃未扣缴税款,即属此种不可归责的情形。② 就此问题,中国台湾地区规范性文件并无明文规定,唯鉴于上述违反义务之损害赔偿责任,性质上亦具有违反义务之制裁意义,故参照中国台湾地区司法机构"大法官"会议释字第275号解释意旨,除另有特别规定外,似应以故意过失为其责任要件。即因违反义务而发生赔缴责任,应限于故意或过失(如其属于无偿的协力义务时,则应以重大过失为限)的情形。但中国台湾地区"最高行政法院"2009年判字第269号判决认为此法定扣缴义务并非罚锾,故稽征机关责令补缴应扣未扣系争税款(赔缴),自无所谓故意或过失之归责问题,采取无过失责任主义。

(三)担保责任

另一组责任的构成要件,乃是与就其收益课税之责任财产之间,具有事物关联性,所产生的人的担保责任。在此,主要表现于依民商法规定,公司、法人或合伙之股东或构成员,对于公司、法人或合伙的税捐债务,负担人的责任。例如:

1. 独资营利事业在私法上并无独立人格,而是隶属于其独资资本主(负责人)个人,因此,如独资营利事业之财产不足清偿其欠税时,其负责人应负清偿责任(中国台湾地区财政事务主管部门1979年1月5日台财

① Kirchhof, EStG, 2. Aufl., 2002, §42d Rn. 21.

② Kruse, Lehrbuch des Steuerrechts, 1991, S. 160; Tipke/Kruse, AO, 1988, §191 Tz. 8.

税第30063号函)。

2. 依中国台湾地区"民法"第681条规定,合伙财产不足清偿其欠税债务时,合伙人负连带清偿责任。就此"行政法院"1994年判字第1639号判决亦谓:"系争违章如改以合伙认定,因其未办理营利事业设立登记,且原告为合伙人之一,就合伙之债务应与其余合伙人共同负连带责任,是本件纵应将原告及其合伙人一并限制出境,于原告应予限制出境之认定亦无影响。"

3. 依中国台湾地区"公司法"第60条及第115条准用第60条规定,无限公司以及两合公司之无限责任股东,对于公司财产不足清偿欠税时,应连带负清偿责任。

三、责任的从属性

责任请求权在下述范围内具有从属性,即责任请求权只有在其所应负担责任的税捐债务关系的请求权已经发生(至少是同时发生)的情形,才可能发生。此即所谓责任的从属性(Akzessorietät der Haftung)。责任请求权的发生,乃是以(税捐)债务的构成要件以及责任的构成要件两者均实现为前提。

由于税捐债务人与责任人立于税法上连带债务关系,因此基于责任人之连带债务人性格,税捐债务关系的请求权的消灭,对于责任请求权也产生影响。即主要债务(第一次纳税义务)如因履行(清偿)及抵销而消灭时,因税捐债权人已获得满足,故责任债务也归于消灭。例如,扣缴义务人未依法扣缴税款,原应负赔缴责任,唯如纳税义务人已将是项应扣缴税款之所得报缴所得税者,则其赔缴责任即归于消灭(中国台湾地区高雄"高等行政法院"2010年度诉字第346号判决,中国台湾地区"最高行政法院"2011年度判字第1717号判决)。[①]

中国台湾地区台北"高等行政法院"2000年度诉字第2814号判决亦肯定责任债务之从属性:扣缴义务系因基于特别之责任条件而产生,其未

① 中国台湾地区财政事务主管部门1976年9月18日台财税第36317号函。

尽扣缴义务时，所负者为赔缴债务人，其本非纳税义务人，故如纳税义务人业已缴纳应纳之税捐，赔缴义务即无从存在，此为赔缴债务人责任之从属性[①]，纳税义务人与赔缴义务人之责任关系，如不做上开解释，税捐债权人将受重复之清偿，而有不当得利。

又主要债务因罹于消灭时效或因债务免除而消灭时，由于主债务人已毋庸负担纳税义务，如果责任人仍须负清偿责任时，则在清偿后，仍可向主债务人求偿，致主债务人无法享受时效利益或债务免除的结果，因此解释上，如主债务因时效完成或债务免除而消灭，其责任债务亦应归于消灭。[②] 就此德国立法例亦规定如税捐债务已逾核课期间或征收期间或因债务免除而消灭时，则稽征机关即不得再作成责任裁决(《德国税捐通则》第 191 条第 5 项)，即不得再以行政处分请求责任人履行其责任。

唯在税捐债务仍然存在的情形，责任债务则可能已罹于征收时效而归于消灭，例如，因为稽征机关只对于税捐债务人强制执行尚未终结而使征收时效尚不完成的情形，即属之。[③]

四、责任的补充性

《德国税捐通则》第 219 条规定，除法律另有特别规定外，原则上只有在对于税捐债务人的动产强制执行无结果或可认定其强制执行将无结果时，始得根据责任裁决要求责任债务人缴纳。此即所谓“责任的补充性”(Subsidiarität der Haftung)。[④] 但在责任债务人触犯逃漏税捐罪或税捐赃物罪或依法律规定有扣缴义务或有为他人的负担而缴纳税捐之义务等情形，不在此限。

此种责任的补充性，类似中国台湾地区“民法”第 745 条所定保证人的“先诉抗辩权”，该条规定：“保证人于债权人未就主债务人之财产强制执行而无效果前，对于债权人得拒绝清偿。”

---

① 参照陈清秀：《税法总论》，2001 年 10 月第 2 版，第 342 页以下。

② 同说，[日]金子宏：《租税法》，第 141 页以下。

③ Vgl. Tipke/Kruse, AO, § 191 Tz. 25.

④ Tipke/Lang, Steuerrecht, 19. Aufl., 2008, § 7 Rz. 67.

在责任债务人系依中国台湾地区“民法”第681条规定及“公司法”第60条规定负清偿责任的情形，乃是对于合伙财产或公司财产不足清偿债务的“不足之额”负其责任，因此应亦有上述“责任的补充性”之适用。

在责任债务人应负赔缴责任的情形，因责任债务人违背法律上义务致对于税捐债务人的财产执行无效果或可认定其强制执行将无效果时，税捐债权人始有受“损害”可言，故除法律另有特别规定外，亦可解释为应有“责任的补充性”之适用。亦即原则上只有在对于税捐债务人（主债务人）强制执行无效果或其强制执行将无效果时，始得要求责任债务人缴纳欠税。

五、责任范围

（一）概说

有关责任债务人的责任范围，有谓除法律另有规定者外，应以系争税捐债务之范围为其责任范围。对于此项税捐债务，原则上应负无限责任，亦即以全部财产负责。但法律如有特别规定责任限制时，自应从其规定。[①]

（二）损害赔偿责任范围

按责任债务之发生，如系基于违背法律上义务而发生赔缴责任时，则此项赔缴责任，性质上应系损害赔偿责任，故其责任范围，似应以填补税捐债权人所受损害为准，而非以税捐债务为其范围，较符合损害填补之意旨。[②]

即其违反税法上义务与稽征机关所受税捐债权之损害间，应有“相当因果关系”（Adäquanztheorie）存在，至于假设的因果关系则不予以考虑。[③] 德国联邦财务法院2008年11月11日判决亦认为类似民法上损害

① Tipke/Lang，Steuerrecht，19. Aufl.，2008，§7 Rz. 64.

② 同说，黄茂荣：《税捐债务之缴纳义务人》，载《经社法制论丛》第2期，1988年，第40页。

③ Lang，in：Tipke/Lang，Steuerrecht，20. Aufl.，2010，§7 Rz. 52.

赔偿债权，基于赔缴责任之损害赔偿特征，有关违反义务行为与因此所生国库损害间之必要的因果关系，应采取“相当因果关系说”。至于稽征机关对于损害之发生“与有过失”，则不能减轻或免除赔缴责任。[①]

（三）担保责任范围

又如依前述民商法规定，合伙人或无限责任股东对于合伙财产或财产不足以缴纳欠税时，应连带负清偿责任的情形，其责任范围应系属无限责任，即责任债务人应以其全部财产负缴纳欠税之责任。

六、法定主义与便宜主义

由于责任债务人系在前述责任的补充性前提要件下，始应负其责任，故解释上除法律另有特别规定外，稽征机关必须先对于税捐债务人请求给付。[②] 唯在税捐债务人的财产可认为不足清偿欠税的情形，稽征机关亦得在对于税捐债务人请求给付之前，先行对于责任债务人请求给付。

又如果对于税捐债务人请求履行已无结果（无法征收到税款）时，稽征机关是否一定“必须”对于责任债务人请求给付，不无疑问。有认为此时稽征机关仍有是否请求给付之行政裁量权，[③]另有认为稽征机关并不能舍弃对于责任债务人的请求，否则势将抵触有关责任规定的立法目的以及合法性原则。[④] 按中国台湾地区“税法”上有关责任债务之规定，概未赋予税捐稽征机关是否请求给付之裁量权，故除对于责任债务人全额求偿显失公平之特殊情形（例如违反扣缴义务，如被全额求偿导致其所负担责任过重）外，似以后说为妥，原则上应对于责任债务人求偿。

---

① BFH-Urteil vom 11. 11. 2008 (VII R 19/08) BStBl. 2009 II S. 342. 引自 http://www.bfh.simons-moll.de/bfh_2009/xx090342.html。

② Hübschmann/Hepp/Spitaler, AO, §191 1983, Anm. 57.

③ Tipke/Kruse, AO, §191, Tz. 6.

④ Tipke/Lang, Steuerrecht, Tipke/Lang, Steuerrecht, 19. Aufl., 2008, §7 Rz. 66.

七、责任请求权的主张——责任裁决

由于责任债务乃是为他人的税捐债务负责,因此,如要对于责任债务人请求给付税款时,既有必要避免责任债务人因遭受突袭性决定,致生不可预测的损害,同时也应赋予责任债务人提起行政救济的权利。

就此日本立法例即规定国家或地方团体,如要对于第二次纳税义务人征收纳税人的税捐时,应以"缴纳通知书"记载所要征收的金额、缴纳期限及其他必要事项,通知第二次纳税义务人(《日本国税征收法》第32条第1项及《日本地方税法》第11条第1项)。[①] 即以缴纳通知的"行政处分"核定第二次纳税义务,并请求其履行。又《德国税捐通则》第191条第1项亦明定:"依法律之规定,应对于某一税捐负担责任之人(责任债务人),得对其以责任裁决(Haftungsbescheid)为请求……"即稽征机关系通过责任裁决之"行政处分",核定责任债务内容,并请求责任债务人履行其责任。[②]

中国台湾地区各"税法"对于赔缴责任多规定责令赔缴或责令补缴,即税捐稽征机关得以行政处分命其缴纳,此项行政处分,性质上即属上述责任裁决性质。至于中国台湾地区"税捐稽征法"对于赔缴责任如何请求履行,虽未明文规定,但依第50条准用本"法"对于纳税义务人之规定,解释上亦应作成核定责任债务之赔缴处分,即以行政处分,核定应负赔缴责任之具体内容,并依中国台湾地区"税捐稽征法"第16条规定填发《缴纳通知文书》,明确载明稽征机关是对于什么责任债务人请求什么(为何人的税捐负责及应负责之金额),以符合行政处分的明确性要求。[③]

唯中国台湾地区实务上早年对于清算人违反中国台湾地区"税捐稽征法"第13条第1项之规定,应依第2项规定就未清缴之税捐负缴纳义务者,则认为税捐稽征机关移送执行时,得对清算人之财产为强制执行,

---

① [日]金子宏:《租税法》,第141页。

② Kruse, Lehrbuch des Steuerrecht, 1991, S. 279.

③ Kruse, aaO., S. 279.

毋庸另行取得执行名义(中国台湾地区财政事务主管部门 1981 年 2 月 13 日台财税第 31069 号函),[①]似认为毋庸作成责令赔缴之行政处分,以为执行名义,其见解似有侵害清算人之行政救济权利之嫌,而值得商榷。[②]

就此实务上也已经注意到此一问题,例如中国台湾地区台北“高等行政法院”2006 年度诉字第 2513 号判决认为,第一次纳税义务与第二次纳税义务,性质不同,应行调查要件事实亦有不同,如本件之原告等继承人全体是否负有此第二次纳税义务,尚需税捐稽征机关另行调查事实作成核课处分,践行作成处分之程序及对外送达其意思表示。且纵本件原告性质上属于中国台湾地区“税捐稽征法”第 14 条第 1 项之代缴义务人,其等不仅未经被告另以发生该当“税捐稽征法”第 14 条第 2 项之事实为由予以核课赠与税,且此等因中国台湾地区“税捐稽征法”第 14 条第 2 项而为纳税义务人并非本件诉讼所审查之对象。被告将应对被继承人吕某某核课而误以原告为纳税义务人之第一次纳税义务处分,径自推称具有第二次纳税义务处分之性质,显属无据(同说,中国台湾地区台北“高等行政法院”2007 年度诉字第 00741 号判决)。

此外,依民法规定对于他人之税捐债务,负缴纳责任的情形,稽征机关如何请求责任债务人履行其责任?就此《德国税捐通则》第 191 条第 1 项明定得作成“责任裁决”之行政处分,请求给付。德国通说乃据以认为经由此项规定,使私法上之责任请求权,转化成公法上请求权,即稽征机关得通过作成行政处分(责任裁决),而使原来的私法上请求权,转化成公法上请求权;而责任债务人如有争议,也应循公法上税务争讼途径寻求救济。

学者亦有认为从法律所规定权利主张之形式,并无法导出其所主张之请求权的法律性质(公法或私法),盖此处所规定的行政处分,性质上为形成私法的行政处分,即稽征机关系根据税捐通则规定,得以责任裁决

---

① 中国台湾地区财政事务主管部门“税制委员会”编:《税捐稽征“法令”汇编》,2000 年版,第 24 页。

② 同说,陈敏:《租税债务关系之成立》,载《政大法学评论》第 39 期,1989 年 6 月,第 391 页。

(行政处分)主张私法上的请求权。[1]

在中国台湾地区虽无明文规定得以行政处分主张其权利,唯若考虑责任债务涉及公法上之税捐债务之存否,其争议多涉及公法上争议,且稽征机关以有限人力物力,处理大量反复之税务案件,如须提起普通民事诉讼主张其权利,势必旷日费时,耗费人力物力甚巨等特殊情事,从而依事物之本质以及实用性原则(稽征便宜原则)等观点,似亦应解释为稽征机关得以行政处分主张其责任请求权,而责任债务人倘有不服,亦应循行政争讼途径请求救济,较妥当。

此外,由于责任裁决性质上系一种不利于责任债务人的负担处分,因此为避免突袭性裁决,稽征机关在作成决定之前,应给予责任债务人有法律上听审权利,即应使责任债务人对于责任请求权所根据的事实,有表示意见的机会。[2]

八、权利救济

由于稽征机关所为责任裁决(赔缴处分等)之行政处分,类似于核定税捐之课税处分,因此责任债务人如有不服,依中国台湾地区“税捐稽征法”第 50 条准用第 35 条规定,应依申请复查程序寻求救济。

责任债务之成立,属于有利于稽征机关之事项,应由其负担举证责任。中国台湾地区台北“高等行政法院”2007 年度诉字第 03296 号判决亦谓:“代缴义务人依上揭规定所负第二次纳税义务,与纳税义务人依法应负第一次纳税义务,性质自有不同,税捐稽征机关就代缴义务人是否负有此第二次纳税义务之要件事实,自应负举证责任。”

鉴于责任债务的成立,系以满足其所应负责之他人的税捐债务的成立要件以及责任债务本身的成立要件两者为前提,因此,在责任裁决的行政争讼中,对于责任债务本身的成立要件是否具备(如是否违背其法律上义务而应负赔缴责任)、责任的从属性、补充性等问题,自得加以争执,固

① Tipke/Kruse,AO, §191 Tz.2.

② Hübschmann/Hepp/Spitaler,aaO, §191 Anm.77.

不待言。

有疑问的,乃是责任债务人在责任裁决的行政争讼中,可否争执本来的税捐债务(第一次纳税义务)的存否及其税额大小,即可否争执原课税处分的违法性问题。在本来的税捐债务并不成立,其课税处分无效的情形,则责任债务也基于从属性原则而不存在,故其所为责任裁决即属违法,责任债务人自得争执之。

如果课税处分只是具有得撤销的违法瑕疵,则可否以此为理由,请求撤销责任裁决?就此日本判例概采否定说,认为在课税处分已经确定的情形,责任债务人于征收程序上接受缴纳告知处分系与本来的税捐债务人立于同等立场,不得再争执已确定之税捐债务之存否或数额多寡。①

按对于税捐债务人所为课税处分,如果责任债务人立于其法定代理人或代理人地位或本于自己的权利,而可以加以争讼时,则在课税处分已经不能争执而确定之后,纵然其核定税捐之处分内容有错误,仍对于该责任债务人发生拘束力,该责任债务人不得再加以争执。②

反之,如果责任债务人与本来的税捐债务人并非立于上述密切的关系,而是直到税捐稽征机关作成责任裁决,通知其缴纳欠税时,方始知悉自己所处之情况,而于此时,对于本税的复查期间已经过的情形,倘若不给予责任债务人有争执原课税处分的违法性的机会时,则不仅显然不合理,且有侵害其所享有的行政救济权利之嫌。因此,在此情形下,本税的主债务人所得主张的一切抗辩,责任债务人应均得主张之。换言之,由于责任债务乃是以本来的税捐债务存在为前提,因此,在此情形下,原核定本来的税捐债务之课税处分虽然已经确定,如其具有违法瑕疵,尤其是实体的违法性,即为核定责任债务的责任裁决所承受,责任债务人仍然得以原课税处分具有实体的违法性为理由,要求撤销责任裁决。③

---

① 参见[日]水野武夫:《第二次纳税义务》(上),李英哲译,载《植根杂志》第10卷第7期,第39页。

② 《德国税捐通则》第166条即明定:"税捐已对于税捐义务人核定而不可争执者,其效力除及于概括之权利继受人外,亦及于就该对税捐义务人作成之课税处分,原本得以其代理人、意定代理人之资格或根据自己之权利而为争执之人。"

③ Tipke/Lang, Steuerrecht, 20. Aufl., 2010, §21 Rz. 138;[日]金子宏:《租税法》,第144页。

要之,责任债务人对于责任裁决所得提出之抗辩,概有下列数种:①

(1)伊不负责任,因为责任的成立要件并未被满足,例如伊并未违背法律上的扣缴义务,不必负赔缴责任。

(2)伊不负责任,因为本来的税捐债务并不存在或其税捐金额并非如此高。但如责任债务人作为税捐债务人之法定代理人或代理人或根据其自己权利,原本可对于课税处分提出争讼者,不在此限。

(3)责任请求权虽然存在,但因税捐债务人或其他连带债务人之清偿而已经消灭。即如果本来的税捐债务,在作成责任裁决之后,全部或部分归于消灭时,则在此范围内,责任裁决也必须加以废弃或变更。

(4)主要的税捐债务虽然存在,但其责任债务则已经罹于时效而消灭,因为征收时效仅对于税捐债务人中断时效或时效不完成。

(5)其作成责任裁决请求给付,具有裁量瑕疵。

第六节 税法上之连带债务

一、税法上连带债务之本质

(一)连带债务之意义

连带债务系指数人就同一给付,对于债权人各负全部给付之责任(参见中国台湾地区“民法”第 272 条第 1 项),即各个连带债务人均对于同一整体给付负其责任,而债权人则仅能请求清偿一次。但债权人可以自由地对于债务人中之一人或数人,或其全体,同时或先后请求全部或一部之给付,连带债务在未全部履行前,全体债务人仍负连带责任(中国台湾地区“民法”第 273 条)。上述民法上连带债务,亦可移转适用于税法上。

---

① Hübschmann/Hepp/Spitaler, AO, 1983, § 191 Rn. 105.

(二)税法上连带债务与民法上连带债务之区别

民法上债务与税法上连带债务的重要区别,乃在于债权人在对于连带债务人行使请求权的选择上。税捐债权人对于连带债务人固然享有优越的地位,而为民法上的债权人所无,但稽征机关并不得像民法上债权人可以“任意”自由选择对于连带债务人之一行使权利,而只能依法以裁量决定之,并依据法律所规定之方式为之。此种裁量权的行使,应受下述一般法律原则的拘束,如合目的性、平等原则、比例原则、妥当性、期待可能性等。由于连带债务在于使稽征机关可以尽可能迅速而有效地满足税捐债权,因此纵然某一连带债务人已无法向其他连带债务人求偿,稽征机关仍可对于该连带债务人行使权利。①

又裁量瑕疵应限于例外情形,否则无法达成连带债务之目的。如果稽征机关首先对于其他连带债务人行使权利,而因可归责之事由拖延甚久,致其陷于无资力状态时,则其再对于另一连带债务人行使权利,即可能构成裁量瑕疵。

又如,稽征机关对于其中之一连带债务人先行免除税捐债务,之后历经数年不作为之后,始突然再对于另一连带债务人行使权利,同样也构成裁量瑕疵。②

由于稽征机关系以裁量决定挑选出数个连带债务人之一人或数人或全体,而对其行使权利主张税捐债权,故未被挑选之连带债务人,即未被行使税捐债权,此与一般税捐债务人均应被课税之情形不同。

(三)真正的与不真正的连带债务

民法上连带债务之规定,如依其文义解释,可包括不同种类的连带债务。如果个别的债务,因为其内部的关联,而建立债务人的法律上目的共同体时,则一般称为真正的连带债务(echte Gesamtschulden)。反之,其他数个债务并未满足此种内部关联性的前提,但是为了债权人的利益而被

① Kruse,Lehrbuch des Steuerrechts,1991. S. 152 f.

② Kruse,aaO. ,S. 153 f.

一起把握作为连带债务。此种基于偶然的目的同一性(Zweckidentität)而被一起把握为连带债务的多数债务,一般即称为不真正的连带债务(unechte Gesamtschlden)。但此种见解仍有很大争议,德国联邦最高法院判例即不再要求其债务发生原因的共同性或相同种类,但仍要求连带债务人的内部的连结关系,并称为目的共同体(Zweckgemischaft)。[①] 此种真正与不真正连带债务的区分,并非为了债权人的利益,而是为了债务人的利益。在所谓不真正的连带债务人间,对于其债务人彼此间的内部关系,欠缺充分的规定。此项内部关系,对于税法上的连带债务并不重要。因为连带债务人彼此间的求偿权系依民法规定,而非依税法规定。因此,在税法上区别真正的与不真正的连带债务并无实益,尤其是此种区别至今只是徒增民法上连带债务问题的混乱而已。

在税捐债务与对于税捐债务的责任(如赔缴责任),固有认为系不同的给付,两者间并无内部的关联性,如要一起把握为连带债务,则亦如同民法上之区分,乃属于不真正的连带债务。然而,此种区分见解,在税法上并无实益,因为连带债务人彼此间的求偿权,乃属于民法上问题。又此种区分见解也无法导出责任的补充性(Subsidiarität der Haftung)。盖债务与责任之区分,系根据其发生之不同的性质。其进一步的意义对于债权人与债务人间的外部关系,并不存在。税法上连带债务的制度系取向于债权人的利益。将不同的债务连结作为连带债务,可强化税捐债务,因此有助于确保税收。在一起发生税捐债务与责任债务的情形,其发生原因彼此不同的税捐债务关系,经由给付目的之统一性,而被一起把握为一整体(连带债务)。在个别情形,如果责任债务人先于税捐债务人被请求履行债务,固有失公平。但此项观点并不影响连带债务本身,而只是影响行政程序上的主张而已。较公平的做法,乃是责任债务人原则上应在税捐债务人之后被请求给付。由此所要达成责任的补充性,或许可通过裁量权的行使加以实现。[②]

---

① Vgl. BGHZ 43,227(229);BGHZ 59,97.

② Tipke/Kruse,AO,1988,§44 Tz.3.

二、税捐连带债务之发生

(一)税法上连带债务发生之可能性

1. 否定说

中国台湾地区学者对于税法上连带债务,采否定说者,或认为:租税法内未有连带债务之明文规定,即民法之规定,于数人负同一之债务而给付可分时,亦以成立可分债务,平均分担为原则(参照中国台湾地区“民法”第 271 条)。因此,在中国台湾地区并无成立连带债务之普遍法律原则存在。另外,基于租税法定原则及法律安定之要求,不许法律无明文规定时,以类推适用之方法,创设或加重民众之负担。连带租税债务对债务人之负担,较可分之债为重,因此在租税法无明文规定时,亦不得类推适用民法有关连带债务之规定,以成立连带租税债务。[①]

或认为中国台湾地区“税法”并无明文承认“连带债务”之规定,相反,从中国台湾地区“税捐稽征法”之规定以观,似采可分之债务之原则,例如中国台湾地区“税捐稽征法”第 12 条规定共有财产未设管理人者,共有人各按其应有部分负纳税义务。又如中国台湾地区“遗产及赠与税法”第 7 条第 2 项规定受赠人有数人以上时,亦采可分之债之原则,而按受赠财产价值比例,负纳税义务。[②]

2. 肯定说

采肯定说者,认为参照中国台湾地区“民法”及“公司法”规定,合伙财产不足清偿欠税时,各合伙人应连带负责(中国台湾地区“民法”第 681 条),财产或营业概括承受者,承受人与债务人对于税捐债务连带负责(中国台湾地区“民法”第 305 条),继承人对于被继承人生前所负税捐债务连带负责(中国台湾地区“民法”第 1153 条),无限责任股东对于公司资产不足清偿欠税时,连带负责(中国台湾地区“公司法”第 60 条、第 61 条、第 114 条第 2 项、第 115 条),因此民法有关连带债务规定,自亦适用

---

① 陈敏:《租税法之连带债务》,载《政大法学评论》第 28 期,第 103 页以下。

② 施智谋:《民法之规定如何适用于租税法》,载《财税研究》第 12 卷第 1 期,第 9 页。

于税捐债务。①

又税法虽未明文使用"连带"之字句,然按其性质,具有连带之性质者,在税法上亦应承认其为连带债务,故除上述依民法一般规定之情形外,在税捐债务人与责任债务人(如赔缴义务人)间,负有连带缴纳税捐义务;数人共同具备税捐构成要件,而对税法上同一给付负有给付义务者,对所发生之税捐债务,负连带责任;夫妻合并申报人间,因合并申报而成立税捐连带债务,否则知法投机之人将利用财产较少者出面申报而规避欠税之强制执行。②

此外,中国台湾地区"税捐稽征法"第12条规定公同共有财产未设管理人时,以全体公同共有人为纳税义务人,而公同共有既无应有部分之观念,则对外关系而言,公同共有人并无各自应分担之部分,则在纳税义务上应认全体公同共有人系对应纳税捐负连带责任。③

3. 检讨

按税捐债务就其以金钱给付为内容观之,固具有可分性。然而,现行中国台湾地区"税法"除少数条文规定按比例分担纳税义务(例如,分别共有财产按应有部分负纳税义务以及受赠人有数人按受赠财产价值比例负纳税义务)外,并未如中国台湾地区"民法"第271条明文规定采可分之债之原则。

因此,税法上是否得成立连带债务,似应探求个别的税法条文规定之意旨决定之,并不以"明文"规定负连带债务为必要。即应以其数人所负担债务性质,是否符合连带债务之概念而定。按连带债务(包括不真正的连带债务在内)之特征,乃在于:数人就同一给付分别负担全部给付之责任;债权人就其债权仅得受满足一次,不得重复受偿。准此,应探讨税法上是否有数人应就同一给付各负担全部给付责任,且税捐债权人仅得受满足一次,不得重复受偿之情形。如具备此种情形,即应构成连带债务。④

---

① 张劲心:《租税法概论》,1979年第3版,第124页以下。

② 施智谋:《从租税债务关系谈民法规定之适用》,载《宪政思潮》第34期,第5页以下。

③ 张昌邦:《税捐稽征法论》,1991年修订版,第58页;陈世荣:《税捐稽征法》(上),载《军法专刊》第22卷第12期,第7页。

④ Kruse, aaO., S. 115 f.

（二）基于构成要件之实现：数个税捐债务人

税法上的连带债务，经由数人实现相同的税捐构成要件而发生。在此数人对于同一税捐负担纳税义务，而成立连带债务。就此，并不需要有任何的共同行为，而仅须各个人各自实现税捐构成要件，而其数个请求权具有法律上的关联性即为已足。此种数个请求权的发生原因必须是属于相同位阶的。此种同位阶性，最明显的是在共同实现同一个税捐构成要件的情形，但在债务人具有相同的利益状态的情形，也包括在内。此种人由于共同实现构成要件而为连带债务人，并不需要有法律的明文规定。共同的行为或针对相同的利益而成立共同的义务，例如，中国台湾地区"民法"第185条第1项前段规定："数人共同不法侵害他人之权利者，连带负损害赔偿责任。"在此范围内，有认为可理解为是一般法律思想的表现。①

1. 数人共同立据

此种经由共同实现课税构成要件而作立连带债务人的情形，例如，中国台湾地区"印花税法"第7条规定承揽契据、买卖动产契据及典卖、让售及分割不动产契据，系由二人以上共同立据或立约时，应由立约或立据人共同贴用印花税票，其法条并未规定数个立据人可分割按比例纳税，因此该数人均应负全部给付责任，即就同一税捐债务内容，各负全部给付（贴足印花税票）之责，故具备连带债务人之特征，应成立税捐连带债务人。②

2. 公同共有财产之税捐

又如，依中国台湾地区"税捐稽征法"第12条规定，公同共有财产，未设管理人时，由于对外并无应有部分，故就其财产所发生之税捐债务，例如，房屋税或地价税，以全体公同共有人为纳税义务人，即全体公同共有人均就同一公同共有财产之税捐债务负缴纳全部税款责任，亦即数人

① Kruse, aaO., S. 154; Tipke/Kruse, AO, § 44 Tz. 5.

② 同说，中国台湾地区财政事务主管部门（1950）台财税发字第2799号令。反对说，陈敏，前揭文，第105页。

负有同一债务,而各债务人各负全部给付之责,故亦具备连带债务之特征,因此应可成立税捐连带债务。[①]

3. 遗产之共同继承

再如,数人共同继承遗产,如无遗嘱执行人时,其遗产税之纳税义务人为全体继承人(中国台湾地区"遗产税法"第6条)。而现行"税法"并未规定遗产税由继承人按应继分比例负纳税义务。因此,解释上可否按应继分比例分割税捐债务,不无疑问,以往"行政法院"1973年判字第642号判例谓:"遗产之继承人在二人以上者,各继承人既各为遗产税之纳税义务人,自应按其继承遗产之比例,分担其应纳遗产税之义务",乃采可分之债之观点,唯此项判例已经废止,不再编入1992年增修之"行政法院"判例要旨汇编之中。

依中国台湾地区"行政法院"1988年判字第535号判决见解:继承人有数人时,在分割遗产前,各继承人对于遗产全部为公同共有。此"公同共有"之财产,依中国台湾地区"税捐稽征法"第12条后段规定,其所负纳税义务,则以其全体公同共有人即全体继承人为纳税义务人,即每一继承人对遗产税之全部,均有缴纳义务,此与"分别共有"之财产,由共有人各按其应有部分负纳税义务之情形不同。[②] 故数个继承人既对于同一遗产税债务各负缴纳全部之责任,即具备连带债务之特征,应成立税捐连带债务。

4. 数人共同走私逃税等

又在数人实现在法律上具有关联性的不同的税捐构成要件的情形,也成立连带债务。此数人对于同一的税捐上给付负担债务,因此为连带债务人。此种情形,经常发生于关税及消费。

例如,数名入境旅客共同申请将所取得之应征关税货物携带入境、共

---

① 同说,中国台湾地区财政事务主管部门1979年6月24日台财税第34348号函及同部1985年10月30日台财税第24163号函。反对说,陈敏,前揭文,第104页;施智谋:《民法之规定如何适用于租税法》,第20页。

② 中国台湾地区司法机构"第三厅"编:《税务争讼判决要旨选辑》,1992年版,第525页。本件判决并指出"行政法院"1972年判字第442号及1973年判字第642号判例在台湾地区"税捐稽征法"公布施行后,已无适用余地。

同将应税货物隐匿逃避海关检查或非法变更其形体以逃避关税等，该数名旅客对于所逃漏之税捐应负连带责任，亦即属连带债务人。[①]

又如，赠与人行踪不明或积欠赠与税，且在中国台湾地区无财产可供执行者，则以受赠人为纳税义务人（中国台湾地区“遗产及赠与税法”第7条第1项）。此时除赠与人应负担赠与税之税捐债务外，另由受赠人就同一赠与税负担税捐债务，其二人就同一税捐给付彼此各负全部给付之责任，因此产生（不真正的）连带债务。[②]

（三）因附带责任成立连带债务

在第三人就税捐债务人之税法上义务之履行负有协力的义务或以其他方式为税捐债务人为行为的情形，如该第三人违反其税法上的协力义务，而应负赔缴应纳税捐责任时，即为所谓责任债务人（Haftungsschuldner）。

1. 数个责任债务人，成立连带债务

例如，中国台湾地区“税捐稽征法”第13条规定：“法人、合伙或非法人团体解散清算时，清算人于分配剩余财产前，应依法按税捐受清偿之顺序，缴清税捐。清算人违反前项规定者，应就未清缴之税捐，负缴纳义务。”清算人依本条第2项所负赔缴责任，在清算人有数人时，即应共同负赔缴责任，即数个清算人应就同一税捐债务，各负缴纳全部欠税之责任，故成立连带债务。此为数个责任债务人间，就同一税捐债务，负连带给付（赔缴）责任。

2. 税捐债务人与责任债务人间，成立连带债务

又如，所得税扣缴义务人违反扣缴义务，应就应扣未扣之税款负赔缴责任（中国台湾地区“所得税法”第114条）；房屋之承受人违反扣缴前手所积欠房屋税之义务，应负赔缴责任（中国台湾地区“房屋税条例”第12条）；代征义务人违反代征税捐之义务，应负赔缴未代征之税款责任（中国台湾地区“娱乐税法”第14条第1项，中国台湾地区“证券交易税条

---

① Kruse，aaO.，S. 155.

② 施智谋：《从租税债务关系谈民法规定之适用》，第5页。

例”第9条第1项)。以上赔缴责任人与原来的税捐债务人间,虽其成立债务之法律原因各有不同,但均应就同一税捐给付,负担全部给付责任,而税捐债权人则仅能一次受偿,不得重复受偿,故符合连带债务之特征,其本来的税捐债务与责任债务两者,应可成立税法上连带债务(不真正的连带债务),[①]而适用一般连带债务之法则。

又依中国台湾地区“所得税法施行细则”第60条规定境外营利事业报经稽征机关核准委托地区内纳税代理人,负责代理申报纳税。在此规范下,纳税义务人仍为委托人,纳税代理人则仅负有代理申报缴纳之程序法上义务。唯纳税代理人如“未依规定期间代理申报纳税者”,则由稽征机关通知该代理人“负责缴纳之”,即以作成行政处分之方式,使纳税代理人对于在中国台湾地区境内无固定营业场所及营业代理人之纳税义务人所应负担之税捐债务负担补充缴纳之责任,以确保税捐之征收。此种补充纳税义务与原纳税义务之法律依据虽不相同,但均应就同一税捐给付负担全部给付责任,相对于稽征机关,则仅能受领一次清偿,故类似于连带债务之性质,应认原纳税义务人与补充纳税义务人就该税捐债务对于稽征机关成立不真正连带债务关系。(中国台湾地区“最高行政法院”2011年度判字第1046号判决)

(四)因合并申报课税成立连带债务

中国台湾地区“所得税法”第15条第1项规定:纳税义务人之配偶,及合于第17条规定得申报减除扶养亲属免税额之受扶养亲属,有前条各类所得者,应由纳税义务人合并报缴。又依第71条规定,纳税义务人结算申报应缴纳全部应纳税额,因此应合并报缴税款之夫妻及其受扶养亲属等全体纳税义务人于满足税捐构成要件时,即成立连带债务,盖全体纳税义务人应就合并课征之同一所得税税捐债务,负有给付全部税款之责

① 中国台湾地区“最高行政法院”2012年度判字第740号判决。陈敏,前揭文,第104页,亦承认于此可成立不真正的连带债务。

任，故应已具备连带债务之特征。①

在夫妻分居的情形，实务上则准予分别申报综合所得税，②且于归户合并后全部应纳税额，如经申请分别开单者，依据台湾地区“最高行政法院”裁判 2000 年度判字第 1560 号判决意旨，认为本件巨额税额实因配偶之高所得及累进税率所致，则稽征机关于对纳税义务人及其配偶分别开单补征时，似宜以双方如分别计算时应纳税额比率计算，自较接近双方依其所得原应纳之税额。被告以原告所得总额占夫妻所得总额比率计算，显未虑及高所得一方之累进税率问题，致原告须负担较之单独计算原应纳之税额超出甚多之税负，显与租税公平原则有所不符。即于此情形，采可分之债之原则，夫妻按分开计税时之税额比例，分别负担其纳税义务。

(五)私法上连带债务规定之适用

1. 生前欠税之继承

被继承人死亡而遗有财产时，则其生前所负担税捐债务，若未缴纳时，应由全体继承人在遗产范围内负代为缴纳全部税款之义务(中国台湾地区“所得税法”第 71 条之 1 及中国台湾地区“税捐稽征法”第 14 条第 1 项)，即数人就同一税捐债务各负全部给付之责，符合连带债务之特征，应可成立税捐连带债务。此项见解，如类推适用中国台湾地区“民法”第 1153 条第 1 项规定：“继承人对被继承人之债务负连带责任。”亦可获得相同结论。③

---

① 《德国税捐通则》第 44 条第 1 项即明定数人经合并课征以同一之税捐者，为连带债务人。中国台湾地区“税法”上夫妻所得合并课税，解释上不承认为连带债务者，见陈敏，前揭文，第 109 页。又施智谋：《民法之规定如何适用于租税法》，载《财税研究》第 12 卷第 1 期，第 10 页亦认为从民法关于夫妻财产制规定之精神以观，就配偶及扶养亲属间税捐债务之负担，应采可分之债之原则，按所得数额比例负担所得税，唯氏亦认为鉴于夫妻一体，家属命运共同之原则及保障税捐有效征收起见，似可明文规定“合并申报连带负责”之原则。

② 中国台湾地区财政事务主管部门 1981 年 6 月 10 日台财税第 34689 号函。

③ 同说，中国台湾地区财政事务主管部门 1983 年 11 月 25 日台财税字第 38383 号函：二纳税义务人“应纳未纳之税款为生前所负之公法上之债务，此项债务应由其继承人负连带清偿责任。”前经中国台湾地区法务主管部门 1983 年 8 月 18 日法律字第 10509 号函释有案。《税法活叶版》第 304 期，1983 年 12 月，第 1－1－307 页。反对说，陈敏：《租税法之连带债务》，第 107 页。

2. 合伙人对于合伙欠税之连带责任

依中国台湾地区"民法"第 681 条的规定："合伙财产不足清偿合伙之债务时，各合伙人对于不足之额，连带负其责任。"此一规定，可否适用于税法，不无疑问。学者有认为合伙营利事业之欠税，亦属合伙之债务，故稽征机关得依上述规定对于合伙人请求连带负责，唯其责任性质为民事责任，并非税法上责任，故仅能依民事程序请求，而不能以税法上手段实现之。[①] 在实务上，于合伙人未办理营业登记而擅自营业发生营业税的情形，稽征机关概以全体合伙人名义作为补征营业税税款之课税处分相对人，因此系以"税法上手段"对于全体合伙人实现同一税捐债权，即将全体合伙人作为连带税捐债务人处理（中国台湾地区财政事务主管部门 1986 年 7 月 19 日台财税字第 7553301 号函）。

按合伙人本身，原非营利事业之营业税及所得税之纳税义务人，如合伙财产不足以清偿合伙之欠税债务时，现行"税法"并无可凭以向合伙人求偿之规定。而只能通过类推适用中国台湾地区"民法"第 681 条规定，使合伙人个人亦就合伙之欠税负税法上连带责任，而可依税法上手段实现之。中国台湾地区实务上目前做法，在理论上或可作如此说明。

唯经由"类推适用"民法规定，将合伙人个人原本应负担之私法上连带责任，转化成税法上之连带责任，俾稽征机关可以行政处分为权利主张，免除以民事诉讼实现其权利之稽征成本负担，固具有合目的性，而符合稽征便宜原则，但是否符合税捐法定主义或法律保留原则之要求，则不无疑问。

以上说明，在中国台湾地区"公司法"第 60 条及第 114 条第 2 项无限责任股东之连带责任的情形，亦同样有相同问题存在。

三、税法上连带债务之效力

（一）实体法上效力

1. 概说

关于公法上之连带债务，中国台湾地区现行"行政法"固无相关明文

---

① 陈敏：《租税法之连带债务》，第 105 页以下。

规定，然鉴于连带债务不论其规范依据系公法或私法，皆有相同之存在特征，所以，民法中关于连带债务之规定应可类推适用至公法上之连带债务。① 每个连带债务人应对于全部的给付负担责任，直到全部清偿之前，除非个别的连带债务人在清偿连带债务之前，已经消灭其给付义务，否则全体连带债务人仍负有给付义务。

2. 清偿

经由连带债务人中之一人为清偿，对于其他债务人亦发生效力。如果某一连带债务人已经清偿所核定的税款，则对于其他连带债务人即不得再作成课税处分，即使在后者申请作成课税处分的情形亦然。税捐债权人如以强制执行方式获得满足时，则亦同样具有支付及清偿效力，其以其他给付代替清偿（代物清偿，如实物抵缴，而经稽征机关接受者亦可发生清偿效力）。但提存则并非充分地清偿代替物，因此并不消灭税捐债权，从而对于其他连带债务人亦不生效力。②

3. 抵销及提供担保

抵销与清偿相同，对于其他连带债务人亦发生效力（参照中国台湾地区“民法”第 274 条）。此不仅适用于某一连带债务人对于稽征机关为抵销，也适用于稽征机关对于某一连带债务人为抵销的情形。③ 于此两种情形，税捐债务关系的请求权均归于消灭，且为全体连带债务人之利益亦发生效力，盖税捐债权人在结果上已经实现其请求权。

又提供担保固然无法消灭税捐债务关系之给付请求权，而是直到担保物变价受偿时始生清偿效力，但某一连带债务人已经提供足额担保时，则稽征机关即不得再对于其他连带债务人要求提供其他担保。

4. 清偿、抵销之终局效力

如果某一连带债务人之给付（清偿、抵销），为其他连带债务人之利益，亦发生效力时，则其他连带债务人之免责，即具有终局效力。故若嗣后就已经给付之税款，又错误地退还予为给付之连带债务人时，则原先对

---

① 参见释字第 663 号解释黄茂荣之协同意见书。

② Hübschmann/Hepp/Spitaler, AO, 1987, §44 Anm. 21.

③ 有关税捐债务之抵销，参见拙著：《税务诉讼之理论与实务》，第 20 页以下。

于其他连带债务人已经消灭之税捐债权,并不再复活。①

5. 其他事实

就履行、抵销及提供担保以外之事实,则仅就该连带债务人个人发生效力。例如,缴纳期间之延长(中国台湾地区“税捐稽征法”第10条),缴纳期间之延期或分期缴纳(中国台湾地区“税捐稽征法”第26条),强制执行之撤回与停止(中国台湾地区“税捐稽征法”第40条),均仅以该项行政处分系针对那一个连带债务人为准。②

此甚至于亦适用于其他债权消灭事由,盖此类其他消灭事由,并未使税捐债权人获得满足,即稽征机关对于不同的连带债务人之债权可能有不同的发展。

例如,依中国台湾地区“民法”第273条第1项,“连带债务之债权人,得对于债务人中之一人或数人或其全体,同时或先后请求全部或一部之给付”。此即连带债务之外部连带的效力。基于该外部连带效力,债权人得自由决定,向连带债务人中之一人或数人或其全体,同时或先后请求全部或一部之给付,各连带债务人之消灭时效期间分别进行。③

故对于每一个连带债务人的核课期间(中国台湾地区“税捐稽征法”第21条)及征收期间(中国台湾地区“税捐稽征法”第23条)系独立进行,其时效期间之中断或不完成的事由,亦属于单独对于该连带债务人发生效力的事实。因此,基于税捐债务关系所发生的请求权,对于某一连带债务人而言,可能因有某种行为使其产生将来不再课税的信赖。④

唯值得注意者,依中国台湾地区“民法”第276条规定:“债权人向连带债务人中之一人免除债务而无消灭全部债务之意思表示者,除该债务人应分担之部分外,他债务人仍不免其责任。前项规定,于连带债务人中之一人消灭时效已完成者,准用之。”本条规定为避免其他连带债务人履行全部债务后,转向该已受免除或已时效完成之连带债务人行使求偿权,

---

① Hübschmann/Hepp/Spitaler, AO, §44 Anm. 23.

② Tipke/Kruse, AO, §44 Tz. 9.

③ 参见释字第663号解释黄茂荣之协同意见书。

④ Tipke/Kruse, AO, §44 Tz. 9; BFH v. 22. 10. 1971 BStBl. 1972, S. 297; BFH BStBl. 1977, S. 257; 1982, S. 226(228).

致其无法终局获得债务免除或时效完成之利益(参见其制定理由),故使该连带债务人内部应分担部分,其他连带债务人亦同免其责任。此种“限制绝对效力”之规范意旨,在税法上连带债务,似无差别待遇之理,故应可类推适用,[①]较符公平合理原则。

准此,在税捐债务人(第一次纳税义务人)与责任债务人(第二次纳税义务人)间,由于责任债务人在内部并无应分担部分,因此,如果对于税捐债务人之请求权已罹于消灭时效(逾核课期间或征收期间),则依上开中国台湾地区“民法”第276条第2项规定,对于责任债务人亦同免其责任。[②]

此外,稽征机关对于某一连带债务人已经作成课税处分或责任裁决(赔缴处分)确定之后,仍不妨对于其他连带债务人作成内容不同的课税处分(或责任裁决)。又“行政法院”对于某一个连带债务人作成判决的效力,原则上亦仅对于该连带债务人发生效力;对于数个连带债务人所为裁判的形式上确定力与实质上确定力在理论上并不需要一致。[③] 准此,对于核定税额100万元之课税处分,如仅连带债务人中之一人提出行政救济,其余连带债务人则未提起行政争讼而告确定,嗣后行政救济有理由,减低核定税额为60万元时,则该税捐债务之减额核定,仅对于该提出行政救济之连带债务人发生效力。[④] 唯依中国台湾地区“民法”第275条规定:“连带债务人中之一人,受确定判决而其判决非基于该债务人之个人关系者,为他债务人之利益,亦生效力。”本条规定,在税法上连带债务,其性质似无不同,故应可类推适用,从而于上述情形,其行政救济结果,如非基于该债务人之个人关系而减少税捐债务者,则为其他连带债务人之利益,应亦生效力,即其他连带债务人只需就新台币60万元之税捐债务负责。

---

① 反对说,陈敏:《租税法之连带债务》,第110页。

② 同说,[日]金子宏:《租税法》,2009年第14版,第141页。《德国税捐通则》第191条第5项亦规定,对于税捐债务人之税捐债权已逾核课期间或征收期间或免除债务时,则不得再对于责任债务人作成责任裁决请求履行责任债务。

③ Tipke/Kruse, AO, §44 Tz. 9; BFH BStBl. 1987, S. 419 (421); 1988, S. 188; 陈敏:《租税法之连带债务》,第112页以下。

④ Hübschmann/Hepp/Spitaler, AO, §44 Anm. 24.

实务上亦认为数个继承人对遗产税应于遗产范围内负连带清偿责任,属于连带债务,如其中继承人之一提起上诉主张系争银行存款非属遗产,出于减少遗产总额而达到减少遗产税之目的,系非基于个人关系之主张,有利于其余继承人,故其上诉效力及于未上诉之原审原告其他继承人,而应并列为本案之上诉人。(中国台湾地区"最高行政法院"2011 年度判字第 4 号判决)

(二)程序法上之连带债务

1. 税捐附随义务之履行

有关税捐辅助义务(Steuerliche Hilfspflichen)或附随义务(Nebenpflichten),即金钱给付义务以外的其他税法上义务,由某一连带债务人履行,对于其他连带债务人并不生效力。此类附随义务并非基于税捐债务关系所产生的给付,因此,并非连带债务的标的。附随义务并不成立连带债务,对于连带债务人中之一人,可能课予此类附随义务中的一个义务,或其他义务。而对于其他连带债务人则未课予该项义务。此种附随义务包括当事人的协力义务(Mitwirkungspflichen)(指对于课税事实完全而真实的开示义务),税籍登记义务,账簿凭证保持义务,陈述备询义务,申报税捐义务以及忍受实地调查义务均属之。

由于附随义务系各自负担,各自履行,并不成立连带债务,因此,就其不履行义务,仅能分别就各个税捐义务人核定滞报金以及强制金。

故连带债务人中之一人因违反税法上义务而发生滞报金、滞纳金及利息之事实,亦仅对于其个人发生效力,对于其他连带债务人并不发生效力。①

在附随义务并不成立连带债务的观点下,学者有谓除另有规定因合并课税应合并申报(如中国台湾地区"所得税法"第 15 条),或会同申报(如中国台湾地区"遗产及赠与税法施行细则"第 22 条)外,稽征机关原则上并不得强制连带债务人提出共同的税捐申报。② 同理,稽征机关对

① Hübschmann/Hepp/Spitaler, AO, §44 Anm. 24.

② 陈敏:《租税法之连带债务》,第 110 页。

于连带债务人亦不得在一个行政处分中以一项金额核定滞报金，盖关于附随义务，并不成立连带债务关系。①

准此见解，学者认为夫妻虽然应该合并课征，但就其申报义务仍非连带债务人。夫妻固然应共同提出税捐申报，但其各自签名各自负责。在合并课征的情形，首先就夫妻的所得合并计算，之后，夫妻才共同作为税捐义务人加以处理。因此，对于夫妻，并不能以连带债务的方式，核定其滞报金。②

唯德国联邦财务法院 1987 年 5 月 19 日判决则认为在夫妻合并课税，应共同计算夫妻之所得，因此共同作为税捐义务人，由此导出夫妻仅成立一个所得及一个所得税，而税捐申报则具有使调查及核定税额成为可能的功能目标，因此夫妻在所得税的申报上，应以符合此种实体法的结果的方式共同为之，如果夫妻分别申报则势将不符合合并课税之本质。从而倘若夫妻迟延共同提出所得税申报时，则比照对于夫妻仅核定一个所得税，于此亦同样以一个行政处分共同核定一个滞报金（Verspätungszusch-lag），且由于夫妻对于该项滞报金系分别负担同一给付责任，故夫妻对于该项滞报金之附带债务，应以连带债务人身份负责。③

2. 程序法上表示

一个连带债务人之程序法上的表示，例如申请复查等行政救济之提出，同样对于其他债务人之利益或不利益均不生效力。对于程序法上的表示，也可与税捐的附随义务适用相同的原则。连带债务的实体法上效力并未扩张及于程序法上问题。在具体情形，仍应审查该连带债务人是否明示或默示地代理其他债务人为程序法上之表示。即使在夫妻的情形，也不能径行认定有代理权。使连带债务人参加其他债务人的诉讼程序，可认为适当（具有合目的性），但并非绝对必要。④

盖对于全体连带债务人仍存在有不同裁判的可能性，即由于连带债

① Tipke/Kruse, AO, §44 Tz. 10.

② Kruse, Lehrbuch des Steuerrechts, S. 155.

③ BFH BStBl. 1987, S. 590 f.；同说，参见 BFH v. 9. 4. 1987, BStBl. 1987, S. 540；BFH v. 28. 8. 1987, BStBl. 1987, S. 836 ff。

④ Tipke/Kruse, AO, §44 Tz. 11.

务人并不必然一起被请求,因此,裁判的形式上及实质上确定力对于连带债务人并不须一致。①

又在夫妻合并课税的情形,德国联邦财务法院 1976 年 12 月 8 日判决亦认为并未构成“必要的”程序参加或诉之参加的情形。② 唯学说上则多认为在权利救济程序上,如仅夫妻一人提起行政救济,则必须通知另一配偶参加行政救济程序。③

(三)连带债务效力的缓和——合宪性的考虑

对于连带债务的效力,应加以缓和,以排除上述被合并课税的税捐义务人所蒙受不公平的不利税负结果。④

为达成此目的,德国税捐通则特别明定连带债务的分割制度(Aufteilung der Gesamtschnld),允许在开始强制执行欠税时,对于尚未缴清的有关所得及财产的税捐,可以按照如分开个别核定所应负担的税额加以分割(《德国税捐通则》第 268 条、第 270 条、第 271 条)。经由此种分割,其欠税的强制执行只限于个别的债务人所应分担的金额(第 278 条第 1 项),并于分割核定通知时发生效力。在此情形下,每个连带债务人仅须按照合并课税的所得及财产中自己所占持分比例所应分担的税额,被请求给付。此项分割制度使税法上连带债务人的税捐负担合理化,值得参考。⑤

又《日本继承税法》第 34 条为确保继承税的征收,明定连带缴纳义务。但是在相当于其继承、遗产所受利益价额的金额范围内,互负连带缴纳责任,以减轻连带缴纳义务人的税捐负担,也值得参考。

---

① Hübschmann/Hepp/Spitaler, AO, §44 Anm. 35;陈敏:《租税法之连带债务》,第 112 页以下。

② BFH BStBl 1977, S. 321.

③ Vgl. Hübschmann/Hepp/Spitaler, AO, §44 Anm. 35.

④ Kruse, aaO., S. 157;Dieter Birk, Steuerrecht Ⅰ, Allgemeines Steuerrecht, S. 134;中国台湾地区司法机构“大法官”会议释字第 318 号解释亦谓夫妻如合并课税,较之单独计算税额,增加其税负者,即与租税公平原则有所不符,应检讨改进。

⑤ 陈敏:《租税法之连带债务》,第 113 页。

四、连带债务之内部关系

连带债务人彼此在内部关系上是否有求偿权，系专依民法规定决定之。在通常情形中，连带债务人相互间的关系，应平均分担义务，如果其中一个连带债务人不能偿还其分担额者，其不能偿还之部分，由求偿权人与他债务人按照比例分担之（中国台湾地区“民法”第 280 条、第 282 条）。于此即不再成为连带债务人。[①]

唯连带债务人的内部分担关系，可能依法律行为，连带债务之发生的情况，以及法律规定，而有不同。例如，纳税义务人与责任债务人（赔缴义务人）间，责任债务人在内部关系，原则上即无应分担部分，而可向应负终局缴纳税款责任的纳税义务人请求偿还其所赔缴的税款。

如果某一连带债务人满足税捐债权，并可向其他债务人请求偿还其各自分担之部分时，则基于税捐债务关系所产生对于其他债务人的请求权，包括其担保权利以及优先权，均移转予该求偿权人承受（中国台湾地区“民法”第 281 条第 2 项）。此项税捐债务关系之请求权于移转予求偿权人之同时，丧失其公法上特征，而成为民法上请求权，[②]于债务人不履行时，仅能依民事诉讼法程序向普通法院起诉行使其权利。且其主张税捐债权之移转不得有害于税捐债权人之利益（中国台湾地区“民法”第 281 条第 2 项但书）。[③]

五、连带债务之主张

对于依据法律已经发生的税捐债权，稽征机关严格地负有加以主张的义务（所谓程序法上合法性原则），[④]此亦适用于税法上连带债务人。

---

① Tipke/Kruse, AO, § 44 Tz. 12.

② BFH BStBl. 1976, S. 579; BGH NJW 1973, S. 1077; 1979, S. 2198; Hübschmann/Hepp/ Spitaler, AO, § 44 Anm. 39; 陈敏：《租税法之连带债务》，第 113 页以下。

③ Tipke/Kruse, AO, § 44 Tz. 12.

④ 参见陈清秀：《税捐法定主义》，载陈清秀：《税法之基本原理》，1993 年版，第 66 页以下。

在此稽征机关仅拥有选择的裁量权。倘若稽征机关并未对于数个连带债务人请求各自给付部分税款(其全部构成整体的税捐给付)时,则稽征机关至少“必须”对于某一连带债务人行使税捐债权。唯有如此,才能符合税法企图强化税捐债权而尽可能将多数义务人纳入债务人范围的法律目的。因此,如果认为稽征机关对是否对于本来的纳税义务人(相对于责任债务人之第二次纳税义务人而言)行使税捐债权,享有裁量权时,则势将不符合上述立法目的。①

然而,此项见解应仅适用于对于第一次纳税义务人的请求,而不适用于对于第二次纳税义务人的请求,盖对于第二次纳税义务人的请求,或许应肯认稽征机关得行使其裁量权。

对于连带税捐债务的实现,得以课税处分为之;对于连带责任债务的实现,则可以责任裁决(赔缴处分)行之。稽征机关对于数个连带税捐债务人或数个责任债务人可以作成统一的课税处分或统一的责任裁决;但对于税捐债务人与责任债务人,则不得作成统一的行政处分,盖课税处分与责任裁决在内容上并不相同。稽征机关对于全体连带债务人并不妨同时请求。

稽征机关是否作成统一的行政处分,可依其裁量决定之。倘若稽征机关以个别分开的课税处分主张连带债务或并未对于全体连带债务人主张连带债务时,则其毋庸通知其他连带债务人有关请求或不请求之事实。其未被请求之连带债务人并无权利救济之权能,且亦不必通知其参加行政救济程序。②

又除另有规定外,统一的行政处分应对于每个连带债务人送达,始能对于连带债务人发生效力。但其欠缺通知其中一个连带债务人时,并不影响该行政处分对于其他已经受通知之连带债务人之效力。③ 就此中国台湾地区“税捐稽征法”第 19 条第 3 项特别规定“对公同共有人中之一人为送达者,其效力及于全体”,使未受送达之公同共有人,亦发生课税处

① Tipke/Kruse, AO, §44 Tz. 13.

② Tipke/Kruse, AO, §44 Tz. 15.

③ Hübschmann/Hepp/Spitaler, AO, §44 Anm. 27.

分之通知效力,势将剥夺该未受通知之公同共有人之行政救济机会,而有侵害民众行政争讼权之疑义。

第七节 税捐债务关系之变更及消灭

一、税捐债务关系之变更

(一)概说

在税法上,与私法上一样,也有法律关系的内容及主体变更的问题。其中尤其是税捐债务关系的权利继受问题,更具有其意义。唯税捐债务要求尽速获得满足,因此税捐债务关系的存续期间相对较短,有关税捐债务关系的变更可能性也较少。在探讨此问题时,应区分主体的变更与客体(内容)的变更两者。

(二)主体的变更

1. 税捐债权人的变更

(1)课税权主体的变更

就公行政主体方面而言,税捐债权人之主体的变更均应有法律上根据,此不仅适用于个别的权利让与,也适用于概括的权利义务承受。

例如,中国台湾地区"税捐稽征法"第 3 条规定:税捐由各级主管税捐稽征机关稽征之,必要时得委托代征;其办法由中国台湾地区行政机构定之,已往于 1968 年 2 月 1 日台湾省境内"国税"稽征作业,即依中国台湾地区行政机构决议委托台湾省代征,并连同省税,一并交由各县市"税捐稽征处"统一稽征。[①] 此项委托代征,各县市"税捐稽征处"是以自己名

---

① 中国台湾地区行政机构 1992 年 2 月 28 日台财第 07369 号函核定自 1992 年 7 月 1 日起将委托台湾省代征的"国税"收回,另于中国台湾地区财政事务主管部门设立台湾省北中南三区"国税局"负责稽征(参见中国台湾地区财政事务主管部门台湾省北区"国税局"编印:《纳税服务简介》,第 1 页)。

义(而非以代理人名义)行使课税行政权,故可谓原来的税捐债权人将课税行政权信托让与各县市“税捐稽征处”。

又中国台湾地区“税捐稽征法”第27条规定纳税义务人应退之税捐,税捐稽征机关应先抵缴其积欠。其所谓积欠,包括不同级行政机关的各项税目欠税及欠缴之滞纳金等(中国台湾地区“税捐稽征法施行细则”第8条第5款),例如欠税(遗产税)与退税(土地增值税)分属不同“国税”与“地方税”,仍可予以抵缴。[①] 其中非以自己的税捐债权相抵销(扣抵)部分,可谓是基于信托让与的法律关系,受让另一税捐债权人的税捐债权,并持以与纳税义务人的退税请求权相抵销。[②]

(2)法定代位权

在第三人依税法上所允许之契约,如税捐债务的保证契约(Buergschaft)、并存的债务承担契约(Kumulative Schuldernahme),交付票据担保、抵押权之设定及让与担保等,对于税捐债务关系之给付,负担责任时,则上述有利害关系之第三人于提出清偿欠税等税法上债务后,原税捐债务关系之请求权(税捐债权),包括其从属权利如担保物权等,即依据规定(中国台湾地区“民法”第281条第2项、第302条、第749条、第879条),法定移转(Legalzession)于该第三人,并随同该移转而丧失其请求权(税捐债权)之公法上特质,变成私法上之请求权,故仅能向民事法院主张其权利,如无确定之给付判决或其他执行名义,不得对之为强制执行,而不能如欠税之执行般,径予移送强制执行。[③]

2. 税捐债务人之变更

(1)概说

就税捐债务人方面而言,税捐债务人在税法上权利与义务的继受,可区分为继受资格与继受要件,在此情形下,继受资格应依据各该法律规定

---

① 中国台湾地区财政事务主管部门1993年5月18日台财税第821485967号函。

② 陈敏:《租税债务关系之变更》,载《政大法学评论》1984年12月,第117页。

③ 此为德国通税;同说,陈敏,前揭文,第124页以下。反对说:中国台湾地区“最高法院”1983年台上字第1276号民事裁定:缴纳土地增值税为公法上之负担,与债之发生系基于私法关系者不同,故上诉人代被上诉人缴纳土地增值税,非属民法上代为债之清偿,不能依中国台湾地区“民法”第312条主张代位财政请求纳税义务人即被上诉人偿还(中国台湾地区“最高法院”民刑事裁判选辑,第4卷第1期,第121页)。

的内容定之。

在税法没有特别规定法律关系的继受的情形，则适用借由民法规定所发展出来的一般法律原则，即是否有继受的资格，乃是以系争的权利或义务是否具有高度的属人性（一身专属性）特征而禁止让与、继承为准。以往在公法学说上，传统的观点认为公法上权利与义务原则上具有高度属人性，因此，禁止继受，而只有在单纯的财产法上地位，构成例外。晚近学者则认为财产法上请求权也可能具有高度属人性而不能继受；反之，非财产上的权利义务，也不必然具有高度属人性，依其情形，而有继受可能。

在税法上权利与义务不具有高度属人性的情形，①固具有继受资格，但仍必须满足继受的构成要件（Nachfolgetatbestand），即发生继受的“法律上原因”，其权利与义务才移转予继受人承受。此种法律上原因，如继承、财产或营业的概括承受、营利事业的合并、让与、债务承担契约等，均属之。

税捐债务乃是金钱债务，在性质上并非不可代替履行，因此本来适于债务的承受。另外，税捐债务是以经济上的负担能力为基准所课征的负担，故强调税捐债务人的个别性。因此，税捐债务可否由第三人承受，即非无限制。以下分别说明之。

（2）概括承受

①继承

基于税捐债务关系所发生的权利义务，例如税捐债务，责任债务（第二次纳税义务），税捐附带给付义务（滞纳金、滞报金、利息等）以及退税请求权等，均属于以金钱给付为内容之财产法上的请求权，虽与人有关，但未必具有高度属人性，理论上可能得以概括承受，故被继承人生前欠税，属于被继承人遗产中的消极财产，有认为亦应由继承人一并继承（类推适用民法上有关继承、限定继承及抛弃继承的规定），方符公

---

① 税法上具有高度属人性的权利与义务，随着权利人（或义务人）死亡的同时归于消灭，并不移转予继承人承受。例如，执行税务代理人专门职业的资格、稽征机关税务员根据公务员法所产生的纯粹属人性的请求权，因违反税法上义务而被科处罚锾的缴纳义务，具有高度属人性，于权利人（或义务人）死亡时归于消灭。

平原则。[1] 就此,中国台湾地区司法机构 1939 年院字第 1924 号解释即谓:“匿报契价之责任,既属死亡之甲,除甲之继承人仍照章补税外,自不应再行处罚”,即肯认税捐债务之继承(同说,中国台湾地区“最高行政法院”2003 年度 10 月庭长法官联席会议决议)。

税捐债务这类公法上债务,仍应建立在“量能课税”的精神上,如果采取无限制的继承,可能发生被继承人生前遗留巨额欠税,却仅有少量遗产可供继承,致继承人背负过重之欠税责任,而有违背量能课税的原则。因此,宜采折中方案,继承人仅就遗产的范围内,负担缴纳被继承人生前欠税的责任,较为符合公平合理的原则。

因此,中国台湾地区“税捐稽征法”第 14 条规定:“纳税义务人死亡,遗有财产者,其依法应缴纳之税捐,应由遗嘱执行人、继承人、受遗赠人或遗产管理人,依法按税捐受清偿之顺序,缴清税捐后,始得分割遗产或交付遗赠。遗嘱执行人、继承人、受遗赠人或遗产管理人,违反前项规定者,应就未清缴之税捐,负缴纳义务。”此一规定,一方面承认被继承人生前欠税之继承,另一方面应解释为继承人原则上只就“遗产”的范围,负担缴纳欠税的责任,相当于民法上的限定继承[2](中国台湾地区“民法”第 1154 条)。即采取税法上“法定的限定继承”原则,较妥当。

释字第 622 号解释理由书也认为:“被继承人生前尚未缴纳之税捐义务,并未因其死亡而消灭,而由其遗嘱执行人、继承人、受遗赠人或遗产管理人,于被继承人遗有财产之范围内,代为缴纳。遗嘱执行人、继承人、受遗赠人或遗产管理人系居于代缴义务人之地位,代被继承人履行生前已成立税捐义务,而非继承被继承人之纳税义务人之地位。唯如继承人违反上开义务时,依同条第 2 项规定,稽征机关始得以继承人为纳税义务人,课征其未代为缴纳之税捐。”原则上否认税捐债务之继承,而认为继承

---

① 陈敏:《租税债务关系之变更》,第 130 页。在此较有疑义的,是滞报金及怠报金得否为继承之标的,盖此类税捐附带给付,如依释字第 356 号解释,亦寓有对于违反税法上义务之制裁之秩序罚性质,而秩序罚是对于被继承人生前违章行为之制裁,使其感受痛苦,以免再犯,而今被继承人既已死亡,已失制裁之意,故一般认为处罚具有一身专属性,应不得为继承之标的。此一问题,由于中国台湾地区“税捐稽征法”第 14 条采取限定继承的立场,故较不严重。

② 中国台湾地区财政事务主管部门 1965 年 7 月 14 日台财税发第 05857 号令;同部 1975 年 7 月 2 日台财税第 18385 号函。

人仅就被继承人之遗产之范围内,负担代缴义务。①

依据上开解释意旨,中国台湾地区财政事务主管部门函释处理原则为②赠与人死亡,至中国台湾地区司法机构释字第622号解释2006年12月29日公布尔日止,尚未完成处分之赠与税案件,或该解释公布后新发生之旨揭案件,继承人应于被继承人遗有财产之范围内,代为缴纳,缴款书"纳税义务人字段"填载为:"某某某(殁)代缴义务人某某某、某某某",代缴义务人为多数时,应全部载明,并注明依中国台湾地区司法机构释字第622号解释以遗产为执行标的。

又如,被继承人生前漏报以前年度财产交易等之应纳税捐,于其死亡后才发现逃漏税,依中国台湾地区司法机构释字第622号解释及中国台湾地区"税捐稽征法"第14条第1项规定,应以继承人为代缴义务人发单补征,由继承人于被继承人遗有财产范围内,代为缴纳,尚不得径以继承人之固有财产为强制执行及禁止处分标的,亦不得对继承人为限制出境处分;继承人如违反该项规定,依同条第2项规定,应就其未代为缴纳之税捐,负缴纳义务;未依限缴纳时,稽征机关自得以继承人固有财产为强制执行及禁止处分标的,并对继承人为限制出境处分。③

又扣缴义务人生前滞欠应扣缴税款,可否为继承之标的一案,实务上认为可依中国台湾地区"税捐稽征法"第14条规定办理。④"欠税人死亡,如经查明其各顺序继承人(含配偶)均确已依法抛弃继承,且该欠税人亦确无财产可供执行,其滞欠之税捐,同意予以注销。"⑤

值得注意的是,未成年子女因继承生父遗产,事后该遗产(房屋)以拍卖方式出售,应依法计算其财产交易所得,课征综合所得税。虽然遗产拍卖所得尚不足以清偿被继承人之生前债务,依中国台湾地区"民法"第1148条第2项规定,继承人以因继承所得之遗产为限,负清偿被继承人

---

① 参见陈清秀:《税捐债务可否继承——评析释字第六二二号解释》,载《台湾本土法学杂志》第91期,2007年2月,第299~309页。

② 中国台湾地区财政事务主管部门2007年9月29日台财税字第09604546720号函。

③ 中国台湾地区财政事务主管部门2009年10月8日台财税字第09800377270号函。

④ 中国台湾地区财政事务主管部门1985年7月2日台财税第18385号函。

⑤ 中国台湾地区财政事务主管部门1999年7月27日台财税第881096803号函。

之生前债务之责任，但该所得税债务并非生前债务，实务上采取文义解释，认为不在适用范围，因此应负担无限责任（参见中国台湾地区台北"高等行政法院"2010年简字第22号判决）。在此其财产交易所得税是因遗产拍卖发生之债务，与遗产有关，似应类推适用上开中国台湾地区"民法"规定较合理。

②营利事业的合并

在营利事业合并（中国台湾地区"民法"第306条，中国台湾地区"公司法"第75条）的情形，中国台湾地区"税捐稽征法"第15条亦明文肯认概括承受："营利事业因合并而消灭时，其在合并前应纳税捐，应由合并后存续或另立之营利事业负缴纳之义务。"至于合并前应退还之税捐，自亦在概括承受之范围，但独资合伙之营利事业，在合并时另有协议，并已向税捐稽征机关报备者，从其协议办理（中国台湾地区"税捐稽征法施行细则"第5条）。

营利事业合并前因违反税法上的义务，所发生滞纳金、利息、滞报金、怠报金、短估金及罚锾等，亦因概括承受而由合并后存续或另立的营利事业负缴纳义务（中国台湾地区"税捐稽征法"第49条准用第15条）。故因合并而消灭的营利事业如有违章行为，可以合并后存续的公司名义处罚。[①]

③法律效果

税捐债务关系概括承受后，概括承受人即承受原税捐债务关系的权利及义务。稽征机关得依稽征程序法规的规定，对于承受人行使公权力，作成行政处分以实现其税法上权利。例如，稽征机关对于被继承人生前逃漏税行为，得对于继承人作成课税处分补征其所逃漏税捐。[②] 又对于被继承人所为行政处分，仅于其权利救济期间尚未届满的情形，继承人始得对之提出行政争讼。

在税捐债务关系概括承受的情形，概括承受人本身即成为税捐法律关系的主体，因此，有关税法上的协力义务，并不概括承受。就被承受人本身所已经发生的协力义务，即归于消灭；而概括承受人本人则重新发生

① 中国台湾地区财政事务主管部门1981年10月8日台财税第38508号函。

② 陈敏：《租税债务关系之变更》，第134页。

协力义务，即负有申报税捐、更正被继受人的申报错误、协助稽征机关调查事实、提出账证备询等义务。

(3)个别承受

①税法上权利的让与

在具有移转可能生的税法上债权的个别承受，可类推适用中国台湾地区“民法”第 298 条以下有关债权让与的规定。例如，依中国台湾地区“税捐稽征法”第 28 条及第 49 条准用同条的规定，纳税义务人等由于溢缴税款或其他税捐附带给付，而对于稽征机关得请求返还的请求权(退税请求权等)，是属于财产法上请求权性质，并无一身专属性，故权利人得将其权利让与第三人。[①]

在税法上权利让与后，仍不失其公法上权利性质，其受让人关于该权利的行使的争讼，仍属公法上争讼，应循行政争讼途径寻求救济。

②税捐债务的承担

税法上是否允许税捐债务的承担，可分下述两种情形加以说明：

A. 就并存的债务承担而言，因承担人与税捐债务人共同负担税捐债务，可多确保税捐债权，故中国台湾地区“民法”第 305 条以下有关并存的债务承担规定，较有类推适用可能。

B. 就免责的债务承担而言，免责的债务承担使原来的债务人免除其债务，而只由承担人负担该项债务，因税法系把握经济上给付能力者或在技术上可以把握经济上给付能力者，作为税捐主体(税捐债务人)，如允许免责的债务承担，则富人如将税负移转与穷人承担，国家势将无法确保其税收，故为维护公共利益，税法具有强行法规的性质，故为应不许类推适用民法上免责的债务承担规定，即不得任意变更纳税义务人(“行政法院”1959 年判字第 67 号判例)。

(三)内容的变更

依税捐法定主义的要求，税捐债务的内容应以法律规定之，即税捐债

---

① 同说，陈敏：《租税债务关系之变更》，第 118 页。此种退税请求权的让与行为，有学者认为是私法上行为而发生公法上效力。

务乃是法定的债务，稽征机关不得任意加以变更，因此，税捐债务关系内容的变更，应有法律根据。现行“税法”对于税捐债务关系之内容的变更，主要为清偿期的变更（缴纳期间的提前、延缓）以及强制执行的暂缓与停止（就此参见后述强制执行之说明）。

1. 清偿期的提前

为确保税捐债权，中国台湾地区“税捐稽征法”第 25 条第 1 项规定，在有下述情形之一时，稽征机关对于依“法”应征收的税捐，得于法定开征日期前稽征之，即将税捐债务的清偿期提前，但税捐债务人能提供担保的，不在此限：

（1）税捐债务人显有隐匿或移转财产，逃避税捐执行的迹象的。

（2）税捐债务人于税捐法定征收日期前，申请离境的。

（3）因其他特殊原因，经税捐债务人提出申请的。

2. 清偿期的延展

有关清偿期的延展（缓缴），包括延期缴纳与分期缴纳，其理由有二：一为因天灾事变或遭受重大财产损失，而不能于法定期间内缴纳的情形（中国台湾地区“税捐稽征法”第 26 条）或迟误缴纳期间的情形（中国台湾地区“税捐稽征法”第 10 条）。二为税额巨大，不能一次缴纳的情形（中国台湾地区“遗产及赠与税法”第 30 条第 2 项）。在经核准延期或分期缴纳的情形，于延展期间内，其清偿期并未届至，因此，即无滞纳金之加征与移送法院强制执行的问题。

二、税捐债务关系之消灭

税捐债务关系所成立的权利与义务，可能根据不同的理由而消灭。其消灭原因，包括履行、抛弃、抵销、消灭时效、权利失效。

（一）履行

1. 概说

税捐债务关系的权利义务，因债务人的履行而归于消灭。例如，税捐债务因税款的缴清而使税捐债权债务归于消灭。税捐债务关系的请求权通过金钱给付加以满足,此一金钱给付,乃是基于公法上的原因,具有公法上的效力的私法上的行为。在此所谓公法上的原因,是因其为满足公法上的支付义务;而公法上效力是因其使公法上税捐债务归于消灭。

2. 给付方法

(1)金钱给付

税捐的给付方法,通常以金钱给付为原则。金钱给付包括现金、汇款、开立票据、交付委托取款条等方式。在印花税,除税额巨大另依法以缴款书缴纳外,应于书立应纳印花税之凭证后,交付或使用时,贴足印花税票(中国台湾地区"印花税法"第 8 条)。

(2)实物抵缴

遗产税或赠与税应纳税额在新台币 30 万元以上,税捐债务人确有困难,不能一次缴纳现金时,准以课征标的物或其他易于变价或保管的实物一次抵缴(中国台湾地区"遗产及赠与税法"第 30 条第 2 项)。此种实物抵缴的性质,日本通说认为是一种公法上的代物清偿。其抵缴实物价值的计算,应以该项财产核课遗产税或赠与税的价值为准(中国台湾地区"遗产及赠与税法施行细则"第 46 条)。在该项抵缴实物的所有权移转为国有之前,其原来的税捐债务仍然存续(参见中国台湾地区"遗产及赠与税法施行细则"第 50 条),并进行征收时效,①因此,如果怠于办理抵缴不动产的所有权移转登记程序,以致税捐债务罹于消灭时效时,则原核准抵缴的行政处分即失其效力,当局即不能取得该抵缴财产。②

3. 清偿期(缴纳期间)

税捐的缴纳期间是税捐债务人应缴纳税款的期限,如果税捐债务人未于缴纳期内缴纳税款,则依税法规定逾期缴纳税捐应加征滞纳金者,每逾 2 日按滞纳数额加征 1% 滞纳金;逾 30 日仍未缴纳者,移送法院强制执行(中国台湾地区"税捐稽征法"第 20 条)。又税捐的征收期间(税捐债务的消灭时效)自缴纳期间届满的翌日起算(中国台湾地区"税捐稽征

---

① 反对说,"行政法院"1980 年裁字第 301 号裁定:"主管稽征机关核准抵缴后,其遗产税之征收程序即告完成,当不因用以抵缴之土地是否已完成移转登记手续而影响其征收效力,自不致发生征收权罹于时效消灭之问题。"

② [日]金子宏:《租税法》,第 525 页。

法”第23条第1项)。另依中国台湾地区“营业税法”第51条第2款规定逾规定期限30日未申报销售额或统一发票明细表,亦未按应纳税额缴纳营业税者,构成漏税违章行为,应处1倍到10倍罚锾,而不仅是滞纳税款而已。

缴纳期间可分“法定的缴纳期间”与“指定的缴纳期间”两种。前者是税法所规定的缴纳期间,后者是稽征机关所指定的缴纳期间。各税的法定缴纳期间,应依各税法的规定。在申报纳税的情形,一般而言,法定的申报期限即同时为法定缴纳期间。主要各税的缴纳期间如表3所示:

表3　主要税种的缴纳期间及规范依据

税目	区分	缴纳期间及规范依据
所得税	暂缴税款	每年9月1日至30日随同申报书递送时缴纳(所§67) 由稽征机关核定者,按税单日期为准(所§68)
	结算申报税款	每年5月1日至31日随同申报书递送时缴纳(所§71) 由稽征机关核定者,按税单日期为准(所§81)
货物税	产制厂商	次月15日前(货§23)
	进口应税货物	由海关于征收关税时代征(货§23)
遗产税	死亡之日起6个月内申报	接到税单之日起2个月内(遗§30)
赠与税	赠与行为发生后30日内申报	接到税单之日起2个月内(遗§30)
证券交易税	每次买卖交割当日代征	代征次日填具缴款书向公库缴纳(证§3)
营业税	每2月为1期,于次期开始15日内申报 进口货物	随同申报书递送时缴纳(营§35) 由海关于货物进口时代征(营§41)
娱乐税	于发售娱乐税票时代征	每月代征之税款,于次月10日前自动报缴 查定课征,于接到税单后10日内缴纳(娱§9)

续表

税目	区分	缴纳期间及规范依据
地价税	—	接到税单后 30 日内(土税 § 44)
田赋	目前停征	接到税单后 30 日内(土税 § 47)
土地增值税	—	接到税单后 30 日内(土税 § 50)
房屋税	—	公告之征收期间的 1 个月内(北市"征收自治条例" § 12,高市"征收自治条例" § 14)

4. 部分清偿

税捐债务人可否就税捐债务先为部分清偿给付,以避免一部分税款的滞纳金以及遭受强制执行?就此除有税法所定分期缴纳之事由(如中国台湾地区"税捐稽征法"第 26 条、中国台湾地区"遗产及赠与税法"第 30 条第 2 项)外,参照中国台湾地区"民法"第 308 条规定债务人并无为一部清偿的权利之意旨,似可认为税捐债务人可否先为部分清偿,乃属于稽征机关的行政裁量范围,由稽征机关裁量决定是否接受部分给付。唯鉴于稽征机关应尽可能实现其税捐债权,稽征机关与私法上债权人不同,拥有自力执行权,对于滞纳税款可径行移送强制执行,倘若税捐机关拒绝部分给付,取而代之的,却欲以行政强制执行方式满足其税捐债权,势将造成税捐债务人的重大损失,此与行政法上比例原则及禁止过分原则有违,从而其裁量决定即有瑕疵,故依裁量收缩的法理,税捐债务人应有请求稽征机关接受部分给付的权利。①

5. 提前清偿

在税捐缴纳期间(清偿期)届至之前,可否提前缴纳的问题,税法并无明文规定,参照中国台湾地区"民法"第 316 条规定:"定有清偿期者,债权人不得于期前请求清偿,如无反对之意思表示时,债务人得于期前为清偿。"提前缴纳税款乃为法之所许。但是在税捐债务关系的请求权发生之前,提前为给付时,即欠缺法律上的原因,而成立不当得利返还请求权。②

---

① Kruse, Lehrbuch des Steuerrechts, Band I, Allgemeiner Teil, 1991, S. 189.

② 就此详见陈清秀:《论税法上不当得利返还请求权》,载陈清秀:《税法之基本原理》,第 369 页以下。

只是于此情形，如欲主张不当得利时，可能违反诚实信用原则而已。

6. 第三人的给付

此种税捐债务关系的请求权，性质上为财产法上请求权，以金钱给付为内容，并无一身专属性，亦得由第三人代为履行，例如税捐债务、赔缴责任债务等金钱债务，得由第三人代为缴纳。故税捐债务人得与第三人（尤其交易相对人）订立税捐债务的履行承担契约，约定由第三人代为履行税捐债务。此项约定为私法上契约，并不发生变更公法上税捐债务人的效果，①但依私法自治契约自由原则，于私法上有其效力，如第三人不履行其代为缴纳税款约定时，税捐债务人得依民事诉讼途径诉请普通法院请求救济。②

唯在税捐法律关系中，税捐义务人的各项税捐协力义务，具有高度属人性，因此不能由第三人代为履行。实务上就遗产税事件，准予被继承人或继承人的债权人，或取得法院判决单独声请办理继承登记再为共有物分割登记或涂销登记的权利人，代位申报遗产税，但此一代位申报，必须等到申报期限经过后，税捐义务人仍未申报，始可办理，或应等到税捐义务人申报后再参考办理。此种代位申报，不适用中国台湾地区“税捐稽征法”第 48 条之 1 自动报缴免罚的规定。③

7. 清偿之抵充

税捐债务人如果负担数宗税捐债务及或其他滞纳金、利息等金钱债务，而其缴纳的款项，不足以清偿全部债额时，究应如何处理，尚乏明文规定。解释上应可类推适用（中国台湾地区“民法”第 321 条至第 323 条规定）。即由清偿人（税捐债务人）于清偿时，指定其应抵充的债务（参照中国台湾地区“民法”第 321 条）。并应先抵充费用，次充滞纳金及利息，次充原本（欠税）。

（二）抵销

中国台湾地区“民法”第 334 条规定：“二人互负债权，而其给付种类

---

① “行政法院”1959 年判字第 31 号判例、1959 年判字第 309 号判例、1969 年判字第 517 号判例、1970 年判字第 145 号判例。

② 中国台湾地区“最高法院”1977 年台上字第 1195 号判例：中国台湾地区“土地法”第 182 条之规定，不排除契约当事人间关于增值税由买受人负担而以出卖人名义向当局缴纳之特约。

③ 参见陈清秀：《论遗产税之申报》，载陈清秀：《税法之基本原理》，第 528 页。

相同,并均届清偿期者,各得以其债务,与他方之债务,互相抵销。但依债务之性质,不能抵销者,不在此限。”此一抵销制度,在税法上是否有其适用,不无疑义。

按债权债务的抵销,系为避免债权人与债务人反复清偿的不合经济效益行为,并维护双方当事人权益。一方面满足债权人被抵销的债权;另一方面使债务人得以自力救济的方式,满足其据以抵销的债权。在公法上的金钱债权债务的性质,原则上并非不许抵销,因此,一般行政法的理论认为,虽然行政法规并未有特别明文规定,也可援引民法上的抵销制度,亦即就上述中国台湾地区“民法”上抵销规定加以类推适用,或作为一般法律思想加以引用,且其抵销无论为民众或行政机关所为,亦不问其抵销系以私法上债权对于公法上债权,或公法上债权对于私法上债权或公法上债权为抵销,均为法之所许。①

在税法上,由于税务案件是大量反复的案件,而稽征机关人力物力有限,因此基于稽征便宜考虑,是否准许抵销,不无疑问。就此,中国台湾地区“税捐稽征法”第 29 条规定:“纳税义务人应退之税捐,税捐稽征机关应抵缴其积欠。并于扣抵后,应即通知该纳税义务人。”似仅承认税捐债权人得以税捐债权与民众之退税请求权相抵销。②

在税法未有明文规定情形,实务上亦认为于权利义务主体相同时,可以类推适用民法有关抵销的规定,肯认税捐债权人得对于税捐债务人行使抵销权。③ 但税捐债务人可否对于税捐债权人行使抵销权,则有疑义。基于考虑会计上防止岁入与岁出之混同,以及稽征机关对于纳税人之反对债权之存否,实际上难以判断,而在多数纳税人与多数税捐稽征机关间

---

① 德国通说即采此见解。

② 同说,陈敏:《租税债务关系之变更》,载《政大法学评论》第 30 期,1984 年,第 117 页。

③ 举发人应得之奖金与其违章罚锾及欠税的抵销(台湾省“财政厅”1969 年 10 月 30 日财税四字第 84132 号令);欠税与应退还之工程受益费的抵销(中国台湾地区财政事务主管部门 1990 年 6 月 19 日台财税字第 790125274 号);应退还之滞纳金、利息与欠税的抵销(中国台湾地区财政事务主管部门 1990 年 12 月 10 日台财税第 790340094 号函)。合伙组织的退税不可抵缴合伙人个人的欠税。另合伙组织的合伙人发生退税时,必须于合伙组织的财产不足清偿合伙组织的负债时,始予抵缴合伙组织的欠税(中国台湾地区财政事务主管部门“赋税署”1992 年 5 月 6 日台税六发字第 810793295 号函)。

将产生稽征手续上进行困难。①

因此，对于税捐债务人的抵销权，应予限制，即税捐义务人对于税捐债务关系之请求权，仅得以无争议或已具有确定力确认（如国家赔偿的确定判决）之反对请求权为抵销。②

税捐稽征机关如以税法上的请求权为抵销时，此项抵销（Aufrechnungserklaerung）的法律上性质为何，不无争议。有认为是一个行政处分，依此见解，对于稽征机关所为抵销，如有不服，自应循行政争讼程序请求救济。另有谓行政机关的抵销表示，乃是债法上形成权的行使，其本身并非行政处分，而仅是需相对人受领的单方的意思表示，依此说见解，税法上债务人如认为其请求权并不因抵销而消灭时，则可提起给付之诉，以实现其请求权。

按税捐债务人的抵销表示与稽征机关的抵销表示的法律性质，似应适用同一法理，因此，无论何人的抵销表示，均认为是意思表示，而非行政处分，似较妥当。故稽征机关的抵销表示，虽然是以行政机关的法律行为方式为之，而属于公法领域的行为，但并非公权力处置。③

在稽征机关对于债务人之请求权为抵销的情形，其争讼之性质，仍依其主张之请求权决定之，倘债务人系主张税法上请求权（如退税请求权）时，则不问稽征机关系以税法上或私法上请求权为抵销，均可提起行政争讼。反之，如债务人系主张私法上债权，则不问稽征机关系以税法上债权或私法上债权为抵销，均不许提出行政争讼，而只能提起民事诉讼主张其权利。而在民事诉讼上，稽征机关如以税法上之请求权为抵销时，普通法院对此主张抵销之反对债权之合法性，是否亦应加以裁判，有采肯定说，亦有鉴于民事诉讼法规定主张抵销之反对债权之裁判亦有既判力，因此普通法院对该有争执之税法上债权不得加以审酌，仅能在该税法上债权经行政争讼程序裁判之前，停止审理。④

---

① ［日］金子宏：《租税法》，2009 年第 14 版，第 612 页；［日］田中二郎：《租税法》，第 251 页以下。

② 参见《德国税捐通则》第 226 条第 3 项。

③ Kruse, aaO., S. 193f.; Tipke/Lang, Steuerrecht, 20. Aufl., 2010, §21 Rz. 322.

④ 参见陈清秀：《税务争讼之意义及其性质》，载陈清秀：《行政诉讼之理论与实务》，第 25 页以下。

税法上的债权债务的抵销,在不具备单方行使抵销权的要件的情形,也可以经由双方订立"抵销契约"的方式为之,甚至于订立三方契约进行抵销,例如公司股东有退税请求权,而公司有欠税,公司与股东及稽征机关三方合意抵销。此种抵销契约使双方的债权均获得满足,性质上为公法上抵销契约,在税法上也是合法的,并为德国联邦财务法院历年来裁判所承认。①

(三)免除与抛弃

1. 免除

(1)意义

税捐债务的免除,是指对于已经成立的税捐债务,嗣后加以解除消灭的行为。其情形有二:一为依据法律或行政命令规定,不待任何的处分,即解除税捐给付义务的全部或一部(于此情形,与非课税措施相同);二为稽征机关或其他行政机关依据税法的规定,以行政处分,解除已经成立的税捐债务的全部或一部,并对于税捐债务加以消灭的行为。免除与物的课税除外不同,在课税除外的情形,是将某些事物、行为或事实从课税对象中加以除外,而自始不成立税捐债务。

(2)免除的事由

税捐债务的全部或部分免除(减免)的理由,不一而足。大体言之,可分下述几种情形:

①对于灾害被害人的税捐减免:纳税人遭遇特别灾害时,例如遭受地震、风灾、水灾、火灾或其他类似的灾害,致其负担税捐的能力减少或丧失时,即有必要减免税捐。② 例如,中国台湾地区"土地税减免规则"第12条规定:"因山崩、地陷、流失、沙压等环境限制及技术上无法使用之土地,

---

① Tipke/Lang, Steuerrecht, 20. Aufl., 2010, §21 Rz. 328.

② 在纳税人因自然灾害而遭受损害的情形,日本立法例明定"有关对于灾害被害人的税捐减免、暂缓征收等之法律",而减免受害人有关所得税、遗产税、赠与税以及各种间接消费税;又《日本地方税法》也明定对于天灾及其他特别情事而有减免税捐必要者,因贫困而接受公私的生活扶助者,及其他有特别情事者,得依地方法规(条例)的规定,减免各种地方税(《日本地方税法》第45条、第62~72条、第162条、第323条、第367条)。足供吾人参考。

或在垦荒过程中之土地,地价税或田赋全免。”

②依个别事件的情况,税捐的征收为不妥当时(参见中国台湾地区“税捐稽征法”第40条)。[①] 例如,纳税人的财产状况,显然不佳,非经减免已到期的税捐债务,其事业的继续或生活的维持显有困难时(参见《日本国税通则法》第63条第3项),其税捐的征收即非妥当。[②]

③为避免双重课税的目的或其他政策目的,而有免除税捐债务的必要者。

由于税捐债务的免除,乃是对于税捐负担公平原则的例外措施,因此,基于税捐法定主义的合法性原则的要求,全部的税捐债务的免除,均应有法律的根据,并于具备法律的规定要件时,始得为之。[③]

(3)免除的方式

税捐债务除直接依据法规规定免除外,系由行政机关依据法令的规定,以行政处分为之。于依行政处分为之的情形,有依职权为之(如中国台湾地区“土地法”第193条),有应依申请为之的,例如中国台湾地区“土地税减免规则”第24条规定合于第7条至第17条规定申请减免地价税或田赋者,应于每年(期)开征40日前提出申请;逾期申请者,自申请之次年(期)起减免。故如未提出申请,尚无法免税。

在以行政处分为免除的情形,可否附加条件或负担等附款?在法律无明文规定的情形,由于免除是对于纳税人给与利益的行为,因此学者认为只要不违背法规的意旨,似不妨附加条件或负担等附款。[④]

2. 抛弃

就税捐债务人而言,税捐债务人在税法上权利尤其有关财产上的权

---

① 《德国税捐通则》第163条第1项第1句规定:“税捐之征收,依个别的情形为不妥当时,得核定较低之税捐,并得于核定税额时,不考虑足以提高税额的个别课税基础”,第227条规定:“依个别事件的情况,税捐债务关系的请求权的收取为不妥当时,稽征机关得为全部或部分的免除;基于相同的要件,已征收的金额,可以退还或用以抵缴。”此一立法例概系基于个别案件的妥当性考虑,以避免因形式上的公平课税,而牺牲个别案件的正义。

② 就此问题,参见后述稽征程序章有关税法上个别案件正义一节。

③ 中国台湾地区“最高行政法院”2003年度判字第364号判决即谓:“税捐债务,乃基于公法上之原因而为金钱之给付,故其免除、抛弃,均应有法律之依据,于具备法律规定之要件时,始得为之,非税捐稽征机关或承办人所得任意为之。”

④ [日]田中二郎:《租税法》,第241页。

利,亦得因抛弃而消灭。此种权利抛弃可能涉及整体的给付或部分的给付,也可能涉及实体法上权利或程序法上权利。例如,因溢缴税款所发生的退税请求权,权利人得为抛弃;又如,在课税处分通知税捐债务人之后,税捐债务人表示舍弃提起复查、诉愿行政救济的权利,亦属之。

此种抛弃的意思表示,只有在抛弃者享有处分权的情形,才能发生抛弃的法律效果。当事人是否享有此种处分权,应依各个基础的税捐法律关系的性质以及有关法律规定决定之。在其权利也同时连结义务,或者权利的行使兼具公益性质的情形,通常即不得为抛弃。

(四)课税处分的无效与撤销

税捐债务经稽征机关以课税处分核定具体的应纳税额之后,可能创设于实体法上本来不存在的税捐债务,如果其课税处分具有重大而且明显的违法瑕疵时,则其处分即属无效,于该无效确定时,原来在外观上所成立的税捐债务即自始不存在。又如课税处分有瑕疵而被撤销确定时,则其税捐债务也溯及既往归于消灭。故课税处分的无效与撤销也可说是税捐债务的消灭原因。

1. 课税处分的无效

就课税处分的无效而言,由于课税处分仅存在于稽征机关与纳税人间,毋庸考虑信赖课税处分存在的第三人信赖保护问题,因此,如果其处分内容上的错误涉及课税要件的基础,而经斟酌稽征行政的安定及其圆滑运作,仍然认为以行政救济期间经过即发生不可争力效果,使受处分人必须忍受该课税处分的不利益,显然欠缺妥当性时,则在此特殊情形,即应认为该有瑕疵的课税处分当然无效。

例如,对于显然并非纳税义务人的人,课征税捐,本来即无发生税捐债务的余地,从而虽然因课税处分而于外观上成立税捐债务,但仍应容许主张税捐债务的不存在或课税处分的无效,而可提起课税处分无效或税捐债务不存在之诉。唯于此情形,税捐债务既不发生,严格来说,并非税捐债务的消灭。其如有已经缴纳的税款,则应以不当得利返还。①

---

① [日]田中二郎:《租税法》,第 242 页以下。

2. 课税处分的撤销

课税处分的撤销，可能是因稽征机关自行发现处分违法，而依职权撤销原处分，以符合课税合法性原则；也可能因税捐义务人依法提起税捐行政救济，而由行政救济机关或“行政法院”撤销原复查决定及原课税处分（未于决定理由内载明另为适法之处分）确定。于此类情形，原课税处分所核定的具体金额的税捐债务即溯及既往归于消灭。

在课税处分本身原来并无瑕疵，而是嗣后发生溯及生效的事由（例如买卖不动产契约嗣后解除，并回复原状），使课税要件产生变动，足以影响税捐债务的存否，亦即原核定的税额过大时，则原处分即产生后发的瑕疵。除另有特别规定处理方式外，原则上应承认税捐义务人得依据中国台湾地区“行政程序法”第 128 条规定请求撤销变更原课税处分（有学者认为，此种情形，是课税处分的撤回或废止，而与狭义意义的撤销有别①），或就已经缴纳税额中，相当于后发瑕疵部分，成立退税请求权。②故于此类情形，亦使税捐债务溯及既往归于消灭。

（五）消灭时效

1. 意义

在税法上，也如同民法规定，承认消灭时效（Verjäehrung）的法律制度。消灭时效有助于实现法安定性与法律秩序的和平。由于一个请求权在发生后随着时间的经过而愈加难以证明，有关证据资料不能无期间限制地加以永久保管，当事人的记忆时间也有限，由于证明困难导致无法正确查明事实的风险与时俱增。因此其请求权的主张，不能毫无时间的限制，至少就该项权利主张必须赋予债务人一项抗辩权，或使该项权利归于消灭。此种消灭时效的一般法思想，在税法上也有适用。因此如果在中国台湾地区“税法”上欠缺明文规定时，于中国台湾地区“行政程序法”施行以前，仍可类推适用中国台湾地区“民法”上有关消灭时效的一般规定

---

① ［日］田中二郎：《租税法》，第 244 页。

② ［日］金子宏：《租税法》，2009 年第 14 版，第 634 页。有关此问题之详细探讨，参见上述税捐债权的不可变更性及其例外。

(中国台湾地区“民法”第 125 条以下)①。于中国台湾地区“行政程序法”施行以后,依其第 131 条规定:公法上之请求权,除有特别规定外,因 5 年间不行使而消灭。公法上请求权,因时效完成而当然消灭。前项时效,因行政机关为实现该权利所作成之行政处分而中断。故其时效为 5 年。

税法上消灭时效,可分核课期间与征收期间两者。兹分述之:

2. 核课期间

(1)意义及性质

税捐债权于法律所定课税要件满足时,即抽象地成立。稽征机关为对之作为具体的税捐债权加以行使,原则上于一定的期间内,仍必须依税捐债权的核定程序,决定具体的税捐债务内容。此种核定具体的税捐债权的权利,称为核定权或核课权。又在此种具体的税捐债务内容已经决定之后,税捐债权人要求税捐债务人履行的权利,即以税捐的征收为目的的权利,称为征收权。上述行使核定权的期间,称为核课期间;而行使征收权的期间,则称为征收期间。

核定期间的法律性质为何,学者见解不一。

①有认为是一种除斥期间。因为核定权是税捐稽征机关核定税捐债权,即可以作成更正、决定或赋课决定等特殊的行政处分为其内容的权利,并不适于时效中断观念,且核定权的行使,使抽象的税捐债权具体化,相当于形成权的行使,而形成权的行使期间,一般认为是除斥期间,而非消灭时效期间。日本通说采之。② 中国台湾地区实务上亦认为稽征机关核课税捐,乃属行政行为,有关税捐核课期间,乃行政行为的行为期间,并

---

① Mayer/Kopp, Allgemeinss Verwaltungsrecht, 5. Aufl., 1985 S. 343, Heinrich Welhelm Kruse, Lehrbuch des Steuerrechts, Band I, 1991, S. 201;中国台湾地区行政管理机构台财字第 7719 号令认为欠税的征收可比照中国台湾地区“民法”第 125 条消灭时效期间之规定,以 15 年为税捐征收期间(参见张昌邦:《税捐稽征法论》,1991 年增订版,第 208 页)。反对说,“行政法院”1970 年判字第 253 号判例:欠征税款,系民众所负税法上之义务,除另有规定外,无民法消灭时效规定之适用(载《“行政法院”判例要旨汇编》,1992 年版,第 320 页);“行政法院”1987 年判字第 96 号判决,载《税务争讼判决要旨选辑》,第 536 页以下;“行政法院”1981 年判字第 579 号判决,载《“行政法院”裁判要旨汇编》,第 11 辑,第 36 页以下。

② [日]田中二郎:《租税法》,第 252 页以下;[日]金子宏:《租税法》,第 513 页以下。

非时效。[①] 概采相同见解。

②有认为是一种消灭时效期间。因为核定期间的完成,使抽象的税捐债务关系的请求权归于消灭(参照《德国税捐通则》第47条),故其为消灭时效期间。德国立法例及通说采之。[②]

③本书见解:按税捐的核定期间届满之后,在实体法上以及程序法上均发生效果。即在实体法上发生税捐债务关系的请求权(抽象的税捐债权等)归于消灭的法律效果;在程序法上,则发生不得再为核定税捐的效力。因此,从实体法的观点言之,核定期间应为消灭时效期间。从程序法的观点言之,核定期间则较接近除斥期间。故两说均有其根据。毋宁可认为是一种特殊的期间,具有两面性质。其采取消灭时效说者,也不否认核定期间并无所谓"时效中断"问题;其采取除斥期间说者,也承认核定期间仍应就有关"时效不完成事由"的特殊问题,加以特别处理。故两说最后结论并无差异,均肯认核定期间只有时效不完成的事由,而否认时效中断的概念。[③] 本书为说明上方便,仍于体系上将核定期间归类为消灭时效的一种,而为税捐债务的消灭原因。

(2)核课期间

依中国台湾地区"税捐稽征法"第21条第1项规定,税捐的核课期间如下:

①依规定应由税捐债务人申报缴纳的税捐,已在规定的期间内申报,且无故意以诈欺或其他不正当方法逃漏税捐者,其核课期间为5年。

②依规定应由税捐债务人实贴的印花,及应由税捐稽征机关依税籍底册或查得资料核定课征的税捐,其核课期间为5年。

③未于规定期间内申报,或故意以诈欺或其他不正当方法逃漏税捐者,其核课期间为7年。

其中所谓"以诈欺或其他不正当方法",与中国台湾地区"税捐稽征

① 中国台湾地区行政机构"秘书长"1985年5月16日台财第8816号函。

② 《德国税捐通则》第47条及第169条以下;Tipke/Kruse,AO,Vor § 169 Tz.2。

③ 例如,《德国税捐通则》第169条至第171条就核定期间,只规定时效不完成,而未规定时效中断。《日本国税通则法》第71条就有关时效不完成的事由,特别规定所谓核定期间的特例(学者称为特别的除斥期间)。

法”第41条所定纳税义务人逃漏税捐罪系使用“以诈术或其他不正当方法”的手段相比较,大致相当,唯实务上中国台湾地区“最高法院”就后者逃漏税捐的手段,系采取狭义的解释,以积极作为为限,不包括以消极的不作为逃漏税捐的情形。就前者,“行政法院”则采取较广义的解释,有时亦包括消极不作为逃漏税捐的情形。揆其原因,当系逃漏税捐罪的处罚,乃剥夺纳税人的人身自由,侵害民众权益较严重;且税捐违章行为,已有税捐秩序罚可加以制裁,故依比例原则,对于情节较轻微的税捐违章行为,实无动用税捐刑罚的必要。反之,有关核课期间长短的认定,只涉及课税乃至秩序罚的适用,对民众权益侵害较为轻微,为确保税收,并实现税捐正义,乃倾向于从宽解释所谓诈欺或其他不正当方法的概念。

又所谓依税籍底册课税的税目,系指地价税(中国台湾地区“土地税法”第40条)、房屋税及使用牌照税。所谓依查得数据课税,例如,由主管稽征机关依查定课征营业税的典当业、特种饮食业、小规模营利事业等(中国台湾地区“营业税法”第21条至第23条、第40条),以及经营方式特殊及小规模娱乐业,经稽征机关查定课征娱乐税(中国台湾地区“娱乐税法”第9条)等情形,均是。

又以赠与论课征赠与税案件,税捐债务人如已于收到稽征机关通知后10日内申报时,其核课期间也是5年。①

(3)核课期间的开始

在课税要件具备时,税捐债权即告成立,而后原本应可行使税捐核定权。但在现行规定上,税捐债权的成立时点与得行使核定权的时点,并不相一致。例如,所得税的税捐债务,是于历年终了时成立;但其结算申报期限则到翌年的5月31日,在此申报期限之前,应期待纳税人自行办理结算申报,故不得行使核定权。

又在采取赋课课税方式的国税,也有需要提出税捐申报的情形,以供稽征机关课税的参考,从其课予税捐申报义务的制度来说,在提出税捐申报的法定期限届满以前,也应不得行使核定权。故若考虑此点,核定权的行使期间的起算日,似应以申报书提出期限的翌日为准;而在不需要提出

① 中国台湾地区财政事务主管部门1991年11月1日台财税第800718090号函。

申报书的情形,则以税捐债务的成立日为其起算日。①

就此,中国台湾地区"税捐稽征法"第 22 条即规定核课期间的起算如下:

①依规定应由纳税义务人申报缴纳的税捐,已在规定期间内申报者,自申报日起算。

②未在规定期间内申报者,自规定申报期间届满之翌日起算。

③印花税自依规定应贴用印花税票日起算。

④由稽征机关按税籍底册或查得资料核定征收的税捐,自该税捐所属征期届满的翌日起算。

由于遗产税、赠与税及契税均有应提出税捐申报的规定,因此,其核课期间的起算,也应适用上述已申报者,自申报日起算及未申报者,自申报期间届满之翌日起算的规定。②

又依中国台湾地区"遗产及赠与税法"第 7 条第 2 项规定,因捐赠而不计入遗产总额的财产,税捐债务人未于主管稽征机关核发不计入遗产总额证明书之日起 2 年内,办妥产权交付或移转登记与受遗赠人或受赠人者,应依规定补征遗产税,其核课期间,参酌中国台湾地区"税捐稽征法"第 21 条的意旨,应自核课权成立之日,即稽征机关核发不计入遗产总额证明书之日起 2 年期间届满之次日起算。③

另有关公司未分配盈余,依中国台湾地区"所得税法"第 76 条之 1 对于股东归户课税,其核课期间应自稽征机关依规定应予归户之年度申报期间届满的翌日起算,在不能归户前,稽征机关对股东自不能行使核课权,其核课期间亦无从起算。④

---

① [日]田中二郎:《租税法》,第 253 页。

② 中国台湾地区"最高行政法院"2001 年度判字第 2173 号判决:本件被继承人于 1981 年 11 月 5 日死亡,继承人应于 1982 年 5 月 5 日以前申报,而未申报(本件原告等未于法定申报期间申请延长申报期限,且被继承人于生前,即已诉请李某某等移转系争 16 笔土地之所有权,其死亡时尚未取得所有权,属生前已发生之债权,原告等可以债权申报,并无不能申报情形)。其核课期间自 1982 年 5 月 6 日起算,至 1989 年 5 月 5 日核课期间应已届满,不得再行课征。

③ 中国台湾地区财政事务主管部门 1988 年 6 月 13 日台财税第 770160138 号函。

④ 中国台湾地区财政事务主管部门 1981 年 8 月 7 日台财税第 36583 号函。

又不动产买卖向主管机关申请物权登记的移转契据，其印花税依中国台湾地区“印花税法”第8条第1项规定，应于交付或使用时贴足，故该印花税的核课期间，应以当事人持该契据向主管机关办理过户时，即使用时起算。[①]

（4）核课期间的“时效不完成”

税捐债务关系中的请求权的行使，如因不可抗力或其他因素致不能行使，即不能作成税捐核定处分或税捐核定之废弃或变更时，则有必要使核课期间不完成。所谓核课期间的不完成，相当于民法上时效期间的不完成，是指就其存续的期间，不继续进行核课期间（消灭时效期间），亦即就该不完成期间，不计入核定期间内。在不完成期间终了之后，并不是重新开始起算核定期间，而是继续进行所剩余的期间（类推适用中国台湾地区“民法”第139条以下规定）。

中国台湾地区“税捐稽征法”并未明文规定核课期间的时效不完成事由，除将来宜增列此种规定之外，或许只能类推适用中国台湾地区“民法”第139条至第141条有关时效不完成规定，以资合理解决此处所涉及的问题。[②]

（5）核课期间届满的效果

在核课期间届满之后，税捐债务关系的请求权即归于消灭，稽征机关即不得再行补税及处罚（中国台湾地区“税捐稽征法”第21条第2项）。[③]而稽征机关核课税捐的行为，乃是行政行为，除另有规定外（如公示送达）应以到达相对人始生效力，因此，稽征机关于核课期间内补税，应于核课期间内发单，即应于核课期间内将税单合法送达，以免逾越核课期间。[④] 是否逾越核课期间，于任何程序上均应依职权调查，不待当事人的

---

① 中国台湾地区财政事务主管部门1992年9月30日台财税第810375604号函。

② 《德国税捐通则》第171条规定有关核课期间时效不完成的情形，值得参考。

③ 核课期间届满的法律效果，是否包括不得为有利于纳税人的核定退税请求权，或废弃、变更课税处分，不无疑问，《德国税捐通则》第169条明定不得再为废弃或变更课税处分，《日本国税通则法》第70条以下亦采此见解。唯台湾地区只规定不得再为补税处罚，并未规定不得撤销变更课税处分，而为有利民众之决定，故解释上，除非以类推适用方式，比照办理，否则在文义上实无法采取与德日立法例相同之见解。

④ 中国台湾地区财政事务主管部门1986年3月28日台财税第7533353号函。

主张。倘若逾核课期间仍作成税捐核定时，其处分即有重大违法瑕疵，而得撤销，但依其情形，尚非显然瑕疵时，则其处分尚非当然无效。

又在核课期间内已发单课税，而于核课期间届满之后，始准予改订缴纳期间，于规定尚无不合。其已逾核课期间的遗产税、赠与税及契税案件，稽征机关应核发逾核课期间案件同意移转证明书，俾便纳税义务人持凭办理移转登记。[①]

又依中国台湾地区"行政程序法"第 132 条规定："行政处分因撤销、废止或其他事由而溯及既往失效时，自该处分失效时起，已中断之时效视为不中断。"因此在核课期间内所作成之课税处分被撤销、废止或因其他事由而溯及既往失效时，自该处分失效时起，已中断之时效视为不中断，如因此而已逾核课期间，即不得再重新作成课税处分。

上述税捐核课期间的规定，于滞纳金、利息、滞报金、怠报金、短估金及罚锾，也准用之（中国台湾地区"税捐稽征法"第 49 条）。

3. 征收期间

（1）概说

在税法上，消灭时效的客体乃是基于税捐债务关系所产生的一切请求权，包括税捐权利人的各项请求权（税捐债权、滞纳金、利息、滞报金、怠报金、短估金以及溢退税款的返还请求权等以及税捐义务人的各项请求权）。[②]

税捐征收时效的客体乃是已经发生并已经核定的请求权，税捐之征收时效，原本规定为 5 年，但例外如仍在执行中尚未结案（例如正在卖中）者，可继续执行。然而以往实务上中国台湾地区法务主管部门"行政执行署"在执行政策上，将欠税移送执行案件，不问有无财产，经常均仍由"行政执行处"继续立案执行，并不退还移送机关结案，以致征收时效由 5

---

① 中国台湾地区财政事务主管部门 1985 年 7 月 23 日台财税第 19293 号函。

② 有关税法上消灭时效，参见陈敏：《租税法之消减时效》，载《政大法学评论》第 32 期，1985 年 12 月；张昌邦：《论税捐之征收期间》，载张昌邦：《税捐稽征法论》，1991 年增订版；黄茂荣：《税捐稽征法上之时效期间的检讨》，载《税捐法论衡》，1991 年版。

年延长为无限期有效,变相变更征收时效规定。①

为此提案修订,经协商结果,为避免纳税人借由5年征收时效规定逃避征收,乃原则上将征收时效由5年延长为15年。依据中国台湾地区"税捐稽征法"(2007年3月21日修正公布)第23条规定:税捐之征收期间为5年,自缴纳期间届满之翌日起算;应征之税捐未于征收期间征起者,不得再行征收。但于征收期间届满前,已移送执行,或已依强制执行法规定声明参与分配,或已依中国台湾地区"破产法"规定申报债权尚未结案者,不在此限。应征之税捐,有第10条、第25条、第26条或第27条规定情事者,前项征收期间,自各该变更缴纳期间届满之翌日起算。依第39条暂缓移送执行或其他规定停止税捐之执行者,第一项征收期间之计算,应扣除暂缓执行或停止执行之期间。税捐之征收,于征收期间届满前已移送执行者,自征收期间届满之翌日起,5年内未经执行者,不再执行,其于5年期间届满前已开始执行,仍得继续执行;但自5年期间届满之日起已逾5年尚未执行终结者,不得再执行。

中国台湾地区"税捐稽征法"2007年3月5日修正前已移送执行尚未终结之案件,自修正之日起逾5年尚未执行终结者,不再执行。

本条可解析如下:

①征收时效原则上为5年,于征收期间届满前如未移送执行者,不得再移送执行。

②于5年征收期间届满前已由稽征机关移送执行者,自征收期间届满之翌日起,可于5年内继续执行,5年内未经执行者,不再执行。即5年征收期间届满之后,行政执行处仍有5年的"执行期间",合计征收时效为10年。

③于前述5年执行期间届满前"已开始执行",仍得继续执行;但自5年期间届满之日起已逾5年尚未执行终结者,不得再执行。亦即5年"执

---

① 由于此种做法,据统计,执行机关累积执行案件高达420万件,总金额高达新台币4400亿元,仍在执行中,执行机关人手严重不足,无法结案。因此,又在研议是否再度延长征收时效。2010年5月27日各媒体报道,中国台湾地区行政机构提出中国台湾地区"税捐稽征法"第23条修正草案,将原2007年3月5日起欠税逾5年尚未执行终结者不再执行的规定,延长为10年,以确保租税公平与正义。

行期间”届满前已开始执行之案件,仍得在5年“执行期间”届满后继续执行5年,因此时效最长为15年。

又考虑确保税收,避免重大欠税案件逍遥法外,对于以往尚未征收完毕之案件,又延长征收时效,采取修正规定不真正溯及既往之做法,以维护税收公益。2011年11月23日修正公布增订本条第5项但书规定:中国台湾地区“税捐稽征法”2007年3月5日修正前已移送执行尚未终结之案件,自修正之日起逾5年尚未执行终结者,不再执行。但有下列情形之一,自2007年3月5日起逾10年尚未执行终结者,不再执行:(A)截至2012年3月4日,纳税义务人欠缴税捐金额达新台币50万元以上者。(B)2012年3月4日前经中国台湾地区法务主管部门“行政执行署”所属行政执行处,依中国台湾地区“行政执行法”第17条规定声请法院裁定拘提或管收义务人确定者。(C)2012年3月4日前经中国台湾地区法务主管部门“行政执行署”所属行政执行处,依中国台湾地区“行政执行法”第17条之1第1项规定对义务人核发禁止命令者。①

上述延长征收时效之做法,由于适用于过去已经发生而尚未时效完成终结之税捐债权案件,因此涉及法律不真正溯及既往而为不利纳税人之变更。

按中国台湾地区“税捐稽征法”第23条之征收期间,已经包含关于具有执行力之税捐债权之强制执行期间在内,故征收期间与行政执行法之执行期间,均属具有执行力之公法上“执行债权”之消灭时效规定,且两者间具有“特别法与普通法”之关系,在税捐债权之强制执行,应优先适用“税捐稽征法”之特别规定(参照该“法”第1条),而排除“行政执行法”第7条规定之适用。

但上述所谓“已开始执行”,应可参照“行政执行法”(2007年3月21日修正公布)第7条第3项规定:“第一项所称已开始执行,如已移送执行机关者,系指下列情形之一:一、通知义务人到场或自动清缴应纳金额、报告其财产状况或为其他必要之陈述。二、已开始调查程序。”加以解释。

---

① 第5项第2款、第3款所列属“行政执行处”之权责事项,自2012年1月1日起改由“行政执行分署”管辖。

上述所谓“执行终结”，应如何认定，不无争议。

在有分配表异议之诉之情形，有认为参照中国台湾地区“强制执行法”第41条第3项规定：“声明异议人未于分配期日起十日内向执行法院为前二项起诉之证明者，视为撤回其异议之声明；经证明者，该债权应受分配之金额，应行提存。”因此于“提存清偿”后，可认为税捐债权消灭而终结(2004台抗123，1992台上2898)。

另有认为执行机关亦为债权人之代理人，因此于执行机关收受拍卖价金或债务人提供清偿之款项时，其债权即可认为归于消灭，因此应以拍定人缴纳拍卖价金时，即可认为“执行终结”。因此，如在拍定后，缴纳价金之前，15年执行期满时，则尚未执行终结者，其税捐债权消灭，不再执行，其卖价金应返还债务人。①

比较上述二说，第二说似乎较可采。只要执行机关收到应执行之款项时，其债权即可认为归于消灭，而可认为“执行终结”，较能维护税收权益。

④中国台湾地区“税捐稽征法”2007年3月5日修正前已移送执行尚未终结之案件，自修正之日起逾5年尚未执行终结者，不再执行。亦即以往执行中之案件，其时效最长再5年。必须在修正后5年内执行完毕，逾5年期限者，不得再对于纳税人执行欠税。

依据中国台湾地区“税捐稽征法”第49条准用第23条规定，滞纳金、利息、滞报金、怠报金、短估金等之征收时效亦准用有关税捐时效的规定。

又退税请求权的时效期间亦为5年(中国台湾地区“税捐稽征法”第28条)。至于溢退税款的返还请求权，其时效期间法无明文，解释上应可适用中国台湾地区“行政程序法”有关公法上请求权时效5年之规定。

(2)征收期间的起算

德国税捐债权的征收时效乃是一种单纯的历年时效，其时效原则上于税捐债务关系的请求权在第一次清偿期届至时的日历年度届满之时，开始起算(《德国税捐通则》第229条第1项第1句)。

---

① 中国台湾地区司法机构“民事厅”审查意见，载《民事法律问题汇编》(第8辑)，第135~138页。

中国台湾地区"税捐稽征法"第23条第1项规定税捐之征收期间，自缴纳期间届满之翌日起算。如未依规定送达之缴款书，经展延限缴期限后送达者，其征收期间应自展延后送达之缴纳期间届满之翌日起算（中国台湾地区财政事务主管部门1991年6月5日台财税第800178010号函），此项起算日相当于可行使权利的时点。

唯其依中国台湾地区"税捐稽征法"第10条规定因天灾事变而延长其缴纳期间，依第25条规定为保全税捐而于规定开征日期前稽征之税捐，依第26条规定因天灾事变或遭受重大财产损失而经稽征机关准予分期或延期缴纳之税捐，依第27条规定停止缓缴或分期缴纳权利之税捐，则自各该变更缴纳期间届满之翌日起算（第23条第2项）。就此有谓从其效力（自各该变更缴纳期间届满之翌日起算）而论，属于"时效中断"。

（3）时效中断？

有关移送执行，中国台湾地区"税捐稽征法"之征收期间，已有时效中断重新起算之制度设计，而延长执行时效期间。故制定者本意已经统一详尽而完备规范（征收时效最长时效15年），并无"法律漏洞"存在，不应误认存在有法律漏洞，再"类推适用"民法关于强制执行之时效中断规定，以免破坏中国台湾地区"税捐稽征法"以及"行政执行法"关于执行期间之规定，违背制定者本意。倘若以法律漏洞补充之造法方式，在上述执行时效期间之外，又再度类推适用民法时效中断规定，以延长债权时效期间，实际上变相另行创设民众所不存在之税捐债务，违背租税法律主义。①

退步言之，纵然认为应类推适用民法规定以移送执行行为作为税捐征收时效中断事由时，则应以执行机关发给执行债权凭证之时点，作为执

① 反对说，认为应再类推适用民法时效中断规定，参见中国台湾地区法务主管部门2015年7月3日法律字第10403506600号函认为：公法上请求权消灭时效，除中国台湾地区"行政程序法"或其他特别规定者外，复得类推适用民法有关消灭时效之中断、重行起算及不完成等相关规定，以补充法律规定之不足。而行政机关为实现公法上请求权而"开始执行行为或声请强制执行"者，该公法上请求权之消灭时效应可中断，并于整个执行程序终结时，重行起算其时效（类推适用中国台湾地区"民法"第129条第2项第5款及第137条第1项规定）。

行终了,时效"中断事由终止",应重新起算时效期间。[①]

(4)税法上的债权

在税法上,《德国税捐通则》第231条第1项明定时效中断事由包括:以书面行使请求权,延展清偿期,缓期清偿,停止执行,提供担保,延期强制执行,强制执行措施,申报破产债权以及稽征机关调查缴纳义务人的住所或居所。

《日本国税通则法》第73条则规定有关税捐债权,除准用民法的时效中断规定外,更正、决定、赋课决定,有关纳税告知、督促及交付要求,均属于时效中断事由。中国台湾地区"税捐稽征法"是否采时效中断之制度,不无疑问,第23条第1项但书规定:但于征收期间届满前,已移送法院强制执行,或已依强制执行法规定声明参与分配,或已依中国台湾地区"破产法"规定申报债权尚未结案者,不在此限,即因在征收期间内已就纳税义务人之财产依规定强制执行尚未结案者,因征起并非不能,故而设例外规定(参见本条制定理由说明)。

此项但书,学者有谓系消灭时效中断之规定,唯观其文义及制定意旨,似认虽已逾征收期间,仍得继续强制执行措施(或参与分配或参与破产程序)以获偿,故似以移送强制执行等但书事由作为时效不完成之原因,而不发生中国台湾地区"民法"第137条所定时效重行起算的消灭时效中断之效果。从而如移送法院后因故退案时,例如因欠税人无财产可供强制执行或执行无实益而发给债权凭证结案时,如已逾征收期间,即不得再行征收。

至于民法上消灭时效中断之事由,可否类推适用于税捐债权,不无疑问,或认为由中国台湾地区"税捐稽征法"第23条有关征收期间之规定,可以认识其对征收期间并不采时效中断之制度。或认为征收期间仍得类推适用民法消灭时效中断之规定。按由于民法上与税法上得主张之请求

---

① 反对说,认为取得行政执行机关核发执行凭证之税捐案件,不生执行程序终结之效果,仍属中国台湾地区"税捐稽征法"第23条第1项但书所称已移送执行尚未结案之情形(中国台湾地区法务主管部门2014年9月1日法律字第10303510020号函,同部2015年7月3日法律字第10403506600号函及中国台湾地区财政事务主管部门2015年9月25日台财税字第10400634010号令参照)。有关此问题之探讨,参见陈清秀:《公法上消灭时效之问题探讨——以税法上消灭时效为中心》,载《中正财经法学》第13期,第127页以下。

权的性质不同,因此其时效中断事由亦容有差异,且中国台湾地区“税捐稽征法”第23条就妨碍时效完成之事由应认已有完结规定,亦即参酌其意旨,似可认为并无法律漏洞存在,故似无再类推适用民法规定之余地。

至于民众之退税请求权,中国台湾地区“税捐稽征法”虽无时效中断之规定,但基于时效制度之精神及保护退税请求权人之考虑,似宜类推适用民法有关时效中断之规定。

(5)时效不完成

《德国税捐通则》第230条规定:“于时效期间之最后六个月内,因不可抗力而不能行使请求权者,时效不完成。”本条规定与《德国民法典》第205条有关时效不完成规定相同。在此所谓“不可抗力”,是指一切外来的事件,而尽最大的依其情况可期待的注意,仍无法行使其请求权的情形而言,包括战争、自然灾害及其他不可避免的事件。例如,时效期间原应于2003年12月31日届满,而在2003年10月31日至2004年3月31日发生战争不可抗力之事故,而使原时效期间之最后2个月不能行使税捐债权,而停止时效之进行,此2个月接续于2004年3月31日之后,使原消灭时效延长至2004年5月31日完成。

中国台湾地区“税法”并无时效不完成之规定,学者有主张:于征收期间将届满时,遇有天灾事变,纳税义务人死亡,而其继承人尚未确定,或无行为能力或限制行为能力之纳税义务人欠缺法定代理人,征收权之行使发生困难时,似得类推适用中国台湾地区“民法”第139条至第141条之规定,使征收期间之时效不完成。唯依据税捐法定主义,有关时效不完成制度涉及民众重要权利义务事项,“税法”如无明文规定,似乎难类推适用“民法”规定。

又中国台湾地区“税捐稽征法”第23条第3项规定:“依第三十九条暂缓移送法院强制执行或其他法律规定停止税捐之执行者,第一项征收期间之计算,应扣除暂缓执行或停止执行之期间”,故暂缓移送执行或停止执行的期间,即不算入时效期间内。

(6)消灭时效的效果

台湾地区行政法学者则多主张公法上消灭时效系采权利消灭主义,无须当事人之援用,其理由为使公法关系明确,并避免权利之滥用,且公法具有强制性,如采抗辩权发生主义,则产生公法上的自然债务,有违公法的性质。就此中国台湾地区“行政程序法”第131条第1项及第2项规定,公法上之请求权,除有特别规定外,因5年间不行使而消灭。公法上请求权,因时效完成而当然消灭。乃采取“权利消灭主义”。①

在税法上,有特别规定消灭时效使权利废弃(消灭)者,其请求权随着期间经过而消灭,而且在争讼中,行政机关与法院均应依职权加以斟酌。例如,《德国税捐通则》第232条规定:“税捐债务关系之请求权及由该请求权所产生之利息,因时效之完成而消灭。”即采权利消灭主义。

又如,中国台湾地区“税捐稽征法”第23条第1项规定,应征之税捐未于征收期间征起者,不得再行征收,似亦认为税捐债权的消灭时效,乃属绝对的消灭原因,与民法规定不同,不待纳税义务人的援用抗辩,纳税义务人也不能抛弃其消灭时效的利益。此系鉴于对于已经时效完成的纳税义务,有公平处理的必要,而且也要求事务处理的统一性。换句话说,纳税义务是大量发生的案件,不适当逐一个别确认当事人的意思,因此,统一处理较符合稽征便宜的要求。

(7)罚锾的消灭时效

税法上罚锾时效,依中国台湾地区“税捐稽征法”第49条准用本“法”有关税捐之规定,有关税法上罚锾的裁处及征收时效,应优先准用同“法”第21条及第23条之规定,而不适用“行政罚法”有关时效规定。

第八节　税捐的附带给付

一、概说

税捐的附带给付,系指在税捐的债务关系里,根据特殊的情况,附带

① 在民众的公法上请求权,例如“国家”赔偿请求权,因依中国台湾地区“国家赔偿法”第5条规定适用“民法”规定,仍采抗辩权主义。由于行政机关如果对于民众负有公法上债务,纵然时效消灭,行政机关可能基于照顾民众的道义责任,而仍为给付。因此,如采取权利消灭主义,恐无法因应实际需要。反而采取抗辩权主义,较有处理弹性。

于税捐所负担的金钱给付债务,包括滞纳金、利息、滞报金、怠报金及短估金等在内。此类税捐的附带给付,系附带于主要的税捐债务所产生的从属债务,又称为附带债务或附带税。其与税捐同样属于根据税捐债务关系所产生的财产法上请求权。

因此,在税法对于此种附带给付未有特别规定的情形,于其性质近似的范围内,可准用有关税捐的规定(中国台湾地区“税捐稽征法”第 49 条)。

税捐的附带给付请求权,由于税法并未赋予稽征机关决定是否课征的行政裁量权,因此,在解释上,与税捐同样的税法所定给付义务的构成要件实现时,即告发生,性质上为一种法定的债务关系。其权利的行使,通常与税捐的构造一起为之,例如将滞纳金、利息等,同时记载于同一税捐缴款书的核定,则与税捐的核定有关,构成另一个独立的行政处分。

有关税捐的附带给付的核定及征收,可准用中国台湾地区“税捐稽征法”第 21 条以下及第 23 条关于税捐之核课期间及征收期间的规定。又对于其核课处分如有不服,也应先践行申请复查程序后,始得提起诉愿及行政诉讼(准用中国台湾地区“税捐稽征法”第 35 条、第 38 条)。

二、滞报金、怠报金

(一)意义及其法律性质

税捐义务人如果未依税法规定履行或未依规定期限履行其税法上申报税捐的义务时,则依其情形,税法有规定应加征滞报金或怠报金。例如中国台湾地区“所得税法”第 108 条规定未依限办理结算申报或未办理结算者,应分别按核定应纳税额另征 10% 滞报金或 20% 怠报金。中国台湾地区“营业税法”第 49 条规定未依限申报销售额或统一发票明细表者,分别按应纳税额加征滞报金或怠报金。

此类滞报金或怠报金(以下简称滞报金等)的法律性质为何,不无疑问。中国台湾地区司法机构“大法官”释字第 356 号解释认为其系对于违反税法上义务行为的制裁,属于税捐秩序罚中的行为罚范围。按滞报金等的课征目的,系在于确保税捐申报义务人准时提出申报税捐,以俾稽征机关适时核定及征收税捐。

在此意义下,滞报金等具有抑制预防的性质,系配合税法的特殊需要的一种特别的督促手段。就其是针对过去已存在的行为所课予的一种不利益而言(尤其是剥夺其未依限申报所获得的经济上利益),具有制裁意义,而就其同时发生督促税捐义务人将来应依限履行申报义务的作用而言,则具有预防的性质。因此,滞报金等可说是税捐行政上的一种殊特督促手段,它既不是罚锾,也不是罚金性质,也不是税捐,而是税捐的附带给付。

由于滞报金等并不是刑罚,因此有学者认为滞报金等课征,并不排除因未申报或迟延申报所产生税捐的短漏,另课征漏税的罚锾或科予逃漏税罪的刑罚,即在此,并无一行为不两罚原则的适用,只是在处罚额度的考虑上,因必须取向于其实际的财务状况,因此对于税捐义务人已经缴纳的滞报金等,则应予以适当的斟酌。唯前述“大法官”解释既将滞报金等当成行为罚看待,则其与漏税罚间,是否可构成吸收关系,而从重处罚漏税罚即可,似仍有研究余地。

(二)成立要件

值得注意的是滞纳金等的成立要件,除了未提出或未依规定期限提出税捐申报之外,其迟误申报期限也必须有可归责的事由。依据法治原则,不仅是刑罚,而且包括类似刑罚的制裁,均要求必须有可归责事由(故意、过失),才可加以处罚。由于滞报金等也是一种广义的行政制裁,因此依据中国台湾地区司法机构“大法官”释字第 275 号解释,也应以有故意或过失为必要。如果因不可归责的事由致迟误申报期限,则不应课征滞报金等。

又在此所谓可归责的概念,并不是取向于民法上的观点,以一般人在交易上的注意(一般平均民众所期待的注意)为准,而应取向于税捐义务人的个人的个别情况为准(德国通说),准此,如其迟误申报可认为有正当理由时,似不应加征滞报金等(参见《日本国税通则法》第 66 条)。

(三)法律效果

滞报金的课征金额,德国立法例系赋予稽征机关行政裁量权,就具体情形，依其迟延申报期间的长短、迟误申报的税额及税捐义务人迟误申报所获得利益、可归责的情形、经济上负担能力等，决定是否课征以及课征滞报金的多少（最高 1 万马克）。中国台湾地区则是规定按照其税额的一定比例加征滞报金等，因其并无最高金额的限制，可能产生不合理情形，故前述中国台湾地区司法机构“大法官”释字第 356 号解释认为应予检讨改进。

在课征滞报金等之后，如果原据以计算滞报金基础的课税处分，嗣后经撤销变更后，则滞报金的核定处分，是否一并受到影响？鉴于滞报金的课征系一种羁束处分，因此其计算基础的行政处分有撤销变更时，将使原核定滞报金的处分构成违法。如原滞报金等的核定金额过高，则其滞报金等的债务人应可以此项新事实请求撤销变更原核定处分。反之，如原滞报金等的核定金额过低，则稽征机关应可依职权变更原核定处分，补征其差额的滞报金等，唯此项依职权对于民众为不利的变更处分，仍应受信赖保护原则以及诚实信用原则的限制。

三、滞纳金

（一）意义及其法律性质

中国台湾地区“税捐稽征法”第 20 条规定，依“税法”规定逾期缴纳税捐应加征滞纳金者，每逾 2 日按滞纳数额加征 1% 滞纳金；逾 20 日仍未缴纳者，移送法院强制执行。此项滞纳金，系对于未在规定缴纳期限内纳税的情形，按照其未纳税金额课征一定百分比的金钱给付，其法律性质有认为是相当于私法上债务关系的迟延利息，具有对于迟延纳税的民事罚性质（为谋求与在期限内报缴税款者之间的负担公平，以督促其在期限内缴税为目的）。[①]

按滞纳金的数额，高于一般的利息，故滞纳金不只是在剥夺纳税义务人迟延纳税所享有的利息利益，而且是一种督促其准时纳税的手段。实

① ［日］金子宏：《租税法》，2009 年第 14 版，第 617 页。

务上则认为滞纳金是一种具有行政罚性质的制裁。[1]

由于滞纳金的课征,必须能督促纳税义务人履行纳税义务,才有意义,因此,如果纳税义务人已陷于无资力状态,则纵然课征滞纳金,也无法达成督促其履行纳税的目的,在此情形,如仍课征滞纳金,即属过分,有违比例原则。为对此问题进行合"宪"性的解释,有两个解决途径:一为对于中国台湾地区"税捐稽征法"第20条进行目的性限缩解释,在纳税义务人无力清偿税捐债务的情形,即不适用课征滞纳金的规定。二为赋予纳税义务人对于因无支付能力所生滞纳金,享有依中国台湾地区"税捐稽征法"第40条规定请求停止执行的权利。[2] 就此中国台湾地区财政事务主管部门1958年台财税第06562号令释示在服役期间所发生之欠税,如其经济困难,确属无力缴纳,经当地里邻长证明,并经该管稽征机关查明属实者,得准予延期缴纳,免加征滞纳金,概亦本此意旨。

又滞纳金系依税法规定逾期缴纳税捐应加征滞纳金时,始得加征,因此有关税捐的附带给付,例如利息、怠报金等,除有特别规定外,原则上即不得对其逾期缴纳行为,另加征滞纳金。[3] 至于有关税捐的附带给付应加征滞纳金者,例如中国台湾地区"所得税法"第112条规定滞报金及怠报金,中国台湾地区"营业税法"第50条规定滞报金及怠报金,如有逾期缴纳,亦应加征滞纳金。

(二)成立要件

在需经核定课税的税捐,由于核定税捐的课税处分系于送达后始生效力,在送达之前,即不可能发生逾期缴纳,因此,即无加征滞纳金的余地。

在自行结算申报缴纳的税捐,如自行结算申报有应纳税款而未依限缴纳者,即构成滞纳,应加征滞纳金。如果纳税义务人未自行结算申报缴纳税款,而经稽征机关核定应纳税额时,则在原缴纳期间取后一日届满时,即属逾限缴纳,似应课征滞纳金。

---

① 中国台湾地区财政事务主管部门1989年9月1日台财税第780231335号函。

② Vgl. Tipke/Kruse, AO, 1988, §240 Tz. 2.

③ 中国台湾地区财政事务主管部门1985年8月20日台财税第20794号函,台湾省"财政厅"1970年11月17日财税三字第104858号令。

滞纳金的发生,不仅是以该项税捐已经被核定或申报为准,而且必须已经到期(缴纳期间届至),只有在逾越缴纳期间,才发生滞纳金。通常实务上会在核定税额的缴款书上指定缴纳期间,因此在该缴纳期间届满,仍未缴纳税款时,才发生滞纳金。

1.本税行政救济与滞纳金之关系

又如,纳税义务人对于课税处分不服,于缴纳期间届满后30日内申请复查,则暂缓移送法院强制执行(中国台湾地区"税捐稽征法"第39条第1项但书),即尚无督促其履行的必要。且经依查决定应补缴税款者,税捐稽征机关应于复查决定后,填发补缴税款缴纳通知,通知纳税义务人缴纳,并自该项税款原应缴纳期间届满之次日起,至填发补缴税款缴纳通知书之日止,按日加计利息(中国台湾地区"税捐稽征法"第38条第3项),依此,税捐稽征机关乃另订缴纳期间,而使原先缴纳期间溯及既往加以排除,故原先逾期缴纳所生之滞纳金,可认为溯及既往归于消灭(学说上有认为此时就该期间所成立的滞纳金,发生一个免除请求权)。[①]

同理,在纳税义务人提起诉愿的情形,如半数税款或提供相当担保者,则依法亦停止执行(中国台湾地区"税捐稽征法"第39条第2项),故于此情形,亦无督促其履行而课征滞纳金的必要。此种停止执行,在解释上,可认为变更该尚未缴纳税款的原缴纳期间(发生延期缴纳效果),而不发生滞纳。此时应于行政救济决定后,稽征机关另依中国台湾地区"税捐稽征法"第38条第3项规定另填发税款缴纳通知书,重新指定缴纳期间,于有逾期缴纳时,才发生滞纳,而应课征滞纳金。但纳税义务人虽依法提起诉愿,唯在缴纳期间届满后始缴纳应纳税额之半数者,则仍构成滞纳,应就其应纳税额之半数加征滞纳金。[②]

2.有责性

滞纳金的课征,是否必须以可归责于债务人为前提,不无疑问。在纳税义务人逾期缴纳税款,系出于不可归责的事由的情形,例如,前述纳税

① 参见中国台湾地区"税捐稽征法施行细则"第12条及中国台湾地区财政事务主管部门1992年5月9日台财税第81166478号函。

② 中国台湾地区财政事务主管部门1992年10月9日台财税第811680291号函。

义务人陷于无资力状态，或因罹患重病或遭遇不可抗拒的付款障碍（例如，邮局迟延递送付款票据等），致未能如期纳税，此时如对之加征滞纳金，并无法达成督促其准时纳税之目的，而有不当过分的情形，因此，考虑到比例原则，在有关税法上加征滞纳金规定的解释上，似应认为纳税义务人逾期缴纳税款，必须是以有故意、过失为要件，如纳税义务人能举证证明其无故意过失，应不得加征滞纳金（参照中国台湾地区司法机构“大法官”释字第275号解释）。[①]

3. 滞纳金的债务人

滞纳金的债务人，乃是负有纳税义务而逾期未缴纳的人。在税法上连带债务人，由于稽征机关可同时或先后对于其中某些连带债务人请求给付，其缴纳期间未必一致，因此，稽征机关原则上只能针对该已经被核定税捐且已逾缴纳期限的连带债务人，课征滞纳金，而其余连带之债务人则可能因尚未收受核定通知书及缴款书，而当不构成滞纳，故不得对之课征滞纳金。

唯实务上则认为对于合伙人之一送达税单，如逾期未缴纳，亦可对于其他未送达税单的合伙人课征滞纳金。[②]

此项见解有违课征滞纳金的立法意旨，且将使未受送达税单之纳税义务人，遭受不可预测的损害，有违正当法律程序的要求，不符合维护人性尊严的精神，故洵非可采。

值得注意的是，由于全体连带债务人只就同一税捐给付负责，因此，如果全体连带债务人逾期未缴纳税款时，则亦只能课征一份滞纳金，并由全体连带债务人共同连带负责，而不得对于各个连带债务人，分别课征合计数个滞纳金。

即在因受课税处分之送达而届清偿期的税捐，其滞纳金之加征首先固然按各连带债务人之受送达时点及滞纳期间之长度，分别计算其应加征之滞纳金数额。然而，因一笔税捐债务应只能发生一份滞纳金，所以税

---

① 参见中国台湾地区财政事务主管部门1991年1月23日台财税字第790736303号函（证券市场因台风休市，证券公司未缴纳证券交易税不构成滞纳）。

② 中国台湾省“财政厅”1970年9月12日财税一字第75151号令。

捐稽征机关最后得对公同共有人(连带税捐债务人)全体加征之滞纳金总额,除另有规定外,仍应受中国台湾地区“税捐稽征法”第20条所定,每逾2日按该连带税捐债务滞纳数额加征1%,最高至15%为止的限制。[①]

(三)法律效果

在滞纳金债务发生之后,是否因嗣后本税应纳税额的变更,而影响滞纳金数额的计算,不无疑义。或有认为滞纳金是督促纳税义务人履行已到期的税捐债务的手段,因此只要该税捐债务已被核定或申报,且逾期不履行,即应课征滞纳金,因此,税捐债务金额嗣后变更,不问提高金额或减少金额,均不影响已发生的滞纳金(参见《德国税捐通则》第240条第1项第4句),至于稽征机关核定税捐债务金额如有过高致侵害纳税义务人权利的情事时,则为避免发生滞纳金,应循暂时的权利救济途径,请求暂时停止原课税处分的执行。[②] 唯本书认为,鉴于中国台湾地区“税法”上暂时的权利救济制度尚非十分健全,且滞纳金的数额系以本税应纳税额为基础,如果基础的课税处分已经变更(减免税额),则其后续的滞纳金核定处分因此构成违法,而应配合本税的课税处分予以撤销变更。[③] 否则以稽征机关的错误溢额核定,已损害民众权利,今又责令其负担原本不应发生的高额滞纳,似非有理。但在嗣后本税应纳税额提高的情形,由于纳税义务人原先滞纳数额较少,其以该项滞纳金额为基础所计算之滞纳金,则不应受其后本税金额提高的影响。

实务上亦认为,如果课税事实发生溯及生效的变更(例如,解除不动产买卖契约),使本税的税捐债务(契税)消灭时,则其加征的滞纳金已无所附属,应依中国台湾地区“税捐稽征法”第49条规定,随同本税一并退还,即认为滞纳金债务因嗣后本税债务消灭而归于消灭。[④]

唯在年中核定暂缴税款的情形,其因滞纳而发生的滞纳金,虽其后在年度终了后,经就该全年度课税处分核定较少或无应纳税额,但为维护暂

---

① 参见释字第663号解释黄茂荣之协同意见书。

② Tipke/Kruse, AO, 1988 § 240 Tz. 18.

③ 中国台湾地区财政事务主管部门1991年11月14日台财税第800403510号函。

④ 中国台湾地区财政事务主管部门1983年6月2日台财税第33851号函。

缴制度,以达成督促纳税义务人履行暂缴税款的义务,应不受就该年度课税金额变动的影响。[①]

此外,如果纳税义务人未依中国台湾地区"所得税法"规定办理结算申报所得税,嗣后在未经检举及进行调查前,自动补报及补缴税款时,可免加征滞纳金,但应加计利息。[②]

四、利息

利息乃是在某一段期间内,使用金钱资本的对价。因此,利息具有从属性,在税法上以主要债务即税捐债务关系的请求权存在为前提。由于在公法上并无承认公法上债务应加计利息的一般法律思想存在,因此,加计利息,应有法律明文规定。例如,罚锾准用有关税捐之规定,但关于加计利息之规定,对于罚锾不在准用之列。因此,罚锾不得加计利息。

但有关加计利息之规定,可能经由类推适用其他有关加计利息规定,而得加计利息。例如,中国台湾地区"税捐稽征法"第 28 条规定的退税请求权,原本并无加计利息规定,不得请求加计利息;但"行政法院"认为退税请求权属于不当得利返还请求权性质,其返还范围,法无规定,应属法律漏洞,可参照"税捐稽征法"第 38 条第 2 项规定,自溢缴税款之日起至退税之日止,加计退税利息。[③] 嗣后该条也修正应加计利息,即应按溢缴之税额,依缴纳税款之日邮政储金一年期定期储金固定利率,按日加计利息,一并退还。

利息也属于税捐的附带给付的一种。唯现行"税法"上规定,除本税加计利息外,也有对于滞报金、怠报金及滞纳金加计利息(例如,中国台湾地区"所得税法"第 112 条第 2 项)。按滞报金、怠报金及滞纳金性质上

---

① 中国台湾地区财政事务主管部门 1979 年 11 月 16 日台财税第 38126 号函。

② 中国台湾地区财政事务主管部门 1983 年 10 月 22 日台财税第 37511 号函。反对说,中国台湾地区财政事务主管部门 1985 年 10 月 29 日台财税第 24073 号函(在扣缴税款的情形)及中国台湾地区财政事务主管部门 1986 年 3 月 7 日台财税第 7521844 号函(在使用牌照税的情形)。

③ "行政法院"1997 年 8 月庭长评事联席会议决议。

属于广义的行政制裁之一种，与税捐性质不尽相同，似不宜认定有使用金钱的对价而加计利息：

中国台湾地区现行“税法”上利息，概有下列数种：

（一）核定补税加计利息

例如，纳税义务人结算申报减除项目或金额，超过法定限制，致短缴自缴税款，经稽征机关核定补缴者，应加计利息（中国台湾地区“所得税法”第100条之2第1项）。

（二）核准延期或分期报缴税款加计利息

纳税义务人经核准延期办理结算申报所得税，应加计利息（中国台湾地区“所得税法”第100条之2第2项）。

遗产税及赠与税纳税义务人经核准分期缴纳者，应加计利息（中国台湾地区“遗产及赠与税法”第30条）。

（三）迟延纳税加计迟延利息

纳税义务人逾滞纳期限（加征滞纳金之期间）仍未缴纳税款者，应自滞纳期限届满之次日起至缴纳之日止，加计利息（中国台湾地区“所得税法”第112条第2项、中国台湾地区“遗产及赠与税”第51条第2项、中国台湾地区“货物税条例”第31条第2项、中国台湾地区“营业税法”第50条第2项）。

（四）逃漏税加计利息

纳税义务人逃漏税款，经自动报缴者，应加计利息（中国台湾地区“税捐稽征法”第48条之1第2项）。其未自动报缴者，则无加计利息规定。

（五）行政救济利息

纳税义务人提起复查、诉愿或行政诉讼，经依决定，应退还或补缴税款者，应加计利息。并按补缴税额，依各年度1月1日邮政储金一年期定期储金固定利率，按日加计利息，一并征收（中国台湾地区“税捐稽征法”第 38 条第 2 项、第 3 项）。

由于利息是从属于（附随于）主要债务的存在及其金额，因此，如果主要债务（如本税）核定撤销或变更时，则利息的核定，原则上也应加以撤销或变更。

（六）退税加计利息

又申请退税也应加计利息（中国台湾地区“税捐稽征法”第 28 条第 3 项）。

第九节　税法上不当得利返还请求权

一、概说

（一）返还之概念

税法上不当得利之返还系指无法律上原因，而为履行税捐债务关系之请求权，所缴纳或退还之金额，经由给付受领人返还给付予原先之给付为其计算之人。

（二）法律性质

1. 公法上请求权

税法上返还请求权具备公法性质，此外亦有税法上所未规定之民法上不当得利返还请求权及损害赔偿请求权，其两者之区别，乃以所想象之给付原因为准。倘若其给付系基于稽征机关之督促或稽征高权处置所为，或者未经稽征机关之协力，纳税义务人为履行其所误认之税捐义务而为给付；或者虽欲履行税捐债务关系之请求权，但却错误地将款项存入其他税捐义务人之账户中；或者相反地，稽征机关因疏忽而将溢缴之税款汇入错误的税捐义务人之账户等，均属公法性质之返还请求权。[1]

倘若稽征机关因错误致未将税款退还给返还请求权人，却退还给第三人，则稽征机关之返还请求权，亦属公法性质。盖其相反的情形，倘若任何人未经稽征机关之协力，为履行其误认之税捐债务关系之请求权而为给付时，则其返还请求权亦属公法性质。经由上述错误的给付，在稽征机关为其稽征税捐之“法人”与一切非当事人之“第三人”间，乃发生以返还请求权为内容之税捐债务关系，此项税捐债务关系以排除不合法的财产移转为目的。[2]

2. 私法上性质之请求权

第三人为履行一项基于民法上法律行为所承担之义务（如保证），而为税捐债务关系之请求权之债务人提出给付时，由于第三人依据私法上法律行为所负担之义务，属于私法上性质，因此该项义务之转换，亦即其不当得利返还请求权亦属私法上性质。[3] 例如，保证人代为清偿税捐债务，嗣后该税捐债务金额更正缩小时，保证人得以自己名义依中国台湾地区“民法”第 179 条请求返还不当得利。[4]

又返还请求权之产生，如系基于任何人已经提出给付，且其给付并非意欲履行税捐债务关系之请求权者，例如，稽征机关收受根据税法以外之其他法律所规定之款项，其返还请求权即属私法上性质。[5]

基于根本无法想象的、虚伪的税捐债务而为给付时，其返还请求权亦属私法上性质。

3. 小结

一切基于一项法律关系所产生之各种权利，均具有统一的法律上性质。就此，其基于一项公法上法律关系所衍生之各项请求权，全部均属公法上性质。因此，一项税捐、优惠、赔缴金额或税捐之附带给付，于无法律上原因而为给付或退还时，所成立之返还请求权，仅得为公法上性质，而

① Tipke/Kruse, AO, 1995, §37 Tz. 8.

② Tipke/Kruse, AO, 1995, §37 Tz. 8.

③ Tipke/Kruse, AO, 1995, §37 Tz. 9.

④ 中国台湾地区财政事务主管部门 1971 年 1 月 6 日台财税第 30044 号令。

⑤ Tipke/Kruse, AO, §37 Tz. 9.

无法被分割成公法及私法两个部分。且其权利救济途径之问题亦仅得统一地加以决定。①

就私法上不当得利返还请求权,允许普通法院的权利救济途径。反之,公法上之返还请求权,必须以公法的手段加以主张,而排除普通法院的权利救济途径。

又公法上返还请求权之让与,并不丧失其作为公法上请求权之法律性质。

由于税法上返还请求权属于公法上返还请求权性质,而与民法上之不当得利返还请求权相对立,因此不能适用民法上不当得利之规定。

(三)返还请求权之依据

承认一般公法上不当得利返还请求权的理论根据,可以类推适用民法上不当得利之法律规定,或者依据行政之合法性之原则,认为依法行政原则要求调整平衡一项与法规不相符合之财产状态,此种返还请求权乃构成一项独自的公法上法律制度,除部分经法律有明文规定外,其余法律未规定之情形,则将其视为行政法之一般法律思想而适用。

在税法上,中国台湾地区“税捐稽征法”第 28 条规定,即为承认税法上不当得利返还请求权之一例。此外,中国台湾地区“税捐稽征法”第 38 条第 2 项规定:经依复查、诉愿或行政诉讼等行政救济程序终结决定或判决,应退还税款者,稽征机关应自缴纳该项税款之日起,至填发收入退还书或财政支票之日止,按退税额,依缴纳税款之日“邮政储金汇业局”之 1 年期定期存款利率,按日加计利息,一并退还。此一规定亦系返还税法上不当得利之例。

又依中国台湾地区“税捐稽征法”第 49 条及第 50 条准用第 28 条规定,滞纳金、利息、滞报金、怠报金、短估金及罚锾等以及扣缴代征、代缴税款及赔缴税款,如有适用法令错误或计算错误而溢缴者,亦得请求退还。其依行政救济决定应退还者,除罚锾外,并应加计利息(准用第 38 条第 2 项)。

---

① Tipke/Kruse,AO, §37 Tz. 10.

中国台湾地区"税捐稽征法"第28条原本规定:"纳税义务人对于因适用法令错误或计算错误溢缴之税款,得自缴纳之日起五年内提出具体证明,申请退还;逾期未申请者,不得再行申请。"由于请求权时效只有5年,不符合民众请求退税之需求。

因此嗣后于2009年1月21日修正公布中国台湾地区"税捐稽征法"第28条如下:纳税义务人自行适用"法令"错误或计算错误溢缴之税款,得自缴纳之日起5年内提出具体证明,申请退还;届期未申请者,不得再行申请。

纳税义务人因税捐稽征机关适用"法令"错误、计算错误或其他可归责于行政机关之错误,致溢缴税款者,税捐稽征机关应自知有错误原因之日起2年内查明退还,其退还之税款不以5年内溢缴者为限。

前两项溢缴之税款,纳税义务人以现金缴纳者,应自其缴纳该项税款之日起,至填发收入退还书或财政支票之日止,按溢缴之税额,依缴纳税款之日邮政储金一年期定期储金固定利率,按日加计利息,一并退还。

本条修正施行前,因第2项事由致溢缴税款者,适用修正后之规定。

前项情形,税捐稽征机关于本条修正施行前已知有错误之原因者,2年之退还期间,自本条修正施行之日起算。①

其制定理由指出:纳税义务人因税捐稽征机关适用"法令"错误、计算错误或其他可归责于行政机关之错误,致溢缴之税款者,如仅退还5年税款,对纳税义务人权益保障恐未尽周全,爰参照中国台湾地区"行政程序法"第117条及第121条规定,增订第2项,定明税捐稽征机关应自知有错误原因之日起2年内查明退还,其退还之税款不以5年内溢缴者为限。

---

① 此一修正案,有称为陈长文律师条款,陈律师因为自用住宅长年被稽征机关误认属于营业用房屋而被按照营业用房屋课税,其申请退税并要求不受5年退税期间之限制,其中超过5年期间部分,却遭驳回,引发各界争议,因此中国台湾地区立法机构主动修订如上。

二、税法上不当得利返还请求权之构成要件

(一)给付无法律上原因

1. 一般学说见解

税法上不当得利返还请求权之前提,必须有财产移转之给付存在,且此项财产移转之给付“无法律上原因”。

一项公法上返还请求权,仅于该项无法律上原因之财产移转,系在公法的法律关系之范围内所为者,始可能发生。唯由于一项不存在的法律上原因,并无法被归类为公法或私法,因此,公法上返还请求权与私法上不当得利返还请求权之区别相当困难,故一般均倾向于认为此种归类问题,应取向于其“想象上的”法律上原因(Vermeintlichen Rechtsgrund)。[①]亦即以原先提出给付之原因为准。

所谓给付有无“法律上原因”,可区分“实质的法律上原因说”(materiellen Rechtsgundtheorie)与“形式的法律上原因说”(formellen Rechtsgrundthero)。

(1)实质的法律上原因说

此说认为倘若就其给付,于债权人与债务人间之原因的法律关系并不存在,即就其给付,依据实体法规定,并无相应的税法上请求权存在时,其给付即属欠缺法律上原因。例如,税捐债务关系之请求权自始不存在,溢额给付及重复给付,因错误致给付予不正确的受领人等,即成立不当得利返还请求权。

在缴纳期间届至之前所为给付,乃属无法律上原因。又虽已经准予延期缴纳、分期缴纳、停止执行,而仍为给付时,亦属欠缺法律上原因。[②]

在扣缴税款程序上,倘若所扣缴之税款高于其所负担债务之金额时,例如雇主所扣缴之薪资税计算错误,而不利于劳工时,即属无法律上原因所为给付。

---

① Erichsen/Martens,aaO.,S.355;BVerWG DBV1.1980,S.686(687).

② Ebenda.

倘若经由课税处分而使一项实体法上所不存在之税捐债权被核定时,则此项课税处分即构成此项给付义务之“形式的”法律上原因。

唯此项返还请求权之行使,应受原先核定其给付之行政处分(课税处分等)之确定力(不可争力)的限制。即倘若课税处分所核定之税捐,依实体法,并无法律上原因,而被给付时,则仅于其课税处分依程序法可被废弃或变更时,始得主张返还请求权。

此项课税处分的形式上确定力(不可争力)遮断其处分之实质的瑕疵。税捐义务人不得再争执系争核定之税捐债权并不存在。此乃是形式的确定力导致不得再以正规的权利救济争执课税处分之结果。因此,系争不可争执的、有瑕疵的课税处分,对于税捐义务人而言,乃包含一项给付义务。但此项给付义务并非实质的、由实体的税法所涵盖,而毋宁是仅属一项从课税处分所导出之“形式的”给付义务。对应于此种税捐义务人负有给付核定税额的形式上给付义务,税捐权利人享有对于已缴纳税款之形式上保有权利。[①]

又广泛的实体法上效力,并非与课税处分之形式的确定力相连结,对于税捐债务关系之请求权之履行之法律上原因,皆为法律,而非经由行政处分所为税捐之核定,税法上规定之返还请求权之法律上原因,系从实体法,而非从程序法产生出来,部分学者所主张税捐债务关系之请求权之核定乃属其给付之法律上原因,实忽略此点,且其亦不允许实体法上无理由之补正,此种学说见解混淆实体法与程序法,且与民事诉讼法上少数学者所主张之实体法的既判力理论相当。倘若认为该项形式上确定之(有瑕疵的)课税处分,乃属其给付之法律上原因时,则该项有瑕疵的课税处分,将具有实体法的既判力理论意义下之实体法上效力。[②]

只有到税捐债务关系之请求权之核定处分的形式上确定力被破坏时,税捐义务人始得有效地主张其实体的返还请求权。

返还请求权之制度,并不得被利用作为迟误权利救济之补偿,因此返还请求权之主张,不得以下述事实为依据,亦即根据该项事实,该项税捐

---

① Tipke/Kruse,AO, §37 Tz. 12 –24.

② Ebenda.

核定原可被争执撤销,例如已罹于时效;此外,亦不得以下述事实为依据:亦即于发生形式上确定力之后所发生之事实,例如课税处分所根据之税法被宣告无效或所根据之判决先例已经变更。①

倘若课税处分无效,则为实现返还请求权,并不需要排除课税处分,盖无效之课税处分并不发生效力。②

(2)形式的法律上原因说

此说认为核定税捐法上金钱给付请求权的行政处分(核定税捐、罚锾、利息、滞纳金等行政处分)为其金钱给付的法律上原因。

在根据核定处分,而为给付的情形,其有无法律上原因,并非以其核定处分之合法性为准,而系仅以其核定处分之法律效力为准。亦即该行政处分乃构成给付之法律上原因,且包括其处分虽然违法,但仍有法律上效力的情形。仅于该项行政处分不生效力或被废弃时,其基于此项处分所为给付,始属无法律上原因。

换言之,倘若其给付金额超过依据该项行政处分(指核定系争给付金额之行政处分)所应负担之债务时,即属无法律上原因之给付。倘若该项行政处分无效,则亦属无法律上原因之给付。倘若行政处分有其他违法瑕疵,但未被废弃或变更时,则根据此项行政处分所为给付,并非无法律上原因。

德国联邦财务法院 1990 年 11 月 28 日判决即谓:“一项税捐是否无法律上原因而被给付,通常应取决于作为该项给付税款之基础的课税处分。课税处分乃是税捐债务关系之请求权的实现基础(1977 年《德国税捐通则》第 37 条);税捐申报则视同课税处分(1977 年《德国税捐通则》第 218 条第 1 项第 1 句、第 2 句)。反之,依据实体的税法规定,该项税捐是否‘并无法律上原因’被给付之问题,依据联邦财务法院对于 1977 年《德国税捐通则》第 37 条第 2 项之解释,则并非决定性之基准。”③

仅于例外情形,在其给付直接根据法律规定,而该法律并未规定为核

---

① Ebenda.

② Ebenda.

③ BStBl II 1991, S. 281 ff.

定该项给付必须作成一项行政处分时，则判断是否“无法律上原因”，即应直接根据该项法律加以衡量。[①] 例如，在税捐义务人自行报缴税款的情形，于其给付不符合实体的税法规定时，即属无法律上原因。

2. 中国台湾地区“税捐稽征法”第28条规定

(1)学说见解

中国台湾地区学者亦多认为“税捐稽征法”第28条之规定，也应采上述形式的法律上原因说，如其溢缴税款系根据课税处分所给付者，则必须撤销或变更原课税处分，始得申请退税。[②] 依此见解，课税处分除已依行政救济程序撤销变更外，如已确定，原则上仅能由税捐稽征机关依“职权”撤销变更原处分，予以退税，但税捐义务人除有中国台湾地区“行政程序法”第128条规定请求重新开始行政程序(相当于行政处分之“再审程序”)之情形外，则不能主张退税请求权。

唯上述见解，对于纳税人之权益保障，似有未足。就此日本学者金子宏认为课税处分对于第三人之利害影响较小，从而较无必要考虑第三人对于该课税处分之信赖保护；再者，如承认自治团体可以保有在税捐实体法上并无理由之利得，从正义及公平的观点来看，亦非妥适。鉴于上述两点考虑，课税处分在具有关于课税要件之重大瑕疵时，纵然其瑕疵尚非显然(明白)，似仍应解释为其处分无效。且纳税义务乃属金钱债务，在内容上具有可分性，就课税处分的一部分，承认有部分无效或部分撤销的观念，也甚为妥当。[③] 准此，在课税处分已逾越申请复查期间后，仍得以课税处分有重大违法瑕疵而全部或部分无效为由，申请退税。

(2)实务见解

中国台湾地区实务上也倾向于采取有利于纳税人之解释，如以往“行政法院”1971年判字第433号判例[④]曾谓：申请退税与不服核定之税额，

---

① Tipke/Lang, Steuerrecht, 19. Aufl., 2008, §7 Rz. 73.

② 黄茂荣：《溢征或溢缴利息应附加利息返还》，载《税捐法论衡》，1991年版，第102页；陈敏：《租税法之消灭时效》，载《政大法学评论》第32期，1985年12月，第146页以下。

③ [日]金子宏：《租税法》，2009年第14版，第633页以下。

④ 本件判例已经废止并未纳入判例之中，但仍编入2000年“行政法院”判例要旨汇编之附录中。

系属两事,前者为请求退还已缴之税款,后者则于尚未缴纳税款之前,对于核定之税额有所争执,其情形截然不同,是被告以原告未于中国台湾地区“遗产税法”第 22 条规定之期间内申请复查,资为拒绝退税之理由,自无足取。

中国台湾地区司法机构“大法官”释字第 287 号解释理由书中似亦采相同见解:又中国台湾地区“税捐稽征法”第 28 条之规定,系指适用错误或计算错误溢缴税款者,纳税义务人得于 5 年之法定期间内,申请退还。故课税处分所依据之“行政法规”释示,如有确属违“法”情形,其已缴税款之纳税义务人,自得依此规定申请退还。

中国台湾地区财政事务主管部门 1995 年 2 月 20 日台财税第 841607457 号函也持相同看法:中国台湾地区“税捐稽征法”第 28 条规定之退税,以因适用错误或计算错误而溢激税款为要件,且该条规定自缴纳税款之日起 5 年内均可申请退税,并未设有以未确定者为限之明文。

(3)本书见解

按中国台湾地区“税捐稽征法”第 28 条规定对于课税处分已经确定而于实体法上溢缴税款之案件,是否即排除其适用,并无明文规定,基于退税要件法律保留原则之要求,有关民众申请退税之权利,该条并未以“课税处分未经确定案件”作为退税要件,自不宜增加“法律”所无之限制要件。① 因此,一般公法上不当得利之要件,或许可以承认必须受领给付之行政处分撤销后,才可请求不当得利,但在税法已经特别规定不当得利之要件下,自无须再引用一般公法上不当得利之理论。

故解释上似亦可认为在溢缴税款 5 年内,纳税人仍可请求撤销变更原处分并退还溢缴税款,此与纳税人于课税处分确定后,如有短漏税款,稽征机关仍可于 5 年内撤销变更原处分,补征其所漏税款乙点,互相比较,亦符合平等原则。故上述实务上见解,应值得赞同。②

又在课税处分经诉愿决定驳回确定(未经法院判决确定)的情形,可

---

① 同说,张昌邦:《税捐稽征法论》,1991 年修订版,第 230 页以下。

② 按美国立法例,对于课税处分如有不服,纳税人可选择在缴纳税款之前径行提起行政救济,也可选择在缴纳税款之后,以其原处分违法为由,请求退还溢缴的税款。与中国台湾地区实务见解相同。

否依据中国台湾地区“税捐稽征法”第 28 条规定申请退税？本书认为，在经过诉愿决定维持之课税处分之确定力，尚不应承认其实质确定力，故仍不足以妨碍纳税人依据中国台湾地区“税捐稽征法”第 28 条规定请求退税。①

在课税处分经行政诉讼程序判决确定维持后，纳税义务人可否主张溢缴税款，依据中国台湾地区“税捐稽征法”第 28 条申请退税，即确定判决之既判力是否足以防碍纳税人请求退税？

就此中国台湾地区“最高行政法院”2006 年 2 月庭长法官联席会议决议认为课税处分之撤销诉讼被判决驳回确定后，纳税人改依中国台湾地区“税捐稽征法”第 28 条规定请求退税，在行政诉讼上纳税义务人自不得为相反主张而请求退税，“行政法院”亦不得为相反之裁判，故纳税义务人以与原确定判决确定力范围相反之理由，请求退税为无理由，“高等行政法院”应判决驳回。

上述决议认为确定判决之既判力，具有拘束双方当事人之效力，故纳税人不得再就同一诉讼标的事件(实务上采争点主义)再为申请退税。即在课税处分内容经确定判决维持而发生既判力的范围内，纳税人即不得再依据中国台湾地区“税捐稽征法”第 28 条规定申请退税。至于既判力的范围，在争点主义的诉讼标的理论下，应以该争点事项经裁判确定者为准。如非属于原先确定判决之争点事项范围，则仍不受既判力之拘束，仍可依中国台湾地区“税捐稽征法”第 28 条规定申请退税。

中国台湾地区“最高行政法院”2006 年判字第 813 号判决即谓，所谓同一事件于税务诉讼系指同一争点(原因事实)而言。故纳税义务人依“税捐稽征法”第 28 条规定请求退税被驳回，而提起课予义务诉讼，其主张核课处分适用“法令”错误之争点如属原确定判决意旨范围，即不得为

---

① 张昌邦:《税捐稽征法论》，1991 年修订版，第 231 页以下。唯诉愿、再诉愿，均为民众之权利或利益因行政机关之违反规定或不当处分致受损害而设之救济方法，苟原处分、原决定或再诉愿行政机关，于诉愿、再诉愿之决定确定后，发现错误或因有他种情形，而撤销原处分另为新处分，倘于诉愿人、再诉愿人之权利或利益并不因之而受何损害，自可本其行政权或监督权之作用另为处置，不在该条应受拘束之范围。

相反主张,“行政法院”亦不得为相反之裁判,其以与原确定判决意旨范围相反之主张,请求退税,应认为无理由,而以判决驳回。

又依据实务见解,有关中国台湾地区司法机构释字第620号解释(关于夫妻剩余财产分配请求权之解释),解释文对其效力并未另为规定,故系自该号解释2006年12月6日公布当日起发生效力,至于2006年12月5日以前已确定之案件,除据以声请“大法官”解释之案件外,并无该号解释之适用。本案既已于2003年经中国台湾地区“最高行政法院”判决确定,且非据以声请“大法官”解释之案件,自无该号解释之适用,则依当时有效之“法令”所为之处分,并无适用错误之情事,不生依中国台湾地区“税捐稽征法”第28条规定退税之问题。[①]

有疑义者,乃是如果课税处分所依据之解释令函被“大法官”解释宣告违反中国台湾地区宪制性规定时,则以往已经课税处分确定案件,如以往并未经“行政法院”确定判决,则可否依据“税捐稽征法”第28条规定声请退税?

本书认为,在解释令函被宣告违反中国台湾地区宪制性规定的情形,其解释令函因为并非阐明“法规”真意,而自始当然违“法”,例如释字第661号解释认为有关运输亏损补贴依法不在课征营业税之范围,故宣告中国台湾地区财政事务主管部门有关运输亏损补贴应课征营业税之函释抵触中国台湾地区宪制性规定,而应不予适用,则“行政法院”在审理有关纳税义务人申请退税案件之行政诉讼案件时,自应依解释意旨为之,而不得再采取违反中国台湾地区宪制性规定之解释令函作为课税合规性之依据。[②]

换言之,对于尚未裁判确定案件,既不受既判力之拘束,则各机关于处理相关运输亏损补贴课税争议之行政争讼事件时,即应适用最新解释办理,而不得再适用被宣告违反中国台湾地区宪制性规定之“法规”,即

---

① 中国台湾地区财政事务主管部门2009年7月13日台财税字第09800290570号函。

② 反对说,认为课税处分当时之解释令函尚未被宣告违反中国台湾地区宪制性规定,故适用该解释令函之课税处分仍属合“法”,并非违“法”处分,故不得请求退税(中国台湾地区“最高行政法院”2011年度判字第1919号判决)。该判决对于违反中国台湾地区宪制性规定之解释令函怠于进行合“法”性审查,而仍继续适用,实非妥适。

中国台湾地区司法机构之解释,对于尚未裁判确定案件应可适用之。从而以中国台湾地区"税捐稽征法"第 28 条规定申请退税为例,在行政救济过程中,相关机关对于系争案件是否构成退税要件,民众有无退税请求权,即应适用最新解释办理,而不得再适用被宣告违反中国台湾地区宪制性规定之法规。

(二)法律上原因嗣后消灭

依形式的法律上原因说,给付之法律上原因,嗣后不存在之最重要例子,乃是课税处分嗣后被变更或废弃。盖依此说见解,就一项给付之法律上原因是否存在之判断,并非以客观的关系为准,而是以课税处分是否仍有效存在为准。否则虽然课税处分已具有存续力(确定),仍然势将主张系争税捐债权实际上不存在,而要求返还。又如,错误扣缴薪资所得税,亦须经年度稽征机关核定该年度所得税之后,始可能发生返还请求权,在稽征机关为核课处分之前,尚无返还请求权存在。①

依实质的法律上原因说,倘若嗣后发生对于过去具有税捐效力之事实(溯及生效之事实)时,则对于税捐给付之法律上原因即嗣后归于消灭。例如,在赠与的情形,其赠与税于实施财产移转时即发生,其税捐之给付即具有法律上原因。倘若该项赠与法律行为嗣后被撤销时,则给付赠与税之法律上原因即嗣后丧失。

此种在课税处分作成之后,发生溯及生效的事实,而使其税捐客体之全部或部分丧失(不存在)的情形,该课税处分即产生后发的瑕疵。于此情形,在救济程序上,应承认纳税义务人可以后发的理由,请求撤销变更原处分,经由此项救济程序,即可请求返还税额。但如不承认纳税义务人享有任何的救济程序时,则于后发的瑕疵发生时,应承认就已纳税额中,对应于后发的瑕疵部分,成立不当得利返还请求权。②

就此,日本最高法院昭和四十九年(1974 年)3 月 8 日判决亦认为在

---

① Vgl. Koch, AO, 3. Aufl., 1986, §38 Rn. 12.

② [日]金子宏:《租税法》,第 14 版,第 634 页;陈敏:《溯及影响租税债务之事项》,载《政大法学评论》1990 年 6 月,第 41 期。

所得税课税处分有效成立之后,产生呆账时,并不因此当然使其处分违法无效,但如可认为其呆账之发生及呆账金额客观上明白,而没有使课税机关保留特别的认定判断权之合理的必要性时,则该项课税处分本身虽未被撤销或变更,但国家先前依据原课税处分所征收之所得税之中,对应于上述呆账金额部分之税额,则构成不当得利,负有返还予纳税人之义务。

三、税法上返还请求权之发生

(一)实质的法律上原因说

1. 概说

采"实质的法律上原因说"者,认为返还请求权作为税捐债务关系之请求权之一种,于法律所规定返还义务之构成要件实现时发生,其返还义务与无法律上原因之给付相连结,因此,成立返还请求权之构成要件乃是未负担债务之金额之给付。从而,在溢额给付以及重复给付的情形,错误给付予非当事人或由非当事人错误给付的情形,于其给付之同时发生返还请求权。其债务原因皆为法律,此项返还请求权之发生并不以该项税捐债务关系之请求权(其倒转即为返还请求权)是否已经被核定为准。与通说相反的,此项返还请求权,亦于其所未负担之税捐、税捐优惠等之给付同时发生,即使此项税捐优惠等系业经行政处分错误核定,且该项处分尚未被变更或废弃(更正)亦同。

又在预缴税款及扣缴税款之返还请求权,于课税年度或查定年度期间届满之同时,而在(较低金额之)税捐之核定之前,即告发生。又在一项违法的课税处分之中所核定之税款,于其给付时,即产生相对应的返还请求权。另在根据违法的减低税额之变更处分而为退税之时,即直接产生稽征机关对于退税受领人之溢退税款的返还请求权。同理,由于嗣后发生对于该项课税具有意义之事实,而使法律上原因嗣后消灭的情形,其返还请求权亦于此项事实发生之同时发生。①

倘若税捐债务关系之请求权附条件消灭时,则其返还请求权亦附条

① Tipke/Kruse, AO, §37 Tz. 14.

件发生。因此,在预缴(暂缴)税款及扣缴税款的情形,一旦税捐债务已经发生,而其金额低于已经预缴之总额时,则法律所定返还义务之构成要件,即已实现。从而,溢缴所得税之返还请求权,于该所得税之课税年期届满时发生,盖于此一时点,税捐债务亦发生。因此,返还请求权并非于年度税捐债务之核定时发生,亦非于核课期间届满时发生。①

就此德国联邦财务法院 1990 年 2 月 6 日判决亦认为只要所得税之预缴数额超过其实体上应负担之税额时,则其所得税返还请求权于该课税年度结束时,即直接基于法律规定而发生。因此,在各该课税年期或薪资给付年期届满时,所得税及薪资税之返还请求权即可让与及设质。倘若税捐义务人对于稽征机关之返还请求权已经让与,而在向稽征机关为让与报备之时点,稽征机关方面已存在抵销适状时,则稽征机关对于新的债权人亦得表示抵销。但此项抵销仅于其在表示抵销之时点,抵销适状仍然继续存在,始有可能。倘若新的债务人比稽征机关更早表示以其所受让之返还请求权与其自己之税捐债务相抵销时,则稽征机关之抵销表示即为落空。且稽征机关对于新的债权人先一步所为之抵销表示,并无异议权利。②

此说认为税捐债务关系之请求权,是依据法律所发生之请求权。倘若公法上请求权之核定,委诸行政机关之裁量时,则该项请求权之核定,始属于该项请求权之发生的构成要件。然而,税捐债权以及其相应之返还请求权,并不属于此种情形。

至于核课、废弃或变更原课税处分,则并非成立(发生)返还请求权之构成要件特征,而毋宁仅是对于返还请求权之清偿期届至发生作用。③此种核定之废弃或变更之形式的行为,仅对于已经发生之请求权之实现具有意义。

2. 中国台湾地区"税捐稽征法"第 28 条规定

中国台湾地区"税捐稽征法"第 28 条规定的申请退税之要件,包括

① Tipke/Kruse, AO, §37 Tz. 15.

② BFH v. 6. 2. 1990 BStBl 1990, S. 523. Vgl. BFH v. 24. 7. 1990 BStBl. 1990, S. 946 f.

③ Fischer, aaO, §38 Anm. 79.

"适用'法令'错误"及"计算错误"两种溢缴税款的情形。

所谓"适用'法令'错误",首先是指税捐"法规"解释错误,例如有限公司依"公司法"规定变更组织为股份有限公司,依中国台湾地区司法机构"大法官"会议议决释字第167号解释,其法人人格之存续不受影响,就该公司之不动产权利变更为股份有限公司之名义时,中国台湾地区"无契税条例"第2条第1项适用,不应课征契税。以往业经课征契税之案件,应认属适用"法令"错误,无论已否课征确定,均应准照中国台湾地区"税捐稽征法"第28条规定办理退税。①

"适用'法令'错误",也包括依据确定之事实,引用错误之规定课税的情形。

又所谓"计算错误",首先是指课税处分应纳税额在各项计算过程中所发生之错误,例如所得计算加减乘除之错误。其次也包括课税基础之税基漏列申报之计算错误。释字第625号解释也认为因为以面积为计算基础而核列归户册之地价总额并不正确,其致土地所有权人因而负担更多税负者,亦应解为系属中国台湾地区"税捐稽征法"第28条所规定之"因计算错误溢缴之税款",方与实质课税之公平原则无违。

另依据中国台湾地区"税捐稽征法"第28条之制定理由说明,尚可包括基于"其他原因"而溢缴税款之情形。如课税要件事实认定有重大错误,导致"法令"适用结果不正确,造成违法课税而使纳税人蒙受重大不利的税捐负担时,其所受损害情形,与单纯基于"法规"解释错误而造成违"法"课税之损害结果相比较,并无不同,甚至损害更严重,自无差别待遇不予救济之理由,因此,仍应准予直接适用或至少类推适用"税捐稽征法"第28条规定申请退税,较公平合理。②

但中国台湾地区各级"行政法院"2005年度行政诉讼法律座谈会提案第7号多数意见则认为,"税捐稽征法"第28条规定所称之"适用'法令'错误"是指本于确定之事实所为单纯适用"法令"有无错误之争执,至于主张原处分认定事实错误,进而为适用"法令"错误之争执,则非属得

① 中国台湾地区财政事务主管部门1981年4月27日台财税字第33312号函。

② 同说,中国台湾地区"最高行政法院"2005年判字第2048号判决。

依“税捐稽征法”第 28 条规定请求退税之范畴。

(二)形式的法律上原因说

有关返还请求权何时发生(成立)之问题,依据“形式的法律原因说”,构成给付之法律上原因之课税处分,在其经正式的变更或废弃之前,返还请求权尚不发生。直到新的处分发布之时,根据原先之行政处分所为之给付之法律上原因始归于消灭。在课税处分为有利于税捐债务人之废弃或变更时,直到此项废弃或变更处分通知当事人时,始发生返还请求权。在此项时点之前,税捐债务人仅享有请求作成一项新的处分之请求权以及与之相连结之潜在的返还请求权(返还之期待权)。[①]

换言之,此说认为,一项有瑕疵但有效的课税处分,仍构成根据该项处分所为给付之法律上原因,原则上,基于有瑕疵的税捐核定,仍产生给付义务。只要课税处分有效,其财产移转即属正当。在结果上溢额给付之预缴税款或扣缴税款之返还请求权,其发生系以一项较低税额之核定处分为前提;而一项违法核定之税捐的返还请求权,其发生则是以该项违法瑕疵课税处分之变更或废弃为前提。[②]

但在溢额给付及重复给付的情形,返还请求权于其未负担债务之款项为给付时,即行发生,亦即返还请求权系独立于行政处分之核定而发生。[③]

在衡诸其基础的(并非无效的)行政处分内容,已经超额给付时,或其请求权金额因行政处分之变更而被减低金额时,即发生返还请求权。仅于为核定其给付并不需任何行政处分时,则于给付金额超过法律规定之内容的情形,即发生返还请求权。[④]

---

① Offerhaus in Hübschmann/Hepp/Spitaler,AO,1987, §37 Anm. 54 f.; BFH v. 18. 3. 1976 BStBl. 1976,S. 483.

② Fischer in Hübschmann/Hepp/Spitaler,AO,1989, §38 Anm. 80.

③ Offerhaus,aaO., §37 Anm. 53.

④ Tipke/Lang,Steuerrecht, §7 Rz. 73.

四、税法上返还请求权之清偿期届至

关于返还请求权之清偿期届至(Fälligkeit),倘若其无法律上原因所为之给付,并非以行政处分(核定)为基础(如错误缴纳,重复缴纳)时,则除法律有特别规定外,返还请求权于其发生同时即届清偿期。

倘若其请求权系基于税捐之核定而产生时,则于核定该税捐之行政处分通知之前,其清偿期不届至,[①]于此情形,其返还请求权于该行政处分通知之同时届至。

又系争课税处分依法停止执行时,则其已缴纳之税款即应返还,此亦应适用于所得税之课税处分停止执行的情形,其所扣缴之薪资税。[②]

五、返还义务人与返还请求权人

(一)返还义务人

溢缴税款之返还义务人乃是该项给付之受领人。在税捐、赔缴金额及税捐附带给付(滞纳金、利息、滞报金等),返还义务人乃是其给付金额相应于其税捐收益高权所归属之法人(自治团体)。又返还请求权应对于该项税捐行政权所归属之稽征机关主张之。[③]

(二)返还请求权人

1. 原则

税法上不当得利返还请求权人,乃是为其计算而为给付之税捐义务人。即在此并非以何人之资金及何人之费用而为给付为准,而毋宁是以给付之时点,依据给付人之明显的意思,何人之(可能仅为想象的)债务

---

① Tipke/Kruse, AO, §37 Tz. 16.

② Ebenda.

③ Tipke/Kruse, AO, §37 Tz. 21; Offerhaus, in: Hübschmann/Hepp/Spitaler, AO, 1987 Anm. 69;有关税捐收益高权,参见陈清秀:《西德税捐收益高权与财政调整制度简介》,载《植根杂志》1990 年第 6 卷第 8 期、第 9 期。

应被清偿为准。因此,即使实际上由第三人给付,其返还请求权人仍为税捐债务人。至于有关其给付对于何人之计算发生作用之问题,在给付者之意思对于稽征机关而言,乃是显然可认识的情形,应以该给付者之意思为准。盖在此并不能期待稽征机关,对于不清楚的私法上之法律关系,进行审查。

依中国台湾地区“税捐稽征法”第28条规定,得申请退还溢缴之税款者,系纳税义务人,因此实务上认为一般代缴税款之第三人,不得代位纳税义务人申请退税,盖公法关系,并无“民法”上代位权之适用。①

2. 权利人代缴税款的情形

依中国台湾地区“土地税法”第51条第1项规定,欠缴土地税之土地,在欠税未缴清前,不得移转登记或设定典权。又依中国台湾地区“平均地权条例”第50条前段及“土地税法”第5条之1规定,土地所有权移转,其应纳的土地增值税,纳税义务人未于规定期限内缴纳者,得由取得所有权之人代为缴纳。

在权利人代缴土地增值税后,如发现原处分错误,可否提起行政救济申请复查并请求退税,就此问题,实务上认为权利人可依中国台湾地区“税捐稽征法”第50条准用第35条规定得以自己名义申请复查(中国台湾地区财政事务主管部门1986年7月26日台财税第7546166号函)。

又认为“已纳之土地增值税,倘发生退还情事,原则上应以缴款通知书上所载纳税义务人为退还之对象,唯如该应退税款系由权利人向稽征机关申请代缴有案,或权利人能提示证明该应退税款确系由权利人代为缴纳并经稽征机关查明属实者,应准由代缴人办理切结手续后,退还代缴人。”(中国台湾地区财政事务主管部门1985年6月12日台财税第17451号函)此项见解值得赞同。

3. 扣缴、代征税款的情形

又在缴纳义务人缴纳税款的情形,由于其系为税捐债务人缴纳税款,

---

① “行政法院”1986年判字第1567号判决,载《税务争讼判决要旨选辑》(第2辑),第558页以下。

故返还请求权人仍为税捐债务人,例如雇主不正确扣缴薪资所得税,其返还请求权人并非雇主,而系劳工,盖薪资所得税之税捐债务人系劳工。例外情形,倘若雇主显然并非为劳工之计算缴纳薪资所得税时,则雇主为返还请求权人。即倘若劳工并不负担薪资所得税,因此并未被纳入薪资税之扣缴程序中时,即属此种情形。此时,返还请求权乃归属于雇主,盖其给付并未对于该劳工之计算发生作用。例如,雇主因疏忽而重复为其劳工缴纳薪资所得税,但该劳工仅负担一次薪资所得税的情形,即属之。又如,雇主因错误而缴纳薪资所得税,而在该项对应的期间内,并未曾给付工作薪资予该劳工,亦属之。

在上述两种情形中,该位劳工并不因雇主向稽征机关给付薪资税而受影响。又如,雇主对于稽征机关所为赔缴处分提起行政争讼,而获得胜诉结果时,雇主亦为返还请求权人。

在代征税款的情形,如电影院业者代征娱乐税有溢缴税款时,则如该溢缴税款部分系代征人(电影院业者)所垫缴(例如,戏院票价相同,未因改按市区娱乐税率课征提高税负而调高票价)时,则应以代征人为退税之对象;反之,如溢缴税款系向观众(税捐债务人)所代征者,则退税之对象应属观众,即以税捐债务人为返还请求权人("行政法院"1973 年判字第 616 号判例)。

4. 继承人

如欠缺明文规定,则于公法上,其不具有高度属人性之公法上地位之继承,可准用民法关于继承规定,而返还权利系通常以金钱给付或少部分以实物给付为内容之权利,根本不具有高度属人性,因此原则上可以继承承受。①

实务上亦认为,土地所有权人出售自用住宅用地后,于 2 年内另行购买自用住宅用地并完成移转登记后死亡,依中国台湾地区"土地税法"第 35 条规定申请退还已纳土地增值税之权利,得为继承之标的。②

---

① Erichsen/Martens, aaO., S. 355.

② 中国台湾地区财政事务主管部门 1988 年 11 月 3 日台财税第 770363608 号函及中国台湾地区法务主管部门 1988 年 9 月 22 日法比律决第 16392 号函。

六、返还范围

(一)概说

不当得利返还请求权之金额,乃是税捐义务人所已缴纳之金额与依法律上所发生税捐债务关系之请求权所应给付金额间之差额。

(二)应否附加利息

至于应否附加利息,不无争议。按在公法上,并无金钱债务应由债务人加计利息之一般法律原则存在,因此必须有明文规定,始应加计利息。

依中国台湾地区"税捐稽征法"第 28 条规定申请退税,经税捐稽征机关准予返还者,该条原来并无加计利息规定,且其溢缴税款非可归责于税捐稽征机关,又非属税捐行政救济之退税案件,因此以往实务上认为,应无中国台湾地区"税捐稽征法"第 38 条第 2 项加计利息规定之适用。[1]只就提起退税行政救济以致延误退税时,难谓非可归责于税捐稽征机关,而致纳税义务人受有类似于迟延利息之损害,因此,准予就迟延期间加计利息。[2]

唯学者也有认为税捐稽征机关对于迟延给付税款,一般皆加征滞纳金、滞纳利息,而对于溢征或溢缴税款之返还,亦应附加利息,较为公平,[3]且附加利息返还,较符合不当得利规定之成例(参照中国台湾地区"民法"第 182 条第 2 项)。[4] 实务上嗣后也改变见解,认为退税请求权,亦得类推适用其他"税法"及"民法"规定加计利息。[5]

其后在 2009 年 1 月 21 日修正公布中国台湾地区"税捐稽征法"第 28 条第 3 项规定应按照邮政一年期定期存款利率加计利息。即其溢缴之税款,纳税义务人以现金缴纳者,应自其缴纳该项税款之日起,至填发

---

① 中国台湾地区财政事务主管部门 1979 年 3 月 21 日台财税第 31863 号函。
② 中国台湾地区财政事务主管部门 1991 年 4 月 22 日台财税第 790211847 号函。
③ 黄茂荣:《溢征或溢缴税捐应附加利息返还》,载《税捐法论衡》,第 101 页以下。
④ 魏虎岭:《公法上不当得利之研究》,台大法研所硕士学位论文,1988 年 6 月,第 141 页。
⑤ "行政法院"1997 年 8 月庭长评事联席会议决议。

收入退还书或财政支票之日止，按溢缴之税额，依缴纳税款之日邮政储金一年期定期储金固定利率，按日加计利息，一并退还。

至于非属适用“法令”错误或计算错误之情形，退还溢缴税款，不适用加计利息退还之规定，例如撤销不动产买卖移转，申请退还已缴纳之土地增值税或契税者；出售自用住宅用地，依中国台湾地区“土地税法”第34条之一规定，补行申请依自用住宅用地税率课征土地增值税者；合规定登记之工厂，因检附有关证明文件，追溯自取得工厂登记证时，依中国台湾地区“房屋税条例”第15条第2项第2款规定，按营业用税率减半课征房屋税，而退还溢缴税款者。[①]

(三)所受利益不存在？

又在税法上，稽征机关不得主张其不知无法律上原因而免责，即在税法上之返还请求权，并不许准用中国台湾地区“民法”第182条第1项规定以所受利益不存在为由，主张免负返还义务。[②] 盖自治团体通常比纳税义务人掌握更多资源，拥有返还的能力，且如其财产移转系基于课税处分之干预行为时，则自治团体更应负担较大的责任，以回复合法状态。[③]

七、返还请求权之行使与消灭时效

(一)行使

在中国台湾地区“税捐稽征法”第28条溢额缴纳税款而应退还的情形，纳税义务人“得”申请退税，但并不排除稽征机关主动“依职权”退税，因此即使纳税义务人没有提出申请，稽征机关也应依职权给付应返还之溢缴税款，以符依法课税原则。

中国台湾地区“税捐稽征机关法”第29条规定：“纳税义务人应退之

---

① 中国台湾地区财政事务主管部门2001年2月2日台财税字第0900450602号函、中国台湾地区财政事务主管部门2001年2月15日台财税字第0900450607号函。

② 黄茂荣：《溢征或溢缴税捐应附加利息返还》，载《税捐法论衡》，第103页；Tipke/Kruse，AO，§37 Tz.25。

③ Weber，Der Erstattungsanspruch，S.121 ff.

税捐，税捐稽征机关应先抵缴其积欠。并于扣抵后，应即通知该纳税义务人。”故稽征机关在返还税款时，如返还请求权人尚有已届清偿期之欠税或罚锾，自可主张抵销。[①]

又溢缴之税款虽由第三人缴纳，但如其返还请求权人系纳税义务人时，则稽征机关仍可对于该纳税义务人主张抵销其欠税。[②] 再如，扣缴义务人向稽征机关申请退还综合所得税溢扣税款，最终系退还给纳税义务人，故稽征机关查欠之对象，应系纳税义务人，而非扣缴义务人。[③]

此外，稽征机关也可以类推适用民法有关抵销的规定，以税捐债权人对于税捐债务人的债权，与税捐债务人之返还请求权相抵销，唯以权利义务主体相同者为限。[④]

（二）消灭时效

税法上不当得利返还请求权之消灭时效规定并不一致，中国台湾地区财政事务主管部门函释认为，有关中国台湾地区“行政程序法”于 2001 年 1 月 1 日施行前，非属中国台湾地区“税捐稽征法”第 28 条规定范围之退税请求权，其请求权之消灭时效期间，应类推适用中国台湾地区“税捐稽征法”第 28 条（现行第 28 条第 1 项——编者注）之规定。至于“行政程序法”于 2001 年 1 月 1 日施行后，上项退税请求权之消灭时效期间，应适用其第 131 条之规定。[⑤]

中国台湾地区“税捐稽征法”第 28 条第 1 项规定，纳税义务人对于因适用“法令”错误或计算错误溢缴之税款，得自缴纳之日起 5 年内提出具体证明，申请退还，逾期未申请者，不得再行申请，故一般返还请求权之时效期间为 5 年，并自缴纳之翌日起算。

唯中国台湾地区“税捐稽征法”第 28 条退税规定，系指纳税义务人申请就溢缴税款退还而言，如为稽征机关发现错误或溢缴之案件，而本职

---

① 中国台湾地区财政事务主管部门 1971 年 3 月 1 日台财税第 31427 号函。
② 中国台湾地区财政事务主管部门 1983 年 10 月 12 日台财税第 37213 号函。
③ 中国台湾地区财政事务主管部门 1991 年 3 月 5 日台财税第 790383869 号函。
④ 中国台湾地区财政事务主管部门 1990 年 6 月 19 日台财税第 790125274 号函。
⑤ 中国台湾地区财政事务主管部门 2006 年 12 月 6 日台财税字第 09504569920 号令。

权自动更正退还者,应不受本条5年期间之限制。[①] 良以中国台湾地区"行政程序法"第117条规定对于违反规定的行政处分之职权撤销并无时间限制(但依第121条规定应于知悉有撤销原因时起2年内为之),因此,稽征机关于5年后才发现原课税处分违反规定,而依据第117条依职权撤销,再主动办理退税,于规定应无不合。[②]

又中国台湾地区"税捐稽征法"第28条第2项规定,因税捐稽征机关适用"法令"错误、计算错误或其他可归责于行政机关之错误,致溢缴税款者,税捐稽征机关应自知有错误原因之日起2年内查明退还,其退还之税款不以5年内溢缴者为限。此项规定解释上仍应赋予纳税人退税请求权,而非单纯由稽征机关本于职权退税之性质,因此,纵然稽征机关知悉错误溢缴税款而仍拒绝本于职权退税时,纳税人仍得请求退税。其请求退税期间不受5年限制。

但由于时效期间具有维护法律秩序安定性之作用,因此,本书认为也不宜采永久时效制度,而应可类推适用中国台湾地区"民法"第125条规定以15年为请求权时效期间。

2009年1月新修正公布中国台湾地区"税捐稽征法"第28条第4项及第5项规定:"本条修正施行前,因第二项事由致溢缴税款者,适用修正后之规定。前项情形,税捐稽征机关于本条修正施行前已知有错误之原因者,二年之退还期间,自本条修正施行之日起算。"

因此以往案件(指因税捐稽征机关适用"法令"错误、计算错误或其他可归责于行政机关之错误,致溢缴税款者),无论是否行政救济确定,因为相关规定变更,又可追溯既往,而应适用新规定,不受五年退税期间之限制。[③]

至于依"税捐稽征法"第38条第2项规定之退税,其请求权时效为何,"税法"无明文,解释上,应适用"行政程序法"第131条5年时效之规定。

---

① 参见中国台湾地区财政事务主管部门1977年2月16日台财税第31186号函。

② 中国台湾地区法务主管部门2002年4月12日法律字第0910013260号书函。

③ 中国台湾地区财政事务主管部门2009年2月10日台财税字第09804505760号函。

中国台湾地区“关税法”第44条规定及“关税法施行细则”第60条规定于税款完纳后,因发现税则号别、税率适用,税款计算或税单填写等显然错误致短征、溢征或于退税核定通知后,因退税款计算或退税通知书填写等显然错误致短退、溢退税款者,其补缴或发还期限以一年为限。短征、溢征者,自税款完纳之翌日起算;短退、溢退者,海关自填发退税通知书之翌日起算。

八、权利救济

中国台湾地区“税捐稽征法”第28条并未规定稽征机关退还溢缴税款,必须以作成核定退税之行政处分方式为之。因此,稽征机关如自愿退税,依规定毋庸先行作成核定退税处分。《德国税捐通则》第218条第2项第2句也规定退税请求权有争议时,由稽征机关以行政处分决定之。亦即如无争议,即可退税;如有争议,始以行政处分对于退税请求权之原因及范围之争议作成决定。①

纳税义务人依中国台湾地区“税捐稽征法”第28条规定申请退还溢缴税款,被主管稽征机关驳回时,以往实务上认为驳回申请退税之意思表示为行政处分,如对于其驳回处分表示不服,并非对于核定税额通知书表示不服,因此无须经中国台湾地区“税捐稽征法”第35条规定申请复查,而可径依中国台湾地区“诉愿法”规定提起诉愿及行政诉讼。② 但行政救济胜诉之后,只是撤销驳回处分,回复到申请退税之程序,应由原稽征机关重新决定是否退税,因此以往常发生纳税人必须反复争讼仍然得不到退税之目的。

在2000年7月1日以后,实施新修正的中国台湾地区“行政诉讼法”,增加诉讼种类,如纳税义务人提起诉讼请求退税,其诉讼种类为何,不无争议。

---

① Alber, in: Hübschmann/Hepp/Spitaler, AO, Kommentar, 2010, §218 Rn. 102.

② 中国台湾地区财政事务主管部门1986年5月12日台财税第33331号函。

(一)因自行报缴税捐而溢缴税款之情形

1. 可提起公法上一般给付之诉

例如,自动结算申报或自动报缴税捐而有溢缴税款时,则稽征机关返还所受领之税款,事前无须作成核定退税之行政处分,故若稽征机关对于纳税人之退税申请加以拒绝或怠于处理,原则上纳税人应可提起公法上一般给付之诉。[①] 换言之,如不涉及任何行政处分,或不涉及原课税处分是否违法之争执,则税捐稽征机关拒绝退税,为一事实行为(否认法律上义务存在之通知),原告如有不服,可提起一般给付诉讼。[②]

2. 提起撤销诉讼及给付诉讼

在上述情形,如稽征机关明白的以作成驳回行政处分之方式拒绝退税时,则纳税人仍应提起撤销诉愿及撤销诉讼,请求撤销驳回处分以排除该处分之存续力,并得一并提起一般给付诉讼,请求返还溢缴之税款。[③]

例如,在稽征机关作成遗产税课税处分,并经执行完毕之后,又经更正应纳税额,而有溢征税款,经纳税人申请退税被驳回,提起诉愿亦经诉愿决定驳回,于此情形,实务上即有认为可提起撤销诉讼与一般给付之诉。即原告可提起撤销诉讼,诉请撤销原处分及诉愿决定。原告并可同时一并提起给付之诉,请求判命被告给付其对原告声请强制执行之遗产税款。[④]

又如,就稽征机关已核准退还之税款,起诉请求被告稽征机关加计利息退还,属中国台湾地区"行政诉讼法"第8条第1项民众与相关机关间,因公法上原因发生财产上之给付,所提起之一般给付诉讼,免经诉愿前置程序。[⑤]

---

① 盛子龙:《纳税义务人自行溢缴税款之退税请求权与行政救济》,载《中原财经法学》2007年第18期。

② 中国台湾地区"最高行政法院"暨台北、台中、高雄三所"高等行政法院"2000年12月18日法律座谈会会议结论。

③ 盛子龙:《纳税义务人自行溢缴税款之退税请求权与行政救济》,载《中原财经法学》2007年第18期,第35页。

④ 中国台湾地区台北"高等行政法院"2001年度诉字第5864号判决。

⑤ 中国台湾地区台北"高等行政法院"2001年度诉字第4792号判决。

3. 提起课予义务诉讼

在纳税人自行溢缴税款之情形，如认为其退税仍应由稽征机关作成“核定退税处分”时，则倘若稽征机关对于纳税人之申请退税，加以拒绝时，则对于该项驳回处分，纳税人应提起课予义务诉愿及课予义务之诉讼，请求命稽征机关应作成核定退税之行政处分（参见中国台湾地区“最高行政法院”2011 年度判字第 1919 号判决）。

（二）因课税处分而溢缴税款之情形：提起课予义务诉讼

在课税处分错误而溢额征收税款的情形，纳税人如并事先未对于课税处分循申请复查、诉愿及撤销诉讼请求撤销原处分，而等到课税处分形式上确定之后，才直接请求退税时，由于课税处分如未经“行政法院”实体判决维持确定，则其处分并无实质的确定力，纳税人应仍可依中国台湾地区“税捐稽征法”第 28 条规定申请退税。

在此情形，可解释为请求稽征机关作成核定退税处分，以取代或变更原课税处分，因此，可提起课予义务诉愿及课予义务诉讼（例如，请求判决命被告稽征机关作成退还 1993 年至 1998 年已缴若干税款之特定内容行政处分）。[①]

即于此情形，应可认为纳税义务人系请求稽征机关重新审查决定有无溢缴税款（并非请求撤销原课税处分），如重新审核确认有溢缴税款时，则可认为其核定准予退税之处分，在核定退税之范围限度内，自动取代或变更原先之课税处分，作为税捐法律关系之基础。因此，纳税义务人申请退税被驳回时，因系涉及请求稽征机关作成“核定退税之处分”，而被拒绝的情形，故应提起课予义务诉愿及课予义务诉讼。

实务上有认为原告之请求，“如涉及课税处分是否违法之争执，则税捐稽征机关拒绝退税，为一行政处分（确认原课税处分不违法之确认性行政处分），原告如有不服，可提起课予义务诉讼”。[②]

---

① 中国台湾地区高雄“高等行政法院”2000 年诉字第 327 号裁定；中国台湾地区高雄“高等行政法院”2000 年诉字第 457 号裁定。

② 中国台湾地区“最高行政法院”暨台北、台中、高雄三所“高等行政法院”2000 年 12 月 18 日法律座谈会会议结论。

第三章　税捐稽征程序

第一节　税捐稽征程序概说

一、意义

税捐稽征程序乃是指实施课税的行政程序而言。其程序构造包含稽征机关对外生效的活动，即对于税捐核定的法律上前提要件进行审查，准备税捐的核定，以及核定税捐。凡为审查课税要件以及准备核定税捐所作成的行政处分，在征收程序上的实现以及在此等程序上所作成的行政处分的强制执行等，均属之。

有关税捐稽征程序的规范依据，首先应适用中国台湾地区“税捐稽征法”，其次再适用各“税法”与“行政程序法”的规定。“税捐稽征法”第1条规定：税捐之稽征，依本“法”之规定；本“法”未规定者，依其他“法律”之规定。故在税捐稽征程序上，应优先适用“税捐稽征法”。但由于税捐行政程序的各项问题，“税捐稽征法”并未一一加以规定，因此在税捐行政程序上，除“税捐稽征法”已有特别规定外，应再补充适用“行政程序法”。

倘若稽征机关认为“行政程序法”的规定有部分窒碍难行时,则应于未来在“税捐稽征法”中加以特别规定以排除“行政程序法”的适用。[①]

在理论上,稽征程序规定可分成五个部分:一般程序规定、税捐调查及核定程序、税捐征收程序、强制执行程序、法院外的行政救济程序。本书以下仅先就稽征程序的原则,事实关系的调查,证据方法、证据的评价及推计课税,税捐资料的保密以与阅览卷宗等问题,加以分析检讨。

二、一般程序原则

(一)概说

1. 法律程序价值

依据施正文教授的看法,法律程序价值是指法律程序运行过程中所要实现的价值目标,也是指人们评价和判断某一法律程序是否正当合理的价值准则。根据价值体系中目的与手段的功能特性,法律程序价值可分为两个基本方面。[②]

(1)法律程序的外在价值

法律程序的外在价值,是指基于程序法与实体法的关系,以法律程序在形成某一公正的实体结果方面是否有用和有效作为价值标准。在此,评价程序结果的标准,主要是实体正义、和平、秩序。一个法律程序能否产生好的结果或是在多大程度上产生好的结果,是衡量其价值的一个标准,即其作为手段和工具的价值。此种强调程序工具主义理论者,认为法律程序的唯一目的,就是最大限度地将实体法所体现的实质正义付诸实施。

(2)法律程序的内在价值

法律程序的内在价值,是指人们判断一个法律程序本身是否具有某

---

① 《德国税捐通则》即对于稽征程序作了许多特别规定,以排除该国行政程序法的适用,但经检视结果,许多规定仍然与行政程序法规定大同小异。

② 施正文:《税收程序法论——监控征税权运行的法理与立法研究》,北京大学出版社2003年版,第54页以下。有关程序价值的探讨,施正文教授所著前揭书,有相当深入的探讨,极具参考价值。本书关于此部分之说明,主要参考自其著作。

些内在的优秀质量或善的标准。法律程序不仅是作为实现实体结果的手段，它作为程序过程，其本身应该具有其内在的并不取决于能否产生好的结果的内在的善，如程序公正、公平理性、人性尊严、当事人参与。在此要评价一个程序本身是否正当、合理的标准，应独立于评价程序结果的价值标准。因此，一个法律程序无论是否具有产生好的结果的能力，其本身也应该具有独立的价值质量，即作为目的的价值。此种强调程序本位主义理论者，认为评价法律程序的唯一价值标准，是视其程序本身是否具有一些内在质量或德性。亦即法律程序必须最大限度的理性化，从而体现程序正义（形式公正）、程序必须人道，符合人性尊严的要求，并为人民作为程序主体性等价值提供保障。

2. 稽征程序的外在价值：稽征程序的工具性

稽征程序的外在价值，是指稽征程序实现特定的实体目的上的价值。稽征程序作为实现实体税法规定之结果公正的手段，具有工具性价值。程序结果公正，是指稽征机关通过税捐稽征活动所作成的决定，应当符合税捐实体正义（实体法规定债权的实现）的要求。此种公正的结果，是稽征活动所要达到的理想结果，即达到下述“给予每个人以应得的对待”之正义结果：稽征机关就应纳税额或其他实体税捐权益，对于纳税人作出应得的处理。结果公正主要表现在两个方面。

（1）正确认定课税要件事实。

（2）正确适用法律：确保实体税法的实施。即稽征程序能够使课税处分具有合法性与正当性。①

3. 稽征程序的内在价值：稽征程序的公正性与效率价值

稽征程序的内在价值，表现在“程序正义”，应体现稽征程序过程中具有公平、理性、参与、尊重人格等特质，并且其程序具有效率。②

---

① 施正文：《税收程序法论——监控征税权运行的法理与立法研究》，北京大学出版社 2003 年版，第 62 页以下。

② 施正文，前揭书并未将稽征程序的效率价值纳入稽征程序的内在价值的一部分，而是独立于内在价值之外。唯本书认为效率价值也应当属于稽征程序的内在价值的一部分，即公正与效率二者应当属于稽征程序的内在价值的两大核心。

(1)稽征程序的公正性

有关稽征程序之最低限度的公正标准如下。[①]

①公平:公平对待所有的纳税人。

②公正:程序中立、有利不利事项一律注意,不偏袒财政。

③当事人程序参与权利。

④程序理性:征纳双方之主张均应有合理的论证推理,禁止恣意。稽征机关之决定应建立在理性考虑之基础上。行政处分应附具理由说明,让纳税人能够了解。

⑤人格尊严:行使课税调查时,应注意维护纳税人之基本人权,包括隐私权、人身自由、财产权、生存权(基本生活之维持)、宗教信仰等。

(2)稽征程序的效率价值

效率价值又称为经济性或经济效益性,是指成本与产出效益之间的比例关系。评价法律程序效率价值的标准,一般有程序应当迅速进行,程序应当尽量简化以及程序资源应当得到合理配置等。[②]

稽征程序的效率,是指稽征程序的设计与运作,应当符合经济效益的要求。其要求通过稽征程序所产生的效益(包括实现公正的实体结果所带来的效益以及公正的程序过程所产生的效益),应当大于在稽征程序中所需投入的成本。亦即稽征程序应当符合最小成本与最大效益的要求。稽征程序活动的成本,包括征纳双方的成本:纳税人的纳税成本(守法成本)以及稽征机关的征收税捐成本在内。如果稽征成本过高,造成资源浪费,而没有效率,不符合成本效益,则其稽征程序活动既欠缺正当性,也不符合经济学的正义观。[③]

4. 稽征程序的各种价值间的协调

(1)外在价值与内在价值的协调

稽征程序从过程与结果论,具有内在价值与外在价值。一般而言,经由公正的程序过程,应当可获得实体上公正的结果。例如,在稽征程序

---

① 参照施正文:《税收程序法论——监控征税权运行的法理与立法研究》,北京大学出版社 2003 年版,第 69 页以下。施正文认为另应包括程序公开与程序自治。

② 同上书,第 83 页以下。

③ 同上书,第 84 页。

上,稽征机关依据职权公正调查有利或不利于纳税人的事实证据之后,又给予纳税人参与表示意见机会,听取其意见之后,再作成课税处分,应可客观公正决定实体上正确合理的应纳税额,而取得实体上公正的结果。这是稽征程序公正性(内在价值)与工具性价值(外在价值)主要一致之处。

然而上述二者也难免有冲突之处,例如程序上过度保护当事人的权利(给予当事人陈述意见机会),以致可能无法及时有效确保税收(例如,因而罹于课税时效)。或者未经公正的职权调查程序,即草率作成决定,即可能产生错误的课税结果(可能溢征税捐或者短征税捐)。此种冲突的协调解决,学者有提出下述协调原则。[①]

①兼顾原则:稽征程序过程的公正与结果的公正,二者各有独立价值,应当兼顾。不可偏废,亦即不得"重实体而轻程序"或"轻实体而重程序"。

②程序与其实体不可分离原则。

③权衡原则:在稽征程序过程的公正与结果的公正,二者不可兼顾的情形,应该注意实体结果不能无限上纲,忽略程序正义的要求;程序公正要求也不能无限上纲,应受到适当限制。程序公正应遵守最低限度的程序公正标准。即应就各种因素,进行利益衡量。此类因素包括程序内在价值的重要性程度、通过牺牲某种内在价值作为代价,能在多大程度上实现所追求的结果,其必要性与正当性为何?

(2)公正与效率的协调

公正与效率的一致性表现在公正程序促进课税决定的正确性,避免事后纷争与行政救济,因而提高行政效能。而有效率的普遍性课税,也提升实体公正的结果。

公正与效率的冲突,主要在于程序公正的要求,难免导致程序的复杂以及耗费时间,影响稽征的迅速与简便,而有害于行政效率。因此二者应相互协调:亦即二者应相互兼顾,遵循"公正优先、效率兼顾"的原则,并

---

① 施正文:《税收程序法论——监控征税权运行的法理与立法研究》,北京大学出版社2003年版,第86页以下。

采取程序繁简分立原则,亦即简易案件则采取简易程序,复杂重大案件,则采取较严格的公正程序,以符合成本效益之效率要求。①

(二)稽征程序法上的基本原则

在税捐稽征程序法上,应遵守法治国家原则的要求,并符合程序正义的要求。在稽征程序上之原则至少包括课税合法性与课税平等原则、禁止过分原则作为课税事实调查范围之界限、信息参与权利以及听审请求权、信赖保护原则与诚实信用原则。②

1. 课税合法性原则

在有关调查事实或事实的解明上,只有在有法律根据的情形,民众始负有协力的义务。此项协力义务亦即协助确保及调查事实关系的义务,尤其经由完全而真实的开示有关课税事实及提出所知悉的证据方法,以协助稽征机关查明课税事实。例如,税籍登记义务,发票凭证的开立取得义务,账簿及会计表册的登载保持义务,税捐申报义务,备询及忍受调查义务等,均属之。

由于此种要求纳税人协力是一种对于行为自由的侵犯,应有相关根据,始得为之。又依法治理念,即法安定性,也要求公权力行为不仅应有特定前提要件,而且也应通过特定形式及规律,使稽征程序明确化及透明化,俾纳税人在税捐稽征程序中有预测可能性,因此,稽征行政程序也需有根据。

释字第640号解释理由书也认为,税捐稽征程序之规范,不仅可能影响纳税义务人之作业成本与费用等负担,且足以变动民众纳税义务之内容,故有关税捐稽征程序,应以"法律"定之,如有必要授权行政机关以命令补充者,其授权之"法律"应具体明确,始符合租税法律主义之意旨。

---

① 施正文:《税收程序法论——监控征税运行的法理与立法研究》,北京大学出版社2003年版,第88页以下。

② Tipke/Lang, Steuerrecht, 20. Aufl., 2010, §21 Rz. 1 ff.

2. 平等原则

行政行为，非有正当理由，不得为差别待遇（中国台湾地区“行政程序法”第6条）。

稽征机关在查税及税务行政的认事用法上，应符合公平的原则。除有特殊正当理由外，不宜专签负责人给予特别优惠待遇。例如，有关课税事实的认定基准与税法的解释适用应有统一执行的标准，一体适用。此一稽征实务上公平执法之要求，可以通过中国台湾地区财政事务主管部门函释等通案性行政规则加以落实。

量能课税原则与推计课税，也可说是税法上平等原则的表现。程序规定必须公平的适用法律，即应有效的查明事实或广泛的控制，以彻底执行税法，达成公平课税目的。

又为确实保障税捐稽征程序当事人与稽征机关立于平等地位，应赋予税捐义务人享有委任律师、会计师及其他税务代理人代为处理有关税务事件并加以咨询的权利。①

稽征机关就该管行政程序，应依据职权调查，不受当事人主张及证据声明的拘束，并对于当事人有利及不利之情形，包括有关课税事实证据与相关法规，一律注意调查与斟酌（中国台湾地区“行政程序法”第9条），以实现税捐正义。在有疑义的灰色地带，应考虑兼顾情理，以符合量能课税的精神，作为指导原则，进行税务行政工作。

3. 效率原则

（1）纳税人享有被提供有效率的服务之权利

对于纳税人的课税问题，有关机关应迅速正确地处理。对于税捐申报后有应核定税捐者，应于相当时间内进行核定，不应拖延时日迟延处理致损害纳税人权益。

有关税捐救济的案件，审理机关，除需费时调查之重大复杂案件之外，原则上也应在合理期间内尽速审理完毕，避免久悬不决，影响纳税人权益。

---

① 参照《美国国内收入法典》第7521条b2/c。

(2)稽征程序之进行应符合成本效益

稽征程序应力求简化,以“最小化纳税人对于税法的遵守成本”,符合成本效益的要求,必要时应引进“类型化的观察法”,对于纳税人遵守成本过高的案件类型,采取统一的类型处理方式,以减轻纳税人的负担。但类型化应取向于通常的情形或平均的情形,并不得过度损害个别案件正义。

鉴于稽征机关有限的人力物力,实际上无法密集而且平等地履行其事实调查义务,也无法对于所有案件“整体的执行”税法,因此,应根据经济效率的原则,探讨什么地方(例如,有异常情形)估计最值得调查,以求最少的稽征行政成本发挥最大的稽征效果。同时导入电子化操作系统与风险管理机制,以减轻稽征工作负担。[①]

4. 法安定性原则

(1)预测可能性原则

纳税人享有法律秩序安定性的权利(The right to certainty),纳税人在安排进行其个人生活及经济活动时,应可事先预测其行为的税捐效果,因此原则上稽征机关应尽最大努力提供纳税人关于其行为之税法上意义的信息,必要时应赋予纳税人有权利请求税捐机关事先告知其行为的税捐意义(事先咨询解释制度)。

税务行政机关进行调查之际,纳税人享有事前接受通知、其调查的必要性及范围之告知、安排合适的时间地点进行调查并给予合理期间准备资料、进行任何调查时给予合格的法律或税务顾问(代理人)陪同到场的机会及享受其他正当程序的权利。[②]

(2)明确性与透明性原则

行政行为之内容应明确(第5条)。因此,不仅税捐法规与行政规则的规定内容应力求明确,以便纳税人可以理解其税捐负担多寡。课税处分的内容也应具体明确,以确定纳税义务人及其应纳税金额。例如,所得

---

① Tipke/Lang, Steuerrecht, 20. Aufl., 2010, §21 Rz. 5 ff.

② Taxpayers' Rights and Obligations—Practice Note, Prepared by the OECD Committee of Fiscal Affairs Forum on Tax Administration, pp. 4, 9.

税之核定，应载明各项所得及计算基础，俾纳税义务人便于了解其为何应负担稽征机关所核定的税额。

纳税人享有接受有关租税制度运作及税捐课征相关的最新信息的权利(纳税人知的权利)，税务行政机关应公开所有的解释令函等之税务信息，对于课税处分应详细载明其理由及如何计算出其应纳税额，并告知其权利及救济的权利，另应以平易的文字表现使纳税人知悉之。例如，使用课税数据介绍、纳税人权利告知书、电话口头服务、录像带介绍等，提供税务信息服务。

5. 比例原则

行政行为，应依下列原则为之。

(1)采取之方法应有助于目的之达成。

(2)有多种同样能达成目的之方法时，应选择对民众权益损害最少者。

(3)采取之方法所造成之损害不得与欲达成目的之利益显失均衡(第7条)。

稽征机关调查课税资料的手段、保全税捐的手段(禁止处分与限制出境)与科处秩序罚锾的倍数金额，均应符合比例原则。有关课税事实之调查，赋予稽征机关具有某种程度之形成余地的程序裁量。在进行裁量调查时，应注意遵守对于民众自由基本权利之友善的课税原则，避免过度侵犯纳税人基本权利的自由领域，包括营业自由等。同时，考虑整体纳税人之利益，对于从课税卷宗数据中显示应当调查的事实及证据，也应进行调查，不能怠于调查而违反事实查明义务。此即过度禁止与不及禁止(Untermaßverbot)之要求(中庸之道，宽严适中)。[①]

比例原则要求行政机关于有多种同样能达成目的之方法时，自应选择对民众权益损害最少者，且其采取之方法所造成之损害不得与欲达成目的之利益显失均衡，方符比例原则(中国台湾地区“行政程序法”第7条参照)。准此，如海关已就受处分人“相当于应缴金额之财产”，通知有关机关不得为移转或设定他项权利者，自不宜再为限制受处分人出境之

---

① Tipke/Lang, Steuerrecht, 20. Aufl., 2010, §21 Rz. 8.

处分。(2003 判 476)

稽征程序的干预不应过分,而必须是必要的以及合乎比例的(禁止过分原则)。例如,税务的调查仅能在必要的范围内为之,有关账簿的查核,原则上只能一次为之,不应就同一课税年度反复查账,进行不必要的审查。[①]

税务的调查,就其各种情况而言,也应是在合理的时间及场所,进行之。[②]

6. 人性尊严的保障——法律上听审请求权

基于人性尊严的要求,稽征程序当事人即税捐义务人应立于程序的主体地位,而不是受稽征机关支配的程序客体。稽征机关应将纳税人当人看待,并给予礼遇。因此,当事人对于事实的调查,不仅就其管领支配领域负担共同责任,而以协力义务之形态出现,而且当事人也有参与权利,即享有信息的参与及创造权利,而作为稽征程序主体,在具体税捐法律关系中,与稽征机关立于对等地位。此项参与权利构成对于稽征机关行使公权力调查干预的限制,并进而保障纳税人之个人生活领域。此一参与权利,学者认为可以从稽征行政程序之听审请求权之一般法律原则、自由基本权利保障以及法治国家原则导出。[③]

参与权,尤其表现在纳税人在稽征程序上应享有听审请求权(Recht auf Gehör),即稽征机关在拟对于税捐义务人作成不利的行政处分(例如,课税处分、停业处分、对于行政处分为不利于当事人之撤销变更处分等)时,尤其对于税捐申报所表示的事实关系,拟为不利于税捐义务人之重大变更时,原则上应事先给予其对于处分基础的重要事实证据表示意见的机会(参见中国台湾地区“行政程序法”第 102 条),以避免其突然遭受意想不到的损害,并避免作成错误的决定。[④] 例如,稽征机关查账结

① 参照《美国国内收入法典》第 7605 条 b。

② 参照《美国国内收入法典》第 7605 条 a。

③ Tipke/Lang, Steuerrecht, 20. Aufl., 2010, §21 Rz. 9.

④ 中国台湾地区“行政程序法”第 103 条规定:有下列各款情形之一者,行政机关得不给予陈述意见之机会……(7)相对人于提起诉愿前依“法律”应向行政机关申请再审查、异议、复查、重审或其他先行程序者。依此规定,由于课税处分均应经复查程序,故稽征机关得不给予陈述意见之机会,似不尽妥当。

果，拟作成短漏税的补税处分及罚锾时，即应给予纳税人答辩机会。

7. 社会国家原则——照顾保护义务

在法治国家中，任何人不应因为不知其权利而遭受损害。因此，在现代的法治国家及社会国家（福利国家）的行政里，行政机关于实施行政程序时，负有照顾保护民众的义务，以免其因不知其权利之程序而受损害，此亦为程序法上“诚实信用原则”所导出之要求，于税法上也有其适用。

亦即稽征机关在稽征程序上，也应照顾保护纳税义务人的权利，以免因其疏忽或不知而遭受损害。就此《美国国内收入法典》第 7521 条 b 第 1 项即规定稽征机关人员在第一次查询之时或之前，应向纳税人说明有关税捐的调查程序及其程序上权利（有关税捐核定事件）或说明有关税捐征收程序及其程序上权利（有关税捐征收事件）。

《德国税捐通则》第 89 条亦明定：“当事人显然因疏忽或不知，未提出声明，申请之送达，或所提出之声明及送达之申请不正确时，稽征机关应促使作成提出，送达或更正。稽征机关于必要时，应告知当事人，其在行政程序中所享有之权利及应负担之义务。”①足供参考。中国台湾地区就此虽无明文规定，但基于法治的原则以及程序法上诚实信用原则，亦应作相同解释，肯定稽征机关的照顾保护义务。

纳税人在与税务行政机关的往来过程中（例如，在其被税务行政机关要求提供税务情报、接受质问、检查时），也享有接受礼遇的权利。

稽征机关为了照顾保护纳税人在稽征程序上之权利，以达成纳税人缴纳合法正确税额之目的，稽征机关应对纳税人提供充分的资料，协助纳税人了解以履行其纳税义务，并为必要的援助。包括应以合理的协助手段协助纳税人享受所有的税捐优惠及税捐扣除的权利。②

此种照顾保护义务，也分别表现在税捐立法上与税务行政上。

（1）税捐立法上照顾保护义务

以往中国台湾地区“遗产及赠与税法”第 17 条规定遗产中作农业使

---

① 《德国租税通则》，陈敏译，1985 年版，第 108 页。

② Taxpayers' Rights and Obligations — Practice Note, Prepared by the OECD Committee of Fiscal Affairs Forum on Tax Administration, p. 4.

用之农业用地,免纳入遗产课税。但如继承后5年内,承受人未将该土地继续作农业使用,则应补征遗产税。由于纳税义务人不谙"法令",不知继续耕作,而常有被补税的情形。

故为保护纳税义务人的权益,新规定给予通知限期改善机会,逾期不改善,才加以补税。即承受人未将该土地继续作农业使用,且经限期改善(恢复农用)仍不改善者,始应追缴应纳税捐(中国台湾地区"遗产及赠与税法"第17条第1项第6款)。上述做法,可认为在于照顾保护纳税义务人,以免一般欠缺税法知识的纳税义务人,不知遵守"法令"规定义务而遭受补税之损害。

(2)税捐行政上照顾保护义务

为了避免纳税义务人违规受处罚,稽征机关应本于爱心课税的精神,主动协助辅导民众履行其纳税义务。

例如,依据中国台湾地区"遗产及赠与税法"第5条规定,财产之移动,如有以自己之资金,无偿为他人购置财产,或因显著不相当之代价,出资为他人购置财产,或二亲等以内亲属间财产之买卖者等情形之一者,以赠与论,课征赠与税。此种以赠与论的情形,乃是"推定赠与",将举证责任转换,容许纳税人以本证推翻。

由于当事人可能不知应纳赠与税,因此,为避免其违规,本于爱心查税的精神,实务上认为可先辅导通知补申报赠与税,逾期不申报,再予以处罚(中国台湾地区财政事务主管部门1987年5月6日台财税第7571716号函)。

倘若稽征机关违反其照顾保护义务时,则民众于许可的范围内,应当作如同未曾违背此项义务的情形处理。即首先应考虑是否可以给予回复原状(因不可归责事由迟误期间之回复原状),其次应考虑可否依职权撤销变更原行政处分,最后应考虑可否以妥当性理由停止或撤回执行(中国台湾地区"税捐稽征法"第41条),最后则是违背职务的赔偿问题。[①]

---

① Tipke/Kruse, AO, §89 Tz. 5.

三、稽征程序之开始与当事人之程序上权利

(一)程序之开始

中国台湾地区“行政程序法”第34条规定,行政程序之开始,由行政机关依职权定之。但依本“法”或其他“法规”之规定有开始行政程序之义务,或当事人已依“法规”之规定提出申请者,不在此限。本条规定由行政机关裁量决定是否及何时开始行政程序。此为程序上之便宜原则(Opportunitätsprin-zip)。税捐的稽征程序,本于课税合法性以及公平课税原则,应主动依据职权课税,并无是否课税的行政裁量权;又基于处罚法定主义,是否处罚原则上也无行政裁量权,因此,有关税捐债权之发生及核定,并不适用便宜原则。稽征机关对于已经满足课税要件事实之课税案件,原则上有开始进行课税的稽征程序的义务(本条但书)。不适用本规定第34条便宜原则的规定。[①] 至于其他行政程序之开始,则可能由行政机关依职权裁量定之。

(二)当事人的程序上权利

依中国台湾地区“行政程序法”的规定,当事人在稽征行政程序上享有下列权利。

1. 参加行政程序作为当事人

因程序之进行将影响第三人之权利或法律上利益者,行政机关得依职权或依申请,通知其参加为当事人(中国台湾地区“行政程序法”第23条)。例如,对于合伙营利事业的课税或科处罚锾,将影响合伙人权益,合伙人即是此处的第三人;又如,夫妻合并申报课税,纳税义务人之配偶即是此处的第三人;对于雇主课以未曾扣缴税款的赔缴责任,受雇人即是此处的第三人。因此稽征机关在作成课税处分或罚锾处分前,或于复查决定之前,因程序之进行将影响第三人之权利或法律上利益者,得依职权或

① Wagner, in: Rolf Kühn/Alexander von Wedelstädt, AO und FGO, Kommentar, 20. Aufl., 2011, AO §86 Rn. 1.

依申请,通知其参加为当事人。

2. 当事人有委任代理人的权利

中国台湾地区现行“税法”并未建立专业的税务代理人制度,中国台湾地区“所得税法”第118条也仅是规定会计师或其他合“法”代理人,得代办有关税务事项,所谓其他合“法”代理人范围如何,不无疑义。原则上税务事项并不具有一身专属性,而于性质上是可以委任他人代理。中国台湾地区“行政程序法”第24条第1项规定:当事人得委任代理人。但依“法规”或行政程序之性质不得授权者,不得为之。在“税法”上既然并无明文规定加以限制,应可适用上述委任代理人的规定。且代理人的资格并无限制,不以专业代理人为限,但展望未来,似应参考境外立法例,建立专业税务代理人制度。

3. 选定当事人的权利

多数有共同利益之当事人,未共同委任代理人者,得选定其中一人至五人为全体为行政程序行为。未选定当事人,而行政机关认有碍程序之正常进行者,得定相当期限命其选定;逾期未选定者,得依职权指定之(中国台湾地区“行政程序法”第27条)。

例如,遗产税纳税义务人数十人,如果并未共同委任代理人时,即得选定其中一人至五人为全体为行政程序行为。又如,公同共有财产的课税,如无财产管理人,则公同共有人如未有依法选定之当事人时,稽征机关即应依职权指定当事人,有关课税处分或罚锾处分即应向选定或指定之当事人送达。

4. 偕同辅佐人到场

纳税义务人或其代理人于稽征机关进行调查询问时,经稽征机关之许可,得偕同辅佐人到场。稽征机关认为必要时,得命当事人或代理人偕同辅佐人到场。

前二项之辅佐人,稽征机关认为不适当时,得撤销其许可或禁止其陈述。辅佐人所为之陈述,当事人或代理人未立即提出异议者,视为其所自为(中国台湾地区“行政程序法”第31条)。

5. 申请公务员回避的权利

为确保公务员公正执行职务,避免因为利益冲突,致执行职务有偏颇之虞,中国台湾地区"行政程序法"第32条规定公务员有利害关系应自行回避之事由(法定应回避事由)。如公务员主观上自认为可以公正执行职务而不自行回避者,仍属违"法";或有具体事实,足以认为其执行职务有偏颇之虞者(例如,与当事人间有交易往来关系或诉讼对造关系,致可能无法公正执行职务),当事人均得申请回避(中国台湾地区"行政程序法"第33条)。

6. 申请调查事实及证据与在场会同勘验的权利

纳税义务人为举证证明对其有利的事实,可以申请稽征机关调查事实及证据,稽征机关认为无必要调查者,得不为调查,并于处分理由中叙明之。

又行政机关为了解事实真相,得实施勘验。于勘验时应通知当事人到场。但不能通知者,不在此限(中国台湾地区"行政程序法"第42条)。如果稽征机关前往银行机构查核纳税人存款,尚非此处所称实施勘验,不必通知当事人到场。

(三)纳税人权利保障

1. 纳税人权利保障宪章

有关纳税人在稽征程序上权利保障,有些国家及地区的做法是将现行税捐法规有关纳税人的权利及义务事项整理摘要说明,整理成为纳税人权利保障宪章,以便纳税人更容易接触与了解。另有国家及地区是将纳税人权利保障法案纳入税法中加以规范,变成有拘束力的规范。例如,美国于1986年制定的纳税人权利法案,即属之。

纳税人权利保障已经成为世界税制改革潮流,特别为国际组织所重视,纳税人权利视为人权重要指标,例如,经济合作与发展组织(Organization for Economic Co-operation and Development,OECD)更在1990年公布调查报告,敦促纳税人权利保护,并公布纳税人权利保护的规范。① 泛紫联盟于2006年也经由"立法委员"向中国台湾地区立法机构提出"纳税人权利保护法

---

① Taxpayers' Rights and Obligations—Practice Note, Prepared by the OECD Committee of Fiscal Affairs Forum on Tax Administration, pp. 4, 9.

（草案）”，[①]针对当前税制与税务行政及税务司法方面的缺失，提出加强保障纳税人权益的方案。

2. 纳税者保护官

有关纳税人权利保障机制中，特别值得注意的是，纳税者保护官的设置。例如，美国于1979年为了协助纳税人处理申诉事宜，特别成立纳税人护民官办公室（the Office of the Taxpayer Ombudsman），其中首席纳税人护民官由美国国内税务局（IRS）长官所任命，并在IRS本局执行职务，到1996年制定《第二次纳税者权利保障法》（Taxpayer Bill of Right 2），并改创设纳税人保护官办公室（the Office of the Taxpayer Advocate），赋予其得发布纳税者救济命令，并提高其报酬待遇，期待在与IRS的纷争中，独立的代表纳税人之利益的立场。[②]

美国纳税者保护官之任务如下（《美国国内税法》第7803条）：协助纳税人解决与税入局间之问题，确认纳税人与税入局间往来所生问题之领域性质，在可能的范围内，研拟稽征实务上的改善方案，以缓和上述的问题，确认足以缓和上述问题的各种立法改善措施。

近年来，日本也导入“纳税者支持调整官”，并于《日本财务省组织规则》第466条之2第2项规定：“纳税者支持调整官受命处理有关纳税人之一般税务的苦情事务之中为使纳税人适正的及圆满的履行纳税义务所必要的咨询协助、教示、与调整等有关事务。”纳税者支持调整官设置于国税局及31个税务署。

纳税者支持调整官处理的苦情案件，与一般对于应纳税额的行政救济不同，主要是针对税捐征收或税务调查过程中，所发生稽征机关税务员的应对处理，纳税人有不满等申诉或请求加以纠正等。[③]

3. 纳税义务人权利之保护

中国台湾地区立法机构于2009年12月15日通过修正中国台湾地

---

① 此草案由税法学者专家葛克昌、陈清秀、黄士洲、陈敏绢、刘士升等人共同研拟而成，并由简锡阶先生推动。就此详见葛克昌主持，“纳税人权利保障法”可行性之研究，2005年。

② 中村芳昭，税務行政の改革，二〇〇二年，頁一九二。

③ 長谷川博，新設された“納税者支援調整官”について，引自 http://www.h-hasegawa.net/nouzeisya-sientyousei.htm。

区“税捐稽征法”增订第一章之一正式将“纳税义务人权利之保护”纳入“税法”之中。其中表达租税法律主义(第11条之3规定:中国台湾地区财政事务主管部门依本“法”或“税法”所发布之“法规命令”及行政规则,不得增加或减免纳税义务人法定之纳税义务)、租税优惠不得过度(第11条之4规定:“税法”或其他“法律”为特定政策所规定之租税优惠,应明定实施年限并以达成合理之政策目的为限,不得过度)、税务调查之正当法律程序、以不正当方法取得之自白,不得为科税处罚依据以及应设置纳税人陈情申诉之处所等(第11条之3至第11条之7)。此类规定似欠缺实质内容,对于纳税人权利保护帮助似乎有限。①

四、事实关系的调查

(一)调查原则:职权调查主义

依据税捐法定主义的课税合法性原则,稽征机关不仅有权限,而且负有义务核定及征收已发生的法定税捐债务,以维课税公平。而税捐债务是否发生,涉及课税事实在客观上是否存在,即必须调查完全正确的事实,才能加以认定。因此,合法公平的课税要求稽征机关应依职权探知事实及调查证据,不受当事人(纳税人)的事实陈述以及申请调查证据的拘束,以查明正确的事实,作成正确的决定,俾维护公共利益。

故有关稽征程序上的事实调查,原则上采取职权调查主义(或称职权探知主义),就此,中国台湾地区“行政程序法”第36条规定:“行政机关应依职权调查证据,不受当事人主张之拘束,对当事人有利及不利事项一律注意。”“行政法院”1971年判字第35号判例亦谓稽征机关于复查程序中得本于职权调查事证,概亦肯认此项观点。此种职权探知主义,与民事诉讼上所支配的辩论主义相对立,后者是指法院于裁判时,仅能以当事人主张的事实及所声明的证据为裁判基础。

调查的对象范围,应考虑一切对于具体案件具有意义的情况,稽征机

① 有关本次修订之纳税人权利保护之探讨,详见葛克昌主编:《纳税人权利保护》,2010年版。

关对于所不知之事实，应如何进行职权调查，由其程序裁量，决定调查之方式及调查范围。在核定税捐的程序上，应调查税捐义务人已经实现的或可能已经实现的有关税捐债务关系的请求权的成立要件事实。在征收程序上，应调查一切拟要作成的行政处分的前提要件事实，例如缓缴、限制出境、提前开征的要件事实（中国台湾地区"税捐稽征法"第26条、第24条、第25条）。

稽征机关的调查，应以客观公正的态度为之，不得以偏向财政的态度为调查，对于有利于当事人的情况，也应加以调查，才能正确查明究竟税捐债务关系的请求权是否存在及其金额多少，而达成合法公平课税的目标。

在与"税法"有关的范围内，税捐义务人的私人生活领域的事实，也应加以调查。例如，为适用中国台湾地区"所得税法"第15条夫妻合并申报规定，稽征机关须查明夫妻是否分居。为查明医药费的扣除是否合法，稽征机关不能以涉及病患的隐私而拒绝调查事实。在法律要求查明事实且当事人也完全同意的情形，则其调查并不侵犯当事人的隐私权或人性的尊严。

如果当事人主张对他有利的规定，但以涉及隐私为理由，拒绝协力（配合调查），则稽征机关可以欠缺证据方法为由，为不利于当事人的决定，因为在此当事人对于对他有利的要件事实，负担客观的举证责任。①

调查的目标，是取向于认定具有接近确实的盖然性的事实。如果该项事实在稽征机关与税捐义务人间并无争议，则稽征机关的调查程度即可缓和；反之，如该项事实仍有争执，则稽征机关应尽一切调查之能事，以查明真相。而不能将该项事实的调查留给"行政法院"在随后的税务诉讼程序中为之。②

（二）询问检查权

1. 概说

中国台湾地区"税捐稽征法"第30条第1项规定：税捐稽征机关或中国台湾地区财政事务主管部门"赋税署"指定之调查人员，为调查课税资

---

① Tipke/Kruse，AO，88，Tz. 6.

② Kruse，Lehre der Allgemeine Steuerrecht，S. 323.

料,得向有关机关、团体或个人进行调查,要求提示有关文件,或通知纳税义务人,到达其办公处所备询,被调查者不得拒绝。此项规定赋予税务人员询问检查权,即对于课税要件事实,承认可以询问关系人,检查有关文件的权限。其相对人则在合法的询问检查的范围内,负有回答询问(备询)及忍受调查的义务。

此种询问检查权,乃是承认所谓行政调查,并非承认强制调查,因此不能违背相对人的意思,强行进入关系人的营业场所等检查各种文件。如果对于询问调查拒不回答或拒绝调查、拒不提示有关课税资料文件,则仅能科处罚锾,并无直接的强制力。又税法上的询问检查权,乃是在个别的税捐事件,为进行正确的课税处分或决定所被承认的权限,因此,如果为了税务统计资料的收集的目的,则不能行使此种权限,而只能在相对人的同意下进行任意的调查。①

2. 询问检查的相对人

询问检查的相对人,除了税捐义务人之外,也包括有关第三人,例如与税捐义务人有交易关系的第三人。前者称为本人调查,后者称为反面调查。依据比例原则,为避免第三人产生不便与困扰,并维护税捐义务人的利益,尽可能使第三人不知悉其税捐关系,因此,对于第三人所为反面调查,除有特别必要的情形外,原则上似应以经由本人调查无法达成调查目的或预料并无结果(无法收集取得充分的资料)的情形,始得为之。②

例如,税捐义务人本身并不了解该项事实关系,而是第三人才了解该事实时,即应由稽征机关径行向该第三人调查,方属允当。又如,税捐义务人不接受调查时,即具有反面调查的客观必要性。又在进行反面调查之后,对于第三人的陈述,原则上应给予当事人表示意见的机会,如通知当事人阅览抄录影印第三人的谈话笔录,③并表示意见。

① [日]金子宏:《租税法》,第516页。

② 参照《德国税捐通则》第93条第1项第3句;Tipke/Kruse,AO,§93 Tz.4。

③ 中国台湾地区财政事务主管部门公布各级稽征机关处理违章漏税及检举案件作业要点第24点规定:违章人对于其所提供之文件或稽查人员查获之账证及有关之谈话笔录,得申请阅览或抄录。其阅览或抄录时,审理单位应派员监视行之,其申请抄录者得以复印件代之。其中所谓谈话笔录,解释上应包括第三人的谈话笔录,方符合听审请求权的意旨。

3. 询问检查的方式及手续

有关询问检查的范围、程度、时期、场所等,为确保正当法律程序,稽征机关在进行税务调查时,允宜事先告知纳税人有关调查之理由以及纳税人所享有之权利如选任咨询律师、会计师等。中国台湾地区“税捐稽征法”第 11 条之 5 规定,税捐稽征机关或中国台湾地区财政事务主管部门“赋税署”指定之调查人于进行调查前,除通知调查将影响稽征或调查目的者外,应以书面通知被调查者调查或备询之事由及范围。被调查者如委任代理人,该代理人应于接受调查或备询时,出具委任书。被调查者或其代理人经税捐稽征机关或中国台湾地区财政事务主管部门“赋税署”之许可,得偕同辅佐人到场接受调查或备询。即为维护纳税人权益,采取事先预告通知相对人之调查方式。至于纳税义务人在税务调查时,可否事先告知稽征机关,对于税务调查之内容,进行录音(美国 1988 年《纳税人权利法案》采取此一做法①),不无疑义,解释上应可采肯定态度。

因此,询问检查权的行使,在有询问检查的必要,而且就此与相对人的私人利益相衡量,在社会通念上相当的程度范围内,应委由税务人员进行合理的选择。② 但此项择选裁量,应为调查该税捐事实关系所必要,且必须合乎比例,可履行及具有期待可能性。

稽征机关在对于当事人或第三人进行调查时,要求提示有关文件或通知到达其办公处所备询,此项要求或通知,依其情形,通常乃是对于被调查者令其服从一定调查行为的公权力决定,性质上为一个行政处分,如有不服,得提起诉愿请求救济。③

上述税务调查之方式及范围,应符合比例原则,不得逾越课税目的之

① [日]松泽智:《租税手续法》,1997 年版,第 235 页以下。

② 参见日本最高法院昭和四十八年(1973 年)7 月 10 日裁定,鼻山武道等编著:《租税法基本判例集》,1980 年版,第 762 页以下。依此判决见解,实施询问检查的时间场所的事前通知、调查理由以及其必要性的个别具体告知等,并非行使询问检查权的法律上一律的要件。又对于税法上所规定的行政处分的要件事实的认定判断,应依职权调查,就此种职权调查事项,考虑该项调查的目的、应调查事项、申请或申报的体裁内容、账簿等的记载保存状况、相对人的事业形态等各种具体情况,经判断有客观的必要性时,即得进行询问检查。即使是在历年终了之前或结算申报期间经过之前,亦得进行调查。

③ 陈敏:《租税稽征程序之协力义务》,载《政大法学评论》1988 年第 37 期。

必要范围(中国台湾地区“税捐稽征法”第 30 条第 2 项)。被调查者以调查人员之调查为不当者,得要求调查人员之服务机关或其上级主管机关为适当之处理(同条第 3 项)。

调查方式可分由被调查人将资料送交调查以及由稽征机关派员就地调查(Aussenpruefung)两种。如果在稽征机关的办公处所调查,依其所要审查的事实关系的性质及范围,并不适当时,即应在税捐义务人的处所就地调查。“行政法院”1966 年判字第 138 号判例即谓:“此项账簿文据,应由纳税义务人依稽征机关规定时间送交调查,其因特殊情形,经纳税义务人申请或稽征机关认有必要,得派员就地调查。”

税务人员在进行询问检查的情形,应出示有关执行职务的证明文件,其未出示者,被调查者得拒绝之(中国台湾地区“税捐稽征法”第 32 条)。如果违反此项规定而进行询问检查,即属违“法”,其相对人即无回答或忍受检查的义务。

在询问检查时,被调查人得委任代理人备询(中国台湾地区“税捐稽征法”第 46 条第 2 项),亦得委托第三人于调查时会同在场。①

纳税义务人及其他关系人提供账簿、文据时,该管稽征机关或中国台湾地区财政事务主管部门“赋税署”应掣给收据,除涉嫌违章漏税者外,应于账簿、文据提送完全之日起,7 日内发还之;其有特殊情形,经该管稽征机关或“赋税署”负责人核准者,得延长发还时间 7 日(中国台湾地区“税捐稽征法”第 30 条第 4 项)。

(三)协力义务

1. 协力义务的意义及范围

一般而言,课税数据通常系在纳税义务人的掌握或管理之中,因此由纳税义务人负担主动申报课税标准(税基)与税额金额之义务,较税捐机关自行查核课税更具经济价值与便宜,故税捐稽征机关在核定税额过程中,须纳税义务人协同办理者所在多有,学理上称为纳税义务人之协力义

---

① 参见静冈地方法院昭和四十七年(1972 年)2 月 9 日判决,鼻山武道等编著:《租税法基本判例集》,1980 年版,第 771 页以下。

务,包括申报义务、记账义务、提示文据义务等(中国台湾地区"最高行政法院"2011 年度判字第 952 号判决)。

税捐义务人或第三人在接受询问检查时,负有完整而真实的陈述有关课税的重要事实,并提出其所知悉的证据方法的协力义务。在纳税人支配领域,对于事实之查明,负担共同责任之协力义务,此系征纳双方共同合作之合作原则(Kooperationsmaxime)的表现。① 因为现代的课税大部分和税捐义务人的生活范围的事件(例如,收入、支出、交易活动、财产的持有)相连结,税捐义务人最了解其各种情况,也最接近课税的证据数据,因此,由其协助稽征机关查明事实,乃合乎事理。经由税捐义务人的协力,为全体民众的利益,达成公共任务。故稽征程序上的协力义务,并不违背法治精神。

又协力义务的范围,应依个别情形决定之。其协力必须是为解明有关课税的事实关系所必要以及适当,并应合乎比例、可以履行以及有期待可能性。例如,稽征机关的调查事项,并非税法上重要的事实关系,或显然无疑的,在任何情况下,均无任何税捐债权存在,或该事实关系所涉及的税捐债权早已罹于消灭时效,或其涉及公众所知悉的事实或其职务上知悉的事实,均欠缺协力的必要性。

又其调查事实虽能达成课税的目的,但对被调查者产生的不利益,与阐明事实所能获得的效果不成比例时。例如,仅能补征少许税款,而对税捐义务人采取足以危害其生计的调查方法,即违反比例原则。又如,令被调查者提出已不存在的账册文书,或令未习会计或簿计原理的营利事业负责人,亲自说明会计科目的安排,即属被调查者客观上或主观上不能履行的协力事项。

此外,要求被调查者协力的事项,如是过度或过分,侵害其基本权利的核心内容,尤其伤害其人格尊严,损害其名誉,或公开足以影响其生存的营业或业务秘密,即属不可期待。凡不必要、不合比例、不可能或无期待可能的协力要求,均违反裁量的法律界限,构成违法的决定。②

---

① Tipke/Lang,Steuerrecht,20. Aufl. ,2010, §21 Rz. 4.

② 陈敏:《租税稽征之协力义务》,1988 年第 37 期。

2. 协力义务的违反

(1) 秩序罚

当事人或第三人违背协力义务,拒绝接受调查或拒不提示有关课税资料文件者,处新台币 3000 元以上 30,000 元以下罚锾。如无正当理由拒不到达备询者,处新台币 3000 元以下罚锾。此项处罚,性质上为对于违反协力义务的行为加以处罚的行政秩序罚及行为罚性质。自应以有故意或过失为要件(中国台湾地区"行政罚法"第 7 条)。唯第 1 项法条用语"拒绝""拒不",学者有谓如被调查者出于过失,而未为协力者,应亦不得处罚,盖拒绝原以出于故意为必要,因过失而未履行协力义务,并非拒绝也。①

(2) 强制履行

在违反协力义务的情形,稽征机关可否强制其履行,不无疑义。就此日本通说认为接受调查之义务,不得进行直接物理的强制,即不承认强制调查。有学者则认为关于接受课税资料调查的协力义务,原须稽征机关的要求,方始成立,而稽征机关的协力要求,性质上为行政处分,自得以行政强制执行实现其内容。②

唯本书认为,中国台湾地区"税捐稽征法"对于违反接受调查的协力义务的处理,既已明定科处秩序罚,且依个别规定,于此情形,得进行推计课税(详如后述),故从"税法"规定的意旨,似应解释为原则上并不承认得直接强制其履行此项协力义务。③ 只有在例外情形,为维护重大公共利益,于纳税人有重大逃漏税的情形,应得以中国台湾地区"行政执行法"规定强制执行。

(3) 证据的评价:证明程度减轻与推计课税

如果当事人违反协力义务,除其属于法律所规定的证明义务之外,其义务的违反应与该个别案件的其他情况共同评价,即稽征机关仍得就其

---

① 陈敏:《租税稽征之协力义务》1988 年第 37 期。

② 同上。

③ 《德国税捐通则》第 328 条第 1 项第 1 句规定:"行政处分系针对采取一项行为或忍受或不作为者,得以强制手段(强制怠金、代执行、直接强制)执行之",故通说认为协力要求之行政处分,得依上述规定强制执行之。

他证据调查结果,进行决定,非必为不利于当事人之处分。唯因不仅稽征机关,而且税捐义务人,也均负有解明事实的责任,故如果税捐义务人违反协力义务,导致事实查明困难,则应由其承担在其支配领域之证明风险。

协力义务的违反,导致稽征机关的调查义务的限缩。① 至于调查义务限缩到什么范围,应依个别案件的情况决定之。从协力义务的违反,可能经由证据评价的方式,而导出否定的结论(不利于当事人的决定)。又如果因为协力义务的违反,导致无法调查课税基础时,则稽征机关可以对于此种课税基础加以估计(推计课税),而毋庸事先强制其履行协力义务。

由于"稽征机关欲完全调查及取得相关资料,容有困难,是为贯彻课税公平原则,自应认属纳税义务人所得支配或掌握之课税要件事实,纳税义务人应负有完全且真实陈述之协力义务,如纳税义务人违反该义务,自得减轻税捐稽征机关之举证责任。因此,税捐稽征机关对课税要件提出相当证明,已可使法院综合所有证据而形成心证,即可认其已尽相当举证责任,即纳税义务人未尽税捐协力义务,为减轻税捐稽征机关之举证责任,并非举证责任转换之问题。"(2011 年度判字第 952 号判决)

(4)失权效果

实务上有认为纳税人违反协力义务,则发生失权效果(释字第 660 号解释)。例如,未办营业登记而营业,其未依限期提出进项凭证,未依法履行协力义务,故不准其扣抵销项税额,以免使违反协力义务之营业人,亦得与依法履行协力义务之营业人立于相同之法律地位,致破坏加值型营业税立基之登记及申报制度(释字第 700 号解释)。

如果纳税人以外之第三人违反协力义务,则涉及违章罚锾问题,尚不适用推计课税或举证责任分配法则的问题。

3. 协力义务与举证责任

单纯协力义务本身并不构成证据提出义务或证明义务,即并不因当事人未提出陈述说明及证据,就径行认定某项事实未经证明。当事人的

---

① Dieter Birk, Steuerrecht I, Allgemeines Steuerrecht, 1988, S. 180.

协力以证明有关课税事实为目的,此项协力只是数种证据方法之一。在此范围内,程序当事人与其他第三人(负有陈述义务的第三人)立于相同地位。当事人与第三人在相同程度的范围内,负有义务就其所知悉的事实完全而据实的陈述。[①] 唯协力义务也可能经由法律特别规定提升为证明义务。

(1)主观举证责任

由于稽征机关应依职权探知事实关系,故学说上以往多认为原则上税捐义务人并不负有证据提出责任(Beweisfürungslast)或当事人的主观举证责任(subjektive Beweislast)。[②] 纵然当事人违反协力义务而未接受被询或提出课税料,稽征机关仍应依职权调查事实。

然而,当事人违反协力义务,也在行政诉讼上产生不利效果,实务上多认为"行政法院"应依职权调查事实关系,不受当事人主张之拘束;于撤销诉讼,应依职权调查证据,固分别为中国台湾地区"行政诉讼法"第125条第1项及第133条前段所明定;然因课税要件事实,多发生于纳税义务人所得支配之范围,纳税义务人知之最详,故"行政法院"所得获知之事实及调查事实之证据,即受限于诉讼当事人中之纳税义务人是否履行其协力义务,即纳税义务人已否按事实为完全且真实之陈述;故如诉讼当事人有违反协力义务情形,自将影响"行政法院"事实阐明之密度与范围,是因此所生之不利益,即应归由应履行协力义务之当事人负担,即"行政法院"就此得减轻他造之证明程度,而为课税事实之判断。(2011年判字第1353号判决)。因此当事人不提出有利于己之证据时,通常将受不利之认定结果。

又部分税法也特别规定课予纳税义务人证据提出责任,作为认定有利纳税人之课税事实(例如,成本费用)或行使权利之要件。在纳税义务人负有证据提出责任的情形,倘若其不提出证据,则稽征机关毋庸依职权探知事实,而是就当事人未经举证事项,视为未经证明,而不予认定。例如,中国台湾地区"营业税法"第19条第1项第1款规定营业人必须依规

---

① Kruse, aaO., S. 324.

② Söhn, in: Hübschmann/Hepp/Spitaler, AO, 2003, §90 Rn. 33 ff.

定取得进项凭证,始得行使扣抵销项税额之权利。

(2)客观举证责任

稽征机关在适用税捐法规时,如果该项法规的构成要件事实是否存在并不明了,即无法认定该项法规的构成要件事实已被满足时,则无法适用该项法规,此时主张该项法规之当事人即受不利益之决定。因此,在稽征程序上,亦如同诉讼程序,也应适用客观的举证责任分配法则。[①]

如果有关决定的重要的事实关系无法加以完全的查明时,则稽征机关对于可以主张税捐债权的事实的存在,对于撤回税捐优惠的规范的前提要件事实,对于更正补税规定的适用的事实之存在,均应负担客观的举证责任;而被请求的税捐义务人则对于成立税捐减免、优惠的事实,废弃(消灭)或限缩税捐债权的事实,应负担客观的举证责任。[②] 又行政官署对于民众有所处罚,必须确实证明其违法之事实。倘不能确实证明违法事实之存在,其处罚即不能认为合法。

此种举证责任法则,只有在其事实的不明确不能加以除去,而且一切可使用的以及有期待可能性的证明已经穷尽的情形,才能加以适用。在税捐义务人已经履行其协力义务的情形,稽征机关应尽其调查之能事。

就税捐义务人的证明程度而言,其事实或证据方法越是属于其所支配的信息或活动范围,则就该事实的解明,越应由税捐义务人负担责任,而越少由稽征机关负责。同理,在税捐义务人的先前行为,尤其不符合常规的事实关系或状态,账簿凭证的杂乱无章等,亦同。要之,在此也可以适用比例原则以及期待可能性的一般观点。[③]

4. 拒绝协力之权利

(1)当事人有无拒绝协力之权利

稽征程序当事人原则上并无拒绝协力的权利(Mitwirkungsver-

---

① Tipke/Lang,Steuerrecht,20. Aufl. ,2010, §21 Rz. 215;反对说认为,在由原处分机关处理的程序,不具对立当事人的争讼性,从而,以有对立之两造为前提所构成之举证责任分配法理,便无适用之余地(李平雄:《租税争讼与举证责任》,1981 年版,第 163 页)。

② 有关税捐讼上之举证责任问题,请参见陈清秀:《行政诉讼法》,2001 年第 2 版,第 395 页以下。

③ Kruse,aaO. ,S. 330.

weigerungsrechte)。其对于稽征机关不得引用营业秘密或业务秘密,拒绝陈述有关课税事实证据资料。相对地,其衡平的措施则是税务员的守密义务。在稽征机关裁量决定调查的范围时,应将当事人的营业秘密或业务秘密纳入考虑(不合比例或无期待可能性的调查,应予避免)。又税捐义务人也不能以有被刑事诉追的危险而拒绝协力,但对于税捐义务人不得科以强制的手段,强迫其不利自己之陈述,致遭受税捐刑罚行为或税捐秩序罚行为之处罚(参照《德国税捐通则》第 393 条第 1 项第 2 句、第 3 句)。①

再者,税捐义务人因履行其协力义务所开示的事实及证据方法,稽征机关负有保密义务,除非有强烈的公共利益存在之外,原则上检察官或法院不得从税务卷宗内所知悉上述数据,加以利用作为追诉其犯罪行为或秩序罚行为之依据。②

税法上询问检查权之规定乃是为公平确实的核定征收税捐,而收集取得必要的课税资料为目的,并非以调查犯罪为目的,一般并不具有直接和犯罪调查相连结的作用,因此,税务人员在询问检查的过程中,偶然知悉相对人的犯罪事实的情形,税务人员负有保密义务(中国台湾地区"税捐稽征法"第 33 条),此项保密义务应优先于公务员的告发义务(中国台湾地区"刑事诉讼法"第 241 条),税务人员不得对外泄露。又稽征机关询问、检查所取得的数据,原则上也不得被利用作为追诉关系人的刑事责任,且在刑事程序上并无证据能力。③

(2)第三人有无拒绝协力之权利

第三人如果并不是本身以当事人的身份就自己的税捐事件负有陈述义务,或为某一当事人负有协力义务(如法定代理人,破产管理人等),则其在稽征程序上的地位,类似于诉讼程序上的证人地位,故其有无拒绝协力(拒绝陈述或提供数据)的权利,税法上虽无明文规定,但基于法律秩序统一性的要求,应可参照诉讼法上有关证人的规定。

中国台湾地区"行政诉讼法"第 313 条亦规定本"法"未规定者,准用

---

① Tipke/Lang,aaO.,S.664.

② 参见《德国税捐通则》第 393 条第 2 项,第 410 条第 1 项第 4 款。同说,陈敏:《租税稽征程序之协力义务》,载《政大法学评论》1988 年第 37 期。

③ [日]金子宏:《租税法》,2016 年第 21 版,第 865 页。

中国台湾地区“民事诉讼法”规定。故中国台湾地区“民事诉讼法”第307条关于证人拒绝证言的权利规定，在行政诉讼程序上，其性质并无不同，自亦应准用之。而稽征程序与税务行政诉讼程序两者的调查目的，均在探求实质的真实，以求作成正确的决定，故就事实的调查而言，两者亦有其类似性，从而在稽征程序上亦应如同行政诉讼程序，承认证人拒绝证言(拒绝协力)的权利。

又中国台湾地区“刑事诉讼法”第180条至第182条亦规定证人拒绝证言的权利，按刑事诉讼程序较之税捐稽征程序更为着重探求实质的真实，俾确保刑罚权的正确行使，以维护公共利益，而刑事诉讼程序尚且承认拒绝证言的权利，则依举重明轻之法理，在稽征程序上，似更应承认证人拒绝证言(拒绝协力)的权利，不能以追求正确课税为理由，而否定证人拒绝证言的权利。①

第三人得拒绝协力的情形，可分身份关系、业务关系以及利害关系三种类型，即当事人的亲属、执行业务人员、其他第三人。兹分述之：

①当事人的亲属

当事人的亲属(如配偶、四亲等内血亲、三亲等内姻亲，或曾有此亲属关系者)，如其本身并非当事人或为某一当事人而负担陈述义务时，则为保护其家庭的信赖关系，避免其家庭信赖与真实义务间的冲突，应承认其有拒绝陈述的权利。②

就此《德国税捐通则》第101条第1项即明定：当事人的亲属得拒绝陈述，但以其并非自己作为当事人而就其自己的税捐关系而负担陈述义务的情形或并非为某一当事人履行陈述义务的情形为限。对于该亲属，应予教示有关拒绝陈述的权利。此项教示，应以书面为之。

②专门职业人员

专门执业人员如律师、会计师、医师等，依“法律”之规定，对于其业务上所知悉或持有他人的秘密，负有守密义务(中国台湾地区“刑法”第

---

① 结论同说，陈敏：《租税稽征程序之协力义务》，载《政大法学评论》1988年第37期。

② 同说，陈敏：《租税稽征程序之协力义务》，载《政大法学评论》1988年第37期。另参照中国台湾地区“民事诉讼法”第307条第1项第1款、中国台湾地区“刑事诉讼法”第180条第1项。

316条)。此项守密义务与税法上的协力义务间的关系如何,税法上并无特别规定。学者有认为关于税务调查所必要的范围内之事项,专门职业人员的守密义务即被解除;反之,与税务调查无直接关系的秘密,则不许行使询问检查权。[①] 实务上亦认为会计师应依稽征机关要求,提供他人委托财务鉴定之报告书,以为涉嫌漏税之参证,而稽征机关则对于该项数据负守密义务。[②] 即认为协力义务应优先适用。

唯专门职业人员与其委任人(当事人、客户)间乃立于特别的信赖关系,而知悉当事人之个人的、财务上以及经济上的事务,此类事务,有其值得保护的个人秘密利益,原则上不应有公开义务,否则将损害其信赖关系,致无法有效执行其业务,因此,事实关系的查明的公共利益,应予让步,而应承认信赖关系的保护(尊重私人的秘密保持利益)具有优越地位。[③] 故为避免行使公权力之稽征机关,由税捐义务人寄以信赖的从业者,获取对付税捐义务人的武器,并为维护秩序的统一,"税法"上亦应承认基于职业秘密而拒绝协力的权利。[④]

③其他第三人

第三人于接受稽征机关询问检查时,不得以营业秘密或业务秘密为理由,拒绝陈述或提供数据。例如,中国台湾地区"公证法"第12条规定:公证处职员于经办事件,应守秘密。但稽征机关依中国台湾地区"税捐稽征法"第30条规定向公证处为调查时,法院应予协助。[⑤] 又如,稽征机关为核课遗产税需要,得向各金融单位函询被继承人死亡日之存款余额。[⑥] 为了解欠税人在金融机构之存款余额,以便强制执行欠税,可径洽有关金融机构办理。[⑦] 为调查课税资料,可向保险机构调查要保人或被

---

① [日]田中二郎:《租税法》,第210页。

② 中国台湾地区财政事务主管部门1978年2月1日台财税第30784号函。

③ Hübschmann/Hepp/Spitaler, AO, §102, Rn. 2.

④ 陈敏:《租税稽征程序之协力义务》,载《政大法学评论》1988年第37期。另参照中国台湾地区"民事诉讼法"第307条第1项第4款、中国台湾地区"刑事诉讼法"第182条规定。

⑤ 中国台湾地区行政事务主管部门1967年6月20日台令民字第3286号令。

⑥ 中国台湾地区行政事务主管部门1989年1月30日台财税第781138878号函。

⑦ 中国台湾地区行政事务主管部门1982年6月22日台财税第34655号函。

保险人的往来记录。[①]

倘若第三人回答稽征机关的询问结果,其本身或其亲属势将陷于蒙受刑事追诉或行政秩序罚的危险时,则对于该第三人已无期待可能性其得真实陈述,且强迫其为不利于自己或亲属之陈述,不仅强人所难,更有违禁止强迫民众为不利于自己的陈述的原则,因此,于此情形,该第三人得拒绝陈述此种问题或提供有关资料。[②]

五、证据方法、证据的评价

(一)证据方法

在课税调查程序上,适用"自由证明原则"(der Grundsatz des Freibeweises),稽征机关进行证据调查,除法律有特别规定外,原则上并不限制于法定的证据方法。而可以本于合义务性之裁量,决定使用其认为调查事实关系所必要之证据方法[③](参见《德国税捐通则》第 92 条)。此类典型的证据方法,包括:询问当事人及其他第三人(当事人陈述与证人之证明),导入鉴定人(专家鉴定证明),收集书类资料与卷宗(书证)以及实施勘验。[④] 在此为调查课税事实关系所采用之证据方法,必须具有必要性、符合比例原则、具有可行性以及具有期待可能性。

即为认定基准的事实关系,凡属适当的、符合个别案件状态目的的证据,均应加以考虑。如此较能符合税法上实质课税原则,避免形式课税结果。

---

① 中国台湾地区行政事务主管部门 1992 年 11 月 4 日台财税第 810839538 号函。

② 陈敏:《租税稽征程序之协力义务》,载《政大法学评论》1988 年第 37 期。中国台湾地区"刑事诉讼法"第 181 条规定:证人恐因陈述致自己或与其有前条第 1 项关系之人受刑事追诉或处罚者,得拒绝证言。即本此意旨。《德国税捐通则》第 103 条亦规定:其非当事人亦非为某一当事人而负担陈述义务之人,对于下述问题得拒绝陈述,即就该问题之回答,其本身或其亲属之一将面临刑事的追诉或违反秩序罚法的程序。对于此项拒绝陈述的权利,应予教示。此项教示,应以书面为之。

③ 中国台湾地区财政事务主管部门函释关于课税事实之证据方法,仅是对待证事实证明方法之通案性例示,法院在参酌时,即需考虑该函释意旨是否思虑不周之处,并依"法律"之规范意旨予以阐明。不能紧守函释之字义,而忽略文字背后之规范意旨(2011 年判 1052)。

④ Tipke/Lang, Steuerrecht, 20. Aufl., 2010, §21 Rz. 212.

例如,中国台湾地区“所得税法”第35条规定遭受不可抗力的灾害损失之证明,如已向县市报备有案而能提示确实证明文据,亦得准予列为当期费用或损失。此当属关于此项损失之举证方法之一种例示(“行政法院”1963年判字第139号判例)。

又如,营利事业所得税结算申报查核准则明定,支付境外佣金,应提示与地区外代理商或经销商签订之合约,结汇银行书明汇款人及境外受款人姓名(名称)、地址、结汇金额、日期等之结汇证明,唯此仅在说明支付境外佣金之认定标准,尚难谓为唯一标准,故如税捐义务人能提出其他确实证据,证明该项佣金支出,仍应准予认定。① 凡此均是不采取法定证据主义的表现。②

稽征机关为调查事实关系,得依裁量使用其认为必要的证据方法;尤其得要求当事人及第三人陈述,延请专家鉴定,援用书证及卷宗,进行现场勘验等。又稽征机关也不能任意选择证据方法,其为查明事实所为任何协力的要求,均必须是必要的、可以履行的、合乎比例的以及有期待可能的。依据中国台湾地区“行政程序法”第39条以下规定,稽征机关调查事实可以采取下列方法:通知相关之人陈述意见,要求提示资料、鉴定、实施勘验等。

又当事人申请调查的证据,如属于查明事实的重要证据,稽征机关原则上应予调查,不得予以拒绝(中国台湾地区“行政程序法”第37条)。倘若稽征机关对于所申请调查的证据,未经审查其适合性,即拒绝调查,或者根据推测而为不利于当事人的认定,拒不调查。例如,假设其所要求调查的证人,无法证明其主张的事实;或者认为依其情况,调查证据结果

---

① “行政法院”1988年判字第756号判决,载《税务争讼判决要旨选辑》,1992年版,第899页以下。中国台湾地区司法机构释字第438号解释则认为查核准则对于佣金之认定与举证方式加以规定,系为简化稽征作业,避免境外佣金列报浮滥所必要,并未逾越中国台湾地区“所得税法”等相关规定,亦未加重民众税负,故不违反税捐法定主义。该解释似隐含承认法定的证据方法。

② 唯“行政法院”1964年判字第186号判例谓,关于运费之合“法”凭证,同“准则”(指“查核准则”)第64条第2项各款复有列举规定。本件原告列支之运费,既无合于规定之原始凭证足资证明,自无从予以认定。似采取法定证据主义,唯其证据列举,并非以“税法”为根据,而是以查核准则之行政命令为依据,仍有商榷余地。

将无法动摇稽征机关的确信;或者认为证人不足采信,因为他是税捐义务人的受雇人,或推测其无法充分陈述;故不予调查证据,而径依自由心证认定事实,凡此,均构成程序的重大瑕疵。

唯在下述情形,得拒绝证据调查的申请。①

1. 其所涉及的事实,并不需要查明的。

2. 其待证事项,对于行政处分或决定并不重要。或其证据方法并无价值已经相当明确。

3. 其有利于当事人的待证事项的正确性,稽征机关可以接受并予以接受时。

4. 在其证据声明并不合法的情形,例如,依法必须以账簿或特殊的凭证加以证明的事实,即不得以询问第三人的方式,加以证明。

5. 其阐明手段完全不适当,或无法达成目的。

6. 比较所申请调查的证据,有较简单的、可信的证据方法存在时。

(二)证据的评价

1. 自由心证主义

稽征机关就所调查的证据,应予以评价。在调查证据之前,稽征机关即为证据评价,乃为法所不许。原则上稽征机关为处分或其他行政行为,应斟酌全部陈述与调查事实及证据之结果,依论理及经验法则判断事实之真伪,并将其决定及理由告知当事人(中国台湾地区“行政程序法”第43条)。即稽征机关为决定时,应斟酌该程序的全部结果,依自由心证判断事实之真伪。

在此所谓自由心证,并非可以恣意的认定事实,而应遵守一般生活经验法则、论理法则与特殊专业的法则。又如果法律特别规定证据法则时,则自由心证亦受限制,例如,假设法律规定在形式上按照规定记账时,推定其内容真正,则稽征机关即不得以自由心证推翻之,而应证实其内容错误,始得与账载内容为相异之认定。

又依“行政法院”1943年判字第18号判例,司法机关所为之确定判

① Tipke/Kruse,AO,1989,§92 Tz.5.

决,其判决中已定事项,若在行政上发生问题时,则行政官署不可不以之为既判事项而从其判决处理。(同旨,1940 年判字第 13 号),其中所谓既判事项,乃指就特定之事实,已可依判决的主文或理由予以确定者而言。[①]

在课税要件有与民事法律行为或法律关系相连结者,于此情形,如果民事法律行为或法律关系之存否,并不明确,而其他机关或法院对于民事法律行为或法律关系之存否正在进行处理时,则稽征机关得作成暂时性税捐核定。例如,某项财产是否属于遗产范围,公司是否有盈余分配之决议,某人是否为公司股东等问题,如有不明,均属之。对于此类税法上先决问题,在其他有权机关(如普通法院等)作出有拘束力之确定裁判前,原则上稽征机关也可以自行决定。但对于此类先决问题之澄清,如可期待其他机关作成具有拘束力或公信力之决定澄清时,则稽征机关即可进行暂时性课税处分。[②] 嗣后等有关权责机关决定后,再据以进行处理(参照中国台湾地区"行政诉讼法"第 177 条)。

唯因民事诉讼采取辩论主义,又可舍弃认诺,其判决仅有拘束两造当事人之效力,未必可拘束稽征机关,因此依其情形,稽征机关又仍可能需进一步查明事实。[③]

唯税法"原则上"通常固然应承接民法上法律关系,以为课税基础,然而由于税法着重实质课税原则,并得否认民事法律形式之滥用,故民法上法律关系未必绝对的在税法上加以承接,而有其例外。中国台湾地区"税捐稽征法"第 12 条之 1 即规定,涉及租税事项之规定,其解释应本于

---

① 中国台湾地区财政事务主管部门 1972 年 2 月 25 日台财税第 31698 号函,载《税捐稽征法令汇编》,第 135 页。

② Seer,in:Tipke/Kruse,AO,2009,§165 Tz.9.

③ 实务上也认为,有关财产权之民事诉讼系采当事人进行主义,故当事人取具之法院确定判决,应视判决内容决定应否再调查事证,如判决理由书已载明双方之攻击防御方法且主张之证据业经法院调查认定者,则法院认定之事实,除有其他事证外,稽征机关原则上应予尊重;如系认诺判决或对他造主张之事实为自认者,因被告认诺(承认原告之诉为有理由)后,法院并不调查原告有无此项权利,即以认诺为基础,认原告之诉为有理由,判决被告败诉,又经他造自认之事实,主张事实之当事人就该事实无庸举证,法院应据为认定事实及裁判之基础,不必另行调查证据认定该自认之事实是否与真正之事实相符,故判决如有认诺或自认之情事者,稽征机关仍应本诸职权再调查事证。至其取具法院和解笔录、法院调解笔录、乡镇市调解委员会调解书者,因事实并未经法院调查认定,故稽征机关亦应本诸职权调查认定。(中国台湾地区财政事务主管部门 2003 年 2 月 19 日台财税字第 0920451458 号令)

租税法律主义之精神,依各该规定之制定目的,衡酌经济上之意义及实质课税之公平原则为之。税捐稽征机关认定课征租税之构成要件事实时,应以实质经济事实关系及其所生实质经济利益之归属与享有为依据。因此,如果纳税义务人滥用民事法律形式,或其民事法律形式与经济上实质不同时,稽征机关自得予以举证否认。

此外,在课税事实涉及刑事确定判决之情形,稽征机关以及后续之行政救济机关原则上固然应尊重其判决所认定之事实,而得作为课税处分以及行政救济决定之参考。但因行政程序与刑事诉讼程序上所应遵循的证据法则尤其证明程度不同,刑事诉讼程序因涉及剥夺人身自由严重侵害民众权利,故要求较严格的证明程度;反之,稽征行政程序仅涉及财产权之侵害,要求相对较宽的证明程度。故在例外情形,于有正当理由之情况下,稽征机关仍可不受刑事判决的拘束,而得自行认定事实,尤其在发现刑事法院所漏未斟酌之新事证的情况下,更是如此。"行政法院"1986年判字第309号判例即谓:"行政罚与刑罚之构成要件虽有不同,而刑事判决与行政处分,亦原可各自认定事实。唯认定事实须凭证据……则为二者所应一致。"①

就此德国学说实务上一般认为刑事确定判决所为认定,鉴于其在刑事诉讼程序上之高度的法治国家之要求,原则上对于行政机关之证据评价具有重大的实际上重要参考;但除法律有特别规定②外,其对于行政机关并未发生法律上拘束效力,有关举证责任也不能受侵害。然而,行政机关,原则上得毋庸自为认定事实,而直接以该刑事确定判决所为认定,作为行政决定之基础,只要该刑事判决并无可怀疑之处,而且当事人也没有提出具体陈述说明其有重大疑义之处。③

---

① 同说,中国台湾地区"最高行政法院"2003年度判字第136号判决。

② 例如,营业法上规定以民众某项犯罪事实,作为不准营业之理由,明定行政机关应受刑事判决认定事实之拘束。

③ Kopp/Ramsauer, VwVfG, 11. Aufl., 2010, Verwaltungsgerrichtsordnung, §24 Rn. 32; Eyermann:《德国行政法院法(VwGO)逐条释义》,陈敏等译,2002年, §86 Rn. 15; BVerwG InfAuslR 1998,221; BVerwG NJW 1987,1501/1502。

2. 课税要件事实的证明程度

有关证据应当证明至何种程度,即可认为有关课税事实存在,在此涉及证明程度问题。

(1)原则:真实确信理论

有关课税要件事实必须使法官或稽征机关对于事实之真实性的心证,达到“接近确实的盖然性”(an Sicherheit grenzende Wahrscheinlichkeit),才可以认定该项事实为真实。

即有关证据证明程度,应达到“通常证明程度”(Regelbeweis-maß),使法官获得完全的确信某一项特定的事实关系为真实,达到相当高度的盖然性之确认,而使任何有理性的、熟悉生活事实关系之人并不产生任何怀疑之程度。[①] 在此如果通常证明程度要求不高时,则法官容易确认事实进行裁判,反之,如果高度要求证明程度时,则因为事实不明,而须引用举证责任分配法则进行裁判。因此证明程度之形态构造与举证责任裁判之必要性,二者处于互补关系。

在稽征程序上,德国多数学说认为有关课税要件事实之证明程度,与“行政法院”诉讼程序之有关课税要件事实之证明程度相同,亦即应适用相同证据法则,原则上采取“通常证明程度”。[②] 然而学者也有指出由于税务案件之大量性,为能兼顾公平执法以及课税之合法性,实际上稽征机关不必对于所有案件之一切课税有关事实均达到确信之程度,而应在结构上确保整体执行课税之公平。[③]

(2)例外:优势盖然性理论(Überwiegende Wahrscheinlichkeit)

在例外情形,不必要求确实的证明程度,例如,涉及如果因为事件性质无法查明真实的情况,如有关财产估价,可能无确实市价行情,而须进行推估。或因为不可归责于纳税义务人之事由,以致账簿凭证灭失或无法提出,而必须进行推计课税,在此类情形,有关课税基础事实之认定,也适用优势盖然性标准。再如,纳税义务人违反协力义务,也可以减轻证明程度。

---

① Seer, in: Tipke/Kruse, FGO, 2006, §96 Tz. 66.

② Söhn, in: Hüschmann/Hepp/Spitaler, AO, 2008, §88 Rn. 222 ff.

③ Tipke/Lang, Steuerrecht, 20. Aufl., 2010, §21 Rz. 204.

3. 情况证明(Der Indizienbeweis)

在直接证明,乃是依据该项事实即应直接导出法定构成要件特征之存在或不存在。而情况证明是指根据已经确实证明的事实,借助于专门知识或一般经验法则,而推论出重要的直接事实(间接的证明)。亦即情况证明乃是涉及法规构成要件以外之其他事实,依据该项事实应该足以正当化推论该构成要件特征之存在或不存在。有关证明证据方法之合法性或证据力之辅助事实,也属于情况证明。此种其他事实称为“情况”,乃是依据数个各自单独无法充分证明的情况事实,经整体评价后,获得完全确信待证事实关系之存在与否,也被称为全部推论结果。①

例如,中国台湾地区“行政法院”1986 年判字第 1291 号判例谓:“依执行业务者收费及费用标准核定律师承办案件之所得,原则上应依结案判决年度之执行业务者收费及费用标准核定。唯当事人如提示委任契约及受理委任时已收取酬金之证据,经查明属实者,当改依受理委任年度标准核定,并以受理委任年度为所得年度。”即以结案判决的情况证据,推论该年度已收酬金,并按该年度收费及费用标准予以核定所得额。

4. 表见证明(盖然性证明)(Der Anscheinsbeweis,prima-faci-Beweis)

表见证明只表现在典型的事件经过,表见证明是根据下述的经验:某些典型的构成要件事实产生特定的结果,或特定的结果表示某一典型的事件经过。表见证明是一种利用具有“极为高度之盖然性”之经验法则,由典型事态发展历程,去推论待证事实存在的证明方法。作为表见证明成立基础之典型的事件发展经过可以用下述公式表达:“当有某项 A 事实存在时,则 B 事实几乎总是会发生。”这个事态发展历程必须具有非常高度的盖然性,以至于事态朝相反方向发展的可能虽然可以想象,但在实际经验上几乎不可能发生。②

此种经验法则必须可以清楚表明前提要件与结果,其仅单纯援用简单的生活经验,尚有不足。例如,“行政法院”1981 年判字第 117 号判例

① Rosenberg/Schwab/Gottwald, Zivilprozessrecht, 17. Aufl., 2009, S. 616; Tipke/Lang, Steuerrecht, 22. Aufl., 2015, §22 Rz. 193.

② Schmidt, Die Problematik der objektiven Beweislast im Steuerrecht, 1998, 302ff.; 316.

谓:“个人综合所得税之课征系以收付实现为原则,有利息约定之抵押借款业已登记于公文书,税捐稽征机关对债权人即可作有按时收取利息之推定,苟债权人主张未收付实现有利于己之事实者,应负举证责任。”

5. 类型化或类型化观察法(typisierende Betrachungsweise)

类型化对于有关课税的事实关系进行类型的处理,以达成简化课税的目的,例如,中国台湾地区财政事务主管部门所公布各县市执行业务者就各种类型案件的收费及费用标准(中国台湾地区“所得税法施行细则”第13条),即是由行政机关对于有关课税要件事实的认定,根据社会经验法则,加以类型化处理。

此种有关事实认定的类型化观察法,其正当化依据,主要在于实用性原则,即基于稽征便宜及行政经济效率考虑,避免事证调查的困扰,并维持课税的统一与形式上的公平。唯经由类型化,将不相同的事件进行相同处理,而不考虑个别案件的特殊情况,因此有学者批评其有违反平等原则之嫌。

为避免违反量能课税与课税平等原则,类型化的观察法应以经验法则为依归,尽量把握实际上典型的事实关系,即应取向于通常的情形或平均的情形,并不得过度牺牲个别案件正义(个别案件之特殊情况在有特别严重的情形,应特别考虑,不适用类型化的处理方式,以免违反量能课税原则)。从而其在作为情况证明或表见证明的范围内,具有合理性,可予以维持。根据类型化的观察法,事实关系的典型的表现方式乃被“推定”存在,但应容许“反证推翻”。否则若是采取“拟制”的事实认定方式,不容许反证推翻时,则将违背量能课税原则,应非法之所许。[①]

6. 证据利用的禁止

(1)概说

证据利用的禁止(Beweisverwertungsverbote)是指违背证据调查的禁止所调查的证据,不得加以利用。在德国,有关证据利用禁止的理论,是依据《德国刑事诉讼法》第136条a的规定(该条第3项第2句规定:违反禁止规定而取得之陈述,无论被告是否对其利用予以同意,不得予以利用),在刑事诉讼法上所发展出来的理论,在税法上也有其适用。此项理

① 陈清秀:《税法上类型化观察法》,载氏著:《税法之基本原理》,第291页。

论涉及具有宪法上渊源的一般法律原则,乃是基于为有效保障当事人之自由权利,对于侵害基本权利及违反基本权利之具体落实规定,应予以有效制裁。如果调查事实之手段侵害基本权利,则通常导出证据利用禁止。[①] 当事人的利益或其他较优越的价值的考虑,或为维护第三人的利益,而对于证据的调查利用设定其界限,即为追求其他价值,而牺牲按照实质的真实课税的公共利益。[②]

关于此种证据利用禁止的理论,德国通说认为倘若进行调查的处置或命令(尤其是协力的要求)无效(因显然重大违法等事由而使其行政处分无效),或其命令处置被稽征机关或行政救济机关以其违法而予以撤销时,则其根据该无效或被撤销的调查命令所调查得知的事实,不得采为课税处分或其他行政处分的依据;否则,倘不如此解释,势必将破坏撤销该调查命令之行政救济的权利保护意旨。

反之,倘若稽征机关的调查命令违法,但只要尚未被撤销,则其作为行政处分仍然有效存在时,即无法解释为其据以认定的事实不得采用;[③] 唯亦有反对说认为稽征机关违背调查禁止所为之调查处置,于其为行政处分的情形,固得加以争讼,但并非必要,此种违法瑕疵的行政处分的有效性,并不妨害证据利用禁止的存在。[④] 至少在已经具有拘束力的确认系争调查命令之行政处分违法时,则基于行政处分之构成要件效力,其调查取得之事证不得加以利用。[⑤]

就此,日本学者金子宏亦认为,在违法进行询问检查的情形,由于询问检查不仅是核定税捐手续的一环,而且是公权力的行使,对于纳税义务人的利害关系产生种种影响,因此,在询问检查欠缺其前提要件的情形。例如,违背相对人的意思,强行进行检查等具有明显的违法性的情形,其根据该项违法的询问检查所作成的课税处分,应属违法,[⑥]概亦采此反对

---

① Tipke/Lang, Steuerrecht, 20. Aufl., 2010, §21 Rz. 217.

② Tipke/Kruse, AO, §88 1988, Tz. 7.

③ Tipke/Kruse, AO, §88 Tz. 7; Dieter Birk, Steuerrecht I, Allgemeines Steuerrecht, 1988, S. 199f.

④ Soehn, in: Hübschmann/Hepp/Spitaler, AO, §88, 1978, Rn. 126.

⑤ Tipke/Lang, Steuerrecht, 20. Aufl., 2010, §21 Rz. 221.

⑥ [日]金子宏:《租税法》,2016 年第 21 版,第 873 页。

说之见解。

德国联邦财务法院历年来判例亦认为,违法取得的实地调查结果,于税捐义务人已先行有效的争执该调查处置时,即已经由法院的裁判(或如上级机关的诉愿决定)确认系争调查处置的违法性时,则不得加以利用。此项原则包含下述例外,即调查处置之所谓的违法性,如非植基于一个可独立争执的行政处分时,则可以在税捐的核定程序中加以争执,换言之,如其调查处置无法独立争讼时,则可以在系争课税处分之行政争讼中,主张违法取得证据之利用禁止。①

又如单纯违反程序或方式规定,如果稽征机关原本也可以合法取得该项事实及证据方法时,则尚未导致证据利用禁止。②

(2)类型

有关证据利用禁止的类型,概有下述几种。③

①稽征机关在依据宪法规定,为保障关系人不可侵犯的私人生活安排领域,而不许任何的公权力干预的情形,即不得进行调查,或者以其他任何不合法的方法,进行调查,势将侵犯税捐义务人受宪法保障的人格时,则为保护关系人,对于实质的真实的探求,应予绝对的限制。在此情形下,因违反程序规定而违宪的侵害私人生活领域之绝对核心领域,所调查取得的事证,为有效保护基本权利,不得加以利用。④ 例如,违法监听,有侵害保障民众秘密通信自由之重大违法情事,且从抑制违法侦查之观点衡量,容许该通信监察所得数据作为证据并不适当时,当应否定其证据能力。⑤

---

① 参见德国联邦财务法院1985年8月14日判决(BStBl 1986 S. 2ff.),同院1987年8月28日判决(BStBl 1988 S. 2ff.)。

② Tipke/Lang, Steuerrecht, 20. Aufl., 2010, §21 Rz. 218.

③ Soehn, in: Hübschmann/Hepp/Spitaler, AO, §88 Rn. 113ff.

④ BVerfG 9. 11. 2010 2 – BvR – 2101/09.

⑤ 中国台湾地区"最高法院"1998年度台上字第4025号刑事判决。另参见中国台湾地区"最高法院"2002年度台上字第2905号刑事判决,涉及侵害基本人权之通信监察,"法律"并未赋予司法警察得径予为之之权限;至证据之取得若非依法定程序,则应就人权保障与公共利益之均衡维护,依比例原则予以酌量,以决定该项非依法定程序取得之证据应否赋予证据能力。就此问题,参见杨云骅:《"通讯保障及监察法"实施前电话监听合法性及证据评价的探讨》,载《台湾本土法学杂志》2004年第57期。

②凡是经由违反台湾地区宪制性规定的调查方法所调查者，皆不得加以利用。例如，稽征机关以强暴、胁迫、诈欺、疲劳审问、利诱或其他不正当方法，足以影响关系人的自由意思决定，所取得的陈述口供，无论关系人是否同意，均不得加以利用(参照中国台湾地区"刑事诉讼法"第156条)。中国台湾地区"税捐稽征法"第11条之6即规定："税捐稽征机关故意以不正当方法取得之自白且与事实不相符者，不得作为课税或处罚之证据。"

③其他违反强行规定所调查之事证，应以利益衡量决定之。经由分析当事人间之利益状态以及系争法规之目的，进行衡量被违反规定所要保护当事人之利益或价值，是否高于事实查明之利益(课税利益或追诉犯罪之公共利益)(所谓保护目的理论、利益衡量理论)。如果调查措施侵犯保障当事人之基本权利的核心领域时，则应予以肯定(证据禁止利用)。①

④稽征机关以刑法上可罚的行为，所取得的调查证据结果，均不得加以利用。例如，从事调查的税务员窃取税捐义务人有关税捐的文书资料。但私人以犯罪方法取得之证据数据，原则上仍可加以利用。故外国银行职员盗取客户存款数据出售给国税局，因仅涉及金融机构之业务上资料，不涉及当事人个人生活核心领域，仍得作为逃漏税追诉处罚之证据使用。② 但学者有认为违反国际法之证据调查，不得使用其取得之证据。例如，违法在外国进行调查，或稽征机关付款委托外国人在外国进行调查，所取得之课税数据，不得使用。③

⑤稽征机关在稽征程序中运用税法所未规定的强制手段，所获得的证据数据，不得加以利用。例如，稽征机关未依中国台湾地区"税捐稽征法"第31条规定，自行强制搜索扣押有关课税数据，即不得加以利用。

⑥违背拒绝陈述权利的规定意旨(该规定乃是基本权利的表现以及为保护当事人之利益)，所调查的事证，不得加以利用。

---

① Tipke/Lang, Steuerrecht, 20. Aufl., 2010, §21 Rz. 218.

② 此为德国联邦宪法法院2010.11.9判决见解，参见BVerfG 9.11.2010 2 – BvR – 2101/09。

③ Tipke/Lang, Steuerrecht, 20. Aufl., 2010, §4 Rz. 219.

六、税捐资料的保密

(一)税捐秘密的理论根据

税捐秘密的保护乃是人性尊严以及人格的发展自由所保护的一般人格权的具体表现,税捐秘密是“信息自主决定”的人格权(das Recht auf informationelle Selbstbestimmung)之保护的一环,此项权利保护民众的个人资料免于遭受无限制的收集、储存、使用或传递,此种保障只有在“重大的公共利益”以及遵守比例原则的情形下,才可以经由法律或基于法律的授权加以限制。①

又税捐秘密也符合法治精神,法治要求对于行政机关的侵害可以测量,其结果可以被关系人所预见。如果稽征机关可以任意的使用关系人所开示的有关数据,则关系人将蒙受无法预测的损害,而不符合法治精神。由于税捐义务人就税捐事件,在稽征行政程序以及法院的诉讼程序中负有开示及协力义务(在罚锾及刑罚程序除外),必须无漏洞地表明其有关各种关系,且稽征机关以及法院也有义务依职权探知事实,故对于所被揭露的信息应确保其保守秘密。此尤其在税法对于违反善良风俗以及违法的行为,也纳入课税的情形,更有保密的必要。因此,税捐秘密主要在于保护税捐义务人之个人的利益。② 故中国台湾地区“税捐稽征法”第 33 条关于税捐保密规定,不仅是课予稽征机关及其他机关保密义务,而且赋予税捐义务人等个人对于税捐秘密之保密的一个主观公权利。

另外,严格地维持税捐秘密也符合公共利益,由于受税捐秘密保护的人知悉该秘密,而在受秘密保护的情况下,较愿意揭露其各种税捐关系,从而使课税程序较易进行。但税捐秘密的保护,首先仍在于保护私人的利益,其次才间接保护公共利益。

---

① Tipke/Lang,Steuerrecht,20. Aufl. ,2010, §4 Rz. 201.

② Kruse,Lehrbuch des Steuerrecht,S. 344.

（二）税捐秘密的对象

依中国台湾地区“税捐稽征法”第 33 条第 1 项规定，税捐秘密的对象，包括纳税义务人之财产、所得、营业及纳税等数据，并不限于纳税义务人所提供之资料为限，也包括稽征机关依职权调查所得资料。

按为贯彻税捐秘密的意旨，以保障民众的人格权，税捐秘密应作广义解释。举凡稽征机关就税捐事件、税捐罚锾或税捐刑罚事件，在稽征行政程序、行政救济程序或法院诉讼程序中，所知悉或持有他人（包括税捐义务人以外之第三人）的各种关系或他人的营业秘密或业务秘密，无论是该他人所提供之资料，或有关机关审理该事件所依职权调查之事证资料，只要是其不欲公之于众的，具有“实质的秘密性”，即为已足，不以经稽征机关指定为秘密者为限，[①]均应保守秘密（在超越中国台湾地区“税捐稽征法”第 30 条第 1 项规定税捐秘密之文义范围的情形，应类推适用该条项之规定）。[②]

在此所谓“他人的关系”，并不以有关课税的事实为限，而是所知悉一切有关他人（个人或法人）的事实中，一般人所不知悉（秘密性），其不为人知悉与本人之利益相符合（秘密之利益），且本人亦不欲为别人所知悉（秘密之意思）之事项，均在守密范围。[③] 而所谓他人的营业秘密或业务秘密，是指任何营业或业务活动的事实，而只有有限的少数人所知悉，其他的人并无法径行接触者而言。其秘密的持有人必须对于该事实具有保密的意思以及维持秘密的正当经济上利益。如果任何人均可接触的或已公知的事实，即非秘密。

又其他机关如监察机关，受理有关税务诉愿、诉讼机关，依法从事调查税务案件之机关，经中国台湾地区财政事务主管部门核定之机关与人员，对于稽征机关所提供上述应保密数据，也负有保守秘密义务（中国台

---

① 玉国文敏，征税资料の秘匿と國家公務員法一零零条一项の“秘密”の意義，ジュリスト，569 期，1974 年 9 月，頁 128 以下。

② 参照《德国税捐通则》第 30 条；陈敏：《租税秘密之保护》，载《政大法学评论》1987 年第 35 期。

③ ［日］金子宏：《租税法》，2016 年第 21 版，第 811 页。

湾地区“税捐稽征法”第33条第3项)。

(三)税捐秘密之侵害

税捐秘密的侵害行为,包括泄露、使用税捐秘密或调取所储存的计算机数据。泄露,是指一切将他人的税捐秘密使第三人知悉或得以知悉的行为。例如,以口头或书面表示,交付全部或部分卷宗,或任意弃置卷宗之不作为行为,均属之。此项泄露并不以有泄露之意思为必要。

税捐秘密的利用,包括任何为自己或他人的利益所为利用,此种利用可能是为营业的、学术的及其他的目的,并不以单纯经济上使用为必要,但必须有认识从该项他人的秘密或他人的关系加以利用,以为自己或他人而获得利益。至于该项秘密是否为自己所利用或未载明出处而使第三人使用,并不重要。又其对于税捐秘密虽仍然对外保密,仍构成利用。

就此,中国台湾地区“公务员服务法”第13条第3项规定公务员利用公务上之秘密消息而为营利事业者,依中国台湾地区“刑法”第131条处断,其他“法令”有特别处罚规定者,依其规定。中国台湾地区“税务关务人员服务奖惩办法”第20条规定,税务关务人员不得利用公务上之秘密消息,而为营利事业。即均肯认税捐秘密的利用,乃是税捐秘密的侵害行为之一种类型。[1]

又计算机数据的调取是指为了解、交付或毁弃的目的,而对于所储存的计算机数据加以刺探收集存取的行为。并不必附加泄露或利用的行为,即构成税捐秘密的侵害。

(四)税捐秘密的有权侵害

税捐秘密在下述的情形,得予开示,而不构成税捐秘密的侵害:为实施稽征程序的目的的情形。“法律”明文规定得予开示的情形。关系人同意开示的情形。对其开示有重大的公共利益,而经中国台湾地区财政事务主管部门核定的情形。兹分述之。

---

① 同说,陈敏:《租税秘密之保护》,载《政大法学评论》1987年第35期。

1. 实施稽征程序的开示

(1)一般课税程序之开示

基于稽征程序的目的,得揭露税捐秘密。即在税捐事件,为实施课税的程序及其有关的行政救济程序、行政诉讼程序所必要的一切提供信息之揭露行为;或者在税捐秩序罚或税捐刑罚事件,为实施秩序罚或刑罚程序所必要的一切揭露行为,均为法之所许(中国台湾地区“税捐稽征法”第33条第1项第3款、第5款、第6款)。即税捐稽征机关、受理有关税务诉愿、诉讼机关以及依法从事调查税务案件之机关,均得为实施课税或救济而开示税捐秘密。

例如,为鉴定或估价以进行课税的必要,而将有关资料送请鉴定的学者专家表示意见;契税代征机关为加强契税的课征,得派员抄录房屋税籍记录表及现值核计表等课税资料;[①]海关因法院强制执行滞纳关税及罚锾,需用欠税人或受处分人财产目录时,得由税捐机关径行提供;[②]各地法院因财务执行案件,函嘱稽征机关查报欠税人或受处分人财产资料,稽征机关自可提供。[③]

(2)依租税协议提供信息

又在防止双重课税之租税协议,如有约定课税情报信息之交换或提供时,亦得提供课税信息。

(3)代缴、扣缴义务之履行

地价税及房屋税代缴义务人(中国台湾地区“土地税法”第4条、中国台湾地区“房屋税条例”第4条),申请提供代缴税款之土地税籍数据、房屋税之税籍证明,依中国台湾地区“税捐稽征法”第50条准用第33条第1项第1款规定,稽征机关应予受理。[④]

(4)公告重大欠税或逃漏税案件

为有效防止大户欠税或逃漏税捐,中国台湾地区财政事务主管部门

---

① 中国台湾地区财政事务主管部门1979年9月4日台财税第36155号函。

② 中国台湾地区财政事务主管部门1977年3月12日台财税第31695号函。

③ 中国台湾地区财政事务主管部门1981年12月29日台财税第40794号函。

④ 中国台湾地区财政事务主管部门1982年11月15日台财税第38295号函、中国台湾地区财政事务主管部门1985年8月12日台财税第20362号函。

或经其指定之税捐稽征机关,对重大欠税或重大逃漏税捐案件经确定(包括课税处分确定或经过行政救济程序而确定)后,得公告其欠税人或逃漏税捐人姓名或名称与内容,不受税捐秘密之限制(中国台湾地区“税捐稽征法”第 34 条第 1 项)。

2. “法律”上所允许的开示

在“税法”或其他“法律”明文规定可以提供有关课税资料时,稽征机关自得予以提供。

(1)司法机关调查权的行使

中国台湾地区“民事诉讼法”第 350 条规定:“机关保管或公务员执掌之文书,不问其有无提出之义务,法院得调取之”,如中国台湾地区“刑事诉讼法”第 134 条规定行政机关所持有或保管之文书及其他对象,又如为其职务上应守秘密者,除有妨害公共利益者外,原则上得扣押作为证据。因此,司法机关,就具体诉讼案件,依中国台湾地区“民事诉讼法”或中国台湾地区“刑事诉讼法”有关调查证据之规定,函请调阅交付课税资料,应为法之所许。[①] 唯司法机关委托鉴定人鉴定公司股份投资额时,该鉴定人则不得调阅课税数据。[②]

(2)监察机构之调查权的行使

中国台湾地区监察机构为行使监察权,得向中国台湾地区行政机构及其各机构调阅其所发布之“命令”及各种有关文件。又中国台湾地区“监察法”第 26 条、第 27 条亦有关于调察及携去有关文件之规定,故中国台湾地区监察机构为调察公务员有无违法失职,得调阅课税资料(中国台湾地区“税捐稽征法”第 33 条第 1 项第 4 款)。

(3)强制执行权之行使

债权人已经取得民事确定判决或其他执行名义,为查封纳税义务人之财产,得申请稽征机关提供财产或所得资料(中国台湾地区“税捐稽征法”第 33 条第 1 项第 8 款)。但其不属于强制执行所必要之信息,仍不得提供。

---

① 结论同说,中国台湾地区财政事务主管部门 1976 年 12 月 16 日台财税第 38298 号函。

② 中国台湾地区财政事务主管部门 1986 年 6 月 5 日台财税第 7524851 号函。

(4)供应统计资料

税捐稽征机关对其他行政机关为统计目的而供应资料,并不泄露纳税义务人之姓名或名称者,不受保守税捐秘密之限制(中国台湾地区“税捐稽征法”第33条第2项)。盖此种统计分析,事关公益,又不妨害个人的税捐秘密,自应准许提供。

3. 当事人同意

(1)当事人申请阅卷

由于税捐秘密主要为保护税捐义务人之利益,因此有关其本人之课税资料,对其个人并无秘密可言。故纳税义务人或其继承人,或其授权之代理人或辩护人,申请抄录影印有关其课税资料时,稽征机关自可予以提供(中国台湾地区“税捐稽征法”第33条第1项第1款、第2款)。

(2)关系人的同意公开

由于税捐秘密是以保护关系人(税捐义务人)为目的,因此,如果事先得到关系人的同意,自可予以公开。此亦即所谓“同意阻却违法”(volenti non fit iniuria)。例如,公告优良纳税人,中国台湾地区财政事务主管部门或其指定之税捐稽征机关,对于优良纳税人(纳税额较高),得经其同意后,公告其姓名或名称,并予以奖励(中国台湾地区“税捐稽征法”第34条第2项)。

故经当事人的同意,得公开税捐秘密。在此,为同意者必须具有行为能力,才能有效为同意。而且必须在公开之前为同意,如果事后才同意,并无法补正先前违背税捐秘密义务的行为,因其泄密行为已触犯泄密的刑责。

4. 经中国台湾地区财政事务主管部门核定的情形——对其公开具有重大公共利益的情形

稽征机关查得之课税资料之保密义务,应优先于公务员的告发义务。故稽征机关不得任意提供资料予其他行政机关作为行政处分或处罚之依据。纵然其他机关向稽征机关调阅相关课税资料,原则上也不应准许。此一般称为“租税信息开示禁止原则”。[①] 但经中国台湾地区财政事务主

① [日]金子宏:《租税法》,2016年第21版,第813页。

管部门核定之机关与人员，稽征机关亦得对之提供资料（中国台湾地区“税捐稽征法”第33条第1项第7款）。例如，社会福利主管机关或其他机关为救济贫困，而调查申请生活扶助者的财产及所得资料（中国台湾地区“社会救助法”第6条），可由稽征机关提供。①

此种经中国台湾地区财政事务主管部门核定的情形，解释上应以对于税捐数据之提供，具有维护“重大的公共利益”之必要为限，才能兼顾个人秘密或营业秘密之保护。例如，为追诉重大犯罪；为维持经济秩序免于遭受重大危害；为更正公开散布的不实事实，以维持民众对于当局的信赖以及为调查的需要等，而有由稽征机关提供课税数据之强烈的公共利益存在的情形，即属之。

（五）目的外使用之禁止

依中国台湾地区“税捐稽征法”第33条第1项第4款至第8款规定，得取得税捐秘密信息之机关或人员，包括监察机关、受理税务救济之机关、依法从事税务调查案件之机关、经中国台湾地区财政事务主管部门核定之机关与人员以及执行债权人，不得另作其他目的使用（中国台湾地区“税捐稽征法”第33条第3项）。

如果上述机关或人员从事目的外使用，因故意或过失违法泄露税捐秘密时，准用中国台湾地区“税捐稽征法”第43条第3项泄露秘密之规定，即应对于机关人员或债权人处新台币1万元以上5万元以下罚锾。

（六）违反责任

有关税务人员因故意或过失泄露税捐秘密时，依中国台湾地区“税捐稽征法”第43条第3项规定，处新台币1万元以上5万元以下罚锾。考虑中国台湾地区“税捐稽征法”规定之处罚均以新台币计算，从体系解释，应可认为其罚锾金额亦以新台币计算。

---

① 中国台湾地区财政事务主管部门1990年5月18日台财税第790152360号函，中国台湾地区财政事务主管部门1993年9月28日台财税第820440481号函，第114页。

如属于故意犯，基于中国台湾地区“行政罚法”规定之刑罚优先原则，应优先依中国台湾地区“刑法”规定处罚。至于究应负担何种刑事责任，学者见解不一，有谓应构成中国台湾地区“刑法”第132条所定泄露“国防”以外秘密罪，处3年以下有期徒刑（过失犯处1年以下有期徒刑、拘役或罚金），属于公诉罪。①

有谓税捐秘密主要为保护私法益而设，公务员在职务上知悉的私人秘密，不因之成为中国台湾地区机密，因此，税务员所泄露的税捐秘密，若是工商秘密，则应构成中国台湾地区“刑法”第318条所定泄露职务上工商秘密罪，处二年以下有期徒刑、拘役或罚金，须告诉乃论；若非工商秘密，则尚不构成犯罪。②

倘若将税捐秘密单纯视为以保护关系人为目的，而与公共利益无涉，则以后说为可采。唯若认为税捐秘密之保护，亦兼顾公共利益之维护（确保税收，便于达成稽征目的），则以前说为可采。按税捐秘密的侵害，并不亚于一般公务秘密的侵害所造成的危害，因此本书认为似以前说较可采。

又税捐秘密的违法侵害，也构成公务员违法失职之惩戒的事由。且税捐秘密的侵害也属于职务上的不法行为，如系出于故意或过失，则依中国台湾地区“国家赔偿法”第2条第2项规定，台湾当局应负损害赔偿责任。

七、信息公开

（一）一般信息公开

依中国台湾地区“政府信息公开法”第5条及第6条规定，行政机关的一般行政信息，原则上应主动公开或应民众请求提供之。故一般民众虽然不是利害关系人，也可以依中国台湾地区“政府信息公开法”规定申请税捐稽征机关提供一般行政信息。基于使用者付费原则，税捐稽征机关依本办法公开或提供行政信息时，得向用户收取费用（中国台湾地区

---

① 陈世荣：《税捐稽征法》（中二），载《军法专刊》第23卷第3期。

② 陈敏：《租税秘密之保护》，载《政大法学评论》1987年第35期。

“政府信息公开法”第22条)。但因为课税数据公开或提供有侵害个人隐私、职业上秘密或营业秘密之虞,依中国台湾地区“政府信息公开法”第18条规定,应限制公开或不予提供之。

在民意代表调阅资料的情形,也可援用上述规定限制提供,或依释字第585号解释,行政负责人依其行政权固有之权能,对于可能影响或干预行政部门有效之运作之信息,均有决定不予公开之权力,乃属行政权本质所具有之特权,中国台湾地区立法机构行使调查权,如涉及此类事项,即应予以适当之尊重办理。

稽征机关依据中国台湾地区“政府信息公开法”对于申请提供数据之准驳决定(中国台湾地区“政府信息公开法”第12条),具有行政处分性质。如为驳回处分,则当事人可提起课予义务诉愿及课予义务行政诉讼,请求命作成准予阅览行政信息之行政处分。

(二)阅览卷宗

中国台湾地区现行“税法”上并未直接明定税捐义务人有阅览卷宗权利,唯鉴于阅览卷宗乃是税捐义务人在稽征程序上维护其权益所不可或缺的手段,属于法治程序的重要一环。依中国台湾地区“税捐稽征法”第33条第1项第1款、第2款规定课税数据可以对于税捐义务人公开之意旨,似无不准阅览卷宗之理。实务上亦认为纳税义务人的代理人请求阅览提供课税数据,应予照准提供,①值得肯定。

依中国台湾地区“行政程序法”第46条第1项规定:当事人或利害关系人得向行政机关申请阅览、抄写、复印或摄影有关资料或卷宗。但以主张或维护其“法律”上利益有必要者为限。

上述规定赋予当事人或利害关系人有申请阅览影印卷宗数据的权利。兹分别叙述之。

1.制定目的

阅览卷宗的权利是行政程序对于当事人公开、法治原则的表现、法律

① 中国台湾地区财政事务主管部门1988年3月18日台财税第770060796号函、台湾省“财政厅”1965年6月2日财税一字第41238号令。

上听审请求权的实现、当事人的武器平等,并可有效协助行政机关发现真实,也是公共监督行政的必要部分,另外可增进民众与行政机关的信赖关系。

2. 权利主体

中国台湾地区“税捐稽征法”第 33 条特别规定纳税资料的保密,但可公开予以纳税义务人,故纳税义务人以行政程序当事人的身份可以阅览卷宗,固无疑义。

至于“利害关系人”在一般行政程序上,如果是就该项行政程序具有法律上的利害关系人,尤其是有系属中的其他行政程序、民事诉讼或刑事诉讼或侦查中案件,与该行政程序有关联者,则可认为有法律上的利害关系,可以阅览卷宗数据。但是在稽征程序上,有关课税数据的阅览,中国台湾地区“税捐稽征法”第 33 条特别规定只有债权人已经取得民事确定判决或其他执行名义者为限,可以查询纳税人的所得财产数据。其他利害关系人应不准其依据中国台湾地区“行政程序法”规定申请阅览纳税数据,但可以阅览课税数据以外的其他数据。

又纳税义务人或利害关系人申请阅览卷宗,应以主张或维护其法律上利益有必要者为限。此项法律上利益,应包括税法上的法律上利益、其他公法的行政程序上的法律上利益以及民刑事法的法律上利益在内。

如果行政程序可能涉及某项权利或法律义务的成立、废弃、变更或确认,则涉及该关系人的权利。又如,有关于已经系属的行政程序或可能的行政程序的标的,其程序的开始或结果,可能影响其权利,或至少可能间接影响其法律地位,或可能涉及其法律地位的先决问题的先行决定,均涉及其法律上利益。①

阅览卷宗的目的,倘若是在于澄清关于某一个税捐法律关系的事实上疑义;阅览卷宗结果,据以调整法律上尤其是税捐法上有关的行为或取得实行其法律上或税法上请求权(例如,退税请求权)的确切根据;于上

---

① Kopp, Verwaltungsverfahrensgesetz, Kommentar, 4. Aufl., 1986, §9 Rn. 14f.

述情形,当事人均有法律上的利益。[1]

如果只是想象上的、社会的、经济上的利益,例如,担心案例(如在大量的程序中)的影响,则尚非属于法律上的利益。如果某一个团体为了其会员的权益将受影响,而为维护其会员的权益有所主张,也不该当于此处的法律上利益。[2]

3. 阅览对象

稽征机关于行政程序上所作成的卷宗,包括稽征机关依据职权调阅其他机关或法院的卷宗(但有认为调阅其他机关的数据,应取得该机关的同意,才可以阅览)。凡是与本件行政程序有直接关联的,而且在行政决定上具有意义的所有卷宗,尤其是同一事件的先前卷宗数据,也在阅览的对象范围。但是其他类似的案件卷宗数据,除以利害关系人的身份阅览外,则不在本条应给予阅览范围。[3] 于此情形,除另有特别规定外,稽征机关可以行政裁量决定是否给予阅览行政程序以外的卷宗,在为行政裁量时,应衡量关系人的利益与公共利益。

4. 阅览时机

中国台湾地区"行政程序法"第 46 条之阅览卷宗请求权,实务上有认为其得申请之期间,系指行政程序进行中及行政程序终结后法定救济期间经过前而言;但如已依规定提起诉愿、行政诉讼或申请行政程序重新进行者,有关申请阅览卷宗等事项,应依各该程序之有关规定办理。[4] 准此,如已经结案确定之案件,当事人申请阅览卷宗时,应优先适用中国台湾地区"档案法"第 17 条、第 18 条规定申请阅览档案数据,并补充适用中国台湾地区"政府信息公开法"规定办理,不适用本条规定。[5]

本书认为,上述中国台湾地区"行政程序法"第 46 条之阅览卷宗请

---

① Hans Joachim Knack, Verwaltungsverfahrensgesetz, Kommentar, 3. Aufl., 1989, §29 Rn. 4.4.

② Kopp, aaO., §9 Rn. 15.

③ Kopp, aaO., §29 Rn. 5f.

④ 中国台湾地区法务主管部门"行政程序法咨询小组"2001 年 2 月 23 日第十八次会议记录。

⑤ 中国台湾地区法务主管部门 2001 年 12 月 17 日法 2001 律字第 046025 号函。

求权,“法律”并未限制阅览之期间,为保障当事人及利害关系人行使权利,以维护其权益,似无限制阅览期间之必要。至于中国台湾地区“档案法”及“政府信息公开法”有关提供数据规定,乃是针对并无利害关系之“一般民众”申请阅览所为规定,属于一般政府信息公开之范围,似不宜将“利害关系人”阅览卷宗之原则与“一般民众”阅览资料混为一谈。因此,在稽征行政程序终结确定后,当事人或利害关系人应仍可依中国台湾地区“行政程序法”第 46 条规定申请阅览卷宗数据。至于行政程序开始之前,可否阅览,不无疑义。从民众权利保障观点而论,只要是其主张或维护其法律上利益有必要者,应准其阅览为妥。

5. 例外情形

依据中国台湾地区“行政程序法”第 46 条规定,在下述情形可以行政裁量加以拒绝。

(1)行政决定前之拟稿或其他准备作业文件,如签呈、审查意见、会签意见、研商会议记录、建议、指示等。

(2)涉及个人隐私、职业秘密、营业秘密,依规定有保密之必要者。例如,依据中国台湾地区“营业秘密法”规定,对于他人的营业秘密负有保密义务。

(3)有侵害第三人权利之虞者。

(4)有严重妨碍有关社会治安、公共安全或其他公共利益之职务正常进行之虞者。

故税捐义务人得向稽征机关申请阅览、抄录影印课税资料卷宗。原则上应可阅览下述文件(另参见“各级稽征机关处理违章漏税及检举案件作业要点”第 24 条)。

(1)纳税人的陈述资料及谈话笔录。

(2)证人的陈述谈话笔录。

(3)查获涉嫌违章的账证资料。

(4)其他有关调查证据所得资料。

(5)税务人员的查核意见书:此项文件虽属于稽征机关内部准备作业文件性质,但其详细记载证据取舍意见与“法令”之解释适用,倘若准许纳税义务人阅览,应当有助于其了解案情之争点与提出攻击防御之方法,因此本书认为为了保护公务员,避免困扰,应可遮盖其承办人员之姓名职章以为保密之后,准许阅览卷宗,较为合理。

至于涉及第三人的隐私事项及第三人的营业秘密事项,检举人的姓名及检举事项,稽征机关内部人事规定及作业,在形成决定过程中的内部交换意见的备忘录或建议意见(属于内部准备作业文件性质),对于税捐申报案件进行查核的标准(选案标准)等属于上述例外情形,则关系人并无申请阅卷权利。

6. 数据记载错误的更正请求权

当事人就行政机关持有的数据或卷宗内容关于自身之记载有错误者,得检具事实证明,请求相关机关更正。如果相关机关拒绝,则应可提起给付的诉讼,但如果只是涉及行政程序中的处置,当事人只能于对实体决定声明不服时,一并声明不服(中国台湾地区“行政程序法”第 174 条)。

(三)禁止为程序外之接触:公正程序权利

中国台湾地区“行政程序法”第 47 条规定禁止为程序外之接触如下。

“公务员在行政程序中,除基于职务上之必要外,不得与当事人或代表其利益之人为行政程序外之接触。

公务员与当事人或代表其利益之人为行政程序外之接触时,应将所有往来之书面文件附卷,并对其他当事人公开。

前项接触非以书面为之者,应作成书面记录,载明接触对象、时间、地点及内容。”

因此,税务人员原则上不得与纳税人于家中或餐厅讨论其课税案件,进行程序外的接触。至于与代表纳税人陈情的代表在办公室商讨课税案情,如为职务上所必要,应属合乎规定,但应作成书面记录。又如,纳税义务人于办公时间内,在办公场所,向稽征机关公务人员陈情,无论口头或书面,均应属于中国台湾地区“行政程序法”第 168 条规定的陈情范围,尚非不许。

第二节　税法上协力义务与税捐申报

一、税法上协力义务

（一）概说

按税捐法律关系，乃是依税捐法律之规定，大量且反复成立之关系，具有其特殊性，稽征机关并未直接参与当事人间私经济活动，其能掌握之资料自不若当事人，税务案件具有课税数据多存于纳税义务人所掌握，以及大量性行政之事物本质，稽征机关欲完全调查、取得，仍有困难，且有违稽征便利之考虑，故为贯彻公平实现税捐债权及合法课税之目的，税法上多课予纳税义务人于稽征程序应主动提供课税数据之协力义务（2011 年判字第 1353 号判决）。

即纳税义务人对于所支配管理范围内之事项，负担共同澄清事实责任，本于协同合作原则（Kooperrationsmaxime），对于稽征机关调查事实关系应予以协力的义务。尤其应对于课税有关事实应完整而真实的开示，并应提出其所知悉之证据方法。协力义务之范围，不限制于单纯事实关系之查明，也包括法律的适用在内。协力义务不仅体现出纳税人负担课税信息收集的义务，也给予纳税人积极参与稽征程序的机会，保障其程序主体地位，同时借此划定公权力调查干预之界限，以保障纳税人之个人权利的自由领域。并据以落实经程序上对于纳税人自由友善的课税原则（das PrinzipfreiheitsschonenderBesteuerung）。[①] 故协力义务之负担，并不违反宪法。[②]

协力义务之成立，基于法律保留原则，有特别的法律依据。部分基于税法直接规定，例如，税捐申报义务或账簿记载及凭证保持义务等。也有

---

① Tipke/Lang，Steuerrecht，20. Aufl. ，2010，§21 Rz. 172.

② Söhn，n：Hübschmann/Hepp/Spitaler，AO，2003，§90 Rn. 24.

部分基于稽征机关依据税法规定之协力要求，此项协力要求，性质上为裁量行政处分。此项协力，必须对于课税事实关系之查明，为适当的（可履行的）、必要的且符合比例的。如果因为违反协力义务而稽征机关也穷尽自己的调查手段，仍无法查明事实时，则可对于课税基础进行推估（推计课税）。[①] 因为欠缺纳税人之协力，导致无法查明事实时，则纳税义务人应在其管领领域责任范围内，承担证明风险。[②]

又由于稽征机关调查权限仅能及于所在领域范围，对于在外国之事实关系，并无法进行调查。仅能寻求国外稽征机关之协助（法律协助或职务协助），因此调查能力有限。为此《德国税捐通则》考虑跨越国境之事实关系以及在国外的事实关系，乃是在纳税义务人之支配管领范围，因此，特别规定其协力义务提升为“证据方法之取得义务”以及“证明提出义务”（Beweismittelbeschaffungs-und Beweisvorsorgepflicht）。[③] 但协力范围仍以其在法律上以及事实上可能者为限。例如，协力义务并未因此创设特别的“文书制作义务”，而仍仅限于实际上存在之文件数据，才负担证据方法之取得义务。[④] 只有在跨国关系人间交易的情形，税捐通则才课予纳税义务人之文书制作义务，以保持交易关系证明文件以及符合常规交易价格之证明文件（移转订价税制）。[⑤]

协力义务之要求有其界限，不能无限上纲，而应符合法治国家之比例原则。稽征机关本于程序裁量，要求纳税义务人协力之事项，必须具备下列要求：

1. 具有适当性，即协力事项必须至少可能涉及课税事实，而非与课税无关之事实。

2. 具有可能性，即其协力要求在具体案件上必须在“客观上与主观上”具有可能性（履行可能）。[⑥]

---

① Tipke/Lang, Steuerrecht, 20. Aufl., 2010, §21 Rz. 173.

② Tipke/Lang, Steuerrecht, 22. Aufl., 2016, §21 Rz. 4.

③ 参见《德国税捐通则》第 90 条第 2 项规定涉外案件，加重纳税义务人之协力义务。

④ Tipke/Lang, Steuerrecht, 20. Aufl., 2010, §21 Rz. 174.

⑤ 参见《德国税捐通则》第 90 条第 3 项规定。

⑥ Söhn, in: Hübschmann/Hepp/Spitaler, AO, 2003, §90 Rn. 75ff.

3. 具有必要性(如果为达成目的而有数种适当的查明手段时,应选择对于当事人损害最少之协力方式为之)。

4. 具有相当性(其采取之协力义务要求手段,与达成调查课税事实目的间应符合比例性,不得不成比例),即当事人因此所蒙受之不利益,不得远超过可期待的税捐效果。例如,不至于过度侵害隐私权、危害生存权、伤害人性尊严等基本权利。

5. 期待可能性(作为裁量界限):在此涉及与义务人主体有关之评价标准,要求协力义务之履行,必须在客观上及主观上可期待义务人能够履行,而非不寻常的相当困难。例如,要求纳税义务人巨细靡遗地条列出数年前发生之相关支出细目、用途而已经超出当事人主观上能力范围时,即属欠缺期待可能性,而超出协力义务之界限范围,毋庸协力。[①] 即其无期待可能性,已经构成过度要求,而同时违反上述相当性原则。[②]

因此,在调查证据过程,可采取阶段式模式:

1. 在调查询问纳税人仍无法获得满意结果时(如拒绝陈述、为不完整的陈述或有不实陈述之虞),才要求提示账证进一步调查。

2. 在询问当事人仍无结果时(经由当事人调查事实无法达成其目的或无结果),才向第三人询问。[③]

又从稽征机关之观点,如果欠缺期待可能性时,也构成事实调查之界限。例如,必须耗费大量行政资源进行调查,或调查相当困难,欠缺期待可能性时。[④]

(二)税籍登记义务

为能掌握一切可能存在之纳税义务人,以实现公平课税,税法也多课予纳税义务人税籍登记或申报的协力义务。例如,营业人开始营业前,应先向稽征机关办理营业登记(中国台湾地区“营业税法”第 28 条)。货物产制厂商应于开始生产前,向工厂所在地主管稽征机关申请办理货物税

---

① Söhn, in: Hübschmann/Hepp/Spitaler, AO, 2003, §90 Rn. 104.

② Seer, in: Tipke/Kruse, AO, 2010, §92 Tz. 10.

③ Tipke/Lang, Steuerrecht, 20. Aufl., 2010, §21 Rz. 193 f.

④ Seer, in: Tipke/Kruse, AO, 2010, §92 Tz. 10 a.

厂商登记及产品登记(中国台湾地区“货物税条例”第19条)。烟酒产制厂商应于开始生产前,向主管稽征机关办理烟酒厂商登记及产品登记(中国台湾地区“烟酒税法”第9条)。房屋新建完成应先申报房屋税籍及使用情形(中国台湾地区“房屋税条例”第7条)。适用特别税率之土地使用用途变更之申报义务(中国台湾地区“土地税法施行细则”第15条)等。

(三)账证及会计记录之保持义务

特定纳税义务人尤其是营业人,税法通常规定应保持足以正确计算所得额之账簿、凭证及会计记录之义务(中国台湾地区“所得税法”第21条)。又纳税义务人从事交易,应取得或给予交易凭证(统一发票或收据)(中国台湾地区“营业税法”第32条),并依据中国台湾地区“商业会计法”等规定,将各项收入及支出登载于账簿,同时应制作相关会计报表记录,其中凭证部分,并应依法保存5年(中国台湾地区“税捐稽征法”第11条),以供稽征机关查核。

有关违反凭证保持义务,并应依据中国台湾地区“税捐稽征法”第44条第1项规定:营利事业依规定应给予他人凭证而未给予,应自他人取得凭证而未取得,或应保存凭证而未保存者,应就其未给予凭证、未取得凭证或未保存凭证,经查明认定之总额,处5%罚锾。处罚,其目的系为使营利事业据实给予、取得及保存凭证,俾交易前后手稽征数据日臻于翔实,建立正确课税凭证制度,以实现民众有依规定纳税的义务之意旨(释字第252号解释、释字第642号解释理由书参照)。

如果纳税义务人并没有违反协力义务之任何怀疑时,则其税捐申报应可值得友善的信赖。在此范围内,基于公平适用法律之利益以及对于自由基本权利友善的课税之法律思想,如果纳税人之账簿按照规定方式记载,则其整体在法律上应可“推定”其实体上内容的正确性。①

---

① Tipke/Lang,Steuerrecht,20. Aufl.,2010,§21Rz. 205.《德国税捐通则》第158条即规定:“税捐义务人所制作之账簿以及会计表册,符合《德国税捐通则》第140条至第148条规定者,应作为课税之基础。但依个别案件之具体情况,其实体内容之正确性有争议原因者,不在此限。”本条属于可以举证推翻之“法律上推定”(Rechtsvermutung),在税务诉讼上也应准用之(《德国财务法院法》第96条第1项第1句后段)。

因此，只有在稽征机关能提出确实证明纳税人之账簿记载内容全部或部分不正确时（通常证明程度），才能推翻该项推定（本证推翻）。就此稽征机关通常可采取下述两种方法推翻该项推定：一为审查个别的交易行为，以证明其账载内容在具体情形并不正确；二为企业内部比较或外部比较（参见后述推计课税方法），证明有异常情形。①

二、税捐申报

（一）概说——税捐的确定（核算）方式

在部分税捐，其应纳税额于纳税义务成立同时，并不需要特别的程序，而直接依据法规的规定，当然确定（具体决定其税额）。此种税捐，也称为“自动确定的税捐”。例如，暂缴所得税、就源扣缴的税捐，贴用印花的印花税等，均属之。此类税捐由于其课税标准之金额或数量，相当明确，要计算出税额也相当容易，因此并不需要特别的程序。

然而，大部分的税捐，其课税标准与税额的计算则较复杂，因此为确定其税额，需要有特别的程序。② 其方式，概可区分为下述三种：申报纳税方式、赋课征收方式、申报赋课方式。兹分述如下。

1. 申报纳税方式

申报纳税方式（self-assessment），是指应纳税额原则上依据纳税人之申报即告确定，在其未申报的情形或申报不正确的情形，再由稽征机关加以更正决定确定应纳税额。此又称为“自主核定”制度，是由课税基础之申报以及应纳税额之计算两部分所构成。在此纳税义务人执行“调查程序以及核定程序”两项工作任务。③ 例如，结算申报所得税，自行申报缴纳营业税以及薪资扣缴申报等均属之。

一般而言，课税数据通常是在纳税义务人的掌握或管理中，纳税义务人对于课税事实应比稽征机关更了解，因此，由纳税义务人负担主动申报

---

① Seer，in：Tipke/Kruse，FGO，2006，§96 Tz. 57.

② ［日］金子宏：《租税法》，2009 年第 14 版，第 650 页。

③ Tipke/Lang，Steuerrecht，20. Aufl.，2010，§21 Rz. 186.

课税标准(税基)与税捐金额的义务,比稽征机关自行查核课税,所费稽征成本应属较低,更具有经济效率与便宜,而且由纳税义务人本于其认知,自动参与应纳税捐的决定,避免突袭性决定,也符合民主的参与精神与民主的纳税思想。

申报纳税制度要能发挥功能,必须民众具有相当高的纳税意识,自发性的正确申报,即自发性的纳税协力。然而,要期待全体的纳税人均能自动正确申报纳税实际上有其困难,因此税法上一方面,采取奖励根据账簿凭证诚实申报的措施,而设有"蓝色申报制";另一方面,为确保诚实申报,而采取课予记账义务、取得保存凭证的义务以及税务人员的询问检查权等制度,并对于违背申报义务者及短漏报逃漏税捐者,依法科处怠报金、滞报金与罚则。①

2. 赋课征收方式

此一方式是指应纳税额专依税捐稽征机关之课税处分加以定的方式,在税法规定纳税人对于其应纳税额,并无申报义务的情形,即是依此一方式确定税额。赋课征收方式在传统上为欧陆国家所采用的课税方式,如地价税、房屋税、使用牌照税等地方税,原则上即是采取此种课税方式。

3. 申报赋课方式

此一方式是指先由纳税人申报课税标准与应纳税额后,再由稽征机关核定其应纳税额,作成课税处分核发税单后,纳税人再据以办理纳税,如遗产税、赠与税、土地增值税及契税等均属之。

(二)税捐申报义务

1. 概说

税捐申报义务,属于纳税义务人管理领域内之协力义务,有关申报义务人由各个税法规定之。如由稽征机关要求提出税捐申报,而因此负担申报义务时,基于禁止过度原则,必须有税捐债务存在可能,稽征机关始得要求之。

---

① [日]金子宏:《租税法》,2009年第14版,第651页以下。

2. 税捐申报的法律性质

税捐申报,是指税捐义务人依税法的规定,将税捐申报书提出于税捐稽征机关的公法上程序上行为而言。税捐申报仅得以有关税捐问题为内容(过分禁止),通常以课税标准(税基)以及应纳税额的申报为内容。

税捐申报行为一般认为是私人在公法关系中所为发生具体决定应纳税额的公法上法律效果之行为,即为私人之公法行为。①

由于在税捐法定主义之下,有关税捐债务之负担,均依税法之规定,并不承认纳税人在申报税捐时可依其自由意思表示实现所欲之法律效果。因此,税捐申报行为有认为系将课税基础之项目、金额乃至自行计算之税额,通知稽征机关,故其性质上为具有"观念通知"之准法律行为性质。但税捐申报并非单纯的事实观念通知,其也要求纳税义务人进行法律上推论。例如,对于相关所得种类归属定性、成本费用之定性认列、课税或免税所得等进行法律上涵摄或评价(法律上推论结果)。

再者,如税捐申报里,同时包括税捐减免、优惠之申请,退税之申请,或选择权之行使(例如,选择列举扣除额,在夫妻合并申报,选择以配偶妻为纳税义务人)者,则其申报行为亦兼具有"意思表示"之性质。

税捐申报行为,原则上可类推适用民法之规定,但在法律有特别规定的情形或虽无明文规定,而依税捐申报之性质或税法规定之意旨,有应予不同解释的合理理由时,仍应排除民法规定之适用。②

3. 申报格式及内容

税捐申报书格式,原则上由中国台湾地区财政事务主管部门统一制定之(中国台湾地区"所得税法"第 77 条第 2 项,中国台湾地区"营业税法"第 35 条及"营业税法施行细则"第 53 条)。为因应电子化,也可采取网络申报(中国台湾地区"税捐稽征法"第 11 条之 2)。此种网络申报数据也可以提供稽征机关继续使用,而节省大量稽征成本。在营利事业,并由稽征机关给予税籍统一编号,以利申报使用。

① [日]金子宏:《租税法》,2016 年第 21 版,第 826 页。

② 同上。

中国台湾地区财政事务主管部门为提供税捐申报准备工作之便民服务，并于报税期间提供综合所得税之试算税额服务，以节省纳税人报税成本，并确保正确申报。此可谓一种"税务遵循策略"（Tax Compliance-Strategie）。[①]

税捐申报的方式，属于要式行为，应使用税法规定的申报书，提出申报，并应以税捐义务人本人的名义申报，其以第三人名义所为之申报，无效。至于代理人是否应显名代理，法无明文规定，解释上可以自由约定为之。唯日本税理士法为加重税务代理人的责任，采强制显名代理制度。

税捐申报书格式内容要求记载回答事项，并非可以任意询问，而应针对课税法律关系之调查有帮助之有关事项，即应对于纳税义务以及税额之衡量有关之事实上以及法律上关系，要求提出记载说明。且是针对纳税义务人自己的纳税义务，而非对于第三人的纳税义务为之。[②]

税捐申报书之填写应以最大的认知，如实记载。此种诚实申报义务，仅针对事实部分，而不是针对法律见解或意思表示。法律见解不涉及真实与否，而涉及正确或错误、妥当与否。因此，依其情形，纳税义务人或其税务代理人得采取与稽征机关或法院判决不同之法律见解。[③]

由于纳税义务人对于税捐申报负担诚实义务之范围，仅涉及"事实"部分。纳税义务人并无义务必须将稽征机关之法律见解，当成正确的见解来处理。因此，纳税义务人及税务代理人依其情形，得沉默的采取不同于判例（决）及稽征机关之法律见解。然而于此情形，有关司法机关及稽征机关之税捐上见解基础之相关事实，应对于稽征机关揭露公开。[④] 必要时附上"说明书"，补充说明申报书的内容与自己所持见解，以免因法令见解不同而被认定违章处罚。

换言之，纳税义务人及税务代理人得在税捐申报书上主张不同于行政机关或司法机关之法律见解（例如，在税捐申报书上主张有利自己之法

① Tipke/Lang, Steuerrecht, 20. Aufl., 2010, §21 Rz. 183.
② Seer, in: Tipke/Kruse, AO, 2009, §150 Tz. 7.
③ Tipke/Lang, Steuerrecht, 20. Aufl., 2010, §21 Rz. 184.
④ Tipke/Lang, Steuerrecht, 20. Aufl., 2010, §21 Rz. 184.

律效果，如不课税），但其不得对于稽征机关就下列相关事实保密不公开（应予揭露）：有关税法上解释令函等行政规则以及已经公开之裁判先例纳入行政准则，而在裁判上重要之事实。如果其未保持秘密，则稽征机关自始即可能在课税处分中，主张其认为正确之法律观点。而纳税义务人则可以通过法律救济途径主张其法律见解。①

美国立法例对于可能涉及租税规避之租税规划行为，要求应于税捐申报时揭露。中国台湾地区尚未导入揭露制度。固然纳税义务人对于规避所得税捐行为，如认为其所得并非课税所得，则虽得主张不纳入课税所得申报，但本于诚实信用原则，仍有义务在所得税申报书上说明其法律形式安排之事实关系，俾能使稽征机关调查了解，必要时得进行调整补税。如未于申报书上附带说明该项事实关系，以致稽征机关无从调整补税时，则其未予揭露，以出于故意或过失为限，始构成逃漏税捐行为，得予以处罚。②

在有关不法所得，如果并未返还被害人或被有关机关或法院宣告没入或没收时，则亦应纳入申报范围，但为维护纳税义务人对于犯罪或不法行为有保持缄默权利，不自证己罪，因此，其违法所得之申报义务范围，应降低其密度，当仅及于违法“所得金额”，而无庸揭露说明其“所得之来源原因”为何。③

在税法规定赋予税捐义务人选择权的情形，其选择权的行使，通常也应于税捐申报同时为之，并记载于税捐申报书，例如，有关个人综合所得税的扣除额，于结算申报时，可选择标准扣除额或列举扣除额，据以计算综合所得净额（中国台湾地区“所得税法”第 17 条第 1 项）。

又如，土地增值税要选择适用自用住宅用地优惠税率课征时，也应于土地现值申报书注明自用住宅字样，并检附户口簿复印件及建筑改良物

---

① Tipke/Lang，Steuerrecht，20. Aufl.，2010，§23 Rz. 24.

② 参照中国台湾地区台北“高等行政法院”2005 年度诉字第 2294 号判决。

③ 参见德国联邦最高法院 2004 年 5 月 5 日判决（本案涉及公司员工收受不法贿赂所得之申报），BGH 5 StR 139/03 – Urteil vom 5. Mai 2004（LG Halle），http://www.hrr-strafrecht.de/hrr/5/03/5 – 139 – 03. php3；BGH wistra 2004，391；BGHSt 50，299；Klein，AO，10. Aufl.，2009，§393 Rn. 31。

证明文件(中国台湾地区“土地税法”第34条之1第1项)。

又税捐申报书,原则上应向主管稽征机关提出之,例如,综合所得税申报向申报时户籍所在地之“国税局”提出。营利事业所得税向申报时登记地之“国税局”提出(中国台湾地区“所得税法施行细则”第49条)。

4. 申报期限

税捐义务人应于法定申报期限内履行其税捐申报义务。通常在税捐债务成立(发生)之后,其法定申报期限方始届至。例如,在所得税,以每年5月1日至5月31日为申报期限(中国台湾地区“所得税法”第71条第1项)。营业税如每两个月1期,自次期开始15日内应申报(中国台湾地区“营业税法”第35条第1项)。

而在非期间税或行为税,通常于行为终结时起一定期间申报。例如,赠与税应在赠与行为发生后30日内申报(中国台湾地区“遗产及赠与税法”第24条第1项)。土地增值税,于订定土地所有权移转或设定典权契约之日起30日内申报(中国台湾地区“土地税法”第49条第1项)。契税于不动产买卖,承典或交换、赠与、分割之物权契约成立之日起30日内申报(中国台湾地区“契税条例”第16条第1项)。关税自装载货物之运输工具进口日起15日内申报(中国台湾地区“关税法”第5条)。

税捐义务人如有特殊情形或具有正当理由,依个别“税法”规定,亦有得于法定申报期限内,申请稽征机关核准延长申报期限的情形。例如,遗产或赠与税,因有正当理由申请延长期限以3个月为限,但因不可抗力或有其他特殊之事由者,得由稽征机关视实际情形核定之(中国台湾地区“遗产及赠与税法”第26条)。又在契税申报期间内,因不可抗力致不能如期申报或缴纳者,应于不可抗力之原因消灭后10日内,声明事由,经查明属实,免予加征怠报金或滞纳金(中国台湾地区“契税条例”第30条)。

按上述申报期限之延长,并未统一规定于中国台湾地区“税捐稽征法”中,而系分别规定于各税法中,部分“税法”则无明文规定,在体系上欠缺一致,故为合理解决因不可归责的事由,而有延长申报期限之必要的情形,似可参照中国台湾地区“行政程序法”第50条规定:因天灾或其他不应归责于申请人之事由,致基于“法规”之申请不能于法定期间内提出者,得于其原因消灭后10日内,申请回复原状。如该法定期间少于10日者,于相等之日数内得申请回复原状。申请回复原状,应同时补行期间内应为之行政程序行为。迟误法定期间已逾一年者,不得申请回复原状。办理。[①] 或者将来宜统一规定于中国台湾地区“税捐稽征法”中,[②]至于各“税法”须另有特别规定者,再依其特别规定,较妥适。

(三)税捐申报之代理

1. 法定代理

行为能力,是指在法律上得为有效行为之能力,税捐申报是否应以具有行为能力之申报为要件,税法并无规定,而依中国台湾地区“行政程序法”第22条第2项规定:“无行政程序行为能力者,应由其法定代理人代为行政程序行为。”税捐申报性质上乃属稽征行政程序上行为之一种,自应以具有行为能力为要件,如不具有行为能力,应由其法定代理人代为申报;[③]否则其所为税捐申报应属无效,但此种无效之程序上行为,可于嗣后经其法定代理人之同意或其取得行为能力后加以同意而补正(治愈)瑕疵。[④]

按税捐申报系履行税法上告知义务之行为,如有违反申报义务者尚应遭受处罚,故为保护未成年人或受监护宣告之人之利益,自应以法定代理人代为申报为宜,即有关税捐申报仍应适用中国台湾地区“行政程序法”第22条关于行为能力之规定。

2. 意定代理

税捐申报义务人可否授权他人代理申报税捐?中国台湾地区“税法”虽无统一明文规定,唯中国台湾地区“税捐稽征法”第19条第1项规

---

① 按本条回复原状之适用范围,若贯彻其制定目的,似应采广义解释,包括依规定申报之情形在内,而不以申请为限。

② 《日本国税通则法》第11条规定:“国税厅长官……认为因灾害或其他不得已之理由,在依据有关国税之法律所定申报、申请,请求、报备或其他书类之提出、缴纳或征收之期限之前,不能为上述行为时,得依政令之规定,于其理由消灭之日起二个月以内,延长该项期限”,可供参考。

③ 中国台湾地区“遗产及赠与税法施行细则”第22条第1项规定未成年人或受监护宣告之人应由其法定代理人代为申报,亦本此意旨。

④ Tipke/Kruse, AO, §149 Tz. 1, §79 Tz. 3, 4.

定为稽征税捐所发之各种文书,得向纳税义务人之代理人以为送达,又中国台湾地区“所得税法”第102条对于所得税申报,则明定可委托会计师或其他合法代理人代为办理。足见税捐申报义务之履行性质上并非一身专属的,非亲自办理不可,即税捐申报行为与申报义务人之个人人格个性并无直接密切关系,故除另有规定外,原则上均可授权代理人办理申报。

盖在稽征程序中,稽征机关具有专业知识,因此应使当事人亦得选任律师或其他具有税法专业知识之意定代理人,以平衡稽征机关与当事人间之不平等,再者,由于当事人任用有专业知识之意定代理人,通常也可使稽征程序得以顺畅进行,因此亦有利于稽征行政之运作。

在未建立专业的税务代理人之前,有关税捐申报之代理人,依中国台湾地区“行政程序法”第24条规定,当事人得委任代理人。其代理人原则上并无资格限制。代理人为证明其代理权,应提出申报义务人与代理人间签章之授权委任书于稽征机关,其授权书应表明代理之申报案件及代理权范围。

又有关代理权范围之意定限制,必须于通知稽征机关后始发生效力;如授权人仅在内部关系上限制代理权范围,则在外部关系上,纵使代理人之行为逾越授权人之内部限制之指示,对于稽征机关仍属完全有效。

(四)税捐申报之效力

1. 申报效力发生时期

税捐申报行为是于何时发生效力,税法并未规定,唯在所得税申报行为,中国台湾地区“所得税法施行细则”第50条规定:“申报日期,应以申报书送达稽征机关之日为准。其邮递者,应以挂号寄送,并以发寄局邮戳日期为申报日期。”此项规定可否类推适用于其他税捐申报行为,不无疑义。

按私法上意思表示之生效系采到达主义(中国台湾地区“民法”第94条、第95条第1项),故学者有认为私人之公法上行为,为使行为之存在与否明确,并调整当事人间之利害关系,除另有规定外,亦应与中国台湾地区“民法”相同,原则上应采到达主义。[1] 准此,在纳税人直接向稽征机

① [日]田中二郎:《行政法总论》,第247页。

关提出遗产税申报书的情形，是以稽征机关受理该申报书之时期发生申报效力。如其邮递者，除另有特别规定外，应以到达之时发生效力。唯亦有认为此问题既然法无明文规定，则为维护民众权益，如以邮寄申报书申报者，得以发寄局邮戳日期为准。[①] 按若受理申报机关路途遥远，尤其交通不便，又无在途期间规定时，则应以后说为妥。就此中国台湾地区“行政程序法”第49条：基于“法规”之申请，以挂号邮寄方式向行政机关提出者，以交邮当日之邮戳为准。似可作为采取后说之依据。

2. 申报效力

纳税义务人诚实申报税捐后，其申报义务当即归于消灭。其申报行为不仅对于纳税义务人本身有某种程度之拘束力，而且对于稽征机关亦发生某种程序法上的拘束力，稽征机关不得任意核定税额。

又依中国台湾地区“所得税法”第39条规定，公司组织之营利事业，如要将以往年度亏损之扣除，其适用要件之一为“如期申报”，倘未如期申报，即无法享受盈亏互抵的待遇。

3. 迟延申报的效果

如未于法定期限或核准延长之期限内申报，稽征机关得依各“税法”的规定，加征滞报金、怠报金（中国台湾地区“所得税法”第108条、“货物税条例”第29条、“营业税法”第49条、“契税条例”第24条），或科处罚锾（中国台湾地区“遗产及赠与税法”第44条）。唯若因税捐义务人不可归责之事由，致迟误申报期限者，则应免征此项滞报金、怠报金或罚锾（释字第275号）。[②]

又在迟延申报时，稽征机关也可依“税法”规定，以查得数据或同业利润标准，进行推计课税（中国台湾地区“所得税法”第79条、“营业税法”第43条）。

又遗产及赠与税逾期申报，如在未经检举及未经稽征机关或本部指

---

① 《美国国内收入法典》第7502条规定即采此种发信主义。在申请复查期间之认定，实务上亦采此见解（中国台湾地区财政事务主管部门1979年9月12日台财税第36386号函）。唯在诉愿及行政诉讼程序，实务上仍采到达主义。

② 《德国税捐通则》第152条第1项第2句明定迟误申报系不可归责者，不予核定滞报金。足供参考。

定之调查人员进行调查前,纳税义务人自动提出补报者,准依中国台湾地区"税捐稽征法"第48条之1自动补报免罚之规定办理。[①]

(五)税捐申报之撤回与更正

1. 税捐申报之撤回

在一般行政法上,日本学者通说及判决多认为行政法上之私人行为,在对之为行政处分之前,该私人行为之主体,原则上均可自由撤回其行为,亦可为补正或更正错误,但在根据该私人之公法行为作成行政处分之后,则不得自由撤回。[②] 在税法上,则不无争论,有谓基于税捐申报之性格以及其大量性与反复性等特质,一般应不准许撤回申报;[③]有谓在税法上亦应与行政法上一般理论作相同解释,[④]但在自动申报纳税的情形,于稽征机关"受理"申报后,则属已作成行政处分,不得撤回申报。[⑤] 实务上亦有认为有关税捐申报之救济应依法律规定方式行之,而不许撤回申报。

中国台湾地区实务上就综合所得税之申报,认为在申报年度之结算申报期间内,可申请撤销或注销已办之结算申报或提出修正申报,[⑥]而就契税、赠与税以及土地增值税之申报,亦均认为在未办妥产权移转登记前,可撤回(撤销)申报。[⑦]

2. 税捐申报之更正

税捐申报提出后,如嗣后发现有短漏报或溢报,可否申请更正?就此问题,日本最高法院1964年10月22日判决,认为税捐申报内容错误,原则上纳税人仅得依《日本国税通则法》第19条及第23条规定请求更正,

---

① 中国台湾地区财政事务主管部门1980年2月29日台财税第31747号函。

② [日]田中二郎:《行政法总论》,第248页。

③ [日]田中二郎:《租税法》,第195页。同说,东京高判1975年4月28日税务诉讼资料81号,第435页。

④ 新井隆一,税法におけち私人の行為序说(2),税法學,一一九號,頁八。

⑤ 新井隆一,行政法におけち私人の行為の理論,頁一八四。

⑥ 中国台湾地区财政事务主管部门1977年4月25日台财税第32679号函、中国台湾地区财政事务主管部门1979年5月9日台财税第33026号函。

⑦ 参照中国台湾地区财政事务主管部门1977年11月30日台财税第38112函、中国台湾地区财政事务主管部门1981年台财税第30238号函、中国台湾地区财政事务主管部门1985年2月8日台财税第11700号函。

例外于其申报内容显然有重大错误，如不许依更正请求以外之方法加以救济者，则可认为有显然损害纳税义务人之利益的特别情事为限，亦得主张申报内容错误，适用《日本民法》第95条规定，其申报无效。

德国学者对于税捐申报之瑕疵，亦倾向于认为：

(1)在课税处分发布之前，纳税义务人可无限制的予以更正申报。

(2)在课税处分发布之后，如其申报之瑕疵影响课税处分之合法性者，亦可依提起税务行政救济方式除去申报之瑕疵。

(3)如课税处分已具有形式的确定力，则仅于具备破坏课税处分之存续力的要件时，其更正或重新提出之申报始足以影响课税处分。①

(4)纳税义务人如短漏报税捐者，应于核课期间届满前，提出修正申报(《德国税捐通则》第153条)。

中国台湾地区对于税捐申报错误，究应如何更正，固无明文规定，唯解释上应准予更正错误申报，但如原先申报时故意短漏报税捐时，则嗣后补报，涉及自动报缴免罚适用问题。

第三节　课税处分

一、意义

课税处分(Steuerbescheid，Steuerfestsetzung)乃是对于税捐债务人，核定税捐债权人的税捐债权的税捐行政处分。课税处分将根据法律所发生的税捐债权加以具体化，因此，稽征机关以及税捐债务人均受该课税处分的拘束，课税处分并为强制执行的根据。

税捐请求权系依法律之规定而成立。故租税之核课及免除决定，其性质上为确认性质之行政处分，即确认符合课税法定要件之税额或免征

① Birkenfeld，Erklarergen des. Steuerpflichtigen und Steuerverwaltungsakt，StuW. 1977，S. 31 f.；Tipke/Kruse，AO，Vor § 149 Tz. 5.

之法定要件，其本身并非创设权利，因课税要件之成立或减免系依据法律规定而成立或减免(2005 判 1605)。在例外情形中，当税捐核定超过法定税捐债务部分时，则具有创设效果。①

唯一般之税捐义务人，并无能力就其所实现之事实适用法律，因此必须由稽征机关就所成立之税捐额度，以课税处分作成有拘束力之决定。如稽征机关以课税处分核定依法律所未成立之税捐，而该课税处分发生存续力时，即发生形成之效力。②

课税处分与法院判决有其类似之处，二者均是根据事实的调查之后才作成决定；且均要求将某一个事实关系涵摄到一个或数个法律规定中，并应于相同程度的范围内确认什么是“法”。但课税处分与法院判决两者也有重大差异，稽征程序上的事实调查与法院程序上的事实调查，各具有不同的正式性，且关于确定力方面，也有重大差异。

二、课税处分的作成

(一)作成义务

依据税捐法定主义之程序法上合法性原则，稽征机关对于一切满足课税要件的税捐债务人，原则上有强制核课及征收税捐的义务。稽征机关对于课税与否，并无行政裁量权。

因此，稽征机关在阐明事实后，原则上应就税捐债权为决定。如确有税捐债权之存在，除法律另有规定者外，应以课税处分核定税捐。盖合法及公平之课征租税，不仅为稽征机关行为之限制，同时亦为其努力之目标。因此，除法律另有特别规定者外，稽征机关并不得以恣意或裁量，决定是否对已成立之税捐作成核定。

---

① 亦有学者认为税捐核课中之“核”，乃是对于特定课税要件事实之认定，“课”则是特定税额的决定。税捐核课权，具有强大的确认力与形成力，因税捐之核课公权力作用，而使税捐债务归于确定，因此具有形成权作用或高度形成作用之确认权。参见李惠宗：《税法上核课期间问题之探讨——兼谈万年税单的消除之道》，载《台湾法学杂志》2016 年第 295 期。

② 《德国租税通则》，陈敏译，第 174 页。

(二)作成请求权

由于课税处分的作成,是对于税捐义务人课以义务负担,因此,税捐义务人原则上对于课税处分的作成,并无法律上请求权。唯依各税法的规定,则可能成立此种请求权。例如,土地所有权移转应先缴纳土地增值税后,始得办理移转登记(中国台湾地区“土地税法”第 49 条第 3 项),故土地所有权移转之权利人及义务人对于土地增值税之课征或核发免税证明(中国台湾地区“平均地权条例”第 47 条之 2),即享有法律上利益,解释上应成立课税或核发免税证明之请求权。

又如,办理遗产或赠与财产之产权移转登记时,应先检附税款缴清证明书或核定免税或不计入课税财产之证明书(中国台湾地区“遗产及赠与税法”第 42 条),故税捐义务人对于遗产税或赠与税之课税处分之作成或免税证明书之核发,应享有法律上请求权。

再如,“已逾核课期间之遗产税、赠与税及契税案件,稽征机关应核发逾核课期间案件同意移转证明书,俾便纳税义务人持凭办理移转登记。”①

(三)书面

中国台湾地区“行政程序法”第 95 条规定:行政处分除“法规”另有要式之规定者外,得以书面、言辞或其他方式为之。以书面以外方式所为之行政处分,其相对人或利害关系人有正当理由要求作成书面时,处分机关不得拒绝。

由于课税处分关系税捐债务人之权益至巨,故各个税法概规定核定税捐之课税处分应以书面为之。此种书面之课税处分应说明经核定之税捐之种类及数额,并指明负有税捐债务之人。例如,中国台湾地区“所得税法”第 81 条第 1 项规定,“该管稽征机关应依其查核结果,填具‘核定税额通知书’,连同各计算项目之核定数额送达纳税义务人”,中国台湾地区“遗产及赠与税法”第 29 条规定缮发《纳税通知书》,均是。

---

① 中国台湾地区财政事务主管部门 1985 年 7 月 23 日台财税第 19293 号函。

又中国台湾地区“税捐稽征法”第16条即规定:“缴纳通知文书,应载明缴纳义务人之姓名或名称、地址、税别、税额、税率、缴纳期限等项,由税捐稽征机关填发”,俾明确征纳双方的权利义务,并免错误。此种缴纳通知文书即缴款书(俗称税单),乃是对于特定的纳税义务人,命令其将特定税额于指定的缴纳期间内缴纳税款之给付的下命行为。而《核定税额通知书》则是确认课税要件事实的存在并具体的确认其税捐债务的“准法律行为之行政行为”的确认行为。在依税法规定,稽征机关应填发《核定税额通知书》及《缴款书》的情形,其课税处分之文书应系指该核定税额通知书而言。反之,在依税法规定,只填发《缴款书》而不填发《核定税额通知书》的情形,其课税处分文书则亦指该缴款书,此时该缴款书,即兼具确认税捐债务存在之确认行为及命给付税款之下命行为之双重性质。

如依税法规定,应以书面核定税捐,而未以书面之时,则其处分因欠缺法定方式的要求,应属无效。

依中国台湾地区“行政程序法”第96条第1项第2款规定,书面行政处分应载明主旨、事实、理由及“法令”依据。其中课税处分之主旨应包括纳税义务人、税目及应纳税额。又为维护纳税义务人的行政救济权利,书面的课税处分也应载明关于纳税人如有不服,可以有何种法律救济途径(如申请复查)以及应于什么期间内及向哪一个机关提出行政救济的教示(中国台湾地区“行政程序法”第96条第1项第6款)。倘若未尽行政救济的教示义务,则适用中国台湾地区“行政程序法”第98条规定:“处分机关告知之救济期间有错误时,应由该机关以通知更正之,并自通知送达之翌日起算法定期间。处分机关告知之救济期间较法定期间为长者,处分机关虽以通知更正,如相对人或利害关系人信赖原告知之救济期间,致无法于法定期间内提起救济,而于原告知之期间内为之者,视为于法定期间内所为。处分机关未告知救济期间或告知错误未为更正,致相对人或利害关系人迟误者,如自处分书送达后一年内声明不服时,视为于法定期间内所为。”以及中国台湾地区“行政程序法”第99条规定:“对于行政处分声明不服,因处分机关未为告知或告知错误致向无管辖权之机关为之者,该机关应于十日内移送有管辖权之机关,并通知当事人。前项情形,视为自始向有管辖权之机关声明不服。”。

(四)理由附记

课税处分核定税额之通知书,原则上应载明其处分主旨、事实、理由及法令依据。其中处分事实及理由,即应载明其课税基础的认定以及导出税捐债务的计算方式。以便纳税义务人了解其内容,并有检证各计算项目数额正确性的可能,俾决定是否提起行政救济(1963 判 272 判例)。倘若课税处分未附记事实及理由,则具有程序瑕疵,得于诉愿程序终结前补正(事后记载理由)(中国台湾地区“行政程序法”第 114 条);并得补记理由于复查决定中。如因课税处分未依规定记明理由,致使当事人未能于法定期间内声明不服者,依中国台湾地区“行政程序法”第 114 条规定:“当事人因补正行为致未能于法定期间内声明不服者,其期间之迟误视为不应归责于该当事人之事由,其回复原状期间自该瑕疵补正时起算。”即其迟误救济期间视为不可归责于当事人,应准许回复原状。

(五)事先听取当事人意见?

中国台湾地区“行政程序法”第 102 条规定,行政机关作成限制或剥夺民众自由或权利之行政处分前,除已依第 39 条规定,通知处分相对人陈述意见,或决定举行听证者外,应给予该处分相对人陈述意见之机会。但“法规”另有规定者,从其规定。课税处分亦属于限制或剥夺民众自由或权利之行政处分,如能事先给予民众陈述意见之机会,当有助于事实之阐明,提升行政处分之正确性,避免事后行政救济之提起。唯因课税处分为大量反复之行政处分,如不分事件之大小与影响民众权益之轻重,均应事先听取当事人意见时,则势必严重妨害稽征行政效率,而欠缺可行性,再加上对于课税处分如有不服,于提起诉愿之前,可先向原处分机关申请复查,可充分给予陈述意见机会。因此,中国台湾地区“行政程序法”第 103 条第 7 款规定应先申请复查争行政程序者,行政机关得不给予陈述意见之机会。

因此,在课税处分作成之前,是否给予陈述意见之机会,原则上应属稽征机关的行政裁量范围。

但是在下述情形中,稽征机关似应考虑在不严重妨害公益之情形下,事先给予陈述意见之机会,以免造成突袭性决定,致使纳税义务人蒙受不必要之精神上痛苦:

1. 对于税捐申报书上所记载事实上陈述或申请,有不利于纳税义务人之重大出入之决定时。[①]

2. 对于重大短漏税捐案件,进行补税处分或科处罚锾处分时。

三、课税处分的种类

课税处分概可区分为一般的课税处分,保留事后调查的课税处分以及暂时性的课税处分三种。兹分述之。

(一)一般的课税处分

一般的课税处分乃是终局的课税处分(Endgültige Steuerfestsetzung),被课税的税捐义务人所获得的核定税捐处分,产生存续力,而只在一定要件下可以加以变更。如果稽征机关已经终局的核定税捐或核发免税证明,则除涉及实地调查或税务违章案件之调查外,原则上即不得再续行调查行为。

一般课税处分确定之后,不得仅因嗣后法律见解有异,就业经课税处分确定之案件,重为较不利之审定处分。即嗣后稽征机关如发现原处分确有错误短征情事,为维持课税公平原则,并基于公益上之理由,虽非不可自行变更原确定之查定处分,而补征其应征税额,然此之所谓发现确有错误短征,应系指原处分确定后发现新事实或新课税数据,足资证明原处分确有错误短征情形者而言。如其课税事实数据未变,仅因嗣后法律见解有异,致课税之标准有异时,按诸从新从优原则之法理,即不得凭借新见解重为不利纳税义务人之处分(参见中国台湾地区“最高行政法院”2000年判字第2467号判决)。

---

① 参见《德国税捐通则》第91条。

（二）保留事后调查的课税处分

《德国税捐通则》第 164 条规定，保留事后调查之税捐核定如下。

"租税事件未经终结之调查者，得普遍或在个别事件中，基于事后调查之保留（Vorbehalt der Nachprüfung）作成租税之核定，而无须就此附具理由。预缴之核定，皆为基于事后调查之保留之租税核定。"

此一规定许可稽征机关，于直到租税义务人之申报后，基于事后调查之保留，不经事实及法律上真实性之调查，或仅作表面之调查，径依租税义务人所提供之资料核定租税。此种保留事后调查之租税核定，与暂时之租税核定（vorläufige Steuerfestsetzung）不同。在作成暂时之租税核定后，尚须作成终结之租税核定，或作成终结之声明。在作成保留事后调查之租税核定后，则无须再作成终结之租税核定，亦无须作成终结之声明。该租税核定因届满核定期间，即自动发生终结之效力。[①]

又为维护税捐义务人的权益，使其纳税义务早日确定，税捐义务人得随时请求撤销或变更该保留事后调查的课税处分。

此种保留事后调查的课税处分，例如，中国台湾地区"关税法"第 5 条之 1 第 1 项规定："为加速进口货物通关，海关得按纳税义务人申报之税捐号别及完税价格，先行征税验放，事后再加审查；如有应退应补税款者，应于货物放行后六个月内，通知纳税义务人，逾期视为业经核定。"依此规定"先行征税"之课税处分，其税捐事件尚未经终局的调查，故属保留事后审查之课税处分。

就此有关投资股份有限公司营利事业所得税结算申报，并经税捐稽征机关书面审核核定后，未申请复查或行政救济终结，稽征机关得否以嗣后作成之中国台湾地区财政事务主管部门某某函释，以其系以买卖有价证券为专业重为核定。之法律问题，中国台湾地区"最高行政法院"2003 年度 5 月庭长法官联席会议决议亦谓中国台湾地区财政事务主管部门函释系阐明法规原意，应自其生效之日起有其适用，故得重为核定。又营利事业所得税系委托会计师查核签证申报，虽前经书面审核，并未列选及调账查

① 《德国租税通则》，陈敏译，第 182 页。

核,唯依据营利事业所得税结算申报书面审核案件抽查办法第 3 条第 1 款规定,会计师查核签证申报案件,经书面审核核定者,仍应列入抽查范围。

对于此种书面审查暂行核定者,实务上有认为:“其性质乃于核课期间内,税捐稽征机关保留事后抽查之租税核定,并不以有新事实或新证据为抽查之要件,则被上诉人于书面审查暂行核定后,在法定之核课期间内,仍得通知纳税义务人应提示有关各种证明所得额之账簿、文据供核,其未提示者,被上诉人得依查得之数据或同业利润标准,核定其所得额。”(2003 年判字第 1024 号判决)

保留嗣后调查之税捐核定,在税捐核课期间届满之前,均可续行调查重行核定。保留嗣后调查之保留,在核课期间经过之后,该项保留即丧失,而无庸再撤销该项保留。

保留嗣后调查之税捐核定作成后,将来如果稽征机关续行调查结果,发现原课税处分违法,则可以为有利于纳税人或不利于纳税人之撤销或变更。甚至可以多次为变更。[①] 将来如为不利于纳税人之变更,纳税人将来也不得以违反诚信原则或信赖保护作为对抗。[②]

保留嗣后调查之税捐核定,此一“保留”属于行政处分之“附款”性质,其附款属于非独立的附款,不得独立争讼;否则,税捐核定在尚未进行终结调查之基础下,即发生存续力,将违背稽征机关本来之意思。因此,纳税义务人对于课税处分“保留嗣后调查”之附款,如有不服,原则上也仅能请求撤销课税处分之整体。[③] 但在例外情形中,倘若有关课税事实关系已经终局的充分调查明确,稽征机关本应作成没有附款的课税处分时,则单独争执请求撤销该项保留附款,也仍应合法。[④]

(三)暂时性的课税处分

1. 意义

暂时性的课税处分,是指暂时核定税捐,而在暂时核定之范围内,不

① Seer, in: Tipke/Kruse, AO, 2009, § 164 Tz. 39 f.
② Seer, in: Tipke/Kruse, AO, 2009, § 164 Tz. 36.
③ Hübschmann/Hepp/Spitaler, AO, Kommentar, 2006, § 164 Rz. 10, 49.
④ Seer, in: Tipke/Kruse, AO, 2009, § 164 Tz. 57.

发生课税处分之实质的存续力。[①] "税捐之成立要件是否发生及其范围不明时,得为暂时之核定。其暂时性之范围及理由应说明之。"(参见《德国税捐通则》第 165 条第 1 项第 1 句、第 2 句)

又在下述情形,基于程序经济之理由,也可以作成暂时性课税处分(参照《德国租税通则》第 162 条第 1 项规定):

①对于纳税义务人有利之国际租税协议(例如,避免重复课税协议),是否以及何时将对于课税处分发生效力尚不明确时。

②法官解释宣告税法规定违宪,而立法者有义务制定新法重建合宪法律秩序溯及生效适用时。

③税捐法令是否抵触上位阶法规范之问题,正由司法机关(司法机构受理解释中或最高一级行政法院受理中)审理时。

④税法的解释,目前为最高一级行政法院之裁判标的时。

按税捐债务之成立要件是否发生,或其发生之范围不明时,不能就该税捐作成终局之核定。唯如久未核定,则对征纳双方皆有不利。稽征机关如仅对事实之各别之点有所不明,至于其他部分已然明确,若必等澄清全部事实,始作成税捐核定,则税捐义务人因而享有不合理之利益。财政不应因部分事实之不明,而放弃全部税捐之收入。

反之,就税捐义务人言之,税捐义务人得基于税捐核定而请求退税时,亦利于早日作成税捐核定。所以应容许稽征机关在一定之条件下,作成暂时性的课税处分。[②]

此种暂时性课税处分,例如被继承人有甲、乙、丙三位子女为其继承人,另有丁是否为亲生子女,因身份不明,尚在提起确认继承权存在之诉,于此情形中,在继承权之诉讼尚未裁判确定之前,稽征机关得对于甲、乙、丙三人暂时核定遗产税。

又如,某一土地是否属于继承遗产范围,仍在争讼中,则稽征机关得对于其他无争议之遗产暂时核定遗产税,待将来该土地产权归属判决确

① 详见陈清秀:《暂时性行政处分——以德国立法例及学说实务见解为中心》,载陈清秀:《现代财税法原理》2015 年版,第 274 页以下。

② 《德国租税通则》,陈敏译,第 183 页。

定之后，再作成终局的核定。

2. 效力

暂时性处分，在作成后，原则上也适用一般行政处分之法则。其尚非终局的处分，故在其暂时性之范围内，并不发生实质的“存续力”（Bestandskraft）。但暂时性处分仍与一般课税处分相同，使税捐债务清偿期届至，若未经提起复查行政救济，则亦发生“形式上确定力”。此一处分也具有执行力，并可强制执行。如果涉及逃漏税捐行为，也于作成暂时性处分时，发生“逃漏”税捐之结果。依据暂时性处分，也可以请求退还溢缴税款。[①]

暂时性处分，在稽征机关违法的表示其暂时性，但并未因其违法瑕疵而被撤销时，则仍发生暂时性处分之效力，原则上仅是得撤销而已，并非当然无效。

3. 变更可能性

课税处分在暂时性范围内，得加以变更。如果其课税要件之不明情况已经无法排除时，则可撤销或变更该暂时性处分。于此情形，通常仍可进行推计课税。[②]

在其不明情况排除后，则原暂时性税捐核定处分，应予撤销或变更，或表示其为终结之核定。在此情形，稽征机关应本于职权处理。纳税义务人也可以随时申请作成终局的课税处分。倘其申请被拒绝时，则可循课予义务诉讼程序救济。如果其不明情况只是部分排除，则仅就该排除部分进行撤销或变更处分，其余不明部分，仍维持暂时性。

4. 权利救济

对于暂时性处分如有不服，也与一般行政处分相同，可以提出申请复查、诉愿及撤销行政诉讼。在权利救济程序上，可以主张：[③]

a. 不应作成暂时性之课税处分，即因为不具备税法所规定之暂时性处分要件，或者虽然课税前提要件不明，但应考虑“停止”作成课税处分，

---

① Seer, in: Tipke/Kruse, AO, 2009, § 165 Tz. 37.

② Seer, in: Tipke/Kruse, AO, 2009, § 165 Tz. 39/42.

③ Seer, in: Tipke/Kruse, AO, 2009, § 165 Tz. 49.

而非作成暂时性课税处分。经由违法的表示暂时性之处分,可能损害纳税义务人之权利。然而,德国联邦财务法院以往则有判决不准纳税义务人单独请求撤销该暂时性附款,理由是在暂时性附款违法之情形,应撤销全部处分,使稽征机关有机会对于全部的事实关系重新进行调查①。在此如果该暂时性附款之违法性,足以影响整体处分时,则其见解应属妥当。

b. 暂时行处分之内容,尤其关于金额数量之核定,并不正确。

上述两种情形,均可能一并存在。

四、课税处分的可分性

(一)概说

行政处分的可分性问题,涉及行政处分可否部分争讼以及部分撤销,而在行政救济上具有其意义。

在一般行政法上,于行政处分具有可分性,而其可分离之构成部分作为独立的行政处分,仍可维持其存在时,其处分即可予以部分废弃。可分性之问题,尤其涉及行政处分之实体的规制内容(materielle Regelung),倘一个形式的行政处分包含数个实质的行政处分,则其具有可分性,至为明显。又在以金钱给付或可分之实质给付为内容之行政处分;或多数独立的行政处分,外观上总括于一个行政处分之中(例如,一个缴款书中包含本税、滞纳金及利息等数个不同的核定处分),其处分亦均具有可分性。此外,行政处分之有瑕疵的部分予以分离之后,其剩余部分之内容,仍可作为独立的行政处分而继续存在时(例如,违法附条件之许可,作为未附条件之许可),其处分亦具有可分性。②

(二)判断标准

行政处分之可分性,原则上系就其处分所作成规制(Regelung)内容

① BFH BStBl. 90,278.

② 陈清秀:《税务诉讼之诉讼标的》,第 106 页以下。

之客观上可分性为决定标准。

因此,如行政处分之内容的一部分可从该处分加以分离,而该行政处分并不因此丧失其存在资格(未丧失其独立性及行政处分资格)或变更其本质时,则其处分即具有可分性。

例如,以金钱给付为内容之行政处分,一般具有可分性,乃属典型之例,就税法上之行政处分而言,核定税捐债务关系请求权之处分,包括课税处分、赔缴处分,加征滞纳金、利息、滞报金及怠报金之处分,核定退税之处分等,由于其金钱给付债务之有无及多寡,稽征机关并无裁量决定权限,而是以法律强制规定,故此类行政处分如一部合法、一部违法,则就合法部分稽征机关有义务作成处分,即此合法部分应维持其存在,故此类处分即具有可分性。

反之,如行政处分的规制内容,彼此并非可独立存在,而是立于紧密的交替关系,其中一个规制内容如欠缺另一个规制内容即不能独立存在时,即无可分性。

(三)课税处分的可分性

课税处分的可分性,可从两个方面说明。就课税处分之税额可分性而言,乃是指课税处分所核定整体的税捐债权可按照金额数量,划分为多数的部分金额。例如,核定税额 1 万元,即可分割为两个 5000 元的部分金额。

至于课税处分就其个别的课税基础,是否具有可分性,则有争议。[①]在此,所谓课税基础,并非单纯的构成具体的生活事实之各种事实,而是与课税相连结之法律上总括概念,如特定的所得种类及其数量、盈余、收益、财产单位及其价值、销售、特别支出之金额等,均属之。一个课税处分原则上植基于多数的课税基础。

1. 肯定说

有学者认为,课税处分在“概念思考上”,对应于具体的、按其价值可特定的课税基础(计算因素),并非不能分割成不同的部分。因此,各个

---

① 详见陈清秀:《税务诉讼之诉讼标的》,第 119 页以下。

课税基础似得被核定作为具体案件(部分事实关系)之独立的规制,在此范围内,似可谓课税处分按照其基础理由而具有可分性。此项见解,即构成争点主义之诉讼标的理论基础。中国台湾地区实务上即采此见解。

例如,中国台湾地区“行政法院”1973 年判字第 96 号判例指明,本件原告 1967 年度营利事业所得税结算申报,经被告行政机关调查核定后,仅以原料耗用部分申请复查,对于折旧部分并无异议,是其就折旧部分,一并提起诉愿,自非所许。中国台湾地区台中“高等行政法院”2002 年度诉字第 271 号判决。根据诉讼实务,就租税行政救济之诉讼标的系采争点主义,不采总额主义(“行政法院”1973 年度判字第 96 号判例参照),认各个课税基础具有可分性,故撤销诉讼之争点须经前置程序中主张,始可于行政诉讼程序中加以争执。①

2. 否定说

学者另有谓个别的课税基础在逻辑上或性质上固然具有可分性,但依据税法规定,原则上并不许对于个别的课税基础,以一个特别的行政处分加以独立的确认,而毋宁是被包含于课税处分之中,其所认定之课税基础,乃是课税处分之非独立的构成部分。且仅于税捐行政处分之主文即结果违法并损害原告权利时,始应撤销或变更原处分,至于个别的课税基础之确认,原则上并不发生法律上之拘束力,因此,对于原告之权利并不能产生损害,故在法律上以及税务争讼上,课税基础可谓欠缺可分性,不得对于课税处分中作为先决问题所确认之个别课税基础,就其中部分个别的课税基础予以分割独立为争讼。此项见解,即为总额主义之诉讼标的理论之基础。

本书认为争点主义的观点,使行政处分一部先行确定,剥夺纳税义务人的行政救济权利,且亦不符合行政救济程序上之职权探知(调查)主义的精神,加上课税处分各项课税基础互有牵连关系,在事件性质上也不宜

---

① 同说,中国台湾地区高雄“高等行政法院”2001 年诉字第 2063 号裁定,根据实务上见解向持“争点主义”,即认课税处分对应于各个课税基础,具有可分性,而可对各个课税基础所表示部分加以争讼。——本件原告系对补征税额不服,补征税额相对于应纳税额自属一可分之行政处分,当可作为救济之标的。然因,原告并未对剔除扶养亲属部分有何争议,此部分因未申请复查及提起诉愿即已告确定。同说,高雄“高等行政法院”2002 年诉字第 491 号裁定。

部分先行确定，如收入增加，则相对的成本费用也配合增加，因此如果有关收入有无之争执，相对的也应影响于成本费用有无之认定，故理论上不宜只就收入项目进行审理，而于事后排斥纳税人对于成本费用之争执，否则将无法追求确认正确的应纳税额，以致违反量能课税之精神。因此，争点主义固然便于“行政法院”审理及裁判，有利于诉讼程序进行之“迅速经济”（减轻法官负担），但却以牺牲“正确课税之税捐正义”（牺牲正确课税之公共利益与纳税人合法权益）为代价，且导致剥夺民众的诉讼权利之结果，故为德国及日本通说及实务见解所不采，颇值得省思。

五、课税处分的效力

（一）课税处分的通知及生效

1. 通知

中国台湾地区“行政程序法”第 100 条第 1 项规定：“书面之行政处分，应送达相对人及已知之利害关系人；书面以外之行政处分，应以其他适当方法通知或使其知悉。”在书面的课税处分，各个“税法”多以特别规定核定税额通知书或税额缴款书应送达纳税义务人（如中国台湾地区“所得税法”第 81 条第 1 项、“遗产及赠与税法”第 29 条及“土地税法”第 49 条第 2 项）。如果纳税义务人有数人时，原则上也应送达于各个纳税义务人，始分别对之发生效力。即送达为课税处分生效的前提要件。中国台湾地区“行政程序法”第 110 条即规定：书面之行政处分自送达相对人及已知之利害关系人起；书面以外之行政处分自以其他适当方法通知或使其知悉时起，依送达、通知或使知悉之内容对其发生效力。

课税处分在未送达纳税义务人之前，该项处分尚不存在，甚至于尚无行政处分存在。[①] 而仅单纯属于稽征机关内部文书，可随时加以更正或废弃。如果课税处分书并未合法直接送达处分相对人，而是交给纳税义务人之邻居，在 10 日后该邻居才转交给纳税义务人时，则在纳税义务人

① Tipke/Lang，Steuerrecht，20. Aufl. ，2010，§21 Rz. 59.

实际收到时,即实际知悉时,该课税处分才开始生效。①

实务上亦认为纳税人之实体上纳税义务是在实现课税要件事实时即已经发生,故在行政执行前,虽未合法送达纳税义务人课税处分书,但于其知悉有上开课税处分存在时,充其量仅能由纳税义务人循行政救济程序请求为撤销,原处分尚未经撤销、废止或因其他事由而失效,其课税处分之效力仍继续存在(参见中国台湾地区"行政程序法"第110条第3项规定)(2009判522)。

如果以死亡者为课税处分相对人而为送达,因纳税义务人不存在,不得为处分相对人,也不可能送达使其知悉,故该课税处分应属无效。②

2. 送达

税单除送达纳税义务人本人外,也得对其代理人、代表人、经理人或管理人为送达。本人在服役中,得向其父母或配偶送达,无父母或配偶者,得委托服役单位代为送达。又土地税单及房屋税单则可以现使用人为受送达人(中国台湾地区"税捐稽征法"第19条第1项、第2项)。

在纳税义务人为公司组织的情形,如其代表人已经变更时,则课税处分应对于新的代表人送达,否则如对旧代表人送达,即不生送达效力,应重新送达。至于旧代表人,自无权代表纳税义务人公司提起行政救济程序,其以该无权代表人为代表人所作成之复查决定及诉愿决定,均属违反规定,应予撤销。③

中国台湾地区"税捐稽征法"第19条第1项所谓之管理人,系指依一定资格为他人管理财产者而言,如破产管理人、遗产管理人、失踪人财产管理人、祭祀公业管理人等,单纯为他人服务或处理事务之受雇人、受任人等,尚难认系此之管理人。④

在财团法人之寺庙代表人死亡而未及改选新任代表人的情形,以往实务上有认为稽征机关为送达核定税额缴款书时,原应对其代表人为之,而其时因该法人既无代表人,则虽核定税额缴款书已由寺庙有关人员收

① Tipke/Lang,Steuerrecht,20. Aufl.,2010,§21 Rz. 75.

② Jakob,Abgabenordnung,5. Aufl.,2010,S. 116.

③ 中国台湾地区台中"高等行政法院"2001年诉字第122号判决。

④ 中国台湾地区"最高行政法院"2002年裁字第472号裁定。

受,尚难认已发生送达纳税义务人之效力,其申请复查之期间即无从开始。①

3. 寄存送达

在应受送达人拒绝收受税单时,稽征机关可采取"寄存送达"方式,即得将文书寄存送达地之自治或警察机关,并作成送达通知书,粘贴于应受送达人之住所、居所、事务所或营业所门首,以为送达(中国台湾地区"税捐稽征法"第18条第1项)。如其行踪不明,稽征机关应先向户籍机关查明,如仍无着落时,始应采取"公示送达"方式(中国台湾地区"税捐稽征法"第18条第2项)。即牌示处粘贴,并于新闻纸登载公告,晓示应受送达人,应随时向其领取。其以公示送达者,自将公告粘贴牌示处并自登载新闻纸之日起经20日,发生送达效力(中国台湾地区"税捐稽征法"第18条第3项)。

4. 留置送达

又依中国台湾地区"行政程序法"第73条规定:"于应送达处所不获会晤应受送达人时,得将文书付与有辨别事理能力之同居人、受雇人或应送达处所之接收邮件人员。前项规定于前项人员与应受送达人在该行政程序上利害关系相反者,不适用之。应受送达人或其同居人、受雇人、接收邮件人员无正当理由拒绝收领文书时,得将文书留置于应送达处所,以为送达。"此即所谓"留置送达"。在稽征程序上亦可适用之。例如,送达于依管理规约有代收文件权限之公寓大厦管理委员会之管理员,由其以管理委员会之名义代收并加上个人签章,已完成代收文件之程序(中国台湾地区高雄"高等行政法院"2002年度诉字第1007号裁定)。

5. 视为送达之问题

以往中国台湾地区"税捐稽征法"第19条第3项规定,课税处分书对于公同共有人中之一人为送达者,其效力及于全体。准此,遗产税缴纳通知书上载有多位纳税义务人者,如对其中之一人为送达,其送达效力及于全体。② 因此,倘若继承人之一收受税单后,未于法定期间内提出行政救

① 中国台湾地区台北"高等行政法院"2002年10月31日2002年诉更一字第8号判决。

② 中国台湾地区财政事务主管部门1983年11月23日台财税第38330号函。

济而告确定时，则全案已告确定，其他继承人亦不得再提起行政救济。①

上述规定，固然是基于稽征便宜考虑而设。唯对于未实际送达之其他公同共有人，在不知悉课税处分之下，竟亦发生课税处分确定效力，实质上剥夺其提起行政救济之权利，又在不知情下，竟又须受课征逾期缴纳之滞纳金处罚，显非合理，故该规定实有抵触保障民众诉讼权及财产权之嫌，释字第663号解释亦认为此一规定，不符正当法律程序之要求，致侵害未受送达之公同共有人之诉愿、诉讼权，与保障民众诉讼权之意旨有违，应自本解释公布之日起，至迟于届满2年时，失其效力。

2011年4月26日修正中国台湾地区“税捐稽征法”第19条第3项有关公同共有人之送达：“纳税义务人为全体公同共有人者，缴款书得仅向其中一人送达；税捐稽征机关应另缮发核定税额通知书并载明缴款书受送达者及缴纳期间，于开始缴纳税捐日期前送达全体公同共有人。但公同共有人有无不明者，得以公告代之，并自粘贴公告栏之翌日起发生效力。”

但考虑公同共有人人数众多，时有变动或成员不明，税捐稽征机关掌握不易，如有税捐稽征机关纵已进行相当之调查程序，仍无法或显难查得其他公同共有人之情形，为符正当法律程序，爰增订第3项但书规定税捐稽征机关对于公同共有人有无不明者，得以公告取代个别送达核定税额通知书，并自粘贴公告栏翌日起发生效力，该公告之内容与核定税额通知书之内容相同。

配合有关对于公同共有人之送达规定，同时修正中国台湾地区“税捐稽征法”第35条有关行政救济规定，即依第19条第3项规定受送达核定税额通知书或以公告代之者，应于核定税额通知书或公告所载应纳税额或应补征税额缴纳期间届满之翌日起30日内，申请复查。纳税义务人为全体公同共有人者，税捐稽征机关应于公同共有人最后得申请复查之期间届满之翌日起2个月内，就分别申请之数宗复查合并

① 中国台湾地区台中“高等行政法院”2002年12月18日2002年度诉字第599号裁定。

决定。

6. 公告代替送达

为简化稽征作业程序,税法也引进公告代替送达方式。例如,中国台湾地区“所得税法”第 81 条第 3 项规定,综合所得税结算申报案件,经查核结果,如依申报应退税款办理退税、无应补或应退税款或应补或应退税款符合免征或免退规定之情形之一者,该管稽征机关得以公告方式,载明申报业经核定,代替核定税额通知书之填具及送达。

7. 课税处分送达后,对于第三人之效力

地价税、房屋税等财产税之征收,本以所有权人为征收之对象,唯如土地、房屋之所有权人行踪不明时,依税法规定应由使用土地、房屋之人,代为缴纳。假定税捐机关已以该项代缴义务人为开征催缴之对象,合乎规定送达税单,则以此项税单为执行名义时,可否对欠税人(所有权人)之财产执行?

中国台湾地区司法行政事务主管部门 1975 年 4 月 30 日台(1975)函民字第 03726 号函认为,财产税虽以土地、房屋之所有权人为征收对象,唯实际上则为对于该土地、房屋所课之税赋,“法律”规定所有权人行踪不明时,由使用人代为缴纳者,不过一种权宜之计,目的在利于税赋之征收,并非免除欠税人纳税之义务,故税单虽系向使用人送达,仍非不可对欠税人(所有权人)之财产为执行。

上述见解认为课税处分送达后,对于第三人亦即本来的纳税义务人也发生效力,而可对其财产强制执行。唯查课税处分既然并未对该第三人送达,则依中国台湾地区“行政程序法”第 110 条第 1 项规定,应不发生效力,也不发生行政处分的执行力,自仍应重新对该第三人送达,于发生处分效力后,始能对之强制执行。

(二)形式的确定力

课税处分的形式上确定力,是指对于课税处分已不能再循权利救济方法加以争执而告确定的效力而言,故课税处分形式上确定,系指下述各种情形(中国台湾地区“税捐稽征法”第 34 条第 3 项)。

1. 经税捐稽征机关核定之案件,纳税义务人未依法申请复查而告确定者。

2. 经复查决定，纳税义务人未依法提起诉愿而告确定者。

3. 经诉愿决定，纳税义务人未依法提起行政诉讼而使原处分确定者。

4. 经行政诉讼判决维持原处分而因已不得再声明不服而告确定者。

在课税处分确定后，原处分机关如认其为不合法或错误不当者，则为维护纳税义务人之利益，本于行政上之职权作用，原得依中国台湾地区“行政程序法”第117条规定，为有利于纳税人而自行撤销或更正，以贯彻依法行政原则。尤其在有明显重大违法瑕疵或重大事实误认而导致严重损害纳税人权益之情形，更应有义务本于职权撤销变更之。

又课税处分经复查、诉愿决定确定后，原处分机关仍得为有利于民众之撤销或变更。

（三）存续力

1. 概说

在课税处分确定之后，即不得任意对于纳税人为不利益之撤销或变更，此即所谓课税处分的存续力。

在课税处分形式上确定之后，可否以其违法或错误为理由，予以撤销变更，涉及法安定性原则与依法课税原则之冲突。

依照信赖保护及法律安定之原则，不仅要求依法律之规定进行行政程序，在行政程序终结，所作成之课税处分不正确时，亦要求维持该课税处分，因此反对突破课税处分之存续力。反之，依实质之法律正确性原则，则要求作成种类及额度皆正确之税捐核定，因此要求突破课税处分之存续力，废弃或变更不正确之税捐裁决。

一方面，税捐行政处分为考虑民众的信赖保护，应尽可能提高其存续力；另一方面为使税捐稽征机关早日核定税额，则有必要承认迅速概略核定税捐的制度，《德国税捐通则》即承认保留事后调查的课税处分以及暂时性课税处分，也就是承认税捐行政处分附加上述附款，并使处分相对人知悉，事后稽征机关可以再详为调查作成终局的核定税捐处分,而撤销变更原处分,并不受职权撤销或废止的限制拘束。中国台湾地区实务上采取书面审核制度,保留事后调查的权限,概也采取此一见解。

2. 违法课税处分的职权撤销

课税处分在自始适用“法令”错误或事实认定错误的情形,于确定之后,即涉及是否应依据职权撤销的问题(中国台湾地区“行政程序法”第117条)。至于行政处分合法作成之后,事后因为情势变更而构成违法者,则属行政处分的“废止”问题。

有关违法课税处分的职权撤销,可分下述情形说明之。

(1)溢征税款之课税处分的撤销变更

在此情形,为维护纳税义务人的权益,原则上稽征机关可本于行政裁量自由撤销变更原来的溢征税款之课税处分,减少应纳税额,以回复合法状态,盖合法课税亦属于维护公共利益。

在稽征机关事后发现新事实或新证据足以认定应减少纳税时,基于课税合法性原则,既然课税事实认定错误,除有可归责于纳税义务人之故意或重大过失之情形外,稽征机关有义务重为实体上正确之核定(并无裁量权)。[①] 倘若因为纳税义务人之故意或重大过失,导致嗣后才发现新事实或新证据时,则得不为有利于纳税人之变更,以维持法安定性。[②]

倘若其事件牵连过广,影响公库税入过巨,其撤销变更对公益有重大危害者,方始不得撤销。

(2)短征税款之课税处分的撤销变更(补税处分)

于此情形中,如果稽征机关嗣后发现新事实或新证据应补税时,原则上应变更原核定课税处分,补征税款。盖基于课税合法性原则,既然课税事实认定错误,稽征机关有义务重为实体上正确之核定(并无裁量权)。

① 参见《德国税捐通则》第173条第1项第2款。Klein/Rüsken, AO, 11. Aufl., 2012, §173, Rn. 1.

② 参见《德国税捐通则》第173条第1项第2款。

又公法上信赖保护原则，属于法治国家原则所导出之原则，普遍适用于各个法律领域，税法上课税处分自亦有信赖保护原则之适用。下列情形，应有信赖保护原则之适用，其类型如下。

a. 如稽征机关对于卷宗资料原本可详加审查发现补税资料，因违反调查义务，嗣后才发现课税资料时，一般认为基于诚实信用原则，不得再补征税款。在此法安定性与纳税人之信赖保护优先于实体的税捐正义。①

b. 如果法规解释适用错误导致短征税款时，则在下述情形中，课税处分也有信赖保护原则之适用，而不得为不利于纳税人之变更。例如，根据《德国税捐通则》第 176 条的规定，信赖法规之存在，如果该项法规嗣后被宣告违宪不再适用时。信赖最高一级行政法院判例、决议。因此，如果原先课税处分依据旧的判例、决议所作成者，不得因为判例嗣后不利于纳税人之变更，而重新加以考虑。信赖特定的一般行政规则之存在。

在中国台湾地区，如果课税处分依据中国台湾地区财政事务主管部门某一函释作成，而该项函释嗣后被“大法官”宣告违反中国台湾地区宪利性规定，则稽征机关不得因此为不利于纳税义务人之考虑，重新撤销或变更课税处分。

有关上述信赖基准时点，不仅表现于课税处分作成时之法律状态，也更表现于纳税义务人实现课税要件之事实关系时，因此学者认为，应当提早取向于课税要件事实实现时之法律状态之信赖保护。②

此外，如稽征机关事后才发现应补税之新事证，则依中国台湾地区

---

① Tipke/Lang，Steuerrecht，20. Aufl.，2010，§21 Rz. 406. 有关中国台湾地区“税捐稽征法”第 21 条第 2 项所称“另发现应征之税捐”，实务上有判决认为应为以下之解释，(1) 如果是原核课处分是经过实质调查程序者，则所谓“另发现应征之税捐”，应依改制前“行政法院”1992 年判字第 1765 号判决意旨，以“发现原核课税捐资料所无、并足以认定应补征税捐之新资料(包括新事实与新证据)者为限”。(2) 如果是原核课处分仅经书面形式外观审查者，则所谓“另发现应征之税捐”，并不以“发现原核课税捐资料所无并足以认定应补征税捐之新事实与新证据”为必要，即使旧有资料在申报时已提出，但只要未经实质审认，即可引为新核课之依据，甚至在法律见解变更之情形，也可以重为核定。(中国台湾地区台北“高等行政法院”2002 年诉字第 3766 号判决)

② Tipke/Lang，Steuerrecht，20. Aufl.，2010，§21 Rz. 453.

“税捐稽征法”第 21 条第 2 项规定，仍可撤销变更原来的课税处分，进行补税。

(3)具有牵连关系之课税处分之变更

在下述情形中，将发生课税处分彼此积极冲突，原则上稽征机关得依申请对于已经确定之课税处分对于纳税人为有利之变更，并得在不妨害信赖保护之前提下(例如，基于纳税人之申请或税捐申报，才进行处理)，依职权为不利于纳税人之撤销或变更。[①]

①积极的客体冲突：对于同一事实关系，依法仅能课征一项税捐，但却被归属于数个彼此排斥之税捐种类，对之进行重复课税。例如，同一给付，同时被课征所得税及赠与税。如果认定为赠与，依法免征所得税(中国台湾地区“所得税法”第 4 条)。

②积极的主体冲突：同一个事实关系(例如，同一笔收入)，依法仅能对于一个纳税义务人课税，但却被归属于数个纳税义务人重复课税。

③积极的年度冲突：同一事实关系(例如，同一笔所得)，依法仅能在某一年度课税，却被归属于数个年度重复课税。

④积极的权限冲突：同一纳税义务人，被数个稽征机关，就同一税捐债务重复课税。

又在消极的冲突之情形，稽征机关误认为某一事实关系应在另案课税，因此未予纳入课税处分中(例如，误认应在下一年度课税，或误认应课征赠与税，而未纳入所得课税)，嗣后发现错误，则稽征机关仍得重为补税处分或撤销变更原课税处分补征税款。但基于信赖保护之要求，应以纳税义务人可得知悉该项错误瑕疵者为限。[②]

另外，因为稽征机关对于某一事实关系之错误判断(例如，适用实体法错误，造成税捐客体或税捐主体在归属上错误)，[③]导致课税处分违法，而经纳税义务人申请，或经税捐权利救济程序，将原课税处分撤销或变更，而为有利于纳税人之处理时，则稽征机关可就该项事实关系，对于同

---

① 参见《德国税捐通则》第 174 条第 1 项及第 2 项。

② Tipke/Lang, Steuerrecht, 20. Aufl., 2010, §21 Rz. 429.

③ v. Groll, in: Hübschmann/Hepp/Spitaler, AO, 2002, §174 Rn. 235 ff.

一纳税义务人或第三人(在第三人有参加先前程序表示意见之情形)另为正确适法之课税处分,[①]在此并排除诚实信用原则之适用。

例如,纳税义务人之某一项所得依法应正确归属于2011年课税,稽征机关却误为归属到2010年课税,经嗣后撤销原处分时,则稽征机关得将该项所得,改归属于2011年进行补税。

3. 合法课税处分的废止

倘若税法规定租税优惠的前提要件,应于特定期间具备;或租税优惠的基础根据,以行政处分加以确认;而事后丧失者,即是发生溯及生效的事实,依据各相关税法的规定,应废止原来的租税优惠处分,补征税款。

4. 程序再开

依据中国台湾地区"行政程序法"第128条规定:行政处分于法定救济期间经过后,具有下列各款情形之一者,相对人或利害关系人得向行政机关申请撤销、废止或变更之。但相对人或利害关系人因重大过失而未能在行政程序或救济程序中主张其事由者,不在此限。

(1)具有持续效力之行政处分所依据之事实事后发生有利于相对人或利害关系人之变更者。

(2)发生新事实或发现新证据者,但以如经斟酌可受较有利益之处分者为限。

(3)其他具有相当于"行政诉讼法"所定再审事由且足以影响行政处分者。

前项申请,应自法定救济期间经过后3个月内为之;其事由发生在后或知悉在后者,自发生或知悉时起算。但自法定救济期间经过后已逾5年者,不得申请。

在课税处分确定之后,亦可适用之。

课税处分确定后,如果嗣后情事变更,足以影响处分之合法性时,原则上得依中国台湾地区"行政程序法"第128条规定请求救济。其通常类型有两种:

---

① 参见《德国税捐通则》第174条第4项及第5项。

(1)对于课税处分具有拘束力的基础处分,事后已作成、废弃或变更者。例如,公告现值错误,嗣后更正,则基于从属性原则,原先依据公告现值所为课税处分也应配合调整。

(2)发生新事实,对于过去事件发生租税效力者(溯及生效的事实)。

在此所谓新事实者,乃指原行政处分作成以后,所发生之新事实,而并非指新发现作成原行政处分时之事实。[①] 亦即所谓“新事实”,是指在作成行政处分之后,另行发生足以动摇原课税处分结果之事实而言。此种发生溯及生效之事实,其类型可归纳如下。[②]

①民法上溯及生效之构成要件:例如,法律行为因为撤销解除而溯及既往失其效力,当事人间也在经济上回复原状。

②具有溯及生效的官方证明或法院裁判。例如,外国纳税证明,以申请扣抵内国税捐,以免重复课税。

③税法上解除条件成就:例如,嗣后违反税法规定,而不得享受免税规定优惠者。

④税法上“一次性课税要件”之嗣后变更:例如财产交易价金,嗣后发生增减价金之情形。

⑤合约中租税条款:在民法上契约中约定如果稽征机关核定之税捐超过合约当事人双方所合意预估金额者,则合约自动溯及生效解除。此种不真正解除条件,将合约有效性取决于:当事人所约定之税捐效果,相当于稽征机关核定之税捐。如果稽征机关并未认同纳税义务人之法律见解时,则合约自始失其效力。如果该项约定并未被执行时,则依据实质课税原则,并不发生税捐效果。

例如,死亡宣告被撤销,遗嘱于嗣后被确认无效,赠与契约因被诈欺胁迫或不履行负担,而依法撤销解除,回复原状等,均发生足以影响税捐债务之新事实。

又如,所谓发现“新证据”,系指行政处分当时,该证据已经存在,嗣后始行发现者而言。

---

① 中国台湾地区“最高行政法院”2005 年 11 月 3 日 2005 年判字第 1694 号判决。

② Tipke/Lang,Steuerrecht,20. Aufl. ,2010, §21 Rz. 440 ff.

5. 救济途径

行政机关依据中国台湾地区“行政程序法”第128条规定，对于受处分人重新开始程序之申请，无论是否准予重开或予以拒绝，或决定重开后作成将原处分撤销、废止或维持原处分之决定，均属行政机关行使公权力，就特定具体之公法事件所为对外发生法律上效果之行政处分，受该处分不利影响之申请人依法自得提起行政争讼。① 此一诉讼目的为请求命行政机关作成撤销变更原课税处分之处分，故性质上为课予义务诉讼。

又中国台湾地区“税捐稽征法”第28条规定申请退税，与中国台湾地区“行政程序法”第128条第1项规定申请程序再开，系两种不同之行政救济程序，除适用之要件不尽相同，前者限于因适用“法令”错误或计算错误溢缴之税款，而后者则包括发生新事实或发现新证据或有相当于再审事由等情形。故当事人于提起其中一种救济程序，经行政机关依该种救济程序之标准审核并为准驳之处分后，于尔后之诉愿程序及行政诉讼中，不能任意主张转换成其他一种救济程序，否则诉愿机关及“行政法院”将无从审酌原准驳处分是否适法。②

(四) 实质的确定力？

在课税处分经“行政法院”确定判决加以维持而确定后，稽征机关如嗣后发现错误，仍得本于中国台湾地区“行政程序法”第117条规定依职权撤销变更违反规定的处分。在有相当于“行政程序法”第128条程序再开之理由的特殊例外情形，更应重新为实体上决定。③ 即在有发现新证据或发生新事实，如经斟酌得为有利民众处分之情形，虽然已经逾越“行政程序法”第128条程序再开之期间，更应赋予民众有请求作成无瑕疵裁

① 中国台湾地区“最高行政法院”2006年裁字第36号裁定。

② 中国台湾地区“最高行政法院”2005年10月28日2005年判字第1655号判决。

③ Kopp/Ramsauer, VwVfG, 16. Aufl., 2015, §48Rn. 82a.

量决定之权利,甚至请求撤销或废止之权利。①

在具有中国台湾地区“行政程序法”第128条之程序再开理由之情形,或基于平等处理之理由,稽征机关甚至负担义务程序再开,并撤销或变更原确定处分。在程序再开之情形,首先稽征机关必须积极决定程序再开,其次才能重新进行实体上决定,而突破既判力;稽征机关在此必须决定是否撤销原处分或以第二次裁决方式加以维持原处分。②

又如,其新事实不在行政诉讼判决之审理裁判范围内,则当事人仍不受“行政法院”判决之拘束,稽征机关仍得以“另发现应征之税捐”为理由,补征税款。③ 再如,其有适用“法令”错误或计算错误的情形,纳税人亦得以有中国台湾地区“税捐稽征法”第28条所定情形,申请退税。④

六、课税处分与变更处分

(一)课税处分与变更处分二者间之关系

课税处分以及变更处分,乃是稽征机关在不同时间对于同一税捐事件,所作成各自独立的行政处分,即对于在客观上所成立之一个税捐债务内容,先后加以确认并具体化的行为,因此,彼此具有密切的关系,就此等行为相互间之关系,即就原课税处分与变更处分间之关系,在法律上应如何加以理解把握,学说见解并不一致,大体言之,有“并存说”与“消灭说”之争论。⑤

1. 并存说

学者有采“并存说”,亦称为阶段说、独立说,追加说等,系认为变更处分系有别于原处分之另一独立的行为,而只是对于原处分所核定之税

---

① 刘建宏:《行政法院裁判既判力与行政程序重新进行及违法行政处分撤销——以财税事件为研究中心》,载中国台北“法务局”编:《诉愿专论选辑——诉愿新制专论系列之13》,2012年版,第78页以下。

② Kopp/Schenke, VwGO, 18 Aufl., 2012, § 121Rn. 13.

③ 中国台湾地区财政事务主管部门1985年12月4日台财税第25805号函。

④ 中国台湾地区财政事务主管部门1981年2月24日台财税第31422号函。

⑤ 有关此问题之深入探讨,详见陈清秀:《税务诉讼之诉讼标的》,1991年版,第82页。

额,追加或减少一定之税额的行为。[1] 即变更处分乃与原课税处分并存,在变更处分增加税额的范围内变更处分乃是课税之基础,至于其他部分则以原课税处分作为课税基准。在减额更正的情形,采取部分撤销说。其结果,即使为变更处分,有关原处分之税额缴纳、及为征收税额所为滞纳处分,均不受其效力之影响。

2. 消灭说

至于"消灭说",乃是指变更处分乃取代原课税处分之地位,原处分已不再发生任何效力,有关纳税义务之具体内容,专以变更处分为准,但自变更处分被废弃生效时,原处分又发生其效力。

"消灭说"认为变更处分乃是使原课税处分回归于白纸,重新对于税额全体加以核定之行为,依此见解,因变更处分使原处分被吸收而失其存在,并丧失其效力,重新对于课税标准等或税额等作为全体,加以核定,故亦称为吸收说。

3. 检讨

如采消灭说,则在作成变更处分时,基于原课税处分所为种种行为(缴纳、滞纳处分、声明不服,诉之提起),均将丧失其基础,溯及既往无效,故有妨害税捐法律关系之安定性。[2]

如采并存说之立场,即其后虽为变更处分,但以前课税处分,仍维持其效力,因此,可以满足基于以前的课税处分所为之缴纳、扣押及其他处分之效力安定的要求,且对于缴纳期间、利息、滞纳金及查封扣押之基础,就未被变更之税额部分,均可以原课税处分为基础;[3]但在争讼上,则可能无法满足对于一个纳税义务所为数个处分,加以统一审理的要求,亦有需要加以克服之处。[4]

在减少税额的变更处分,实际上只是撤销原来课税处分的一部分,因

---

① [日]清永敬次:《税法》,昭和五十七年(1982年)版,第138页。

② [日]金子宏:《租税法》,平成十五年(2003年)第9版,第653页。[日]金子宏:《租税法》,蔡宗羲译,昭和五十七年(1985年)补正版,第335页。

③ Tipke/Kruse,FGO,1997,§68 Tz.18.

④ [日]田中二郎:《租税法》,昭和五十六年(1984年)版,第199页;[日]志场喜德郎等编:《国税通则法精解》,昭和五十八年(1986年)第5版,第315页。

此采取并存说,应属妥当。又在增加税额的变更处分,也可认为是在原处分核定之税额外,另增加核定一项新的税额,而可并存,实务上通常是在原课税处分(例如,应纳税额100万元)之外,另外再作成补征所增加的税额的新课税处分(例如,补征税额30万元),因此采取并存说,也符合实际需要。反之,如采取消灭说,则新的变更处分替代原课税处分,无异变成"取代性的变更处分",而非单纯变更处分。①

然而,如果稽征机关的变更处分方式,是将原课税处分撤销,同时或嗣后重新作成一个新的课税处分加以取代时,则采取消灭说,应较为妥当。

上述问题关键应在于:纳税人不服原课税处分提起行政救济的过程中,稽征机关作成变更处分或替代处分时,如何使纳税人可以有效地续行诉讼,而避免对于前后二个课税处分分别提出救济而反复争讼,即纳税人对于新的变更处分或替代处分,毋庸重新践行复查及诉愿前置程序,而得请求行政救济机关一并审理,以一次解决纷争,俾有效保障纳税人权益。

(二)程序标的

有关课税处分与增减税额之变更处分之关系,主要涉及应以哪一个行政处分,作为行政争讼的程序标的(争执对象的行政处分)的问题。②

本书认为可采并存说。其中在减额变更税额处分,由于其实质上可谓系原处分之一部分撤销,因此系就原处分经一部分撤销之后仍然存在的部分,作为程序标的范围。

而在增额的变更税额处分,除了原处分继续作为程序标的之外,关于增额的部分,系以变更处分为基础,如在"法院外权利救济程序"(复查或诉愿程序)进行中,作成增额变更处分时,由于当事人所争执者,实际上乃是超过申报额之课税处分违法,而请求排除该违法状态,因此,在作成增加税额的变更处分的情形,只要超过当事人所主张之正确税额,其违法状态即仍然存在,故为迅速有效一次解决纷争,应不待当事人纳税人之请求

① Tipke/Kruse,FGO,1997,§68 Tz.17,20.

② 详细探讨,参见陈清秀:《税务行政争讼的审理范围——以课税处分之撤销诉讼为中心》,载《月旦法学杂志》,第136期。

(追加声明),其第二次、第三次增额变更处分即自动投入原处分之复查或诉愿之标的范围,即其争讼之对象即自动地扩张及于变更处分。

而在法院内的诉讼程序进行中,如作成增额变更税额处分时,则如为了简化程序并使法律现明确,似可参采德国最新立法例,以新的变更处分,取代原处分,自动成为诉讼程序之唯一的标的。

反之,如要考虑当事人之行政救济上之审级利益时,则似可参考以往《德国财务法院法》第68条之规定,赋予原告选择之权,原告得在新的变更处分送达后一个月内,声明将增额变更处分部分,一并作为诉讼上之程序标的,请求法院一并审理;亦得选择对于该增额变更处分,另案重新申请复查,进行法院外之权利救济程序。如纳税义务人对于该增额变更处分不为声明纳入程序标的范围,又未提出申请复查,而逾越复查申请期限,在形式上已确定,则关于新增加税额部分即告确定,不得再争执,但关于原先的课税处分(旧的税额部分),原本即属于诉讼程序标的,并未确定,"行政法院"仍应继续审理,不得加以驳回。① 唯为避免纳税义务人丧失权利保护之机会,自应课予稽征机关在作成增额变更处分时之权利救济教示义务,且"行政法院"对于纳税义务人显然因疏忽或认为不重要致未提出变更声明者,亦应行使阐明权,促使纳税义务人行使其选择权。

以上处理方式,应以法律明定之,以避免争议。而在法律明定之前,应可通过法律的解释或漏洞补充,采取上述处理方式,以有效保障当事人之诉讼权利。

第四节 推计课税

一、推计课税之意义

在税法上,推计课税是指稽征机关在为课税处分(尤其是所得税的核

① Tipke/Kruse, FGO, 1997, §68 Tz. 20.

定）之际，不根据直接数据，而使用各种的间接数据，认定课税要件事实（所得额）的方法，即称为推计课税。① 在税法上，通常一项事实关系也是只有在可以认定其具有接近确实的盖然性的情形，才可以视为已经证明。只有在特定的前提要件下，可以具有较大的盖然性的课税基础作为课税的依据（推计课税）。

在所得税，以利用直接数据把握实额所得最理想，但是在无法取得直接数据的情形，如因此便放弃课税，则与诚实保存课税数据，并据实报缴税款的纳税人比较，也不符合公平负担的原则，故有承认推计课税的必要。

二、推计课税之性质

中国台湾地区“税捐稽征法”第12条之1第2项规定：“税捐稽征机关认定课征租税之构成要件事实时，应以实质经济事实关系及其所生实质经济利益之归属与享有为依据。”基于上述实质课税原则，有关课税客体以及课税基础原则上均应核实认定，因此在中国台湾地区“所得税法”上采取“实际所得课税原则”（实额课税），而推计课税为追求接近实额课税，乃进行个案之推计，另外也可能因为导入同业利润标准之推计方法，而改采取外形标准之“平均值课税”，以维持该被推计课税之纳税人与其他诚实纳税人间之公平（二者间之利益均衡）。②

（一）事实上推定说

推计课税与实额课税之关系，有“事实上推定说”与“补充的代替手

① 《德国税捐通则》第162条有关推计课税规定：“在稽征机关对于课税基础无法调查或计算的范围内，应加以推计。于此情形中，应斟酌与其推计有关之一切状况。尤其在税捐义务人就其有关记载不能为充分的说明，或拒绝进一步的陈述或拒绝供担保代替宣誓，或违反第90条第2项规定的协力义务（指就境外事件应为说明并提出证据方法的义务）时，应进行推计。在税捐义务人不能提出依税法规定应设置之账簿或会计记录时，或其账簿设置或会计记录，并非依据第158条规定，作为课税之基础时，亦同。……在第155条第2项的情形，得对于在基础处分中所确认的课税基础，加以推计”。

② 佐藤英明，推計課税論，收於金子宏編，所得税の理論と課題，平成十三年，二訂版，頁三四四。

段说”二种。前者认为推计课税与实额课税乃是证据方法之差异,而非别种的课税程序。德日通说采此见解,认为推计课税是以间接证明方法,本于经验法则盖然性推定课税基础。

(二)补充的代替手段说

补充的代替手段说,认为推计课税乃是在不能进行实额课税的情形,作为补充的代替手段,所承认之实体法上特殊的课税方法。[①] 依据此说扩大推论结果,在纳税义务人违反协力义务的情形,即得导入参照同业利润标准之推计课税(外形标准课税),并进而认为纳税义务人嗣后不得再主张实额课税。

例如,中国台湾地区“最高行政法院”2011 年度判字第 952 号判决认为:税务行政诉讼有关事实之争执,因中国台湾地区“所得税法”第 83 条第 1 项已明定纳税义务人协力提示账证资料之义务,其未能提示者即生稽征机关得就该部分依查得资料核定其所得额之效力规定。是知该项效力规定,于最后复查决定作成时即已发生,除有法定理由外,自不容任意变更,因之所得税法事件其事实之认定时点,原则上应以系争处分作成时之事实为断,始符中国台湾地区“所得税法”第 83 条第 1 项效力规定之意旨。似乎倾向认为纳税义务人违反协力义务时,将导致发生失权效果,仅能按照查得资料“拟制”课税事实,不容嗣后举出“反证推翻”。由于此说对于纳税义务人权益影响甚大,严重违反量能课税原则,也背离实体上的税捐正义,因此,此说原则上不值得采取。仅在有特别正当理由以及具有法律特别规定依据,始得例外考虑。

推计课税通常对于课税基础之数量进行推估,而不得对于“基础的事实关系”进行推估。盖基于自由基本权利以及法治国家原则之要求,不得仅凭怀疑即进行课税,课税对于自由基本权利之侵害,只有在下述情形才有合法正当性害:至少确定在有关税捐之事实关系已经根本的被实现的情形(例如,经营事业,执行自由业务,持有财产等)。[②]

---

① [日]荻野丰:《实务国税通则法》,平成十七年(2005 年)版,第 236 页。

② Tipke/Kruse, AO, 1998, § 162 Tz. 3.

故推计课税不得作为税法承认一般性的证明程度减轻之依据，也不宜承认作为特殊课税方法。而是在不改变举证责任客观配置情况下，在特定情形，本诸日常经验法则，允许相对降低税捐机关之证明程度之责任。[①] 因此，推计课税可谓是法律上"证明程度减轻"(Beweismaßreduktion)之一种类型。

推计课税与稽征程序上之举证证明法则之关系，如从征纳双方合作查明课税事实关系，可以导出取向于管理领域之证明风险分配原则如下：[②]

1. 有关成立或提高税捐之事实

(1)如果纳税人违反协力义务，以至于事实不明时，则证明程度可以减轻至最大可能的盖然性(推计课税)。

(2)反之，如果纳税人并未违反协力义务，而仍然事实不明时，则证明程度仍然维持通常证明程度。

2. 有关减免税捐之事实

(1)如果纳税人违反协力义务，以至于事实不明时，维持通常证明程度。

(2)反之，如果纳税人并未违反协力义务，而仍然事实不明时，则证明程度可以减轻至最大可能的盖然性(推计课税)。

在此，税捐义务人违背协力义务而未协助调查事实的情形，通常可导致通过证据的评价方式，对之为不利之决定，或者减轻稽征机关必要的举证证明的程度。倘若经由上述方式仍无法克服事实查明的困难时，则其事实不明，仍应依客观的举证责任分配法则进行决定。

为避免事证调查困难，税法也有采取"概算课税"之规定者，此种概算课税与推计课税同样具有"减轻证明程度"的作用。此种概算金额常植基于"平均值推估"，而基于程序经济之理由以及为处理大量程序之实用性考虑，乃舍弃个别案件之推计，例如薪资所得之概算费用扣除，避免对于每个劳工逐案调查认定费用金额，即为典型之例子。概算课税方式，

---

① 中国台湾地区"最高行政法院"2008 年判字第 935 号判决。

② Tipke/Kruse, AO, 1998, § 162 Tz. 7.

也可能根据类型化的行政规则(有关事实关系之调查认定基准之行政规则)所产生。

以往历年来德国联邦财务法院判决多认为如果此种类型化概算规定,在个别案件或甚至一般通案情形,并未造成显然不当之结果时,则参照推计课税之规定,应为法之所许。但学者则认为推计课税并非一般性地授权稽征机关简化事实关系之调查,而是只有在事实关系无法调查的情形,才考虑适用推计课税之规定。因此,推计课税与类型化概算课税规定,仍应有所区别。①

由于推计课税仅具有盖然性之推定性质,故纳税义务人如果可以据实申报税捐,而为逃漏税捐,选择按照中国台湾地区财政事务主管部门布之推计课税标准(例如,财产交易所得标准)从低申报所得税时,则仍构成逃漏税捐行为,应补税,并科处漏税罚锾。

三、推计课税之必要性及其法规依据

推计课税乃是特殊的事实关系之认定方法,即减轻证明程度,因此其适用必须有特别的正当理由(必要性)。

(一)推计课税之必要性

推计课税乃是特殊的事实关系之认定方法,即减轻证明程度,因此其适用必须有特别的正当理由(必要性)。其类型有二,兹分述之:

1. 稽征机关在客观上不能进行确实的调查与计算之情形

在负担举证责任者为达到完全的确信之证明程度,乃属不可能或无期待可能性的情形,则应得进行推计。② 例如,依其性质无法进行核实认定者,如在对于艺术品或古董之估价事件,不容易取得客观市价行情数据,而有必要进行推估。

又如,纳税义务人之账簿凭证因不可抗力而灭失,例如,因为火灾、地

① Tipke/Kruse, AO, 1998, § 162 Tz. 11.

② Klein/Rüsken, AO, 8. Aufl., 2003, § 162 Rz. 3.

震、水灾而灭失,或遭有关机关调阅账证而遗失等,已经无法核实认定课税基础者。

推计课税只有在稽征机关无法调查课税基础的情形,始得为之。即只有在事实的进一步查明,乃是不可能或无期待可能的情形,推计课税始为合法。因此稽征机关如果无法查明事实,首先应寻求协力,例如,依其情形,督促要求纳税义务人提出申报,优先于径行推计。

在纳税义务人以自身拥有之技术,通过市场,换得特定营利事业之股份(技术换股)的情形,构成财产交易,其交易所得之计算,有关成本费用支出真实性之客观证明责任,固然应由纳税义务人负担。但如果纳税义务人不能证明上开成本费用之支出时,稽征机关仍不得全盘否认其成本费用,而应以推计课税方式,推估设算其成本费用,以符合相关法规承认成本费用之意旨,并符合经验法则。[①]

2. 税捐义务人对于有关课税事实之查明,违反协力义务

纳税义务人违反协力义务,稽征机关得进行推计课税之情形,依据日本通说见解,如有下述四种情形之一,得允许推计课税:[②]

(1)纳税义务人并未设置账簿凭证书类等,以致无法依据直接资料,查明其收入及支出之状况者,即纳税人并未备置有足以进行实额课税之账簿书类者。

(2)虽有设置账簿书类等,但因记载错误脱漏之处甚多,与同业者相比较,其所得纯利率等偏低,或制作两套账簿等,其账载内容不正确,而缺乏可信性者。

(3)纳税义务人或其交易关系人不协助税务调查,拒不提示账簿书类,致无法取得直接数据者。例如,对于税务人员合法的询问,拒绝陈述或为不实的陈述,或拒绝或妨碍税务人员合法的检查等。

---

① 中国台湾地区"最高行政法院"2006年度判字第2092号判决,该判决认为因社会变迁而发生的新交易案型中,如果行政机关未能适时拟定此等推计课税之设算准则,在实务上应命行政机关拟定,再为本案之审理。本件交易当时虽无推计标准,但嗣后中国台湾地区财政事务主管部门已经作成2005年10月6日台财税字第09404571980号函专门技术之成本及必要费用,纳税义务人未申报或未能提出成本、费用之证明文件者,得按股票面额之30%计算,可作为处理依据。

② [日]金子宏:《租税法》,2009年第14版,第680页以下。

(4)此外,在纳税义务人违反协力义务之情形,例如,未提出税捐申报或不完整的税捐申报,稽征机关并非当然立即得推计课税;而毋宁仍应先采取一切调查手段,在可能的以及具有期待可能性之范围内,穷尽调查及运用一切证据方法。而在因此导致在无法查明或计算课税基础的情形,始得进行推计课税。[①]

倘若未具备上述推计课税情形之一,而径行推计课税时,其推计课税即属违法。

在纳税义务人违反协力义务具有不可归责的情形,例如账证因不可归责事由(有关机关调阅或水灾地震)而灭失或无法提示时,则仍可推计课税或作成保留事后审查之课税处分。就此一个别案件之特殊情况,在推计可能性范围内应加以考虑(有利纳税人之考虑)。[②]

在稽征程序上,稽征机关负有义务依据职权调查课税事实,因此,纳税义务人虽然违背其协力义务,唯稽征机关仍可依其他方式加以调查或计算课税基础,且并未因此构成负担过重的情形,则仍不符合推计课税的要件。换言之,稽征机关的调查义务,原则上并非于协力义务开始之处即归于消灭。

倘若税捐义务人拒绝提出陈述,以致稽征机关无法以简易的方式把握事实关系时,则稽征机关得毋庸进一步调查事实关系,而可以径行推计课税。[③] 又如,税捐义务人因其行为导致推计课税时,则其并无请求实地调查或引用专家鉴定以查明课税基础的权利。反之,在稽征机关与税捐义务人间,对于拟推计的课税基础或推计程序的细节,得就事实方面进行合意。

由于中国台湾地区"所得税法"是以实额课税为原则,推计课税为例外,因此稽征机关首先应尽量取得必要的直接课税数据,于无法取得充分的直接数据的情形,才容许推计课税。"行政法院"1967 年判字第 18 号判例即谓:纳税义务人如已提供有关资料,稽征机关自即应就其提供之资

① Tipke/Lang, Steuerrecht, 20. Aufl., 2010, §21 Rz. 208.
② Tipke/Kruse, AO, 1998, §162 Tz. 37.
③ Koch, AO, 3. Aufl., 1986, §162 Rn. 4.

料调查认定,不得仍援前开规定(指中国台湾地区“所得税法”第83条),而核定其所得额。(同旨1968判60判例)。

(二)推计课税之法规依据

中国台湾地区“所得税法”第83条第1项规定:“稽征机关进行调查或复查时,纳税义务人应提示有关各种证明所得额之账簿、文据;其未提示者,稽征机关得依查得之数据或同业利润标准,核定其所得额。”即承认推计课税。

中国台湾地区并未如《德国税捐通则》第162条第1项通案承认推计课税规定:“在稽征机关对于课税基础无法调查或计算的范围内,应加以推计。于此情形,应斟酌与其推计有关之一切状况。”本书认为,推计课税只是一种事实上推定,乃是认定事实过程中之一种手段,未必须有法律依据,在个别税法欠缺明文规定推计课税的情形,如果有推计之必要,因为欠缺可信赖的调查资料,而无法实额课税时,则以适当合理之方法,进行推计课税,尚非法所不许。[①] 故中国台湾地区财政事务主管部门在欠缺“法律”授权之下,应仍得本于职权发布课税事实认定之基准(类型化行政规则)(参照中国台湾地区“行政程序法”第159条以下),进行有关课税基础之推计,倘若其规定符合经验法则之多数平均情形,即具有推计之合理性。

盖推计课税所导入之一般同业利润标准与同业费用标准,可认为是主管机关依据“类型化观察法”,本于一般同业之“社会经验法则”所规定之课税事实认定基准,[②]应可普遍地适用于所有通案情形,因此,在符合推计课税要件下,除非具体个别案件,有特殊情况下,足以认定其利润或费用支出低于同业一般标准,否则,应可本于经验法则,“盖然性推定”纳税义务人之利润与费用支出,亦符合同业利润与费用标准。故纳税义务人如果主张其课税案件也应一体适用一般同业利润及费用标准,认列费

① 日本最高法院昭和三十九年(1964年)11月13日判决;同院昭和四十三年(1968年)9月17日判决。参见[日]荻野丰:《实务国税通则法》,平成十七年(2005年)版,第236页以下。

② 有关类型化观察法,参见陈清秀:《论税法上类型化,现代税法原理与国际税法》,2010年第2版,第193页以下。

用支出，其主张事实符合经验法则，应毋庸另行举证证明。

四、推计的对象

（一）推计的标的

推计的标的，仅能针对课税基础（Besteuerungsgrundlagen），例如收入金额、营业费用、特别支出、盈余、所得额、销售额、财产价额、营业额等税捐的计算基础的数量金额。

推计课税之适用范围，包括提高税捐（收入）之事实以及减少税捐（成本费用）之事实。为暂时性地核定税捐而保留嗣后审查之课税，也可以进行推计。[①]

推计课税的结果，也可能对于纳税人有利，例如有关成本费用账证不全时，仍应以同业的费用标准（通常成本费用水平）推计其成本费用，即属之。在因为推计而增加销售金额时，则相对的其进货成本也应配合对应增加，因此营业成本也可以推计核定。[②]

又如，在推计盈余所得的情形，对于企业资产减少的情况，也应加以斟酌，因此推计结果，可能导致亏损，不必课税。

至于单纯的课税原因之"基础事实关系"以及应纳税额本身，则不属于在此所谓课税基础，并非推计的对象。[③] 例如，税捐义务人是否有在营业，是否执行医师业务，是否占有不动产或汽车等事实，并非推计之对象，而应依各种可使用的证据方法加以查明认定。

（二）推计之禁止

立法者对于某些减免租税或给予税捐优惠之规定，有些明文规定纳税义务人必须提示相关证明文件，此类特定的形式上证明，如有欠缺时，

---

① Klein/Rüsken，AO，8. Aufl.，2003，§162 Rz. 16.

② 中国台湾地区台北"高等行政法院"2007 年诉字第 734 号判决亦认可被告依其查得之课税事实及数据，依同业按同业利润标准核定原告系争年度之营业成本、课税所得额，并据之计算各该年度所漏税额处以罚锾。

③ Tipke/Lang，Steuerrecht，12. Aufl.，1989，S. 668.

是否即发生失权效果，或仍可进行推计，不无争议。在此涉及实体税法规定之解释问题，即该法规意旨是否将该项证明义务，同时构成推计之禁止规定。在此仅于其规定明显例外的规定纳税义务人之主观举证责任时，才能解释为立法者通常有意排除推计。①

又营业税的进项税额，也是属于课税基础（中国台湾地区“营业税法”第15条第1项）。然而，进项税额可否推计，不无疑义。例如，在营业人进货未取得进货凭证的情形，可否以推计方法推估承认其进项税额，不无争议。

有认为中国台湾地区“营业税法”第19条第1项第1款“营业人左列进项税额，不得扣抵销项税额：一、购进之货物或劳务未依规定取得并保存第三十三条所列之凭证者”，属于特别规定，排除推计之适用。② 中国台湾地区“营业税法施行细则”第52条第2项第1款规定：第51条各款之漏税额，依下列规定认定之：第1款至第4款，以核定之销售额，第6款以核定之给付额，依规定税率计算之税额为漏税额，不准认列进项税额，概采此见解。此说认为保存并提出符合规定之进项凭证，属于进项税额准予扣抵之法定证明之证据，如有欠缺，即不得扣抵，无法再予以推计承认进项税额。

或有认为仅于因不可抗力或有关机关之疏忽，致进项凭证灭失时，始准推计，否则其扣抵仅能经由妥当性的救济途径（参见中国台湾地区“税捐稽征法”第40条）加以考虑。

按上述未取得保存进项凭证不予扣抵的立法理由如下，进项税额之扣抵，应以取得并保存合法凭证为要件，借以证明扣抵之进项税额属实，即进项凭证之取得及保存，乃属于为证明之目的，以维持程序经济，并非进项税额扣抵之“实体法上前提要件”，而以推计方式认列进项税额之扣抵，程序上亦相当简便，故应为法之所许，此种解释，亦符合禁止过分原则。③

---

① Tipke/Kruse，AO，1998，§162 Tz. 72.

② 德国学说上也有采此见解者，例如 Klein/Orlopp，AO，8. Aufl. ，2003，§162，Rn. 11。

③ Tipke/Kruse，AO，1998，§162 Tz. 27.

盖推计课税法里在于追求课税公平，并贯彻量能课税精神，因此，从税捐正义之实现的观点，纵然在进货未取得凭证的情形，中国台湾地区"营业税法"第19条第1款规定也可以从量能课税及比例原则的精神，应做目的性限缩适用，而仍应准予推计。即可以按照同业利润标准推估其进货成本，进而推计其进项税额（推计之进货成本÷1.05×5%＝推计之进项税额），作为销项税额之减除项目，以正确算出"应纳税额"或"所漏税额"。

此一情形尤其适用于：

(1)因为不可归责的事由导致账证灭失的情形，或(2)如不承认进项税额之推计扣抵，将产生显失公平之严苛结果的情形。例如，未办营业登记而营业，因此完全未依据规定取得进项凭证的情形，以及在借牌营业等情形，基于实质课税原则，将税捐客体之归属完全变更为第三人的情形，其销售收入及进货支出应同时一并变更其归属，如不承认进项税额之扣抵，即将产生显失公平之严苛结果的情形。①

在"未依规定申请营业登记而营业"之案件，实务上台北"高等行政法院"2003年诉字第635号判决也认为：中国台湾地区"营业税法"第15条第1项规定"营业人当期销项税额，扣减进项税额后之余额，为当期应纳或溢付营业税额"。因而，第43条第1项第3款所谓"主管稽征机关得依照查得之资料，核定其应纳税额"，于查获"未依规定申请营业登记而营业"之案件，应以依查得之销售额计算之销项税额，扣减依查得之进货额计算之进项税额后之余额，为其应纳营业税额，方符加值型营业税系就各个销售阶段增加之价值分别予以课税之本旨。② 似亦承认进项税额之推计，值得肯定。

要之，在明文规定禁止推计的情形，推计课税固为法所不许。然而在此情形，仍应进一步审查此种规定，是否抵触禁止过分原则。在规定是否禁止推计在解释上有疑义的情形，倘若不予推计，势将抵触量能课税与税

---

① 陈清秀：《加值型营业税之"所漏税额"之计算——释字第660号解释评析》，载《东吴法律学报》第21卷第4期。

② 可惜本件判决被中国台湾地区"最高行政法院"2005年判字第849号判决废弃。

捐负担公平原则时，即应肯定推计的合法性。

五、推计课税的种类

实务上进行推计课税的情形，相当多见，部分为税法所明定，部分为稽征机关本于职权公布事实认定的基准，进行推计，即以类型化行政规则进行推估收入金额（例如，律师每一承办案件收入金额）以及费用金额（例如，按照收入之30%认列费用）。兹分述之：

（一）营业所得的推计

中国台湾地区财政事务主管部门每年依中国台湾地区“所得税法”第79条、第80条及第83条公布之各业所得额标准及同业利润标准，作为未办理结算申报或账证不提示或不全时之推计课税依据。

又依中国台湾地区财政事务主管部门公布各年度“扩大书面审核营利事业所得税结算申报案件实施要点”规定，凡全年营业收入净额及非营业收入（不包括土地之附着物，如房屋等之交易增益暨依规定免计入所得额课税之收入）合计在新台币3000万元以下之营利事业，其年度结算申报，书表齐全，自行依规定调整之纯益率在规定标准以上并缴清税款者，应就其申报案件予以书面审核。此种对于自行调整纯益率，在规定纯益率标准以上，即采书面审核的做法，实质上也具有推计课税的作用。

（二）执行业务所得的推计

执行业务者未依法办理结算申报，或未依规定设账记载并保存凭证，或未能提供证明所得额之账簿文据者，稽征机关得依中国台湾地区财政事务主管部门所公布各年度“稽征机关核算执行业务者收入标准”；计算其收入额（但经查得其确实收入数据较标准为高者，不在此限），并得依中国台湾地区财政事务主管部门所发布各年度“执行业务者费用标准”计算其必要费用。

（三）租赁所得的推计

在将财产借与他人供营业或执行业务者使用的情形以及财产出租显较当地租金为低时，稽征机关得依中国台湾地区财政事务主管部门所公布各年度“房屋及土地当地一般租金标准”，计算其租赁收入。①

又对于财产租赁之必要损耗及费用，中国台湾地区财政事务主管部门每年亦公布上一年度“财产租赁必要损耗及费用标准”，②以供推计课税之依据。

（四）财产交易所得的推计

各地区个人出售房屋未申报或已申报而未能提出符合规定之证明文件者，稽征机关得依中国台湾地区财政事务主管部门所公布各年度“个人出售房屋未申报或已申报而未能提出证明文件之财产交易所得标准”，③核定其财产交易所得。

---

① 例如1999年度房屋及土地之“当地一般租金标准”如下：

第一，房屋（含土地）之当地一般租金标准：

台北市部分：

住家用：依房屋评定现值之21%计算。

非住家用（含营业用）：

一楼面临马路，依房屋评定现值之54%计算。

一楼面临巷道，依房屋评定现值之32%计算。

其余，依房屋评定现值之30%计算。

高雄市部分：

住家用：依房屋评定现值之19%计算。

非住家用（含营业用）：依《高雄市区房屋租赁租金标准表》，并考虑特定情形予以核定。

台湾省各县市部分：

住家用：依房屋评定现值之16%计算。

非住家用（含营业用）：依《营业人查定营业费用标准等级评定表》及《营业税特种税额查定费用标准等级表》规定，并经实地调查租金情况予以核定。

第二，土地之当地一般租金标准：依土地申报地价之5%计算。

② 例如，“2000年度财产租赁必要损耗及费用标准”，就固定资产，必要损耗及费用减除43%；但仅出租土地之收入，只得减除该土地当年度缴纳之地价税。

③ 例如，2000年度财产交易所得标准如下：在台北市：按房屋评定现值之22%计算。在乡镇：按房屋评定现值之11%计算。

（五）自力耕作所得的推计

有关农林渔牧之所得，为减轻农渔民之所得税负担，依中国台湾地区财政事务主管部门历年来公布之“自力耕作渔林牧收入成本及必要费用标准”，其成本及必要费用为收入之100%。因此，实际上给予免税。

（六）销货收入的推计课税

营业人申报之销售额，显不正常者，主管稽征机关，得参照同业情形与有关资料，核定其销售额或应纳税额并补征之（中国台湾地区“营业税法”第43条第2项）。

又对于小规模营利事业以“费用还原法”进行推计课税，亦所许。中国台湾地区司法机构释字第248号解释即谓，中国台湾地区财政事务主管部门依据“营业税法”第40条第3项合并订定营业税特种税额查定办法系用“费用还原法”，依营业费用除以费用率之计算公式，推计销售额据以课税，以简化对于小规模营业人之课税手续，既已兼顾不同地区之不同经济情形，以期切合实际，而小规模营业人如不愿依此特种方法计算税额，仍得自行申请依一般方法计算税额，符合租税公平原则。

（七）其他推计情形

又如，营利事业进、销货未取得、保存凭证时，稽征机关得按当地最低及最高价格，核定其进货成本及销货价格（中国台湾地区“所得税法”第27条）。

有关各种资产之估价，纳税人不能提出确实证明文据时，稽征机关得径行估定其价额（中国台湾地区“所得税法”第66条第2项）。

六、推计课税的指导原则

推计课税的指导原则，中国台湾地区司法机构“大法官”释字第218

号解释理由书已指明:"依推计核定之方法,估计纳税义务人之所得额时,仍应本经验法则,力求客观、合理,使与纳税义务人之实际所得额相当,以维租税公平原则。"

因此,推计课税的目标,在于发现最大盖然性的正确性的结果。此种推计课税应尽可能接近真实(实额课税)。推计课税的结果必须整体具有说服力、经济上可能,且具有合理性。推计课税并不得违反论理法则与一般经验法则。[①] 就此学者认为要保障推计课税的合理性,首应确保具体的推计方法的合理性,即必须该案中所采用的推计方法本身合理,而且推计基础数据的选择合理才行。[②]

在此,任何的推计或多或少植基于盖然性的推论以及推定,因此,必须忍受其所带来的不确实性,如果推计课税越少事实上的根据,则越增加其不确实性的因素。由此产生推计的范围,在此范围内,稽征机关应以最具有盖然性的结果作成决定,而不应单纯以对于税捐义务人有利或不利的结果为依归。

在纳税义务人未履行申报税捐义务的情形,未必均应依法科处滞报金,而可能由稽征机关直接进行推计课税处分,但推计课税不应作为督促履行税捐申报义务之强制手段,也不应对于纳税义务人进行不利负担的"惩罚性推计课税"(Strafschätzungen)。[③] 禁止恣意原则可以导出推计之界限范围。

推计课税固然不应有惩罚性的推计结果,但在税捐义务人违背其协力义务,致需推计课税时,为免其违背义务反而获得税捐利益,学者认为应容许稽征机关在推计的合法限度内,可以从高核定,以保全税捐。[④] 例如,中国台湾地区"所得税法"第 27 条规定进销货未保存凭证,得按最低价格核定其进货成本,或按最高价格核定其销货价格。

---

① Pahlke/Koenig, Abgabenordnung, KOMMENTAR, 2004, 1. Aufl., § 162 Rz. 4.

② [日]吉良实:《推计课税固有之适法要件》(上),李英哲译,载《植根杂志》第 11 卷第 1 期。

③ Tipke/Kruse, AO, 1998, § 162 Tz. 13.

④ Hübschmann/Hepp/Spitaler, AO, 1977, § 162 Rn. 51.

七、推计课税的方法

推计课税的方法，理论上主要有下述几种：①

（一）与前年度比较（纳税人本人比率法）

纳税人本人比率法（与前年度比较）（Vorjahresvergleich）此法是以纳税人应课税年度的前后年度，在最近数年内查核课税所合理求出的平均所得比率，作为据以推计课税的比率。例如，依中国台湾地区“营利事业所得税查核准则”第 11 条规定，营业事业之账簿凭证因遭受不可抗力有关机关因公调阅以致灭失者，“稽征机关得依该事业以前三个年度经稽征机关核定纯益率之平均数核定之”，此即采取纳税人本人比率法。

如果纳税义务人所提出之以前年度之税捐申报，得被衡量具有正确性与完整性，且纳税义务人对于其课税基础并未加以争执，又其生活事实在跨越课税期间原则上仍然存在时，则此一与前年度比较之推计方法，即具有正当性。②

此一推计方法，考虑纳税人之个别属性，以其以往纳税能力，推估其课税所得额，原则上当较依据各该业正常营运数据所定之同业利润标准，更接近纳税人之真实所得。③ 通常在纳税义务人未提出申报税捐的情形，德国稽征机关即通常采取与前年度比较之推计方法。④

（二）外部的企业比较（同业利润标准）

外部的企业比较（Äußerer Betriebsvergleich）即对于纳税人之营业所得，参考其他同业企业之利润数据，进行推计课税。此法是以同业的利润标准，作为推计课税的利润比率，为中国台湾地区“所得税法”第 79 条及

---

① ［日］金子宏：《租税法》，第 508 页以下；［日］吉良实：《推计课税固有之适法要件》（上、下），李英哲译，载《植根杂志》第 11 卷第 1 期、第 2 期。

② Tipke/Kruse，AO，1998，§162 Tz.54.

③ 中国台湾地区“最高行政法院”2008 年判字第 948 号判决。

④ Tipke/Kruse，AO，1998，§162 Tz.54.

第83条规定所采取。

外部企业比较通常采用同业利润标准之比率法,此种推计方法,乃是对于纳税人的营业额等,适用一定的同业比率,而推计所得额等的方法。即计算纳税人所得基础的营业额、成本额、生产额、收入额或支出金额,其中任何一项如果能够加以实际认定时,则以该项实际金额为基础,乘以依某种合理方法求出之比率(如毛利率、费用率、纯利率、周转率等),而推计出所得额。

外部企业比较法,理论上又可分下述三种:

1. 类似同业者比率法

此法是对于和纳税人经营相同的行业,且其营业形态、规模、营业条件、营业场所条件等相类似的同业者,从相同或邻近地区中选出此种“类似同业者”,作为对象,实施实际所得额的调查,并根据调查实绩,求出平均比率(所得利润率、毛利率、费用率等),以作为推计课税的“比率”。

依据德国实务见解,援用此种外部企业比较,不仅必须是相同的营业种类,而且关于企业规模、营业状态、经营组织、顾客来源等,其比较企业具有相同的价值。如果稽征机关无法找到适合的比较企业,则不能适用外部企业比较法。①

2. 同一地区同业比率法

此法是稽征机关按照行业类别,就其辖区内同业者全体,作为实地调查对象,并根据对于“全部同业者”实地调查收入及支出计算结果,求出其平均比率(所得率等)。

德国实务上稽征机关每年调查统计得出各地区各行业之一般同业利润标准(Richtsatzsammlungen),作为推计课税之参考,属于一种特殊种类的外部企业比较。

此种同业利润标准并非法规范,不具有拘束力,而只是可供稽征机关参考辅助之推计方法之一,其通常是以“中等规模”之营业成果为依据,而取向于一般通常营业情形,因此如果纳税义务人之营业销售规模与一般同业标准有别,或其营业规模显然超过一般同业标准时,德国实务上认

---

① Tipke/Kruse,AO,1998,§162 Tz.55.

为于此情形，即不应再适用此种同业利润标准之推计方法。①

3. 所得标准比率法（同业利润标准）

此法是按各行业别，以抽样的方式，抽出“样本调查对象者”，实施实际所得额调查，而根据相当多数的调查实绩，依统计学方法求出平均比率（所得利润率等）。现行实务上，中国台湾地区即是以中国台湾地区为单位，公布各该行业的同业利润标准，基本上采此模式。

以往在1965年之前，日本实务上所得标准率也多采用以统计资料为基础，由国税厅或国税局作成以全国为单位或国税局为单位的每个行业别的同业所得额率、纯利率等，而后为使推计课税的结果，更接近实际金额，乃改采用比准同业者所得率、实地调查同业者所得率以及同业者单位额的推计课税方式。②

由于各个企业之营业利润状况不同，因此，“与其他企业之外部比较”和“企业内部之比较”相比，具有较低的证明价值。如果纳税义务人账簿记载不符合法令规定之原则，则其应忍受按照同业利润标准推计课税，反之，如果其账载已经符合规定，则稽征机关不得仅因其申报之利润或销售额与一般同业标准不同，即援用同业标准进行推计课税。而应有其他情况数据，才能进行推计。③

（三）内部的企业比较（单位法或效率法）

内部的企业比较（Innerer Betribsvergleich），是依据纳税义务人之企业内部数据，进行推计课税。此法包括效率法，效率法是指对于被推计课税的纳税人的电力使用量，从业人员数，贩卖数量等，乘上从比准同业者

① BFH BStBl. II1984，88；BFH BStBl. II1982，430. 参见 Pahlke/Koenig，Abgabenordnung，KOMMENTAR，2004，1. Aufl.，§162 Rz. 107。

② ［日］金子宏：《租税法》，第4版，第509页。《日本所得税法》有关推计课税规定，应根据纳税义务人的财产或债务的增减状况，收入或支出的状况，或生产量、贩卖量或其他处理量，从业员工人数或其他事业的规模，推计其各年度的各种所得的金额或损失的金额（《日本所得税法》第156条）。又日本法人税法关于推计课税的规定，也不是单纯采取“同业利润标准”的课税方式，而是应依据该法人的财产或债务的增减状况，收入或支出状况，或生产量、贩卖量或其他处理量，从业员工人数或其他事业之规模，推计有关其法人税的课税标准（所得额）（《日本法人税法》第131条）。

③ Tipke/Kruse，AO，1998，§162 Tz. 56.

调查取得此类指标，相当于每一单位的所得金额的平均值（所谓同业者单位额），以推计所得金额的方法。

换言之，此法是以纳税人的生产量、贩卖量、员工人数、原料使用量、水电瓦斯、汽油、消耗品之消费量等（以下简称生产量等）为计算单位，先计算出每单位的利润率、营业收入率、周转率、工作所得率等，即每单位的效率，再乘以"总生产量等"，而推计所得额的方法。

例如，理容业者的实际工作员工人数，每人平均收入金额，乘以课税年度内总实际员工人数，即可推计该理容业者的营业收入金额。

如果企业内部数据并不存在或是不完整而无法运用时，则通常需援用其他外部可比较之企业数据，进行推计。

（四）银行存款法

此法以纳税人在银行账户往来金额（存款金额及支出金额）作为推计其营业收入或成本费用之方法。采用此法时，应再扣除不属营业收入的存款金额及不属成本费用的支出金额。于推计收入时，应再加计未存入银行的收入后，核算其应有的营业收入。①

例如，中国台湾地区"所得税法"第 83 条之 1 规定：稽征机关或中国台湾地区财政事务主管部门指定之调查人员进行调查时，如发现纳税义务人有重大逃漏税嫌疑，得视案情需要，报经中国台湾地区财政事务主管部门核准，就纳税义务人资产净值、资金流程及不合营业常规之营业资料进行调查。稽征机关就前项资料调查结果，证明纳税义务人有逃漏税情事时，纳税义务人对有利于己之事实，应负举证之责。即可认为承认采取银行存款法。②

由于银行存款来源不一，纳税人可能综合各项用途使用，未必均专属于营业收入之账户，因此以银行存款法推计课税，容易产生合理性争议，

① 有关银行存款法之介绍，参见卢钦沧：《税务调查与间接证明法》，2001 年第 6 版，第 11 页以下。

② 如果仅涉及纳税人之股票销售价格之核定，而属于租税规避行为，不涉及逃漏税行为，即不适用中国台湾地区"所得税法"第 83 条之 1 规定之银行存款法之稽征程序，参见中国台湾地区"最高行政法院"2010 年度判字第 389 号判决。

例如,中国台湾地区“最高行政法院”2009年判字第878号判决即谓:原判决系以……系争所得之金额究系应如何计算方属正确?被上诉人合作金库甲账户及黄某某乙账户内金额所涉及项目包括代办品、利息、证券股票收益、他人(如游某某、洪某某、唐某某等人)还款、资金往来及退费等暨两账户互转等件,而上诉人编制之收入核算表复与依上开两账户制作之收支明细表金额迥异,系争被上诉人之配偶洪某某所得金额究系为何,即有可议,而将诉愿决定及原处分(重核复查决定)均撤销,着由上诉人核实查明后为适法之核定,经核尚无违误。① 因此,采取此法推计课税,允宜审慎为之。

对于此种银行存款法,以间接证据推计核定所得额的方式,释字第309号解释:中国台湾地区1982年12月30日修正公布之“所得税法”增列第83条之1规定……系对有重大逃漏税嫌疑之案件,明定稽征机关得就纳义务人之资产净值、资金流程及不合营业常规之营业资料等间接证据进行调查,而核算其所得额,如依调查结果,经合理之判断,认为足以证明有逃漏税情事时,并许纳税义务人就有利于已之事实提出反证,以维护其权益。此项规定仅为发现真实而设,不生溯及既往问题,并此指明。

(五)纯资产增减法

纯资产增减法(纯资产增加法),乃是对于课税期间的期初与期末的纯资产相比较,计算其增加额,据以推计所得的方法。在个人的情形,必须就其增加额再加上期间中的生计费及其他消费支出金额。在法人的情形,则应将会计年度中资本的增减除外,再加上因盈余分配处分而流出公司的金额。

---

① 同说,中国台湾地区台中“高等行政法院”2004年度诉字第131号判决:“综上各笔款项,被告有重复计算之情形,或为二账户款项之流动,另此二账户之现金开户与他人资金之往来部分,被告认仍属原告所得,自嫌速断,应逐笔查明,如原告对此未能提出事证及与他人间资金流程,以实其说,方得依上开证据法则推定为原告之本件各年度之其他所得。”

八、推计课税之合理性

在满足推计课税之必要性之要件后，应如何进行推计课税，并非由稽征机关完全任意自由裁量判断，而应合理地进行推计课税，以追求最大可能正确的课税为目标。

《美国国内收入法典》第 446 条即规定："课税所得应依纳税义务人账簿所用计算所得的会计方法计算之。纳税人如无经常采用之会计方法，或其采用之会计方法并不能正确的反映所得，则税捐机关得根据其所认为能真正反映所得之方法，以核定课税所得"。[①]

在有数种适当的推计方法可供选择时，得由稽征机关合义务性地裁量决定推计方法，而纳税义务人则并无适用特定推计方法之请求权，且依其情形，稽征机关可合并使用不同的推计方法，但其不得使用就该项基准的、已经知悉之事实关系不相适合的推计方法。稽征机关依其情形，并无义务在使用某一推计方法得出结果后，再运用其他推计方法加以审查。[②]

有关推计方法之合理性，日本学说上认为应满足下述要件：[③]

（一）基础事实之正确性（推计基础事实之正确性）

推计基础事实有无正确把握？有关推计基础资料之选择，应具有合理性。

（二）最适当推计方法之选择（推计方法之个别的妥当性）

所采用之推计方法，在与该事件之关系上，具有合理性。

但如就推计课税采取"补充的代替手段说"，则推计方法仅须有大致

---

① 根据此一规定，美国国内税务局比较常使用的方法大致是资产净值增加法、资金使用及来源法、银行存款法及百分比计算法等四种方法（中国台湾地区财政事务主管部门"财税人员训练所"：《间接证明所得查核法之研究》，1984 年版，第 22 页）。

② Pahlke/Koenig，Abgabenordnung，KOMMENTAR，2004，1. Aufl.，§162 Rz. 103.

③ ［日］荻野丰：《实务国税通则法》，平成十七年（2005 年）版，第 245 页。另参见东京地裁昭和四十九年（1974 年）9 月 25 日判决。

的合理性即为已足,并不需要最适的推计方法。

(三)推计方法之客观性(就该案件所采用之推计方法本身之合理性)

推计方法本身应尽可能可以算出最接近真实所得之客观的方法,例如,依据同业者率推计的情形,应确保其比率之适当正确。

日本多数实务见解认为应注意以下三项:[①]

1. 在有复数的间接数据存在时,应采用最能反映所得之数据进行推计。例如,销售金额与电力使用量均已经查明时,原则上应以销售金额为基础推计所得。

2. 在比率法所使用之比率以及在效率法所使用之效率,应依合理的方法计算得出。

3. 在被推计课税之纳税义务人有显著特殊情况的情形,在进行推计之际,应一并加以考虑该项特殊情况。

例如,按照同业利润标准进行推计课税,乃是按照同业者之平均值推计,其各自个别的事业者之事业内容及业态当然有某种程度之差异,其利润率有高有低,而加以平均化,故作为平均值之同业者率,具有客观性与普遍性,基本上乃是对于同业者间通常存在程度之营业条件等之差异不予考虑。然而,如果纳税人存在有特殊情况,其营业条件等之差异,相较于按照平均值推计课税本身,达到显然完全不合理之程度时,则应一并考虑该项特殊情况。否则即毋庸考虑。[②]

如果欠缺合理性,则该推计课税即属违法。

上述数种推计方法,应选择那一个方法作为推计课税的依据,并非可任意自由为之,而应选择"最接近实额课税"的或然率最高的推计方法。因此,推计课税的合法性,不仅必须其所采用的"推计方法"本身具有合理性,而且推计方法的"选择"本身也应具有合理性。[③] 倘若就纳税义务人个别案件的特殊情况,推计方法的选择及使用有不合理的情形时,则该

---

① [日]金子宏:《租税法》,2008年第14版,第683页。

② 广岛地裁平成二年(1990年)7月20日判决;大津地裁平成二年(1990年)7月30日判决。参见[日]荻野丰:《实务国税通则法》,平成十七年(2005年),第254页以下。

③ [日]吉良实:《推计课税固有之适法要件》(下),李英哲译,载《植根杂志》第11卷第2期。

推计课税即属违法。

由于台湾地区的同业利润标准,虽然也根据数个各别企业的调查所作成,但其并无法考虑到足以影响该企业利润的全部情况。因此,倘若根据具体情况,显示税捐义务人的所得,可能低于同业的平均水平时,则稽征机关即应运用企业的内部比较之推计方法(如经由财产的增加、金钱交易计算、单位法或其他方式)证明其账载结果不正确。亦即稽征机关也可以采取个别的推计方法(Einzelschätungen),例如参考进货量、生产量、存货量、销售量,以前年度的经营情形(内部的营业比较)或与其他同业的比较(外部的营业比较)及生活费等因素,进行推计课税。就所得的计算而言,税捐义务人的总财产的比较(财产的增加),即为可允许的推计方法。

九、稽征行政程序问题

(一)听审请求权

在进行推计时,应斟酌与推计有关的一切情况,包括有利以及不利于税捐义务人的情况。在稽征机关拟进行推计课税,并以纳税人所不知悉的事实为根据时,稽征机关应事先通知税捐义务人有关推计课税的意图,并赋予其对于上述事实表示意见的机会,以确保其法律上听审请求权。[①]

(二)理由记载

为使税捐义务人明了推计课税的理由根据何在,以便其提出行政救济,学者认为推计课税处分应附具理由说明,记载在什么范围内被推计,根据什么情况加以推计,以及其使用什么推计方法。[②]

(三)推计课税处分之撤销变更

稽征机关在无法查明课税基础的情形,一方面可以进行推计课税;另

---

① Tipke/Kruse, AO, 1998, § 162 Tz. 75.

② Tipke/Kruse, AO, 1989, § 162 Tz. 10.

一方面也可以在进行推计课税处分之前，就难以调查之事实关系，进行事实上之合意（和解），以取代单方面之推计课税（参见中国台湾地区“行政程序法”第136条）。此项协议必须未导致显然不合理之结果，且经有权处分之稽征机关之参与，始有拘束效力。此项事实上合意，有认为属于公法上契约性质，而对于当事人双方有拘束力，有认为基于诚实信用原则，而有拘束力，同时法院也应尊重之。①

推计课税应于推计课税基础之后，作成课税处分，例如推计收入金额，再据以计算所得以及应缴纳之税额，因此，推计本身并非行政处分，而只是认定课税事实过程中之一个环节而已。

如果其推计并不能作为终局的审查结果时，原则上稽征机关得以保留事后审查的方式，作成推计的课税处分。

反之，如推计课税处分是经终局的调查结果，属于终局的课税处分时，则在未发现任何新事实的情况下，即不得在推计课税之后，又进行第二次导出不同结果的推计，并据以更正原先的课税处分，否则即有违诚实信用原则。

反之，如嗣后发现新事实，而该新事实如及早发现，则将影响原先的推计结果时，该项推计处分即可加以变更。②

十、推计课税与行政争讼

（一）推计课税处分之行政诉讼审查范围

1. 日本学说实务见解

在税务争讼上，稽征机关对于推计课税的必要性与合理性，应负担举证责任。例如，对于同业利润标准之订定合理性（包括同业者选定基准、同业者选定过程、足以将个别情况平均化之同业者选定件数及其同业利润率内容之合理性），应举证证明。倘若其已经加以证明的情形，则就其推计额与真实的课税标准额以及税额间之差异，应由纳税义务人提出反

① Tipke/Kruse, AO, 1998, §162 Tz. 96 f.

② Hübschmann/Hepp/Spitaler, AO, 1977, §162 Rn. 64 ff.

证,并加以举证(日本学说上称为“实额反证”)。[①]

此种实额反证,日本实务上有认为纳税人必须自己主张及举证收入与成本费用之实额,纳税人必须举证其主张之实额,与真实所得额相符,而达到并无任何的合理怀疑之程度。或纳税人所主张之收入,确系该年度之全部交易所产生之收入,且其主张之必要经费确系于该年度发生、确定且与事业有关联性,而达到并无任何合理怀疑之程度。[②]

在权利救济程序上,应考虑:推计课税的前提要件是否具备?是否斟酌不适当之点?是否已经斟酌一切应予斟酌之情况?就现存的情况是否作成错误之推论?由于推计课税本身的不确定性,因此经常难以反证其推计结果不正确,税捐义务人要获得胜诉,必须提出主张可以证明的事实以及经验法则,以证明与稽征机关所推计的金额相异之金额较为具有盖然性。

在判断推计课税的合理性之际,争点多在于在算出同业者所得率或同业者单位额时,应选定哪些范围的同业者?选定同业者应具备何种程度的类似性?被推计课税的纳税人的特殊情况,应于何种程度纳入考虑?对于此类争点,应就个别案件,一方面考虑仅可能的“接近实额所得”的推计之必要;另一方面推计课税本来就是在不可能实额课税的情形,所采取“概算课税”之方法,二者加以调和。[③]

又在使用同业者率或同业者单位额时,并无必要明示同业者之姓名住所。

在行政诉讼阶段,纳税人对于推计课税案件,固然得变更主张改按照实额课税,但有认为其实额主张应限于提示总收入金额及必要经费之总额的实额,并举证实际所得额,据以推翻推计课税之前提要件(推计之必要性)为目的之情形。[④]

---

① [日]金子宏:《租税法》,第809页。

② 东京高判平成八年(1996年)5月15日,参见[日]金子宏:《租税法》,第810页。

③ [日]金子宏:《租税法》,第683页。

④ 佐藤英明,推計課税論,收於金子宏編,所得税の理論と課題,平成十三年二訂版,頁三四五。

2. 德国学说实务见解

税捐义务人如因违反税捐申报义务或提示账证等协力义务而被推计课税时，其在权利救济程序中包括事实审的“行政法院”程序，也可以提出税捐申报或账证履行其协力义务，以推翻推计课税。

于此情形，法院必须进行广泛的调查，甚至应进行账簿查核(由财务法院运用调查官进行调查)，而不得单纯撤销原推计课税处分责由稽征机关重新查核(《德国财务法院法》第100条第3项)。① 当然稽征机关在税务诉讼程序中本于职权调查权限以及依法课税原则，也有义务履行其调查任务，因此对于纳税义务人嗣后在诉讼程序中方始提出之税捐申报资料，也应进行调查重新核定，于作成变更核定处分后，原告即可撤回诉讼并免征收裁判费。②

由于推计课税并非对于法律效果之行政裁量决定，而是在欠缺充分的证据方法时之证据评价，因此，事实审的行政法院可以无限制地审查推计结果。③ 法院固然可以接受稽征机关某种不确实(如同任何的复杂的事实关系之确认)之推计结果，但依据《德国财务法院法》第96条、《准用税捐通则》第162条规定，法院并享有自己独立于稽征机关之推计权限，可以使用与稽征机关不同的推计课税方法，并得以自己的推计取代稽征机关的推计，即使稽征机关之推计并无法律瑕疵，法院也毋庸遵照其推计。④ 尤其在纳税义务人实质上有争执之争点项目上，法院在推计处分之撤销诉讼上，依其情形，甚至有义务进行自己之推计。⑤ 法院在行使自己的推计权限时，得依自己确信之推计理由、推计方法及金额，全部或部分取代稽征机关之推计。⑥ 因此，法院不仅是审查稽征机关是否合法进行推计，并遵守适当的推计范围界限。法院尤其得采用不同于稽征机关之推计方法。⑦

---

① Tipke/Kruse，AO，1998，§162 Tz. 89.

② Tipke/Kruse，AO，1998，§162 Tz. 89 f.

③ Klein/Rüsken，AO，8. Aufl.，2003，§162 Rz. 58.

④ Klein/Rüsken，AO，8. Aufl.，2003，§162 Rz. 58；BFHE 197，68 = DStR 01，2149.

⑤ Pahlke/Koenig，Abgabenordnung，KOMMENTAR，2004，1. Aufl.，§162 Rz. 131.

⑥ BFH BStBl. II 1995，381；BFH BStBl. II 1990，109.

⑦ Pahlke/Koenig，Abgabenordnung，KOMMENTAR，2004，1. Aufl.，§162 Rz. 131.

而在保障纳税义务人之法律上听审请求权考虑下，法院在其欲选择与以往完全不同的推计方法或要纳入新的事证数据时，应事先给予纳税义务人陈述意见的机会。①

在联邦财务法院之法律审的诉讼程序，应受事实审法院之推计的拘束，因为其推计涉及事实之确认。联邦财务法院并无自己进行推计之职权，其对于推计课税结果之审查范围，仅限于原审判决推计课税之论证推论、经济上可能性以及可信性，有无违背论理法则与经验法则，以及有无遵守一般所承认之推计原则及推计方法，以及事实审法院有无须再查明之事实，或有无其他程序瑕疵存在。②

3. 中国台湾地区实务见解

纳税义务人如因违反提示账证等协力义务而被推计课税时，其在权利救济程序中包括事实审的“行政法院”程序，也可以提出账证履行其协力义务，以推翻推计课税。故营利事业于行政救济时，如已提示符合“法令”规定之账簿及文据，申请查账核定者，中国台湾地区财政事务主管部门解释稽征机关应予受理。③

中国台湾地区“最高行政法院”2009 年 8 月第二次庭长法官联席会议决议之理由七指出：“稽征机关核实认定个人之所得，原则上优先于以推计方法核定个人之所得……因此，纳税义务人对推计核定所得额之相关行政处分如有不服，于行政机关所进行之行政救济程序(诉愿)终结前，提示有关账簿、文据供核者，原稽征机关依上开法令④即应予受理，否则各该决定即属违背法令。”

但“当事人就原核定、复查、诉愿决定符合法定合法要件不争执，而于提起行政诉讼时，始提示有关账簿、文据供核者，对于稽征机关推计核定所得额程序之合法性既不生影响，纳税义务人亦无请求改以查账核定之

① Tipke/Kruse, AO, 1998, §162 Tz. 88.

② Pahlke/Koenig, Abgabenordnung, 2004, 1. Aufl., §162 Rz. 134.

③ 中国台湾地区财政事务主管部门 1990 年 11 月 28 日台财税第 790367340 号函。

④ 指中国台湾地区财政事务主管部门 1990 年 11 月 28 日台财税字第 790367340 号函释……营利事业于行政救济时，如已提示符合“法令”意旨规定之账簿及文据，申请查账核定者，稽征机关应予受理，以符修订意旨。

法律依据,行政法院自无命稽征机关改以查账核定所得额,而撤销合法行政处分之权限与法律依据”。

该决议认为在行政诉讼中如果容许纳税义务人提示账证,推翻原处分之推计课税时,将使推计课税规定形同具文,且当局与民众之租税法律关系,亦将因民众得随时变更法定调查方式而趋于延滞与复杂,与稽征经济、租税公平及有效法律保护原则,均有未符。因此不容许当事人嗣后才主张按照账证核实课税。

4. 检讨

按税法上推计课税规定,并非授予稽征机关行政裁量权,而应认为是授权稽征机关享有权限进行推计,故不得以中国台湾地区“所得税法”第83条规定误认为推计课税处分属于行政裁量处分,以至于不受法院审查。盖税捐债务乃是法定债务,于纳税人之经济活动实现满足课税要件时,即已经成立,课税处分性质上属于拘束处分,并非裁量决定,推计课税处分仅是以间接证据方法确认“客观上”已经成立之税捐债务内容,而非由稽征机关裁量决定税捐债务金额。法院在审查时,应审查课税处分之“客观上合法性”,不受稽征机关推计之拘束。

纳税义务人如能提供账证以进行实额反证时,由于该等新证据数据早在课税处分之时已经存在,故不涉及行政处分违法判断基准时采处分时说之问题,行政法院得加以斟酌。德日学说实务上对于行政处分违法判断基准时采取处分时说,但并不妨碍法院审酌两造当事人提出课税处分时已经存在之新事证数据,以为攻击防御方法。且当纳税义务人可以实额反证时,足证推计课税处分错误,不符合客观正确合法之应纳税额,自应撤销变更违法课税处分。

仅于特殊例外情形,如当事人迟延提出实额反证违反诚信原则,增加征纳双方以往稽征成本费用,构成权利滥用时,得加以限制。

释字第309号解释也认为依据银行存款法之间接证据进行调查,而核算其所得额,如依调查结果,经合理之判断,认为足以证明有逃漏税情事时,并许纳税义务人就有利于己之事实提出反证,以维护其权益。可见推计课税应容许当事人在诉讼程序上就有利于己之事实提出反证推翻,上述中国台湾地区“最高行政法院”决议不仅违反释字第309号解释,且与德日两国之学说实务见解比较,对于纳税人之权利保护,似嫌欠周。[1]

(二)攻击防御方法之适时提出主义

另外,为避免当事人拖延诉讼,在推计课税处分之争讼上,有关实额课税之主张,在诉讼上应尽早提出,《日本国税通则法》第116条导入"适时提出主义",限制攻击防御方法之提出时期,即规定原告纳税义务人对于课税处分提起撤销诉讼后,对于必要费用或成本费用损失金额之存在或其他有利于己之事实,主张与原处分之基础事实不同之事实者,除有不可归责之情形外,应于相对人国家主张其处分基础事实之日之后,无迟延地具体主张其相异之事实,并声明足以证明该事实之证据。违反上述规定者,其所为主张及证据之声明,视为《日本民事诉讼法》第157条第1项规定迟延提出之攻击、防御方法。其目的在避免拖延诉讼,并维护当事人间之公平。[2] 即如果迟延提出主张或证据时,法院应判断是否因此迟延诉讼之终结,如果导致诉讼迟延终结时,则程序上驳回其攻击防御方法。[3]

《德国财务法院法》第76条第3项规定法院得限期命原告提出相关申报及证据,逾期不提出者,迟延提出之税捐申报及证据方法,法院得予以驳回(任意性之失权),而不再进行调查。[4]

中国台湾地区也可以依据"行政诉讼法"第132条准用"民事诉讼法"第276条规定之适时提出主义,以资解决。

十一、推计课税在处罚领域上之适用

(一)推计课税案件不当然可以推计处罚

中国台湾地区"最高行政法院"2009年8月第二次庭长法官联席会议决议:稽征机关对于纳税义务人依"所得税法"规定应申报课税之所得

---

① 详见陈清秀:《推计课税与处罚》,载《月旦法学杂志》第181期。

② [日]金子宏:《租税法》,2009年第14版,第811页。

③ [日]志场喜德郎等编:《国税通则法精解》,平成十九年(2007年)第12版,第1011页。

④ 相关探讨,请参见吴东都:《德国税务行政诉讼》,2009年版,第61页以下。

额有漏报或短报并造成漏税结果等违法情事之构成要件该当、违法且有责，已确实证明者，得依“所得税法”第 110 条第 1 项规定对之处以罚锾。其理由指出：“行政法院”1950 年判字第 2 号判例：行政机关对于民众有所处罚，必须确实证明其违反规定之事实。倘若不能确实证明违反规定事实之存在，其处罚即不能认为合符规定。即在推计课税案件，并非当然可以处罚，如果稽征机关并无确切证据证明逃漏税事实，仅因为纳税人违反协力义务而被推计课税时，则仅能调整补税而不罚，或者纳税义务人并无故意或过失，也应不罚。

在税捐处罚的程序上，包括税捐秩序罚及税捐刑罚程序上，被告享有权利要求毫无疑义地明白确认其税捐债务的范围（所漏税额之范围），即应以确实的漏税事实为依据，倘若不可能如此时，则于有疑义的情形，即应为有利于被告之裁判，而不许以盖然性推定的方式进行推计处罚。[①]

因此，在违反协力义务而进行推计课税案件，如果并无确实证据证明逃漏税，原则上应仅得推计课税而不处罚，如单纯以稽征机关以推计课税之金额，不问其确实性为何，即据以认定为处罚法上之“所漏税额”，而作为处罚纳税义务人之依据，应属违法。

在推计课税，由于课税基础的推估（例如，漏报所得金额大小的推估），同时必然或多或少以“推定的事实关系”（例如，推定营业收入之事实）为基础，[②]因此如果容许单纯以稽征机关的推计课税结果，作为所漏税额进行处罚时，则势必变成以“推定的事实”认定为违规事实，进行处罚。此一做法，乃是以盖然性的推定方式“推计处罚”，违反处罚法上所采取“推定无辜（无罪推定）”原则与“有疑，则为有利被告之认定”原则。

例如，稽征机关根据银行存款法或同业利润标准推计所得课税，系以“推计”方式核定所得额。而税法上之“推计”，其证明程度要求未达确实的证明，在诉讼上仅是使法院就推计结果事实之存在，获致盖然之心证。因此，如无其他事证存在，仅根据上述“推计方法”核定所得额，该所得额

---

① Tipke/Lang, Steuerrecht, 19. Aufl., 2008, S. 1117. Hübschmann/Hepp/Spitaler, AO, §162 Rn. 52; Klein/Rüsken, AO, 8. Aufl., 2003, §162 Rz. 18.

② Tipke/Lang, Steuerrecht, 19. Aufl., 2008, S. 954.

事实之存在，尚未达到确实之证明，以此为基础核定所得额，尚难证明有确实漏税结果，此项事实之存在自亦未达确实的证明程度，即不能认依中国台湾地区“所得税法”第110条第1项处罚所必要之漏税结果之要件事实，已获得确实之证明。

（二）处罚要件事实有关所漏税额的认定，也可以进行课税基础的推计

又在税捐处罚程序上，“行政法院”应自行本于职权独立认定税捐逃漏之成立基础原因及其范围，为调查所漏税额，也可以进行课税基础的推计，但其推计与税法上之推计课税规定不同，应遵守刑事诉讼程序的特殊性，而以经法院获得确信之最小金额为基础，[①]并不适用税法上推计课税之规定。

德国联邦最高法院2007年5月24日裁判认为在处罚程序上对于课税基础亦得进行推计，而于进行推计时，也可以运用课税程序上所使用之推计方法。但只有在法官考虑刑罚上之程序法则（与稽征程序之证据法则不同）下，确信稽征机关之推计结果之正确性时，才可承接稽征机关之推计结果。[②] 即在稽征程序上所为推计课税，并不能拘束审理处罚案件之法官，虽然法院可以参考稽征机关的推计课税，但仍应自行调查认定确信其正确性。[③] 如果有无法克服的疑义时，则应适用有疑则为有利被告之原则。

在处罚程序上，被告并无举证责任以证明自己清白，因此即使纳税人未提出完整的申报说明或账证有瑕疵，仍应严格地证明漏税事实，不得因为事证不明即据以做不利于被告之认定。在稽征程序上因为纳税人违反协力义务而以至于事实不明，其不利益应由行为人负担的建议意见，在处

---

① Tipke/Lang, Steuerrecht, 19. Aufl., 2008, S. 1117.

② BGH Beschl. vom 24. May 2007, wistra, 9/2007, S. 345 f. 此为实务上通说见解，另参见 BGH, wistra, 2001, S. 308 f。

③ 此为德国通说及实务见解，认为审理税务违章案件刑罚及秩序罚之法院，应参照刑事诉讼法规定之自由心证，自行推计所漏税额之范围。参见 Tipke/Kruse, AO, 1998, §162 Tz. 16。

罚程序上应不足采取。[①] 故如果被告在处罚程序上提出账证数据，则法院即应进行调查，不得于处罚程序上再进行税捐之推计。[②]

中国台湾地区"最高行政法院"2007 年判字第 871 号判决认为：有关"处罚是否成立"之待证事实不在推计范围内。但是处罚成立事实得以确认后，有关应受处罚程度之事实（例如，以漏税额定其罚锾倍数时，其漏税金额之认定）则应容计推计估算，[③]上述漏税额之推计，仍应注意遵守刑事诉讼法理，以经法院获得确信之最小金额为基础，[④]才具有合法性，而不得单纯以推计课税结果即径行采为漏税额之计算基础。[⑤]

第五节　税法上强制执行

一、概说

税法上强制执行，可区分为金钱债务（或金钱给付义务）的强制执行与其他税法上义务的强制执行两种。前者如税捐债务、税捐附带债务（滞纳金、利息、滞报金、怠报金等）、责任债务、罚锾等。后者指依法令或本于法令之处分，负有行为或不行为义务（包括作为、不作为或忍受义务），经于处分书或另以书面限定相当期间履行，逾期仍不履行者，由执行机关依间接强制执行或直接强制方法执行之强制执行（参照中国台湾地区"行政执行法"第 27 条第 1 项）。例如，停止营业处分的执行，即属之。本书以下主要就税法上金钱给付义务的强制执行说明之。

---

① Kohlmann, Steuerstrafrecht, §370 AO 1977, 2005, Rn. 497.

② Joecks, Steuerliche Schätzungen im Strafverfahren, wistra 1990, S. 56.

③ 相关见解参阅吴东都：《行政法院关于举证责任判决之回顾与展望》，载中国台湾《本土法学杂志》第 34 期，2002 年版，第 17 页。

④ Tipke/Lang, Steuerrecht, 19. Aufl., 2008, S. 1117.

⑤ 黄士洲：《税务行政诉讼事件专题研究计划——推计课税案件中裁罚问题之研究》，2008 年 4 月，第 46 页。

二、公法上金钱给付义务的强制执行沿革

中国台湾地区"行政执行法"对于有关公法上金钱给付义务的强制执行,并无明文规定,呈现法律上重大漏洞,而中国台湾地区司法机构又根据法律保留的精神解释:民众滞纳税捐或罚锾,除"法令"另有规定外,不得就民众财产强制执行,即必须有移送法院执行的相关规定,始得认有"强制执行法"规定的执行名义,而可就民众财产强制执行(1954 年释字第 35 号解释)。

因此,必须在各个行政法规中明文规定有关公法上金钱给付义务不履行时,得移送法院强制执行。[①] 例如,税法上税捐债务之强制执行,中国台湾地区"税捐稽征法"第 39 条第 1 项本文规定"纳税义务人应纳税捐,于缴纳期间届满三十日后仍未缴纳者,由税捐稽征机关移送法院强制执行",故税法上各项金钱债务依法得移送普通法院,依"强制执行法"规定强制执行。[②] 此项由司法机关执行的做法,其目的在确保客观公正,防止行政机关滥权、偏失的情形,[③]在早年行政机关公务员素质不高的情形,或有其必要性。

(一)财务案件处理办法时代

为填补中国台湾地区"行政执行法"的上述法律漏洞,台湾地区行政机构于 1954 年 10 月 2 日公布一项行政命令,即财务案件处理办法,但因涉及裁罚程序,攸关民众权利义务事项,基于法律保留原则,应以"法律"

---

① 据植根大法律数据库统计,现行"法规"中规定有关公法上金钱给付义务不履行时,得移送法院强制执行者,合计至少有 189 个规定。

② 税法上其他金钱债务,包括滞纳金、利息、滞报金、怠报金、短估金等税捐附带债务及罚锾等,其强制执行,依中国台湾地区"税捐稽征法"第 49 条准用第 39 条第 1 项规定,亦移送法院办理。又扣缴义务人、代征人、代缴人及其他依"税捐稽征法"负缴纳税捐义务之人所负担金钱给付义务,其强制执行,依"税捐稽征法"第 50 条准用第 39 条第 1 项规定,亦移送法院执行之。

③ 陈明堂:《行政上强制执行制度之研究》,中国台湾文化大学法研所硕士学位论文,1984 年,第 197 页。

定之，该办法仅是法治不备前之过渡措施，因此于1991年12月27日被“大法官”释字第289号解释宣告违反宪制性规定，应于2年内失效。

在财务案件处理办法有效适用时代，有关公法上金钱给付义务之强制执行，如关于欠税及财务罚锾的执行，原则上由行政机关移送普通法院“财务法庭”(指各地法院指定专庭处理财务案件之法庭)，依照中国台湾地区“财务案件处理办法”强制执行。本办法未规定者，再适用中国台湾地区“强制执行法”之规定(同办法第7条)。

(二)强制执行法时代

以往“法令”多规定，有关公法上金钱给付义务(包括欠税及财务罚锾等)之强制执行，由行政机关或海关移送法院强制执行，其执行“法令”依据，仍适用中国台湾地区“强制执行法”之规定。唯在中国台湾地区“财务案件处理办法”废止之后，由于全面回归适用“强制执行法”，因此应改依中国台湾地区“民事诉讼费用法”第23条之规定征收执行费，①此与以往“财务案件处理办法”时代免征收执行费不同。

(三)新行政执行法时代

按欠税及罚锾等公法上金钱给付义务之强制执行，系属行政权之性质，原属行政执行的范畴，因此以往移送法院执行的规定，并不符合行政法的法理，且移送法院执行的征起率偏低，②绝大部分为无财产可供执行，另因须移送法院办理，法院执行缓慢，机关间协调配合困难，影响强制执行之效果与时效，因此为强化行政自力强制权，并提升公法上金钱给付的收缴率，贯彻执行的效果，乃修正中国台湾地区“行政执行法”，由行政机关统筹办理公法上金钱给付义务的强制执行业务。并自2001年1月1

① 中国台湾地区财政事务主管部门1994年3月15日台财税第830095772号函。

② 以1991年度为例，欠税及财务罚缓锾征起件数55.1%，征起金额仅19.3%(参见中国台湾地区财政事务主管部门“赋税署署长”向中国台湾地区立法机构报告“行政执行法”修正案意见之说明，1995年12月30日印行，中国台湾地区立法机构议案关系文书，院总第989号)，征起比率甚低。

日施行。

因此,关于公法上金钱债务移送法院强制执行之规定,自 2001 年 1 月 1 日施行修正中国台湾地区“行政执行法”之日起,不再适用(中国台湾地区“行政执行法”第 42 条),而改移送(中国台湾地区法务主管部门“行政执行署所属行政执行处”,2012 年 1 月 1 日起改为“行政执行分署”)强制执行。在此范围内,“行政执行法”为特别法,应优先适用。中国台湾地区“税捐稽征法”第 39 条原本规定欠税案件,由稽征机关移送法院强制执行,目前已经不合时宜,亟须配合修正。

除移送执行外,有关欠税强制执行事项,“税捐稽征法”仍属于特别“法”(“税捐稽征法”第 1 条),优先于“行政执行法”而适用。例如,“行政执行法”关于执行期间(时效)较短(最长 10 年),[①]而“税捐稽征法”之征收期间(执行时效)较长(最长 15 年),应优先适用“税法”规定。

三、行政执行的基本原则

(一)法定主义与便宜主义

行政执行的方法与程序,原则上应依据行政执行法的规定,但是在不违背其规定的范围内,行政机关仍然有某种程度的行政裁量权。

又行政机关对于违反公法上义务者是否进行强制执行或移送执行,可否本于行政裁量决定?不无疑问。有行政法学者认为,是否应强制其履行或移送执行,何时以如何之适当方法实施强制?非无判断斟酌之余地。应考虑执行成本效益,是否可以其他手段督促义务人履行其公法上义务,行政效能(行政机关人力物力等)以及执行的阻力等,以供决定。

① 中国台湾地区“行政执行法”第 7 条之执行期间,与税捐之征收期间相当,本质上均应属于债权可行使之特别消灭时效期间。然而实务上有不同见解,例如中国台湾地区“最高行政法院”2010 年判字第 1138 号判决:按中国台湾地区“行政执行法”所规定之行政执行期间,其目的在求法律秩序之安定,此项期间之性质,宜解为系法定期间,其非时效,亦非除斥期间,而与消灭时效之本质有别。行政执行期间经过后,法律效果为不得再执行或免予执行,并非公法上债权当然消灭,而谓其公法上债权不存在。

行政机关考虑结果,认为不予执行或暂缓执行,均不能指为违法。因此支配行政执行者,并非不具弹性的法定主义,而是便宜主义。①

然而,为求执法的公平性,除有特殊正当理由外,行政机关似应普遍公平地进行强制执行,以强制履行公法上的义务。此种要求,在税捐的征收,由于受到租税法律主义的拘束,表现更明显。中国台湾地区"税捐稽征法"第 39 条第 1 项规定于缴纳期间届满 30 日后仍未缴纳者,移送强制执行,即本此意旨。中国台湾地区现行"行政执行法"似亦采取法定主义,原则上应予执行或移送执行。但为了考虑行政人力的负担与公共利益的维护程度差别,有时也有必要分别情形加以处理。②

若采取法定主义,贯彻税法的严格执行,固然可以确保民众遵守法规,养成守法习惯。然而仍应注意下列三个前提:

(1)税捐法规的合理性;

(2)执行法规的妥当性;

(3)辅导纳税人遵守法规。

纳税人经常欠缺税捐法规的专业知识,而误蹈法网,为避免不教而诛,稽征机关应事先辅导民众遵守法规,而非动辄处罚。③ 例如,稽征机关对于纳税人查税之前,先行辅导,避免其因不知规定而致有违章行为,此种"爱心查税",即社会照顾保护义务的具体表现。

(二)公平合理之原则与比例原则

行政执行,应依公平合理之原则,兼顾公共利益与民众权益之维护,以适当之方法为之,不得逾达成执行目的之必要限度(中国台湾地区"行政执行法"第 3 条)。例如,可以查封存款动产等方式,达成执行目的者,即不宜查封自用住宅,使欠税人无法生活。可以使用比较温和的方法强

---

① 吴庚:《行政法之理论与实用》,1990 年增订 6 版,第 488 页。

② 例如,台北市当前取缔违建措施,对于不涉及公共安全等的老旧违建(1994 年年底以前)认为情节轻微者,宜于暂缓处理,暂免查报拆除。

③ 例如,主管机关对于违规营业者,宜积极辅导,使其变成合符规定营业。而不只是单纯严加取缔而已。

制停止营业者,即不宜使用断水断电方式作为直接强制停止营业的方法。[①] 凡此均是比例原则的表现。就此中国台湾地区"行政程序法"第7条也明定比例原则的适用。又如果欠税执行不当,也可以停止或撤回执行(中国台湾地区"税捐稽征法"第40条)。

(三)最低生活费所必须财产不扣押原则

依据保障生存权的规定,如果强制执行结果,将危害义务人的生存权时,则应停止执行。因此,义务人的最低生活费所必须财产,以不扣押为原则,以保障其生存权。[②]

中国台湾地区"强制执行法"第53条规定债务人及其共同生活之亲属于生活上职业上或教育上所必需物品,原则上不得查封,基本上是保障生存权的表现。

又实务上查封欠税人薪资,通常以1/3为度,保留2/3给欠税人维持生活所需,也展现保障生存权意旨,同时兼顾欠税人继续工作之意愿,以确保税收。

(四)统一立法与统一执行的原则

中国台湾地区"行政执行法"应统一"立法",包括各地自治团体的公法上税捐债权的强制执行程序,原则上也均适用"行政执行法",各地自治团体几乎没有自治"立法"的空间,似有剥夺各地自治"立法"权的嫌疑。尤其"行政执行法"对于公法上的债权保全措施仍有待加强,而各地立法保全债权的空间相当有限,[③]以致各地自治团体的公法上债权,仍不

---

① 以台北市为例,因勒令停业不从而采取断水断电措施者,大概以从事色情、赌博、妨害善良风俗或于住宅区从事酒吧等特种行业等违背都市计划使用分区行为,才依据中国台湾地区"都市计划法"第79条规定断水断电(以往所谓正俗项目)。

② 在税法上也有最低生活费不课税与不强制征收原则,参见本书前揭说明。

③ 按台北市曾研议拟定"行政罚缓执行确保自治条例",明定对于积欠罚缓者,得委由警察于临检发现时,查扣汽车,并参考"税捐稽征法"有关规定由执行之主管机关通知有关机关禁止处分财产,情节重大者予以限制出境,或公布姓名,以督促义务人缴清积欠。唯中国台湾地区法务主管部门概均持反对看法,认为"行政执行法"已经排他地"立法",因此各地自治团体概无"立法"空间。

易获得确保。

“行政执行法”关于公法上金钱给付债权部分，由台湾当局（中国台湾地区法务主管部门“行政执行署行政执行分署”）统一执行，其执行权限原则上专属于台湾当局，故各地自治团体自己的债权包括税捐债权，并无法自己办理执行，此当系考虑台湾当局威信较为足够，法律专业素养也比较充足，于执行时应不至于侵犯民众权益。但是大小案件均由台湾当局执行，难免人力不足，无法充分处理数以万计的执行案件，[①]加上必须多增加一层移送执行程序的作业，因此，执行成效未必良好，实则，对于大量的小额案件，[②]似可授权各机关自行执行，尤其应可授权各地自治机关自行执行，以符合各地自治的本旨。

四、公法上金钱债权之强制执行的前提要件

（一）概说

依中国台湾地区“行政执行法”第 11 条的规定：义务人依“法令”或本于“法令”之处分或法院之裁定，负有公法上金钱给付义务，有下列情形之一，逾期不履行，经主管机关移送者，由“行政执行分署”就义务人之财产执行之：

1. 其处分文书或裁定书定履行期间或有法定履行期间者。
2. 其处分文书或裁定书未定履行期间，经以书面限期催告履行者。
3. 依“法令”负有义务，经以书面通知限期履行者。

法院依“法律”规定就公法上金钱给付义务为假扣押、假处分之裁定经主管机关移送者，亦同。

故行政执行的要件如下：

1. 须有公法上金钱给付义务存在

行政执行的要件之一，首先必须有公法上金钱给付义务存在。所称

---

① 以往在移送法院执行的情形，即有遇到法院限量受理移送执行案件，以致大量积欠案件必须等待移送执行的困境。

② 例如，交通违规或环保违规罚缓，数量庞大，金额多为小额。

公法上金钱给付义务如下:税款、滞纳金、滞报费、利息、滞报金、怠报金及短估金;罚锾及怠金;代履行费用;其他公法上应给付金钱之义务,例如规费、受益费、特别公课等(中国台湾地区“行政执行法施行细则”第 2 条)。

2. 执行名义

(1)给付裁决(课税处分或罚锾处分等)

作为强制执行依据的基础名义,即是执行名义,原则上是核定公法上金钱给付义务内容的行政处分,也有称为给付裁决(Leistungsbesch-eid)。例如,稽征机关的课税处分、罚锾处分或其他核定金钱给付义务(例如,税捐附带给付)之行政处分,即执行名义。就此以往在依据中国台湾地区“强制执行法”执行的时代,院字第 2691 号解释征收机关确定纳税义务人所欠税款之公文书,即为“强制执行法”第 4 条第 6 款之执行名义。即稽征机关核定税捐之课税处分,即为欠税强制执行之执行名义。至于强制执行之“移送书”,此项移送书性质上为强制执行之声请状,应非执行名义本身。

又有关罚锾案件,是以稽征机关科处罚锾之行政处分,作为执行名义(释字第 35 号解释),而非以罚锾执行之“移送书”作为执行名义。

由于受到上述解释的影响,认为核定公法上给付的公文书,如“法律”定有得移送执行者,自得认为执行名义。因此,以往“行政法规”概均规定义务人逾期不缴纳者,得移送法院强制执行,以取得执行名义。

(2)法院之裁定

法院之裁定,核定民众的公法上金钱给付义务时,也可作为执行名义。[①] 又如,法院依相关规定就公法上金钱给付义务为假扣押、假处分之裁定经主管机关移送者,亦同。例如,依据中国台湾地区“税捐稽征法”第 24 条第 2 项规定[②]欠税人有隐匿或移转财产、逃避税捐执行迹象时,稽

① 例如,违反中国台湾地区“社会秩序维护法”案件,经移送法院简易法庭裁定科处罚锾,即属之。

② 中国台湾地区“海关缉私条例”第 49 条之 1 也有此类假扣押及假处分之声请规定。

征机关得就其财产声请法院假扣押,[①]并免提供担保。此项假扣押裁定是为保全将来公法上金钱给付义务之执行,为使其执行得以一贯起见,因此明定由“行政执行分署”执行之(参见本条制定理由说明)。

又公法上给付诉讼的确定判决,“行政法院”也可以嘱托“行政执行分署”强制执行(中国台湾地区“行政诉讼法”第306条),于此情形,该确定判决为执行名义。

(3)依“法令”负有义务,经行政机关以书面通知限期履行者

又依“法令”负有义务,经行政机关以书面通知限期履行,而逾期不履行者,也可以移送执行,在此并未严格要求必须以给付处分为前提,而是以“书面通知限期履行”为要件,此项限期履行的书面通知,具有告诫(Androhung)的性质,此项书面告诫为行政处分,得提起行政争讼。[②] 在此类依“法令”负有金钱给付义务的情形,倘若无法直接移送执行,则势必需提起公法上给付诉讼,取得确定判决的执行名义,才能强制执行,果尔必将严重妨害行政效率,徒增行政及诉讼成本。[③] 例如,“税法”上的责任债务,倘若不承认可作成责任裁决,则稽征机关以书面通知其限期履行而逾期不履行者,也可以移送执行,而无须每案提起公法上的给付诉讼。[④] 在此并未严格要求必须以给付处分为前提。

当然在此类依“法令”负有金钱给付义务的情形(例如,溢领退税款项,构成公法上的不当得利),倘若解释上允许行政机关作成实现其公法上请求权的行政处分(中国台湾地区“行政程序法”第131条第3项),即

---

① 以往此类假扣押之裁定,是指民事法院的裁定,在中国台湾地区新“行政诉讼法”施行后,由于该假扣押是要保全公法上债权,属于公法上争议事件,因此似应改由“行政法院”裁定假扣押。吴庚,亦认为此处不排除“行政法院”作成此类裁定(吴庚:《行政法之理论与实用》,第472页)。

② 吴庚:《行政法之理论与实用》,第472页以下。

③ 以往实务上的做法,是声请法院发支付命令与提起民事诉讼,耗费人力与物力。在中国台湾地区“行政诉讼法”施行之后改提起公法上的给付诉讼,仍然造成“行政法院”的沉重负担。

④ 又如,中国台湾地区“劳工保险条例”第17条规定投保单位未依规定缴纳保险费者,“劳工保险局”应依规定诉追。在此即可由行政机关以书面通知限期履行,逾期不履行,则径行移送执行。

所谓给付处分，则可改以给付处分为执行名义。[①]

(4)行政契约

中国台湾地区“行政程序法”第148条规定行政契约约定自愿接受执行时，债务人不为给付时，债权人得以该契约为强制执行的执行名义。其强制执行准用“行政诉讼法”有关强制执行规定。因此，倘若“行政法院”嘱托行政机关（“行政执行分署”）执行时，则执行程序准用“行政执行法”的规定（“行政诉讼法”第306条第2项），可以该行政契约为行政执行的执行名义。

①和解契约

税法上的和解契约有其限制，即原则上民众不得以行政契约承认法律上所不存在的纳税义务，稽征机关也不得以协议抛弃税捐债权。[②] 只有在例外情形下，有关课税事实争议的妥协和解，于一定前提要件下，可加以承认（中国台湾地区“行政程序法”第136条）。因此，税法上以和解契约作为执行名义，应不多见。

②第三人的保证契约等

第三人对于公法上税捐债务提供保证或设定抵押担保，此种契约是否为行政契约，毋庸置疑：

A. 肯定说：认为外销品冲退税保证契约等契约内容属于租税债务或租税高权之行使与否与其范围之大小，且该规范属于公法，故属于公法上保证债务的行政契约。[③]

---

① 中国台湾地区“最高行政法院”暨台北、台中、高雄三所“高等行政法院”2000年12月18日法律座谈会即采取此说：乙说：劳工保险为社会保险，具公法之性质，被保险人或投保单位依中国台湾地区“劳工保险条例”之规定，应缴纳之保险费或滞纳金，为公法上之给付义务，其未依规定缴纳保险费者，依“劳工保险条例”第17条第1项前段之规定，得宽限15日，宽限期间仍未缴纳者，自期满之翌日起至完纳前一日，每逾一日加征应纳费额0.2%滞纳金。中国台湾地区“劳工保险局”于投保单位或被保险人未依规定缴纳时，均就其应缴纳之保险费及滞纳金，作成限期缴纳通知书，该通知书核属所应缴各费之核定，性质上为行政处分，已具执行力，无须再提起一般给付之诉。

② 在破产程序中，稽征机关依据中国台湾地区“破产法”规定进行和解，应属例外允许的情形。

③ 林明锵：《行政契约》，载翁岳生编：《行政法》，2000年第2版，第655页；李建良：《行政契约法要义》，载在全球运筹计划下电子化政府有关“行政程序法”之施行研讨会会议资料第50页以下。

B. 否定说：税捐债务保证契约并非创设公法上的债务，而只是创设私法上的权利义务，于其义务人不履行时，债权人应循民事诉讼程序主张其权利。①

例如，第三人与税捐机关约定纳税义务人不依限缴纳税款时，由该第三人缴纳者；例如，税捐保证人，届时该第三人固有按照税款数额支付金钱之义务，唯此系依契约所负之私法上给付义务，并非公法上之纳税义务，此项第三人如不履行其给付义务时，不得径行移送法院强制执行，因此，如无确定之给付判决或其他之执行名义，不得对之强制执行（中国台湾地区司法机构 1943 年 11 月 4 日院字第 2599 号解释）。

《德国税捐通则》第 48 条规定第三人得以契约承受对于稽征机关的租税债务关系的给付义务。例如，纳税保证契约、损害担保契约、并存债务承担契约等，但经由此种法律行为设定的义务，通说认为成立私法的请求权，而非公法的请求权，②即是私法的契约，不承认行政契约。

3. 金钱给付已届清偿期（履行期间）

倘若行政机关已同意其分期付款，而未到期，自尚未届清偿期，而不得移送执行。

4. 逾期不履行

在税捐债务，于缴纳期间届满后，并非立即应移送强制执行，而是给予 30 日期间履行，在此期间内，每逾期 2 日加征应缴纳税额的 1% 的滞纳金，30 日合计征收 15% 的滞纳金（中国台湾地区“税捐稽征法”第 20 条），以督促其履行。

又公法上金钱给付义务移送“行政执行分署”执行前，除另有规定或以执行凭证移送执行者外，为免义务人因不便缴纳或疏忽而逾期，因此宜由原处分机关或该管行政机关先行催缴（中国台湾地区“行政执行法施行细则”第 19 条）（配合科技进步，得以电话语音、信函或网络传输等方式为之），义务人得向邮局划拨或金融机构缴纳。

---

① 中国台湾地区司法机构院字第 2599 号解释及第 2980 号解释；陈敏：《税捐债务关系之变更》，载《政大法学评论》第 30 期；陈清秀：《行政诉讼法》，2011 年第 4 版，第 24 页。

② 陈敏：《德国租税通则》，1985 年版，第 65 页以下。

(二)执行债务人

1. 公法上金钱给付义务人

一般而言,应属给付处分的相对人。包括民众与作为行政处分相对人之行政机关在内。在税捐债务,则为税捐债务人。其为公司者,除无限公司外,公司负责人或股东,并非执行债务人。

2. 继承人

义务人死亡遗有财产者,“行政执行分署”得径行对其遗产强制执行(中国台湾地区“税捐稽征法”第15条)。其制定理由指出公法上金钱给付义务的执行,主要是对义务人的财产为执行,如义务人死亡遗有财产时,为贯彻行政目的、迅速执行起见,自得对其遗产强制执行(参见本条制定说明)。[①]

在此有问题者,乃是公法上金钱给付义务得否为继承的对象,就此有认为公法上金钱给付义务,通常不具一身专属性或高度属人性,原则上具有得移转性,因此,义务人死亡时,其继承人除抛弃继承或限定继承或另有规定外,当已继承此项公法上金钱给付义务,而成为义务人。[②]

但中国台湾地区“行政执行法”第15条仅规定得就遗产继续为强制执行,且中国台湾地区“税捐稽征法”第14条特别规定纳税义务人死亡,遗有遗产者,应由继承人等负担缴纳生前欠税义务,因此,释字第622号解释认为是继承人应负担代缴义务而已,并不继承纳税义务。此项见解,似较符合量能课税的观点,不至于过于严苛,而具有其合理性。

尤其在罚锾的情形,由于罚锾为行政制裁,具有一身专属性质,更不应无限制地继承。释字第621号解释亦谓:罚锾乃公法上金钱给付义务之一种,罚锾之处分作成而具执行力后,义务人死亡并遗有财产者,依上

---

① 本案于中国台湾地区立法机构修改时原经“委员”建议增列但书:“但其义务专属义务人本身者,不在此限”,但中国台湾地区法务主管部门反对,其反对理由认为本条系参照中国台湾地区“强制执行法”第5条第2项规定,且公法上金钱给付义务如具一身专属性者,于义务人死亡后,对义务人之财产为强制执行,仍系就义务人原应履行之义务为执行,并非将其义务转嫁于继承人,而由继承人继承,亦非对其继承人之固有财产为执行(此系中国台湾地区法务主管部门于本条修正时提供中国台湾地区立法机构参考之意见)。

② 林锡尧:《行政法要义》,1998年增修版,第345页。

开中国台湾地区“行政执行法”第 15 条规定意旨,该基于罚锾处分所发生之公法上金钱给付义务,得为强制执行,其执行标的限于义务人之遗产。其解释理由并指出:“行政罚锾之科处,系对受处分人之违规行为加以处罚,若处分作成前,违规行为人死亡者,受处分之主体已不存在,丧失其负担罚锾义务之能力,且对已死亡者再作惩罚性处分,已无实质意义,自不应再行科处。”

中国台湾地区财政事务主管部门函释亦认为纳税义务人违反税法规定,于裁处罚锾确定后死亡者,税捐稽征机关不就继承人之固有财产移送执行,唯仍依中国台湾地区“行政执行法”第 15 条规定,就其遗产移送执行。①

3. 义务人之法定代理人

考虑社会上常有利用未成年人、受监护宣告之人、商号、公司等名义为义务人,于负有公法上金钱给付义务后逾期不履行或隐匿、处分应供强制执行之财产,致公法上金钱债权无法获得充分实现者,为防止此种狡诈之行为,爰参照中国台湾地区“强制执行法”第 25 条及“税捐稽征法”第 14 条做更周延之规定,俾加强行政执行之功能。

即于中国台湾地区“行政执行法”第 24 条规定:“关于义务人拘提管收及应负义务之规定,于下列各款之人亦适用之:一、义务人为未成年人或受监护宣告之人者,其法定代理人。二、商号之经理人或清算人;合伙之执行业务合伙人。三、非法人团体之代表人或管理人。四、公司或其他法人之负责人。五、义务人死亡者,其继承人、遗产管理人或遗嘱执行人。”上述法定代理人应负义务的范围为何,不无疑义。解释上似应限于义务人之行为义务(协力义务等)部分,而不及于税法上纳税义务,较符合租税法律主义之要求。

(三)执行标的物

行政执行的标的物,以义务人的财产为范围,义务人死亡遗有财产者,中国台湾地区“行政执行分署”得径对其遗产强制执行。执行标的物

---

① 中国台湾地区财政事务主管部门 2003 年 9 月 23 日台财税第 0920456111 号函。

不以移送机关于移送执行时所检附义务人的财产目录所载财产为限，尚包括“行政执行分署”依职权所调查得知的财产。

又担保人于担保书状载明义务人逃亡或不履行义务由其负清偿责任者，“行政执行分署”于义务人逾前条第 1 项之限期仍不履行时，得径就担保人之财产执行之（中国台湾地区“行政执行法”第 18 条）。故担保人之财产也在执行标的物范围。在实务上，如由义务人公司负责人或股东到场陈述意见，而签具担保书者，即构成担保人，应负连带责任。此一担保书，以担保税法上金钱债务之履行为标的，“行政执行署”之咨询意见认为属于行政契约性质。

关于信托关系存续中信托财产所生之地价税、房屋税，受托人未缴纳者，税捐稽征机关得否就受托人（除信托财产外）之自有财产移送强制执行机关为强制执行疑义一案。

实务上以往采取肯定说，认为信托关系存续中信托财产之地价税或房屋税，依中国台湾地区“土地税法”第 3 条之 1 第 1 项，及中国台湾地区“房屋税条例”第 4 条第 5 项规定，系以受托人为纳税义务人，则依中国台湾地区“行政执行法”第 11 条规定得就纳税义务人之财产（受托人之财产，包括其自有财产在内）强制执行。受托人于被执行后，再就信托财产所支出之税捐，依中国台湾地区“信托法”第 39 条以下规定得以信托财产充之，并有向受益人求偿权利。[①]

本书认为，基于比例原则以及民众财产权友善保障原则，有关信托财产所发生之税捐之强制执行，似可类推适用中国台湾地区“税捐稽征法”第 14 条规定。执行机关似应优先对于信托财产强制执行，只有在受托人违反纳税义务，而将信托收益交付第三人时，方始第二顺位的负担保清偿欠税责任。

就此实务上亦认为信托关系存续中信托财产所生之地价税、房屋税，受托人不缴纳者，税捐稽征机关自得依中国台湾地区“信托法”第 12 条第 1 项但书规定“因处理信托事务所生之权利”，对欠税之信托财产强制

---

① 中国台湾地区财政事务主管部门 2002 年 3 月 27 日台财税字第 0910451666 号函；中国台湾地区法务主管部门 2002 年 4 月 3 日法律字第 0910012048 号书函。

执行。[①]

又遗产管理人系以第三人之地位依法取得管理遗产之权限,于依中国台湾地区“遗产及赠与税法”第 6 条第 1 项第 3 款规定为纳税义务人,而未依规定申报或已依规定申报而有短漏报,经稽征机关核定应纳遗产税及裁处罚锾后,得以遗产缴纳,如逾限未缴经移送强制执行,依中国台湾地区“遗产及赠与税法施行细则”第 22 条第 3 项规定,得对遗产执行;遗产管理人性质上系形式上之纳税义务人,应免对其固有财产执行。[②]

五、行政执行的程序

行政执行的程序,依据中国台湾地区“行政执行法”之规定处理。

(一)执行机关

公法上金钱给付义务逾期不履行者,移送中国台湾地区法务主管部门“行政执行署所属行政执行分署”执行之(中国台湾地区“行政执行法”第 4 条)。中国台湾地区法务主管部门“行政执行署及所属行政执行分署”之组织,另以“法律”定之。

公法上金钱给付义务之执行,应以执行标的物所在地之该管中国台湾地区“行政执行分署”为执行机关;其不在同一“行政执行分署”者,得向其中任一“行政执行分署”为之。

应执行之标的物所在地不明者,由债务人之住、居所、公务所、事务所、营业所所在地之中国台湾地区“行政执行分署”管辖。

受理公法上金钱给付义务执行事件之“行政执行分署”,须在他“行政执行分署”管辖区内为执行行为时,应嘱托该他“行政执行分署”为之(中国台湾地区“行政执行法施行细则”第 20 条)。

执行公法上金钱给付义务,须以债务人之其他财产权为执行标的,例

① 中国台湾地区财政事务主管部门 2006 年 2 月 17 日台财税字第 09504509730 号函,中国台湾地区法务主管部门(“信托法”主管机关)2006 年 1 月 26 日法律字第 0950002187 号函。

② 中国台湾地区财政管理部门 2001 年 5 月 3 日台财税字第 10004507500 号令。

如以债务人对第三人之金钱债权为执行标的时，该第三债务人之住所地亦为本条规定之“应执行标的物所在地”。

（二）移送行政执行

1. 移送时间

为确保执行成效，避免义务人脱产，稽征机关宜尽速移送，于其义务履行期间届满后多少时间内移送执行。乃是授权行政机关行政裁量决定，中国台湾地区“行政执行法”并无统一规定。如果本案行政处分仍在行政救济中，其合法性尚有争议时，即可暂缓移送执行。

2. 移送文件

移送机关于移送“行政执行分署”执行时，应检附下列文件（第13条）：

（1）移送书。

（2）课税处分文书（税单）、处分文书、裁定书或义务人依法令负有义务之证明文件：此项处分书并应证明已经合法送达义务人。

3. 义务人之财产目录

但移送机关不知悉义务人之财产者，免检附。

稽征机关在移送执行之前，应可依据中国台湾地区“行政程序法”第19条职务协助的规定与中国台湾地区“税捐稽征法”第33条第1项第8款规定，向其他税捐稽征机关或地政机关调查义务人的财产状况，或依据中国台湾地区“行政程序法”第40条规定，要求金融机构提供义务人的存款数据。

又如，执行机关也可以依据中国台湾地区“行政执行法”第26条准用中国台湾地区“强制执行法”第19条第2项规定，向税捐机关或第三人调查义务人的财产状况。

4. 义务人经限期履行而逾期仍不履行之证明文件

就此行政机关应检附足以证明已经合法送达义务人限期履行的文件。

5. 其他相关文件

前项第1款移送书应载明义务人姓名、年龄、性别、籍贯、职业、住居所,如系法人或其他设有管理人或代表人之团体,其名称、事务所或营业所,以及管理人或代表人之姓名、性别、年龄、籍贯、职业、住居所;义务发生之原因及日期,应纳金额。

(三)通知义务人到场或自动清缴

"行政执行分署"为办理执行事件,得通知义务人到场或自动清缴应纳金额、报告其财产状况或为其他必要之陈述(中国台湾地区"行政执行法"第14条)。

义务人依其经济状况或因天灾、事变致遭受重大财产损失,无法一次完纳公法上金钱给付义务者,"行政执行分署"于征得移送机关同意后,得酌情核准其分期缴纳。经核准分期缴纳,而未依限缴纳者,"行政执行分署"得废止之(中国台湾地区"行政执行法施行细则"第27条)。据此"行政执行署"发布有"行政执行事件核准分期缴纳执行金额实施要点",以为处理依据。

值得注意的是,在移送执行之前,行政机关可否准予分期付款而暂时不移送执行?不无疑义。本书认为,除法规另有特别规定[①]者外,原则上行政机关应有行政裁量权,准予分期付款缴纳欠款,而暂缓移送执行。

(四)运行时间、方式

行政执行不得于夜间、星期日或其他休息日为之。但执行机关认为情况急迫或征得义务人同意者,不在此限。日间已开始执行者,得继续至夜间。

执行人员于执行时,应对义务人出示足以证明身份之文件;必要时得命义务人或利害关系人提出身份证或其他文件(中国台湾地区"行政执行法"第5条)。

---

① 税捐稽征由于受到税捐法定主义的支配,因此中国台湾地区"税捐稽征法"第20条有关滞纳税捐移送执行的规定,或可认为特别规定。

（五）查封、拍卖、变卖及声明参与分配

1. 查封、拍卖及变卖

动产之强制执行，以查封、拍卖或变卖之方法行之（中国台湾地区“强制执行法”第 45 条）。不动产之强制执行，以查封、拍卖、强制管理之方法行之（中国台湾地区“强制执行法”第 75 条）。

实施查封后，债务人就查封物所为移转、设定负担或其他有碍执行效果之行为，对于债权人不生效力。实施查封后，第三人未经执行法院允许，占有查封物或为其他有碍执行效果之行为者，执行法院得依职权或依声请排除之（中国台湾地区“强制执行法”第 51 条）。

查封物应公开拍卖之。但有下列情形之一者，执行法院得不经拍卖程序，将查封物变卖之（中国台湾地区“强制执行法”第 60 条）：

（1）债权人及债务人声请或对于查封物之价格为协议者。

（2）有易于腐坏之性质者。

（3）有减少价值之虞者。

（4）为金银物品或有市价之物品者。

（5）保管困难或需费过巨者。

2. 声明参与分配

由于义务人的财产是为其全体债权人的共同担保，基于公平原则，公法上金钱给付义务的执行，宜与民事上的执行相同，采不再查封主义，而不采优先清偿主义。因此，如义务人的财产业经其他机关查封者，即不得再行查封，而只得参与分配。故中国台湾地区“行政执行法”第 16 条规定：执行人员于查封前，发现义务人之财产业经其他机关查封者，不得再行查封。“行政执行分署”已查封之财产，其他机关不得再行查封。倘若普通法院就同一义务人的同一标的物已进行查封，则“行政执行分署”即不得再行查封，而可声明参与分配（中国台湾地区“强制执行法”第 33 条之 1 及第 33 条之 2、第 34 条之 1）。

3. 破产、重整

欠税人破产时，其于破产宣告前所欠缴税捐，自属破产债权，依中国台湾地区“破产法”第 97 条规定：“破产债权非依破产程序，不得行使。”

故为实现税捐债权,应依破产程序参与债权分配。在破产财团成立后,其应纳税捐为财团费用,由破产管理人依中国台湾地区“破产法”之规定清偿之(中国台湾地区“税捐稽征法”第7条)。

又依中国台湾地区“公司法”第294条之规定,公司在重整裁定前所欠税款,如在重整裁定前已移送法院强制执行者尚须中止执行,其在重整裁定后,不得移送强制执行,自不待言。此种所欠之税款,依中国台湾地区“公司法”第296条第1项、第304条第1项第4款之规定,仅可依重整程序按重整计划而受清偿。

至于在公司重整中所发生之税捐,依中国台湾地区“税捐稽征法”第8条规定为公司重整债务,应依“公司法”之规定清偿之。又重整债务应优先于重整债权而为清偿,“公司法”第312条定有明文。此种在重整裁定后成立之债权(自公司方面观之则为重整债务),既不依重整程序而行使,也无须经申报及审查等程序,而得随时向重整人行使,并得提起诉讼暨声请强制执行。公司重整中所发生之税捐,如重整人不为清偿,税捐稽征机关当可于重整计划完成前依中国台湾地区“税捐稽征法”第39条之规定移送强制执行。①

六、行政执行的确保

(一)命提供担保及限制住居

为强化行政权功能,达成行政目的,中国台湾地区“行政执行法”第17条规定,义务人有下列情形之一者,“行政执行分署”得命其提供相当担保,限期履行,并得限制其住居:

(1)显有履行义务之可能,故不履行者。

(2)显有逃匿之虞。

(3)就应供强制执行之财产有隐匿或处分之情事者。

(4)于调查执行标的物时,对于执行人员拒绝陈述者。

---

① 中国台湾地区法务主管部门1982年6月15日法(1982)律第6988号函、中国台湾地区财政事务主管部门1982年6月30日台财税第34869号函。

(5)经命其报告财产状况,不为报告或虚伪之报告者。

(6)经合"法"通知,无正当理由而不到场者。

前项义务人有下列情形之一者,不得限制住居:

(1)滞欠金额合计未达新台币 10 万元。但义务人已出境达两次者,不在此限。

(2)已按其法定应继分缴纳遗产税款、罚锾及加征之滞纳金、利息。但其继承所得遗产超过法定应继分,而未按所得遗产比例缴纳者,不在此限。

上述担保有物保及人保两种。物保包括以定期存单设定权利质权,以不动产设定抵押权等均是。人保即担保人,于担保书状载明义务人逃亡或不履行义务由其负清偿责任者,"行政执行分署"于义务人逾期仍不履行时,得径就担保人之财产执行之(中国台湾地区"行政执行法"第 18 条)。

又限制住居的方式,可采取"限制出境"的方式办理。此处限制出境,通常仅须积欠金额达新台币 10 万元即得为之。此与中国台湾地区"税捐稽征法"第 24 条规定纳税义务人必须积欠应缴纳税额达新台币 100 万元以上,才予以限制出境的情形不同。

由于限制出境属于继续性行政处分,如嗣后情事变更,限制出境原因消灭,例如,嗣后已经履行其到场陈述义务,并无逃匿或隐匿财产等情事,而已经丧失限制出境之合法要件时,则原合规限制出境之处分即变成违规,相对人应得依据中国台湾地区"行政程序法"第 128 条第 1 项第 1 款及第 2 款规定,请求自原因消灭时起废止限制出境处分(中国台湾地区"强制执行法"第 22 条第 2 项但书亦有类似解除出境限制规定,其法理相同)。

(二)拘提管收

1. 拘提管收的要件

义务人经"行政执行分署"依中国台湾地区"行政执行法"第 17 条第 1 项规定命其提供相当担保,限期履行,届期不履行亦未提供相当担保,有下列情形之一,而有强制其到场之必要者,"行政执行分署"得声请法

院裁定拘提之(中国台湾地区“行政执行法”第17条第3项):

(1)显有逃匿之虞。

(2)经合“法”通知,无正当理由而不到场。

义务人经拘提到场,行政执行官应即讯问其人有无错误,并应命义务人据实报告其财产状况或为其他必要调查。

行政执行官讯问义务人后,认有下列各款情形之一,而有管收必要者,行政执行分署应自拘提时起24小时内,声请法院裁定管收之:

(1)显有履行义务之可能,故不履行。

(2)显有逃匿之虞。

(3)就应供强制执行之财产有隐匿或处分之情事。

(4)已发现之义务人财产不足清偿其所负义务,于审酌义务人整体收入、财产状况及工作能力,认有履行义务之可能,别无其他执行方法,而拒绝报告其财产状况或为虚伪之报告。

义务人经通知或自行到场,经行政执行官讯问后,认有前项各款情形之一,而有声请管收必要者,“行政执行分署”得将义务人暂予留置;其讯问及暂予留置时间合计不得逾24小时。

又拘提管收也不得侵害义务人之生存权以及生命身体健康之权益。故义务人或其他依法得管收之人有家计困难、怀孕、生产或罹患重病等影响生存权情形之一者,不得管收;其情形发生于管收后者,“行政执行分署”应以书面通知管收所停止管收(中国台湾地区“行政执行法”第21条)。

2. 拘提管收之主体

由于拘提管收涉及义务人的身体、自由、名誉等基本权利的侵害,为确实保障民众权益,拘提管收应由“行政执行分署”声请该地法院裁定,始得为之。拘提、管收之声请,应向“行政执行分署”所在地法院为之。

3. 拘提管收之裁定

法院对于拘提之声请,应于5日内裁定;其情况急迫者,应实时裁定(中国台湾地区“行政执行法”第17条第2项)。

法院受理管收之声请后,应即讯问义务人并为裁定,必要时得通知“行政执行分署”指派执行人员到场为一定之陈述或补正。

"行政执行分署"或义务人不服法院关于拘提、管收之裁定者,得于10日内提起抗告;其程序准用中国台湾地区"民事诉讼法"有关抗告程序之规定。

抗告不停止拘提或管收之执行。但准拘提或管收之原裁定经抗告法院裁定废弃者,其执行应即停止,并将被拘提或管收人释放。

拘提、管收,除另有规定外,准用中国台湾地区"强制执行法""管收条例""刑事诉讼法"有关讯问、拘提、羁押之规定(中国台湾地区"行政执行法"第17条)。

4. 拘提管收之执行

中国台湾地区"行政执行法"第19条规定,法院为拘提之裁定后,应将拘票交由"行政执行分署"派执行员执行拘提。拘提后,如义务已全部履行、提供相当担保或不符合声请管收之要件情形之一者,"行政执行分署"应即释放义务人。

法院为管收之裁定后,应将管收票交由"行政执行分署"派执行员将被管收人送交管收所;法院核发管收票时义务人不在场者,"行政执行分署"得派执行员持管收票强制义务人同行并送交管收所。

又管收目的在于促使义务人尽速清偿应纳金额,故其期限不宜过长,一次最长以3个月为相当。又除原管收事由外,如有管收新原因发生或停止管收原因消灭时,虽得声请该地法院裁定再行管收,但一次为限,俾保障人权,爰参照中国台湾地区"强制执行法"第24条规定管收期限不得逾3个月。有管收新原因发生或停止管收原因消灭时,对于义务人仍得声请该地法院裁定再行管收。但以一次为限(中国台湾地区"行政执行法"第19条第2项)。

此外,拘提最后应纳金额如经义务人、担保人或其他第三人清缴者,公法上金钱给付义务之执行目的已达成,已无管收或续予管收之必要,爰参照"管收条例"第13条,订定此时"行政执行分署"应即释放义务人(中国台湾地区"行政执行法"第19条第3项)。

由于管收的目的在促使义务人履行公法上金钱给付义务,其义务自不因管收而免除(中国台湾地区"行政执行法"第19条第4项)。

5. 管收期间之提询

管收目的在于促使被管收人尽速清缴应纳金额，唯因关系被管收人之身体、自由及名誉，中国台湾地区“行政执行法”第 20 条第 1 项爰参照“管收条例”第 11 条规定，“行政执行分署”应随时提询被管收人，每月不得少于三次。

又为使被管收人之提询或送返程序，于执行时有明确之依据，并使管收所得以及时为周全之准备，故提询或送返被管收人时，应以书面通知管收所（中国台湾地区“行政执行法”第 20 条第 2 项）。

6. 被管收人之释放

按管收目的，在于对义务人施予心理上之强制，促其尽速履行义务，如果管收后义务已全部履行、提供确实担保或执行完毕，执行目的已达成；或因执行名义之行政处分、法院裁定撤销、变更致其义务已不存在；或管收期限届满不得继续管收者，为保障人权，自应予以释放，因此在有上述情形之一者，“行政执行分署”应即以书面通知管收所释放被管收人（中国台湾地区“行政执行法”第 22 条）。

（三）禁止奢侈命令

中国台湾地区“行政执行法”（2010 年 2 月 3 日修正公布）第 17 条之 1 第 1 项规定：义务人为自然人，其滞欠合计达一定金额，已发现之财产不足清偿其所负义务，且生活逾越一般人通常程度者，“行政执行分署”得依职权或利害关系人之申请对其核发下列各款之禁止命令，并通知应予配合之第三人：禁止购买、租赁或使用一定金额以上之商品或服务。禁止搭乘特定之交通工具。禁止为特定之投资。禁止进入特定之高消费场所消费。禁止赠与或借贷他人一定金额以上之财物。禁止每月生活费用超过一定金额。其他必要之禁止命令。

七、执行停止及撤回

（一）中国台湾地区“行政执行法”上之执行停止及撤回

依中国台湾地区“行政执行法”第 9 条规定声明异议，执行机关认其有理由者,应即停止执行,并撤销或更正已为之执行行为;认其无理由者,应于10日内加具意见,送直接上级主管机关于30日内决定之(同条第2项)。

行政执行,除另有规定外,不因声明异议而停止执行。但执行机关因必要情形,得依职权或申请停止之(同条第3项)。

在此所谓“必要情形”,例如,义务人或第三人提起债务人异议之诉、第三人异议之诉或请求终止执行之公法上给付之诉,均属之。

稽征机关在移送行政执行后,得于执行终结前撤回之。但于拍定后拍卖物所有权移转前撤回者,应得拍定人的同意(中国台湾地区“行政执行法施行细则”第24条)。例如,移送机关法发现移送错误(如义务人已缴纳)、重复移送或送达不合符规定时,得附具理由撤回之。但应于执行终结前撤回之,故执行标的物已拍定移转所有权予第三人时,应不得撤回(参见同条制定理由说明)。

(二)行政救济法上之执行停止

中国台湾地区“诉愿法”第93条规定:原行政处分之执行,除另有规定外,不因提起诉愿而停止。原行政处分之合法性显有疑义者,或原行政处分之执行将发生难以回复之损害,且有急迫情事,并非为维护重大公共利益所必要者,受理诉愿机关或原行政处分机关得依职权或依申请,就原行政处分之全部或一部,停止执行。前项情形,“行政法院”亦得依声请,停止执行。①

稽征机关或受理诉愿机关是否停止执行,应属其行政裁量决定范围。但有中国台湾地区“诉愿法”第93条第2项规定之情形时,其裁量受到限制,应依据声请停止执行。②

1. 停止执行要件

(1)原处分之合法性显有疑义

停止执行之其中一类型为“原处分之合法性显有疑义”,在此并不要

---

① 有关暂时停止执行,参见陈清秀:《行政诉讼法》,2011年第4版,第90页以下,第683页以下。

② Tipke, Lang, Steuerrecht, 20. Aufl., 2010, §22 Rz. 218.

求行政处分之违法性具有优势的盖然性存在，而仅须有相当大的可能性，即为已足。例如，由于事实关系尚未查明或法律问题尚未厘清，而存有争议，除有支持处分合法性之情况外，也有支持处分违法性之情况并存，足以影响法律问题或事实问题之判断的不确定性时，即可认为合法性有重大疑义存在。合法性疑义，也包括系争法令规范有合宪性疑义在内。①

(2)立即执行过于严苛

停止执行之另一个类型为“强制执行将产生对于当事人不当的严苛结果，而并非维护重大公益所必要”，例如，执行结果对于当事人产生无法或难以回复原状之损害(不利益)，或危害其经济上生存权，而无法以嗣后附加行政救济利息补偿其损失。②

2. 停止执行之法规竞合

中国台湾地区“行政诉讼法”第 116 条第 3 项规定：于行政诉讼起诉前，如原处分或决定之执行将发生难于回复之损害，且有急迫情事者，“行政法院”亦得依受处分人或诉愿人之声请，裁定停止执行。但于公益有重大影响者，不在此限。故受处分人于行政救济中，除可依上述中国台湾地区“诉愿法”规定救济外，亦可依上述“行政诉讼法”规定声请“行政法院”裁定停止执行。

上述两个停止执行规定在诉愿行政救济程序中竞合，解释上中国台湾地区“诉愿法”对于诉愿程序上之停止执行，相对于“行政诉讼法”之停止执行规定而言，应属于特别法，应优先适用。因此，在诉愿程序中当事人向“行政法院”声请停止执行，“行政法院”也应审查原行政处分之合“法”性是否显有疑义者。

但实务上有认为应优先适用中国台湾地区“行政诉讼法”第 116 条第 3 项起诉前声请停止执行之要件，“行政法院”仅须就原处分或决定之执行，是否将发生难以回复之损害，且有急迫情事者，而于公益无重大影响等要件，予以审查即可，如未符合上述要件，即应予驳回(中国台湾地区“最高行政法院”暨台北、台中、高雄三所“高等行政法院”2000 年 12 月

---

① Tipke/Lang, Steuerrecht, 20. Aufl., 2010, §22 Rz. 219.

② Tipke/Kruse, FGO, 1997, §69 Tz. 103.

18日法律座谈会）。

如果据以行政执行的基础处分，尚在提起诉愿行政救济中，则受处分人即可依上述规定请求暂时停止执行。倘若尚未提起诉愿，则仍不准受处分人向“行政法院”声请停止执行。[①]

3. 向“行政法院”声请停止执行之特别要件

中国台湾地区“诉愿法”第93条第3项即规定受处分人得申请受理诉愿机关或原处分机关停止执行，理论上得由上开机关获得救济，殊无径向“行政法院”声请之必要，且“行政法院”系审查行政处分违“法”性之最终机关，若一有行政处分，不待诉愿程序即声请“行政法院”停止原处分之执行，无异规避诉愿程序，而请求“行政法院”为行政处分之审查。

因此，如受处分人已向原处分机关或受理诉愿机关申请停止执行未获得救济，例如，申请停止执行已经被驳回，或在下述情形，可认为得径由“行政法院”受理：

(1)原处分机关或受理诉愿机关对于申请停止执行，未经通知有正当理由而不于相当期间内为准驳决定。

(2)其情况紧急，非实时由“行政法院”予以处理，则难以救济，如已经通知(告诫通知)即将强制执行。

除上述情形外，如不待诉愿程序即声请“行政法院”停止原处分之执行，则尚难认有以“行政法院”之裁定予以救济之必要，应认欠缺保护之必要而驳回其声请，庶不致浪费司法资源。[②]

又如，原处分或决定机关已依职权或依声请停止执行者，应为驳回声请之裁定。此项停止执行之裁定，得停止原处分或决定之效力、处分或决定之执行或程序之续行之全部或部分。

---

① 实务上认为：受处分人或利害关系人尚未提起诉愿前，并无不服原行政处分之表示，不能认有停止执行之利益。且诉愿程序之目的在使行政机关有自我审查之机会，不待诉愿而径向“行政法院”声请停止执行，无异由“行政法院”直接为行政处分之审查，不仅规避诉愿程序，使“行政机关”丧失自我审查之机会。关系人如充分利用此一程序，将耗费大量司法资源于停止执行之暂时权利保护，影响诉讼事件之审判。（中国台湾地区“最高行政法院”暨台北、台中、高雄三所“高等行政法院”2000年12月18日法律座谈会）

② 参见陈计男：《行政诉讼法释论》，第730页以下（中国台湾地区“最高行政法院”暨台北、台中、高雄三所“高等行政法院”2000年12月18日法律座谈会）。

(三)依特别法规定停止执行

以往中国台湾地区“税捐稽征法”规定申请复查,以缴纳一定比例之税款或提供相当担保为条件,又规定申请复查者,须于行政救济程序确定后始予强制执行。此项做法,经中国台湾地区司法机构1988年释字第224号解释认为仅有资历之人,得享行政救济之利益,而未能缴纳一定比例之税款或提供相当担保者则丧失行政救济机会。因此,系对民众诉愿及诉讼权所为不必要之限制,其中第39条之规定,对于未经行政救济程序者,亦有欠公平,且与中国台湾地区行政救济制度不因提起救济程序而停止原处分执行之原则不合。

现行中国台湾地区“税捐稽征法”第39条规定:纳税义务人应纳税捐,于缴纳期间届满30日后仍未缴纳者,由税捐稽征机关移送强制执行。但纳税义务人已依第35条规定申请复查者,暂缓移送强制执行。前项暂缓执行之案件,除有下列情形之一者外,税捐稽征机关应移送强制执行:

(1)纳税义务人对复查决定之应纳税额缴纳半数,并依规定提起诉愿者。

(2)纳税义务人依前款规定缴纳半数税额确有困难,经税捐稽征机关核准,提供相当担保者。

(3)纳税义务人依前两款规定缴纳半数税额及提供相当担保确有困难,经税捐稽征机关依第24条第1项规定,已就纳税义务人相当于复查决定应纳税额之财产,通知有关机关,不得为移转或设定其他项权利者。本条2013年5月14日修正施行前,经依复查决定应补缴税款,纳税义务人未依前项第1款或第2款规定缴纳或提供相当担保,税捐稽征机关尚未移送强制执行者,适用修正后之规定。

因此,依中国台湾地区“税捐稽征法”第39条规定,在下述情形,暂缓移送法院强制执行:

(1)纳税义务人对于课税处分,已依规定期限申请复查的案件。

(2)在复查决定后,纳税义务人对复查决定之应纳税额缴纳半数,并依规定提起诉愿者。

(3)纳税义务人依前述规定缴纳半数税额确有困难,经稽征机关核准,提供相当担保者或已经禁止处分者。

又上述有关缴纳复查决定应纳税额之半数或提供担保,并依规定提起诉愿者暂缓执行之规定,其制定意旨在避免执行后,因行政救济变更,而有不能回复损害之弊,故纳税义务人对复查决定应纳税额未缴纳半数,而依法提起诉愿,经移送执行,始要求缴纳半数者,参照该条项之意旨,应予受理并撤回执行为宜。[①]

此外,中国台湾地区“税捐稽征法”第 25 条之 1 规定:依本“法”或“税法”规定应补或应移送强制执行之税捐在一定金额以下者,中国台湾地区财政事务主管部门得视实际需要,报请中国台湾地区行政机构核定免征或免予移送强制执行。对于小额欠税案件,免予移送强制执行。

又中国台湾地区“税捐稽征法”第 40 条规定:“税捐稽征机关,认为移送法院强制执行不当者,得向法院撤回。已在执行中者,应即声请停止执行。”准此,如课税处分强制征收税款,将产生显失公平合理之结果时,即得停止执行,以实现个别案件正义。[②]

八、权利保护

在欠税及罚锾等的强制执行中,若债务人认为其强制执行违法损害其权利时,究应如何救济,不无疑义。按于此情形,首先债务人应循一般行政救济途径寻求救济。即对于据以为行政强制执行名义之行政处分(课税处分等),提起申请复查、诉愿及行政诉讼。

倘若已逾原处分之救济期间,则仍可能存在下述救济途径:

(一)对于移送执行行为,可否提起诉愿行政救济

对于原处分机关移送执行行为,可否提起诉愿行政救济?应视其移送执行行为是否为行政处分而定。

---

① 中国台湾地区财政事务主管部门 1992 年 11 月 5 日台财税第 810858591 号函。

② 陈清秀:《税法总论》,1998 年版,第 515 页以下。

1. 否定说

就此,有为移送书之作成,对于义务人给付义务的内容,不产生影响,须等到执行机关以该移送书为基础,据以决定强制执行的方法时,始对义务人的财产权有所影响,因此移送执行行为并非行政处分,故单纯就滞纳税款移送执行的行为,非属行政机关行使公权力而发生公法上效果之行政处分,[①]不得提起诉愿行政救济。

2. 肯定说

另有认为行政机关之移送执行,必须合于法律规定之前提要件(例如,法定期限,参见中国台湾地区"税捐稽征法"第20条),故主管机关向执行机关为移送之行为者,实系对前开要件之合致,作法律上之确认,同时发生开始执行程序的法律效果,对义务人的权益,难谓无影响,因此移送行为可认为是一种行政处分。[②] "行政法院"判决亦认为纳税义务人对于稽征机关移送执行欠税的行为,声明不服,是否可以分别视为申请复查或诉愿之提起,均应属于行政争讼之范围,不可概委诸普通法院之决定,"故稽征机关,将欠税案移送法院强制执行,应认为该案程序上具有行政处分性质之处分(行政行为与准行政行为之混合),如当事人认为违反规定,得对之提起诉愿"。[③]

3. 检讨

按移送行为如有错误,例如不具备移送之要件而移送,则似构成程序未加以遵守之违反规定,应可循声明异议或债务人异议之诉,请求救济。

(二)声明异议

义务人或利害关系人对执行命令、执行方法、应遵守之程序或其他侵害利益之情事,得于执行程序终结前,向执行机关声明异议。

前项声明异议,执行机关认其有理由者,应即停止执行,并撤销或更

---

① 中国台湾地区行政机构台1999年诉字第18175号再诉愿决定。

② 李建良:《行政执行》,载翁岳生编:《行政法》,1998年版,第902页。

③ "行政法院"1965年判字第203号判决,《台湾地区裁判类编 行政法》(第10册),1976年版,第476页以下;"行政法院"1989年判字第2645号判决;陈世荣:《财务案件处理与执行概要》,第110页以下。

正已为之执行行为;认其无理由者,应于10日内加具意见,送直接上级主管机关于30日内决定之。

行政执行,除另有规定外,不因声明异议而停止执行。但执行机关因必要情形,得依职权或申请停止之(中国台湾地区“行政执行法”第9条)。

在此所谓执行命令,是指执行机关于执行程序中所发的各种命令,例如命报告财产状况,命提供担保或限制住居,查封扣押命令等。所谓执行方法是指执行机关于行政执行时所采取的手段,例如查封财产贴用封条,查封财产标的(动产或不动产)的选取,直接或间接强制方法的选择等。所谓应遵守之程序,是指执行机关实施行政执行时所应遵守的法定程序,例如应依法限期履行,或拍卖应经公告程序等①。

1. 声明异议决定之救济允许性

(1)早期见解

上述声明异议之决定,于中国台湾地区“行政执行法”修正草案中规定不得再声明不服,其目的在于提高行政执行效率,避免义务人借故提起诉愿行政诉讼而拖延执行,因此采简易声明异议制度。

以往实务上也不少认为中国台湾地区“行政执行法”第9条即规定声明异议,乃就行政执行程序所为之特别救济程序之规定,不得再循行政处分之一般争讼程序请求救济,故不得提起行政诉讼。②

唯在此涉及执行行为有无违法侵害民众权益之公法上争议,自不应由行政机关为“终审决定”,而应由“行政法院”为最后裁判,否则即与保障民众诉讼权之精神有违,③故制定者于修订时,接受民间学者专家之请愿,特别删除“异议人对之不得再声明不服”之规定,④应属妥当。

---

① 蔡震荣:《行政执行法》,2000年版,第81页以下。

② 中国台湾地区“最高行政法院”2007年裁字第1722号裁定,中国台湾地区“最高行政法院”2004年裁字第1562号裁定,中国台湾地区法务主管部门2001年5月14日法2001律字第015961号函,台北“高等行政法院”2002年诉字第4413号裁定;高雄“高等行政法院”2003年停字第1号裁定;台北“高等行政法院”2002年简字第917号裁定;吴庚:《行政法之理论与实用》,第474页。

③ 同说,蔡震荣:《行政执行法》,第87页。

④ 作者当时联合中国台湾地区其他行政法学者专家,一起向谢启大先生建议应删除中国台湾地区“行政执行法”修正草案不得再声明不服之规定,因此,于中国台湾地区立法机构“二读”之前,“党政协商会议”结论予以删除。

(2)最新见解

中国台湾地区“最高行政法院”2008 年 12 月第三次庭长法官联席会议决议认为:在“法律”明确行政执行行为之特别司法救济程序之前,义务人或利害关系人如不服该直接上级主管机关所为异议决定者,仍得依“法”提起行政诉讼,至何种执行行为可以提起行政诉讼或提起何种类型之行政诉讼,应依执行行为之性质及中国台湾地区“行政诉讼法”相关规定,个案认定。其具行政处分之性质者,由于声明异议程序,相当于诉愿程序,无须再践行诉愿程序,即可直接提起撤销行政诉讼(中国台湾地区“最高行政法院”2018 年 4 月第一次庭长法官联席会议)。

例如,债权查封执行命令,针对纳税人欠缴综合所得税款此一公法上具体执行事件,所为公权力措施,且对外直接发生限制纳税人就其财产之处分权,及限制第三人对纳税人为清偿并负有为第三人清偿义务之法律效果,其为行政处分,至为了然。如有不服应先依中国台湾地区“行政执行法”第 9 条规定声明异议,经此异议程序后,始得提起行政争讼(2009 年度裁字第 202 号裁定)。

2. 声明异议决定后之救济方式

就此德国学者也多认为行政执行行为如果属于行政处分,则得以撤销诉讼请求救济;且执行手段之利用,纵然涉及事实行为,[①]仍得以给付诉讼(执行回复原状之结果排除请求权)或确认诉讼(已经无法除去执行结果时,则确认所采取之执行手段违法并请求损害赔偿或损失补偿)加以争执。[②]

本书认为,在此似应区别情形处理,如其执行命令、执行方法,应遵守之程序或其他侵害利益之情事,涉及一项行政处分,例如,科处怠金处分或发布限制出境的命令等,则上述声明异议,应已代替诉愿程序,故解释上似应认为毋庸再经过诉愿程序,而可径行提起撤销诉讼。[③]

反之,如其并未涉及行政处分,而只涉及其他公法上行为,而涉及公

---

① 有关行政执行之事实行为,例如,断水断电之直接强制执行行为,侵害民众基本生活权利至巨。

② Maurer, Allgemeines Verwaltungsrecht, 15. Aufl., 2004, S. 509 ff., S. 517; Erichsen, in Erichsen, Allg Verw R, 10. A., 1994, §21 Rn. 18.

③ 同说,蔡震荣:《行政执行法》,第 88 页。

法上权利之侵害时,则似可循一般公法上给付诉讼请求停止执行,并撤销或更正已为之执行行为,以寻求救济。

(三)债务人异议之诉

有关债务人异议之诉,中国台湾地区"行政执行法"并无明文规定。依"行政执行法"第 26 条准用中国台湾地区"强制执行法"第 14 条规定,应可做下述解释:

1. 行执行名义成立后,如有消灭或妨碍债权人请求之事由发生,例如公法上金钱给付债权已经罹于时效消灭或应准予暂缓履行等情形,债务人得于强制执行程序终结前,向法院对债权人提起异议之诉。[①] 如以裁判为执行名义时,其为异议原因之事实发生在前诉讼言词辩论终结后者,亦得主张之。

2. 行政执行名义无确定判决同一之效力者,于执行名义成立前,如有债权不成立或消灭或妨碍债权人请求之事由发生,债务人亦得于行政执行程序终结前提起异议之诉。

依前两项规定起诉,如有多数得主张之异议原因事实,应一并主张之。其未一并主张者,不得再行提起异议之诉。

此项债务人异议之诉,性质上属于公法上之争议,应归由"行政法院"裁判(中国台湾地区"行政诉讼法"第 2 条)。[②]

又如,行政处分之受处分人,于行政机关以行政处分为执行名义行强制执行时,如于执行名义成立后有消灭或妨碍债权人请求之事由发生,亦得于强制执行程序终结前,向"高等行政法院"提起债务人异议之诉(中国台湾地区"最高行政法院"2008 年 5 月第一次庭长法官联席会议决议)。

所谓消灭债权人请求之事由,系指足以使执行名义之请求权及执行力消灭之原因事实,如清偿、提存、抵销、免除、混合、债权之让与、债务之

---

① 中国台湾地区司法机构院解字第 3387 号解释:粮户欠赋未完,由稽征机关函经司法机关查封欠赋产业后,所欠之赋经豁免或停征者,该粮户得依中国台湾地区"强制执行法"第 14 条提起异议之诉,如有第 18 条第 1 项但书之裁定,并应停止强制执行,其未提起异议之诉者,除停征期间已满,应再行征收时,仍应继续执行外,依第 16 条之规定,执行处得指示其起诉或函询稽征机关经其同意后,即由执行法院撤销强制执行,即肯定行政执行如有错误,可提起债务人异议之诉。

② 中国台湾地区"行政诉讼法"第 307 条亦规定债务人异议之诉,由"高等行政法院"受理。

承担、解除条件之成就、和解契约之成立等，始足当之。

在欠税强制执行程序进行中，如税捐债权嗣后有消灭或妨碍请求之事由发生时，在现行规定上，本书认为应可允许民众选择下列救济途径：①

1. 依据中国台湾地区“行政执行法”第 8 条规定，提起课以义务之行政诉讼，请求执行机关作成核准终止执行以及撤销已进行之执行程序之行政处分，以回复原状。其前置程序包括第 9 条规定声明异议以及课以义务诉愿程序。如为求程序经济，似可认为声明异议已经相当于诉愿程序，似无必要再践行诉愿程序。或

2. 依据中国台湾地区“行政执行法”第 26 条准用中国台湾地区“强制执行法”第 14 条规定，提起债务人异议之诉。此一诉讼优点，在于毋庸践行前置程序，即可请求法院给予救济；同时债务人异议之诉目标，可请求撤销已经进行之执行程序整体，不问其执行行为是行政处分或事实行为，均可一举解决纷争。或

3. 提起确认执行债权不存在之诉，同时提起债务人异议之诉，请求撤销强制执行程序。

值得注意的是，原先据以为行政执行名义之行政处分（基础处分）的违法不当瑕疵，本应于该行政处分之行政救济程序中，加以争执主张，故于债务人异议之诉并不得再加以争执主张，即其诉讼并非反复赋予债务人双重行政救济之机会。

（四）第三人异议之诉

按行政执行如损害第三人权利时，第三人除得于事后请求国家损害赔偿外，究应如何救济，尚乏明文规定，解释上不无争议，本书认为第三人就执行标的物有足以排除行政执行之权利者，应得于行政执行程序终结前，向标的物所在地之普通法院对行政执行机关提起异议之诉。如义务人亦否认其权利时，并得以义务人为被告（中国台湾地区“行政执行法”第 26 条准用“强制执行法”第 15 条）。中国台湾地区“行政执行法施行细则”第 18 条规定：公法上金钱给付义务之执行事件，第三人就执行标的

① 陈清秀：《行政执行程序之救济》，载《法令月刊》第 65 卷第 3 期。

物认有足以排除执行之权利时，得于执行程序终结前，依“强制执行法”第 15 条规定向管辖法院提起民事诉讼。亦采相同解释。

盖在此第三人并未负有公法上义务，因此行政执行机关与第三人间并非立于行使公权力之行政执行关系，有关第三人之权利如遭受行政执行机关之侵害，乃涉及私法上权利之侵害，应向普通法院寻求救济（参见“行政法院”1971 年判字第 26 号判例）。

在上述情形，第三人同时依中国台湾地区“行政执行法”第 9 条声明异议时，执行机关得依职权或申请停止执行。

（五）赔偿

行政执行，系执行人员以公务员之身份，行使赋予的公权力，因此，如有中国台湾地区“国家赔偿法”所定台湾当局应负赔偿责任之情事者，受损害人得依该规定请求损害赔偿（中国台湾地区“行政执行法”第 10 条）。在此可分两种情形：

1. 执行行为本身不法损害民众权利：例如，执行方法或执行程序违背中国台湾地区“行政执行法”的规定，以致损害民众的权利。又如，税捐债权之执行名义，已经罹于征收时效而仍继续进行强制执行，即属违“法”执行。

2. 据以执行之基础行政处分违“法”损害民众权利。在此如基础处分经义务人提起行政救济（依法原则上不停止执行①），获得胜诉结果，即确定违“法”损害民众权利，②如具备“国家赔偿法”所定其他赔偿责任要件，即应负赔偿责任。

在行政执行完毕后，债务人依其情形，如有适用“法令”错误或计算错误情事，仍可依中国台湾地区“税捐稽征法”第 28 条规定申请退还所已执行之税款等，或以原课税处分或罚锾处分违“法”为理由，依中国台湾地区“国家赔偿法”规定，请求损害赔偿（台湾当局赔偿部分较有争议）。

---

① 参见中国台湾地区新“诉愿法”第 93 条及新“行政诉讼法”第 116 条。

② 依中国台湾地区新“行政诉讼法”第 12 条第 1 项规定：民事或刑事诉讼之裁判，以行政处分是否无效或违“法”为据者，应依行政争讼程序确定之。

如果执行机关超额执行，以至于义务人遭受损害时，实务上认为应依据中国台湾地区“行政执行法”第9条声明异议程序救济，如已执行完毕，亦属债权人有否溢收情事，应径向稽征机关请求不当得利之返还（如中国台湾地区“税捐稽征法”第28条），尚不得以执行机关为相对人，对之提起公法上确认诉讼合并请求返还超额执行之给付(2008年度裁字第2536号)。

九、行政执行之终止

行政执行有下列情形之一者，执行机关应依职权或因义务人、利害关系人之申请终止执行。

1. 执行债权嗣后消灭：有关执行债权因义务已全部履行或执行完毕等原因而消灭，自不得继续强制执行。债权消灭之事由，除义务已全部履行或执行完毕者外，尚包括抵销、免除、消灭时效完成、解除条件成就。①

2. 执行债权之基础行政处分消灭：有关作为执行债权之成立基础之行政处分或裁定经撤销或变更确定者，其执行债权亦失所附丽而全部或部分归于消灭，亦即其义务全部或部分亦随之消灭或变更，而无继续执行的必要。

3. 义务之履行经证明为不可能者。例如，义务人死亡、执行标的物已灭失，即属之，而已无执行的原因，自无继续执行的必要。②

4. 行政执行之合法要件嗣后丧失。执行合法要件于嗣后归于消灭之情形，也应终止执行。例如，行政处分已经依规定被原处分机关、受理诉愿机关决定或“行政法院”裁定停止执行（中国台湾地区“诉愿法”第93条及“行政诉讼法”第116条），或因提起权利救济而依规定应停止执行（中国台湾地区“税捐稽征法”第39条关于复查及诉愿之停止执行及第50条之2关于罚锾处分之停止执行）等情形，即属之。

又如果税捐债务经稽征机关依规定展延清偿期间（如中国台湾地区“税捐稽征法”第10条），则债务尚未届至清偿期，不合执行要件，应停止

① Tipke/Kruse, AO, 2003, §257 Tz. 6.

② 参见本条制定说明。

执行。此亦构成终止执行之事由。在此呈现法律漏洞,应可类推适用中国台湾地区“行政执行法”第 8 条第 1 项第 2 款规定申请停止执行。

在有上述终止执行的事由存在时,义务人或利害关系人应即享有公法上请求权,如申请作成核定终止执行之处分,经执行机关驳回其申请,不终止执行时,则声明异议,对于声明异议之决定不服时,如依实务见解,应可提起课予义务诉愿以及课予义务诉讼,请求执行机关作成核准终止执行以及撤销已进行之执行程序之行政处分,以回复原状。在此情形下,本书认为,其前置程序之声明异议程序已经相当于诉愿程序,为求程序经济以迅速处理起见,似无必要再践行课予义务诉愿程序。[①]

十、执行费用

公法上金钱给付义务之执行,目的在于以公权力实现公法上金钱债权,与民事上之强制执行系借助公权力实现民众私法上金钱债权而采取付费原则者不同,故中国台湾地区“行政执行法”第 25 条明定有关本章之执行,不征收执行费。唯强制执行费用,除执行费外,有因拍卖鉴价、估价、查询、登报、保管等于强制执行程序中必须支出之费用,此等费用均系因义务人不履行义务而生,自不宜由财政负担而应由义务人负担,并于执行时一并取偿,因此于第 25 条但书规定:“但因强制执行所支出之必要费用,由义务人负担之。”

第六节　税法上个别案件正义——以中国台湾地区“税捐稽征法”第 40 条规定为例

一、问题之提出

中国台湾地区“税捐稽征法”第 40 条规定:“税捐稽征机关,认为移

① 陈清秀:《行政执行程序之救济》,载《法令月刊》第 65 卷第 3 期。

送法院强制执行不当者,得向法院撤回。已在执行中,应即声请停止执行。"其制定理由指出:税捐稽征机关之处分,于移送法院强制执行后,如发现原处分不当时,应立即自行变更处分,于报经上级机关核准后,向法院撤回原案;如已在执行中者,应即声请停止执行,俾使行政与司法能以配合,确实保障民众权益,爰明订本条。

有关强制执行不当或原处分不当,得予撤回停止执行之规定意旨,亦寓有实现个别案件正义之意。唯何为"不当",不无疑问。按如果据以强制执行之原行政处分有违法瑕疵,则依据依法行政原则以及依法课税原则,稽征机关原本得依职权自行撤销变更原处分,故如原处分违法,较之不当更为严重,依举轻明重之法理,[①]应得适用本条规定。

中国台湾地区"最高行政法院"2003 年度判字第 1895 号判决亦谓:是缴纳税捐之文书如未于开始缴纳税捐日期前送达,该文书之送达即非合"法",不得移送法院强制执行。如已移送,其移送自属不当。"税捐稽征法"第 40 条虽规定"得",唯此系税捐稽征机关之职责,且为保障纳税义务人之权利而设,税捐稽征机关如怠于行使,而致损害纳税义务人之权利,该纳税义务人应有请求税捐稽征机关依法撤回之权,税捐稽征机关苟否准其请,应认系行政处分,得提起行政救济。(同说,1995 判 1671)

中国台湾地区行政机构 1979 年 10 月 4 日台财第 9895 号函释亦认为关于财务罚锾案件,法院违"法"重复裁罚时,准予依"税捐稽征法"第 40 条、第 49 条规定意旨,对于在后之违"法"裁定免于执行,以昭公允,亦持相同见解。

倘若原处分合"法",但不合乎其行政决定之目的(政策计划目标)或实际上有害公益,即该行政处分无法发挥其功效,不符合事物正义时,则在裁量处分于有此种情形时,即构成不当处分。至于在课税处分等受法规强行拘束之羁束处分,何种情形属于"不当"?则值得深入探讨。

---

① 有关举轻明重之法理,参见陈清秀:《税法之基本原理》,第 352 页以下。

二、税法上个别案件正义——妥当性

中国台湾地区"税捐稽征法"第40条规定对于不当的课税处分给予撤回，停止执行的救济，具有极重要意义者，乃在于其意图维护具体案件的"妥当性"，以实现税法上个别案件的正义。也就是对于适用一般的税捐法律所产生的结果，在个别的案件中被加以调整，以实现该法律的基础的思想。如果法律是一般性的什么是正义的标准，则妥当性（die Billigkeit）乃是在个别案件中什么是正义的标准。妥当性是从正义的理念所导出，它是个别案件的正义，在此妥当性和正义彼此并不相冲突，妥当性要求对于法律加以修正变更，以便在个别案件中实现正义。①

由于税务案件乃是大量反复的案件，稽征机关以有限的人力、物力要处理庞大数量的课税事务，势必基于稽征便宜以及提高行政效率考虑，为统一处理，而讲究形式的课税公平，因此税捐法令多取向于类型化的规定处理以便以简御繁，而无法对于个别案件的特殊性逐一加以考虑。其结果，即难免在特殊个案情况下，牺牲量能课税原则，导致发生严重不合理的结果，而有违税捐正义公平理念。因此，对于此种不合理而有欠妥当的个别课税案件，给予救济，乃是税法上个别案件正义所要求。

就此《德国税捐通则》第227条即明定："依个别事件之状况，租税债务关系之请求权之收取为不妥当时，稽征机关得为全部或部分之免除；基于相同之要件，已征收之金额得退还或用以抵缴。"中国台湾地区"税捐稽征法"第40条规定，倘若能妥善运用，亦可发挥其实现税法上个别案件正义的功能。本书以下爰参考上述《德国税捐通则》第227条规定，分析探讨中国台湾地区"税捐稽征法"第40条规定内容。

---

① Kruse, Lehrbuch des Steuerrechts, Band I Allgemeiner Teil, 1991, S. 105.

三、税捐之征收"不当"的情形

(一)判断标准

税捐征收的"不当"(die Unbilligkeit),系指不公正(unger-echt),即不符合法律感情而言。原则上税捐的征收并非不妥当,不妥当只是例外情形。如果法律本身过于严苛,纳税人负担过重,并于相同的程度,适用到任何案件上,则涉及应否修法问题,原则上已无法通过妥当性规定加以平衡调整。

盖稽征机关以及"行政法院"关于税捐正义之见解,不得在根本上取代制定者关于正义之见解。税法授权妥当性救济,仅能针对例外特殊类型,予以免除法律所不想要的越界负担。在立法文义与立法目的间如有落差时,则首先必须寻求通过目的性解释、目的性限缩或其他法律漏洞补充方法加以解决,以导出令人满意的结果。只有在穷尽解释以及漏洞补充的可能性之后,才能援用妥当性的救济措施。倘若法律不仅在非典型案件是不当的,而且在通常案件类型也显失公平时,则应当审查该法律是否违宪(例如,违反课税平等原则或其他宪法基本人权之保障)。①

在例外情形中,税捐的征收是否不当,应对于公共利益(例如,税收预算是否遭受严重损害)以及纳税义务人值得保护的利益(例如,课税是否符合纳税人的个人的及经济上的状况以及征收税捐是否违反诚信原则,有无期待可能性等)两者,进行利益衡量,②而由稽征机关进行裁量决定是否全部或部分停止征收。

但在行政机关内部控制上,如涉及税捐金额较为庞大时,则应签报由较高阶级长官决定。

(二)具体类型

对于税捐征收不当的情形,可以从主观的事由以及客观的事由,加以

---

① Tipke/Lang, Steuerrecht, 20. Aufl., 2010, §21 Rz. 330.

② Tipke/Kruse, AO, 1988, §227 Tz. 11 ff.

分析说明。即税捐以及其他税捐债务关系的请求权(滞纳金、利息、滞报金、怠报金等财产上给付)的征收,可能基于个人的(主观的)理由或事物的(客观的)理由而可认为不当。

1. 主观的妥当性理由

税捐征收是否不当,可以从税捐债务关系的请求权的债务人的经济上状况,加以判断。个别案件的正义,要求对于纳税义务人的经济上给付能力,应加以考虑。不仅是一般性的,而且在个别案件中,课税必须符合纳税义务人的经济上能力,而可期待纳税义务人有能力缴纳税捐。

根据个人的主观理由,停止税捐的征收,必须具备下述两项前提:停止征收的必要性以及值得停止征收。

(1)停止征收的必要性

倘若不予停止征收,则势将危害纳税义务人的经济上或个人的生存时,即具有停止征收的必要性。例如,纳税义务人在未给予停止征收的处置时,将暂时地或长久地无法维持其必要的生活。根据此项理由,必须让纳税义务人留下足够的财产以便维持其最低限度的生活。又如,税捐的征收危害纳税义务人的营利经济活动时,也可能使其征收变成不妥当。因为在此并不能期待纳税义务人放弃其所从事合理的营利经济活动。[①]

(2)值得停止征收

在有上述停止征收税捐的必要性的情形,如果纳税义务人欠缺经济上给付能力,并非自己所引起,且其行为并非显然地违反公共利益时,则值得给予救济。例如,纳税义务人因年老、生病、欠缺经验,因第三人的行为,甚或因行政机关的行为,致陷于经济上紧急状态(无资力),均可认为不可归责事由,而值得给予救济。

反之,如果因为纳税义务人的自由意志的行为(故意或重大过失行为)或明显违反公共利益之行为,导致发生经济上紧急状态,则不值得给予救济。例如,纳税义务人因生活奢靡、浪费财产致债台高筑,将全部财产抛弃,赠与他人致陷于无资力状态等,均不值得保护。[②]

---

① Kruse, aaO., S. 198 f.

② Hübschmann/Hepp/Spitaler, AO, 1983, §227 Anm. 13 f.

2. 客观的妥当性理由

客观的(事物的)妥当性理由(Sachliche Billigkeitsgrunde)是基于法律的构成要件本身所产生,而不考虑债务人(纳税义务人等)的经济上状况。税捐债务关系的请求权的核定或征收,在下述情形乃属不妥当;即其核定或征收,在个别案件中,势将抵触课税平等、信赖保护、诚信原则、期待可能性等正义原则或该法律上规律的基础目的。在此,德国联邦财务法院判决认为如果税法的法律上文字意义,逾越了其所追求的目的及其价值判断,以致某项事实关系,虽满足法律文字所规定的课税要件,但如果加以课税,则抵触立法者的价值判断或不符合税法规定的意旨及目的,于此情形,根据事理上的理由,该税捐的核定及征收即属不当。①

税捐或其他请求权的征收,下述情形也可能构成不当:②

(1)法律上课税要件的类型化,使某些个别的纳税义务人,相对于其他大多数的纳税义务人,蒙受重大的不利益(平等原则)。

(2)纳税义务人的储蓄、投资等处置,因法律规定的变更、判例的变更或稽征实务惯例(解释令函)的变更,而遭受损害(信赖保护)。

(3)由于稽征机关重大的过失,致误为核定过高税额,而此项错误处分已无法以其他方式加以排除(诚实信用)。

(4)某一经济事件发生法律所不希望的重复课税。

(5)根据其他理由,无法达成法律的目的,例如,债务人陷于无支付能力,事实上已无法督促其准时纳税,却加以征收滞纳金,即不符合征收滞纳金的法律目的。

又如,因火灾、水灾、窃盗等不可归责于纳税义务人的行为,致账簿凭证灭失的情形,如因此改从高按同业利润标准课税,则其税捐之征收即可能不当。③

就个别案件的情况,税捐之征收于事理上不妥当的情形,依德国学者蒂普克/朗(Tipke/Lang)之见解,概有下述类型,④值得参考。

---

① Kruse, aaO., S. 197.

② Kruse, aaO., S. 198.

③ Tipke/Kruse, AO, §227 Tz. 29 f.

④ Tipke/Lang, Steuerrecht, 20. Aufl., 2010, §21 Rz. 335 ff.

(1)目的不达

如果在个别案件中所产生的法律效果,并非立法者所意欲,或者倘若立法者早已考虑到或能考虑到此种情形时,则应该已经在个别案件妥当性的考虑下加以规定,于此情形,如能经由"目的性限缩"的法律解释适用方式加以解决,则无问题。倘若无法依据"目的性限缩"的法律解释适用方式加以解决,则税捐之征收,即属不当。

例如,滞纳金之征收,在纳税义务人超额负债或陷于无支付能力的情形,已经无法缴纳税款,也无法经由加征滞纳金督促其履行纳税义务,于此情形,征收滞纳金之目的不达,即可免征征滞纳金。立法者系以营业人可以转嫁营业税予消费者负担为前提,一般性地制定营业税法。倘若发生无法转嫁导致其税捐负担过于严苛的情形,其税捐的征收即为不当。

又如,应有收益税(财产税),依据立法者的观念,系应从该项财产的应有收益,而不是从该项财产的本体加以征收,因此,如果因不可归责于纳税义务人的事由,致无法收益时,如仍加以课税,即可能不当。①

再如,由于期间税的课税原则(例如,所得税为年度课税),产生立法者所意想不到的严苛结果时,而此类极端的情形,因适用累进税率而产生不公平妥当的严苛结果,其税捐之征收即属不妥当。

(2)基本权利之侵害

在经由课税而侵害民众在宪法上所享有的基本权利的情形(违反禁止过分原则)。在此情形中,法律本身并不违背宪法,因为在通常情形,一般而言并不发生违宪的效果,只有在特殊非典型的类型情形,因课税过分侵害基本权利而发生不当情形。

在此有认为,如果违宪的法律规定,可以经由妥当性的救济措施加以调整,则应进行合宪性之解释,以免法律规定适用范围过于广泛而违宪。但也有主张如果法律规定内容普遍性的不当,并非仅仅适用于特殊类型不当时,则已经无法以妥当性措施给予救济,毕竟行政机关或法院均不宜取代立法者决定法规正义内容,因此,妥当性救济措施不应作为违宪法规之修复工具。但在此情形,立法者有任务在宪法法院宣告法律规定不符

---

① Tipke/Lang,Steuerrecht,20. Aufl. ,2010, §21 Rz. 335.

合宪法时，应当“追溯既往生效的”重建符合宪法的法律状态。如果立法者重新规定仅适用于尚未确定之案件时，则已经确定之案件，对于依据新的规定构成溢缴之税款，并无请求给予妥当性救济之权利。①

（3）信赖保护

如果法律变更或解释函令或判例（历年来裁判见解）之变更，已经损害纳税义务人之处分权，即新的税捐法规的课税目的，使纳税人已经进行财产上之处置，丧失其价值，而新法规又未设有过渡期间之规定时，则可能有客观上不当的情形。由于法规变更通常涉及多数纳税人之信赖保护权益，因此，有必要以“一般性的行政规则”，进行“通案的妥当性之救济”（过渡期间之规定或调整规范）。②

例如，在“行政法院”不采取行政实务惯例见解，而为不利于纳税义务人的判决的情形。由于该判决仅适用于在判决时点，尚未核课税捐的纳税义务人群体，因此，在事理上并不公平，在此类情形，最高稽征机关宜规定该判决于下次核定税捐时再予适用（过渡性规定）。

此外，在个案情形中，税捐征收是否妥当，均应取向于税法的基本思想，例如量能课税原则。但此种停止税捐征收的规定并非作为优惠补贴之用，因此不得根据经济政策上、社会政策上或其他政策干预的理由，给予停止税捐征收，以进行税捐补贴。妥当性救济措施，也不应依据税法以外之与事件无关之考虑（如政党属性）而为决定，或以对待给付为条件（例如，要求纳税义务人抛弃法律救济方法），否则其衡量即有裁量瑕疵。③

四、税捐征收不当的主张

在税法已有特别规定对于征收税捐发生特别严苛的结果加以考虑时，则首先应斟酌适用该特别规定。又在课税处分尚未作成之前或在行

---

① Tipke/Lang, Steuerrecht, 20. Aufl., 2010, §21 Rz. 336.

② Tipke/Lang, Steuerrecht, 20. Aufl., 2010, §21 Rz. 337. 陈清秀：《税法上行政规则之变更与信赖保护》，载《法学新论》第18期。

③ Tipke/Lang, Steuerrecht, 20. Aufl., 2010, §21 Rz. 341.

政救济中,如可以通过其他税法的法律解释或法律漏洞补充的方法,避免不妥当的结果时,则应优先以上述方法处理。因此,在稽征程序中或行政救济程序中,纳税义务人应提出征收税捐不妥当的各项理由,以便有关机关斟酌处理。如果无法通过法律的解释途径,排除不当的结果,即可适用中国台湾地区"税捐稽征法"第 40 条规定声请停止执行或撤回执行。在上述意义下,中国台湾地区"税捐稽征法"第 40 条规定之适用,具有补充性。

税捐征收不当的理由,如纳税义务人原本可以提起税捐行政救济加以主张,而怠于提出行政救济或怠于提出主张其事由时,是否即生失权效果,而不得再主张依据中国台湾地区"税捐稽征法"第 40 条规定请求停止执行? 不无疑问。就此,学者有认为妥当性救济措施并不能作为可归责于纳税义务人之迟误救济途径之补偿措施,一般而言,在税捐之征收于客观上不当之情形,应可期待纳税义务人适时提出行政救济,以供有关机关或法院审查课税处分之合法性或妥当性,因此如果课税处分已经确定时,则仅限于课税处分明显的错误,而且纳税义务人不能或无期待可能性地排除该处分瑕疵的情形,才有必要给予妥当性救济。①

只有在其征收不当的理由是违反诚信原则的情形(根据诚信原则,可以妨碍税捐债权的行使,并未使税捐债权消灭),或纳税义务人不可能(或无期待可能性)在税捐行政救济程序中主张其事由或因行政机关的事由,使课税处分确定等特殊情形,才可以在行政处分确定之后,主张征收不当而请求停止执行。②

唯本书认为,税捐的征收如果确有上述显然不当的例外情形,则为贯彻中国台湾地区"税捐稽征法"第 40 条规定实现个别案件正义的意旨,似宜由稽征机关行政裁量决定是否给予妥当性救济。尤其中国台湾地区民众的税法知识尚不普及的情况下,似无必要采取上述狭义解释见解,以维护纳税人权益。

---

① Tipke/Lang, Steuerrecht, 20. Aufl., 2010, §21 Rz. 338.

② See Tipke/Lang, Steuerrecht, 17. Aufl., 2002, S. 813 ff.; Hübschmann/Hepp/Spitaler, AO, §227 Anm. 20 ff.

五、税捐征收不当的救济

如果税捐征收不当，应如何给予救济？就此《德国税捐通则》第227条系规定稽征机关得全部或部分免除税捐债务。而依中国台湾地区“税捐稽征法”第40条规定，系给予撤回或停止强制执行的停止征收救济。至于是否免除税捐债务，则不无疑问，如依其制定理由说明，似认为原处分不当时，稽征机关应立即自行撤销变更原处分，从而税捐债务当因课税处分之撤销变更，而全部或一部归于消灭。

按税捐征收是否“不当”，涉及不确定法律概念，是否满足“不当”的要件，行政法院具有完全的审查权。唯在有不当的情形，是否撤回、停止执行，究竟可否认为属于税捐稽征机关的行政裁量权，不无疑问，自法条文义规定其前段系“得”向法院撤回执行，后段则谓“应”即声请停止执行，前后并不一致。如从其制定理由说明观之，制定者之意思似认为“应”停止征收此种税捐。按在个别案件中，如果税捐征收不当，则停止征收始符合妥当性，此时稽征机关已无决定是否停止征收的裁量余地，盖只有作成停止征收的决定，才符合妥当性而无裁量瑕疵，因此，条文纵然规定“得”撤回执行，赋予稽征机关行政裁量权，唯实际上在具备构成要件特征“不当”的情形，其裁量收缩到零，因此，在个别案件中，税捐之征收如不当时，纳税义务人即享有请求停止征收税捐的法律上请求权。[①]

在征收税捐不当的情形，稽征机关不待民众的申请，即可停止强制征收税捐。但在民众提出申请的情形，倘若稽征机关予以驳回，拒绝停止征收，则该驳回的意思表示，如认为并非行政处分，则纳税人应可提起公法上的给付诉讼，请求不作为(停止执行)并撤销已经执行的行为。如认为该驳回的意思表示，属于行政处分性质，则对于该驳回民众申请的行政处分，如有不服，自得提起课予义务诉愿及课予义务行政诉讼。此时诉愿机关不仅可以审查其处分是否有遵守裁量的界限，而且可以自己的裁量，取

---

① Tipke/Kruse AO, §227 Tz. 10.

代原税捐稽征机关的裁量,以为妥适的决定。[①]

又如,行政法院进行审查时,应以最后的行政决定(诉愿决定)时点的事实状态及法律状态为准,据以判断该个别案件之税捐征收,是否不当,以审查原处分是否合法。至于在上述时点以后之事实或法律状态变更,足以影响税捐之征收是否妥当之认定时,则应于另一行政程序中加以处理(如重新申请停止征收税捐),而非行政法院所得审查,以尊重行政机关的行政裁量权,又行政法院在进行审查时,应根据审查行政裁量决定所适用的原则为之,即应查明其有无逾越裁量界限或是否符合规定授权的目的。在此,妥当性的标准乃决定稽征机关裁量的内容及界限。

第七节 税捐优先权与税捐债权之保全

一、税捐优先权

(一)概说

税捐优先权,系指税捐债权与其他债权竞合时,原则上税捐债权应优先于其他债权而征收。此即税捐债权之一般的优先权。承认税捐具有一般的优先权的理由,乃是因税捐是为提供公共服务所需资金,具有强烈的公益性质。且税捐债权并未如私人债权一般,具有直接的对待给付,因此,任意的履行可能性较低。故有必要赋予税捐优先权,以确保税捐债权。

唯如过于强调税捐债权优先于私法上债权受清偿,则将有害私法上交易安全,亦非妥适。故《德国破产法》于 1999 年 1 月 1 日起修正生效,改为公课不再享有破产优先权,而在破产程序上,由债权人自主原则以及破产债权人平等受偿原则所支配,因此稽征机关也可以同意破产程序上

① Hübschmann/Hepp/Spitaler, AO, §227 Anm. 38.

之偿债计划，对于税捐债权让步，而不受税法有关规定之拘束。①

按私法上债权具有优先受偿权者，如通过抵押权等担保物权，加以保护的情形，是以登记公示的方式，让第三人知悉。反之，税捐债权的存否，并无类似物权登记之公示制度，第三人无从知悉，致无法在交易过程中纳入计算考虑，因此，税捐优先权的存在，有害交易安全，妨害私法秩序的安定，②且与债权人平等原则的精神不符。

因此，税捐债权应否具有优先性，其优先受偿程度为何，仍值得探讨。在此涉及民众诚信人格之素养问题，以往因为中国台湾地区债务人可能伪造假债权，而有必要通过税捐优先权加以防止，将来民众素质提升后，应可取消税捐优先权制度，回归债权人平等原则，较为符合平等原则。

（二）税捐优先权

1. 一般税捐之优先权

中国台湾地区税收相关规定原本并无一般的税捐优先权之规定，嗣因释字第224解释要求通盘检讨修正税捐优先受偿问题，中国台湾地区"税捐稽征法"乃于1990年1月24日修正增列第6条第1项规定："税捐之征收，优先于普通债权。"其制定理由指出：应公益之需，及为免租税债权落于私法债权之后致不得受偿，爰参酌中国台湾地区司法机构"大法官"会议释字第224号解释意旨，及参考《美国国内收入法典》及《日本国税征收法》与中国台湾地区"关税法"第55条第3项之规定，增订第1项租税债权优先于普通债权之规定俾资因应。

此项税捐优先权的适用范围，及于各项内地税。又依中国台湾地区"税捐稽征法"第49条准用关于税捐的规定，税捐的附带给付，包括滞纳金、利息、滞报金、怠报金、短估金等，亦具有优先受偿权。仅罚锾因具有制裁性质，并非以财政收入为目的，与税捐之性质不同，故不在准用之列，而无优先受偿权。就此学者指出上述滞纳金、滞报金、怠报金及短估金，

---

① Tipke/Lang, Steuerrecht, 20. Aufl., 2010, §21 Rz. 375.

② ［日］金子宏：《租税法》，2009年第14版，第726页。有关税捐优先权，参见王泽鉴：《税捐、工资与抵押权》，载王泽鉴：《民法学说与判例研究》，1994年版，第327页以下。

亦皆具有行政处罚的意义,为贯彻罚锾不在准用之列的意旨,亦应将其排除在优先受偿权的准用范围之外。①

又一般税捐的优先权,仅优先于普通债权,并未优先于有抵押权、质权、留置权等物权所担保之债权,即其优先地位,应次于担保物权,以维护交易安全。

至于不同税目间之税捐优先权,其优先顺位为何,中国台湾地区“地方税法通则”第 7 条规定:各税之受偿,依下列规定:“地方税”优先于“国税”;乡(镇、市)税优先于县(市)税。如在相同税目,则为确保税捐征收,避免逾越征收期间,理论上似可考虑以清偿期先后定其优先顺位。唯因税捐债权归属主体有别(当局或各地自治团体),因此,原则上应从债权人平等的原则出发,平均分配受偿,较为妥当。②

2. 土地增值税、地价税、房屋税及营业税的特别优先权

中国台湾地区“税捐稽征法”第 6 条第 2 项及第 3 项规定:土地增值税、地价税、房屋税之征收及法院、“行政执行处(分署)”执行拍卖或变卖货物应课征之营业税,优先于一切债权及抵押权。经法院、“行政执行处(分署)”执行拍卖或交债权人承受之土地、房屋及货物,“执行法院”或“行政执行处(分署)”应于拍定或承受 5 日内,将拍定或承受价额通知当地主管税捐稽征机关,依规定核课土地增值税、地价税、房屋税及营业税,并由“执行法院”或“行政执行处(分署)”代为扣缴。

其中土地增值税之优先权理由,在于由于土地自然涨价部分,系因社会发展等外部因素使土地增值,并非因土地所有权人投入资本劳力所获得之收益,因此,为贯彻涨价归公及财富重分配的社会政策目的,就自然涨价部分所课征之土地增值税,优先于一切债权及抵押权,具有其正当性与合理性。且土地增值税之课征与课税标的物(土地)相连续,交易关系人事先可以预测计算增值税赋多少。

中国台湾地区“税捐稽征法”第 6 条于 2007 年 1 月 10 日修正时,将地价税、房屋税之征收,也纳入优先于一切债权及抵押权。盖地价税、房

---

① 黄茂荣:《税捐法论衡》,1991 年版,第 87 页。

② 黄茂荣:《税捐法论衡》,1995 年版,第 88 页。

屋税与其不动产有密切关系,为确保各地财政,并避免债务人因欠税而屡次遭受执行机关多次执行,有必要纳入优先权之范围。

上述土地增值税、地价税、房屋税之征收,特别优先受偿之规定,以该土地及建筑物所应课征之土地增值税、地价税、房屋税为限(中国台湾地区“税捐稽征法施行细则”第 3 条)。其余仍适用一般捐优先权,仅优先于普通债权。

至于营业税之特别优先权,是于 2011 年 11 月 23 日修正“税捐稽征法”第 6 条时纳入。其制定理由,在使债务人(营业人)于其财产被强制拍卖时,该次拍卖交易行为依规定所发生之营业税,已经由拍定人支付价金内含于拍卖价格中,①故应优先受偿,俾使拍定人可作为进项税额扣抵,同时使债务人毋庸继续负担欠税。②

而为保障交易安全,确保善意第三人及金融机构之抵押权益,债务人之其他一般营业税并不纳入优先受偿权范围。

3.“关税”优先受偿权

中国台湾地区“关税法”第 55 条第 3 项规定:第 1 项应缴或应补缴之“关税”,应较普通债权优先清缴,此项供优先清偿之财产,“法律”既未规定以应税之特定物品为限,当然包含纳税义务人之一切财产在内(中国台湾地区“最高法院”1979 年台上字第 606 号判例)。

此种“关税”优先受偿权,仅优先于普通债权,并未优先于抵押权或其他担保物权所担保之债权。

唯在中国台湾地区“关税法”第 31 条第 2 项、第 3 项规定:分期缴税或税款记账之进口货物,于“关税”未缴清前,除强制执行或经海关项目核准者外,不得转让。依前项规定经强制执行或项目核准者,准由受让人继续分期缴税或记账的情形,其“关税”债权对于该应征“关税”之进口货

---

① 释字第 706 号解释理由书即谓债务人如系适用加值型营业税之营业人,而拍卖或变卖应税货物者,其拍定或承受价额亦内含营业税(“法院行政执行机关及海关拍卖或变卖货物课征货物营业税作业要点”第四点参照)。执行法院于受领拍定或承受价额时开立予买方营业人之收据,亦相当于卖方营业人开立之凭证,拍定人得持以作为进项凭证扣抵。

② 本条为赖士葆等人提案,经台湾地区财政机构修正同意通过。参见中国台湾地区立法机构公报,第 100 卷第 67 期。

物具有追及性，即应有物权优先权之效力，而优先于其上动产担保物权所担保之债权。①

中国台湾地区司法机构"大法官"释字第216号解释即谓：就"关税"未缴清之货物取得动产抵押权者，其担保利益自不能存在于该货物未缴之"关税"上，此观"关税法"第31条第2项、第3项规定甚明。……执行法院于拍卖"关税"记账之进口货物时，应将该货物未缴"关税"情形，于拍卖公告内载明，并叙明应由买受人缴清"关税"，始予点交，此项函示，核与上开意旨相符，不属第55条第3项规定之范围，既未侵害动产抵押权人之权益，亦为确保"关税"之稽征所必要，与保障民众财产权之本旨，并无抵触。

（三）税捐优先权与工资优先权

关于税捐与工资何者优先受偿问题，中国台湾地区"劳动基准法"第28条第1项规定："雇主因歇业、清偿或宣告破产，本于劳动契约所积欠之工资未满六个月部分，有最优先受清偿之权。"此项工资优先受偿权，系指该工资优先于普通债权及无担保之优先债权而言。上开工资与税捐，何者优先受偿？端视该税捐就其受偿顺序有无特别规定以为区别。②

1. 一般税捐债权与同属优先于普通债权之工资债权并存时，基于保障劳工之基本生存权及维护社会安定，以工资较无特别规定之税捐优先受偿为宜。③

2. 至于土地增值税之征收，就土地之自然涨价部分，优先于一切债权及抵押权，故应优先于工资受清偿。

3. 又应缴或应补缴之"关税"，就应缴"关税"而未缴清之货物先于抵押权（参见中国台湾地区"关税法"第31条第2项、第3项及中国台湾地区司法机构"大法官"会议释字第216号解释）等，自当依其规定优先于

① 中国台湾地区"最高法院"1979年台上字第2490号判决，参见刘春堂：《论租税之优先受偿位序》，载《财税研究》第22卷第2期。

② 中国台湾地区财政事务主管部门1991年7月27日台财税第800259657号函。

③ 同说，黄茂荣：《税捐法论衡》，第88页；刘春堂：《论租税之优先受偿位序》，载《财税研究》第22卷第2期。

工资而受偿。

二、税捐保全

(一)概说

税法为保全税捐债权获得满足,于中国台湾地区“税捐稽征法”第 6 条规定税捐优先权,并于第 24 条及第 25 条规定税捐之保全措施,包括禁止处分等,即限制移转、设定或减资、注销登记、声请假扣押、限制出境、提前征收。

(二)禁止处分等

1. 概说

中国台湾地区“税捐稽征法”第 24 条第 1 项规定:“纳税义务人欠缴应纳税者,税捐稽征机关得就纳税义务人相当于应缴税捐数额之财产,通知有关机关,不得为移转或设定他项权利;其为营利事业者,并得通知主管机关,限制其减资或注销之登记。”

禁止处分的前提要件,系以纳税义务人欠缴应纳税捐为要件,而所称纳税义务人欠缴应纳税捐,系指依法应由纳税义务人缴纳之税捐,未于规定期限内缴纳者之谓。又如,中国台湾地区“税捐稽征法”第 49 条规定,罚锾除本“法”另有规定者外,准用本“法”有关税捐之规定。故受处分人欠缴罚锾,稽征机关亦可依上述规定办理禁止处分登记。

按纳税义务人涉嫌逃漏税被查获时,在稽征机关进行调查核定税捐期间,通常纳税义务人即进行脱产,故有关税捐保全,允宜在发现逃漏税嫌疑时,即得进行禁止处分,方足以确保税捐债权。现行规定以“欠缴税捐”为前提,实无法达成保全目的,而有修正必要。

禁止处分之对象义务人为纳税义务人,依法并不包括强制执行程序上出具担保书之担保人。欠税人如有逃亡或逾期不履行之情事时,稽征机关得依中国台湾地区“行政执行法”第 18 条规定,就担保人之财产径声请强制执行,应无须另行起诉取得执行名义或办理保全措施(禁止处分登记)之必要。[①]

2. 禁止处分与法院查封之关系

不动产之禁止处分性质上属于保全债权之行政处分性质,与法院执行查封、假扣押或假处分登记可以并存,稽征机关并应在法院拍卖时,就税捐债权声明参与分配。如不动产被拍卖移转,应涂销禁止处分登记。[②]

盖禁止处分之精神,在防止纳税义务人脱产以逃避税捐,系禁止纳税义务人之自由处分行为。但“执行法院”依公权力实施查封拍卖,应不在禁止之列。税捐稽征机关遇此情形,仍可参与分配,该租税债权,仍可获得充分之保障。[③] 如果法院嗣后撤销执行查封,则不影响禁止处分继续存在。

3. 禁止处分之对象

禁止处分以纳税义务人之财产为对象。由于禁止处分通知之有关机关,系指行政机关,尚不包括金融机构在内。故不得通知金融机构禁止纳税义务人提领其银行存款。[④] 如有必要,在符合本条第 2 项规定者,仍得声请法院就该存款实施假扣押,以资保全。

又依中国台湾地区“信托法”第 12 条第 1 项规定,对信托财产不得强制执行。[⑤] 解释上包括假扣押、假处分。[⑥] 故稽征机关尚不得就纳税义务人已办妥信托登记之财产为禁止处分。

唯为防止委托人借成立信托脱产,害及其债权人之权益,中国台湾地区“信托法”爰参考“民法”第 244 条第 1 项之规定,于该“法”第 6 条第 1 项规定信托行为有害于委托人之债权人权利者,债权人得声请法院撤销之,以保障委托人之债权人权益。故纳税义务人之信托行为如已害及税

---

① 参照中国台湾地区财政事务主管部门 1985 年 11 月 29 日台财税第 25548 号函。

② 中国台湾地区内政事务主管部门 1978 年 2 月 22 日台内地字第 773540 号函。

③ 中国台湾地区财政事务主管部门 1980 年 11 月 4 日台财税第 39116 号函。

④ 中国台湾地区财政事务主管部门 1995 年 2 月 21 日台财税第 841605136 号函。

⑤ 核其制定意旨,系因信托财产名义上虽属受托人所有,但受托人系为受益人之利益管理处分之,故受托人之债权人对信托财产不得为强制执行。至于委托人之债权人亦不得对信托财产为强制执行,因信托财产移转为受托人所有后,该财产形式上已属受托人财产而非委托人财产,是委托人之债权人当然不得对已登记为受托人名义之财产声请强制执行(台湾地区“高等法院”2001 年度抗字第 2444 号裁定)。

⑥ 中国台湾地区法务主管部门 2001 年 12 月 21 日法 2001 律字第 040486 号函。

捐债权,稽征机关可于中国台湾地区“信托法”第7条规定期限内,依该“法”第6条规定,声请法院撤销该信托行为。[①]

禁止处分之财产,通常为房地不动产,至于动产部分,如车辆,实务上亦认为属于禁止处分之对象。

至于欠税人之股票,则不在禁止处分范围。一则其投资之公司并非禁止处分通知之有关机关;二则禁止处分必须稽征机关之“通知”能够发生影响实体法上权利义务关系之效力,始有适用上之实益。因股票移转不以向公司办理登记过户为生效要件,通知公司禁止股东之股票移转,不能发生法律上阻止其股权移转及设定他项权利之效力(参照中国台湾地区“公司法”第165条第1项)。[②]

4. 禁止处分

禁止处分性质上为保全将来税捐债权等之执行之行政处分,类似于假扣押命令,具有暂时保全性质,并非强制执行措施,[③]是否进行保全禁止处分,“法”条使用“得”字,应属于稽征机关行政裁量范围。如果税捐债权将来有不能执行或难以执行之虞,而有充分的盖然性存在(相当于声请假扣押之释明程度)时,则有保全必要。[④]

禁止处分应送达受处分之相对人始发生效力,因此,税捐稽征机关通知有关机关对于纳税义务人之财产不得为移转或设定他项权利时,应副知各该纳税义务人。[⑤] 纳税义务人如有不服时,可对之提起诉愿及行政诉讼。

又此项禁止处分之通知之生效,应以税捐稽征机关限制欠税人财产不得移转或设定他项权利之通知送达登记机关后,登记机关始受该项规定之拘束。如上项通知未送达前,登记机关已对该项财产办理移转登记或设定他项权利者,自不能追溯。[⑥]

---

① 中国台湾地区财政事务主管部门2002年3月15日台财税字第0910451698号函。

② 中国台湾地区财政事务主管部门1986年8月12日台财税第7545302号函。

③ Brockmeyer, in: Klein, AO, 11. Aufl., 2012, §324 Rn. 2.

④ Kühn/Wedelstadt, AO/FGO, 20. Aufl., 2011, §324 Rn. 9.

⑤ 中国台湾地区财政事务主管部门1982年5月21日台财税第33628号函。

⑥ 中国台湾地区财政事务主管部门1977年2月22日台财税第31234号函。

禁止处分应符合比例原则，若欠税人每笔不动产之公告现值或评定价格，均远超过其纳税额，而又不能分割处理时，稽征机关如认为确有保全之必要，得选择较接近应纳税额且较具有保全税捐价值之一笔为禁止处分。①

5. 禁止处分之效果

税捐机关就纳税义务人之土地，嘱托地政机关为禁止处分之登记者，仅为不得移转或设定他项权利，对于该土地为建筑使用，并无禁止规定。因此，欠税人仍可能该土地建筑房屋。

又为确保税收，就同一土地经税捐稽征机关嘱托禁止处分登记后，仍可再受理其他税捐稽征机关嘱托禁止处分登记。②

在禁止处分后，倘欠税人之欠税事件，复经行政救济撤销重核，由于所撤销者，只是原复查决定，故原核定之处分仍然存在，限制处分之原因并未消灭，原禁止处分登记自不应涂销。③

又在欠税经禁止处分登记后，欠税人申请由第三人提供相当欠税额之不动产作为担保，以涂销原禁止处分登记者，如第三人提供之财产担保，足以保全欠缴税捐，可以照办。④

在为禁止处分登记后，欠税人如提供财产担保或由第三人提供财产担保，足以保全欠缴税捐时，得涂销原禁止处分登记。⑤

由于禁止处分相当于假扣押，损害纳税人权益甚巨。因此，基于衡平原则，如果禁止处分因自始不当而撤销，或因税捐债权不存在而撤销者，则不问稽征机关有无故意或过失，稽征机关均应赔偿纳税义务人因禁止处分或供担保所受之损害（类推适用中国台湾地区“行政诉讼法”第296条假扣押裁定撤销赔偿之规定）。⑥ 由于此项损害赔偿属于公法上执行

① 中国台湾地区财政事务主管部门1981年8月25日台财税字第37059号函。

② 中国台湾地区财政事务主管部门1993年10月14日台财税第820481331号函，中国台湾地区内政事务主管部门1993年10月1日台（1993）内地字第8212289号函。

③ 中国台湾地区财政事务主管部门1993年11月26日台财税第82150318号函。

④ 中国台湾地区财政事务主管部门1982年1月19日台财税第30397号函。

⑤ 中国台湾地区财政事务主管部门1998年2月12日台财税字第871927499号函；中国台湾地区财政事务主管部门1982年1月19日台财税第30397号函。

⑥ Brockmeyer，in：Klein，AO，11. Aufl.，2012，§324 Rn. 16；Tipke/Kruse，AO，§324 Rz. 54.

公权力所生公法上请求权性质,因此解释上应提起公法上给付诉讼。[①]

6. 限制减资,注销登记

中国台湾地区“税捐稽征法”第24条第1项有关限制减资或注销登记之保全措施,是否包括限制欠税公司解散登记,实务上采否定说,认为按公司解散后必须进行清算,如有欠税,稽征机关可参与分配,公司主管机关于依“公司法”规定核准公司解散登记之同时,应以副本通知稽征机关,俾能在清算时参与分配,以达成保全税收之旨意之规定办理。[②]

又中国台湾地区“营业税法”第30条第2项规定:“营业人申请变更登记或注销登记,应于缴清税款或提供担保后为之。”亦系有关,税捐保全之特别规定,其中所称缴清税款,系指营业人依规定应纳之各项税捐,但不包括罚锾在内。

(二)假扣押

1. 中国台湾地区“税捐稽征法”第24条第2项规定:“前项欠缴应纳税捐之纳税义务人,有隐匿或移转财产、逃避税捐执行之迹象者,税捐稽征机关得声请法院就其财产实施假扣押,并免提供担保。”本条亦为保全税款或罚锾之执行而订定,唯依中国台湾地区“民事诉讼法”之规定,声请假扣押者,法院得命提供担保,稽征机关则难于提供担保,爰予明订免提供担保,以利执行,故税捐稽征机关为保全税捐可免提供担保而声请假扣押。

2. 上述“纳税义务人欠缴应纳税捐者”一语,系指依规定应由纳税义务人缴纳之税捐,未于规定期限内缴纳者之谓。至查获涉嫌违章漏税案件应补征之税款,经核定税额送达缴纳通知书后,如发现纳税义务人有隐匿或移转财产,逃避税捐执行之迹象者,即可依本条第2项之规定声请法院就其财产实施假扣押。[③]

---

① 德国实务见解认为此项损害赔偿请求权,应向普通法院请求救济(BGHZ 30,77;63,277)。且其并非类似征收之侵害之赔偿请求权性质(BGH WH 86,204)。

② 中国台湾地区财政事务主管部门1980年10月24日台财税第38826号函。

③ 中国台湾地区财政事务主管部门1976年12月31日台财税第38474号函。

3. 暂缓执行案件，亦得声请假扣押

又稽征机关对于行政救济当事人，已缴纳 1/2 税款暂缓执行之案件，仍得声请假扣押以保全其余 1/2 之税捐债权。[①]

4. 假扣押财产之清偿顺序

就同一财产假扣押后欠税及罚锾之清偿顺序，依中国台湾地区财政事务主管部门 1975 年 6 月 7 日台财税第 34132 号函谓同一财产实施假扣押，于各该逃漏税款案件确定后，应以假扣押财产先清偿营业税及营利事业所得税本税后，再以剩余部分抵缴罚锾。

（四）限制出境

1. 限制出境之前提要件

中国台湾地区"税捐稽征法"第 24 条第 3 项规定，在中国台湾地区境内居住之个人或在中国台湾地区境内之营利事业，其已确定之应纳税捐逾法定缴纳期限尚未缴纳完毕，所欠缴税款及已确定之罚锾单计或合计，[②]个人在新台币 100 万元以上，营利事业在新台币 200 万元以上者；其在行政救济程序终结前，个人在新台币 150 万元以上，营利事业在新台币 300 万元以上，得由中国台湾地区财政事务管理部门函请中国台湾地区内政事务管理部门"入出境及移民署"限制其出境；其为营利事业者，得限制其负责人出境。但已提供相当担保者，应解除其限制。

中国台湾地区财政事务管理部门函请中国台湾地区内政事务管理部门"入出境及移民署"限制出境时，应同时以书面叙明理由并附记救济程序通知当事人，依规定送达。

税捐稽征机关未执行第 1 项或第 2 项前段规定者，中国台湾地区财政事务管理部门不得依第 3 项规定函请中国台湾地区内政事务管理部门"入出境及移民署"限制出境。

限制出境之期间，自中国台湾地区内政事务管理部门"入出境及移民

---

① 中国台湾地区财政事务主管部门 1974 年 4 月 20 日台财税第 32643 号函。

② 独资或合伙商号之欠税，由于税法上纳税义务主体不同，不得与独资资本主或合伙人个人之欠税合并计算（中国台湾地区财政事务主管部门 1996 年 4 月 25 日台财税第 851902368 号函）。

署"限制出境之日起,不得逾5年。

2. 限制出境之目的

限制出境处分之目的,目前实务上似乎认为在对该营利事业负责人施以压力,督促该负责人应为公司清缴积欠之税款,具有保全债权之功能以及督促履行之间接强制执行手段。本书认为,如考虑限制出境侵犯民众之行动自由以及迁徙自由,基于比例原则之要求,应采税捐债权之保全说,而不宜以限制出境作为间接强制履行义务之手段。①

在此营利事业负责人为营利缴纳欠税责任,仅负担"协力履行义务",不因受限制出境处分,转换为"担保清偿的责任",即在其执行业务范围内,负担义务以营利事业之财产缴纳欠税及罚锾,必要时应管理处分营利事业财产,以供缴纳税捐罚锾之用。② 因此,并非要求负责人以自己之财产,承受债务,代为纳税,而是要求其以实际上可处分之法人的财产,代为纳税。③ 即仅就法人等实际上存在之资产的范围内,负担缴纳义务。

3. 限制出境对象

(1)法定代表人

限制出境之营利事业负责人,系指以依规定得代表该营利事业之法定代理人为限。其为公司组织者,系经公司董事会或股东会议合规定授权之董事长或执行业务而代表公司之股东。即系指依中国台湾地区"公司法"规定,经中国台湾地区经济事务主管部门登记之法定代表人,且须"实际参与业务执行之人"二者兼备始可。④

至非公司组织之独资或合伙营利事业,亦可参照中国台湾地区"商业登记法"第10条所称之负责人为限。⑤ 如果合伙未曾办理营利事业登

① 陈清秀:《限制出境处分之探讨》,载《月旦裁判时报》2011年第7期;陈清秀:《限制出境处分侵害人权之探讨》,载《法令月刊》第65卷第5期(另参见陈清秀:《现代财税法原理》,2015年版,第458页以下)。

② 《德国税捐通则》第34条第1项即规定:"自然人与法人之法定代理人,以及非法人团体与财团之执行业务者,应履行其(指该法人等)税捐义务。特别是应当注意以其所管理之财产缴纳各项税捐。"

③ Klein/Orlopp, AO, 8. Aufl., 2003, §34 Rn. 13; Tipke/Kruse, AO, 2010. §34 Tz. 22.

④ 参见中国台湾地区"最高行政法院"2002年度判字第1449号判决。

⑤ 中国台湾地区财政事务主管部门1979年7月18日台财税第34927号函。

记,自无法认定何人系该合伙组织之负责人,依据中国台湾地区"民法"第 668 条及第 671 条第 1 项规定,可将全体合伙人一并报请限制出境。①

至依规定成立以公益为目的之社团法人及财团法人,并非营利事业,故如有欠缴税捐,无须限制其负责人出境。②

如公司董事长死亡者,应即依法补选董事长,唯在董事长未及选出之前,得由常务董事互推一人暂时执行董事长职务(非代理人)。如公司未依前项规定办理时,可依中国台湾地区"公司法"第 8 条规定,限制常务董事或董事出境。③ 如嗣后公司已依规定补选负责人,并向中国台湾地区经济事务主管部门办理变更登记在案,则已情事变更,即应以该新负责人为限制出境对象,并解除原董事之出境限制。④

在公司登记之法定代表人应可盖然性推定其为实际负责人,而得作为限制出境之对象,但若当事人能够举证其并非实际经营负责人时,则应该以实际负责人为限制出境对象,才能督促其出面处理公司财产纳税,而符合税捐保全之目的。

在公司以法人股东为董事之情形,依中国台湾地区"公司法"第 27 条第 1 项公司登记之董事为法人股东,而不涉及指定之自然人,该自然人仅为代表法人行使职务,不得为限制出境之对象。又在欠缺依据的情况下,尚不得以法人董事之负责人为限制出境对象。⑤

又法院依中国台湾地区"公司法"第 208 条之 1 规定选任之临时管理人,虽代行董事长及董事会职权,唯与"代表公司之董事",尚属有间。准此,尚不宜以临时管理人为限制出境之对象。⑥

(2)实际负责人

如从实际拥有管理处分公司财产权之负责人作为限制出境之对象,较能达成保全债权之目的而言,如已函报限制出境之欠税营利事业负责

---

① 中国台湾地区财政事务主管部门 1985 年 9 月 23 日台财税字第 22598 号函。
② 中国台湾地区财政事务主管部门 1999 年 9 月 27 日台财税第 881125900 号函。
③ 中国台湾地区财政事务主管部门 1983 年 6 月 20 日台财税字第 34283 号函。
④ 中国台湾地区财政事务主管部门 2006 年 11 月 28 日台财税字第 09504532170 号函。
⑤ 中国台湾地区财政事务主管部门 2007 年 5 月 22 日台财税字第 09604518240 号函。
⑥ 中国台湾地区财政事务主管部门 2008 年 3 月 4 日台财税字第 09704513380 号函。

人变更时，则因管理处分权之代表机关变更，应以变更后之负责人为限制出境对象。原以旧负责人所为限制出境处分应予废止（解除其出境限制）。①

但在例外情形下，如果公司负责人基于规避税法目的，而形式上变更登记负责人，而实质上仍在其控制范围内者，或公司登记负责人属于挂名负责人，实际上负责人另有其人时，则该等实际负责人，其在法律上及经济上，得对于公司财产进行处分纳税，故为保全税捐债权，应得限制其出境。

公司登记负责人如果已经离职（如经营权移转）或属于被冒名伪造文书之登记负责人，既非公司之实际负责人，原无法定代理权之权利过问该公司业务或处理欠税事宜，限制该当事人出境不可能达成行政目的。②从而行政机关径对其为限制出境之处分，不仅无以达成行政目的，且使无辜之当事人实质上代为受罚（已经超越保全目的，而实质上变相成为制裁处罚），其行政处分显然违反本旨，构成违"法"。③

即负责人的内涵应取向于基本权符合中国台湾地区宪制性规定的理解，以实际有权责处理公司财产以缴纳欠税之负责人为限，不包括形式上登记之人头负责人（欠缺实际执行职务之权责），④否则，违反比例原则，司法机关应有介入审查权限。⑤

（3）清算中之负责人

有解散事由应行清算之股份有限公司，倘其欠税达规定之标准，应限

---

① 中国台湾地区财政事务主管部门 2010 年 6 月 23 日台财税字第 09904042590 号令。

② 反对说，"行政法院"1998 年度判字第 956 号判决认为负责人变更，如未办妥变更登记仍应负责。中国台湾地区台北"高等行政法院"2008 年度诉字第 00976 号判决认为依中国台湾地区"公司法"第 9 条第 4 项规定，原告虽主张遭冒名登记为公司股东，然在未经主管机关撤销或法院判决确定系遭冒名登记之前，公司之登记事项仍有其效力，故得对之限制出境。

③ 中国台湾地区"最高行政法院"2001 年度判字第 225 号判决："基于法律行为实质效果原则，尤其在实质课税原则下，自应以实际负责人为该公司法定负责人。"

④ 同说，中国台湾地区台北"高等行政法院"2013 年诉字第 1029 号判决。反对说，负责人采公司登记之形式主义（中国台湾地区"最高行政法院"2014 年判字第 138 号判决），此一见解显然忽略法律解释之符合中国台湾地区宪制性规定解释观点，而有违反宪制性规定。

⑤ 黄士洲：《法人应以何人作为限制出境对象》，载中国台湾地区司法机构：《行政诉讼相关论文汇编》（第 6 辑），2009 年 12 月，第 564 页以下。

制其负责人(清算人)出境。如中国台湾地区“公司法”或该公司之章程对于清算人未有规定,其股东会亦未选任清算人者,实务上认为应以全体董事(法定清算人)作为限制出境对象。①

实务上对于解散前“营运期间之欠税”与“清算期间之欠税”,分别认定其应限制出境之负责人,即公司解散前之欠税原已限制负责人出境者,应继续限制该负责人出境,毋庸再就该欠税限制清算人出境。而公司清算期间以清算人为限制出境之对象时,应符合规定之限制出境金额标准者,方可限制清算人出境。② 其考虑基础当在于营运期间负责人对于公司财务状况最熟悉,应有能力督促公司履行纳税义务,同时避免公司利用挂名负责人担任清算人,规避其限制出境责任。

经法院选任为清算人之律师或会计师,实务上准予不纳入限制出境之对象,系基于专业素养及律师或会计师公会有自律机制,较不易有违章行为发生之考虑。③

重整人在执行职务范围内为公司负责人,在重整期间,得限制出境,如该重整人系由法院选派之律师或会计师所担任者,则不予限制出境。④

公司经宣告破产而于破产程序尚未终结或终止前,不宜对该公司破产管理人或原负责人为出境限制。⑤

有限公司及股份有限公司依中国台湾地区“公司法”规定办理清算,经清算人依规定向法院声报清算完结,并经法院准予备案后,如经稽征机关查明该公司已无可供移送执行之财产者,得免办理限制清算人出境。⑥

(4)限制出境处分

限制出境之通知性质上为中国台湾地区财政事务主管部门所为具有继续性效力之行政处分,在作成处分时,应依中国台湾地区“行政程序法”规定以书面为之,并以正本送达相对人,并通知入出境主管机关执行

① 中国台湾地区财政事务主管部门 2005 年 4 月 21 日台财税字第 09404522480 号令。

② 中国台湾地区财政事务主管部门 2010 年 11 月 5 日台财税字第 09900415020 号函。

③ 中国台湾地区财政事务主管部门 1997 年 3 月 11 日台财税第 861885313 号函,中国台湾地区“最高行政法院”2008 年度判字第 350 号判决。

④ 中国台湾地区财政事务主管部门 1997 年 4 月 7 日台财关字第 860039011 号函。

⑤ 中国台湾地区财政事务主管部门 2008 年 7 月 10 日台财税字第 09704033310 号令。

⑥ 中国台湾地区财政事务主管部门 2002 年 11 月 14 日台财税字第 0910457266 号令。

该项行政处分,即由其协助执行限制出境处分(参见中国台湾地区“行政程序法”第19条职务上协助)。

限制出境与否,条文虽然规定“得”字,形式上似为中国台湾地区财政事务主管部门之行政裁量权。但有关限制出境之处分因涉及人身自由之侵害,德国立法例采取“形式的法官保留”原则方式为之,仅得由法院为之。中国台湾地区为提升行政效能,并减轻法院负担,固可承认得由行政机关中国台湾地区财政事务主管部门为之。然为保障人身自由不受违法侵害,应不承认行政裁量权,而应由法院做最终决定(“实质的法官保留”之精神),即如提起诉讼时,应得由法院对于原处分之合法性与合目的性(妥当性)进行审查,[①]俾提高审查密度,使法官之裁判实质上自行决定限制出境与否,以保障民众之人身自由权。

盖限制出境处分乃保全措施,欠税人有无偿债能力,受限制出境的负责人有无决策权限,攸关处分能否达到保全公法上金钱给付的目的性,如违反目的性的限制出境,本来司法就有审查的权限。[②]

在比例原则之适用上,欠税人或欠税营利事业之负责人如有潜逃境外或隐匿或移转财产以逃避税捐执行之迹象者,应予限制出境。反之,如果其财产均被查封或禁止处分,并无潜逃境外或隐匿或移转财产以逃避税捐执行之迹象者,则税捐债权之保全经由财产查封禁止处分,已经足以达成行政目的,应不予限制出境。[③]

中国台湾地区财政事务主管部门近年来也修正发布“限制欠税人或欠税营利事业负责人出境规范”(自2015年1月1日实施),对于限制欠税人出境案件,除欠缴税捐达中国台湾地区“税捐稽征法”第24条第3项规定得限制出境金额标准外,尚应分别按个人、营利事业之已确定欠缴金额、未确定欠缴金额,区分3级距分级适用限制出境条件,审酌条件包含

---

① 《德国联邦公务员惩戒法》(Bundesdisziplinargesetz)亦有规定对于情节轻微之惩处行为,第一阶段由行政机关为之,如有争议,第二阶段由法院裁判时,法院得对于原处分之合法性与合目的性(妥当性)进行审查(第60条第2项)。

② 黄士洲:《法人应以何人作为限制出境对象》,载《行政诉讼相关论文汇编》(第6辑),2009年12月,第563页。

③ 中国台湾地区“最高行政法院”2003年度判字第467号判决也基于比例原则,认为如海关已就受处分人相当于应缴金额之财产禁止处分,自不宜再为限制受处分人出境之处分。

出境频繁、长期滞留境外、行踪不明、隐匿或处分财产,有规避税捐执行之虞、非属正常营业之营利事业等;符合限制出境条件者,税捐稽征机关始报该中国台湾地区财政事务主管部门函请限制出境,因此大幅减少限制出境人数。相对于以往做法,比较符合比例原则之要求,值得肯定。

4. 限制出境处分之救济

限制出境处分性质上属于剥夺民众行动自由之行政处分,如有不服,在中国台湾地区财政事务主管部门所为欠税之限制出境处分,应可直接提起诉愿及行政诉讼。

有关限制出境处分之救济,以往实务上认为中国台湾地区财政事务主管部门之函请入出境主管机关限制出境,其通知并非行政处分,受通知人不得提起诉愿,必须等到将来申请出境被驳回时,才能对于驳回处分提起诉愿。①

此项见解,对于欠税人权利保护不周,无法给予实时的救济,且入出境主管机关也无从审查中国台湾地区财政事务主管部门决定之当否,以致行政救济机关事实上难以发挥救济功能,显然有欠妥当。"行政法院"1994 年 3 月决议乃改变见解,认为有无限制出境的必要,应由中国台湾地区财政事务主管部门决定,入出境管理机关无从审查财税机关决定之当否,是于中国台湾地区财政事务主管部门函请该局限制出境同时将副本送达原告时,应认为已发生法律上之效果,即为行政处分,得对之请求行政救济。如果受处分人不服原处分可于接获中国台湾地区财政事务主管部门限制出境函后 30 日内,依中国台湾地区"诉愿法"规定经由原处分机关即中国台湾地区财政事务主管部门向中国台湾地区行政机构提起诉愿。

另有认为,依据中国台湾地区"国家安全法"及中国台湾地区"入出境及移民法"有关规定,关于民众之入出境管制,属中国台湾地区内政事务主管部门"入出境及移民署"管辖,中国台湾地区财政事务主管部门无此权限,因此仍应以"入出境及移民署"为限制出境之主管机关,但其未经中国台湾地区财政事务主管部门之函请,不得主动限制欠税人出境,未

① 中国台湾地区行政机构"秘书处"1984 年 4 月 7 日台诉字第 16279 号函。

经中国台湾地区财政事务主管部门之同意，亦不得主动解除欠税人之出境限制。①

本书认为，有关欠税人之出境限制，系台湾地区“税捐稽征法”所特别规定赋予中国台湾地区财政事务主管部门之权限，中国台湾地区财政事务主管部门自有此权限。且就事件本质而言，纳税义务人是否欠税，有无符合税法所定限制出境之要件，涉及财税主管机关之专业知识，并非“入出境及移民署”所能了解，因此，以中国台湾地区财政事务主管部门作为限制出境之处分机关，并由中国台湾地区财政事务主管部门于行政救济程序中作为被告进行答辩，也符合专业分工之理念。且于中国台湾地区财政事务主管部门函请“入出境及移民署”限制出境之时，即给予受处分人救济机会，而非等到“入出境及移民署”限制出境通知才给予救济，更能提供迅速有效的救济管道，有效提供民众权利保护。因此，上述实务上见解，应属合理妥当。

有关限制出境之处分系属于对于民众权利侵害之行政处分，对于其是否为负责人之要件事实，应由稽征机关负担举证责任，也应依据职权查明。

又财税主管机关限制出境之对象如为法人代表人，并非法人本身时，则法人就其代表人限制出境事件提起诉愿，显非适格，如其提起诉显然欠缺权利保护要件，应认为其诉愿不合符规定，应予驳回。② 但在此情形下，似可认为法人之代表人亦有表示不服之意思，故受理诉愿机关似可指导其更正正确之诉愿人为代表人。

5. 限制出境之解除

如果限制出境之原行政处分有不当被撤销时，即得解除限制出境。

又提起行政救济之欠税案件，嗣经诉愿决定或行政诉讼判决撤销重核，原处分机关在另为重核处分前，应否继续限制出境，应视最初限制出境之原因而定。原限制出境之原因，如系属纳税义务人对于复查决定之

---

① 陈敏:《限制出境之租税保全措施》，载《法治斌教授纪念论文集——法治与现代行政法学》，2004 年版，第 552 页以下。

② “行政法院”1994 年 4 月 28 日 1994 年判字第 874 号判决，载《“行政法院”裁判要旨汇编》(第 14 辑) ，第 1211 页。

应纳税额未缴纳半数或提供相当担保而提起诉愿者，因撤销重核，系践行另一复查程序，即回复为复查阶段，则在稽征机关重为复查决定前，原限制出境之原因已不存在，原限制出境应予解除，俟重为复查决定后，视纳税义务人有无缴纳半数税额或提供相当担保，并依规定提起诉愿，再决定是否限制出境。①

纳税义务人或其负责人经限制出境后，具有下列各款情形之一，中国台湾地区财政事务主管部门应函请“内政部入出境及移民署”解除其出境限制（“税捐稽征法”第 24 条第 7 项）：

（1）限制出境已逾前项所定期间者。

（2）已缴清全部欠税及罚锾，或向税捐稽征机关提供欠税及罚锾之相当担保者。

如其受限制出境之原因，仅系未缴纳复查决定应纳税额之半数或未提供相当担保而提起诉愿者，嗣如纳税义务人已缴纳该半数税款或提供相当担保，则其受限制出境之原因已不复存在，其出境限制应予解除。②

（3）经行政救济及处罚程序终结，确定之欠税及罚锾合计金额未满第 3 项所定之标准者。

（4）欠税之公司组织已依规定解散清算，且无剩余财产可资抵缴欠税及罚锾者。

（5）欠税人就其所欠税款已依中国台湾地区“破产法”规定之和解或破产程序分配完结者。

又在公司解散清算时，其清算人已依中国台湾地区“公司法”第 89 条规定声请宣告破产，唯因公司已无财产或其债权人仅有一人不能进行破产程序，法院认无宣告破产之必要而驳回破产之声请者，该公司践行法定清算程序后，其法人人格亦归于消灭，其未获分配欠税得予注销，并解除负责人出境限制。③ 但营利事业资产不足以清偿债务者，并非即可免依破产程序办理，而径向法院声报清算完结及为清算完结登记。

---

① 中国台湾地区财政事务主管部门 1994 年 5 月 18 日台财税第 831592907 号函。

② 中国台湾地区财政事务主管部门 2006 年 12 月 26 日台财税字第 09504571730 号函。

③ 中国台湾地区财政事务主管部门（1983）台财关第 28846 号函，中国台湾地区财政事务主管部门 1990 年 10 月 27 日台财税第 790321383 号函。

（五）代位权与撤销权

中国台湾地区“民法”第242条之债权人代位权以及第244条规定之债权人撤销权（诈害行为之撤销权），属于债权保全手段之一，由于税捐债权亦属于债权之一种，为防止税捐债务人脱产或财产减少，亦有保全税捐债权之必要。故上述债权之保全规定，于税捐之征收，似有规定之必要。[①] 在法无明文之前，可否准用民法规定，不无疑义。实务上以往倾向于认为公法与私法不同，税法应严格遵守租税法律主义，如类推适用民法撤销权规定，不仅破坏私法秩序之安定性，有害于民众得保有安定生活秩序及契约自由（中国台湾地区司法机关释字第580号解释意旨）之权利，依相关规定，更应由制定机关权衡比例原则后，循制定程序以“法律”定之，尚非司法机关超越制定者之权限从事法之续造，依“类推适用”或“目的性之扩张”所得补充，以维法治权力分立之体制，并免造成法秩序之紊乱。[②]

在税捐债务人怠于行使权利之情形，得由其债权人代位行使权利，例如中国台湾地区“最高行政法院”2011年度4月第二次庭长法官联席会议决议：中国台湾地区“税捐稽征法”第28条规定之退税请求，系请求稽征机关作成准退税之行政处分，原应由纳税义务人即债务人为之，唯因上述对违反规定课征土地增值税处分有法律上利害关系之抵押权人，其权利将因债务人是否行使退税请求而直接受影响，自应许其于债务人怠于行使退税请求时，得代位债务人请求稽征机关退还溢缴之税款予执行法院，进而于遭否准后，得循序提起中国台湾地区“行政诉讼法”第5条规定之课予义务诉讼，以资救济。此项决议所表现之代位权法理，亦可适用于税捐债权人。

（六）提供担保

中国台湾地区“税捐稽征法”亦有提供“相当担保”作为税捐债权之

① 参见《日本国税通则法》第42条及《日本地方税法》第20条之7有明定准用之。

② 中国台湾地区“最高法院”2014年度台上字第586号民事判决。另参见中国台湾地区“最高法院”1973年台上字第2号民事判例意旨。

保全手段。纳税义务人提供相当担保,得解除出境限制(第24条第7项)及暂缓执行(第39条第2项第2款)。

所称相当担保,系指相当于担保税款之黄金、公债、银行存款及其他易于变价及保管之财产(中国台湾地区“税捐稽征法”第11条之1)。

例如,易于变价及保管,且无产权纠纷之不动产,土地之担保价值按公告现值加四成计算,房屋之担保价值按稽征机关核计之房屋现值加两成计算。①

又如,公司申请以营业税累积留抵税额相当之金额作为依中国台湾地区“营业税法”规定补征之税额及罚锾之担保,尚符合中国台湾地区“税捐稽征法”第11条之1所称相当担保。②

纳税义务人有特殊原因须于缴清遗产税款前办理产权移转,经提供纳税保证后,本于比例原则,得再以该担保品作为该遗产税案复查决定应纳税额半数之担保,以暂缓移送执行。③

纳税义务人对复查决定应纳税额未缴纳半数,依规定提起诉愿,经移送行政执行处强制执行后,始要求提供复查决定应纳税额半数之担保,如其缴纳半数确有困难,参照中国台湾地区“税捐稽征法”第39条第2项规定之意旨,应予受理并撤回执行。④

凡提供相当财产担保后,解除出境限制者,因所提供之财产担保系依规定提供缴纳欠税及罚锾之相当担保,为确实达成保全目的,在其欠税或罚锾未缴清结案前,不得退还,第三人代欠税人或欠税营利事业负责人提供相当担保者,亦仍应依上述规定办理。⑤

① 中国台湾地区财政事务主管部门2009年7月13日台财税字第09804545500号函。
② 中国台湾地区财政事务主管部门1994年12月23日台财税第831628091号函。
③ 中国台湾地区财政事务主管部门2007年8月22日台财税字第09604536680号函。
④ 中国台湾地区财政事务主管部门2003年12月22日台财税字第0920457599号函。
⑤ 中国台湾地区财政事务主管部门1993年10月26日台财税第820485688号函。

第四章　税捐罚则

第一节　税捐秩序罚

一、意义

税法为确保税捐收入准时而完整的实现，亦即为保护国家税捐债权的公共利益，而设有一系列税捐秩序罚以及税捐刑罚规定。同时为了维护其他诚实纳税者之正当公平负担税捐之权益，税法也应使用各种足以促进全体所有纳税义务人依法负担税捐义务的手段。因此税法上处罚规定，一方面保障国家税捐债权之公共利益，另一方面也在维护其他诚实纳税者之权益。①

税捐刑罚与税捐秩序罚之区别，只是违规行为之严重程度之差异。以《德国租税通则》为例，如果逃漏税行为是行为人基于故意为之，则构成租税犯罪行为，应科处税捐刑罚。反之，如果行为人短漏税捐，是基于重大过失为之或其行为仅有抽象的危险性，则仅成立税捐秩序罚行为，得科处

---

① Tipke/Lang, Steuerrecht, 20. Aufl., 2010, §23 Rz. 1.

罚锾(《德国税捐通则》第 370 条、第 378 条以下)。

中国台湾地区有关逃漏税捐刑罚,也是以纳税义务人有无以诈术或其他不正当方法逃漏税捐,作为区别标准。税捐刑罚得科处自由刑(最高处 5 年以下有期徒刑),而秩序罚则主要以罚锾(按照所漏税额之倍数处罚)为主。

又税捐刑罚由普通法院之刑事庭审判,而税捐秩序罚之罚锾则由稽征机关处罚。中国台湾地区“税捐稽征法”第 50 条之 2 即规定:依本“法”或“税法”规定应处罚锾者,由主管稽征机关处分之,不适用“税法”处罚程序之有关规定,受处分人如有不服,应依行政救济程序办理。但在行政救济程序终结前,免依本“法”第 39 条规定予以强制执行。

税捐秩序罚系指对于违反税法上义务的行为,所科处刑罚以外的行政制裁,包括罚锾、没入、停止营业处分等。有关税捐秩序罚之处罚,除各税法另有特别规定外,也应适用中国台湾地区“行政罚法”之有关规定(普通法性质)。

二、种类

税捐秩序罚可区分为“行为罚”与“漏税罚”两种。

(一)行为罚

税法为掌握纳税义务人,并确实查明课税事实关系,乃课予税捐义务人一系列的协力义务,包括税籍登记义务(如办理营利事业登记义务),账簿设置登载义务,发票开立取得保存义务,税捐申报义务以及接受调查备询等义务,在纳税义务人违反此类行为义务的情形,税法多规定应科处罚锾,由于此种处罚,通常并不以发生纳税义务人短漏税款之结果为要件,因此被归类为“行为罚”。

(二)漏税罚

如果纳税义务人因故意或过失违反税法上诚实申报缴纳税款义务,或违背协力义务致使稽征机关不知有关课税的重要事实,而减少核定应纳税额致发生短漏税捐结果,对于此种违反税捐秩序的行为,所科处的行政秩序罚(罚锾),一般即称为“漏税罚”。漏税罚系按照所漏税额之一定倍数处罚,系以发生短漏税结果为要件,倘若并未发生短漏税捐的结果,则不应科处漏税罚。例如,纳税义务人已经缴纳货物税,但未依据税法规定张贴货物税查验证,即不应科处漏税罚(释字第 339 号解释)。

三、处罚法定主义

(一)概说

税捐秩序罚系对于民众违章行为之制裁,侵犯民众自由权利,因此应适用处罚法定主义。中国台湾地区“行政罚法”第 4 条即规定:违反行政法上义务之处罚,以行为时之“法律”或“自治条例”有明文规定者为限。中国台湾地区司法事务主管部门“大法官”释字第 402 号解释亦谓:对民众违反行政法上义务之行为予以裁罚性之行政处分,涉及民众权利之限制,其处分之构成要件与法律效果,应由“法律”定之。

依中国台湾地区司法事务主管部门释字第 313 号、第 394 号及第 402 号等解释意旨,对于违反行政法上义务之行为,法律得就其处罚之构成要件或法律效果授权以法规命令订之。故在此所指之“法律”,解释上包含经“法律”就处罚之构成要件或法律效果为具体明确授权订定之“法规命令”。

至于习惯法,则不得作为制裁处罚的依据。由于处罚法定主义仅在保护当事人的利益,因此对于当事人有利的习惯法,仍为法律所允许。

(二)处罚要件法定主义

处罚要件法定主义,指在实体的处罚规范中所包含的各项抽象前提要件的整体,均应以法律或自治条例规定之。

处罚法定主义要求行为的处罚必须有法规明文规定,对于一个与应受处罚行为不同的但属于类似的行为,则不得比附援引处罚规定对于行为人进行不利的处罚。即对于行为人“不利的”,不得类推适用,以维持法律秩序的安定性。此项类推适用的禁止,不仅适用于中国台湾地区“行政罚法”的一般规定,也适用于罚锾及从罚的科处。①

释字第619号解释即谓:中国台湾地区“土地税法”第54条第1项第1款所称“减免地价税”之意义,因涉及裁罚性法律构成要件,依其文义及“土地税法”第6条、第18条第1项与第3项等相关规定之体系解释,自应限于依“土地税法”第6条授权中国台湾地区行政机构订定之土地税减免规则所定标准及程序所为之地价税减免而言。中国台湾地区“土地税法施行细则”第15条规定:适用特别税率之原因、事实消灭时,土地所有权人应于30日内向主管稽征机关申报,未于期限内申报者,依第54条第1项第1款之规定办理,将非依中国台湾地区“土地税法”第6条及“土地税减免规则”规定之标准及程序所为之地价税减免情,于未依30日期限内申报适用特别税率之原因、事实消灭者,亦得依“土地税法”第54条第1项第1款之规定,处以短匿税额3倍之罚锾,显以“法规命令”增加裁罚性法律所未规定之处罚对象,复无“法律”明确之授权,核与首开法律保留原则之意旨不符,抵触比例原则的规定,应于本解释公布之日起至迟于届满一年时失其效力。

上述解释将行政命令以类推适用方式处罚民众之违反中国台湾地区宪制性规定,允许自解释公布之日起一年内仍然继续有效。变成纵容以命令违法处罚民众,显然违反人权保障之精神,又非维护重大公益所必要(仍可补税,税收不至于短漏),因此有待商榷。尤其在此一年期间,“行政法院”在个别案件上可否进行违反中国台湾地区宪制性规定审查,拒绝适用违反中国台湾地区宪制性规定之行政命令?不无争议。中国台湾地区“最高行政法院”2009年判字第243号判决认为既然该行政命令被解释认为仍然于一年内有效,则“行政法院”也无法在个案上拒绝适用该违反中国台湾地区宪制性规定及违“法”之命令。其结果在此一年违法处罚纳税人之期间,形同合“法”化。

按在具体诉讼案件上,“行政法院”的功能任务,在于伸张个别案件之正义,其判决仅有个案效力。法官在诉讼案件审理上,本得审查行政处分所依据之行政命令有无违“法”或违反中国台湾地区宪制性规定,如果

① Göhler, OWiG, 13. Aufl., 2002, §3 Rn. 9.

认为行政命令有违“法”或违反中国台湾地区宪制性规定时，自得拒绝适用，①此一个案审查权以及拒绝适用权限，不应因为“大法官”违反中国台湾地区宪制性规定定其失效之宣告后，反而被剥夺。

因此，虽然违反中国台湾地区宪制性规定之行政命令于一年后失其效力，但在失效之前，“行政法院”应仍得进行违反中国台湾地区宪制性规定审查，而拒绝适用。②

如果行政处罚相关规定有漏洞存在，适用法律机关（行政机关及行政法院）进行类推适用的结果，如果对于行为人“有利”，则类推适用，以贯彻有利规定的制定意旨以及平等原则，应为所许。即如果经过探求法规的制定目的、意旨及其与其他规定间的关联性、制定的历史经过等因素，确认有法律漏洞存在时，则经由类推适用等方法，进行法律漏洞的补充，以符合公平正义的要求，如未因此对于民众创设或加重处罚负担时，应为所许。

有关处罚法规的构成要件的解释，与类推适用不同，在解释法规时，应遵守解释的合法界限，解释可能对于法规的文字意义，进行较广泛的广义的解释，也可能较狭义的解释，但不能超越“文字意义的可能性范围”，例如，“法律”如果只对于雇主加以处罚，则不能经由解释，又扩张对于劳工加以处罚。又“法规”公布之后，如果事实情况发生变更，则于解释时，也应一并加以斟酌。

（三）处罚构成要件明确性原则

1. 以“法规命令”规定制裁性处分，应有“法律”具体明确授权

对于民众违反行政法上义务之行为科处裁罚性之行政处分，涉及民众权利之限制，其处罚之构成要件及法律效果，应由“法律”定之。若“法

① 司法裁判嗣后也已经改变见解，考虑关于违反中国台湾地区宪制性规定法律效力之解释实务发展，对依被宣告违反中国台湾地区宪制性规定定期失效“法律”失效前作成之行政处分，应依除去违反中国台湾地区宪制性规定状态之新“法”作成裁判（中国台湾地区“最高行政法院”2014 年度判字第 653 号、第 656 号及第 716 号判决）；或本于合符宪制性规定意旨裁判（同院 2016 年度判字第 84 号判决）。

② 同说，葛克昌：《违宪定期失效法规与依法审判》，发表于 2010 年 4 月 10 日税法研究会，第二回，第 3 页；中国台湾地区台北“高等行政法院”2006 年诉字第 1453 号判决；中国台湾地区高雄“高等行政法院”2007 年度诉字第 157 号判决。

律”就其构成要件，授权以“命令”为补充规定者，授权之内容及范围应具体明确，然后据以发布命令，始符比例原则以“法律”限制民众权利之意旨（释字第 313 号解释，释字第 394 号解释理由书）。

若“法律”仅为概括授权时，固应就该项“法律”整体所表现之关联意义为判断，而非拘泥于特定条文；唯依此种概括授权所订定之命令只能就执行母法有关之细节性及技术性事项加以规定，尚不得超越“法律”授权之外，径行订定制裁性之条款（释字第 367 号解释）。[①]

2. 必须民众可自授权之“法律”规定中得预见其行为之可罚

至于“法律”授权条款之明确程度，则应与所授权订定之“法规命令”对民众权利之影响相称。释字第 522 号解释即谓处罚“法律”就其构成要件，授权以命令为补充规定者，其授权之目的、内容及范围应具体明确，而自授权之“法律”规定中得预见其行为之可罚，方符刑罚明确性原则。

3. 行政处罚“法规”所使用不确定法律概念，必须使民众能预见其何种作为或不作为构成义务之违反及所应受之处罚为何

明确性的要求，主要针对处罚法律的构成要件，但也针对处罚的法律效果，亦即包括处罚种类及额度。另亦适用于从罚。

依“法”应受处罚处分者，必须使其能预见其何种作为或不作为构成义务之违反及所应受之处罚为何，方符法律明确性原则。对于处罚处分之构成要件，“法律”虽以抽象概念表示，无论其为不确定概念或概括条款，均须无违明确性之要求。法律明确性之要求，非仅指法律文义具体详尽之体例而言，制定者于定制时，仍得衡酌法律所规范生活事实之复杂性及适用于个案之妥当性，适当运用不确定法律概念或概括条款而为相应之规定。有关民众行为准则及处罚之使用抽象概念者，苟其意义非难以理解，且为受规范者所得预见，并可经由中国台湾地区司法机构审查加以确认，即不得谓与前揭原则相违（参照释字第 432 号解释）。[②]

---

① 同说，释字第 402 号解释。

② 例如，中国台湾地区“会计师法”第 39 条第 6 款规定：其他违反本规定者，以违反“会计师法”为构成会计师之惩戒事由，其范围应属可得确定。第 17 条规定“会计师不得对于指定或委托事件，有不正当行为或违反或废弛其业务上应尽之义务”，系在确立会计师之行为标准及注意义务所为之规定，要非会计师作为专门职业人员所不能预见，亦系维护会计师专业素质，增进公共利益所必要，与法律明确性原则及保障民众工作权之意旨尚无违背（释字第 432 号解释）。

(四)程序法上合法性原则与便宜主义

1. 程序法上合法性原则

民众的行为如果与处罚要件该当,又具备违法性与可归责性(有故意或过失)时,则行政机关是否即应发动处罚程序加以处罚,抑或是可行政裁量决定是否处罚?此涉及程序法上的法定主义与便宜主义之问题。

如从中国台湾地区“行政罚法”第19条规定之反面解释,制定者似乎有意采取法定主义,除非“法规”特别规定采取便宜主义,否则在“法规”规定应处罚的情形,行政机关似应依职权发动处罚程序,以维护公平处理原则,达成行政处罚目的。仅于例外特殊情形下,基于比例原则,对于情节轻微案件,或可通案从宽处理。

2. 便宜主义

个别的行政法规如果规定对于违规行为“得处罚锾”,而非应“处罚”时,则是否处罚,主管机关有行政裁量权,即采取“便宜主义”。

行政罚之所以采取便宜主义,主要是考虑:从违规行为的意义与处罚所要追求的目的出发,违规行为侵害法律秩序较为轻微,比犯罪行为较少不法的内涵,且在具体情况中,可能违法性甚低,只是抽象地危害秩序,如加以行政制裁,反而并不适当或者根本不必要。①

如果行为人的可归责性有疑义时,则可毋庸处罚;因为经由劝导、警告或行政指导即可使行为人改善,并不以处罚为必要。又如,违规情节轻微,且仅属过失行为,亦可不罚。在法律状态不清楚的情形,经由教示、阐明、告知等也足以达成使民众守法的目的,而毋庸处罚。

现行“税法”规定对于违规行为虽然规定“应处罚锾”,而并未授权行政机关裁量决定是否处罚,唯因处罚目的在于达成行政目的,倘若违规情节轻微,行政机关通过劝导、纠正或限期改善的手段,同样可以达成行政目的时,则行政机关不予处罚,似亦符合比例原则。故中国台湾地区“税

① Göhler, OWiG, 13. Aufl., 2002, §47 Rn. 2.《德国税捐通则》对于重大过失短漏税捐之违反秩序行为之处罚,采取便宜主义(《德国税捐通则》第410条第1项准用《德国违反秩序罚法》第47条第1项),而与故意逃漏税捐罪采取法定主义不同。

捐稽征法"第48条之2规定：依本"法"或"税法"规定应处罚锾之行为，其情节轻微，或漏税在一定金额以下者，得减轻或免予处罚。前项情节轻微、金额及减免标准，由中国台湾地区财政事务管理部门拟订，报请中国台湾地区行政机构核定后发布之。对于税捐违章行为情节轻微者，得减免处罚。

又如，实务上也有基于爱心查税精神，先行劝导通知主动履行法律义务，嗣后再调查，于发现违规时，再加以处罚。例如，在依中国台湾地区"遗产及赠与税法"第5条规定，以赠与论课征赠与税之案件，中国台湾地区财政事务主管部门1987年5月6日台财税第7571716号函释认为，稽征机关应先通知当事人于收到通知后10日内申报，如逾限仍未申报，并经课税确定者，始得依中国台湾地区"遗产及赠与税法"第44条规定处罚。又如，纳税人因从事新兴行业或新交易形态之经济活动或"税法"规定不明确，致如何纳税发生解释适用"税法"规定疑义者，中国台湾地区财政事务主管部门也应以函释先通令各稽征机关应先行辅导改善，不宜径以其违反"税法"上义务而进行处罚，①以免不教而诛，过度严苛，致违反比例原则。

四、成立要件

(一)概说

税捐秩序罚的处罚对象之违反税法上义务的行为，必须具备处罚构成要件的该当性、违法性以及有责性。

又税捐义务人原则上只就自己之违章行为负责，即违反秩序行为必须构成要件该当的、违法的以及有可归责的情形，始得加以科处罚锾。

例如，农地取得者有无违反继续耕作义务，在共有农地分管之情形，自应就其分管部分之土地，有无继续耕作加以判断，而非以其他共有人所

---

① 在2011年民间版"纳税人权利保护法案"中，民间团体也提出此项建议。

分管之土地有无继续耕作为准。①

(二)违法性——欠缺阻却违法事由

中国台湾地区"行政罚法"对于具有阻却违法事由之违反秩序行为,并不予以处罚。例如第11条规定:依"法令"之行为,不予处罚。依所属上级公务员职务命令之行为,不予处罚。但明知职务命令违"法",而未依法定程序向该上级公务员陈述意见者,不在此限。上述不予处罚、减轻或免除规定,在"税法"上并无特别排除规定,自应一体适用。

(三)有责性

1. 责任能力

中国台湾地区"行政罚法"第9条规定:未满14岁人之行为,不予处罚。14岁以上未满18岁人之行为,得减轻处罚。行为时因精神障碍或其他心智缺陷,致不能辨识其行为违"法"或欠缺依其辨识而行为之能力者,不予处罚。行为时因前项之原因,致其辨识行为违"法"或依其辨识而行为之能力,显著减低者,得减轻处罚。前二项规定,于因故意或过失自行招致者,不适用之。此一规定,在税捐处罚上有其适用。故如果税捐义务人未满14岁,则如其有违反税法上义务行为,因无责任能力,应不予处罚。但依其情形,仍可依中国台湾地区"行政执行法"规定强制执行。

又已满14岁之未成年人,通常并无为行政程序之行为能力,亦无法履行税捐申报等行为义务,故亦不得以其违反税法上行为义务加以处罚。在此"税法"应补充规定以法定代理人代为履行未成年人之税法上义务,并以其为违章归责主体。

2. 故意过失

(1)故意或过失的举证责任

税捐秩序罚的处罚,是否应以违反义务者主观上有故意过失为要件,

---

① 中国台湾地区财政事务主管部门1993年11月3日台财税第821500605号函释即谓:依规定免征土地增值税之持分共有农地,共有人间就其应有部分之使用收益或管理方法订有分管契约,并各自竹理耕作时,得依共有人所提分管契约书,就分管部分认定其是否继续耕作。

由于“税法”并无明文规定，因此，早年实务上认为只要客观上有违反义务行为，不问主观上是否有可归责之事由，均应加以处罚（“行政法院”62年度判字第30号旧判例及同年度判字第350号旧判例）。唯对于无过失行为亦加以处罚，是否可达到处罚目的？有无违反行政法上“期待可能性原则”，不无疑问。

就此中国台湾地区司法机构1991年3月8日释字第275号解释改采过失责任主义，认为：民众违反法律义务而应受行政罚之行为，法律无特别规定时，虽不以出于故意为必要，仍须以过失为其责任条件。但应受行政罚之行为，仅须违反禁止规定或作为义务，而不以发生损害或危险为其要件者，推定为有过失，于行为人不能举证证明自己无过失时，即应受处罚。本件解释将应受“行为罚”之行为推定有过失（但漏税罚则不推定过失），系采奥地利之立法例，唯从举证责任分配法则观点（规范说、法律要件分类说）来看，要求违章行为人举证证明自己无过失，似非妥适。

依2006年2月5日施行之中国台湾地区“行政罚法”第7条规定：违反行政法上义务之行为非出于故意或过失者，不予处罚。法人、设有代表人或管理人之非法人团体、行政机关或其他组织违反行政法上义务者，其代表人、管理人、其他有代表权之人或实际行为之职员、受雇人或从业人员之故意、过失，推定为该等组织之故意、过失。有关违反税法上义务之行为必须出于故意或过失者，才予处罚。

因此，稽征机关应对于税捐义务人违反税法上义务行为，负证明行为人有故意或过失之举证责任。[①] 而不得再援用上述释字第275号解释主张行为罚推定过失。

在纳税义务人为法人的情形，由于受雇人或从业人员之故意、过失，在法律上“推定”为该等组织之故意、过失。故如法人能举证证明其对于受雇人或从业人员之违反义务行为，已经尽到选任监督责任，亦即选任监

① 中国台湾地区“最高行政法院”2009年判字第258号判决。该判决认为继承人对于被继承人生前对他人之债权，具有个别性及偶发性，不容易查考，且债权成立年代久远，继承人不易知悉，因此对于继承人之漏报债权遗产之违章行为，是否具备故意或过失，应由稽征机关负担举证责任。

督并无过失时，则应可推翻上述推定而不罚。[①]

(2)故意与过失的认定

①故意的认定

对于违反税法上义务的行为，何种情形可认为故意，何种情形可认为过失，“税法”并未明文规定，解释上应可参照同属制裁法律体系的“刑法”的规定。参照中国台湾地区“刑法”总则第13条规定，故意可分直接故意与间接故意，直接故意是指行为人对于构成税务违章之事实，明知并有意使其发生(实现)的情形。间接故意是指行为人对于构成税务违章之事实，预见其发生而其发生并不违背其本意的情形。

在下述的情况，应可推论出故意企图逃漏税[②]：

A. 保持两种账簿。如公账、私账。

B. 制作不实的账簿登载或变更。

C. 制作不实的发票或文件。

D. 湮灭账簿凭证或会计记录。

E. 隐匿资产或掩饰所得来源。

F. 处理其事务，回避制作该类交易通常应有的记录。

G. 其行为可能发生的效果，将被误导或隐藏课税数据，如使用现金购置财产，并以其家属成员的名义持有该财产。

②过失的认定

至于过失的认定，参照中国台湾地区“刑法”第14条的规定，过失可分无认识的过失与有认识的过失两种。无认识的过失是指行为人对于税务违章的事实的发生(实现)虽非故意，但按其情节应注意，并能注意，而不注意的情形。有认识的过失是指行为人对于构成税务违章的事实，虽预见其能发生(实现)而确信其不发生的情形。

由于过失的程度有轻重之别，依其过失程度可区分为重大过失、具体轻微过失与抽象轻微过失三种。税捐秩序罚上所处罚的过失行为，究竟

---

① 陈清秀：《违反秩序行为之违法性与主观责任》，载《吴庚教授七秩华诞祝寿论文集》，2009年版，第636页以下。

② Michael I. Saltzman, IRS Practice and Procedure, 7A-18(2. ed. 1991).

应以何种过失程度为准,不无疑问。

A. 重大过失说

就此《德国税捐通则》第 378 条以下,概以重大过失(Leichtfertig)为税捐秩序罚的处罚标准。即必须税捐义务人因为特别的疏忽草率或特别漫不经心而有过失行为,于此情形,无论是有认识的过失或无认识的过失,均构成重大过失。① 此项重大过失,是指较高程度的过失,在构成要件层面上,以特别严重的程度违反交易上必要的注意(grobeFahrlässigkeit)。而在责任层面上,行为人违反客观上之注意,按照其个人的能力,也是有个人的有可归责情形(individuelleVorwerfbarkeit)。在此应参照其他相同教育、知识程度、企业经营经验以及税法上职业经验之纳税义务人的行为,比较其有无个别可归责的情形。此一重大过失,包括没有认识的过失以及有认识的过失。②

B. 抽象轻微过失说

美国实务上对于税捐秩序罚(civil penalties)上有关过失行为的处罚,系针对欠缺通常的注意或未予从事一个合理的及通常的慎重的人在该情况下所应作的行为或未尽通常营业上注意之过失行为而言。此项见解,似倾向于以"抽象轻微过失"为准。

中国台湾地区实务上似亦倾向于不问过失程度的轻重,只要有过失,不问过失程度,即应处罚,似采取相当于抽象轻微过失说。

C. 本书见解——具体轻微过失说

按税捐的给付乃是一种无具体的对待给付关系之给付义务。因此,税捐义务人应尽的注意义务,应以其个人的个别情况,是否能加以注意而不注意为准,而不应以在有偿给付的情形,一般民众在交易上所可期待的善良管理人的注意义务为准。即应以与其自己处理事务同一注意为准(参照中国台湾地区"民法"第 535 条)。换言之,在此是否能够注意而不注意,并非以平均一般民众的注意能力为准,应以涉案行为人的注意能力为准。

---

① Franzen/Gast/Samson,Steuerstrafrecht,3. Aufl. ,1985, §378Rn. 23ff.

② Tipke/Lang,Steuerrecht,20. Aufl. ,2010, §23 Rz. 92.

因此,在纳税人为营利事业的情形,其注意能力应考虑其营利事业规模的大小,如果企业规模越大,越可期待其有关会计制度越加健全,其能注意之程度越高。而鉴于"税法"规定的复杂性,就税务案件的注意义务的要求,既不应太过广泛,也不应过于狭隘,而应以税捐义务人如同处理自己其他职业上或业务上的事务所持注意力为准,较为合理。在此程度的注意义务下,若有违背注意义务,加以处罚,才能期待其改善注意,避免继续犯错。

因此,对于过失行为的处罚,不应失之过严,要求纳税义务人超乎自己的注意能力之上,而尽善良管理人的注意义务,若有违背,即科处罚锾,而不问该纳税义务人实际上是否有尽其注意义务的可能性。否则,此种无期待可能性的处罚,并不能达到处罚目的,徒然令人感到苛刻不合理而已。

在"税法"上于下列三种情形,通常会被认为有过失[①]:

(1)纳税义务人完全拒绝税捐上的掌握(拒绝办理税籍登记);

(2)纳税义务人对于自己的税法上义务,并未掌握相关信息;

纳税义务人,如果从事营业行为,应当积极查阅相关规定,或向相关专业机构及人员查询,于获得正确及充分之信息后因应之。[②] 例如,税务的门外汉,负有咨询税务专家或专业的税务代理人(律师及会计师)之义务。如未咨询,以致违背税法上义务,可认为有过失。

纳税人在有疑问的情形,应听取税务专家的顾问意见。即税捐义务人在计算其所得,填写税捐申报书或主张税捐优惠时,如对于法令规定不明了或遇有法律上疑义,如关于如何估价、营业费用与私人生活费如何划分等有疑问时,应负有探询的义务。每位税捐义务人必须对于在其生活领域范围内的税捐上义务,加以了解。尤其是经营事业或自由职业活动

---

① Tipke/Lang,Steuerrecht,20. Aufl. ,2010,§23 Rz. 93.

② 中国台湾地区"最高行政法院"2009 年度判字第 728 号判决:纵认上诉人主观上并无违章之故意,然其对其是否为营业人,应否向主管稽征机关申请营业登记,开立统一发票交付买受人,向主管稽征机关申报销售额、应纳或溢付营业税额等,理应存疑,并积极查阅相关规定,或向相关专业机构及人员查询,于获得正确及充分之信息后因应之,其应注意、能注意,而不注意,即难谓无过失责任。

所产生的税法上义务,更有知悉义务,如有疑义时,应请教专家,如律师、会计师、税务代理人、土地代书或主管稽征机关等。

3. 纳税义务人委任第三人履行税法上义务,但疏于监督

税捐义务人利用其他专业人员处理税务事件时,必须"监督"此履行辅助人,至少应偶然进行抽样调查,查明其所选任之人是否依规定执行其所交付的任务。但在例行性的业务,针对某一个别事件特别进行审查的义务,仅于例外情形,始加以承认。①

就此德国学说提出"可理解性控制标准"(Plausibilitätskontrolle),认为纳税义务人,虽然导入税务专家,协助履行纳税义务,但专业税务代理人准备之报税数据,如果纳税义务人并未进行理解其内容以为监督有无重大错误,就闭着眼睛签名送件,应认为客观上有重大过失。②

如果税捐义务人申报所得金额与实际应课税所得金额相距甚远,则应越可期待其发现该项差异,从而发现其申报错误。又如,税捐义务人将其税捐事务交付其受雇人处理,则其虽然偶然加以监督,但必须确信该受雇人明了相关的规定,并本着良心诚实执行其工作。

如果是委托合法的税务代理人办理其税捐事件,而该代理人的可靠性并不值得怀疑时,则已尽其注意义务,而不应要求纳税人(税务的门外汉)对于该税务代理人(税务专家)再加以监督,查核其所代为提出的税捐申报有无瑕疵及错误。③ 但税捐义务人应使其税务代理人正确了解其各项情况,提供完整的证件数据及诚实的提供所必要的信息。如果其所委托的税务代理人已经显示并不可靠或其所制作的决算及税捐申报显然不正确时,则税捐义务人即可能负有义务共同参与审查。

由于专业的税务代理人应该都了解税法规定以及相关法规命令、一般性行政规则(通案性解释令函)所具体化之法规范,因此,如果该项与税捐申报有关之基础事实,属于法院判例或行政实务上重大的税捐上事件经过时,则虽然其所持法律见解认为无须课税,而未纳入申报纳税,但

① Franzen/Gast/Samson, Steuerstragrecht, § 378A0 Rn. 34ff.

② Tipke/Lang, Steuerrecht, 20. Aufl., 2010, § 23 Rz. 93.

③ Kuehn-Kutter-Hofmann, Abgabenordnung/Finanzgerichtsordnung, 15. Aufl., 1987, § 378 Rn. 3a.

如果未在税捐申报书上揭露表明(予以隐匿),以便稽征机关得以查核课税,则该税务代理人在客观上至少有重大过失。①

换言之,纳税义务人对于所选任之代理人应负担有管理监督责任,如果对于代理人的选任监督有过失时,则应认为本人有过失。反之,如果对于代理人的选任监督并无过失时,则不应认定义务人有过失。② 尤其在义务人如果已经选任专业的具有合格证照的专门职业人员例如律师会计师,代理处理事务以履行其义务时,则单纯属于代理人因执行业务之过失所导致违反义务之行为,不应转嫁由义务人承担,应可认为义务人本人无过失。

有关法人从业人员之过失推定为法人之过失(中国台湾地区"行政罚法"第7条第2项)。在"选任"履行辅助人的情形,税捐义务人将账簿凭证或决算及税捐申报的制作,交付受雇人处理,而根据特定的情况证据,应已事先知悉,其无法达成任务或因个性上的理由难以胜任时,即有过失存在。

又税捐义务人利用其他专业人员处理税务事件时,也必须"监督"此履行辅助人,至少应偶然进行抽样调查,查明其所选任之人是否依规定执行其所交付的任务。但在例行性的业务,针对某一个别事件特别进行审查的义务,仅于例外情形,始加以承认。③

中国台湾地区实务上对于受雇人及代理人之故意过失,可否视同本人之故意过失问题。中国台湾地区"最高行政法院"2011年度8月第二次庭长法官联席会议决议:

(1)在中国台湾地区"行政罚法"施行前裁处者

民众参与行政程序,就行政法上义务之履行,类于私法上债务关系之

---

① Tipke/Lang, Steuerrecht, 20. Aufl., 2010, §23 Rz. 94. 在此情形,依据《德国税捐通则》第378条规定的处罚税务代理人,而非无过失之纳税义务人。

② 以往实务上似乎受到中国台湾地区"民法"第244条规定:"债务人之代理人或使用人,关于债之履行有故意或过失时,债务人应与自己之故意或过失负同一责任。但当事人另有订定者,不在此限"的影响,认为代理人的过失视同本人的过失。例如,中国台湾地区"最高行政法院"2000年判字第1677号判决认为:"经查原告承认其所领用之上开统一发票由他人使用之情事,虽主张系代购人之错误造成之事实。但代购人乃原告之代理人或使用人,代理人或使用人之故意过失,应由原告负与自己故意过失之同一责任。"

③ Franzen/Gast/Samson, Steuerstragrecht, §378AO, Rn. 34ff.

履行。民众由其使用人或委任代理人参与行政程序，扩大其活动领域，享受使用人或代理人之利益，亦应负担使用人或代理人之参与行政程序行为所致之不利益。是以“行政罚法”施行前违反行政法上义务之人，如系由其使用人或委任代理人参与行政程序，因使用人或代理人之故意或过失致违反行政法上义务，于“行政罚法”施行前裁处者，应类推适用“民法”第224条本文规定，该违反行政法上义务之人应负同一故意或过失责任。

(2)在“行政罚法”施行后裁处者

唯“行政罚法”施行后(包括“行政罚法”施行前违反行政法上义务行为于施行后始裁处之情形)，同“法”第7条第2项：法人、设有代表人或管理人之非法人团体、行政机关或其他组织违反行政法上义务者，其代表人、管理人、其他有代表权之人或实际行为之职员、受雇人或从业人员之故意、过失，推定为该等组织之故意、过失。法人等组织就其机关(代表人、管理人、其他有代表权之人)之故意、过失，仅负推定故意、过失责任，人民就其使用人或代理人之故意、过失所负之责任，已不应超过推定故意、过失责任，否则有失均衡。

再法人等组织就其内部实际行为之职员、受雇人或从业人员之故意、过失，系负推定故意、过失责任。此等组织实际行为之职员、受雇人或从业人员，为法人等组织参与行政程序，系以法人等组织之使用人或代理人之地位为之。此时，法人等组织就彼等之故意、过失，系负推定故意、过失责任，则除中国台湾地区“行政罚法”第7条第2项情形外，民众以第三人为使用人或委任其为代理人参与行政程序，具有类似性，应类推适用“行政罚法”第7条第2项规定，即民众就该使用人或代理人之故意、过失负推定故意、过失责任。

上述类推适用民事规定之见解，似忽略处罚制裁之事件本质与民事契约双方法律关系重视衡平双方利益之本质不同，其类推适用民事规定，恐违反处罚法上自己责任主义(无责任，即无处罚)。将本人毫无选任监督过失之行为，也要负担处罚责任，无异于将处罚制度作为不当得利返还之性质处理，并非妥适。其实近年来中国台湾地区“最高行政法院”部分判决也已经注意到应以选任监督责任，作为过失责任基础(参见2008年判字第880号判决,2008年判字第121号判决)。

(3)无过失的认定

在税捐秩序罚上,何种情形可认为纳税义务人已经尽其注意义务,而无过失,不应处罚,经常是实务上不易认定的问题。就此,日本及美国立法例援用所谓"正当理由"或"合理的理由"(Reasonable Cause),加以说明无过失的情形,[①]值得我们参考。

①合理的理由

依美国国内收入局(IRS)的见解,下述情形,可认为具有合理的正当理由(reasonable cause),即已尽其注意义务,免依《美国国内收入法典》第6651条规定就其未依限申报税捐或纳税科处过失处罚[②]:

A. 因为火灾或其他灾害,致营业或营业纪录毁灭。

B. 税人或其亲近家属死亡或罹患重病。

C. 纳税人不可避免的缺席(absence)。

D. 纳税人不谙法律,并有其他因素足以支持其主张者,例如纳税人为第一次申报税捐之人。

E. 税捐申报虽准时提出,但误向非该管稽征机关提出申报。

F. 税捐申报虽在期限内准时邮寄,但因邮资不足被退件。

G. 从稽征官员获得错误的讯息。

H. 需要适当的空白表格或申报书,而稽征机关未予准时提供者。

I. 亲自前往稽征机关办公室,请求提供必要的协助或信息,以完成税捐申报,但纳税人并非因可归责于自己的事由,无法获得稽征机关人员的见面协助。

②信赖保护

如果纳税人对于该项目的税务处理方式,乃是以对于有关现行法规、行政函释、国会立法者的意图(表现在委员会报告中)、书面的稽征机关

① 《美国国内收入法典》第6664(c)条规定:"倘若经查明短漏纳税之部分,具有合理的理由,而且纳税人对于该部分是以善意信赖的方式为行为时,则就该部分之短漏纳税,不应科处本节(指第二节有关正确申报及诈欺的处罚)的罚锾。"

② IRM 4562.2, MT 4500 -448 (Feb. 25, 1987). See Michael I. Saltzman, supra note 11, 7B-73.

的释示说明、草拟完成的行政命令等具有“实质的权威”(substantial authority)见解为基础时,则就该部分的税务处理,纵然经稽征机关认定短漏报税捐,应予调整补税,但考虑民众对于法律秩序的信赖保护,应认为具有合理的正当理由,不应科处短漏报税捐的秩序罚。[①]

在此所谓实质的权威,依美国实务见解,乃是指比“较有可能的标准”(more likely than not)(指在诉讼上超过50%的胜算率)不严格,但比“合理基础的标准”(reasonablebasis standard)严格,因此,倘若法院经审查各项事实及法源之后,虽有争议,但完全不太可能胜诉时,则不具备实质的权威之要件。[②]

③税务专家的顾问咨询

另依美国联邦最高法院1985年在“美国诉波义耳亲案”(United States v. Boyle)中,判决见解:“如果一个会计师或律师就某一税法问题,例如是否有纳税责任存在,提供纳税人咨询意见时,则对于纳税人而言,信赖此项咨询意见,乃属合理。大部分的纳税人并无能力辨别会计师或律师在实质的咨询意见中的错误,因此,去要求纳税人挑战律师,以寻求第二个意见,或自行监控有关法律条文的顾问意见,将使原先寻求咨询专家意见的本来目的落空。‘通常营业上的注意及慎重’(Ordinary business care and prudence)并不要求此种做法”。[③] 因此,纳税人合理的善意信赖律师或会计师的咨询意见,即具有合理的正当理由,已尽其通常营业上应尽之义务。纵其嗣后经稽征机关认定违背税法上的义务,也不得科处税捐秩序罚。

④揭示(Disclosure)

税捐义务人倘若在税捐申报书或其附件说明书上,充分完整的揭示说明与课税基础的个别项目有关的事实及或法律问题,甚至以诚信的方式挑战行政函释的合法性,则其见解虽与稽征机关不同,而被调整补税,但因其已对于有关课税事实加以揭露开示,故不构成违背税法上义务的

---

① 参照《美国国内收入法典》第6662(d)条(B)(i)及第6694(a)条规定;Michael I. Saltzman,supra note 11,7B.02[3][c],7B-41,42。

② See Reg. §1.6661-3.

③ United States v. Boyle,469 US 241,246,251(1985).

短漏报行为，自不应科处短漏报税捐的违章罚锾。①

⑤不能避免的法规错误

行为人在遂行其行为时，对于从事某种不法的行为欠缺认识，尤其因为不知法规的存在或其适用可能性时，则在其并不能避免此项错误的情形，其行为即无可归责的情形，而不应处罚（《德国违反秩序罚法》第 11 条第 2 项）。中国台湾地区"行政罚法"第 8 条亦规定："不得因不知法规而免除行政处罚责任。但按其情节，得减轻或免除其处罚。"此依规定在"税法"上如遇到"税法"规定解释不清而处于混乱状态时，则民众因而误蹈法网，情有可原，得减轻或免除其处罚。

例如，行为人原则上可信赖法院的裁判，尤其较高级法院的裁判，其信赖法院裁判所为行为，纵然构成违章行为，仍属不可避免的错误。再如，行为人可以信赖法律规定一般所涵盖的文字意义，因其限缩解释适用只有法律专家才有认识可能性，故行为人依法规的一般文义所为行为，虽有法规错误情事，亦属不可避免。又如，在一个法律规定有不同的解释可能性，而欠缺法院的裁判，其法律状态并不清楚明白，而当事人的行为是以其中一种可能的解释为基础时，即有不可避免的法规错误存在而不可归责。

此外，在法律见解分歧的情形，于法律状态明确的澄清之前，并无法期待行为人对于（可能的）被禁止的行为不作为或采取所被要求的行为，因此行为人的行为也是无可非难。

此种法规错误必须可以经由一个合理要求的可期待的行为，加以避免。倘若行为人即使经由询问或请教专家，仍不能排除此项错误时，则其错误即属不可避免。于此情形下，其行为应认为不可归责，不应处罚，②或者至少也得减免处罚。

---

① Michael I. Saltzman, supra note 11, 7B.02[3][d], 7B-43, 7B.03[2], 7B-55；《美国国内收入法典》第 6662(d)条第 2 项(B)(ii)规定任何项目如果影响该项目的税务处理的相关事实，已经充分的揭露开示于税捐申报书或其所附具于税捐申报的说明书中，而且纳税人对于该项目的税务处理，具有合理的基础，则该部分所生短漏报金额应自短漏报金额中扣除。即就已经揭示说明的部分，不构成短漏报税捐的违章行为。

② Erich Goehler, Ordnungswidrigkeitengesetz, 9. Aufl., 1990, §11Rn. 27ff.

例如,纳税人执行一般废弃物之回收工作,而向业者收费之行为,是否应课征营业税,在主管机关未有明确解释之前,法律上容有争议,因此,主观上认为不属于课税范围,而未开立发票报缴营业税,难谓有何过失(中国台湾地区“最高行政法院”2001 年判字第 447 号判决)。又如,纳税人产制之货物是否应课征货物税,在法律上有争议,各机关意见分歧,在主管机关统一解释之前,纳税人未办理货物税厂商登记及产品登记,报缴货物税,即自行产销系争货物,并无故意或过失可言(2003 年判字第 1276 号判决)。再如,共有物分割是否应课征奢侈税,因法律疑义不明,经询问稽征机关人员答复免征,乃未申报税捐,即无故意或过失可言。[①]

五、税捐秩序罚的处罚对象主体

(一)共犯

1. 故意共同实施违反秩序行为之处罚

税法上逃漏税捐行为,原以纳税义务人为处罚对象,至于纳税义务人以外的第三人,不具有纳税义务人的身份,原不在逃漏税罚锾的规范范围。然而如其故意参与逃漏税行为,依中国台湾地区“行政罚法”第 14 条第 2 项规定,仍处罚之。因此,如果律师、会计师、记账士(代客记账业者)或地政士(土地代书)提供逃漏税的咨询,并代理申报税捐而有故意短漏报税捐的行为时,虽然是为他人的利益报税,本身不具有纳税义务人的身份,仍然与逃漏税的纳税义务人,构成故意共同实施逃漏税行为,仍应按逃漏税的罚则处罚。

如果是过失的行为分担,原则上即不适用本条共犯规定。例如,律师因过失提供错误的法律咨询意见,或会计师因误解法令而提供错误的节税规划意见,因而导致当事人实现逃漏税罚锾的构成要件,即不属于故意的行为分担,并非“故意共同实施”。[②]

---

① 台中地方法院 2013 年度简字第 68 号行政诉讼判决。

② Erich Göhler, Gesetz über Ordnungswidrigkeiten, 9. Aufl., 1990, § 14 Rn. 3.

在过失的行为分担的情形，于行为人欠缺认识与意欲的情形下，与其他人共同实施行为，而违法的实现罚锾的构成要件，因此可谓是附随的行为人，在法律有特别规定以此类附随的行为人作为罚锾的规范对象，而且处罚过失的行为时，才加以处罚。①

中国台湾地区“行政罚法”第 14 条故意“共同实施”，系指义务主体与该义务主体以外之第三人共同违反行政法上之义务，并不包括义务主体与该义务主体内部之成员共同违反行政法上义务之情形。故如仅系基于受处罚主体私法人之内部关系者（如私法人之机关或职员），并不在本条所规定之范围内。

例如，公司会计制作虚伪不实的账簿凭证，而参与公司漏报税捐进行逃漏税行为，该会计并不具有纳税义务人身份，原本可能该当于中国台湾地区“行政罚法”第 14 条第 2 项应以共犯论处的文字意义范围，但本条制定理由说明加以排除，以免处罚过广。故将来在解释适用上述条项时，应参照制定理由说明加以目的性限缩。

2. 共犯处罚额度的可分性原则

中国台湾地区“行政罚法”第 14 条第 3 项规定：“因身份或其他特定关系致处罚有重轻或免除时，其无此身份或特定关系者，仍处以通常之处罚。”在此可谓采取“共犯处罚的可分性”原则，各自按照自己违规情节轻重，负担行政秩序罚的责任。

例如，部分共犯是初犯，其他共犯是连续犯，则在罚锾额度上，因初犯的关系，得减轻处罚；其余连续犯，则应加重处罚。又如，数人共同逃漏税捐，其中一人事后良心发现，在被稽征机关发觉之前，自动报缴税款，可依据中国台湾地区“税捐稽征法”第 48 条之 1 规定免罚；其余未自动报缴者，仍处以通常之处罚。

3. 帮助及教唆犯不罚

中国台湾地区“行政罚法”第 14 条对于帮助及教唆犯，并不纳入处

---

① Erich Göhler，aaO.，§14 Rn. 4.

罚范围。①

例如，在着手实施违反行政法上义务行为之前，于“准备阶段”加以协助，虽然与他人事后实施违反行政法上义务行为，具有原因关系，但因本“法”并不处罚造意或帮助的行为，因此应不在处罚范围。例如，虚设行号贩卖发票予营利事业，买受人事后持以逃漏税捐，虽系事前帮助他人逃漏税，但并未参与该他人实施逃漏税捐（短漏报税捐）的行为，故不成立税捐秩序罚的共犯。

同理，在违反秩序“行为终了”之后，才给予违章行为人事后的支持帮助，因已经不属于共同实施违反秩序行为，因此，毋庸依共犯加以处罚。

（二）负责人并同处罚问题——私法人等之代表人之处罚

1. 概说

中国台湾地区“行政罚法”第 15 条规定：私法人之董事或其他有代表权之人，因执行其职务或为私法人之利益为行为，致使私法人违反行政法上义务应受处罚者，该行为人如有故意或重大过失时，除“法律”或“自治条例”另有规定外，应并受同一规定罚锾之处罚。私法人之职员、受雇人或从业人员，因执行其职务或为私法人之利益为行为，致使私法人违反行政法上义务应受处罚者，私法人之董事或其他有代表权之人，如对该行政法上义务之违反，因故意或重大过失，未尽其防止义务时，除“法律”或“自治条例”另有规定外，应并受同一规定罚锾之处罚。依前两项并受同一规定处罚之罚锾，不得逾新台币 100 万元。但其所得之利益逾新台币 100 万元者，得于其所得利益之范围内裁处之。

本条对于法人负责人并罚的目的，乃是为贯彻行政秩序之维护，健全私法人运作，并避免利用私法人违法以谋个人利益，对于违反行政法上义务之私法人本已加以处罚，以期能达到行政目的。

---

① 以往实务上极少见到对于教唆帮助犯加以科处秩序罚的例子，唯亦有采肯定说者。例如中国台湾地区高雄“高等行政法院”2001 年 9 月 18 日 2001 年诉字第 743 号判决：“按数人参与实施行政不法之行为者，并不区分其共犯之身份，即不问其为共同实施、利用他人实施、教唆或帮助等，均直接依其参与行为之作用与可非难性之程度，各别处罚之，与刑法之共同正犯等概念，尚属有别。”（同说，中国台湾地区“最高行政法院”2002 年 12 月 19 日 2002 年判字第 2310 号判决。）

在税捐义务人为私法人、非法人团体或合伙的营利事业组织的情形，如果其代表权人对于私法人等违反税法上义务的行为，因自己执行职务有故意或重大过失时，或因疏于监督而有故意或重大过失时，则应并罚该代表权人。至于负责人如仅有未尽善良管理人注意义务的轻微过失时，仍不应处罚。故在法人第一次违反税法上义务的情形，应可先行处罚法人，并通知其负责人要求注意改善违规情形，倘若事后仍有相同违规行为时，应可认定负责人有故意或重大过失，而可并罚负责人。

2. 适用对象

(1)私法人之董事或其他有代表权之人

①董事或其他有代表权之人

所谓法人董事，应系指依法登记之董事而言。至于仅系法人之职员等法人之辅助机关，例如公司之总经理或经理，依中国台湾地区“公司法”第 8 条规定，虽在执行职务范围内，亦为公司负责人，但并非法人之代表权人。[①]

其中所称有代表权之人，系指中国台湾地区“民法”第 188 条以外具有法人代表权之职员而言，如公司清算人、重整人等。[②] 监察人在执行职务代表公司的范围内，也属于有代表权之人。在此代表权人并非以某一个别机关成员得单独代表法人为法律行为作为判断标准。

至于法人董事如果仅系挂名登记，实际公司负责人另有其人时，可否认为实际负责人属于“其他有代表权之人”，因此也应作为本条处罚范围，不无疑问。本书认为，法人的实际负责人，对于法人之职员、受雇人或从业人员，实际上既然有指挥监督之责，则如对于从业人员违反行政法上义务，疏于监督，未尽其防止之义务时，乃为指挥监督之疏失，似应就其疏失担负责任而与违反行政法上义务之私法人并受同一规定罚锾之处罚。[③]

在负责人有数人的情形，应由哪一个负责人负责的判断标准，应以法

① 黄阳寿:《民法总则》,第 119 页。

② 参照中国台湾地区“民法”第 28 条制定理由说明。

③ Karl Breneer, Ordnungswidrigkeitenrecht, 1996, S. 137.

人内部的“业务分配”(权责划分)为准。由于个人的可归责性原则,也适用于行政秩序罚责任上,因此,不得以全体董事均应共同负担经营责任为理由,对于全体董事作出罚锾处分。而毋宁说必须以事实上的原因说明某一个应负责的董事,对之作出罚锾处分加以制裁。①

②监督义务

中国台湾地区“行政罚法”第 15 条第 2 项课予法人负责人一项行政法上的监督义务。并规定负责人未履行其监督义务致法人违反行政法上义务而应被处罚时,应与其法人同样负担罚锾责任。此种监督义务的目的,在于确保法人从业人员遵守行政法规所课予法人的行政法上义务,包括遵守强制及禁止规定。上述监督员工守法义务,原本应存在于法人与其从业人员之间,即本来是法人的义务。而通过中国台湾地区“行政罚法”第 15 条第 2 项规定,扩张监督义务的范围及于法人的负责人。②

③负责人的罚锾责任

在法人负责人应被处罚的情形,其罚锾额度应依负责人的经济状况决定之;而非以法人的财产状况为准。而且纵然负责人的行为对于法人带来不当利益,也不应加以考虑。此种法人的不当利益,应于处罚法人时,为剥夺其不法利益,而在处罚额度上应加以考虑的因素。倘若由于负责人的行为,必须同时处罚法人罚锾时,则在对于负责人进行处罚时,应考虑法人也被处罚的事实,以避免双重的制裁。③

如果法人负责人因为重大过失而疏于防范采取监督措施而应被处罚时,因其并非故意行为,则相对于适用于故意违规的最高罚锾,应可减轻罚锾金额。

如果因为职员过失行为而构成违反秩序行为,而负责人因为重大过

---

① Michael Lemke, Heidelberger Kommentar zum Ordnungswidrigkeitengesetz, 1999, §9 Rn. 17.

② 《德国违反秩序罚法》第 9 条联结第 130 条规定,“营业或企业”负责人也应就监督义务的违反,负担罚锾责任。但营业或企业以外其他法人的负责人,则不必就监督义务的违反,负担罚锾责任。此与中国台湾地区“行政罚法”规定私法人的负责人均应就监督义务的违反,负担罚锾责任。尚有不同。

③ Michael Lemke, Heidelberger Kommentar zum Ordnungswidrigkeitengesetz, 1999, §9 Rn. 37.

失违反监督义务时，则因原先违反秩序行为并非基于故意，应可按照故意行为的法定最高罚锾减半处罚（参照《德国违反秩序罚法》第 17 条第 2 项），而负责人违反监督义务也出于重大过失，应可再减半处罚，即于此情形，对于负责人的处罚，似可按照故意行为的法定最高罚锾两次减半处罚。[①]

为考虑法人负责人的资力有限，原则上并非直接因为违规行为而获得不法利益之人，因此规定："法人负责人被处罚之罚锾，不得逾新台币 100 万元。但其所得之利益逾新台币 100 万元者，得于其所得利益之范围内裁处之。"

（2）非法人团体或法人以外之其他私法组织之代表人之处罚

中国台湾地区"行政罚法"第 16 条规定："前条之规定，于设有代表人或管理人之非法人团体，或法人以外之其他私法组织，违反行政法上义务者，准用之。"

①非法人团体

依据中国台湾地区"人民团体法"经申请许可设立所成立之人民团体，虽尚未向该管法院办理法人登记取得法人资格，而属于非法人团体。唯依据个别行政法规之规定，亦得成为税法上之权利义务主体，如有发生违反行政法上义务之行为时，其具有对外代表权之理事长，倘若因故意或重大过失，违背法令执行职务或疏于对于所属职员监督，致使该非法人团体违背行政法上义务而有应受行政处罚的行为时，也应一并接受同一规定的罚锾。

至于未申请主管机关许可设立所成立之人民团体，有认为不论其不申请许可或申请被驳回的原因，既然在现行规定上不被认为合"法"，似不宜承认其处罚能力，遇有违反义务之情形发生，处罚实际行为人及（或）有内部监督义务之负责人即可。[②] 本书认为，依据个别行政法规之规定，上述未许可立案之人民团体，亦可能成为税法上之权利义务主体，

① Rosenkotter，Das Recht der Ordnungswiderigkeiten，S. 69.

② 许宗力：《行政秩序罚的处罚对象》，载廖义男主持：《行政不法行为制裁规定之研究》，第 49 页。

从而如有发生违反行政法上义务之行为而应受行政处罚时,也应承认其受处罚能力。而其具有对外代表权之人,亦应有本条之适用。

值得注意的是,非法人团体,如公益团体,常以实现公益为目的,其代表权人如有为该团体之利益而为违反税法上义务行为时,由于违规的不法利益通常归属于该非法人团体享有,其代表人一般并未获得不法利益或者受益极少,然而,依据中国台湾地区“行政罚法”第 16 条准用第 15 条的结果,其代表人应与该非法人团体一并接受同一规定的罚锾,其罚责似过于严苛。

②法人以外之其他私法组织

法人以外之其他私法组织,例如合伙营利事业,依据个别行政法规之规定,亦得成为行政法上之权利义务主体(例如,中国台湾地区“加值型及非加值型营业税法”第 6 条第 1 款规定合伙营利事业得为营业税之纳税义务人),如有发生违反行政法上义务之行为时,其具有对外代表权之执行业务股东对外执行职务,倘若因故意或重大过失,违背法令执行职务或疏于对于所属职员监督,致使该营利事业违背行政法上义务而有应受行政处罚的行为时,也应一并接受同一规定的罚锾。

至于独资营利事业,虽然依据个别行政法规之规定,亦得成为税法上之权利义务主体(例如,中国台湾地区“加值型及非加值型营业税法”第 6 条第 1 款规定独资营利事业得为营业税之纳税义务人),如有发生违反行政法上义务之行为而应受处罚时,倘若除了处罚独资营利事业之外,又对于其具有对外代表权之独资资本主加以处罚时,则因为独资营利事业在民法上并无权利能力,独资资本主与其营利事业实际上为同一主体,因此,将发生一行为重复处罚的情形,有违一事不两罚原则,故应为法所不许。

六、处罚

(一)处罚要件事实的认定

税捐秩序罚要件事实是否具备,应由稽征机关本于职权调查事实证据,在具备“严格的证明”(不是盖然性的推定)情形,才可认定有违规事实。于事实有疑问的情形，应为有利于纳税人之推定，而不能以推计课税的方法，推定违规事实存在。

依释字第337号解释，营业人有进货事实，而取得不实发票者，不应概依漏税处罚，该解释指出中国台湾地区"营业税法"第51条第5款规定，纳税义务人虚报进项税额之处罚，依此规定意旨，自应以纳税义务人有虚报进项税额，并因而逃漏税款者，始得据以追缴税款及处罚。①

有关逃漏税之处罚，应有发生逃漏税之结果为要件。如未发生逃漏税结果，即不得科处漏税罚。② 释字第337号、第339号解释均已经指出确认在案。在税务违章案件之处罚程序上，应由稽征机关举证证明违规漏税行为事实，而不应要求纳税人自己证明清白。倘若纳税人可以提出证据证明自己清白，并无逃漏税行为，或其逃漏税金额仅为极少时则自应允许纳税人证明自己无辜或其无辜之程度范围。此为现代法治处罚法上人权保障之基本法理。因此，《德国违反秩序罚法》第46条第1项规定罚锾程序，除本法另有规定者外，准用刑事诉讼法规定。

在纳税人原先违反协力义务，遭稽征机关为不利之处分后，嗣后于处罚程序上可否提出证据主张核实课税，以证明所逃漏税额不多，而应减少按照所漏税额计算之罚锾？

就此问题，释字第660号解释采取否定说，认为：中国台湾地区"营业税法"第51条第3款规定，纳税义务人短报或漏报销售额者，除追缴税款外，按所漏税额处1倍至10倍罚锾，并得停止其营业，此漏税额之认定方

---

① 为符合释字第337号解释，中国台湾地区财政事务主管部门作成1994年7月9日台财税第831601371号函释：对于营业人取得实际交易对象所开立之统一发票作为进项凭证申报扣抵销项之案件，应视情节，分别依下列原则处理：取得虚设行号发票申报扣抵之案件……有进货事实者：该营业人能证明确有支付进项税额予实际销货之营业人，并经稽征机关查明该税额已依法报缴者，应中国台湾地区"依营业税法"第19条第1项第1款规定，就其取得不得扣抵凭证扣抵销项税额部分，追补税款，不再处漏税罚。取得虚设行号以外其他实际交易对象开立之凭证申报扣抵案件：有进货事实者……至进货人取得销货人以外之营业人所开立之票申报扣抵，如查明开立发营业人已依规定报缴纳该应纳之营业税额者，则尚无逃漏，除依前项规定处以行为罚外，依中国台湾地区"营业税法"第19条第1项第1款规定，应就其取得不得扣抵凭证扣抵销项税额部分，追补税款。

② 洪家殷、江彦佐：《漏税处罚诉讼案件举证责任之研究》，载《月旦财经法杂志》第11期，2007年12月，第12页。

式,依中国台湾地区“营业税法施行细则”第 52 条第 2 项第 1 款规定,亦以经主管稽征机关依“查得之资料”,核定应补征之应纳税额为漏税额,尚不许营业人于查获后始提出合规进项税额凭证,而主张扣抵销项税额。[①]

按有关营业税所漏税额之计算,应回归中国台湾地区“加值型及非加值型营业税法”第 15 条规定,纳税义务人之当期进项税额未于当期申报者,仍应准予在稽征机关在进行调查时嗣后补报,以便“正确”计算“客观”的所漏税额。上述实务见解不准纳税人嗣后补报扣抵进项税额之做法,不仅增加法律所无之限制(纳税人因违反协力义务而发生失权效果,此一失权效果并非法律所明定),违反课税要件法定主义,且将虚增纳税人之当期“客观应纳税额”,而实质上变成仅以当期“销项税额”作为所漏税额,进行处罚计算基础,不符“加值型”营业税之制度精神,有违实质课税原则与量能课税原则,至为明显。[②]

且该见解无异在处罚程序上不准允许纳税人证明自己无辜(并无所漏税额或所漏税额极少),其违反现代法治处罚法上人权保障之理念,[③]似甚为明显。

故现行中国台湾地区“营业税法施行细则”第 52 条第 2 项第 1 款有关漏税额的计算,只就核定之销售额,依规定税率计算之税额为漏税额,似与上开释字第 337 号解释意旨不符。应予修正,准予减除推计之进项税额,以贯彻营业税作为“多阶段加值型”消费税的意旨。

换言之,对于无法取得保存进货发票凭证的税捐义务人,似应准许参考所得税相关规定中成本费用之推计方式,准予推计其进项税项,据以扣抵销项税额,俾正当合理的计算出其应有税负,而非单纯以销项税额作为

---

① 同说,中国台湾地区“最高行政法院”2007 年判字第 1403 号判例:中国台湾地区营业税原则上采加值型课征方式,系就销项税额与进项税额之差额课征之,依加中国台湾地区“值型及非加值型营业税法”第 35 条第 1 项及“营业税法施行细则”第 29 条规定进项税额之扣抵采申报制,故计算第 51 条第 3 款漏税额时所得扣减者,限于稽征机关查获时已申报之进项税额。

② 陈清秀:《加值型营业税之“所漏税额”之计算》,载《东吴法律学报》第 21 卷第 4 期,2010 年 4 月,第 275 页以下。

③ 《公民与政治权利国际公约》第 14 条第 2 项规定:“受刑事控告之人,未经依法确定有罪以前,应假定其无罪。”在行政制裁处罚法上,也应有其类推适用。

应纳税额及所漏税额，虚所漏税额，致生加重漏税罚金额之不合理结果。①

值得注意的是，实务上认为有意规避租税构成要件之行为，应评价为逃漏应纳税捐情事。例如，中国台湾地区"最高行政法院"2005 年度判字第 646 号判决认为：中国台湾地区"公司法"第 168 条第 1 项规定，公司办理减资乃纯为股份之销除，并不具备交易之性质，非股票之转让。易言之，公司减资乃系注销股票，使股份所表彰之股东权绝对消灭，此与股票转让第三人时，股票仍属存续之态样显然不同。从而，本件被上诉人以亿记公司以现金收回资本公积转配发增资股票之作为，与将出售土地增益之盈余分配予各股东之行为实无二致，而认上诉人所为，并非股票转让性质，应可采据。亿记公司假减资之名，行分派现金股利之实，此种有意规避租税构成要件之行为，自应评价为逃漏应纳税捐情事。此种税捐规避与税捐逃漏行为混同，在法理上仍有值得商榷之处。

(二)处罚最高金额之限制

基于比例原则，有关违反税捐秩序罚锾之金额，应有最高金额之限制，以免过于严苛，而违反个别案件正义。例如，中国台湾地区"税捐稽征法"第 44 条第 1 项规定，对于违反应给予或取得凭证之协力义务，应按照经查明认定之总额，处 5% 罚锾。该条于 2010 年 1 月 6 日修正公布增订第 2 项规定："前项之处罚金额最高不得超过新台币 100 万元。"已设有最高额之限制。

对于早年中国台湾地区"税捐稽征法"第 44 条规定违反取得或给予凭证义务，一律科处 5% 罚锾，并无最高额限制之做法，释字第 685 号解释理由书即认为：处以罚锾之内容，于符合责罚相当之前提下，制定者得视违反行政法上义务者应受责难之程度，以及维护公共利益之重要性与急迫性等，而有其形成之空间(本院释字第 641 号解释参照)。系争规定以经查明认定未给与凭证或未取得凭证之总额之固定比例为罚锾计算方

① 陈清秀召集：《中小企业租税法规调适建议书》，中国台湾地区经济事务主管部门"中小企业处"1997 年度"中小企业法规"调适作业工作项目计划，1996 年 6 月，第 154 页、第 156 页。

式,固已考虑违反协力义务之情节而异其处罚程度,唯如此划一之处罚方式,于特殊个案情形,难免无法兼顾其实质正义,尤其罚锾金额有无限扩大之虞,可能造成个案显然过苛之处罚,致有严重侵害民众财产权之不当后果。系争规定之处罚金额未设合理最高额之限制,而造成个案显然过苛之处罚部分,逾越处罚之必要程度而违反比例原则,与保障人民财产权之意旨有违,应不予适用。

又营利事业取得非实际交易对象所开立之凭证,如经查明确有进货事实及该项凭证确由实际销货之营利事业所交付,且实际销货之营利事业已依规定处罚者,其可归责性较轻,故免予处罚;其涉及刑事责任者,并得免除其刑(中国台湾地区"税捐稽征法"第44条第1项但书)。

(三)在处罚程序终结前,提出凭证者,免予处罚

2008年5月9日释字第642号解释理由书指出:中国台湾地区"税捐稽征法"第44条有关"应保存凭证"之规定,乃在以罚锾之方式督促民众遵守"税捐稽征法"第11条所规定之义务。依保障民众财产权及比例原则之意旨,如营利事业确已给与或取得凭证且账簿记载明确,而于行政机关所进行之裁处或救济程序终结前,提出原始凭证或取得与原应保存凭证相当之证明者,即已符合上开制定目的,而未违背保存凭证之义务,自不在该条规定处罚之列。

为贯彻上述解释意旨,制定者于2014年6月4日修正增订中国台湾地区"税捐稽征法"第48条之1第2项:"营利事业应保存凭证而未保存,如已给与或取得凭证且账簿记载明确,不涉及逃漏税捐,于税捐稽征机关裁处或行政救济程序终结前,提出原始凭证或取得与原应保存凭证相当之证明者,免依第44条规定处罚;其涉及刑事责任者,并得免除其刑。"

(四)扣缴义务之违章行为类型轻重有别,应区分处罚标准

释字第713号解释理由书指出:扣缴义务人之扣缴义务,包括扣缴税款义务及申报扣缴凭单义务,二者之违反对税收及租税公益之维护所造成之损害,程度上显有差异,如扣缴义务人已经在限期内补缴税款,仅不按实补报扣缴凭单,其违规行为相较于未于规定期限内补缴税款之行为,

违规情节较为轻微，如未区别二者之具体违章状况处理，即不符比例原则，与保障民众财产权之意旨有违。

(五)处罚金额倍数之裁量决定

现行“税法”对于税捐义务人违反相关义务的行为，规定应科处一定范围以内的罚锾，至于如何科处，其裁罚金额或倍数标准，则大多授权稽征机关以裁量决定之。按“税法”赋与稽征机关对于税务违章行为的罚锾金额及倍数的选择的行政裁量权，意指制定者赋予行政机关在遂行处罚目的时，享有依特定的方针，自己在斟酌一切与该案件有关的重要情况，并衡量所有的正反观点之后，决定其行为的自由。然而行政裁量并不是可以任意自由的选择行为方式，而是由制定者授权行政机关根据裁量的理念，自己衡量所有的情况，并以衡量的结果作为决定基础，而就个别的案件，寻找(唯一)正确的解决方案。[①] 换言之，“税法”赋与稽征机关就处罚金额及倍数的行政裁量权，旨在实现个别案件的正义，稽征机关可以一方面斟酌“法律”的目标计划，另一方面考虑具体的情况下，针对该个别案件寻求一个合乎目的的、适当的、合理的解决。[②] 在裁罚过程中并应注意比例原则。

中国台湾地区司法机构“大法官”释字第339号解释即认为对于税捐违章行为，不问有无漏税情事，概科处漏税罚锾时，显已逾越处罚必要程度，不符保障民众权利之意旨。又释字第337号解释理由书中亦肯认税捐秩序罚法规的适用，可取向于比例原则。

释字第503号解释认为税务违章案件之处罚应符比例原则，一行为不应重复处罚。而释字第641号解释更进一步认为行政处罚应符合个案实质正义要求之妥当性原则，即采取划一之处罚方式，于个案之处罚显然过苛时，法律未设适当之调整机制，对民众受保障之财产权所为限制，显不符妥当性，而与比例原则尚有未符。

系争规定修正前，依该规定裁罚及审判而有造成个案显然过苛处罚

① Mayer/kopp，AllgemeinesVerwaltungsrecht，5. Aufl.，1985，S. 154.

② Hartmut Maurer，AlgemeinesVerwaltunsrecht，9. Aufl.，1994，S. 116.

之虞者,应依中国台湾地区“烟酒税法”第 21 条规定之目的与个案实质正义之要求,斟酌出售价格、贩卖数量、实际获利情形、影响交易秩序之程度,及个案其他相关情状等,依本解释意旨另为符合比例原则之适当处置。

为提供稽征机关统一适用法律处罚,俾有一客观标准可资参考,中国台湾地区财政事务主管部门订定有“税务违章案件裁罚金额或倍数参考表”,以供稽征机关裁罚之准则。

另为避免侵犯稽征机关在个别案件的行政裁量权,该参考表使用须知第 4 点规定:“本表订定之裁罚金额或倍数未达‘税法’规定之最高限或最低限,而违章情节重大或较轻者,仍得加重或减轻其罚,至‘税法’规定之最高限或最低限为止,唯应于审查报告叙明其加重或减轻之理由。”在此可考虑减轻处罚者,例如违章情节轻微,轻微过失,[①]所漏税额不大,违章行为所得不法利益不多,整体税收损失之公共利益不大(例如,整体交易而言并无短漏税款)等因素(中国台湾地区“行政罚法”第 18 条)。

例如,台北市 1996“府”诉字第 85084590 号诉愿决定:原处分机关对工商业团体从事营业行为,未依规定办理营业登记及申报缴纳营业税之情形,向未积极取缔,系依检举查获本案后,始进行辅导各团体。是以诉愿人虽有违章事实,唯行政机关之行政亦有欠当,则原处分机关处诉愿人三倍罚锾,自有未合。……爰本件改按所漏税额处一倍罚锾。

(六)一行为不二罚

中国台湾地区“行政罚法”第 24 条第 1 项规定:“一行为违反数个行

---

① 按故意与过失之主观恶性程度,乃是与处罚目的有关的重要衡量因素,即为作成具体妥当性决定所应考虑的因素,倘若完全不予考虑,不问故意或过失,均适用相同最高处罚标准时,势必无法达成法律所追求实现个别案件正义的目标,而有违中国台湾地区“行政罚法”第 18 条第 1 项规定。其裁罚决定漏未考虑与案件有关主观上可归责程度事由,应已构成裁量怠惰,而有裁量的违法瑕疵(中国台湾地区“最高行政法院”2013 年度 3 月第二次庭长法官联席会议决议)。因此,在“税务违章案件裁罚金额或倍数参考表”中似可增列一条规定:“税务违章案件行为人出于过失者,按本参考表所列罚锾倍数或金额之一半处罚之。但其处罚,不得低于‘税法’规定之最低限罚锾。前项情形,其罚锾未超过行为人因违章行为所获得经济上利益者,得提高罚锾至相当于其所获得之经济上利益之金额。第一项之过失,以纳税义务人处理税捐事务违反与处理自己事务为同一之注意义务为准。”

政法上义务规定而应处罚锾者,依法定罚锾额最高之规定裁处。但裁处之额度,不得低于各该规定之罚锾最低额。”因此,如果一行为同时触犯税法的处罚规定与其他法律处罚规定时,则除有特别法应优先适用(法规竞合)之情形外,原则上即应依法定罚锾额最高之规定裁处。

税法上违章行为之一行为之判断,德国通说及联邦最高法院裁判见解,概认为:“如果行为人逃漏数个不同的税捐,则在通常情形下,呈现数个行为。仅在下述例外情形,构成单一行为,即其逃漏多个税捐系基于同一个税捐申报,或基于数个内容相同的税捐申报且同时提出书面所发生者。[①] 例如,某纳税义务人合并提出2007年之所得税申报以及2007年事业税申报,在此两个申报书内其违反义务隐藏某一分公司之盈余。其逃漏所得税及事业税之行为构成想象竞合犯之关系。”[②]

即有关逃漏税行为之同一行为之判断标准,在于:“在外部的事件经过上,一起共同提出数个税捐申报,同时送达该稽征机关,而且在各该申报书上,包含有相同的对于课税基础之不正确记载。”[③]故如果对于数个不同的税目,提出数个不正确的申报,则原则上构成数个行为。但如其经由同一个身体上行为所提出,且各自包含有相同的不正确的记载时,不在此限。

德国联邦最高法院早年多个裁判,也有认为如果行为人逃漏数个税目之税捐,系按照其整体计划,而在不同时间提出数个不同的税捐申报,并包含有相同的对于课税基础之不正确记载时,也应认为属于单一行为,而非数个逃漏税行为。[④]

又在不作为的情形,原则上针对不同种类之税目、各个课税期间以及各个纳税义务人,分别构成法律上独立的行为。

在纳税义务人申报进口货物逃漏进口税、货物税及营业税之情形,应如何处罚,不无争议。中国台湾地区“最高行政法院”2011年度5月第二次庭长法官联席会议决议:进口税、货物税及营业税均采申报制,且货物

---

① 德国联邦最高法院裁判,BGHSt 33,163 ff. =wistra 1985,189 f。

② Seer,in:Tipke/Lang,Steuerrecht,19 Aufl.,2008,§23 Tz.68.

③ Gast-de Haan,in:Fraz Klein,AO,8 Aufl.,2003,§370 Rn.124.

④ BGH wistra 1984,187;1982,226;BGHSt 6,81.

进口时,应征之货物税及营业税,由海关代征。虽为稽征之便,由进口人填具一份进口报单,再由海关一并依规定课征进口税、货物税及营业税。但进口人填具进口报单时,需分别填载进口税、货物税及营业税相关事项,向海关递交,始完成进口税、货物税及营业税之申报,故实质上为三个申报行为,而非一行为。如未据实申报,致逃漏进口税、货物税及营业税,合于中国台湾地区"海关缉私条例"第37条第1项第4款、"货物税条例"第32条第10款暨"营业税法"第51条第7款规定者,应并合处罚,不生一行为不二罚之问题。本院1995年7月第二次庭长评事联席会议决议不再援用。

本书认为,由于纳税义务人仅有一个申报进口货物之行为,而逃漏三项税捐,在自然的行为意义下,应评价为一个行为,属于"想象竞合犯",因此虽然三者处罚之目的(一为进口税,二为货物税,三为营业税)违规构成要件及处罚要件均非相同,但既然为一行为而同时触犯数个规定,则应适用中国台湾地区"行政罚法"第24条规定一行为不二罚原则,即应择一从重处罚。[①] 可惜中国台湾地区"最高行政法院"2011年度5月第二次庭长法官联席会议决议似又舍弃自然意义的一行为说,改采法律上违反义务行为数说之立场。

在此一行为不二罚之配套措施,必须各"税法"处罚额度整体配合考虑,原先各"税法"分别按照所漏税额倍数计算之做法恐需配合调整。上述进口短漏报涉及逃漏税,即为一例。

(七)行为罚与漏税罚应否并罚

在税捐义务人先行实施预备逃漏税的先行阶段违章行为(如漏开发票),并进而实施逃漏税捐行为(如逃漏营业税)时,其前后阶段行为分别满足税捐行为罚(如中国台湾地区"税捐稽征法"第44条)与漏税罚(如中国台湾地区"营业税法"第51条)的处罚要件,此时应否并罚,或仅须

---

① 同说,中国台湾地区"最高行政法院"2010年度判字第1251号判决。有关此问题,参见陈清秀:《虚报进口货物价值,应适用一行为不二罚原则》,载《台湾法学杂志》第173期,2011年4月1日,第175~181页。

从重科处漏税罚，即为已足，不无疑义。

就此问题，外国立法例，如《德国税捐通则》第 379 条以下规定，系采吸收主义，税捐之危害行为之处罚（行为罚），只有在未依第378 条规定科处漏税罚的前提下，始得科处行为罚。1958 年《奥地利财政罚法》第 31 条规定也采吸收主义，对于违反税法上义务行为的处罚，亦从一重处断。

中国台湾地区则未明文规定，以往实务上概采并罚主义。“行政法院”对此问题，见解似未一致，或援引释字第 356 号解释：“……对营业人违反作为义务所为之制裁，其性质为行为罚，此与逃漏税捐之漏税罚，乃属两事”，认为行为罚与漏税罚并非对于同一违章行为之处罚，原则上不能择一从重处罚。仅在例外情形，于同一行为有法条竞合的情形，例如中国台湾地区“营业税法”第 45 条规定营业人未依规定申请营业登记之处罚，第 51 条第 1 款规定未依规定申请营业登记而营业之处罚，始择一从重处罚。①

本书认为基于下述观点，宜采吸收主义，择一从重处罚为妥：

1. 按违反税法上协力义务的行为，例如，未办理税籍登记（如未办理营利事业登记）而营业，未依法设账登载，未使用统一发票或短漏开统一发票的行为，性质上应系属于逃漏税行为的先前阶段的预备行为，其与逃漏税行为彼此间的关系，乃是违反税捐秩序的危害行为（危险行为）与实害行为。

而危害行为（Das Gefahrdungsdelik）与实害行为只要是侵害同一法益，而且其危害并未逾越实害的范围内，一般原则上认为危害行为相对于实害行为具有补充性（Subsidiaritat）。即如其实施危险行为后，进而实施逃漏税的实害行为时，则只从重科处漏税罚，不再就其危险行为科处行为罚。

2. 再者违反税法上义务的人，如基于单一的意思决定（概括犯意），为逃漏同一税捐债务而先后为违反义务的行为，例如营业人销售货物，为逃漏营业税之同一目的，而漏开发票，并进而短漏报销售额短漏营业税时，则其虽有数个对于法律上所要求之行为的不作为，但可谓系基于概括

① 中国台湾地区“行政法院”1995 年 5 月 10 日第二次庭长评事联席会议决议。

犯意为同一漏税目的而实施,故在法律上应可评价为一个违法行为,仅应受单一处罚,即为已足。至于释字第356号解释系就违章行为人只有秩序行为,危害税捐而无短税结果之行为罚行为所解释,尚不得作为否认行为人先后实施行为罚行为与漏税罚行为综合评价为一个违法行为之论断依据。

3. 又鉴于中国台湾地区漏税罚系以短漏税款之倍数计算罚锾,其处罚已相当严厉。因此,对于违反税法上协力义务进而短漏税捐行为,如从一重科以税法上漏税罚,应足以达成税法上的行政目的,如再一并科处行为罚,实已逾越必要程度,而有违行政法上比例原则,尤其纳税义务人如仅因不谙法律或会计作业疏忽,单纯因过失短漏税款,即遭科处巨额漏税罚,已嫌过重,如再并处行为罚,更有过分之虞。因此,从比例原则观点而论,似亦以采吸收主义为妥。

有关此一问题,中国台湾地区财政事务主管部门函释亦已改采择一从重处罚之见解。[①]

中国台湾地区司法机构2000年释字第503号解释也指出:纳税义务人违反作为义务而被处行为罚,仅须其有违反作为义务之行为即应受处罚;而逃漏税捐之被处漏税罚者,则须具有处罚法定要件之漏税事实方得为之。二者处罚目的及处罚要件虽不相同,唯其行为如同时符合行为罚及漏税罚之处罚要件时,除处罚之性质与种类不同,必须采用不同之处罚方法或手段,以达行政目的所必要者外,不得重复处罚,乃现代民主法治之基本原则。是违反作为义务之行为,同时构成漏税行为之一部或系漏税行为之方法而处罚种类相同者,如从其一重处罚已足达成行政目的时,即不得再就其他行为并予处罚,始符保障民众权利之意旨。本院释字第356号解释,应予补充。

例如,在漏进漏销案件,营业人进货未依规定取得进货凭证,并于销货时漏开统一发票,其销货漏开统一发票,同时触犯中国台湾地区"税捐稽征法"第44条及"营业税法"第51条第3款规定部分,应采择一从重处罚,至其进货未依规定取得进货凭证部分,仍应依中国台湾地区"税捐稽

① 中国台湾地区财政事务主管部门1996年4月26日台财税第851903313号函。

征法”第 44 条规定处罚。①

唯中国台湾地区“最高行政法院”2002 年 6 月庭长法官联席会议决议仍认为：按中国台湾地区“税捐稽征法”第 44 条所定为行为罚，以依规定应给与他人凭证而未给与为构成要件，与中国台湾地区“营业税法”第 51 条第 1 款规定之漏税罚，以未依规定申请营业登记而营业为构成要件，二者性质构成要件各别，非属同一行为，且其处罚之目的各异，原告等以个别之行为分别违反此两种处罚之规定，并予处罚，并无违背一事不二罚之法理，自无中国台湾地区司法事务主管部门该号解释之适用。此项见解，似已抵触释字第 503 号解释，且忽略上述补充性原则理论，应有重新检讨必要。

就此中国台湾地区财政事务主管部门则继续适用 1996 年一行为不二罚之函释，认为：营业人触犯中国台湾地区“营业税法”第 51 条各款，如同时涉及中国台湾地区“税捐稽征法”第 44 条规定者，参照“行政法院”1995 年 9 月 20 日 9 月第二次庭长评事联席会议决议意旨，毋庸并罚，应择一从重处罚。纳税义务人触犯中国台湾地区“营业税法”第 45 条或第 46 条，如同时涉及“税捐稽征法”第 44 条及“营业税法”第 51 条各款规定者，参照上开“行政法院”庭长评事联席会议决议意旨，毋庸并罚，应择一从重处罚。② 其见解反而较能符合释字第 503 号解释意旨。

上述所称择一从重处罚，应依中国台湾地区“行政罚法”第 24 条第 1 项规定，就具体个案，按中国台湾地区“营业税法”第 51 条所定就漏税额处最高 5 倍之罚锾金额与按中国台湾地区“税捐稽征法”第 44 条所定经查明认定总额处 5% 罚锾金额比较，择定从重处罚之依据，再依该依据及相关规定予以处罚。③

(八)税捐秩序罚与刑罚不得并罚

漏税罚锾与逃漏税捐罪之刑罚，均系对于税捐义务人同一违反税法

---

① 中国台湾地区财政事务主管部门 1996 年 6 月 19 日台财税第 850290814 号函。

② 中国台湾地区财政事务主管部门 1996 年 4 月 26 日台财税第 851903313 号函。

③ 参照中国台湾地区财政事务主管部门 2008 年 6 月 30 日台财税字第 09704530660 号令。

上义务行为之制裁,其所侵害之法益(税捐债权)相同,且其处罚目的亦相同,均在于确保税法上义务之履行,以实现税捐债权。基于一行为不二罚原则,不应重复处罚。

中国台湾地区“行政罚法”第 26 条即规定:一行为同时触犯刑事法律及违反行政法上义务规定者,依刑事法律处罚之。采取刑罚优先原则,优先按照刑罚处罚。但其行为如经不起诉处分、缓起诉或为无罪、免诉、不受理、不付审理之裁判确定者,得依违反行政法上义务规定裁处之。

又如,违规情节轻微,从比例原则衡量,科处秩序罚即为已足者,则似可毋庸移送法办,而仅科处秩序罚锾即可。

在此所谓一行为不得重复科处秩序罚与刑罚者,乃是针对同一个行为人而言。倘若秩序罚是处罚纳税义务人营利事业,而税捐刑罚则处罚其营利事业负责人时,则其处罚对象不同,不发生一行为不二罚问题。

(九)处罚所应适用之法规:从新从轻原则

有关税捐秩序罚之处罚,可否类推适用中国台湾地区“刑法”第 2 条从新从轻原则,不无争论。[①] 以往实务上采取实体从旧原则,认为应适用违章行为时之“法律”,作为处罚依据。

唯中国台湾地区“税捐稽征法”第 48 条之 3 规定:纳税义务人违反本“法”或“税法”之规定,适用裁处时之“法律”。但裁处前之“法律”有利于纳税义务人者,适用最有利于纳税义务人之“法律”,改采从新从轻原则,在科处秩序罚之行政处分行政救济程序(复查、诉愿及行政诉讼程序)进行中,如处罚“法令”有利于违章行为人之变更时,即应适用最有利于违章行为人之“法律”。

中国台湾地区“行政罚法”第 5 条亦采从新从轻原则,但以第一次裁处时作为从新从轻之时点,因上述“税捐稽征法”第 48 条之 3 规定属于特别规定,应优先适用。[②]

---

① 详见第一章第九节二、(三)从新从轻原则之讨论。

② 中国台湾地区法务主管部门 2006 年 7 月 25 日法律字第 950028035 号函,中国台湾地区财政事务主管部门 2006 年 8 月 2 日台财税字第 9504540700 号函。

在裁罚基准有利于行为人之变更之情形,可否溯及既往适用于以往尚未处罚确定之案件?就此有认为其并非法律之变更,而无从新从轻原则之适用(中国台湾地区“最高行政法院”2009 判 510)。但行政机关是否因裁罚基准有变更而主动变更已作成之裁罚,亦应交由行政机关本诸职权裁量权范围行之考虑,自为决定,难由法院予以合法性审查(中国台湾地区“最高行政法院”2006 判 2193、2008 判 880)。

但亦有认为基于平等原则(中国台湾地区台北“高级行政法院”2003 诉 428、4612),行政自我拘束原则(中国台湾地区台北“高级行政法院”2004 诉 1571)或“税捐稽征法”第 1 条之 1 规定(中国台湾地区台北“高级行政法院”2004 诉 4135),应一体适用新基准规定。有认为在裁罚基准有利于行为人之变更之情形,应由行政机关重新裁量决定,故撤销原罚锾处分(中国台湾地区“最高行政法院”2010 判 284)。

又在行政机关,其裁量基准纵有变更,既无变动相关之法律规定,自不生法律变更而须比较适用新旧法之问题,无上开“从新从轻原则”之适用。唯因裁罚基准变更,属于有效下达之行政规则,具有拘束订定机关及其下级机关之效力(中国台湾地区“行政程序法”第 161 条参照),故此际裁罚机关应依据新修正之裁罚基准而为裁罚。① 中国台湾地区财政事务主管部门诉愿决定实务上做法向来适用有利于行为人之新裁罚基准于尚未处罚确定案件。② 在税法学说上也有主张应可适用裁处时包括判决时之裁罚基准,较公平合理。③

就此 2011 年 11 月 23 日修正中国台湾地区“税捐稽征法”第 1 条之 1,增列第 4 项规定:中国台湾地区财政事务主管部门发布之税务违章案件裁罚金额或倍数参考表变更时,有利于纳税义务人者,对于尚未核课确定之案件适用之。即可解决本件争议。

---

① 中国台湾地区法务主管部门 2008 年 2 月 20 日法律字第 0960043586 号函,中国台湾地区财政事务主管部门 2008 年 3 月 12 日台财税字第 09704513290 号函。

② 葛克昌:《裁罚参考表与税法裁判》,发表于 2010 年 10 月 1 日,税务实务问题研讨会,第 8 页。

③ 同上。

（十）税捐优惠之取消

2014 年 6 月 18 日修正公布中国台湾地区“税捐稽征法”第 48 条规定：纳税义务人逃漏税捐情节重大者，除依有关“税法”规定处理外，中国台湾地区财政事务主管部门应停止并追回其违章行为所属年度享受租税优惠之待遇。

纳税义务人违反环境保护、劳工、食品安全卫生相关规定且情节重大，租税优惠规定之主管机关应通知中国台湾地区财政事务主管部门停止并追回其违章行为所属年度享受租税优惠之待遇。

上述规定是因应高雄日月光 K7 厂排放废水污染后劲溪，却享有租税优惠引发争议，中国台湾地区立法机构乃修正产业创新条例、中国台湾地区“税捐稽征法”，未来企业如果违反环境保护、劳工、食品安全卫生相关规定且情节重大，中国台湾地区财政事务主管部门可收回当年度租税优惠。

（十一）处罚机关

以往税捐秩序罚，系由稽征机关依财务案件处理办法规定，移送普通“法院”裁定处罚，唯财务案件处理办法前经释字第 289 号解释宣告违反中国台湾地区宪制性规定。

故中国台湾地区“税捐稽征法”乃于 1992 年修正公布增定第 50 条之 2 前段规定：依本“法”或“税法”规定应处罚锾者，由主管稽征机关处分之，不适用“税法”处罚程序之有关规定，受处分人如有不服，应依行政救济程序办理。因此，依中国台湾地区“税捐稽征法”或“税法”规定应处罚锾案件，一律由主管稽征机关自行处分，不再移送法院裁罚。至于境外输入之货物由海关代征之税捐实际主管稽征之机关为海关，故如有违章应处罚锾案件，应由各关税局径行处分。①

纳税义务人对于罚锾处分如有不服，应提起诉愿及撤销诉讼。“行政法院”对于罚锾处分之审理范围，实务上以往倾向于认为原则上仅及于合

① 中国台湾地区财政事务主管部门 1993 年 1 月 7 日台财税第 811687820 号函。

规性审查,并不及于合目的性审查,因此,无法自行决定罚锾金额。有关罚锾倍数及金额多少,属于行政裁量权范围。例如,"行政法院"1997 年 2 月 19 日庭长评事联席会议决议即认为税法上"处罚金额(依倍数计算)多寡,属行政裁量权范围,基于司法不宜干涉行政权,原处罚锾既经撤销命由原处分机关依法重为处分,则由其依职权裁罚即可,无须由本院为径定科罚金额之变更判决。"

按行政处罚既然涉及对于民众之制裁,则应赋予法院广泛的审查权,包括处罚金额等应由法院作最后之决定。即在罚锾的行政诉讼案件,其制裁性质与刑罚类似,因此,应准用中国台湾地区"刑事诉讼法"规定,由"行政法院"决定当事人应否处罚以及应处以多少罚锾。此与刑事判决由法院决定处罚刑度(量刑)之情形相同,以保障人权。① 因此,中国台湾地区似应参考德国及日本立法例,②不应承认行政机关对于处罚金额之行政裁量权。③

(十二)举证责任

有关行政秩序罚的处罚要件事实,如果存否不明时,即不得适用处罚

① 早年在财务案件处理办法施行年代,各"税法"也均规定有关税务违章案件之处罚,移送法院裁定为之,即由法院决定其处罚额度,而非授权行政机关裁量处罚金额。此项由法院决定处罚金额之做法,较保障人权。尤其是处罚金额巨大的违章类型,更有必要由法院决定,较公正。

② 德国立法例规定如果法院经过审理判决,并认为应处罚时,法院判决内容包括核定罚锾金额及或从罚(没入)(Senge,in:KK-Ordnungswiedrigkeitengesetz,2. Aufl.,2000,§71 Rn. 97;Joachim Bohnert,OWiG.,2003,§71 Rn. 71.)。且不适用不利益变更禁止原则,得比原罚锾处分更不利益之变更,即加重处罚。但应于罚锾处分书中载明声明异议时,法院裁判得为不利于当事人之变更(违反中国台湾地区"秩序罚法"第 66 条第 2 项第 1 款第 2 目)。但如果法院以书面作成裁定(在当事人及检察官均无异议的情况下),此一裁定与判决内容相同,也有形式上及实质上确定力。其书面裁判之内容,包括是否免罚、对于当事人之罚锾金额之核定、宣告从罚或停止处罚程序。但法院裁判不应为比原罚锾处分对于当事人更不利益之变更(违反台湾地区"秩序罚法"第 72 条第 3 项)。

③ 参见洪家殷:《行政罚法论》,第 320 页以下(2006 年增订 2 版)。释字第 289 号解释认为:当局因民众违反"税法"而科处罚锾,虽属行政处分性质之行政秩序罚,唯基于政策之考虑,亦非不可于"税法"规定由法院以裁定为之。似过度考虑秩序罚之行政处分性质,而忽略人权之保障。就此日本学者即有认为中国台湾地区由行政机关裁罚之做法,属于相对落后地区(未充分保障人权)之象征者(参見市橋克哉,日本における行政罰法制度改革の方向性——行政權の強化に向かうのか、司法權の強化に向かうのか),值得深思。

规定处罚税捐义务人,因此,其处罚要件事实不明时,即不得作成处罚处分,亦即应由稽征机关负担不利结果。故其举证责任应由稽征机关负担。就此"行政法院"1950 年判字第 2 号判例即谓:又行政人员对于民众有所处罚,必须确实证明其违"法"之事实。倘不能确实证明违"法"事实之存在,其处罚即不能认为合"法"。对于处罚要件事实,要求严格的证明。

对于现代法治来说,于税捐处罚领域,有关所漏税额以及其根据之课税基础,应由事实审法官本于自由心证原则,自行调查认定,并适用有疑问则为有利被告之原则以及刑事诉讼程序上举证责任原则,有关课税基础之调查认定,有别于稽征程序,并不得援用纳税人之税捐协力义务或税捐举证责任法则。①

在处罚程序上应适用"有疑,则为有利被告之认定"(in dubio pro reo)之原则,故除有特别规定外,审理逃漏税违章罚锾案件之"行政法院",应不受"行政法院"关于本税之确定判决的既判力之拘束,而得独立审查认定纳税义务人有无违章漏税行为,或其逃漏税金额之大小,②以及有无故意过失,再据以进行是否处罚之裁判。即应由法院查明所漏税额之原因及金额,亦即对于课税基础以及所漏税额,必须由法官获得完全的确信加以确认。③

又在税捐处罚程序上,为调查所漏税额,固然也可以进行课税基础的推计,但应遵守刑事诉讼程序的特殊性。在稽征程序上所为推计课税并不能拘束审理处罚案件之法官,虽然法院可以参考稽征机关的推计课税,但仍应自行调查认定确信其正确性。如果有无法克服的疑义时,则应适用有疑则为有利被告之原则。即使纳税人未提出完整的申报说明或账证有瑕疵,仍应严格的证明漏税事实。有主张在稽征程序上因为纳税人违反协力义务而以致事实不明,其不利益应由行为人负担的建议意见,在处

---

① 洪家殷、江彦佐:《漏税处罚诉讼案件举证责任之研究》,载《月旦财经法杂志》第 11 期,2007 年 12 月,第 31 页以下。

② Kolmann, Steuerstrafrecht, 4. Aufl., 1984, AO, 1977, §370 Rn. 153f., §409, 410 Rn. 43b, 44; Klein/Orlopp, AO, 1986, §396 Rn. 1; 翁岳生:《现行税捐救济程序之研究》,1977 年版,第 5 页。

③ Kohlmann, Steuerstrafrecht, §370 AO 1977, 2005, Rn. 473.

罚程序上应不足采取。① 换言之，除非有明文规定，在处罚调查程序上，当事人自有拒绝协力之权利，此时若行政机关无法自行调查而确认当事人有违法事实存在时，即不得加以处罚。②

例如，本税可以依相关规定进行“推计课税”，而罚锾则不得“推计处罚”，故本税可能因推计课税而被补税，唯违章漏税罚锾则可能因欠缺确切证据证明违章漏税行为，而不得裁罚。

换言之，在推计课税，由于课税基础的推估（如漏报所得金额大小的推估），同时必然或多或少以“推定的事实关系”（如推定营业收入之事实）为基础，③因此如果容许单纯以稽征机关的推计课税结果，作为所漏税额进行处罚时，则势必变成以“推定的事实”认定为违规事实，进行处罚。此一做法，乃是以盖然性的推定方式“推计处罚”，违反处罚法上所采取“推定无辜”（无罪推定）原则与“有疑，则为有利被告之认定”原则。

实务上以往概均认为推计课税所核定之应纳税额，得作为处罚法上之“所漏税额”进行处罚，例如，在以同业利润标准推计课税之案件，也同时推计处罚（中国台湾地区“最高行政法院”2007 年度判字第 766 号判决）。在采取中国台湾地区“银行存款法”推估所得进行推计课税，也同时再推计处罚（中国台湾地区“最高行政法院”2008 年度判字第 935 号判决）。

中国台湾地区“最高行政法院”2009 年 8 月第二次庭长法官联席会议决议也认为：稽征机关对于纳税义务人依中国台湾地区“所得税法”规定应申报课税之所得额有漏报或短报并造成漏税结果等违“法”情事之构成要件该当、违“法”且有责，已确实证明者，得依“所得税法”第 110 条第 1 项规定对之处以罚锾。其罚锾金额，明定为所漏税额两倍以下。

至个人综合所得税漏税额之计算，依中国台湾地区“所得税法”规定，系以个人综合所得总额（包括稽征机关核定之个人财产交易所得）为计算基础，并不因所得核定方式之不同而有不同。是稽征机关如依查得

---

① Kohlmann, Steuerstrafrecht, §370 AO 1977, 2005, Rn. 497.

② 洪家殷：《行政罚调查程序中之当事人协力义务》，载中国台湾地区行政法学会主编：《当事人协力义务、行政调查、国家赔偿》，2006 年版，第 123 页。

③ Tipke/Lang, Steuerrecht, 19. Aufl., 2008, S. 954.

之资料按中国台湾地区财政事务主管部门颁定财产交易所得标准推计核定财产交易所得,该核定所得额之行政处分未经依规定单独或并随相关行政处分撤销或变更,且其所核定之所得额已得作为核定补征税额之计算基础者,则于稽征机关证实纳税义务人违反中国台湾地区"所得税法"第110条第1项规定而应对之处以罚锾,自亦得以该核定之财产交易所得,作为核定其漏税额之计算基础,并无针对漏税额之计算,应另行举证证明该笔财产交易有无所得或所得多寡之"法律"或法理依据。

上述决议单从现行"税法"规定解释,而未能从人权保障规定以及处罚法上"有疑,则为有利被告之认定"之法理,对于"税法"规定进行合符中国台湾地区宪制性规定之解释,以致允许推计处罚,对于民众过苛,似有重新研讨之必要。①

(十三)处罚时效

有关一般行政秩序罚的裁罚时效,依中国台湾地区"行政罚法"第27条规定裁罚权时效3年。但中国台湾地区"税法"有特别规定者,自应优先适用。关于税捐核课期间及其起算之规定,于罚锾案件,依中国台湾地区"税捐稽征法"第49条准用第21条规定,视其有无故意以诈欺或其他不正当方法逃漏税捐,分别认定为5年或7年。故有关税务违章案件之裁罚期间,应优先适用上述规定,而不适用中国台湾地区"行政罚法"之时效规定。其中漏税罚部分,是以漏税为要件,故以此为认定标准。至于行为罚部分,并不以行为人逃漏税为处罚要件,故其处罚期间,一律为5年。②

行为罚之起算期间如下:③

依法受处分人应于一期限内为一定之行为而不行为者,自期限届满之翌日起算。

依规定受处分人应为一定行为而不为或不应为一定行为而为之者,

---

① 参见陈清秀:《推计课税与处罚》,载《月旦法学杂志》第181期,2010年6月,第233页以下。

② 中国台湾地区财政事务主管部门1998年8月19日台财税第871960445号函。

③ 中国台湾地区财政事务主管部门1985年3月20日台财税第13298号函。

自应行为或不应行为之日起算;如其行为或不行为有连续或继续之状态者,自行为或不行为终了之日起算。

(十四)处罚之继承可否

按行政罚锾之性质主要是以对于义务人过去违背公法上义务行为之制裁,使其感受痛苦,避免再犯为目的,则在义务人死亡时,已经无从感受痛苦,而无继续制裁之必要,因此,本书认为可参考德国通说见解,罚锾具有一身专属性,除另有特别规定者外,不得为继承之对象。故义务人死亡后,尚未科处罚锾者,不得再行科处罚锾;[①]已经科处罚锾者,应予注销,[②]不得强制执行;已经执行者(如查封登记处分),应予撤销执行。

故不论于义务人死亡时罚锾是否已经确定,均应归于消灭,应予注销,自不得就遗产续为执行。法院依财务法规科处罚锾之裁定确定后,未执行前,被罚人死亡者,除有特别规定外,自不能向其继承人执行,又被罚人于提起抗告后,未经抗告法院裁定前,既已死亡,即毋庸再就该抗告为任何裁定。较倾向采取此见解。

唯亦有认为行政罚锾常有剥夺违规者之违规行为所获得之不法利益为目的,在义务人死亡的情形,其不法利益归属于遗产之一部分,因此,被继承人生前被科处之积欠罚锾,有认为仍应就遗产继续执行,以免继承人享有该项不法利益,致有失公平(参照中国台湾地区"行政执行法"第15条)。[③]

释字第621号解释认为依中国台湾地区"行政执行法"第15条规定,罚锾具执行力后义务人死亡并遗有财产者,依中国台湾地区"行政执行法"第15条规定意旨,该基于罚锾处分所发生之公法上金钱给付义务,得对于遗产强制执行,但不得对于继承人之个人财产强制执行。而记得对于遗产续为强制执行,影响其继承权益,故应许继承人以利害关系人身份

---

① 中国台湾地区"最高行政法院"2001年判字第2450号判决。

② 中国台湾地区"最高行政法院"2002年度判字第2404号判决。

③ 中国台湾地区法务主管部门2003年8月27日法律字第0920030676号函,中国台湾地区财政事务主管部门2003年9月23日台财税字第0920456111号函。

提起或续行行政救济。

在纳税义务人被处罚后于行政救济程序中死亡,将来在处罚处分确定之后,可否对其遗产强制执行?由于税务罚锾处分在行政救济中依规定暂时停止执行,因此产生争议。如认为税捐罚锾处分未确定前,不具执行力,则不符合中国台湾地区司法机构释字第621号解释文所称“罚锾之处分作成而具执行力”之情形,其处罚处分失其效力,不得对于遗产执行。[①] 就此中国台湾地区“最高行政法院”2016年4月第二次庭长法官联席会议决议认为:下命处分生效后,即具执行力,除另有规定外,得为强制执行。据中国台湾地区“税捐稽征法”或“税法”科处罚锾之处分,属于下命处分,依中国台湾地区“税捐稽征法”第50条之2规定,于行政争讼程序终结前,免于移送强制执行,系特别规定暂缓执行,而非该处分不具执行力。因此,在受此类处罚锾处分之义务人留有遗产之情形,有中国台湾地区司法机构释字第621号解释之适用,2001年12月第二次庭长法官联席会议决议,[②]在此情形,不得援用。

第二节　税捐刑罚

一、概说

有关逃漏税捐刑罚,主要有中国台湾地区“税捐稽征法”第41条规定之逃漏税捐罪、第42条违反代征或扣缴义务罪及第43条教唆或帮助逃漏税捐罪。

---

① 参见吴东都法官在中国台湾地区“最高行政法院”2016年4月第二次庭长法官联席会议所提出之研究意见。

② 该2001年之决议:如违规行为人于罚锾处分之行政诉讼程序中死亡者,其当事人能力即行丧失。尚未确定之罚锾处分,对该违规行为人也丧失继续存在之意义而失效。又其继承人复不得承受违规行为人之诉讼程序,受理行政诉讼之“高等行政法院”应适用中国台湾地区“行政诉讼法”第107条第1项第3款,以裁定驳回违规行为人之起诉。

二、逃漏税捐罪

中国台湾地区“税捐稽征法”第 41 条规定逃漏税罪：纳税义务人以诈术或其他不正当方法逃漏税捐者，处 5 年以下有期徒刑、拘役或科或并科新台币 6 万元以下罚金。有关逃漏税捐之构成要件事实是否存在，仍应依据实体的“税法”规定认定之。因此，本条处罚规定性质上属于学说上所谓“空白的处罚要件”(Blankettstraftatbestand)。[①] 此一空白处罚规定，只有在其处罚可能性之可能的案件类型，依据规定(包括空白处罚规定以及加以补充的个别税法规定)可以预见，并可以事先计算时，才能符合处罚明确性原则。[②]

(一)积极作为犯

依实务见解，逃漏税捐罪为积极作为犯，不包括单纯不作为的违章行为在内。中国台湾地区“最高法院”1981 年台上字第 6856 号判例：中国台湾地区“税捐稽征法”第 41 条之漏税罪，系属作为犯，而非不作为犯，即须以诈术或其他不正当方法之作为，以逃漏税捐，始克成立。如纳税义务人在课税年度均未为综合所得税之申报，其无以不正当方法逃漏税捐之作为，实甚显然。又仅有漏报之消极行为，别无类似诈术之不正当方法，以积极行为逃漏税捐，只能科以行政罚之罚锾，不能遽论以该条之罪。(中国台湾地区“最高法院”1985 年台上字第 5497 号判例)

所谓诈术必须积极行为始能完成，至于其他不正当方法，亦必具有同一之形态，方与制定之本旨符合。例如，造作假单据或设置伪账以逃漏税捐之类是，盖以此等行为含有恶性，性质上属于可罚性之行为，故在税法上科以刑事责任。对于其他违反税收相关规定的行为，例如，不开立统一发票或不依规定申报税课等行为，各“税法”上另订有罚锾罚则，并责令补缴税款为已足，如另无逃漏税捐之积极行为，不可纳归刑罚之范畴，此

---

① Tipke/Lang, Steuerrecht, 20. Aufl., 2010, §23 Rz. 22.

② Jäger, in: Klein, AO, 11. Aufl., 2012, §370 Rn. 6.

种单纯不作为在法律上之评价，不能认与第41条诈术漏税之违“法”特性同视。依该罪构成要件，必须作为方足以表现其违“法”之恶性，消极的不作为，纵有侵害税捐稽征之法益，亦难谓与作为之情形等价，故不能以该罪相绳。（中国台湾地区“最高法院”1984年度第四次刑事庭会议决议）

（二）结果犯

中国台湾地区“税捐稽征法”第41条所规定之逃漏税捐罪，依其文义解释及该条无处罚未遂犯规定之情形以观，应认系结果犯，必纳税义务人以诈术或其他不正当之方法为逃漏税捐之手段，并因而造成逃漏税捐之结果，始成立该罪。

纳税义务人如虚报第三人在该年度内领取薪资，必须查明何时向税捐机关提出申报，究竟已否发生逃漏税捐之结果？其逃漏金额若干？应详细调查，于判决书内明白记载，方属适法。①

又如，纳税义务人虽虚伪制作员工之薪资扣缴凭单，唯其营利事业所得税并未依规定办理结算申报，其营利事业所得额系按同业利润标准核定，应无逃漏营利事业所得税问题，仅可能影响被虚报薪资员工之个人综合所得税。②

在计算有无逃漏税捐以及逃漏税捐金额若干时，应比较其依据虚伪申报所核定之税捐与依据诚实申报所应负担税捐之差额认定之。在此应依据实体的税法规定认定其课税基础，并依据刑事诉讼法的原则（而不是依据税法的程序原则及证据法则包括税法上法律上之推定）调查认定其课税基础事实。因此，稽征机关以及“行政法院”判决所认定之应纳税额与刑事诉讼程序上所认定之应纳税额，可能有出入。因为刑事法官并不受课税处分之确定力的拘束。③

如果确定纳税义务人已经满足课税要件，而有逃漏税行为，仅因为账簿凭证已经不存在，而无法核实认定所漏税额时，则在刑事诉讼程序上仍

---

① 中国台湾地区“最高法院”1987年台上字第208号刑事判决。

② 中国台湾地区“最高法院”1989年台上字第1112号刑事判决。

③ Jäger，in：Klein，AO，11. Aufl.，2012，§370 Rn. 94.

不妨推估课税基础。在此情形下,与稽征程序上之推计课税不同,基于有疑问,则为有利被告之认定原则,事实审之刑事法官应认定足以确实证明逃漏税之最低金额范围。如果稽征机关所推估之课税基础,在依据刑事诉讼程序法则观点下,亦可认定其正确性时,则不妨采纳稽征机关之推估结果。在足以保障刑事诉讼之程序法则下,法官也可以运用税法上之推计课税方法。①

1. 犯罪着手时点

在纳税义务人着手实行逃漏税捐之犯罪行为之前,乃是预备阶段,逃漏税捐之准备或预备行为,除法律另有规定构成违反税捐秩序行为外,其行为不罚。预备行为包括填写不实的税捐申报书在内,亦包括不正确的登账,制作不实凭证纳税义务人以及与交易相对人商议共同制作假账以逃漏税等在内。仅于提出不实的税捐申报时,始开始构成逃漏税捐之未遂。而在不作为的情形,于税捐义务人已经必须提出相应的税捐申报的时点起,开始未遂行为。

故纳税义务人制作不实之凭单仅为逃漏税捐之预备行为,必其持以向税捐机关提出申报逃漏税捐后,始克成立逃漏税捐罪。② 换言之,开始着手逃漏税捐或获得不正当之税捐利益,无论如何,必须行为人之行为,依其整体计划,乃合乎构成要件的,已经导致危害或者已适合于导致危害所保护法令。

通常,逃漏税捐行为的实行行为,开始于行为人提出不完整或不正确的税捐结算申报或租税申报于稽征机关之时点。而在将消极不申报税捐也纳入处罚的情形,其意图节省税捐,而不提申报或结算申报之时点;或其行为人于调查程序中为不实之说明或以其他方法企图使行为机关乃至其组织误入歧途时,为其着手实施逃漏税行为之开始时点。③

---

① Jäger, in: Klein, AO, 11. Aufl., 2012, §370 Rn. 96.

② 中国台湾地区"最高法院"1984年台上字第5272号刑事判决,载《刑事裁判发回更审要旨选辑》(第4辑),1986年6月,第147页。

③ Jäger, in: Klein, AO, 11. Aufl., 2012, §370 Rn. 194. 另详见陈清秀:《德国之租税罚则》(上、下),载《植根杂志》第7卷第12期,第6页以下;第8卷第1期,第13页以下。

2. 有关结果犯犯罪成立时点

(1)课税处分时说及结算申报时说

有关逃漏税捐罪之成立,德国学说认为,并非以实际上终局的发生税收短漏结果为准。而是只要国家的税捐债权之"准时的及完整的实现"(税捐全部的收入)遭受危害,即构成逃漏税捐。[①]

德国立法例即明定以税捐未经稽征机关核定,未全额核定或未准时核定(如未作成暂缴税款之暂时的课税处分),即构成税捐之短漏,而发生既遂(《德国税捐通则》第 370 条第 4 项)。就此可区分如下:

①在查定课税情形,以课税处分时为准

在必须经过稽征机关核定税额才能纳税的情形,即所谓查定税捐(Veranlagungssteuer)的类型,有关逃漏税构成要件的结果,是在稽征机关作成核定税捐处分时,即对于纳税义务人作成不正确的课税处分送达纳税义务人时,即发生既遂。而不是直到税单上应纳税款之缴纳期间届至时才既遂。[②]

如果纳税义务人消极未申报,导致稽征机关不知该课税事件而未能查定课税时,则犯罪行为之终了将无法确定,为解决此一问题,德国通说认为应以假设纳税义务人并未违反申报义务,则稽征机关通常可预期进行课税程序之期间经过时,视为逃漏税捐结果发生。而基于有疑问则为有利被告认定之原则,应以稽征机关各该查定课税部门最后查定工作结束时(当成最后处理案件),为逃漏税行为完成时点。

②在自动报缴税捐之情形,以申报时为准

在自动报缴的税捐(纳税义务人自己结算、申报,并缴纳应纳税款)(Selbstberechnungssteuern),原则上以不正确的及不完整的税捐结算申报书,送达稽征机关时,即属既遂。如果对于消极不申报税捐行为也纳入处罚时,则在纳税义务人于结算申报期限内消极不申报税捐之情形,以其应结算申报税捐之期限届满时(期间经过时),既遂。[③]

---

① Tipke/Lang, Steuerrecht, 20. Aufl., 2010, §23 Rz. 29.

② Tipke/Lang, Steuerrecht, 20. Aufl., 2010, §23 Rz. 31.

③ Tipke/Lang, Steuerrecht, 20. Aufl., 2010, §23 Rz. 33.

(2)缴纳期限说

日本通说判例则采“缴纳期限说”,认为在法律上应履行税捐债务的时期,未曾加以履行,而产生短漏税捐的结果。即在税法所定缴纳税款期限内,为虚伪申报时,逃漏税捐罪于法定缴纳期限经过之时成立,至于其事后始提出正确的更正申报,并缴纳所增加的税额,并不影响逃漏税捐罪之成立。又在法定缴纳税捐的期限经过后,才提出虚伪申报的情形,则应认为于申报之时,成立逃漏税捐罪。①

此说的理论根据,乃在于依确定时说,应纳税额之确定(指核定、具体化),只不过是纳税义务之履行过程之一,而实际上表现税收的减少的时点,乃是在税法所预定的期间(缴纳期间)内,不履行所预期的内容(税额)的时点。

依据上述日本通说,如果对于已申报确定之税额,要求减少税额而申请更正原处分时,如对于其申请,并未给予减低税额的更正处分时,则不发生逃漏税结果,尚不成立逃漏税罪。

(3)检讨

上述两说,前者(课税处分时说及结算申报时说)即德国着重在逃漏税捐罪之性质,属于“具体的危险犯”(kokretes Gefärdungsdelikt),而非“实害犯”(Verletzungsdelikt)。② 后者(缴纳期限说)即日本则将逃漏税捐罪之性质,理解为实害犯,并不仅是单纯危害犯而已。因此,必须税收确实发生短漏结果,才构成既遂。但上述缴纳期限说,在自动报缴税捐,由于结算申报期限通常即为缴纳期限,因此以申报时为准或缴纳期限届满时为准,二者基本上差异不大。而在查定课税类型,前者较早成立结果犯,而后者则必须等到课税处分书所附税单所记载之缴纳期限届满时,才既遂。

鉴于中国台湾地区“税捐稽征法”第41条之法条结构与日本类似,而与德国差异甚大,因此解释上,似可采取日本通说见解之缴纳期限说。

---

① [日]金子宏:《租税法》,第4版,第637页;金字宏著:《租税法》,蔡宗义译,1985年版,第440页。

② Tipke/Lang,Steuerrecht,20. Aufl. ,2010,§23 Rz. 21.

3. 行为与结果间之因果关系

纳税义务人以诈术或其他不正当方法逃漏税捐之行为，必须与其漏税结果具有因果关系。如果纳税人所采取之犯罪行为，早已经稽征机关所知悉掌握，仍不妨成立逃漏税捐罪。[①] 但如果已经可以积极确认稽征机关对于某项事实关系已经相当清楚认识，例如，纳税人之遗产不动产资料均为稽征机关所掌握，而不可能有错误核定税捐，导致短漏税收时，则应否认其间之因果关系存在，而不发生逃漏税捐结果。在此情形，应属于中国台湾地区"刑法"第25条第2项规定："已着手于犯罪行为之实行而不遂者，为未遂犯。"之未遂犯之行为。[②]

依中国台湾地区"刑法"第25条第1项规定："未遂犯之处罚，以有特别规定者为限，并得按既遂犯之刑减轻之。"由于中国台湾地区"税捐稽征法"第41条之逃漏税捐罪，并无处罚未遂犯之特别规定，故未遂行为不罚。

（三）与其他犯罪之关系

1. 与诈欺罪之关系

中国台湾地区"税捐稽征法"第41条以诈术逃漏税捐罪，固含有诈欺罪责，不能论以诈欺罪。[③] 中国台湾地区"税捐稽征法"第41条对于纳税义务人以诈术或其他不正当方法逃漏税捐者，已有处罚规定，该法为特别法，自应优先于中国台湾地区"刑法"第339条第2项而适用（中国台湾地区"最高法院"1979年度台上字第65号判例）。

2. 与伪造文书罪之关系

唯纳税义务人如以伪造文书方法逃漏税捐，实务上认为除成立逃漏税捐罪外，并应成立伪造文书罪。例如，营利事业填报扣缴凭单，乃附随其业务而制作，不得谓非业务上所掌之文书。此种扣缴凭单内容如有不实，而足生损害于公众或他人，即系犯业务上登载不实文书之罪名（中国

---

① Jäger, in: Klein, AO, 11. Aufl., 2012, § 370 Rn. 197.

② Tipke/Lang, Steuerrecht, 20. Aufl., 2010, § 23 Rz. 41.

③ 中国台湾地区"最高法院"1983年台上字第3425号刑事判决。

台湾地区“最高法院”1981 年 9 月 21 日、1981 年度第九次刑事庭会议决议)。

故营利事业填报不实之扣缴凭单以逃漏自己税捐者,除成立中国台湾地区“税捐稽征法”第 44 条之罪名外,在方法上又犯“刑法”第 216 条、第 215 条之罪名(1982 年台上字第 1143 号判例)。在此情形下,以往牵连犯应从一重处断。但现在中国台湾地区“刑法”已修正,删除牵连犯之规定,故应合并处罚。

但亦有认为,虽以制作不实文书作为漏税之方法,但因纳税义务人以诈术方法逃漏所得税本身即含有伪造文书进而诈欺之性质,中国台湾地区“税捐稽征法”既有特别处罚规定,依特别法优于普通法之原则,自应优先适用,不另成立伪造文书之罪。①

3. 与商业会计法之关系

倘若纳税人伪造会计凭证或制作假账,进而逃漏税捐时,则其间有方法结果之牵连关系,以往“刑法”采牵连犯从一重处断,因中国台湾地区“商业会计法”第 71 条第 1 款规定处罚(处 5 年以下有期徒刑、拘役或科或并科新台币 15 万元以下罚金)较重,因此应依据该规定处罚,而不是依据中国台湾地区“税捐稽征法”第 41 条规定之逃漏税捐罪处罚。但牵连犯从一重处断规定已经删除,故应合并处罚。

4. 与秩序罚之关系

中国台湾地区“行政罚法”第 26 条规定一行为不二罚原则,如一行为同时触犯刑罚及秩序罚,应优先按照刑罚处罚。如果纳税义务人如自然人逃漏税捐,涉及中国台湾地区“税捐稽征法”第 41 条逃漏税捐罪时,则优先依据该条处罚刑事制裁,不再科处漏税罚锾。

但在有关公司组织营业人,涉嫌无进货事实取得统一发票作为进项凭证扣抵销项税额,经依中国台湾地区“税捐稽征法”第 41 条规定移送司法机关侦办刑责后,应如何通用中国台湾地区“行政罚法”第 26 条规定疑义乙案。实务上认为,倘若同一行为同时构成中国台湾地区“税捐稽征法”第 41 条及中国台湾地区“营业税法”第 51 条规定之处罚要件者,

---

① 就此中国台湾地区“最高法院”1980 年台上字第 3152 号判决。

因中国台湾地区“税捐稽征法”第 47 条第 1 款系采取“转嫁罚”之体例，明定受处罚之主体为公司负责人，而中国台湾地区“营业税法”第 51 条则规定受处罚之主体为公司，二者处罚主体既有不同，自无中国台湾地区“行政罚法”及第 26 条所揭同一人不能以同一行为而受二次以上处罚之“一行为不二罚”原则之适用，仍应依各该规定分别处罚之。[①]

三、违反代征或扣缴义务罪

中国台湾地区“税捐稽征法”第 42 条规定违反代征或扣缴义务罪：代征人或扣缴义务人以诈术或其他不正当方法匿报、短报、短征或不为代征或扣缴税捐者，处 5 年以下有期徒刑、拘役，或科或并科新台币 6 万元以下罚金。代征人或扣缴义务人侵占已代征或已扣缴之税捐者，亦同。

如扣缴义务人超过扣缴率表所定扣缴率及假借扣缴名义所扣取之款项，尚非中国台湾地区“税捐稽征法”第 42 条第 2 项所称之“税捐”，其侵占该等款项之行为，应无该条项规定之适用。[②]

四、教唆或帮助逃漏税捐罪

中国台湾地区“税捐稽征法”第 43 条规定教唆或帮助逃漏税罪：教唆或帮助犯第 41 条或第 42 条之罪者，处 3 年以下有期徒刑、拘役或科新台币 6 万元以下罚金。税务人员、执行业务之律师、会计师或其他合“法”代理人犯前项之罪者，加重其刑至 1/2。税务稽征人员违反第 33 条规定者，处新台币 1 万元以上 5 万元以下罚锾。

依中国台湾地区财政事务主管部门 2004 年 7 月 12 日台财税字第 930452381 号令发布中国台湾地区“税捐稽征法”第 43 条所定教唆或帮助他人逃漏税捐行为移送侦办注意事项规定：

---

① 中国台湾地区法务主管部门 2007 年 3 月 27 日法律决字第 960005858 号函，中国台湾地区财政事务主管部门 2007 年 4 月 11 日台财税字第 9600142790 号函。

② 中国台湾地区财政事务主管部门 1981 年 6 月 5 日台财税第 34602 号函。

税捐稽征机关查获中国台湾地区“税捐稽征法”第 43 条所定教唆或帮助他人逃漏税捐行为之案件,应依下列规定办理:

(一)有下列教唆或帮助他人逃漏税捐情形者,应予移送侦办:

1. 贩卖、提供空白或填载不实之统一发票、收据或其他证明文件,交付与无交易事实之纳税义务人作为进货、销货或费用凭证使用者。

2. 伪造变造统一发票、照证、印戳、票券、账册或其他文据,供纳税义务人申报纳税使用者。

3. 教唆纳税义务人使用第 1 款或第 2 款之统一发票、照证、印戳、票券、账册或其他文据者。

4. 教唆或帮助纳税义务人利用他人名义从事交易、隐匿财产、分散所得或为其他行为者。

5. 教唆或帮助纳税义务人伪造、变造或使用不实之契约、交易凭证、债务凭证、捐赠收据或其他文据者。

6. 其他教唆或帮助纳税义务人逃漏税捐之行为,对纳税风气有重大不良影响者。

(二)前项各款行为,致纳税义务人逃漏税额未达新台币 10 万元,且情节轻微者,得免予移送侦办。

本条所定帮助纳税义务人以诈术或其他不正当方法逃漏税捐之罪,“系独立性犯罪,不以正犯之存在为必要,为本院所持之见解;该条之罪与第 41 条之罪构成要件亦不尽相同。”①

有关帮助逃漏税捐罪,例如,公司会计小姐帮助公司以诈术或其他不正当方法逃漏税捐,即属之。② 又营业人无销货事实出售统一发票牟取不法之利益,非属营业税课征之标的,免予课征营业税。但其虚开或非“法”出售统一发票之犯行,应视情节依中国台湾地区“刑法”伪造文书罪、诈欺罪及中国台湾地区“税捐稽征法”第 41 条或第 43 条规定办理。③

又如,会计师或记账业务者,利用受托记账机会,将委托记账之厂商

---

① 中国台湾地区“最高法院”1989 年台上字第 1968 号刑事判决。

② 中国台湾地区“最高法院”1985 年台上字第 907 号刑事判决,载《刑事裁判发回更审要旨选辑》(第 5 辑),1987 年,第 163 页。

③ 中国台湾地区财政事务主管部门 1989 年 8 月 3 日台财税第 780195193 号函。

未截废之统一发票，擅开出售，即应适用中国台湾地区“税捐稽征法”第43条之规定办理，成立帮助逃漏税罪。[①]

再如，营利事业进货或支付费用所取得之凭证，如属虚设行号所开立之统一发票，但经查确有进货或支付费用事实者，应依下列情形分别处理：

1. 营利事业之进货或支付费用，未取得对方开立之统一发票，而系取得另一营利事业开立之统一发票顶替者，除依中国台湾地区“税捐稽征法”第44条规定论处外，其涉有帮助他人逃税者，并应依第43条第1项规定处罚。

2. 营利事业之进货或支付费用所取得对方给予之统一发票，事后经查系虚设行号之统一发票者，除应依中国台湾地区“税捐稽征法”第44条规定按未依规定取得凭证论处外，如取得该项虚设行号之发票确属不知情者，得免依中国台湾地区“税捐稽征法”第43条第1项规定处罚（依2006年2月5日施行之中国台湾地区“行政罚法”第26条规定，行政罚与刑事罚竞合时应采刑事优先原则）。[②]

按进货未依规定取得统一发票，中国台湾地区“税捐稽征法”第44条已有特别科处罚锾规定，解释上似不应认为成立帮助销售者逃漏税捐罪，上述实务见解认为应成立帮助逃漏税捐罪，实有商榷余地。其理由有四：

1. 盖营业人销货漏开发票，与嗣后营业人办理税捐申报时有无短漏报销售额，进而为逃漏税捐行为系属二事，其二者间欠缺相当因果关系。

2. 且未必能证明买受人有帮助逃漏税捐之故意（通常是营业人拒开发票，并非买受人故意不取得发票），中国台湾地区“最高法院”2004年度台上字第6894号刑事判决即认为：“第44条第1项之教唆或帮助他人犯逃漏税捐罪，系指行为人故意挑唆或帮助他人以诈术或其他不正当方法逃漏应缴之税款而言，故亦以行为人主观上具有教唆或帮助他人犯逃漏税捐罪之故意，为其成立之前提。”

---

① 中国台湾地区财政事务主管部门1979年7月4日台财税第34486号函。

② 中国台湾地区财政事务主管部门1983年5月19日台财税第33508号函。

3. 销货营业人倘仅消极短漏报税捐,依上开判例见解,因欠缺积极作为,而不成立逃漏租税罪,今正犯尚且不成立犯罪,何以从犯反而成立帮助逃漏税捐罪,二者亦有失衡平,违反税法上体系正义。

4. 就此类似情形,营利事业销售货物,跳开发票,不对直接买受人开立发票,而对买受人之客户开立发票,实务上认为应依据中国台湾地区"税捐稽征法"第44条论处行为罚(释字第252号解释),并未处以帮助逃漏税捐罪,即可明了。

故在此情形,自不应论以帮助逃漏税,以免伤及无辜。

五、负责人之处罚

(一)制定意旨

中国台湾地区"税捐稽征法"第47条规定:本"法"关于纳税义务人、扣缴义务人及代征人应处刑罚之规定,于下列之人适用之:

1. 中国台湾地区"公司法"规定之公司负责人。

2. 中国台湾地区"民法"或其他"法律"规定对外代表法人之董事或理事。

3. 中国台湾地区"商业登记法"规定之商业负责人。

4. 其他非法人团体之代表人或管理人。

前项规定之人与实际负责业务之人不同时,以实际负责业务之人为准。

以往中国台湾地区"税捐稽征法"第47条第1项规定"应处徒刑之规定",才适用于负责人,故对于负责人不得科处拘役或罚金,因违反平等原则,经2011年5月27日释字第687号解释宣告违反中国台湾地区宪制性规定,故于2012年1月4日修正公布该条项改为"应处刑罚之规定"。

其中第2项规定之制定理由指出:

第一,一般通说咸认为法人不得为犯罪主体,法人涉有违反"税捐稽征法"案件由名义负责人代罚显非公平。目前多家公司登记负责人均为法人,如依现行规定,则代罚对象为何?是否为该代表法人之自然人代表?如此一来并无实益也显失公平,是以应回归适用"刑法"总则有关正犯、教唆、帮助、未遂犯等规定办理并应处罚实际负责业务之人为当。

第二,若法人涉有违反中国台湾地区"税捐稽征法"第 41 条规定,依第 47 条规定由负责人代罚。唯目前公司多采公司治理及专业经理人制度,由名义负责人代罚,难符公允。况现今公司登记之负责人为法人者甚多,则代罚之人为登记为负责人之公司?抑或是该公司董事长等?即 A 公司之董事长为 B 公司,B 公司指派 C 自然人为代表人,D 自然人为 B 公司之登记负责人?如此,代罚者是 B、C 或 D?将产生疑义。是以,修正本条规定,回归适用刑法总则有关正犯、教唆、帮助、未遂犯等规定办理并应处罚实际负责业务之人为当。亦即,由实际负责(行为)人负罚责。

就此释字第 687 号解释确立处罚法上之"自己行为责任主义",认为中国台湾地区"税捐稽征法"第 47 条并非转嫁处罚公司负责人规定,而基于无责任即无处罚之原则,民众仅因自己之刑事违法且有责行为而受刑事处罚,"法律"不得规定民众为他人之刑事违法行为承担刑事责任。依据系争规定,公司负责人如故意指示、参与实施或未防止逃漏税捐之行为,应受刑事处罚。故系争规定系使公司负责人因自己之刑事违法且有责之行为,承担刑事责任,并未使公司负责人为他人之刑事违法且有责行为而受刑事处罚,与无责任即无处罚之原则并无抵触。

故公司负责人之所以应负担公司逃漏税捐之刑事责任,其法理基础有二(参照中国台湾地区"行政罚法"第 15 条):

(1)负责人自己违反规定执行职务,致使法人等违反税法上义务逃漏税,应受处罚者,该行为人如有"故意"违法,应予处罚。

(2)负责人违反对于员工之监督义务,且有故意怠于监督的行为,致使法人等逃漏税,应加以制裁。①

此种监督义务的目的,在于确保法人从业人员遵守行政法规所课予

---

① 参见《德国违反秩序罚法》第 130 条规定;Klaus Tiedemann:《法人及其机关之刑事及行政责任》,许玉秀译,载《政大法学评论》第 36 期,1987 年,第 197 页。中国台湾地区台北"高等行政法院"2003 年度简字第 633 号判决:依中国台湾地区"就业服务法"第 64 条第 4 项规定:法人之代表人、法人或自然人之代理人、受雇人或其他从业人员,因执行业务违反第 45 条规定者,除依前 3 项规定处罚其行为人外,对该法人或自然人亦科处各该条之罚锾或罚金。系采两罚之规定,对法人科以处罚则系因其对"法"所赋予监督义务之违反。

法人的税法上义务，包括遵守强制及禁止规定。上述监督员工守法义务，原本应存在于法人与其从业人员之间，即本来是法人的义务。而通过中国台湾地区“税捐稽征法”第 47 条规定，扩张监督义务的范围及于法人的负责人。[①]

如果负责人并无上述违规行为，或仅有监督一般轻微过失而并无故意行为时，则不应受转嫁处罚（中国台湾地区“刑法”第 11 条及第 12 条）。否则，即违反“自己行为、自己负责”之刑事责任原理，也违反刑法上过失责任之处罚，以明文规定者为限之原则。

（二）要件

在纳税义务人为独资合伙营利事业的情形，如有逃漏税，而应转嫁处罚负责人时，应适用中国台湾地区“税捐稽征法”第 47 条规定处罚，而非直接适用中国台湾地区“税捐稽征法”第 41 条规定处罚。[②]

又如，中国台湾地区“税捐稽征法”第 47 条第 3 款所定中国台湾地区“商业登记法”规定之商业负责人应受处罚，系自第 41 条转嫁而来，非因身份成立之罪，此一处罚主体专指“商业登记法”规定之商业负责人而言，原判决理由既谓上诉人非该实业社之负责人，即非转嫁之对象，其纵有参与逃漏税捐之行为，应适用特别规定，成立第 43 条第 1 项之帮助犯（中国台湾地区“最高法院”1986 年台上字第 6183 号判例）。[③]

以往实务上认为公司实际负责人（并非登记名义上之负责人）如参与逃漏公司税捐，依据实务上见解，仅成立中国台湾地区“税捐稽征法”第 43 条第 1 项之帮助逃漏税捐罪，其纵有共犯行为，要无适用中国台湾地区“刑法”第 31 条第 1 项以共犯论处断之余地，[④]亦不得依中国台湾地区

---

① 《德国违反秩序罚法》第 9 条联结第 130 条规定，“营业或企业”负责人也应就监督义务的违反，负担罚锾责任。但营业或企业以外其他法人的负责人，则不必就监督义务的违反，负担罚锾责任。

② 中国台湾地区“最高法院”2005 年台上字第 2106 号刑事判决。

③ 同说，中国台湾地区“最高法院”2005 年台上字第 1954 号刑事判决及中国台湾地区“最高法院”2001 年度台上字第 51 号刑事判决。

④ 中国台湾地区“最高法院”1985 年台上字第 5497 号判决。

区“税捐稽征法”第 47 条第 1 项转嫁处罚规定论处其罪刑[①]（中国台湾地区“最高法院”2005 年度台上字第 2839 号刑事判决）。

但于 2009 年 5 月 27 日修正公布中国台湾地区“税捐稽征法”第 47 条增列第 2 项规定处罚实际负责公司业务之人，上述实务见解似应变更。亦即公司实际负责人也应负担“税捐稽征法”第 47 条逃漏税责任。早年部分实务见解亦认为公司逃漏税捐罪，应处罚公司实际负责人（中国台湾地区“最高法院”2005 年度台上字第 2099 号刑事判决）。

有关公司负责人应负之逃漏税捐刑责，并不因该公司事后已清算完结，法人格消灭而受影响。[②]

（三）共犯问题

上述转嫁处罚公司负责人之规定，“系自同‘法’第 41 条转嫁而来，属于‘代罚’性质，非因身份成立之罪，亦非因其本身之犯罪而负行为责任，自无与他人有犯意联络、行为分担，而成立共同正犯之可能”（中国台湾地区“最高法院”2005 年度台上字第 7372 号刑事判决）。

按 2005 年 2 月 2 日修正公布，2006 年 7 月 1 日施行之中国台湾地区“刑法”第 28 条，将共同正犯之范围，修正限缩于共同实行犯罪者，始成立共同正犯，排除阴谋犯、预备犯之共同正犯。又第 47 条第 1 项关于累犯之修正，将所犯之后罪无论系故意或过失再犯，均得成立累犯；修正限缩为再犯之罪以故意犯为限，始成立累犯。以上之修正属“法律”之变更，非仅为法理之明文化及纯文本之修正（2009 年台上字第 1316 号）。

（四）想象竞合犯问题

刑法上一行为而触犯数罪名之想象竞合犯存在之目的，在于避免对于同一不法要素予以过度评价，其所谓“同一行为”系指所实行者为完全或局部同一之行为而言。因此，中国台湾地区“刑法”修正删除牵连犯之规定后，于修正前原认属于方法目的或原因结果之不同犯罪，其间果有实

---

① 中国台湾地区“最高法院”1990 年台上字第 85 号判决。

② 中国台湾地区财政事务主管部门 1992 年 7 月 16 日台财税第 810217901 号函。

行之行为完全或局部同一之情形,应得依想象竞合犯论拟(2008 年台上字第 3494 号)。①

又中国台湾地区"刑法"于 2005 年 2 月 2 日修正公布,删除第 56 条所定连续犯之规定,自 2006 年 7 月 1 日起施行。因此,已无连续犯评价为同一行为处罚之问题。②

此次中国台湾地区"刑法"第 56 条修正理由之说明谓:对继续犯同一罪名之罪者,均适用连续犯之规定论处,不无鼓励犯罪之嫌,亦使刑罚权之行使发生不合理之现象。"基于连续犯原为数罪之本质及刑罚公平原则之考虑,爰删除有关连续犯之规定"等语,即系将本应各自独立评价之数罪,回归本来就应赋予复数法律效果之原貌(2008 年台上字第 465 号)。

六、主观责任要件

(一)故意

有关逃漏税捐罪,也应适用中国台湾地区"刑法"总则第 11 条及第 12 条规定,既无处罚过失的明文规定,即应限于故意犯。故意必须认识所有全部的租税犯罪之构成要件要素,但行为人不必认识精确的税法上效果。行为人仅须预料到:其经由不完整的或错误的税捐申报之记载说

① 值得注意的是,以往牵连犯之成立,有谓必须在同一犯罪主体之二个以上犯罪行为间,始得成立。例如,中国台湾地区"最高法院"2000 年度台上字第 4547 号刑事判决:中国台湾地区"刑法"第 55 条所规定之牵连犯,必须同一人犯一罪而其方法或结果行为另犯他罪名,始克相当;即必须同一犯罪主体之二个以上犯罪行为间,具有目的与方法或目的与结果之关系,始得从一重处断。公司负责人为纳税义务人之公司以诈术或其他不正当方法逃漏税捐,既非中国台湾地区"税捐稽征法"第 41 条之犯罪或受罚主体,仅依第 47 条第 1 款之规定,代替公司受徒刑之处罚,自与其本身为犯罪主体所犯其他罪名(如中国台湾地区"刑法"第 216 条、第 215 条,中国台湾地区"商业会计法"第 71 条第 1 款等罪)间,不具牵连犯关系。

② 以往实务上在公司负责人为公司逃漏税之情形,也不承认逃漏税捐罪之连续犯。例如中国台湾地区"最高法院"2000 年度台上字第 115 号刑事判决谓:"公司负责人依该条款而适用徒刑之处罚,乃属代罚之性质,并非因其本身之犯罪而负行为责任。而公司为法人,既不具有犯罪能力,自无犯意,其于'税捐稽征法'充其量仅系受罚主体,尤无所谓概括犯意之存在,故公司以不正当方法逃漏税捐,当不可能成立连续犯,该公司负责人因而代罚,亦不应成立连续犯,公司逃漏税捐多次,其负责人应成立多次罪刑,并合处罚。"

明,而短漏税捐,即为已足。在此行为人至少必须对于税捐债权的基础及金额认为可能存在。但如果纳税义务人对于租税犯罪之处罚构成要件之一部分特征要素认识错误,则构成构成要件认识错误,应阻却犯罪故意。[①]

中国台湾地区“最高法院”2004 年度台上字第 6894 号刑事判决即认为:按中国台湾地区“税捐稽征法”第 41 条之逃漏税捐罪,系以诈术或其他不正当之方法逃漏税捐,为其构成要件。而所谓诈术,乃指以伪作真或欺罔隐瞒等积极之不正当作为,致税捐稽征机关陷于错误,而使其得以免纳或少纳应缴之税款,以获取财产上之不法利益之谓。故在解释上,自以行为人主观上具有逃漏税捐之犯罪故意为必要。而第 43 条第 1 项之教唆或帮助他人犯逃漏税捐罪,系指行为人故意挑唆或帮助他人以诈术或其他不正当方法逃漏应缴之税款而言,故亦以行为人主观上具有教唆或帮助他人犯逃漏税捐罪之故意,为其成立之前提。

(二)构成要件错误与违法性认识错误

1. 构成要件错误

如果在实施行为之际,对于属于法律上构成要件之(事实上)情况,未曾认识,即对于有关逃漏税刑罚法规之涵摄之重要事实,未予认识时,则并非故意,盖其欠缺故意所必要的认识,其对于行为情况有错误观念。于此情形,即所谓“构成要件错误”(Tatbestandsirrtum),即不能论以故意之租税犯罪行为。但关于过失行为之秩序罚,仍不受影响。因此,如果欠缺充分证据证明故意逃漏税捐时,则可改依据税捐秩序罚规定处罚漏税罚锾。

因此,纳税义务人或公司负责人应对于该当以诈术或其他不正当方法逃漏税捐之犯罪构成要件的具体事实有所认识。如为挂名之公司负责人,实际上不执行公司业务,并无参与逃漏税捐之行为时,即非转嫁处罚对象。

2. 禁止错误

与构成要件不同的,是禁止错误(Verbotsirrtum),禁止错误乃是行为人对于其行为具有刑法上效果即刑法上所禁止者有错误。禁止错误乃是

---

① Tipke/Lang, Steuerrecht, 20. Aufl., 2010, §23 Rz. 44.

欠缺不法的认识,行为人认为其行为乃法之所许。倘禁止错误不可避免,则行为人虽有故意,但并无责任,亦即不成立犯罪。在其他情形,其刑罚得依法减轻(中国台湾地区“刑法”第17条)。

有关税捐法律状态之错误,是否属于构成要件错误,不无争议。例如,纳税义务人某甲因为误解所得税相关规定,而误认其境外所得免征所得税,因此在所得税申报时,未予纳入申报该笔境外所得,则是否构成故意逃漏税捐罪行为?就此有下述二说:

(1)禁止错误说

由于税法规范乃以补充或填补租税刑法之空白规范为目的,故有谓税法规范应与补充的刑法规范本身相同的处理,有关税法规定当成逃漏税捐罪的构成要件之一部分,因此对于税法规定的错误,等同于逃漏税捐罪的禁止规范之错误,即对于为补充租税刑法规范所引进税法规范之错误,乃属禁止错误,并不能阻却故意,如果纳税义务人可以避免该项错误时,则上述案例构成可归责的故意逃漏税捐行为。[①]

逃漏税捐罪,属于行政犯的一种,因违反命令及禁止规定而成立,如行为人对于该命令及禁止规定并不知悉,且其不知悉具有相当的理由时,可认为行为人并无反社会性或恶性,而应阻却犯意(故意)之成立。[②]

(2)构成要件错误说

德国税法上通说及实务上则认为,如果纳税义务人误认为其税务上处理已经正确无误时,则已经属于欠缺故意之构成要件错误。即行为人未能认识税捐上义务或具体的税捐债权时,乃属欠缺故意之构成要件错误,如要成立故意,行为人不仅必须认识法律所规定与税捐上义务或税捐债权相连结之各项情况,而且也必须认识或认为可能:根据其所知悉之情况,乃产生一项税捐义务或税捐债权。有关税捐上重要的事实以及短漏税捐(以及获得税捐利益),均当成规范上的构成要件要素处理,即必须有认识,才构成故意。

依据此说,上述例子,纳税义务人某甲误认其境外所得免征所得税,

---

① Tipke/Lang, Steuerrecht, 20. Aufl., 2010, §23 Rz. 45.

② [日]田中二郎:《租税法》,平成二年(1990年)第3版,第405页。

因此在所得税申报时,未予纳入申报该笔海外所得,其乃是对于税法上重要事实以及短漏税捐认识错误,属于构成要件错误,不成立"故意"逃漏税捐行为。

七、处罚量刑

有关税捐刑罚之处罚,依中国台湾地区"刑法"第 57 条规定,科刑时应以行为人之责任为基础,并审酌一切情状,尤应注意犯罪之动机、目的、生活状况等事项,为科刑轻重之标准。就此德国学说认为应依据行为人个人的责任程度量刑,采取所谓"责任程度原则"(Schuldmaßprinzip)(参照《德国刑法典》第 46 条)。[①]

在此于处罚罚金刑时,可区分两个步骤:第一,依据客观上逃漏税之金额(由法官本于自由心证确信认定之最少漏税金额,并考虑国库税收实际损害情形),[②]衡量其责任程度。即决定得科处罚金之日数(Tagessätze)。第二,再本于"损失平等原则"(Grundsatz der Opfergleichheit),按照判决时犯罪行为人之个人经济状况(行为人可获得之平均每日净额所得),决定每日罚金数额(最低 1 欧元,最高 5000 欧元)(在决定衡量其金额时,不得过于严苛)(参照《德国刑法典》第 40 条第 2 项)。[③]

假设科处罚金日数为 360 日,每日罚金 20 欧元,则罚金总额为 360 日×20 欧元/日 =7200 欧元。如果依据犯罪行为人之不法内涵以及其个人责任程度无法以罚金补偿时,则仅能科处自由刑。

在此德国实务上并认为逃漏税捐罪之处罚,应适用《德国刑法典》第 46 条之 1 规定,斟酌纳税义务人犯罪后之善后行为态度,例如,嗣后努力补缴逃漏税款,以使国库损害获得填补(行为人对于受害人之损害补偿)(Täter-Opfer-Ausgleich),即得减轻或免除其处罚。[④]

中国台湾地区实务上如果涉嫌逃漏税捐罪之纳税义务人嗣后补缴所

---

① Tipke/Lang, Steuerrecht, 20. Aufl., 2010, §23 Rz. 71.

② Tipke/Lang, Steuerrecht, 20. Aufl., 2010, §23 Rz. 74.

③ Jäger, in: Klein, AO, 11. Aufl., 2012, §370 Rn. 321 f.

④ BGH wistra 1992, 339.

漏税款,以填补财政损害,通常法院也会从轻处罚,与德国实务上做法相同。

八、处罚程序

中国台湾地区"税捐稽征法"第 31 条规定,税捐稽征机关对逃漏所得税及营业税涉有犯罪嫌疑之案件,得叙明事由,声请当地司法机关签发搜索票后,会同当地警察或自治人员,进入藏置账簿、文件或证物之处所,实施搜查;搜查时非上述机关人员不得参与。经搜索获得有关账簿、文件或证物,统由参加搜查人员,会同携回该稽征机关,依规定处理。

司法机关接到稽征机关前项声请时,如认有理由,应尽速签发搜索票;稽征机关应于搜索票签发后 10 日内执行完毕,并将搜索票缴回司法机关。其他有关搜索及扣押事项,准用中国台湾地区"刑事诉讼法"之规定。

基于刑事诉讼程序上之法定原则,稽征机关在掌握有关事实足以认定有逃漏税捐罪行为之嫌疑时,即应移送检察官发动刑事侦查程序。依据两公约之无罪推定原则,如果仅是单纯怀疑有逃漏税捐行为,尚不应发动刑事侦查程序。而应在具有"充分的事实上支持点(理由)",足以推论出有可能犯罪时,才足以构成犯罪嫌疑,而应移送侦办。①

有关逃漏税捐罪,中国台湾地区财政事务主管部门订定有移送侦办准则,依 2006 年 2 月 6 日台财税字第 9504508090 号函修正发布:中国台湾地区"税捐稽征法"第 41 条所定纳税义务人逃漏税行为移送侦办注意事项:"纳税义务人有下列情形之一而故意逃漏税捐者,应予移送侦办:一、无进货或支付事实,而虚报成本、费用或进项税额者。二、伪造变造统一发票、照证、印戳、票券、账册或其他文据者。三、开立收执联金额大于存根联金额之统一发票或收据者。四、漏开或短开统一发票同一年内达三次以上者。五、利用他人名义从事交易、隐匿财产、分散所得或其他行为者。六、使用不实之契约、债务凭证或其他文据者。七、其他逃漏税捐

---

① Tipke/Lang, Steuerrecht, 20. Aufl., 2010, §24 Rz. 10.

行为,对纳税风气有重大不良影响者。”①

在犯罪调查程序中,纳税义务人有拒绝陈述事实之权利,而无协助查明逃漏税捐之犯罪事实之义务。故不得强迫其为不利于自己之陈述导致遭受处罚之危险(不自证己罪原则)。② 因此,德国联邦最高法院判决认为,基于上述不自证己罪之原则,如果针对某一年度已经进行侦查程序调查纳税义务人之逃漏税捐罪之行为时,则在该年度,被补强处罚之税捐申报义务在此范围内应暂停。③ 但在其后续年度之税捐申报,则不适用之。纵然可能因此被推论出有关该刑事程序上结论,亦然。盖上述原则,仅得消极沉默,而并非允许纳税义务人继续从事新的不法行为。④ 且如果犯罪嫌疑人未进行协力,稽征机关在本税之核定上,可能对于其进行不利的推估。

第三节　自动报缴免罚

一、概说

“税法”为鼓励逃漏税之纳税义务人改过自新,于中国台湾地区“税捐稽征法”第 48 条之 1 规定自动补报补缴免罚:纳税义务人自动向税捐稽征机关补报并补缴所漏税款者,凡属未经检举、未经稽征机关或财政部指定之调查人员进行调查之案件,下列之处罚一律免除;其涉及刑事责任者,并得免除其刑:第一,本“法”第 41 条至第 45 条之处罚。第二,各“税法”所定关于逃漏税之处罚。

前项补缴之税款,应自该项税捐原缴纳期限截止之次日起,至补缴之

---

① 原先中国台湾地区财政事务主管部门 1993 年公布之移送基准,采取微罪不举原则,体现情理法兼顾原则,即前项各项行为,逃漏税额未达新台币 10 万元,且情节轻微者,得免予移送侦办。可惜新修正基准删除之,似顾及尊重检察机关职权,然而反而不如以往通情达理。

② 《德国税捐通则》第 393 条第 1 项第 2 句参照。

③ BGH wistra 2002,150 f.

④ Tipke/Lang,Steuerrecht,20. Aufl. ,2010,§24 Rz. 12.

日止，就补缴之应纳税捐，依原应缴纳税款期届满之日“邮政储金汇业局”之一年期定期存款利率按日加计利息，一并征收。[①]

如纳税义务人漏开发票而不涉及漏税案件，于检举日及查获日前补开并补报者，依上规定免按中国台湾地区“税捐稽征法”第44条规定处罚。[②] 倘若只是补开发票，但未立即补报营业税，而被检举后才补报营业税时，则仍应处罚，不能免罚。

此种自动补报免罚规定，于扣缴义务人、代征人、代缴人及其他依税捐稽征法负缴纳税捐义务之人准用之（中国台湾地区“税捐稽征法”第50条）。故如扣缴义务人等有违章漏税情形，亦适用自动补报免罚规定。

因此倘若纳税人涉及逃漏税，事后悔悟想要改正时，应实时在未被检举或查获之前，尽速自动补报补缴税款，即可免罚。

二、自动报缴免罚的正当化根据

税捐自动报缴（自首）是对于已经完成的逃漏税捐行为，因为中止违法行为而回复原状的行为。此属于个人的免罚事由，对于已经成立之逃漏税行为溯及既往免予处罚。

---

① 1977年《德国税捐通则》第371条亦规定逃漏租税罪之自首（Selbstanzeige）免罚如下："在第370条规定情形，向稽征机关更正或补充不正确或不完备之说明，或补行未作成之说明者，在此范围内免罚。有下列之情形者，不得免罚：在作成更正、补充或补行之前，有下列之情形者：（1）稽征机关之公务员，已为租税之调查而到场，或为进行侦查租税犯罪行为或违反租税秩序行为而到场者，或（2）已对于行为人或其代理人，通知因其行为而开始刑罚程序或罚锾程序，或在作成更正，补充或补行之行为时，其行为已经全部或一部被发觉，且行为人已知悉此种情形或在实际情况之合理判断下，应可知悉者。已发生租税短漏或已获得租税利益者，参与该犯罪行为之人，必须在对其所指定之相当期间内，缴纳为其利益所短漏之租税，始得免罚。第153条所规定之报备（Anzeige），经已准时及依规定提出者，则未提出或不正确或不完全的提出第153条所规定之申报之第三人，在刑法上不受追诉，但对于该第三人或其代理人，前此已通知就该行为开始刑罚程序或罚锾程序者，不在此限。第三人为自己之利益而行为者，准用第三项之规定。"又《德国租税通则》第378条第3项规定重大过失短漏租税之秩序罚的自首免罚如下："对于行为人或其代理人，通知因其行为而开始刑罚程序或罚锾程序前，行为人向稽征机关更正或补正不正确或不完备之说明，或补行未提出之说明者，不予核定罚锾。第371条第3项及第4项之规定准用之"（有关《德国租税通则》之中译文，参见《德国租税通则》，陈敏译，1985年）。

② 中国台湾地区财政事务主管部门1993年11月3日台财税第821500923号函。

(一)财政目的说

本条自首免罚规定有认为基本上属于“财政政策目的”规定,其目的在开发已经被逃漏税行为所隐匿之税源,以增加税收。通过自首免罚工具,作为交换发现以往所不知的税收来源。借由纳税义务人之协力,以达掌握税源进行课税之目的。故其主要的正当化根据,乃基于税捐政策上之衡量,属于一种“必要之恶”。申言之,税捐权利人在相对于税捐义务人之关系上,乃处于弱势地位,由于其要求税捐义务人支付金钱,却未为特别的对待给付,难免遭遇反抗。因此若无税捐义务人协力陈述开示其经济上及私人的关系,则税捐债权人将无法正确核定其税捐债权金额。

因此为掌握税源,乃图使税捐义务人陷于一种心理的强制状态:在其拒绝协力于确认课税基础时,将使其蒙受刑罚制裁;同时亦对其承诺:如果税捐义务人嗣后自愿的履行先前违法未经提出的租税给付时,则(在一定的范围内)免予处罚。

(二)处罚目的说

另有认为自首免罚规定的意旨,在鼓励纳税义务人自首,刑罚免除的期待也容易促使税捐违章者重返诚实纳税之途。即考虑重建税捐的真实性、税捐明确性及税捐正义,考虑经由自首所促成之纳税意愿及税捐道德,考虑重新获得税捐和平等。

且因自首而缴纳所逃漏之税捐,不仅可完成财政之任务,也可避免因逃漏所引起对于纳税人之不公平,故财政任务之履行与课税公平暨课税正义两个观点,足以正当化自首免罚之例外规定所生不利益。

基于刑事政策之利益,由于逃漏租税罪为智慧犯罪,其行为及其结果并未留下可看见之痕迹,其侦查相当困难,故为查明所不知悉之租税犯罪行为,亦有促其自首之必要。

再者,自动申报亦可期待申报人在将来依规定履行其租税义务。其先前错误之更正,在许多案件中,由于资产负债表连续性或不同税目之相互交替作用,而为其后续年度及其他税目之正确的盈余计算与正确的租税申报之先决前提条件。因此,纳税义务人在进行自动申报后,将自我期待稽征机关对于其将来的租税上行为提高注意,而容易促使其回复诚实申报纳税。

另有认为自首免罚之正当化依据,在于发现以往所未知悉之税源,并除去行为人因逃漏税所获得之利益。唯自首免罚规定并不仅在单纯发现所不知悉之税源,而毋宁尚包括开拓税源,故其正当化根据仍在于租税不法(不正)之回复原状。①

由于在实务上经常因为纳税义务人唯恐被发现逃漏税行为而自首,例如,稽征机关将开始进行查账、公司未能善待离职员工而可能遭挟怨报复、同业的业务竞争敌人、离婚案件之配偶等,而有遭受第三人检举逃漏税之危险。在此类案件中,稽征机关以自己能力也可以调查发现逃漏税行为。因此以违规法律状态之回复原状,鼓励被告改过自新之处罚目的理论,较能完整说明自首免罚之目的。②

三、免罚要件

纳税义务人自动向税捐稽征机关补报税捐者,只要符合“未经检举”或“未经稽征机关或中国台湾地区财政事务主管部门指定之调查人员进行调查”之任一条件,均有修正后中国台湾地区“税捐稽征法”第 48 条之 3 第 1 项免罚规定之适用(中国台湾地区“最高法院”2002 年度台上字第 2028 号刑事判决)。由于“税捐稽征法”第 48 条之 1 属于实体处罚规定之一部分,因此应适用处罚规定上“有疑问,则为有利被告之认定原则”(in dubio pro reo)。③

自动报缴免罚规定,必须符合下述要件:

---

① 有关此问题,参见陈清秀:《租税违章自首免罚制度》(上、下),载《植根杂志》第 7 卷第 7 期、第 7 卷第 8 期。

② Tipke/Lang,Steuerrecht,20. Aufl. ,2010, §23 Rz. 55.

③ Tipke/Lang,Steuerrecht,20. Aufl. ,2010, §23 Rz. 54.

(一)属于未经检举之案件或未经进行调查之案件

1. 未经检举之案件

未经检举之案件自动报缴免罚规定系以未经检举及未经稽征机关或中国台湾地区财政事务主管部门指定之调查人员进行调查之案件为限。所称“未经检举”,应指未经他人向税捐稽征机关或其他职司调查之机关(如调查局)检举而言。[①] 且所称“经检举”一语,并未限定检举人之身份,亦未限定须向稽征机关或中国台湾地区财政事务主管部门指定之调查人员检举。故违章漏税案件,经人向有权处理机关检举或经有权处理机关主动察觉或查获者,均属经检举之案件,无中国台湾地区“税捐稽征法”第48条之1补税免罚规定之适用。[②] 至于有权处理机关,系指对违章漏税案件有审核、调查、处分等权限之机关。

至于检举案件之牵连案件(指查获检举案件涉嫌违章漏税后,又另发现其他纳税人亦涉嫌违章漏税之案件),其调查基准日应以税捐稽征机关查获违章证物之日为准,[③]而不以检举日为准。

因此,“调查局北部地区机动工作组”于接获检举侦办虚设行号之案件,对涉及下手营业人取得该虚设行号之不实统一发票,作为进项凭证虚报进项税额,该组如已查获并取得具体证据,应以该组“查获该具体违章证物之日”为调查基准日,如须移请稽征机关查核始能确定营业人是否逃漏税捐者,其调查基准日,应以稽征机关“函查日”为准。涉嫌漏税之营业人,应以在调查基准日之前,自动补报并补缴所漏税款者,始有中国台湾地区“税捐稽征法”第48条之1补税免罚规定之适用。[④]

---

① 中国台湾地区财政事务主管部门1980年6月30日台财税第35179号函。中国台湾地区“最高行政法院”2005年判字第1301号判决;中国台湾地区法务主管部门“调查局”依其“组织条例”第2条规定,掌理有关危害公共安全与违反公共利益之调查、保防事项,自属有权调查处理逃漏税案件之机关。

② 中国台湾地区财政事务主管部门1981年2月19日台财税第31318号函;中国台湾地区“最高行政法院”2005年12月29日2005年判字第2042号判决。

③ 中国台湾地区财政事务主管部门1990年6月5日台财税第780706120号函。

④ 中国台湾地区财政事务主管部门“赋税署”1992年7月22日台税二发第810804531号函;中国台湾地区“最高行政法院”2005年12月29日2005年判字第2042号判决。

2. 属于未经进行调查之案件

中国台湾地区“税捐稽征法”第48条之1的意旨在鼓励有漏报、短报者自新，自动向稽征机关补报，以免逃漏税捐，故该条所称进行调查案件，应解释为稽征机关人员着手（包括函查调卷等）调查之日期为准，始符合制定之本意。亦即倘稽征机关仅分案交指定之调查人员签收，该调查人员尚未进行调查前，纳税义务人即自动补报并补缴所漏税款者，仍应免除漏税、短报之处罚。①

所谓“进行调查”，“应系指税捐稽征机关对某一特定事件已产生怀疑，而针对该特定事件已开始发动调查程序，展开调查，且从已掌握之证据资料中，对违章事实之存在产生高度可能存在之合理推测之情况。至于调查程序之发动有无对外宣示或表征，或已否产生构成违章事实之明确认定，则非所问”。（2005年度判字第2036号判决）

本条自动报缴免罚之制定意旨，“乃因此类案件相关人员既尚未发现，为能激励自新之故，是本条规定所谓‘进行调查’，系指有充分之事实证明有关机关对某一特定个案申报异常之状况，开始进行进一步了解之行为而言，至于调查之方式、过程以及调查之结果，并不能影响有关机关是否已开始进行调查之事实之认定”。（2005年度判字第887号判决）

在此所称稽征机关进行调查案件，其中所称稽征机关，是否以纳税义务人所属主管稽征机关为准，不无疑义。中国台湾地区“最高行政法院”2005年度判字第758号判决认为：所称稽征机关，不以管辖稽征机关为限，从“法条”规定并包括未经检举或未经中国台湾地区财政事务主管部门指定之调查人员进行调查之文义，即可推知。因此，该判决认为：如果“其他稽征机关”对于公司实质上之变相盈余分配，通知公司办理扣（免）缴凭单申报，即已认为公司之股东（属于其他辖区之稽征机关管辖）有本件营利所得，应申报综合所得税，始应由公司办理扣缴申报，自与股东漏未申报本件营利所得之事实有关。故就系争公司营利所得之所得人股东有无申报该笔所得，应以该“其他稽征机关”通知公司补办扣缴申报之通知日，作为查获基准日，而非以主管稽征机关进行调查之日为准，股东如

---

① 中国台湾地区司法机构“第一厅”1984年8月30日（1984）厅民二字686号函。

于查获基准日后补申报系争所得，自不符合中国台湾地区“税捐稽征法”第 48 条之 1 自动补报补缴规定。

故实务上似倾向于认为所称“稽征机关或中国台湾地区财政事务主管部门指定之调查人员进行调查之案件”，系指各税捐稽征机关或中国台湾地区财政事务主管部门指定之调查人员已察觉纳税义务人有可疑之违章事实，并就调查者而言，并不以纳税义务人所辖税捐稽征机关进行调查者为限。且调查基准日之时点，系依据调查人员是否已掌握违章事实之具体事证为认定。又于“牵连案件”之情形，即经由原先检举或查获之漏税案件再行发现之其他逃漏税案件，其调查基准日之认定，自应以稽征机关或有权调查机关（如中国台湾地区法务主管部门“调查局”）因此而查获具体违章证物之日为准。①

关于“进行调查之案件”，中国台湾地区财政事务主管部门 1991 年 8 月 16 日台财税第 801253598 号函颁布中国台湾地区“税捐稽征法”第 48 之 1 所称进行调查之作业步骤及基准日之认定原则。其作业步骤及基准日之认定原则为：“一、稽征机关单位主管应视经办人员每人每日可办理件数，分批交查签收。二、经办人员应于交查签收当日立即进行调查、调卷、调阅相关数据或其他相同作为，并应详予记录以资查考，借昭公信。进行调查之作为有数个时，以最先作为之日为调查基准日。调查基准日以前补报并补缴或核定之日以后，就核定内容以外补报并补缴者，适用自动补报并补缴免罚之规定。”

至于经有权处理机关（包括税捐机关）主动察觉或查获者，依中国台湾地区财政事务主管部门前述 1981 年台财税第 31318 号函释，属经检举案件。②

关于中国台湾地区“税捐稽征法”第 48 条之 1 所称进行调查之基准日，于印花税案件，应以稽征机关实施检查日为准。③

（二）排除违法行为：自动补报

纳税义务人必须自己履行其申报税捐义务（自动补报），始能免罚。

① 中国台湾地区“最高行政法院”2005 年判字第 290 号判决。
② 中国台湾地区“最高行政法院”2004 年判字第 1635 号判决。
③ 中国台湾地区财政事务主管部门 1994 年 11 月 3 日台财税字第 831618957 号函。

即应将原先短漏报税捐行为更正为正确之信息。公司漏报1989年度营业收入，唯该公司于稽征机关进行调查前即自行合并申报为1990年度营业收入，其合并申报为1990年度营业收入所缴纳之税款部分，准予适用中国台湾地区“税捐稽征法”第48条之1规定加计利息免罚。①

营利事业逾期办理结算申报，如符合中国台湾地区“税捐稽征法”第48条之1规定自动补报并补缴所得税之案件，嗣经调查发现有漏报或短报应申报之课税所得额情事者，应依中国台湾地区“所得税法”第110条第1项规定处罚。②

在税法上利害关系人(公司负责人、权利义务概括承受人、税务代理人等)因恐系争逃漏税行为而被一并处罚，因此自动申报税捐，以履行税法上义务时，解释上应可类推适用本条规定免除其处罚。③

至于如由债权人代位申报税捐(遗产税)，以维护债权人之私法上权利为目的，则应无免罚之适用。在由纳税义务人申报稽征机关核定发单征收之案件，例如，纳税义务人未依规定办理遗产税或赠与税之申报，如在未经检举及未经稽征机关或中国台湾地区财政事务主管部门指定之调查人员进行调查前，纳税义务人 自动提出补报者，准依中国台湾地区“税捐稽征法”第48条之1自动补报免罚之规定办理。④

又在纳税义务人违反协力义务，未依据中国台湾地区“税捐稽征法”第44条规定保存凭证的情形，如果嗣后已经可以补提凭证时，则即已符合制定目的，而未违背保存凭证之义务，无须处罚，不适用中国台湾地区“税捐稽征法”第48条之1自动补报免罚规定(释字第642号解释，中国台湾地区“税捐稽征法”第48条之1第2项)。

(三)排除违法结果：补缴税款及其利息

在纳税义务人有短漏税捐的情形，并应补缴所漏税款，始得免罚。即

---

① 中国台湾地区财政事务主管部门1994年3月7日台财税字第830050221号函。

② 中国台湾地区财政事务主管部门2002年1月23日(2002)台财税字第0900457369号函。

③ 参见《德国税捐通则》第371条第4项。Tipke/Lang, Steuerrecht, 20. Aufl., 2010, §23 Rz. 56.

④ 中国台湾地区财政事务主管部门1980年2月29日台财税第31747号函。

应将逃漏税行为之不法结果排除，将逃漏税行为所造成之税收损害回复原状。

又自动补缴税款仍应加计利息。即其自动补缴之税款，应自该项税捐原缴纳期限截止之次日起，至补缴之日止，就补缴之应纳税捐，依原应缴纳税款期间届满之日邮政储金汇业局之一年期定期存款利率按日加计利息，一并征收（中国台湾地区“税捐稽征法”第 48 条之 1 第 3 项）。

四、免罚范围

自动报缴免罚范围，包括下述处罚：

（一）逃漏税捐之刑罚

包括中国台湾地区“税捐稽征法”第 41 条至第 43 条规定之税捐刑罚，以及其他因逃漏税而涉及其他刑事犯罪责任，如伪造文书、违反商业会计法等刑责。

中国台湾地区“最高法院”2011 年台上字第 6618 号刑事判决指出，依据 1993 年 7 月 16 日修正之中国台湾地区“税捐稽征法”第 48 条之 1 制定理由，以为鼓励纳税义务人自动补报，明定免除刑事责任，为消除纳税义务人之疑虑，爰明定免除第 41 条至第 45 条之处罚。足征中国台湾地区“税捐稽征法”第 48 条之 1 第 1 项后段所称其涉及刑事责任者并得免除其刑之规定，系指纳税义务人触犯中国台湾地区“税捐稽征法”以外之其他刑罚规定而言。如所触犯者系“税捐稽征法”第 48 条之 1 第 1 项第 1 款所定第 41 条至第 43 条之犯罪，即应适用第 48 条之 1 第 1 项前段规定一律免除处罚。又所谓处罚一律免除，即指“法律”所不罚之行为，而非仅得免除其刑。

（二）逃漏税捐之秩序罚，包括行为罚及漏税罚

免除范围也及于逃漏税捐之秩序罚，包括行为罚及漏税罚。例如，各税法所定关于逃漏税之处罚，尤其漏税罚锾，以及中国台湾地区“税捐稽征法”第 44 条及第 45 条规定之秩序罚。包括未依规定给予或取得凭证

之罚则及未依规定设置登载账簿之罚则。

至于可否免征滞纳金,不无疑义。实务上认为,在所得税自动报缴案件,仅须加计利息,免加征滞纳金。[①] 此项见解,应值得赞同。至于逾期申报契税所加征的怠报金,则无补报免罚的适用。[②]

① 中国台湾地区财政事务主管部门 1983 年 10 月 22 日台财税第 37511 号函。

② 中国台湾省“税务局”1986 年 1 月 8 日税三字第 67930 号函。

第五章　税捐权利保护

第一节　税捐行政救济

一、申请复查

(一)复查程序之机能

税捐案件涉及所有纳税人,性质上为大量、反复的事件,稽征机关为讲求稽征效率,迅速处理起见,难免认事用法发生错误,而有赖行政救济程序加以纠正,以符依法课税原则,并维护纳税人权利。又税捐事件尤其在所得税与营业税事件,经常涉及税务会计之专业知识,并需查核账簿凭证,调查许多复杂的事实及证据,故必须备有充分的专业人力,才能处理。因此,为减轻诉愿机关及"行政法院"的工作负担,疏减讼源,并使稽征机关就近本于其查核专业,重新查核,以维护纳税人权益,有关税捐行政救济程序,乃采复查前置主义。对于稽征机关的课税处分,强制规定非经申请复查,不得径行提起诉愿(中国台湾地区"税捐稽征法"第 35 条、第 38 条、1965 年判字第 210 号、1971 年判字第 743 号判例)。

又申请复查与查对更正并不相同。依中国台湾地区“税捐稽征法”第17条的规定：“纳税义务人如发现缴纳通知文书有记载、计算错误或重复时，于规定缴纳期间内，得要求税捐稽征机关，查对更正”，故如纳税义务人系主张其根本不应课征税款，并非谓核定税额通知书之记载或计算，有何错误，则为不服原处分申请复查，并非申请查对更正。

在查对更正的情形，如因稽征机关作业关系，在限缴日期届满后始行答复者，纵经查对结果并无错误，仍应改订缴纳期间，以资便民。[①] 在课税处分确定案件，“嗣经稽征机关依职权更正其应纳税额时，应重新发单并另行改订限缴日期。”[②]

唯已移送执行之欠税案件，虽经稽征机关本于职权更正应纳税额，亦毋庸再重新发单。[③]

（二）申请复查的对象

纳税义务人对于稽征机关所作成之下述行政处分，如有不服时，得申请复查（中国台湾地区“税捐稽征法”第35条第1项、第49条准用第35条）：

1. 核定税捐之课税处分。

2. 核定滞纳金、利息、滞报金、怠报金、短估金及罚锾之处分。

又扣缴义务人、代征人、代缴人及其他依中国台湾地区“税捐稽征法”第13条、第14条规定负缴纳税捐义务之人（如清算人、遗嘱执行人、继承人、受遗赠人或遗产管理人），对于稽征机关所作成核定扣缴、代征、代缴或赔缴税捐之处分，如有不服时，亦得申请复查（中国台湾地区“税捐稽征法”第50条准用第35条）。

至于纳税义务人依中国台湾地区“税捐稽征法”第28条规定申请退还溢缴税款，经稽征机关驳回申请者，并非核定税捐之处分，故不在申请复查之范围。

---

① 中国台湾地区财政事务主管部门1981年1月3日台财税第30009号函。
② 中国台湾地区财政事务主管部门1989年5月1日台财税第781143812号函。
③ 中国台湾地区财政事务主管部门1990年9月4日台财税第791196310号函。

又对于稽征机关之其他行政处分(如停止营业处分,驳回申请抵缴税款之处分等),如有不服,亦应提起诉愿,不在申请复查之范围。

有关境外输入之货物,由海关代征之税捐,其征收及行政救济程序,准用"关税法"及"海关缉私条例"之规定办理(中国台湾地区"税捐稽征法"第35条之1)。不适用一般税捐由稽征机关审理复查之规定。

依据中国台湾地区"关税法"第45条的规定,纳税义务人如不服海关对其进口货物核定之税则号别、完税价格或应补缴税款或特别关税者,得于收到税款缴纳证之翌日起30日内,依规定格式,以书面向海关申请复查,并得于缴纳全部税款或提供相当担保后,提领货物。

海关对复查之申请,应于收到申请书之翌日起2个月内为复查决定,并作成决定书,通知纳税义务人;必要时,得予延长,并通知纳税义务人。延长以一次为限,最长不得逾2个月(中国台湾地区"关税法"第46条第1项)。对于复查决定如有不服,得提起诉愿及行政诉讼(中国台湾地区"关税法"第47条第1项)。

(三)申请复查的方式

1. 申请复查期间

申请复查期间,可分下述三种情形(中国台湾地区"税捐稽征法"第35条第1项):

(1)依核定税额通知书(税单)所载有应纳税额或应补征税额者,应于缴款书送达后,于缴纳期间届满翌日起算30日内,申请复查。

(2)依核定税额通知书所载无应纳税额或应补税额者,应于核定税额通知书送达后30日内,申请复查。

(3)依中国台湾地区"税捐稽征法"第19条第3项规定纳税义务人为全体共有人(共同共有人。——编者注),而受送达核定税额通知书或以公告代之者,应于核定税额通知书或公告所载应纳税额或应补征税额缴纳期间届满之翌日起30日内,申请复查。

由于课税处分送达纳税义务人之后,即发生效力,受处分人如有不服,自可请求救济,因此,在纳税义务人收到税单后,于缴纳期间届满之前,解释上应可申请复查,俾早日进行并终结行政救济程序,以达成迅速有效之权利保护目的。

又申请复查期间起讫计算,应依中国台湾地区“行政程序法”第48条的规定,期间以日、星期、月或年计算者,其始日不计算在内。期间之末日为星期日、假日或其他休息日者,以该日之次日为期间之末日;期间之末日为星期六者,以其次星期一上午为期间末日。[①]

如纳税人邮寄申请书申请复查者,依中国台湾地区“行政程序法”第49条的规定:基于“法规”之申请,以挂号邮寄方式向行政机关提出者,以交邮当日之邮戳为准。因此,得以发寄局邮戳日期为准,认定申请复查日期是否已逾复查期间。[②]

纳税义务人或其代理人,因天灾事变或其他不可抗力之事由,迟误申请复查期间者,于其原因消灭后一个月内,得提出具体证明,申请回复原状。但迟误申请复查期间已逾一年者,不得申请。前项回复原状之申请,应同时补行申请复查期间内应为之行为(中国台湾地区“税捐稽征法”第35条第2项、第3项)。

2. 复查申请书

申请复查应依规定格式,叙明理由,连同证明文件。如纳税人主张应予免税,虽未于声明书内表明复查字样,但既主张应予免税,无论用语如何,要应认其真意为依规定申请复查。纵令申请书格式有所不合,证件理由亦未叙明,被告行政机关尽可饬其补正(“行政法院”1961判45判例)。

复查申请书之格式,可以下述方式表现之。

---

① 以往星期六上班半天,因此期间末日如遇星期六,因下午休息不办公,依中国台湾地区“民法”第122条规定及参照中国台湾地区“最高法院”1970年台抗字第230号判例,准延长半天算至次星期一上午始行届满(中国台湾地区财政事务主管部门1989年4月2日台财税第780071419号函)。自2001年1月1日起星期六整天不上班,亦属于休息日,因此似应延长至星期一,而不只是准延长半天算至次星期一上午。

② 以往中国台湾地区“行政程序法”施行之前,纳税人以邮寄申请复查,是采发信主义或到达主义,因无明文,中国台湾地区财政事务主管部门为维护民众权益,特采发信主义,认为得以发寄局邮戳日期为准(中国台湾地区财政事务主管部门1979年9月12日台财税第36386号函)。

复查申请书

复查申请人　ZH 企业有限公司　设台北市仁爱路某段某号

负　责　人　王某某　住同右

代　理　人　某某某律师　台北市信义路三段×××之××号×楼

原处分机关　中国台湾地区财政事务主管部门“台北国税局”

为因 2003 年度营利事业所得税事件，不服原处分机关 2005 年 5 月 1 日税法字第某号函所为补税及罚锾处分（附件一），谨申请复查事：

复查声明

一、原补税处分及罚锾处分均撤销。

事　实

一、缘申请人于 2001 年将其所有之机器设备出售予乙公司，约定买卖价金新台币 300 万元，并已于当年度交货及收受价款完毕，且已报缴营利事业所得税在案。此有买卖契约书、出货单、收款支票及 2001 年度营利事业所得税结算申报书可稽（附件二）。

二、孰料原处分机关竟误认申请人于 2003 年度销售系争机器设备，而据以补征 2003 年度之营利事业所得税 60 万元并科处漏税罚锾 48 万元，申请人不服，爰申请复查。

理　由

一、本件申请人就系争机器之销售收入，业已于 2001 年度营利事业所得税结算申报时，纳入申报并缴税完毕。今原处分再补征税款，显系重复课税，于规定不合。

二、次查系争机器设备系于 2001 年销售并交货，并非于 2003 年发生系争销售交货行为，其所得自非归属 2003 年度。原处分对之据以核课 2003 年度之营利事业所得税并科处罚锾，于规定显有违误。

三、爰依规定申请复查，恳请贵局鉴核，惠准撤销原补税处分及罚锾处分，以符法制，而维民众权益，至为感祷。

附件一：原处分书复印件及缴款书正本。

附件二：买卖契约书、收货单、收款支票、结算申报书复印件各乙份。

附件三：委任状乙份。

谨　呈

中国台湾地区财政事务主管部门“台北国税局”　公鉴

复查申请人　ZH企业有限公司

负　责　人　王某某

代　理　人　某某某律师

年　月　日

(四)复查审理及决定

1. 复查机关

复查案件由原处分机关审理决定。税捐稽征机关办理各项税捐之复查案件，设“复查委员会”。

“复查委员会委员”以下列人员充任之：

(1)机关负责人或副负责人，并兼任“主任委员”。

(2)有关单位主管。

(3)机关负责人指定有关人员3人至9人。

机关负责人得就前项“委员”中指定一人为执行秘书，并得指定本机关有关人员处理复查案件(中国台湾地区“税捐稽征机关复查委员会组织规程”第2条)。

“复查委员会”审议案件时，应将各“委员”不同意见详细列入纪录，并得请有关人员列席(中国台湾地区“税捐稽征机关复查委员会组织规程”第4条第2项)，于必要时得向纳税义务人调查或询问，对于有关财产之价格无法评价时，得委托专家评估(中国台湾地区“税捐稽征机关复查委员会组织规程”第5条)。

上述“复查委员会委员”全部由稽征机关人员组成，与“诉愿审议委员会”有民间专家学者等社会公正人士参与的情形有别，本书认为“复查委员会”似可考虑邀请财税及法律专家学者参与提供专业意见，应可提升其决定质量。就此宜修正“复查委员会”之组织规程纳入上述建议方案。

2. 审理决定

税捐稽征机关对有关复查之申请，应于接到申请书之翌日起 2 个月内复查决定，并作成决定书，通知纳税义务人；纳税义务人为全体公同共有人者，税捐稽征机关应于公同共有人最后得申请复查之期间届满之翌日起 2 个月内，就分别申请之数宗复查合并决定（中国台湾地区“税捐稽征法”第 35 条第 4 项）。

前项期间届满后，税捐稽征机关仍未作成决定者，纳税义务人得径行提起诉愿（中国台湾地区“税捐稽征法”第 35 条第 5 项）。

（1）程序不合法，不受理决定

复查机关审理复查申请案件，如认为复查申请程序上不合法，应作成复查决定书，以程序上不合法予以驳回，不得径行以函复不受理。[①] 此类程序上不合法，例如：

①申请复查已逾越复查期间。

②对已经确定案件重新申请同一之复查。

③当事人不适格：复查申请人非属于纳税义务人，也不是依法负有缴纳义务的人，且不属于直接的权益被害人。

唯如程序上瑕疵可以补正者，自应定期命其补正。如对于应提起诉愿案件，误为申请复查者，其既对于原处分表示不服，可认为已有诉愿之提起，自应将该案件移送诉愿管辖机关进行诉愿审理决定，而不宜径行驳回。

又复查机关对于逾期申请复查案件，可否本于职权，对于已形式上确定之行政处分，进行实体上审查决定？此一问题，参照中国台湾地区“诉愿法”第 80 条规定诉愿以逾法定期间而为不受理决定时，原行政处分显属违反规定或不当者，原行政处分机关或其上级机关得依职权撤销或变更之。[②] 复查机关应可一方面不受理其复查申请，另一方面依据中国台

---

① 中国台湾地区财政事务主管部门 1991 年 12 月 13 日台财税第 800425476 号函。

② 于此情形，受理诉愿机关得于不受理决定之理由中指明应由原处分机关撤销或变更之（中国台湾地区行政机构及各级行政机关“诉愿审议委员会”审议规则第 25 条）。

湾地区“行政程序法”第 117 条规定以职权撤销或变更原课税处分。

（2）审查范围

复查机关在办理复查案件时，是否仅能针对申请复查之事项范围进行调查决定，抑或可以就该课税处分事件整体重新调查决定，学说上有总额主义与争点主义之争论。实务上似倾向于争点主义见解，认为只能针对申请复查事项为调查决定。

中国台湾地区“行政法院”1973 年判字第 96 号判例即谓：本件原告 1967 年度营利事业所得税结算申报，经被告行政机关调查核定后，仅以原料耗用部分申请复查，对于折旧部分并无异议，是其就折旧部分，一并提起诉愿，自非法之所许（同说，1986 年判字第 2063 号判例）。此项争点主义之见解，剥夺纳税义务人提出新的攻击防御方法之机会，且有违复查程序采职权探知主义之审理原则，值得检讨改进。①

又中国台湾地区财政事务主管部门（1963）台财税发第 3290 号令：稽征机关办理纳税义务人所得税结算申报之复查案件如发现违章漏税事实，应另案依规定处理；要非将违章漏税案件除外，而可于申请复查范围以外予纳税义务人以不利之决定。

此外，实务上对于复查程序亦注重其权利救济机能，采取不利益变更禁止原则，认为：依行政救济之法理，除原处分适用“法律”错误外，申请复查之结果，不得为更不利于行政救济人之决定（“行政法院”1973 判 298 判例）。

3. 撤销重核之复查决定

纳税义务人对于核定税额之处分及复查决定，如提起诉愿，行政诉讼，经诉愿决定或“行政法院”判决撤销原处分，由原处分机关另为处分者，此项“原处分撤销”，如未特别指明连同第一次课税处分撤销，则“原处分撤销”系指撤销复查决定之处分而言，复查决定既因诉愿决定或判决而撤销，则原处分之稽征机关应依照诉愿决定或判决意旨就原核定之所得额及应纳税额“重行查核”，此项重行查核即系践行另一“复查”程序，

① 就此问题之详细探讨，参见陈清秀：《税务诉讼之诉讼标的》，台大法研所博士学位论文，1992 年再版，第 440 页以下。

故所作之“复查决定”处分已属另一新处分,纳税义务人对此项新处分如仍有不服,得径依规定提起诉愿及行政诉讼。①

中国台湾地区实务上大部分的情形,“行政法院”通常仅撤销复查决定,并未一并撤销第一次的课税处分,就此中国台湾地区台北“高等行政法院”2002 年度诉字第 3766 号判决对此表示下述看法:目前司法实务上或者认为“原核定因复查决定之作成而被吸收”或者认为,为了确保核课处分在“税捐稽征法”第 22 条第 1 项各款之核课期间内作成,所以原核定处分原则上应被保留(当然这样的法律意见是否符合程序法理,有斟酌之余地),因此税务案件之撤销诉讼如为原告胜诉之判决,原则上均只撤销到复查决定为止,以便保留税捐稽征机关重为斟酌之空间。只有在少数案例中,法院才会在原核定处分明显违反规定,个案中完全没有核课或裁罚之可能时,例外撤销至原核定处分。此项司法实务作业惯例,因为对原告之权利没有实质影响,本院向予尊重。

在“行政法院”判决撤销原处分,由原处分机关重核之案件,稽征行政机关于撤销重核中,若本于职权调查结果,另行发现未经斟酌之事实或证据,证明原处分并无违反规定或不当,仍得为与前被撤销相同之决定,②倘若并未发现未经斟酌之新事实证据,自仍应受“行政法院”判决之拘束(中国台湾地区“行政诉讼法”第 4 条),不得任意反复为与前被撤销之决定内容相同之处分。

又为贯彻保障原告因诉讼而获得救济之权利或利益,释字第 368 号解释谓:“行政法院”所为撤销原决定及原处分之判决,如系指摘事件之事实尚欠明了,应由被告机关调查事证另为处分时,该机关即应依判决意旨或本于职权调查事证。倘依重为调查结果认定之事实,认前处分适用“法规”并无错误,虽得维持已撤销之前处分见解;若“行政法院”所为撤销原决定及原处分之判决,系指摘其适用“法律”之见解有违误时,该管机关即应受“行政法院”判决之拘束。

---

① 中国台湾地区财政事务主管部门 1961 年 5 月 25 日台财税发第 03497 号函;财政事务主管部门 1978 年 7 月 29 日台财税第 35047 号函;财政事务主管部门 1979 年 3 月 13 日台财税第 31577 号函;“行政法院”1959 年裁字第 40 判例。

② 中国台湾地区财政事务主管部门 1985 年 5 月 20 日台财税第 16261 号函。

二、诉愿

（一）功能及性质

依中国台湾地区“税捐稽征法”第38条规定，纳税义务人对税捐稽征机关之复查决定如有不服，得依规定提起诉愿及行政诉讼。又对于非属申请复查范围之行政处分，如有不服，亦得提起诉愿请求救济。

1. 诉愿程序之功能

诉愿程序之功能，大别之有下述四种：

（1）民众权利之保护

诉愿程序作为行政救济制度之一环，具有确保民众之权利或利益免于遭受不当侵犯之功能（参见中国台湾地区“诉愿法”第1条）。诉愿审理机关对于系争行政处分进行广泛的事后审查，包括合法性及合目的性之审查，原则上并得取代原处分机关之地位，对于裁量及判断余地之问题，自行进行决定。因此，民众在诉愿程序可比在“行政法院”的诉讼程序（只对于原处分进行合法性审查），获得更广泛的救济。

（2）行政之自我审查

行政机构之大量行政活动，为讲求效率，难免因简易迅速作成决定，而不符合正确适法之要求。诉愿程序使行政机关（原处分机关或其上级机关）有再度重新审查其行政处分之合法性及合目的性之机会。即使原处分机关得就近再详为调查事实证据以重为合法适当决定之机会，或使其上级机构有机会本于行政监督权之作用，纠正原处分之违法或不当瑕疵。故诉愿程序亦具有行政之自我审查监督之机能，以使各机构依法行政，维护法律之尊严。

（3）减轻“行政法院”之负担

行政事务大量繁杂，如民众对于行政机关之行政处分不服，即可径行提起诉讼，则行政诉讼案件势必大量增加，“行政法院”以有限的人力物力，势将构成审理上重大负担，故为疏减讼源，并迅速给予民众简易救济的机会，有必要要求先践行诉愿前置程序，利用简易的诉愿程序，或可给予民众迅速救济，以解决部分争讼案件；或使民众更了解原处分之合法性根据，避免无谓争讼；或先行整理民众与原处分机关之争点所在，以利于将来“行政法院”之审理。故诉愿程序实具有减轻“行政法院”负担之机能。①

(4)个别案件正义之实现

诉愿程序作为法律制度与行政救济制度之一环，其终局目标仍应在于实现社会正义，在兼顾“公平与效率”二大价值之追求底下，最终以实现诉愿案件之“个别案件正义”为目的。

2. 诉愿程序之法律性质

(1)行政程序

诉愿程序系由行政机构进行审理决定(中国台湾地区“诉愿法”第4条以下、第52条)，故诉愿程序之法律性质，有认为应属于一种“行政程序”，并非法院的诉讼程序(德国通说)。②

(2)准司法程序

由于诉愿程序亦系民众对于原处分表示不服而请求救济之手段，其诉愿决定可谓系一种“争讼裁决”性质，又诉愿程序系依一定法定程序，经由事实关系之查明，并事先给予当事人及原处分机关对于原处分之合法性及合目的性问题表示意见之机会后，始作成决定(中国台湾地区“诉愿法”第56条、第58条)，故有认为诉愿程序性质上为类似法院裁判程序之一种“准司法程序”。

依中国台湾地区“诉愿法”之规定，诉愿程序上当事人享有多项权利保障，例如，当事人在诉愿程序上享有阅卷权利(第49条)，又原处分机关之答辩意见书亦应送达予诉愿人(第58条第4项)，且诉愿人有声请调查证据及言词辩论之权利(第65条、第67条)。故诉愿当事人系立于平等地位。另诉愿决定机关性质虽属于行政机关之一环，唯未必受行政一体之指挥监督，中国台湾地区“诉愿法”第52条对于“诉愿审议委员会”之“委员”资格，要求社会公正人士及学者专家不得少于1/2，以确保诉愿决定之公正性。因此，新修正之中国台湾地区“诉愿法”上诉愿程序类似

---

① 有关诉愿程序之功能，另参见蔡志方：论诉愿在中国台湾地区行政救济上之地位(上、中、下)，载《植根杂志》第8卷第7期、第8卷第8期、第8卷第9期，1992年7月至9月。

② 参见陈清秀：《税务诉讼之诉讼标的》，1991年版，第282页以下。

于法院之诉讼程序，并期待其扮演“事实审”，即可认为具有“准司法程序”之性质。

(3)小结

由于诉愿程序之法律性质，如认为是一种行政程序，则中国台湾地区“诉愿法”未规定事项，而呈现法律漏洞时，应适用一般行政程序法之法理及规定，加以补充。反之，如认为诉愿程序属于一种准司法程序时，则中国台湾地区“诉愿法”有漏洞时，则倾向于类推适用行政诉讼法之程序规定，进行漏洞补充。

(二)诉愿审理机关

受理诉愿机关为原处分(复查决定)之上级机关，在“国税”，系由各地区“国税局”(中国台湾地区财政事务主管部门台北“国税局”，中国台湾地区财政事务主管部门高雄“国税局”，中国台湾地区财政事务主管部门北区、中区、南区“国税局”)作成复查决定，如有不服，应经由原处分机关，向其上级机关中国台湾地区财政事务主管部门提起诉愿，并由中国台湾地区财政事务主管部门“诉愿审议委员会”作成诉愿决定。

在“地方税”，系由“直辖市”及各县市所属“税捐稽征处”作成复查决定，如有不服，在“直辖市”，应向“直辖市”(台北市、高雄市)提起诉愿。在各县市，依据中国台湾地区“诉愿法”第4条第2款规定，不服县市所属行政机关之行政处分者，向县市提起诉愿。

依中国台湾地区“诉愿法”第26条的规定，各机关办理诉愿事件，应设“诉愿审议委员会”，组成人员以熟谙“法令”者为原则，其中社会公正人士、学者、专家不得少于诉愿审议委员会成员1/2。因此，为提高诉愿决定质量及其决定之公正性，各机关似可多借重学者专家之参与，担任“诉愿审议委员会委员”，以提升诉愿决定之专业性与公正性。

(三)诉愿当事人能力、适格与权利保护必要

1. 当事人能力

中国台湾地区“诉愿法”第18条规定：“自然人、法人、非法人之团体或其他受行政处分之相对人及利害关系人得提起诉愿。”因此，得提起诉

愿者,并不以民众为限,而包括法人、非法人团体以及一切行政处分之相对人及利害关系人在内。

(1)自然人

自然人提起诉愿,必须该自然人仍然存在。即有权利能力者,有当事人能力。人之权利能力,始于出生,终于死亡。自死亡之日起,即不能再为诉讼当事人,亦不能再以死亡者之名义,提起诉愿。所有以其名义提起之诉愿及行政诉讼,依规定均不能受理(1960 年裁字第 37 号判例)。

(2)部分权利能力人

另依个别的行政实体法规定,其享有其所定权利并得负担其所定义务者,即为部分权利能力人,例如,中国台湾地区“所得税法”及“营业税法”上之独资、合伙营利事业,其得受行政机关之行政处分者,如有不服,自得请求行政救济,故独资、合伙之营利事业虽非法人,唯于行政实体法上,既得为权利义务之主体,则在,中国台湾地区在行政程序法及救济程序法上,自得为程序之主体,而亦有诉愿当事人能力。

(3)行政机关

行政机关是否有当事人能力,不无争议。

①肯定说

持肯定说者认为,行政机关立于与民众同一之地位而受行政处分,亦得提起诉愿,“行政法院”1989 年度判字第 1409 号、第 2088 号、第 2222 号等判决可资参照。

2000 年 7 月 1 日起施行之中国台湾地区“诉愿法”,其原先之修正草案,中国台湾地区行政机构版本第 18 条第 2 项原亦采肯定说之见解,唯中国台湾地区立法机构于审查时未予通过。

②否定说

持否定说者认为按行政机关本身并非法人,并无独立享受权利负担义务之能力,难谓立于与民众同一之地位而受行政处分,故不应准许行政机关得提起诉愿。[①]

---

① 此为中国台湾地区立法机构这次审查中国台湾地区“诉愿法”修正草案,删除中国台湾地区行政机构版本原采“肯定说”之理由,亦系中国台湾地区司法机构翁岳生之见解。

中国台湾地区司法机构“大法官”释字第40号解释，认为台湾省“物资局”不得为行政诉讼之原告，似亦采否定说，此说认为行政机关不应作为行政法上权利义务之主体，因此在行政程序上，亦无提出行政救济之必要。

③检讨

行政机关得否提起诉愿，似应以个别行政实体法上，行政机关可否享受权利负担义务为准，倘若个别行政规定得以行政机关为行政罚之处罚对象，或课税之税捐主体时，则行政机关于实体法上既负担义务，如因此遭受不当之行政处分之侵害，自应准许其提出诉愿行政救济。反之，如个别实体行政法规并不承认行政机关具有中国台湾地区“行政法”上权利义务之主体资格，则其他行政机关即不得对之为行政处分，亦不发生因行政处分遭受权利侵害之救济问题；但如行政机关仍误认行政机关有权利能力，而对之作成行政处分时，则其既然已经成为行政处分相对人，即应有救济资格。

例如，行政机关被课税处罚，如有不服，自得申请复查，提起诉愿、行政诉讼，[①]方符合“有权利，即有救济”之法理。

(4)公法人

新修正的中国台湾地区“诉愿法”仿照德国与日本之立法例，对于各地自治团体及其他公法人，如权益受侵害时，可以诉愿主体提出诉愿：各地自治团体或其他公法人对上级监督机关之行政处分，认为违反规定或不当，致损害其权利或利益者，亦同。(第1条第2项)

其制定理由指出：按各地自治团体或其他公法人之权利或利益，如遭受其上级监督机关违反规定或不当行使公权力或其他具体处置侵害时，

① 反对说，中国台湾地区高雄“高等行政法院”2002年1月9日(2001)年度诉字第1382号判决对于中国台湾地区交通事务管理部门“高雄港务局”“高雄市税捐稽征处”间营业税补征及处罚事件，认为：应认为机关处罚机关是例外而非常态，基于例外解释从严之原则，不宜任意放宽机关内部争议得诉诸“行政法院”解决，应循行政一体、层层管制之体制解决争议，殊无起诉请求“行政法院”进行司法审查被告有无依规定行政之必要。另外，因本件补征营业税而滋生之争议部分，基于同一法律理由；及中国台湾地区“营业税法”对从事货物、劳务为目的，而应缴纳营业税之行政机关，得为行政诉讼之原告，亦乏明文，亦应认本件原告关于补征营业税之处分亦无提起行政诉讼之必要。

亦宜赋予其提起诉愿行政救济之权利(参照中国台湾地区司法机构1960年裁字第22号判例、1958年裁字第51号判例),爰增列第2项,赋予各地自治团体或其他公法人提起诉愿权利,以贯彻依法行政,并保障其权利。

又依若其处分不独对于乡镇为之,对于一般民众具有同一情形,亦为同一之处分者,则乡镇系以与一般民众同一之地位而受处分,不能以其为公法人,遂剥夺其提起诉愿之权。

故在下述两种情形,行政机关、自治团体或其他公法人得经诉愿程序后,提起行政诉讼:在行政机关(或公法人)基于与民众同一地位而受行政处分时。上级监督机关与各地自治团体或其他公法人在监督措施的范围内,仍属上下服从关系,如监督措施涉及其自治事项时,自亦构成行政处分①(参照中国台湾地区司法机构"大法官"释字第527号解释、释字第553号解释)。

在公法人提起诉愿时,应以该法人为诉愿人,而以其负责人为代表人提起诉愿,例如,"县长""市长"应以县市名义对于省当局之处分提起诉愿,而不得以县市当局为诉愿人名义(1958年判字第27号判例、1960年判字第70号判例)。

2. 诉愿当事人适格

中国台湾地区"诉愿法"第1条所谓民众对于行政机关之行政处分,认为违反规定或不当,致损害其权利或利益者,是否仅指直接损害其权利或利益者而言,如诉愿人并非直接受有损害之人,而是间接受害人,可否提起诉愿,不无争议。

以往实务上概认为只有行政处分之直接受害人始得提起诉愿,否则如仅为间接受害人,其提起诉愿即属当事人不适格。

例如,稽征机关责令甲公司负责人某乙补缴应扣缴之税款,其处分对象为负责人某乙,而非甲公司,甲公司对该补缴处分提起诉愿,即属当事

---

① 陈爱娥:《应否及如何对公法人与行政机关开放行政救济管道?》,载《月旦法学杂志》第77期,2001年10月,第33页。

人不适格。[①]

按中国台湾地区“诉愿法”第18条已规定行政处分之相对人及利害关系人得提起诉愿，故虽非侵害民众权益之行政处分之相对人，而为第三人，但如其权益受该行政处分之侵害，则其对该行政处分，似亦有利害关系，而得提起诉愿。此从中国台湾地区“诉愿法”第28条规定与诉愿人利害关系相同之人，亦得参加诉愿，尤可明了。

因此，得对于税捐行政处分提起诉愿者，为其权利或利益遭受该处分侵害之人，不仅是行政处分的相对人，而且包括第三人在内，只要其权利或“法律”上受保护之利益遭受原处分侵害时，即得提起诉愿。

倘若其权利或“法律”上所保护之利益并未遭受侵害，即不得提起诉愿行政救济。例如，综合所得税之纳税义务人为个人，被告行政机关之课征原处分亦以詹某为对象，而非原告太平洋船务行，乃詹某竟以太平洋船务行代表人之身份一再诉愿，并提起行政诉讼，其当事人显非适格（1969年判字第192号判例）。

又如，稽征机关对于合伙营利事业所为补税处分，该合伙营利事业如有不服，应以该合伙营利事业之名义提起诉愿，如仅以其负责人个人名义提起诉愿，实务上亦认为其当事人不适格（1963年判字第49号判例）。唯在合伙营利事业之财产，不足以缴清欠税时，其合伙人应连带负其责任。故合伙人对于合伙营利事业被补征税款之课税处分，是否不得以其权利或利益将受损害为由，而提起诉愿行政救济，非无疑义，上述判例否定合伙人之诉讼当事人适格，仍有重新检讨必要。

对于当事人之诉愿权能，中国台湾地区“行政法院”判例认为：按民众对于行政机关之行政处分，只需认为违反规定或不当，致损害其权利或利益者，依中国台湾地区“诉愿法”第1条的规定，即得提起诉愿、再诉愿，至是否确有损害其权利或利益乃实体上应审究之事项，不得从程序上驳回其诉愿、再诉愿（1980年判字第234号判例），是乃采取“主张说”，认为诉愿人仅须主张行政处分违反规定或不当，致损害其权利或利益者，诉愿人即享有诉愿权能。

---

① 1989年判字第2320号判决，第9辑，第1419页。

学者另有谓为排除民众诉愿,诉愿人必须具体陈述其法律上所被承认或保护之利益,以及法律地位遭受损害之可能性,并因此产生行政处分之违法性或不合目的性(不当),始具有诉愿权能或诉愿资格。即对于诉愿权能之有无,采取“可能性说”。因此,在实体法上显然并无权利之人,申请作成行政处分被驳回而提起诉愿时,虽其为驳回行政处分之对象(相对人),但仍无诉愿权能,其诉愿之提起仍属不合法。

3. 诉愿利益

倘若诉愿人可以其他方式更迅速的、有效的及妥当的达成其目的时,则欠缺诉愿利益,诉愿机关即无作成实体的决定之必要。

又如,诉愿人欲实现其权利,并不需要行政机关之决定时,或者诉愿人所请求之实体的决定对其显然并无实益,或者诉愿人对于行政机关为请求乃属滥用时,则亦欠缺诉愿利益。

此种“诉愿利益”之观念犹如行政诉讼上之“权利保护必要”之观念。

实务上认为民众不服行政机关之处分,固得循诉愿程序以求救济,但于诉愿决定时已属无法补救者,其诉愿为无实益,应不予受理(1970 年判字第 190 号判例、院字第 2801 号)。例如,欠税限制出境处分,嗣后已予以解除而不存在,其提起诉愿欠缺诉愿利益(1987 年判字第 1184 号、1987 年判字第 1210 号)。

又诉愿之提起,以有行政处分存在或应作为而不作为为其前提要件,即限于已存在之行政处分(或应作为而不作为),认为有直接损害民众权利或利益者,始足当之。如恐将来有损害其权利或利益之行政处分发生,遽即提起诉愿,预行请求行政救济,则非法之所许(1959 年判字第 96 号判例、1955 年判字第 62 号判例)。

再如,税额核定为零或减低应纳税额之核定处分,原则上固然对于纳税义务人有利,如纳税义务人提起诉愿主张提高应纳税额时,应以其并无权利侵害为由予以驳回。仅于例外情形中,倘若上述核定处分将使其后续年度,因资产负债表之一致性与连续性,而蒙受更大的税捐上不利益或将影响其在其他领域(例如,中国台湾地区“社会福利法”)上应享有之权利时,则仍有提起诉愿请求救济之实益与权利保护必要。

(四)诉愿之提起

1. 概说

(1)诉愿期间

纳税义务人提起诉愿,应自复查决定书或其他原处分书送达之次日起30日内为之(中国台湾地区"诉愿法"第9条第1项)。如诉愿人不在受理诉愿机关所在地住居者,上述30日之计算,应扣除其在途期间。且诉愿期限之末日,为星期日、纪念日或其他休假日者,不得算入(中国台湾地区"诉愿法"第10条)。

又诉愿是否逾期,在邮寄诉愿书的情形,应以诉愿书寄达受理诉愿机关为准,而非以邮寄日为准。如纳税义务人于诉愿期限内,向原处分机关声明异议(诉愿)者,亦有遵守期限之效力(中国台湾地区司法机构院字第1415号、第2571号解释)。

纳税义务人提起诉愿,依规定并不必缴纳复查决定应纳税额之1/2,唯若未于依复查决定所填发税单之缴纳期间,缴纳1/2税款者,应依规定加征滞纳金,于滞纳期限1个月届满之后,移送法院强制执行。亦即提起诉愿,并不停止原课税处分及复查决定之强制执行①。唯原处分机关或受理诉愿机关,必要时得依职权或依诉愿人之声请,停止其执行(中国台湾地区"诉愿法"第23条)。故于欠税移送法院强制执行后,仍得因尚在进行诉愿行政救济程序,而暂时停止原处分之执行。

至于罚锾处分经提起诉愿时,则免依规定强制执行(中国台湾地区"税捐稽征法"第50条之2但书),即诉愿之提起,具有停止执行罚锾处分之效力。

又在民众以发现新证据或发生新事实为理由,申请行政机关重新开始行政程序,并申请撤销原行政处分的情形,如行政机关拒绝重新开始行政程序,并引用原先的拒绝撤销之决定时,即所谓"重复处分"(widerholende Verfugung),学者有谓其不具有法律上"规制"的特征,在实体上并不发生直接的法律效果,因此并非行政处分,但实际上其拒绝重新开始行政程

① 有关诉愿行政救济可否停止执行问题,参见本书第三章第五节七、执行停止及撤回。

序,固然并未就实体上作成决定,但却包含一项程序法上决定,即作成一项程序法上规制,因此该项拒绝决定,仍应构成行政处分。再如,在上述情形中,如果行政机关重新开始行政程序,但在实体上拒绝重新作成决定,即维持原处分之内容不予撤销时;或者重新开始行政程序,而且在实体上亦积极的符合申请内容之决定(撤销原处分)时;则在上述两种情形,其实体决定因系第二次就实体上作成决定,故乃具有行政处分性质,并无疑义。[①] 于此情形,即称为"第二次裁决"(Zweitbescheid)。

就此中国台湾地区"最高行政法院"2004 年裁字第 864 号裁定亦谓:"'第二次裁决'是指原行政处分发生形式上之存续力之后,行政机关依职权或经当事人异议,就原行政处分于未变更原有行政处分之事实及法律状态,重新为实体上审查,另为裁决而言。纵第二次裁决未变更原行政处分之裁决结果,然若于裁决理由或教示规定有变更或添加内容,实质上为另一行政处分,要非不得为行政诉讼之标的。"[②]

在第二次裁决的情形,诉愿期间应自该裁决生效时起算。在重复处分,如认为其并非行政处分,则诉愿期间应自先前处分生效时起算。此为重复处分与第二次裁决区别之实益所在。[③]

(2)回复原状

诉愿人因天灾或其他不应归责于己之事由,至迟误诉愿期间者,于其

---

① Maurer, Allgemeines Verwaltungsrecht, 4. Aufl., 1985, §11 VI, S. 245; Erichsen in: Erichsen/ Martens, Allgemeines Verwaltungsrecht, 8. Aufl., 1988, §11 II 4, S. 186; BverwGE44, 334 f.; 57, 342, 345.

② 本件诉讼系有关全台湾地区居民健保补助款争议案件,原审见解系采取反对说,参见中国台湾地区台北"高等行政法院"2003 年诉字第 4938 号裁定:"行政机关就公法上具体事件作成发生法律上效果之下命(给付)行政处分后,就该公法上具体事件即应依该行政处分之下命内容而为执行,且于相对人未于法定救济期间提起行政救济撤销或变更该处分后,相对人固不得再就该公法上具体事件主张撤销或变更,行政机关如非出于依职权撤销或变更原处分之意思,而仅就原已发生之法律上效果,对于相对人作成重申或催缴等观念通知书函,且核其实质上亦未作成撤销或变更原处分之内容时,均应否认后作成之书函系具有法效性之行政处分,即行政救济之期间不得因此而重新起算,避免行政机关以此方式,选择性的提供当事人争讼之机会。——被告于作成系争函之前或于作成系争函之同时,亦未撤销或变更其中任何一部分,是系争函显系对于原已发生之法律效果,对于相对人作成重申并催缴之观念通知书函,不能认系行政处分。纵然当事人双方"两造咸认系争函为行政处分,均系主观之误认,不能拘束本院之判断。"

③ 吴庚:《行政法之理论与实务》,1992 年版,第 261 页。

原因消灭后10日内，得以书面叙明理由向受理诉愿机关申请回复原状。但迟误诉愿期间已逾一年者，不得为之。申请回复原状，应同时补行期间内应为之诉愿行为（中国台湾地区"诉愿法"第15条）。

当事人因不可归责之事由致未能遵守诉愿期间者，得声请回复原状（Wiedereinsetzung）。此项回复原状，如仅有不可归责之迟误期间之可能性存在，尚有未足，而必须释明具体之情况，并确信有高度的盖然性排除归责存在，始足当之。但如果行政处分欠缺必要的理由记载或对于当事人不为必要的听审，而因此迟误于法定期间提起争讼时，则应为有利于诉愿人之推定其不可归责（参照《德国行政手续法》第45条第3项第1句）。回复原状之给予，需经声请，至少应有意识的默示的声请回复原状，始得为之。①

在诉愿机关准予回复原状后，于嗣后进入行政诉愿程序时，中国台湾地区"行政法院"是否应受其回复原状之拘束，不无疑问。有谓中国台湾地区"行政法院"应"依职权"审查其回复原状之要件是否具备，如不具备时，应以欠缺先行前置程序而该行政处分已经形式上确定为由，以其诉不合法裁定驳回。② 另有谓"行政法院"仅依据"第三人之指摘"，始得审查回复原状之合法性。③

又如，直到行政诉讼程序中始确认诉愿期间已经迟误时，则依据牵连原则，"行政法院"应对于新提出之回复原状声请予以裁判，如拒绝其回复原状声请时，则因原告已迟误诉愿期间，应以其诉不合法驳回④。

2. 诉愿书

依中国台湾地区"诉愿法"第56条的规定，诉愿应具诉愿书，载明下列事项，由诉愿人或代理人签名或盖章：

（1）诉愿人之姓名、出生年月日、住、居所、身份证明文件字号。如系法人或其他设有管理人或代表人之团体，其名称、事务所或营业所及管理

---

① Weides, Verwaltungsverfahren und Widerspruchsverfahren, 2. Aufl., 1981, S. 222 f.

② Eyermann/Fröhler, VwGO, §70 Rn. 8; Kopp, VwGO, §70 Rn. 12 f.; BVerwG NJW 1977, S. 542.

③ Redeker/v. Oertzen, VwGO, §70 Rn. 6; Klinger, VwGO, §70 Rn. D.

④ Eyermann/Fröhler, VwGO, §70 Rn. 10.

人或代表人之姓名、出生年月日、住、居所。

(2)有诉愿代理人者,其姓名、出生年月日、住、居所、身份证明文件字号。

(3)原行政处分机关。

(4)诉愿请求事项。

(5)诉愿之事实及理由。

(6)收受或知悉行政处分之年、月、日。

(7)受理诉愿之机关。

(8)证据。其为文书者,应添具缮本或复印件。

(9)年、月、日。

诉愿应附原行政处分书复印件。

又对于不作为处分,依中国台湾地区“诉愿法”第 2 条第 1 项规定提起诉愿者,第 1 项第 3 款、第 6 款所列事项,载明应为行政处分之机关、提出申请之年、月、日,并附原申请书之复印件及受理申请机关收受证明。

此外,诉愿书之撰写,并应依中国台湾地区“诉愿法”第 98 条之规定:依中国台湾地区“诉愿法”规定所为之诉愿、答辩及应备具之书件,应以中文书写;其科学名词之译名以中国台湾地区“编译馆”规定者为原则,并应附注外文原名。前项书件原系外文者,并应检附原外文资料办理。

诉愿书格式范例如下:

诉　愿　书

诉愿人:王某某 1971 年 5 月 2 日出生,身份证字号×××
　　　　住台北市×××路×段××号

代理人:某某某　律师　台北市××路×段×××号×楼

原处分机关:台北市“税捐稽征处”

为因土地增值税事件,不服原处分机关××××年××月××日税法字第××号复查决定书所为处分(于××××年××月××日收文)(附件一),规定提起诉愿事:

诉 愿 声 明

原复查决定及原核定处分均撤销。

诉愿事实及理由

一、本件土地买卖契约业经买卖双方解约，有解除契约之文件可稽(附件二)，故本件并无土地所有权之移转，规定不应课征土地增值税。

二、原复查决定及原处分，仍予以核课土地增值税，于规定自有未合。

爰依规定提起诉愿，恳请　贵“府”鉴核，惠准撤销复查决定及原课税处分，以符法制，至感德便。

谨　　呈

台北市“税捐稽征处”　转呈

台北市“诉愿审议委员会”　公鉴

附件一：原课税处分书及复查决定书复印件。

附件二：解除契约之文件复印件。

附件三：委任状乙份。

诉愿人：王某某(盖章)

代理人：某某某律师(盖章)

年　　月　　日

(五)诉愿审理程序

1. 原处分机关有先行重新审查原处分之义务

为发挥诉愿程序赋予原处分机关重新反省审查原处分之合“法”妥当性的功能，并便于就近调查事证，以提高行政效率，中国台湾地区“诉愿法”第 58 条明定原处分机关对于诉愿案件，应先行重新审查原处分之合“法”性及妥当性，如认为诉愿为有理由，即得给予救济。如不予救济，始附具答辩书将诉愿案件移送诉愿管辖机关审理。

值得注意的是，中国台湾地区“税捐稽征法”已有特别规定对于课税处分等不服，在提起诉愿之前，应先经申请复查程序(中国台湾地区“税捐稽征法”第35条)，则原处分机关已经进行重新审查，如不服其复查决定(或异议决定)而提起诉愿时，应否由原处分机关再重新审查？就此本书认为上开复查之前置程序，实质上已发挥重新审查原处分之功能，故原处分机关对于诉愿案件，似无再重新审查之必要，即上述复查之前置程序规定，相对于中国台湾地区“诉愿法”第58条规定，应属特别法规定性质，应优先适用，而中国台湾地区“诉愿法”第58条关于原处分机关重新审查之规定，应予目的性限缩，就复查等已践行前置程序的情形，排除不予适用。[①] 唯实务上似仍予重新审查。

2. 诉愿程序中诉愿人之参与权利

诉愿之审理方式，采书面审理为原则，例外始行言词辩论。唯为便于查明事证，并维护民众权益，有必要加强诉愿相关人员之参与，故中国台湾地区“诉愿法”参考日本立法例，特别赋予诉愿人等可以委任代理人声请调查证据以及声请阅览卷宗数据，以及到达指定处所陈述意见，并行言词辩论之权利(受理诉愿机关不得拒绝)，而得畅所欲言充分表达意见，以济书面审理之不足。

兹分述之：

(1)委任代理人

诉愿人或参加人得委任熟谙法律或有专业知识之人为代理人，代理其为诉愿行为，以确保其权益。唯代理人人数应有一定之限制(不得超过3人)，以免影响审议程序之进行(中国台湾地区“诉愿法”第32条)。

又诉愿代理人资格，有其限制，以维护诉愿人权益。中国台湾地区“诉愿法”第33条规定：下列之人，得为诉愿代理人：律师。依“法令”取得与诉愿事件有关之代理人资格者。具有该诉愿事件之专业知识者。

因业务或职务关系为诉愿人之代理人者。

与诉愿人有亲属关系者。

前项第3款至第5款之诉愿代理人，受理诉愿机关认为不适当时，得禁止之，并以书面通知诉愿人或参加人。

---

① 按制定者制定中国台湾地区“诉愿法”第58条时，漏未考虑复查、异议等前置程序之特别规定，故未予明文排除，呈现隐藏的法律漏洞。

(2)偕同辅佐人到场

由于诉愿事件错综复杂,有非诉愿人本人所能承担者,因此新特设诉愿辅佐人制度,以辅佐诉愿人之不及。至何者可为辅佐人?其到场之陈述是否适当?委由受理诉愿机关决之。

故诉愿人、参加人或诉愿代理人经受理诉愿机关之许可,得于期日偕同辅佐人到场。

受理诉愿机关认为必要时,亦得命诉愿人、参加人或诉愿代理人偕同辅佐人到场。

前二项之辅佐人,受理诉愿机关认为不适当时,得废止其许可或禁止其续为辅佐(中国台湾地区"诉愿法"第41条)。

辅佐人到场所为之陈述,诉愿人、参加人或诉愿代理人不实时撤销或更正者,视为其所自为(中国台湾地区"诉愿法"第42条)。

(3)答辩书抄送诉愿人

又为使诉愿人实时知悉原行政处分机关答辩之内容,予以补充诉愿理由之机会,原行政处分机关应并将答辩书抄送诉愿人,以保障诉愿人之权益(中国台湾地区"诉愿法"第58条第4项)。

(4)声请调查证据及提出证据之权利

中国台湾地区"诉愿法"第67条第2项明定:"受理诉愿机关应依诉愿人或参加人之声请,调查证据。但就其声请调查之证据中认为不必要者,不在此限。"

(5)声请阅览卷宗权利

为使诉愿人明了原处分作成之根据理由,以便有提出辩解之机会,有必要赋予诉愿人有阅卷权利。故中国台湾地区"诉愿法"第49条规定:诉愿人、参加人或诉愿代理人得向受理诉愿机关请求阅览、抄录、影印或摄影卷内文书,或预纳费用请求付与缮本、复印件或节本。前项之收费标准,由主管机构定之。

又第三人经诉愿人同意或释明有法律上之利害关系,经受理诉愿机关许可者,亦得为阅卷之请求(中国台湾地区"诉愿法"第50条)。

唯为免影响诉愿程序之正常运作及侵犯他人隐私或秘密,下列文书,受理诉愿机关应拒绝阅卷之请求:诉愿决定拟办之文稿。诉愿决定之准备或审议文件。为第三人正当权益有保密之必要者。

其他依“法律”或基于公益有保密之必要者(中国台湾地区“诉愿法”第51条)。

又受理诉愿机关非为原行政处分机关者,未必知悉其作成原行政处分之理由。故原行政处分机关应将据以处分之证据资料提出于受理诉愿机关。

对于前项之证据数据,诉愿人、参加人或诉愿代理人得请求阅览、抄录或影印之。受理诉愿机关非有正当理由,不得拒绝。

第1项证据数据之阅览、抄录或影印,受理诉愿机关应指定日、时、处所(中国台湾地区“诉愿法”第75条第2项、第3项)。

纳税义务人如能阅览卷宗,则对于卷宗内有利及不利之事证,详加了解之后,有助于提出攻击防御方法,尤其对于课税处分或罚锾处分之根据事实及违章证据资料,得有辩解机会,以使事证越辩越明,促进发现真实。

(6)声请到场陈述意见权利

依中国台湾地区“诉愿法”第63条的规定,诉愿就书面审查决定之。受理诉愿机关必要时得通知诉愿人、参加人或利害关系人到达指定处所陈述意见。诉愿人或参加人请求陈述意见而有正当理由者,应予到达指定处所陈述意见之机会。

“诉愿审议委员会主任委员”得指定“委员”听取诉愿人、参加人或利害关系人到场之陈述(中国台湾地区“诉愿法”第64条)。

(7)声请言词辩论之权利

诉愿程序为简易迅速处理诉愿案件而采书面审理原则,但书面审理经常不易发现真实,且有关诉愿争点不易厘清,故为保障当事人权益,并促进发现真实,中国台湾地区“诉愿法”第65条爰仿效《日本行政不服审查法》第25条规定,规定在诉愿人、参加人有请求言词辩论的情形,应给与言词辩论之机会。又受理诉愿机关于必要时,亦得依职权行言词辩论。

按税务案件涉及课税事实关系通常相当复杂,受理诉愿机关,若未依职权主动调查事证,亦不给予纳税义务人言词陈述及辩论之机会,则事实真相将不易查明,即径行决定,实失诸草率,难免冤抑。故在案情复杂,标的金额庞大,纳税义务人提出声请言词辩论的情形,允宜依职权举行言词辩论,至少应给予言词辩论机会,较能确保诉愿之行政救济功能。

在诉愿人声请言词辩论之情形,是否受理诉愿机关即应举行,否则其诉愿决定即当然违“法”,不无疑义。即中国台湾地区“诉愿法”规定应依申请言词辩论,是属于义务规定或裁量规定?

就此中国台湾地区行政机构所发布“诉愿会审议规则”第 14 条规定,似认为行政机关“得依职权审酌”后通知言词辩论。

学者有谓与中国台湾地区“诉愿法”第 63 条陈述意见比较,“举轻以明重”,属于裁量规范,若有正当理由,并非不得拒绝言词辩论。[①] 另为提高行政效能,避免民众滥行申请言词辩论,应限于必要时才准予言词辩论。[②]

另有认为受理诉愿机关如有正当理由,例如,诉愿不合“法”、显无理由或依现有资料,事实及法律关系已臻明确,当非不得加以拒绝,尤其诉愿决定之结果,系符合请求言词辩论者之愿望时,自无须经言词辩论。[③]

本书认为民众申请言词辩论时,受理诉愿机关原则上应有义务受理,此为制定者当初参考日本立法例规定应依申请强制行言词辩论之本意。只有在例外情形,类推适用中国台湾地区“行政诉讼法”第 107 条第 1 项、第 3 项规定及第 188 条第 3 项规定,于类似行政诉讼之裁判不经言词辩论之情形,可毋庸行言词辩论。从而诉愿因不属公法事件、已逾诉愿期间、欠缺当事人能力、不合法定程序或其他要件等不合法事由,应予驳回之情形,或在法律上显无理由或诉愿决定结果已全部满足声请人之实体上请求时,应可不经言词辩论。但上述程序上问题如仍有争议,并非显不合法时,似仍应有令当事人言词辩论之必要。又事实及法律关系明确,应亦不得拒绝言词辩论,盖言词辩论之结果,可能变更事实及法律关系之判断。倘依法应行言词辩论而未予办理时,则其程序瑕疵应认已构成撤销诉愿决定之原因,无法于嗣后行政诉讼程序言词辩论加以补正。

---

① 蔡秀卿:《修正后中国台湾地区“诉愿法”适用上之课题》,载《诉愿程序与行政程序相关专论暨法律选辑》,1999 年版,第 39 页。

② 汤德宗:《论诉愿之正当程序》,载《诉愿程序与行政程序相关专论暨法律选辑》,2000 年增订版,第 68 页以下。

③ 吴庚:《行政争讼法》,第 327 页以下。

(8)声请鉴定

诉愿事件涉及专门性及技术性问题时,有时仅凭行政机关人员之智识经验,尚无法作公平之判断,中国台湾地区“诉愿法”第69条明定受理诉愿机关得依职权或依申请送请鉴定。

(9)声请命提出文书及勘验

为收集证据,查明事实,中国台湾地区“诉愿法”第73条规定诉愿人得声请命第三人提出文书。受理诉愿机关亦得依职权或依诉愿人、参加人之申请,就必要之对象或处所实施勘验(中国台湾地区“诉愿法”第74条)。

(10)听审请求权

又为维护人性尊严,避免诉愿人或参加人遭受突袭性之不利决定,中国台湾地区“诉愿法”第67条第3项明定受理诉愿机关调查证据之结果,应给予诉愿人及参加人表示意见之机会,始得采为诉愿决定之基础。

3. 诉愿参加

(1)参加人种类

中国台湾地区“诉愿法”增设诉愿参加制度,以维护利害关系人权利,其参加人种类有二:

①与诉愿人利害关系相同者之参加

为保障与诉愿人具有利害关系者之权益,爰增设诉愿参加制度,以应需要。中国台湾地区“诉愿法”第28条第1项规定:“与诉愿人利害关系相同之人,经受理诉愿机关允许,得为诉愿人之利益参加诉愿。受理诉愿机关认有必要时,亦得通知其参加诉愿。”例如,遗产税有继承人数人,均为纳税义务人,其中一人提起诉愿,其他纳税义务人利害关系相同,声请参加诉愿。又如,对夫妻合并课税,仅由其中一人提起诉愿,另一配偶亦可参加诉愿。

②诉愿决定足以影响第三人权益之参加

对于可能因为诉愿决定而受不利益之利害关系人,应通知其参加诉愿程序,参与表示意见,以维护其正当权益。中国台湾地区“诉愿法”第28条第2项即规定:“诉愿决定因撤销或变更原处分,足以影响第三人权益者,受理诉愿机关应于作成诉愿决定之前,通知其参加诉愿程序,表示意见。”①

(2)参加诉愿方式及效果

①申请参加诉愿,应以书面向受理诉愿机关为之(中国台湾地区“诉愿法”第29条)。

②通知参加诉愿,应记载诉愿意旨、通知参加之理由及不参加之法律效果,送达于参加人,并通知诉愿人。

受理诉愿机关为前项之通知前,得通知诉愿人或得参加诉愿之第三人以书面陈述意见,以明了第三人有无参加诉愿之必要(中国台湾地区“诉愿法”第30条)。

③诉愿决定对于参加人亦有效力。其经受理诉愿机关通知其参加或允许其参加而未参加者,诉愿决定效力亦及于该人(中国台湾地区“诉愿法”第31条)。

4. 调查审理原则

(1)职权探知主义

中国台湾地区“诉愿法”第67条规定:“受理诉愿机关应依职权或嘱托有关机关或人员,实施调查、检验或勘验,不受诉愿人主张之拘束。”是乃采取职权探知主义。②

盖诉愿行政救济事件涉及公共利益之维护与民众私权之保障,为贯彻依法行政原则,有关事实证据之调查,自应依职权为之,以明事实真相,俾作成正确合“法”之决定。且“行政处分具专门性、复杂性及技术性,其中亦不乏涉及公务机密,何项证据应予调查?何种对象应付检验?那一处所及有关物体应实施勘验?受理诉愿机关应视案情而为决定,不受诉愿人主张之拘束”(中国台湾地区“诉愿法”制定理由说明)。

由于税务争讼案件涉及应否课税处罚,与公共利益有关,为贯彻依法

① 其制定目的如下:按行政机关之行政处分,可能系根据民众之申请所作成,此时如因第三人不服原处分提起诉愿,原申请人反成为诉愿程序当事人以外之第三人,如诉愿决定撤销或变更原处分时,势必影响该原申请人之权益,为免该原申请人(第三人)因诉愿决定撤销或变更原处分致遭受不测之损害,爰仿效《德国行政法院法》第71条规定,对于此类情形,受理诉愿机关应于作成诉愿决定前,通知该有利害关系之第三人表示意见,以协助发现真实,作成正确决定,并维护第三人权益。

② 详见陈清秀:《税务诉讼之诉讼标的》,1991年版,第279页以下。

课税处罚原则，自应查明事实真相（客观的实质真实），以追求正确合法课税（或处罚），故税务争讼之审理，应“依职权”调查事实及证据，不待当事人的主张及举证（中国台湾地区司法机构院字第 340 号、院字第 1666 号解释）。

在职权探知主义下，于诉愿程序中，诉愿人原则上自得主张使用新事实、新证据。在实务上，诉愿事件的审理，系针对原处分的理由，就诉愿人所指摘违法不当的事项，进行审查判断。至于诉愿人所未争执的事由，通常不在审究范围。又未曾显现作为原处分的事实理由根据的事项，例如，复查决定只就收入部分加以判断决定，而未就费用支出项目判断决定，则就费用支出部分，一般也认为其未经原处分机关判断决定（复查决定），故亦不在得提起诉愿争讼之范围。此种审理方式，学说上称为“争点主义”。[①] 此种做法，限制诉愿争讼标的范围，不准诉愿人主张使用新事实新证据，持以争执在复查程序中所未争执之课税基础者（1973 年判字第 96 号判例），其见解似有违背职权探知主义的精神，且其立论根据似嫌薄弱，而有商榷余地。[②]

诉愿机关固应依职权调查事实及证据，但为使其案件迅速审理，就诉愿人所未争执之部分，即于诉愿人之声明及理由之外，原则上其审查义务仅须就卷宗内书面资料，审查行政处分之事实上及法律上之点有无瑕疵，即为已足。

又为减轻诉愿机关之审理负担，在案件复杂调查需耗费巨大人力物力的情形，或者涉及专门技术知识之情形，亦得仅撤销原处分，责令原处分机关重为调查另为处分或决定。

（2）书面审理原则

中国台湾地区“诉愿法”考虑诉愿案件每年数量甚多，如每件实施言词辩论，殆无可能，因此，原则上诉愿就书面审查决定之（中国台湾地区“诉愿法”第 63 条第 1 项），即采书面审理原则，以求其审理之简易迅速，但因未经言词审理，致难免有不易发现真实的情形。

---

① 详见陈清秀：《税务诉讼之诉讼标的》，1991 年版，第 279 页以下。

② 吴庚：《行政法之理论与实用》，1992 年版，第 451 页。

但此一书面审理，仍有例外，即于必要时，亦得依职权或诉愿人或参加人之请求，通知诉愿人、参加人或利害关系人到达指定处所陈述意见（中国台湾地区“诉愿法”第63条第2项、第3项）。并应依诉愿人或参加人之声请或于必要时，依职权举行言词辩论（中国台湾地区“诉愿法”第65条）。于原处分机关声请言词辩论时，亦应比照办理。否则原处分机关之程序上地位反而不如诉愿人，当不符程序公平原则。

（3）法规适用原则

在诉愿程序中，有关行政法规的适用，除另有规定外，原则上应采“实体从旧、程序从新”作为行政处分是否违法的判断基础。

由于大部分的税捐行政处分具有宣示的性质，且系对于存在于过去之事实关系相连结，即税捐债权乃是根据课税处分作成前已经终结的被实现的事实关系而发生，原则上嗣后并不变更。① 换言之，根据税捐“实体法”，一般乃以课税要件已经被实现之期间或时点之事实上及法律上状态为基准。②

中国台湾地区“最高行政法院”2003年度判字第646号判决即认为：“撤销之诉判断行政处分合法性之基准时，于课税处分，原则上（除有例外规定）系以课税事实发生时之法律或事实状态为判断核课处分合法性之基准。在行政诉讼或诉愿中其状态变更固不必予以斟酌，即课税事实发生至原处分或复查决定做成之前，法律或事实有所变更亦不影响处分或决定之合法性。”③

但如行政机关之解释令函嗣后发生变更，依释字第287号解释：“行

---

① Tipke/Kruse，FGO，§100 16. Aufl.，1998，Tz. 7；Gräber/von Groll，FGO，5. Aufl.，2002，§100 Rn. 11；按税捐债务关系之请求权，因构成要件之实现而成立，不待稽征机关之核定，在学说上殆无争论，参见陈敏：《租税债务关系之成立》，载《政大法学评论》第39期，1989年6月，第369页、第380页以下；黄茂荣：《税捐的构成要件》，载《经社法制论丛》第6期，1990年7月，第40页。

② Ziemer/Haarmann/Lohse/Beermann，Rechtsschutz in Steuersachen，1977，Tz. 9306.

③ 同说：中国台湾地区“最高行政法院”2003年判字第1330号判决：“有关课税之行政处分，其基本原则为：课税事实发生时之法律或事实状态，为判断核课处分合法性之基准。”高雄“高等行政法院”2000年度诉字第24号判决。中国台湾地区台中“高等行政法院”2000年度诉字第545号判决。

政主管机关就行政法规所为之释示,系阐明法规之原意,固应自法规生效之日起有其适用。唯在后之释示如与在前之释示不一致时,在前之释示并非当然错误,于后释示发布前,依前释示所为之行政处分已确定者,除前释示确有违反规定之情形外,为维持法律秩序之安定,应不受后释示之影响”。诉愿机关对于尚未处分确定之诉愿事件,可适用新的解释令函作成决定。

在税捐事件,依中国台湾地区“税捐稽征法”第1条之1规定,如不利于纳税义务人之解释函令变更,除据以申请之案件外,应不得追溯适用于已经发生之诉愿事件。但如系有利于纳税义务人之变更,则可追溯适用于该诉愿事件。

至于在行政处分之后,诉愿程序中,事实或法律状态发生变更,倘若依法足以影响原行政处分之合法性者(例如,情事变更发生溯及既往效力),除依其事件之性质或法律特别规定不予斟酌外,为一次纷争一次解决之程序经济以及追求正确合法之课税起见,原则上,即应予以斟酌,亦即原则上应以诉愿决定时点之事实状态,作为争讼观点之审查基准。①

5. 合法性及合目的性之审查

诉愿机关之审查范围并不受诉愿理由之拘束,而且其审查范围亦不限定于原处分之理由,即使就原处分之阶段所漏未发现之新事实,亦得加以审查,并得根据该项新事实理由,以判断原处分之适否,故诉愿机关纵然依据与原处分不同之理由,或依据与诉愿理由不同之理由,驳回诉愿,亦不违法。②

在系争行政处分违法并损害诉愿人之权利时,其诉愿为有理由。又系争行政处分固然合法,但不合目的(不当),且损害诉愿人于法律上受保护之利益时,其诉愿亦为有理由。因此诉愿有无理由,首应审查行政处分之合法性,如其违法,再探究其是否损害诉愿人权利,如经查明系争行政处分合法时,则在行政处分为裁量决定的情形,再审查其决定是否合乎

---

① 参见吴东都:《论行政处分撤销诉讼之诉讼标的》,台大法研所硕士学位论文,1988年6月,第182页。

② 陈清秀,前揭书,第292页以下。

目的(当不当)。

(1)行政处分之合法性

倘原处分机关在作成决定时,系以不正确之事实关系为基础,或不正确的适用在作成时点有效之法规时,则其行政处分即属违法。[①] 但于发布诉愿决定之前,事实及法规状态之变更,原则上亦应加以斟酌。故为确认行政处分之合法性,必须探求该项行政处分是否由有管辖权之机关,在遵守系争程序法规及实质的有效性之要求下而被作成。亦即行政处分之合法性审查之格式如下:[②]

①形式的合法性

A. 为行为之行政机关之管辖权(事物的、土地的)。

B. 作成处分之程序规定(例如,机关之组成,其他机关之参与,事实之调查,证据之评价,当事人之听证等)。

C. 方式(如书面)。

D. 行政处分之(内容)特定性。

E. 处分理由记载。

F. 通知。

②实质的合法性

A. 法规根据(授权根据,请求权根据)。

B. 法规根据之有效性。

C. 构成要件前提之存在。

D. 裁量决定之瑕疵裁量。

E. 正确的相对人。

F. 行政处置之合乎比例原则。

G. 符合较高位阶之法(尤其基本权)。

(2)行政处分之合目的性

根据裁量规范所为行政处分经审查合法时,则诉愿机关应再审查行政处分之合目的性(当不当)。中国台湾地区实务上认为行政处分若于

---

① BVerw G v. 30. 1. 1969 E Bd. 31, S. 222(223).

② Albert Günther, Das Widerspruchsverfahren, 2. Aufl., 1983, S. 36 ff.

"法规"并无违反而实际上有害公益者,即属不当处分。当不当问题,通常应系在裁量处分中发生。

按行政处分之当不当问题,乃涉及行政决定之合目的性问题,即就其所追求之行政目的而言,该项行政处分是否可以发挥功效,是否符合事物正义或事件合理性(Sachgerechtigkeit)之问题。倘一项行政决定固然其内容可能合法,但并非必要或者较不适当,或者原本可舍弃当局之处置时,则其行政决定即属不合目的。

在合目的性之审查范围内,必须确认:一项(合法的,特别是无裁量瑕疵的)行政处分是否符合所追求之行政目的,就此种目的而言,例如,必须斟酌该项决定之政策的贯彻可能性,是否符合基准的政策计划及目标,其经济上统制效果,其由该决定所直接发生之成本及后续成本。倘一项处置可以另一个更适当的手段加以替换,或者尚有其他更好的裁量行使可能性存在时,则其处置即应认为不合目的。①

又一项行政决定如基于合目的性之理由而损害合法性之原则时,则为违法处分。因此,为节省行政工作,而课予个人负担者,并不具有充分正当之理由。

倘若诉愿机关疏于行使合目的性衡量时,则其诉愿决定即有违反重大程序规定之瑕疵,于此情形,诉愿人得独立争执请求撤销诉愿决定,俾由诉愿机关对于其诉愿重新为无瑕疵之决定(进行合目的性衡量)。②

6. 诉愿程序之停止及续行

(1)诉愿程序之停止

行政处分是否妥适,如以其他法律关系是否成立为准据者,于该法律关系争讼尚未确定前,为免诉愿决定与其他机关决定两歧,宜先停止诉愿程序之进行。

故中国台湾地区"诉愿法"第 86 条第 1 项规定:"诉愿之决定以他法律关系是否成立为准据,而该法律关系在诉讼或行政救济程序进行中者,于该法律关系确定前,受理诉愿机关得停止诉愿程序之进行,并即通知诉

---

① Günther, Das Widerspruchsverfahren, S. 21.

② Weides, Verwaltungsverfahern und Widerspruchsverfahren, S. 246.

愿人及参加人。”

又诉愿程序经停止者，其诉愿决定期间非受理诉愿机关所能掌握，而应于诉愿程序续行后，重行起算，较为合理。故中国台湾地区“诉愿法”第86条第2项规定：“受理诉愿机关依前项规定停止诉愿程序之进行者，前条所定诉愿决定期间，自该法律关系确定之日起，重行起算。”

(2)诉愿承受制度

①概括承受

诉愿程序中发生诉愿人死亡或法人合并而消灭之情形者，其诉愿人能力即有欠缺，唯因行政处分所涉权利或利益得由继承人、依规定得继受之人、因合并而另立或存续之法人继受者，宜由彼等承受诉愿，续行诉愿程序，因此，中国台湾地区“诉愿法”第87条规定：诉愿人死亡者，由其继承人或其他依规定得继受原行政处分所涉权利或利益之人，承受其诉愿。法人因合并而消灭者，由因合并而另立或合并后存续之法人，承受其诉愿。依前二项规定承受诉愿者，应于事实发生之日起30日内，向受理诉愿机关检送因死亡继受权利或合并事实之证明文件。

②个别承受

诉愿程序进行中，有关行政处分所涉权利或利益移转于第三人者，并不当然发生诉愿承受之效果，唯诉愿决定之结果对受让人之利害关系较密切，故中国台湾地区“诉愿法”第88条明定受让原行政处分所涉权利或利益之人，得检具受让证明文件，向受理诉愿机关申请，许其承受诉愿，俾维护其权益。

(六)诉愿决定

1. 诉愿决定期限

诉愿之决定，自收受诉愿书之次日起，应于3个月内为之；必要时，得予延长，并通知诉愿人及参加人。延长以一次为限，最长不得逾2个月。

前项期间，于依中国台湾地区“诉愿法”第57条但书规定补送诉愿书者，自补送之次日起算，未为补送者，自补送期间届满之次日起算；其依中国台湾地区“诉愿法”第62条规定通知补正者，自补正之次日起算；未为补正者，自补正期间届满之次日起算(中国台湾地区“诉愿法”第85条)。

诉愿逾上述期限不为决定者，得径向有“高等行政法院”提起行政诉讼,唯在行政诉讼系属中,受理诉愿机关已为诉愿决定时,其为之诉愿决定,对于原告已径行提起之行政诉讼,应无影响,并无令原告必对该迟为之诉愿决定,负有另行提起行政诉讼之责任。[①]

就此以往中国台湾地区“行政法院”1959 年裁字第 20 号判例认为:提起再诉愿逾 3 个月不为决定者,固得依中国台湾地区“行政诉讼法”第 1 条第 1 项后段之规定,提起行政诉讼,但在未经裁判以前,再诉愿行政机构已为决定时,则诉讼之原因消灭,其起诉即难认为合“法”(同说 1959 年裁字第 39 号判例)。

其后于 1992 年中国台湾地区“行政法院”庭长评事联席会议决议:原告合“法”提起之行政诉讼不因行政机关程序违“法”之诉愿决定而失其效力。中国台湾地区“诉愿法”第 20 条、第 21 条及中国台湾地区“行政诉讼法”第 1 条第 1 项诉愿、再诉愿决定之期限,即系依据“迅速决定及迅速裁判”之理念所为规定。本院 1959 年裁字第 20 号及第 39 号判例使中国台湾地区“诉愿法”第 20 条及中国台湾地区“行政诉讼法”第 1 条第 1 项期间之限制失其存在意义,应予变更。[②] 此项见解,值得赞同,盖诉愿人已践行诉愿前置程序,已给予行政机关重新审查原处分之机会;且基于诉讼经济原则,亦不适当要求诉愿人必须反复争讼,旷日费时,始能获得救济途径;又从“权利保护之实效性”原则,亦应担保民众得以迅速有效获得权利保护,否则迟延的正义,已非正义。

2. 诉愿决定之拟稿及审议

诉愿事件经原处分机关答辩后,由承办人员(编审)拟具处理意见(诉愿决定书初稿)连同卷证,送由“诉愿会全体委员”或三人以上分组“委员”审查,“委员”于详阅卷证、研析事实及应行适用之“法规”后,核提审查意见,供审议之准备(参见中国台湾地区行政机构暨所属各级行政机关“诉愿审议委员会”审议规则第 11 条)。

诉愿决定应经“诉愿审议委员会”会议之决议,其决议以“委员”过半数之出席,出席“委员”过半数之同意行之(中国台湾地区“诉愿法”第 53 条)。

---

① 参见 1987 判 1848,第 7 辑,第 1653 页;德日通说判例亦采相同见解。

② 1992 年 11 月 18 日《司法周刊》,第 597 期,第 3 版。

又“诉愿审议委员会主任委员”或“委员”对于诉愿事件有利害关系者，应自行回避，不得参与审议（中国台湾地区“诉愿法”第55条），以示公正客观。有关回避事由，应适用中国台湾地区“行政程序法”第32条以下规定。

“诉愿审议委员会”审议诉愿事件，应指定人员制作审议纪录附卷。“委员”于审议中所持与决议不同之意见，经其请求者，应列入纪录。

至于诉愿决定书上得否记载不同意见书，不无疑义，按为使诉愿人了解“委员”是否有不同意见，其决定理由有无说明力，如经不同意见之“委员”要求，似应记载于诉愿决定书，较合理。① 否则持不同意见者却必须对外界负责其所不同意之诉愿决定见解，亦有失公平。

3. 诉愿决定种类

诉愿决定种类有下述几种：

(1)程序不合法驳回

中国台湾地区“诉愿法”第77条规定诉愿事件有下列各款情形之一者，应为不受理之决定：

①诉愿书不合法定程序不能补正或经通知补正逾期不补正者。

②提起诉愿逾法定期间或未于第57条但书所定期间内补送诉愿书者。

③诉愿人不符合第18条之规定者。

④诉愿人无诉愿能力而未由法定代理人代为诉愿行为，经通知补正逾期不补正者。

⑤各地自治团体、法人、非法人之团体，未由代表人或管理人为诉愿行为，经通知补正逾期不补正者。

⑥行政处分已不存在者。

⑦对已决定或已撤回之诉愿事件重行提起诉愿者。

⑧对于非行政处分或其他依规定不属诉愿救济范围内之事项提起诉愿者。

诉愿机关于受理诉愿时，应先从程序上加以审核，合于法定程序者，方能进而为实体上之审理。其不合法定程序而无可补正者，即应予以驳

① 台北市诉愿决定书便有记载不同意见书，可供参考。

回（1960年判字第1号判例）。但诉愿因逾越法定期限决定驳回时，若原行政处分显属违"法"或不当者，原行政处分机关或其上级机关得依职权变更或撤销之（中国台湾地区"诉愿法"第17条第2项），即于此情形，仍得以诉愿决定依职权撤销或变更原处分，以资救济。

又诉愿书因不合法定程序（例如，诉愿书只声明诉愿而未附具诉愿理由），经发还更正，而逾期不为更正，亦未声明原因者，依中国台湾地区司法机构院字第710号及第808号解释，应驳回其诉愿。受理诉愿机关认为诉愿书不合法定程序，而其情形可补正者，应通知诉愿人于20日内补正（中国台湾地区"诉愿法"第62条）。如诉愿人逾期不补正，在驳回决定书发送前（正本送达前），已向受理诉愿机关补正者，以往实务上认为应注销决定书，仍予受理（院字第710号、院字第1880号、1981年判字第954号、1986年判字第212号）。

例如，仅提出"诉愿声明书"，未载明诉愿之事实及理由，即应将诉愿声明书发还诉愿人命一定期间补正，逾期不补正，再以程序驳回，此种情形，并非仅系作不服之表示，不适用应于30日内补送诉愿书之规定，因此不得未经发还命补正，即以已逾30日未补送诉愿书为由，径依中国台湾地区"诉愿法"的规定，程序驳回。①

在税捐稽征机关对复查之申请，未于2个月内作成复查决定，纳税义务人乃依中国台湾地区"税捐稽征法"第35条第3项的规定径行提起诉愿，但在未经作成诉愿决定以前，税捐稽征机关已为驳回复查决定，诉愿机关遂函请纳税义务人撤回诉愿或对复查决定重新提起诉愿，纳税义务人不依该函示办理，此时诉愿机关是否得以程序不合驳回纳税义务人之诉愿？就此一问题，如纳税义务人于径行提起诉愿时，已就原核定税额有所争执，而逾期作成之复查决定仍维持原核定时，殊无令纳税义务人重新提起诉愿之依据，自应就原提起之诉愿为实体上之审理，似难谓程序不合。②

就此中国台湾地区"最高行政法院"2012年2月庭长法官联席会议

---

① "行政法院"1982年判字第1131号、第1248号，第3辑，第931页以下，1988年判字第888号，第8辑，第1709页。

② "行政法院"1989年6月庭长、评事联席会议决议，中国台湾地区司法机构公报，第31卷第8期，第84页。

决议指出：自程序之保障及诉讼经济之观点，中国台湾地区“诉愿法”第82条第2项所谓“应作为之机关已为行政处分”，系指有利于诉愿人之处分而言，至全部或部分拒绝当事人申请之处分，应不包括在内。故于诉愿决定作成前，应作为之处分机关已作成之行政处分非全部有利于诉愿人时，无须要求诉愿人对于该处分重为诉愿，诉愿机关应续行诉愿程序，对嗣后所为之行政处分并为实体审查，如径依中国台湾地区“诉愿法”第82条第2项规定驳回，并非适“法”。足资赞同。

又在课税处分以逾复查期间而告确定，经申请复查被程序上驳回，又提起诉愿，仍应认为程序上不合“法”，应可类推适用上述中国台湾地区“诉愿法”第77条第2款规定，为不受理之决定。

(2)实体上无理由驳回

诉愿事件经实体上审查结果，认为诉愿无理由者，受理诉愿机关应以决定驳回之。原处分所凭理由虽属不当，但依其他理由认为正当者，仍应以诉愿为无理由(中国台湾地区“诉愿法”第79条)。故在行政处分之同一性的范围内，诉愿机关得斟酌原处分阶段所漏未发现之新事实新证据或依据，作为原处分合“法”正当之理由根据，即得依据原处分所附记之理由以外之理由，认为原处分正当，而驳回诉愿。

(3)实体上有理由之决定

诉愿事件经实体上审查结果，认为诉愿有理由者，受理诉愿机关之处理方法有三(中国台湾地区“诉愿法”第81条第1项)：

①撤销发回：在事实及证据仍有待查明的情形，撤销原处分(复查决定)之全部或一部，发回原处分机关重为调查事实及证据，重新为复查决定。于此情形并得指定相当期间命其为之(中国台湾地区“诉愿法”第81条第2项)。

②单纯撤销变更：在事实及证据已十分明了的情形，撤销或变更原课税处分(或罚锾处分)及复查决定之全部或一部，不再发回由原处分机关重为决定。于此情形，诉愿决定主文可记载为：原处分(复查决定含原核定处分)撤销。

诉愿决定亦可撤销原处分之全部或一部，并自为变更之决定。例如，原罚锾3倍之处分撤销，改处1倍之罚锾。

值得注意者,诉愿决定欲撤销行政处分之“一部”,必须原行政处分具有“可分性”始得为之,在不可分的行政处分,诉愿机关仅能就其处分之整体为审查决定。

③在课予义务诉愿事件

在怠为处分的情形,受理诉愿机关认为有理由者,应指定相当期间,命应作为机关作成特定内容之行政处分或遵照其见解为处分。由于受理诉愿机关原则上有权为实体上决定,故学者有谓其亦得自为民众所申请之行政处分。在受理诉愿机关未为诉愿决定前,应作为之机关已为行政处分者,是应作为而不作为之情形已不复存在,诉愿无实益,受理诉愿机关应以诉愿为无理由予以驳回(中国台湾地区“诉愿法”第82条)。

在对于驳回申请处分之课予义务诉愿,于诉愿有理由时,除撤销原驳回处分外,倘受理诉愿机关就该事件有事物管辖权,亦得自己作成诉愿人所申请之行政处分或发回命原处分机关作成特定内容之行政处分(例如,原处分机关应作成核定退还诉愿人新台币××元之退税处分)或遵照其见解为处分。倘其无管辖权,则应命原处分机关作成所申请之行政处分,[①]或遵照其见解为处分。

(4)情况裁决

中国台湾地区“诉愿法”参考日本立法例,于第83条规定增设情况决定制度:受理诉愿机关发现原行政处分虽属违“法”或不当,但其撤销或变更于公益有重大损害,经斟酌诉愿人所受损害、赔偿程度、防止方法及其他一切情事,认原行政处分之撤销或变更显与公益相违背时,得驳回其诉愿。前项情形,应于决定主文中载明原行政处分违“法”或不当。

此种情况裁决,在税务案件,原则上应无适用余地。盖违“法”课税处分如不予撤销而只给予金钱赔偿,其结果与撤销课税处分后给予退税之结果相同,因此在税务案件上,似无必要引进情况裁决制度。

---

① Eyermann, VwGO, §73 Rn. 15., Redeker/von Oertzen, VwGO, §73 Rn. 19;陈敏:《课予义务诉讼之制度功能及适用可能性》,第17页以下,发表于1999年5月22日中国台湾地区行政法学会举办之行政救济法学研讨会。

4. 诉愿决定应否受诉愿声明(要求)的拘束

诉愿决定应否受诉愿人之诉愿声明(请求撤销变更原处分表示不服之范围)的拘束?例如,稽征机关课税处分核定税额新台币 100 万元,诉愿人请求撤销超过新台币 80 万元税额部分,则诉愿决定可否变更原处分,自行决定正确税额为新台币 50 万元或 120 万元?前者涉及可否超过诉愿人之声明范围,更为有利诉愿人之变更的问题,后者涉及不利益变更是否应予禁止的问题。

(1)容许不利益变更之理论根据

在理论上,如注重诉愿程序之本质为"行政程序"之一种,则为实现正确决定之实质正义以及"依法行政原则"之要求,并发挥诉愿程序为达行政自我控制机能,有关诉愿程序上原行政处分之撤销变更,似应与一般行政处分之撤销变更之情形相同,同样应适用行政程序法及法律之特别规定,不因诉愿人提起诉愿而受特别优待,尤其在诉愿决定机关乃属原处分机关,或对于原处分机关有指挥监督权之直接上级监督机关的情形,在程序法上更有权限为诉愿人更有利或不利之变更。德国通说判例概采此见解。[①]

唯值得注意者,如认诉愿决定得为不利变更时,则基于尊重人性之尊严及法治国家原则之要求,诉愿机关应在作成不利变更决定之前,听取诉愿人意见,即应事先对于诉愿人提示可能为不利变更之理由,并给予诉愿人相当期间表示意见之机会,以避免"突袭性裁判",且诉愿人为避免遭受不利变更,亦可有依规定撤回诉愿之机会。

(2)禁止不利益变更之理论根据

认为诉愿决定应受诉愿声明之拘束者,概从诉愿之权利救济观点或从保障民众"诉愿权"之观点或为保护民众信赖行政处分存续之利益,或为防止官官相护陋习及公权力滥用等观点,主张诉愿程序亦适用"不告不理"原则,禁止诉愿决定为不利于民众之变更,以免有违诉愿程序之权利保护意旨。日本通说亦采相同见解。

(3)实务见务

以往"行政法院"判例认为诉愿程序应采不利益变更禁止原则,例

---

① 详见陈清秀:《税务诉讼之诉讼标的》,1991 年版,第 282 页以下。

如,1941 年判字第 48 号判例:诉愿系民众因行政机关之违“法”或不当处分致损害其权利或利益时,请求救济之方法,诉愿官自不得于其所请求之范围外予以不利益之决定,亦即诉愿机关自不得于其所请求之范围外予以不利益之变更(1942 年判字第 12 号判例)。故受理诉愿机关,应就诉愿人声明不服之范围而为审查决定,其未经当事人提起诉愿之事项,自无为诉愿决定之余地(1968 年判字第 304 号判例)。

由于诉愿决定受诉愿声明(不服范围)之拘束,因此在上述案例,纵然审查结果,正确应纳税额只有新台币 50 万元,诉愿机关亦只能撤销课税处分超过新台币 80 万元税额部分。反之,诉愿机关纵然认为不应纳税额为新台币 120 万元,并非原处分所核定税额新台币 100 万元,仍仅能维持原处分,驳回诉愿。

(4)中国台湾地区“诉愿法”规定

依中国台湾地区“诉愿法”第 81 条的规定,受理诉愿机关径为变更之决定或原行政处分机关重为处分时,均不得于诉愿人表示不服之范围内,为更不利益之变更或处分(参见该条制定理由说明),即采不利益变更禁止原则。

至于可否为更有利于诉愿人之变更不无疑问。按如依“法”应更为有利民众之决定,则其作成正确合“法”之决定并无违于依法行政原则,且无违保护民众权利之意旨。倘若认为受理诉愿机关不得逾越民众之诉愿声明,为更有利民众之决定,则宜于诉愿理由中载明,并指示由原处分机关依职权撤销变更原处分错误部分,以符法制。

5. 诉愿决定应否受解释令函之拘束

审理诉愿案件之中国台湾地区“诉愿审议委员会”,应否受主管机关行政令函之拘束?本书认为“诉愿审议委员会”仍隶属于行政机关,自应受行政机关负责人所发布之“通案”性质之解释令函等行政规则之拘束(通案指挥监督)(中国台湾地区“行政程序法”第 161 条),但基于其含有“独立性单位”色彩,有关个别诉愿案件如何处理,不应受其机关负责人针对“个案”之指挥监督(不受个案指令拘束)。

如果通案行政规则有违“法”不当瑕疵时,则应由中国台湾地区“诉愿审议委员会”向主管机关反映研修该“行政命令”,在未修正之前,仍应受其拘束,“诉愿审议委员会”不宜进行合“法”性审查,以至于行使权限凌驾于机关负责人之上(毕竟机关负责人应负担政策成败之政治责任,属于行政权之一环)。①

当然,如果行政规则有进行各种解释或法规漏洞补充之适用空间时,则“诉愿审议委员会”仍得行使解释权以及漏洞补充权限。

至于各地“诉愿审议委员会”应否受主管机关之行政函释之拘束,不无疑问。在此应视该诉愿事项属于中国台湾当局委办事项或各地自治事项而定。如果属于委办事项,则台湾当局对于各地得进行合“法”性监督与合目的性监督(释字第553号解释),各地“诉愿审议委员会”仍应受主管机关之行政函释等行政规则之拘束。

如果属于各地自治事项,则对于有关自治事项之法规(法定义务办理之自治事项),除另有特别规定外,各地应享有平行解释权,各地“诉愿审议委员会”自可不受主管机关之行政函释等行政规则之拘束(参见中国台湾地区“行政程序法”第161条:有效下达之行政规则,具有拘束订定机关、其下级机关及属官之效力。各地并非主管机关之所属下级机关,自不受其行政规则之拘束)。但除有特殊正当理由外,各地也仍应尊重主管机关之解释令函,不宜任意采取不同之解释,以维护中国台湾地区法律秩序以及行政秩序之统一性。且各地如采不同“法令”解释而为行政上处置时,倘若主管机关认为不合“法”,仍得对于各地加以纠正,以行使其合“法”性监督权。各地对该监督处置如有不服,得依“法”提起诉愿(中国台湾地区“诉愿法”第1条第2项)。

6. 教示义务

诉愿决定书应附记,如不服决定,得于决定书送达之次日起2个月内向“高等行政法院”提起行政诉讼(中国台湾地区“诉愿法”第90条),此即为行政救济之教示义务规定。倘若诉愿决定教示错误,则应给予补救(中国台湾地区“诉愿法”第91条及第92条)。

---

① 如果将来修改,将“诉愿审议委员会”定位为准司法机关,则应不受行政规则之拘束,而可进行合“法”性审查。

(七)诉愿决定之效力

诉愿决定送达生效后,民众(诉愿人或其他利害关系之第三人)对之如有不服,得提起行政诉讼,但原处分机关则不得对于变更其处分之决定,提起行政争讼(院字第2296号)。

又诉愿人、参加人对诉愿程序之进行,有不同之意见时,原得声明异议,以供受理诉愿机关审酌,唯恐声明异议影响诉愿程序之进行,因此,应于诉愿决定时,并同裁决之,其有不服者,得于提起行政诉讼时并提出,以资救济。故"诉愿人或参加人对受理诉愿机关于诉愿程序进行中所为之程序上处置不服者,应并同诉愿决定提起行政诉讼"(中国台湾地区"诉愿法"第76条)。

诉愿决定之效力,概有下列数种:

1. 不可争力

诉愿决定后如已逾法定期间,未经提起行政诉讼时,即告形式确定,具有形式上确定力或"不可争力",嗣后不得再为争执而提起行政诉讼。

2. 不可变更力

由于诉愿决定乃是依据一定的争讼程序,为解决争讼而作成裁决,因此一旦作成诉愿决定之后,如于其有违法瑕疵的情形,即可以如同一般行政处分,由诉愿决定机关加以撤销变更时,则将违反其争讼裁决的性质。因此,日本通说判例概均承认一旦作成诉愿决定之后,诉愿决定机关本身即应受其拘束,除由法院依法加以撤销变更之情形外,诉愿决定机关本身不得自行撤销变更诉愿决定。对于此种拘束诉愿决定机关之效力,即称为不可变更力。①

就此德国学说判例亦肯认诉愿决定机关应受其诉愿决定的拘束,原则上不得任意撤销变更其诉愿决定。② 唯学者有认为例外情形,在诉愿

① [日]南博方、小高刚:《注释行政不服审查法》,昭和六十三年(1988年)全订版,第292页。

② Kopp, VwGO, 9. Aufl., 1992, §73 Rn. 24; Redeker/v. Oertzen VwGO, 9. Aufl., 1988, §73 Rn. 39; Eyermann/Fröhler, VwGO, §73 Rn. 13; BVerwGE 15, 259; 27, 78; 39, 133; 58, 105.

决定有《德国行政手续法》第 51 条所定手续之重新进行的理由（类似再审理由）或有《德国行政手续法》第 48 条以下之行政处分的废止或撤销之理由存在时，则诉愿机关仍不妨撤销变更其诉愿决定，在此范围内，诉愿决定与一般行政处分适用相同的法则。[①]

中国台湾地区实务上亦认为诉愿决定送达后即具有“不可变更力”（自缚力），即使嗣后发现有利于诉愿人之新证据或为决定基础之“法令”变更，原诉愿决定机关亦不得自行撤销诉愿决定（院字第 1557 号、第 1849 号）。

又诉愿决定机关对于诉愿决定有显然错误、误算或其他类此之显然错误的情形，则可加以更正（参照中国台湾地区“民事诉讼法”第 232 条），或对于当事人声明事项有脱漏者，亦可加以补充（参照中国台湾地区“民事诉讼法”第 233 条）。

3. 拘束力

（1）概说

诉愿决定确定后，就其事件有拘束各关系机关之效力。就其依中国台湾地区“诉愿法”第 10 条提起诉愿之事件，对于受委托行使公权力之团体或个人，亦有拘束力（中国台湾地区“诉愿法”第 95 条），即诉愿决定原则上如同任何的行政处分一般，具有拘束（但保留于行政诉讼上，受中国台湾地区“行政法院”的事后审查）当事人、诉愿决定机关以及原处分机关的效力。此种拘束力之范围，系指以诉愿之事实业经决定者而言，若另发生新事实（指诉愿决定确定后另发生与原处分原因不同之事实），当然得由该管机关（原处分机关）另为处分（院 1461、院 1629）。

在诉愿决定撤销原处分的情形，诉愿决定的拘束力乃是各关系机关负有实现诉愿决定内容的义务，在同一事实及法律状态下，原则上不得反复为同一内容之处分，即防止行政机关反复触犯同一错误，并除去与被撤销之处分相关联所产生之违法状态，以为权利救济。[②]

（2）拘束力范围

在争点主义底下，诉愿决定的拘束力，仅就与决定主文具有一体不可

① Kopp, VwGO, §73 Rn. 25; Eyermann/Fröhler, VwGO, §7 Rn. 2.

② ［日］南博方、小高刚：《注释行政不服审查法》，昭和六十三年（1988 年）全订版，第 294 页。

分之理由部分,发生拘束力。原处分机关对于系争课税事件,不得违反该决定理由之意旨,而再度作成相同处分。例如,诉愿决定以诉愿人所作成之文书,并非印花税之课税凭证而撤销课税处分时,原处分机关即不得再就该项文书,作成课税处分补征税款。

就诉愿决定审理范围以外之事项,例如,原处分中关于诉愿人未提起诉愿加以争执之事项,由于并未经诉愿机关审理决定,自不在诉愿决定之拘束力范围。故如纳税义务人嗣后发现原处分未争执之部分仍有瑕疵时,仍可向原处分机关申请"依职权撤销变更",以寻求救济,而原处分机关如认为其申请有理由时,自不妨依职权加以撤销变更。

(3)撤销原处分,将该事件发回重为处分的拘束力

在诉愿决定撤销原处分,将该事件发回原处分机关重为处分时,依中国台湾地区"诉愿法"第96条的规定,"原处分机关应依诉愿决定意旨为之,并将处理情形以书面告知受理诉愿机关"。则此项诉愿决定的拘束力,应准用中国台湾地区"民事诉讼法"第478条第3项所定上级审法院撤销发回更审之裁判之拘束力原则,即原处分机关应以诉愿决定所为撤销理由之法律判断为其处分基础。原处分机关于重为处分时,原则上只有在类似情形,下级审法院也不受上级法院的法律见解的拘束的情形,例如,在此期间,事实或法律状态发生变更或增加新的诉讼资料应为不同的法律判断等情形,才可违背诉愿决定所表示的法律见解。此外,在依据行政处分的撤销或废止的原则,以及依据允许为第二次裁决(Zweitbescheid)的原则,得依法重新为决定的情形,也可不受诉愿决定法律见解的拘束①。

又如,诉愿决定撤销原处分发回原处分机关重为处分,经原处分机关重为处分后,诉愿人再度提起诉愿时,则诉愿机关应否受先前诉愿决定所表示法律见解之拘束?就此有谓从诉讼程序经济以及法治原则,要求诉愿机关除有上述下级机关不受拘束之情形外,原则上应受自我拘束,不得任意变更其法律见解,否则亦有违诚信原则②。另有认为,诉愿机关并不

---

① Kopp, VwGO, §73 Rn. 26.

② Kopp, VwGO, §73 Rn. 27, §130 Rn. 11 f.

受其先前诉愿决定之法律见解的拘束。①

就此中国台湾地区“行政法院”1992年判字第2398号判决谓:又参照本院1971年判字第35号判例意旨,本件被告机关为复查之结果,纵与已撤销之前决定持相同之见解,于法亦非有违。依此见解,原处分机关即不受先前撤销原处分之诉愿决定之法律见解的拘束。而其后之诉愿决定亦不受其先前诉愿决定之法律见解的拘束。此一判决观点,对于提起行政救济之民众而言,毫无权利保障可言,实非妥适。

依中国台湾地区司法机构“大法官”释字第368号解释谓,“若行政法院所为撤销原决定及原处分之判决,系指摘其适用法律之见解有违误时,该管机关即应受行政法院判决之拘束”,此一解释对于诉愿决定拘束力,亦应可采相同解释。

4. 实质的确定力?

如以诉讼法上之意义来理解行政处分之实质上确定力之理论时,则行政处分之实质上确定力系指与民事诉讼法上所谓实质上确定力(既判力)相同意义之效力。详言之,行政处分之实质上确定力之概念,乃是指行政处分所决定之法律关系之内容,以后即成为当事人间法律关系之基准,当事人不得为与此内容相反之主张,且其他行政机关或法院亦不得为与此内容相矛盾之判断之效力而言,即行政机关以及当事人原则上乃终局的受行政处分之规制之拘束。②

诉愿决定为行政处分之一种,其是否具有类似既判力之实质的确定力,中国台湾地区“诉愿法”并无明文规定,解释不无疑义。

按在行政争讼程序上,行政机关所为争讼裁断行为,如税捐复查决定及诉愿决定等,均是行政机关依据一定之法定程序,经由事实关系之解明,并赋予当事人陈述意见之机会后,所为当事人间之权利或义务存否之确认处分,因此,日本学者有谓其行政手续与法院之裁判程序亦有相近之处,乃类似裁判行为,故基于裁断行为之尊重、法律关系之安定以及纷争反复之防止等理念,行政上之争讼之裁断行为,应具有不可变更力,且有

① BVerwGE 10,183;21,142.

② 陈清秀:《行政处分有无实质上确定力》,载《植根杂志》第7卷第5期、第7卷第6期。

实质的确定力。[①]

中国台湾地区实务上有认为诉愿决定并无实质上确定力者,例如,1958 年判字第 4 号判例谓:被告("再诉愿官署")改依程序上之理由予以决定,本院亦系依程序上之理由予以维持,是关于撤销征收放领之原处分,虽已具有形式上之确定力,但尚未具实质上之确定力,如果原处分机关或其上级机关,认为该项原处分确有违反"实施耕者有其田条例"之规定,则为公益上之理由,未尝不可再依职权纠正(参照 1955 年判字第 40 号及 1956 年判字第 60 号各判例)。

又依中国台湾地区司法机构院字第 1557 号解释,诉愿决定确定后,如原处分机关发现原处分错误,或因有他种情形(如发生新事实),而依职权撤销原处分另为新处分,倘于诉愿人之权利或利益,并未因之而受何损害,自可本其行政权之作用,另为处置,不在诉愿决定之拘束力之范围。故诉愿决定驳回诉愿确定后,原处分机关仍可依职权撤销变更原课税处分,而为有利于纳税人之处置。[②] 是亦不承认诉愿决定之实质上确定力。

本书认为诉愿决定仍属行政机关之决定,参照中国台湾地区"行政程序法"第 117 条有关职权撤销违"法"处分、第 122 条有关合"法"非授益处分之废止以及第 128 条有关程序重新再开的规定,似不宜承认实质的确定力。即诉愿决定驳回诉愿确定后,并不影响原处分机关依据中国台湾地区"行政程序法"进行处理的权限。

(八)诉愿决定确定后之救济

1. 声请再审

在 1998 年修正中国台湾地区"诉愿法"之前,实务上认为诉愿决定确定后,若发现原处分当时已经存在之新证据时,因在中国台湾地区现行"诉愿法",并无再审之规定,故处分及原决定机关仍应受确定诉愿决定之拘束(院 1461),且由于中国台湾地区"诉愿法"并无当事人发现有利益

① [日]雄川一郎:《实质的确定力》,载《行政判例百选 I》,第 166 页以下。

② 有关诉愿决定之效力,另参见陈清秀:《行政诉讼法》,第 228 页以下。

之新证据,得为再审之规定,故当事人不得向原处分机关提起再审(院1822)。因此,除于诉愿决定确定后另发生与原处分不同之事实外,不得以发现诉愿决定时已存在之新证据,请求变更原处分或更为新处分(1991年裁字第906号)。

按诉愿决定之性质为行政处分,其效力不应比中国台湾地区"行政法院"判决效力更强,当事人对于中国台湾地区"行政法院"确定判决既可提起再审之诉,则于有相当于法院裁判之再审事由存在时,依举重明轻之法理,自应容许民众声请原诉愿决定机关再审,①以资救济。

因此,诉愿决定确定后,如发现有类似中国台湾地区"民事诉讼法"第496条第1项及中国台湾地区旧"行政诉讼法"第28条所定再审事由时,宜允许诉愿人或其他利害关系人声请再审,中国台湾地区新修正"诉愿法"第97条乃参照中国台湾地区"民事诉讼法"第496条、中国台湾地区旧"行政诉讼法"第28条及第29条规定,增列诉愿决定之再审制度。

2. 原处分机关之职权撤销

在行政处分具备撤销或废止的前提要件时,则诉愿决定即丧失此项拘束力,原处分机关得依法撤销或废止该项行政处分。② 在原处分机关撤销变更原处分时,则诉愿决定亦归于消灭。③

就此中国台湾地区"行政程序法"第128条第1项即明文规定,于下述情形中,相对人或利害关系人得向行政机关申请撤销、废止或变更已确定之行政处分,如具有持续效力之行政处分所根据之事实或法律状态,事后发生有利于关系人之变更者。发生新事实或发现新证据,使关系人将因而受较有利之决定者。有相当于中国台湾地区"行政诉讼法"之再审

---

① 神户地判昭二十五年(1950年)四月二十四日行裁例集,第1卷第4号,第540页,大阪高判昭二十五年(1950年)八月三十一日行裁例集,第1卷第9号,第1249页。参见[日]南博方、小高刚:《注释行政不服审查法》,第293页。

② 在日本,通说及判例亦认为驳回诉愿维持原处分之诉愿决定,并不发生拘束力,因此,行政机关不妨基于独自判断,依职权撤销或变更原处分(参见[日]南博方、小高刚:《注释行政不服审查法》,第297页)。

③ Redeker/v. Oertzen, VwGO, §73 Rn. 39; Eyermann/Fröhler, VwGO, §73 Rn. 12; Kopp, VwGO, §73 Rn. 24.

事由存在者。因此,在事实或法律状态嗣后发生变更或发现新证据或有类似再审事由存在时,行政机关均得撤销变更原处分,不受诉愿决定之拘束。

第二节 税捐行政诉讼

一、概说

税捐诉讼主要有课税处分或罚锾处分之撤销诉讼以及申请退还税款或罚锾诉讼两种。此外,如税捐稽征机关所属税务员因故意过失违法行使课税公权力,致纳税义务人遭受损害(已缴纳所核定之税款)时,所提起之“国家”赔偿诉讼,亦属广义的税捐诉讼之一种。

税捐行政诉讼由中国台湾地区“行政法院”裁判,在修正中国台湾地区“行政诉讼法”于 2000 年 7 月 1 日施行前,诉讼种类只有撤销诉讼一种,诉讼程序采书面审理原则,且一审终结。在 2000 年 7 月 1 日新“法”施行后,诉讼种类增加为撤销诉讼、给付诉讼、课予义务诉讼、确认诉讼数种,诉讼程序改采二级二审,第一审“高等行政法院”言词审理,第二审中国台湾地区“最高行政法院”法律审,书面审理原则,另增设暂时权利保护制度,对于民众权利保护较周全。

2011 年 11 月 23 日公布修正中国台湾地区“行政诉讼法”,对于行政诉讼制度有些重大变革,主要将行政诉讼改成三级二审,在各地法院设置行政诉讼庭,掌管行政诉讼之简易诉讼案件、行政诉讼强制执行事件以及交通违规处罚案件等。如不服其裁判,得上诉或抗告至“高等行政法院”。原本简易诉讼程序之裁判得不经言词辩论,以书面审理,本次修正案使简易诉讼程序事件回归常态,原则上均应经言词辩论为之。其中三级二审制度自 2012 年 9 月 6 日起施行。

税捐行政诉讼由“行政法院”裁判,“高等行政法院”由三位法官组成审判庭,[①]而中国台湾地区“最高行政法院”则由五位法官组成审判庭。此一审判庭组织实现“合议制原则”。合议制原则可以发挥内部控制机能,由数位法官共同作成裁判,彼此可以相互脑力激荡与相互控制。[②]

法定法官原则(参见《德国基本法》第 101 条第 1 项第 2 句),此是为确保司法权之中立性与公正性,以避免人为操纵司法影响审判之危险而设,民众享有法定法官之权利(Recht auf den gesetzlichen Richter),乃是法治国家法安定性及客观性之表现。此一原则要求有关管辖法官之决定,保留以法律定之。即要求宣判之法院与对于个别案件进行裁判之法官自始确定[③]。在此不仅管辖法院,应由法律加以规定,而且到最后阶段由哪一个具体的法官承办具体案件,也应以法律上规律事先加以决定之(一个案件,闭着眼睛,依据一般的事先的规定特征,也可以获得将进行裁判之法官为何人)。[④] 但实际上要以法律规定某一具体案件归属于哪一具体法官办理,事实上不可能,因此应由法院内部之业务分配计划决定之。依据德国联邦宪法法院 1997 年 4 月 8 日判决,此一法院内部业务分配计划,不得在个别案件进行恣意分配,或在欠缺规范性、抽象一般事先规定之情况下,随着个案选择参与审判之法官,而应具备有抽象及一般的明确规定,从该规定即可让人尽可能清楚地了解担任个案裁判之法官。[⑤] 中国台湾地区也应有上述法定法官原则之适用。

二、诉愿前置主义

(一)概说

中国台湾地区现行“行政诉讼法”对于行政诉讼之提起,采诉愿前置

---

① 德国联邦财务法院除有三位专职法官外,另有荣誉职法官二位参加审判(德国联邦财务法院法第 5 条第 3 项)。

② Tipke/Lang,Steuerrecht,20. Aufl.,2010,§22 Rz. 61.

③ Tipke/Lang,Steuerrecht,20. Aufl.,2010,§22 Rz. 62.

④ Claus Dieter Classen,in:v. Mangoldt/Klein/Starck,GG,5. Aufl.,2005,§101 Rn. 14.

⑤ BVerfGE 95,322,329 f.

主义，纳税义务人非经先践行诉愿程序，不得提起行政诉讼。因此，如在诉愿程序上因诉愿不合法被程序驳回后，即属未经践行诉愿前置程序。采取此种诉愿前置主义，主要系基于下述理由：

1. 关于税捐之行政处分，大量反复作成，有必要通过诉愿前置程序，疏减讼源，以减轻"行政法院"负担。

2. 税捐诉讼之争点，多有关于课税事实的认定，强烈要求简易迅速的处理，其中大部分可以经由行政救济程序，就近调查事证，比较容易解决。

3. 税捐法之解释问题中，多具有技术性格，在行政救济程序阶段，可以整理其论点，以维持法令解释适用之统一，并使"行政法院"容易审理，减轻法院工作负担。①

4. 扩大救济机会。诉愿行政救济程序可以审查原处分的合法性与妥当性，反之，"行政法院"只能审查行政处分的合法性，因此行政救济程序可以扩大给予民众救济机会。

唯上述诉愿前置主义使民众获得法院的权利救济时间延后，与权利救济之迅速性要求不符，因此是否符合保障民众诉讼权之精神，不无疑义。② 尤其在经过诉愿程序，将产生显然的损害，而为避免该项无法回复或难以回复之损害发生，有紧急的必要情形或有其他正当理由时，允宜容许民众直接向"行政法院"起诉，请求救济。③

（二）诉愿与行政诉讼之关系

有关诉愿前置程序之规定乃属强行法规，盖前置程序不仅为维护民众之权利或行政之利益，且亦为减轻法院负担而设。因此，当事人不得抛弃诉愿前置程序之实施而径行提起行政处分之撤销行政诉讼，"行政法院"亦不得免除当事人实施诉愿前置程序。④

而鉴于诉愿前置程序之权利保护目的，以及在法治社会中，行政机关

---

① [日]田中二郎：《租税法》，1990年第3版，第372页。

② 蔡志方：《论诉愿与行政诉讼之关系》，载翁岳生教授祝寿论文集：《当代公法理论》，1997年版，第727页以下。

③ 参见《日本国税通则法》第115条第1项但书。

④ BVerwG v. 13. 1. 1983, E Bd. 66, S. 342; Kopp, VwGO, Vorb §68, Rn. 10.

负有义务对于诉愿作成决定,原则上符合民众之主观权利,因此民众对于诉愿决定之作成享有请求权,即民众享有实施诉愿前置程序之请求权。①

倘若原告未经践行诉愿前置程序而径行提起诉讼,但原告仍有补行前置程序之可能时,则"行政法院"有权限且原则上亦负有义务停止系属中之诉讼程序或延展审理期限,俾给予原告有机会补行诉愿前置程序,以符合诉讼经济之原则。且于必要情形,依据中国台湾地区新"行政诉讼法"第125条阐明权之规定,"行政法院"亦必须提示(hinweisen)原告有关补行前置程序之必要性。②

又由于系争行政处分在逾越诉愿期间后即具有形式上确定力,因此,如行政诉讼之原告先前未实施诉愿前置程序,则该行政处分对于原告而言,因经过诉愿期间而确定,不得争讼,故学者有认为诉愿前置程序,原则上应由(嗣后之)原告自己以固有的人格者身份加以实施。③

例外情形如法律有特别规定或诉愿决定第一次使第三人蒙受损害之情形,或程序上一个必要的共同诉讼人已经实施诉愿前置程序时,则不受上述限制。④

另有认为,倘若事实上已经有人践行诉愿前置程序,则已达成诉愿前置程序之行政自我审查及减轻法院负担之功能,故原告先前虽未经实施诉愿前置程序,仍具有诉讼要件,并不以原告个人亲自践行诉愿前置程序为必要,盖此项践行诉愿前置程序之诉讼要件,与其他诉讼要件如行政诉讼救济途径之允许等相同,并不具有属人性。⑤

如诉愿人已迟误诉愿期间或舍弃诉愿,但诉愿机关仍为实体上诉愿决定时,则其诉讼原则上不合法。盖践行诉愿前置程序无效果乃是撤销诉讼之诉讼前提要件,而不只是实体判决之前提。其已经形式上确定之行政处分,拘束系争"行政法院"以及任何法院与任何行政机关(但另有

---

① Kopp, VwGO, Vorb §68, Rn. 12; BverwGE 13, S. 195, BverwGE 29, S. 243.

② Kopp, VwGO, §68, Rn. 4; BverwGE v. 13. 1. 1983, E Bd. 66, S. 345; Munchen Bay VBl. 1980, S. 297.

③ Kopp, VwGO, §68, Rn. 7, 8; Eyermann/Fröhler, VwGO, §68 Rn. 5.

④ Redeker/v. Oertzen, VwGO, §68 Rn. 8ff.

⑤ 德国联邦行政法院1972年3月23日判决即采此见解(参见BVerwGE 40, S. 28ff)。

认为于此情形,乃由诉愿机关裁量是否愿于实体上作成决定,或以其诉愿不合法驳回,于此情形,其诉讼乃属合法,但原则上并无理由。亦有认为在行政诉讼程序上,不得再审查其诉愿是否原应以不合法驳回),仅于其诉愿决定包含一项“新的独立的不利益”的情形,其诉讼始可能合法。

在诉愿期间经过或舍弃诉愿之同时,原行政处分即告确定,如对之提起撤销诉讼,应否认其权利保护必要,盖其欠缺践行前置程序无效果之诉讼前提。如果诉愿决定仍对之予以决定,而再开权利救济之途径,则违反法安定性原则以及平等原则(盖对于已迟误期间之诉愿,进行实体上决定,乃系于行政机关之任意)。再者,其对于信赖行政处分已经确定之受益的第三人,亦将强制其忍受重大的诉讼风险,故尚非妥适。①

倘若诉愿人已践行诉愿程序,唯受理诉愿机关逾 3 个月不为决定,经诉愿人依中国台湾地区“行政诉讼法”第 4 条第 1 项规定提起行政诉讼后,诉愿机关始为决定,则其原提起之行政诉讼是否合“法”?

以往“行政法院”1959 年裁字第 20 号判例认为:提起再诉愿逾 3 个月不为决定者,固得依中国台湾地区“行政诉讼法”第 1 条第 1 项后段之规定,提起行政诉讼,但在未经裁判以前,再诉愿行政机关已为决定时,则诉讼之原因消灭,其起诉即难认为合“法”。(同说 1959 年裁字第 39 号判例)其后于 1992 年“行政法院庭长”评事联席会议决议:原告合“法”提起之行政诉讼不因行政机关程序违“法”之诉愿决定而失其效力。中国台湾地区“诉愿法”第 20 条、第 21 条及中国台湾地区“行政诉讼法”第 1 条第 1 项诉愿、再诉愿决定之期限,即系依据“迅速决定及迅速裁判”之理念所为规定。本院 1959 年裁字第 20 号及第 39 号判例使中国台湾地区“诉愿法”第 20 条及中国台湾地区“行政诉讼法”第 1 条第 1 项期间之限制失其存在意义,应予变更。② 此项见解,值得赞同,盖诉愿人已践行诉愿前置程序,已给予行政机关重新审查原处分之机会;且基于诉讼经济原则,亦不适当要求诉愿人必须反复争讼,旷日费时,始能获得救济途径;又从“权利保护之实效性”原则,亦应担保民众得以迅速有效获得权利保

---

① Eyermann/Fröhler, VwGO, §70 Rn. 5a.

② 《司法周刊》第 597 期第 3 版,1992 年 11 月 18 日。

护,否则迟延的正义,已非正义。

(三)诉愿决定不合法,应否单独撤销发回重审?

中国台湾地区台北“高等行政法院”2001 年度诉字第 6484 号判决:中国台湾地区“行政诉讼法”上之第一审程序既属事实审,得自行调查证据及认定事实,而且本案原处分已作成实体上之决定,此时诉愿机关为诉愿不受理之决定既有违“法”,而且未就本案争点为实体上之判断,本院可否本诸事实审之职权,径行为实体上之认定,而不须再将案件发回诉愿机关重为审查?即属一有待讨论之法律争点。上开争点依目前实务上之法律意见,应分下两种案型,而为不同之处理:

1. 如果原行政处分为羁束处分者,则因为“行政法院”亦有事实认定及调查证据之权限,可以本诸调查结果自为实体法上之决定,而且从争执迅速解决之角度言之,也无让“自行放弃职权之诉愿机关”再行审查之实益,所以应由“行政法院”自为实体判决。

2. 如果原行政处分为裁量处分或涉及判断余地之专业事实认定时,由于“行政法院”仅能审查行政措施之合“法”性,行政措施之合理性或正当性则应由行政体系自我审查,法院无从审理。此时除非当事人明白表示不欲就裁量之适当与否为争讼外,为保障当事人要求行政自我审查之权利,才可将原诉愿决定撤销,而由诉愿机关另重为决定。上述见解原则上应可赞同。但如考虑保障当事人的事实上之审级利益,则似应于当事人要求由受理诉愿机关重为决定之情况下,撤销诉愿决定发回重为决定,较为妥当。

三、行政诉讼之当事人

(一)原告

在行政处分的撤销诉讼,以对于请求撤销原处分、诉愿决定具有法律上利益之人为限,得提起之。因此,具有原告当事人适格者,不以税捐行政处分等之相对人为限,只要就请求撤销具有法律上利益之人,无论为个人、法人、独资、合伙营利事业,均得为原告。学说上一般对于原告适格者,倾向于从民众的权利救济观点,扩张从宽解释,以便多给予救济机会。

税捐诉讼并不承认维护公益或第三人权益之民众诉讼(公益诉讼),因此必须自己权益遭受侵害,始得提起。任何人如果因为违法(违背法规或基本权利)被课予负担,或义务,或被拒绝优惠,或其个人领域持续遭受侵害,即构成主观权利之侵害。①

通常权利侵害之有无,是以行政处分之主文为判断基准。如果行政处分之主文正确,而处分理由虽然有错误,并不影响结果,故尚未使行政处分变成违法。例如,非独立的课税基础认定错误,但最后应纳税额仍然正确时,则课税处分仍然合法。例如,所得税之课税处分,营业所得多算一万元,而租赁所得也少算一万元,最后课税所得计算结果正确,应纳税额也正确,则课税处分即仍然合法,也未侵害纳税人之权益。②

又稽征机关课税处分核定税额过低或核定为零时,原则上并未对于纳税义务人产生权益侵害。但在下述例外情形中,由于该项课税处分本身固无权利侵害,但因结合其他效果,仍应认为有权利侵害存在:③

1. 该税捐核定对于其他机关将发生构成要件效力,对于纳税义务人产生不利之拘束效力。

2. 基于资产负债表之连续性原则,该项税捐利益也包含后续课税年期更大不利益之效果。

3. 虽然将纳税义务人之税捐核定为零,但同时否准或废止其作为公益团体之免税资格之公益性要件。

4. 如果核定较高税额将同时有利于税额扣抵以及税捐优惠金额。

5. 虽然核定税额为零,但恐稽征机关对之作为税捐主体而行使返还请求权。

在所谓竞争者诉讼,在税法上也应可承认其诉讼权能。如果原告有受保护规范存在时,则可承认其诉权。例如,有关于维护竞争中立课税之法规,即属之。又如,所有社会目的规范及管制规范,均要求正确适用,以维护竞争者之营业竞争自由,也可认为属于潜在的保护规范。即在第三

---

① Tipke/Lang, Steuerrecht, 20. Aufl., 2010, §22 Rz. 118.

② Tipke/Lang, Steuerrecht, 20. Aufl., 2010, §22 Rz. 119.

③ Tipke/Lang, Steuerrecht, 20. Aufl., 2010, §22 Rz. 120; von Groll, in: Gräber, FGO, §40 Rz 88.

人与税捐优惠者处于直接的营业竞争关系,而如能具体说明税捐优惠者之营业竞争地位,在其成本方面已经获得改善时,即应可承认其诉权(所谓竞争者地位),而与民众诉讼有别。[①]

以往德国联邦财务法院认为依据保护规范理论,未参与税捐债务关系第三人之权利侵害,只有在纳税义务人不被课税或课征较少税捐,抵触一项法规范,该项法规范不仅是维护公益目的,尤其是合法课税与确保税收之公益,而且也是保护不涉及该税捐债务关系之第三人之个人的利益为目的,才加以承认。因此,第三人提起竞争者诉讼,必须具体说明营业竞争者之税捐上优惠,导致原告纳税义务人在经济上难以生存(危害其生存权)时,才承认原告之诉权存在。[②]

德国联邦财务法院 2006 年 5 月 10 日判决即指出,依据欧盟第六届理事会指令第 4 条第 5 项所包含之税捐中立性原则,如果公法上设施在其行使公权力范围内所从事之活动或提供之给付,被作为非纳税义务人处理,而导致重大的扭曲营业竞争结果时,则纳税义务人得以竞争者诉讼提出权利主张(承续欧洲法院 2006 年 6 月 8 日判决,Rs. C – 430/04)。[③]

原告诉权之存在,通常并不仅单纯主张自己权利遭受侵害,更应积极说明系争原处分在何种范围内违法,并因此损害其权利。由原告之陈述主张,可以显示至少其权利侵害具有"可能性"。如果不论从法律上任何观点,均明显的不可能侵害原告权利时,则应否认其诉权存在。[④]

(二)被告

经诉愿程序之行政诉讼,其被告为下列机关(第 24 条):

1. 驳回诉愿时之原处分机关。

2. 撤销或变更原处分或决定时,为最后撤销或变更之机关。

---

① Tipke/Lang, Steuerrecht, 20. Aufl., 2010, § 22 Rz. 126.

② BFH-Urteilvom 15. 10. 1997 (I R 10/92) BStBl. 1998 II S. 63

③ BFH-Urteilvom 5. 10. 2006 (VII R 24/03) BStBl. 2007 II S. 243.

④ Tipke/Lang, Steuerrecht, 20. Aufl., 2010, § 22 Rz. 128.

四、行政诉讼之提起

(一)提起之期间及方式

民众因行政机关之违“法”行政处分,认为损害其权利或法律上之利益,经依中国台湾地区“诉愿法”提起诉愿而不服其决定,或提起诉愿逾3个月不为决定,或延长诉愿决定期间逾2个月不为决定者,得向“高等行政法院”提起撤销诉讼。

诉愿人以外之利害关系人,认为诉愿决定,损害其权利或“法律”上之利益者,得向“高等行政法院”提起撤销诉讼(中国台湾地区“行政诉讼法”第4条)。

撤销诉讼之提起,应于诉愿决定书送达后2个月之不变期间内为之。但诉愿人以外之利害关系人知悉在后者,自知悉时起算。撤销诉讼,自诉愿决定书送达后,已逾3年者,不得提起(中国台湾地区“行政诉讼法”第106条)。

起诉,应以诉状表明下列各款事项,提出于“行政法院”为之:

(1)当事人。

(2)起诉之声明。

(3)诉讼标的及其原因事实。

当事人在“行政法院”以外之处所所为之准备行为,不能认为已为起诉行为,故诉状仅于起诉期间内付邮,而到达“行政法院”时已逾起诉期间者,不生于起诉期间内起诉之效力(2008年裁字第2500号判例)。

诉状内宜记载适用程序上有关事项、证据方法及其他准备言词辩论之事项;其经诉愿程序者,并附具决定书(中国台湾地区“行政诉讼法”第105条)。

其书状格式如下:

行政诉讼起诉状

原　　告	TH文化有限公司	设台北市××路××号
法定代理人	王某某	住同右

诉讼代理人　陈某某　律师　　　　台北市××路×段××号九楼

被　　　告　中国台湾地区财政事务主管部门“台北国税局”

为因2007年度营利事业所得税事件，不服中国台湾地区财政事务主管部门2010年8月1日台财诉字第893051号诉愿决定(于2010年8月15日收文)(证一)，依规定提起行政诉讼事：

诉之声明

诉愿决定及原处分(复查决定含原核定处分)均撤销。

事　实

缘原告前已依被告通知，于2009年10月1日提示2007年度账簿凭证供被告查核，此有证人即原告公司会计曾某某小姐出具之证明书可稽(证二)。唯被告嗣因遗失原告提示之账证，竟以原告未提示账证为由，按同业利润标准推计课税，补征原告2007年度营利事业所得税新台币500万元，原告不服，申请复查无结果，经提起诉愿均遭驳回，爰依规定提起行政诉讼。

理　由

一、按原告先前提示之账证，曾影印一份自行保管，并已再行提示被告供查核，有被告出具之收据可稽(证三)。故本件虽经被告遗失账证原本，仍可按上开账证则本核实课税，自不应径行按同业利润标准推计课税。

二、退步言之，本件被告因公调阅账证而遗失，依中国台湾地区“营利事业所得税查核准则”第×条规定，应按以往3年度平均核定之纯利率核定本件2007年度之营利事业所得税，而不应改按同业利润标准核定所得额。故原处分及诉愿决定就此认事用法显有违误，应请撤销。爰谨状请钧院鉴核，赐判如诉之声明，以维民众权益，至感德便。

谨　状

台北“高等行政法院”公鉴

证一：诉愿决定书及原处分书。

> 证二:会计曾某某小姐之证明书。
>
> 证三:被告出具之收据。
>
> (以上均复印件)
>
> 附委任状乙份。
>
> 台湾地区 2010 年 8 月 30 日
>
> 具状人 TH 文化有限公司
>
> 法定代理人王某某
>
> 诉讼代理人陈某某律师

有关独资商号与祭祀公业提起行政诉讼之格式,实务上认为:独资商号与祭祀公业,在行政诉讼裁判当事人栏,前者应以独资商号主人为当事人,记载为“某某某即某某商号”。[①] 至祭祀公业应记载为:“某某祭祀公业”“代表人某某某”(“行政法院”1979 年 8 月“庭长评事联席会议”决议)可供参考。

至于当事人书状,例如答辩状,除另有规定外,应记载下列各款事项(中国台湾地区“行政诉讼法”第 57 条):

(1)当事人姓名、性别、年龄、身份证明文件字号、职业及住所或居所;当事人为法人、机构或其他团体者,其名称及所在地、事务所或营业所。

(2)有法定代理人、代表人或管理人者,其姓名、性别、年龄、身份证明文件字号、职业、住所或居所,及其与法人、机关或团体之关系。

(3)有诉讼代理人者,其姓名、性别、年龄、身份证明文件字号、职业、住所或居所。

(4)应为之声明。

(5)事实上及法律上之陈述。

(6)供证明或释明用之证据。

---

① 按独资商号在公法上尤其在税法上常有独立的权利能力,因此得独立作为纳税义务人及课税处分之对象,从而其提起诉讼,应以商号名义为之,至于负责人则以代表人身份表达,较合规定。故此处实务上见解于规定尚有未合。

(7)附属文件及其件数。

(8)“行政法院”。

(9)年、月、日。

(二)执行不停止原则

税捐行政诉讼之提起与诉愿之提起相同,并不妨碍原课税处分之效力及执行,此即所谓“执行不停止原则”。仅于下列情形,可停止执行(中国台湾地区“行政诉讼法”第116条第2项、第3项):

1. 行政诉讼系属中,“行政法院”认为原处分或决定之执行,将发生难于回复之损害,且有急迫情事者,得依职权或依声请裁定停止执行。但于公益有重大影响,或原告之诉在“法律”上显无理由者,不得为之。

2. 于行政诉讼起诉前,如原处分或决定之执行将发生难以回复之损害,且有急迫情事者,“行政法院”亦得依受处分人或诉愿人之声请,裁定停止执行。但于公益有重大影响者,不在此限。

就此实务上认为所谓“难于回复之损害”,系指其损害不能回复原状,或不能以金钱赔偿,或在一般社会通念上,如为执行可认达到回复困难之程度而言。而对声请人课征税款及裁处罚锾之处分,其执行系属金钱债权之执行,将来原处分若经本院判决撤销,声请人并非不得声请发还或以金钱赔偿,难认本件行政处分之执行将发生难于回复之损害及有急迫之情事①(中国台湾地区“最高行政法院”2001年度裁字第995号裁定、2001年度裁字第1037号裁定、2001年度裁字第1063号裁定)。

又认为声请人以系争处分之执行影响其谋职、商誉,生存困难,其自由受限所生损害难以估计,请求停止执行。唯商誉或名誉并非不得回复,中国台湾地区“民法”关于人格权之侵害,亦订有回复之方法,故原处分纵有嗣后被撤销之可能,唯仍难谓将对抗告人发生难以回复之损害(2003年度裁字第1332号裁定)。②

---

① 中国台湾地区“最高行政法院”2005年12月29日2005年裁字第2855号裁定。

② 同说,中国台湾地区“最高行政法院”2002年度裁字第987号裁定:“本件原处分系勒命歇业,抗告人如受执行,其因此所受营业上损失并非不得以金钱加以填补,尚无将发生难以回复之损害情事,从而与停止执行之要件不符。”

按因行政处分之执行导致无法营业所产生之损失，一般而言，多难以回复原状。虽有认为可以金钱赔偿以达回复原状目的，唯金钱赔偿依据中国台湾地区“国家赔偿法”的规定，限于公职人员有故意或过失的情形，故成立赔偿的情形，实际上极为有限。且损害赔偿限于直接损失，不包括延伸性的间接损失，因此金钱赔偿无法填补实际上的全部损失。再者，金钱赔偿势必浪费资源与财政，而暂缓执行，可能并不必牺牲公益，又可节省金钱赔偿。故从利益衡量与成本效益分析结果，准予暂缓执行反而有利于公益与私益，可营造“双赢”局面。

本书认为，是否裁定停止执行，应属于法官裁量权之行使。其应进行下述利益衡量：考虑原处分是否有合法性疑义（原处分之事实面及法律面的问题疑义），如有相当疑义，原则上应暂时停止执行。立即执行对于纳税义务人是否过于严苛（欠缺妥当性），即是否将产生并非维护公益所必要之不合理结果。如合法性并无相当疑义，则原则上应予执行，仅在例外情形，如立即执行过于严苛，才停止执行。

由于暂时权利救济之情况较急迫，而采取概略审查程序，有关事实关系之认定，仅能依据现有卷宗数据，对于裁判上之重要事实，仅须声请人“释明”即可，但有关暂时权利保护之“法律上”前提要件是否存在，有认为仍应明确的确认。①

在是否停止执行之决定上，固然属于稽征机关以及“法院”之裁量决定。通常必须进行“利益衡量”，即就停止执行对于预算执行之公共利益之危害程度，以及停止执行对于声请人所得利益二者，进行比较衡量。②但有上述应停止执行之事由时，似“应”即停止执行。③

又参考日本实务上见解，一般认为在下述类型，均可认为“为避免回复困难之损害，而有紧急必要者”，而得暂时停止执行：④

（1）倘若强制执行结果有危害纳税义务人生存权或经济上的生存权的情形，应认为有难以回复的损害。

---

① Tipke/Lang, Steuerrecht, 20. Aufl., 2010, §22 Rz. 212.

② BFH-Beschlussvom 11.6.2003 (IX B 16/03) BStBl. 2003 II S. 663.

③ Tipke/Lang, Steuerrecht, 20. Aufl., 2010, §22 Rz. 218.

④ ［日］金子宏：《租税法》，2009年第14版，第806页。

(2)如将所查封之工厂机器设备径付拍卖,势必使该工厂被迫停工,无法营业,多数员工有面临失业之虞(大阪地院裁判先例);或有严重损害公司营业信用之虞者(东京地院裁判先例)。

(3)将营业用电话查封拍卖,使以远距离交易为业之纳税义务人,有重大损害其业务之虞者(奈良地院裁判)。

(4)将自用住宅以及建物拍卖,重新再取得可认为相当困难者(神户地院裁判)。

(5)不动产所有权被查封拍卖,因此被移转登记后,所有权之回复在法律上不能;或有无法请求国家赔偿之虞者(东京地院裁判)。

依据德国联邦财务法院裁判见解,如果在概略审查后,在法律问题或事实问题的判断上,存在有不确定性或争议,除了支持原处分之合法性的各项情况外,也有反对其合法性的重要情况时,则系争原处分之合法性即具有相当的疑义,稽征机关或财务法院应依据声请停止执行。①

在此并不要求原课税处分之违法性,必须有优势的盖然性,而仅须有相当的可能性,即为已足。又课税处分所依据之税法规定有违宪疑义时,也属于合法性有疑义,可以暂时停止执行,等待司法解释澄清争议后,再据以处理。②

在考虑暂时停止执行,是否因此无法确保税捐债权时,似可考虑仍然继续保留财产禁止处分或财产扣押命令,仅暂缓拍卖,以暂时保全纳税义务人之财产。

又依中国台湾地区“税捐稽征法”第50条之2但书的规定,罚锾在行政救济程序终结前,免依第39条规定予以强制执行。故对于罚锾之行政处分,提起行政诉讼时,即发生停止执行之效力。

---

① BFH BStBl. 1995,814 f.;1998,608 f.;1999,293;2003,663 f.

② Tipke/Lang,Steuerrecht,20. Aufl.,2010,§22 Rz. 221.

五、诉讼种类

(一)撤销诉讼

课税处分的撤销诉讼,乃是税捐行政诉讼中最典型的诉讼类型。通常由纳税义务人提起。原告对于课税处分及复查决定应具体指摘其认定事实错误或适用法规违法,以致损害其权利或法律上之利益,据以请求撤销原处分。

在事实认定上,原告应收集有利于自己的事实及证据,并详加分析说明,以证明原处分认定事实错误。在法规适用上,原告应收集整理有利于自己的法令、判例、判决先例及解释令函,据以主张原处分适用法规错误。

有关撤销诉讼之诉之声明参考范例如下:①

(1)原告对原处分全部不服:

诉之声明

“诉愿决定及原处分均撤销。

诉讼费用由被告负担。”

课税处分事件

“诉愿决定及原处分(复查决定)均撤销,②

或诉愿决定及原处分(复查决定含核定处分)均撤销。③

诉讼费用由被告负担。”

(2)原告仅对原处分之一部分声明不服:

诉之声明

“诉愿决定及原处分关于某某部分均撤销,

或诉愿决定及原处分除某某部分外均撤销。

诉讼费用由被告负担。”

(3)诉愿决定将原处分部分撤销,部分维持:

---

① 参见林文舟法官:《行政诉讼之声明及判决范围》,2003 年 2 月 15 日。另参见台北“高等行政法院”编印:《行政诉讼裁判例稿》。

② 须重为复查决定。

③ 毋须重为复查决定。

诉之声明

“诉愿决定不利于原告部分及其所维持之原处分均撤销。

诉愿决定及原处分关于某某部分(指出诉愿决定予以维持之部分)均撤销。”

(4)原告为对诉愿决定有法律上利害关系之第三人,仅对于原诉愿决定一部不服,被告为诉愿决定机关:

诉之声明

“原诉愿决定关于某某部分撤销。

诉讼费用由被告负担。”

(5)原处分涉及金钱或其他代替物之给付或确认(中国台湾地区“行政诉讼法”第 197 条之适用):

诉之声明

“诉愿决定及原处分关于某某部分应予变更,确定××为新台币××元。

诉讼费用由被告负担。”

例如,诉愿决定及原处分(复查决定含原核定处分)关于原告 2001 年度综合所得税部分应予变更,确定其所得税应纳税额为新台币××元。

(6)先位声明为撤销诉讼,备位声明为请求“行政法院”为情况判决(中国台湾地区“行政诉讼法”第 198 条、第 199 条之适用):

诉之声明

先位:“诉愿决定及原处分均撤销。

诉讼费用由被告负担。”

备位:“诉愿决定及原处分均为违法。

被告应赔偿原告新台币××元。

诉讼费用由被告负担。”

(7)给付诉讼之裁判,以行政处分应否撤销为据者,得合并提起撤销诉讼及给付诉讼(中国台湾地区“行政诉讼法”第 8 条):

诉之声明

“诉愿决定及原处分均撤销。

被告应给付原告新台币××元。”

(8)行政处分已执行完毕,有回复原状之可能,得合并提起撤销诉讼及回复原状必要处置之诉(中国台湾地区"行政诉讼法"第196条):

诉之声明

"诉愿决定及原处分均撤销。

被告应为回复某某之处置。"

(二)课予义务诉讼

1. 意义

中国台湾地区新修正"行政诉讼法"仿德国立法例,承认民众可以提起课予义务之诉(Verflichtungsklage),即可以依"法"请求行政机关作成行政处分。就此中国台湾地区新"行政诉讼法"第5条规定:民众因行政机关对其依"法"申请之案件,于"法令"所定期间内应作为而不作为,认为其权利或法律上利益受损害者,经依诉愿程序后,得向中国台湾地区"高等行政法院"提起请求该机关应为行政处分或应为特定内容之行政处分。民众因行政机关对其依"法"申请之案件,予以驳回,认为其权利或法律上利益受违"法"损害者,经依诉愿程序后,得向中国台湾地区"高等行政法院"提起请求该机关应为行政处分或应为特定内容之行政处分之诉讼。

依此规定,民众于"税法"上享有请求稽征机关作成行政处分,而稽征机关于"法令"所定期间内应作为而不作为(置之不理,怠于作成行政处分),或予以驳回时,则民众应先行"诉愿程序",即可以提起课予义务诉愿请求诉愿机关决定命原处分机关为行政处分或作成特定内容的行政处分。倘其课予义务诉愿被驳回时,则可向"高等行政法院"提起课予义务诉讼,请求"行政法院"判决命被告稽征机关作成行政处分。

2. 适用类型

(1)请求作成课税处分等

本于税捐法定主义,稽征机关对于一切满足课税要件的税捐债务人,原则上有强制核课及征收税捐之义务,稽征机关并无裁量权。

课税处分之作成对于税捐义务人课以义务负担,故税捐债务人原则上对于课税处分之作成,并无法律上请求权。唯依各"税法"的规定,则可能成立此种请求权，例如，中国台湾地区“土地税法”第49条第3项规定，土地所有权移转应先缴纳土地增值税后，始得办理移转登记，故土地所有权移转之权利人及义务人对于土地增值税之课征或核发免税证明（中国台湾地区“平均地权条例”第47条之2），即享有法律上利益，解释上应成立作成课税处分或核发免税证明之请求权。

又如，办理遗产或赠与财产之产权移转登记时，应先检附税款缴清证书或核定免税或不计入课税财产之证明书（中国台湾地区“遗产及赠与税法”第42条），故纳税义务人对于遗产税或赠与税之课税处分之作成或免税证明书之核发，应享有法律上之请求权。

再如“已逾核课期间之遗产税、赠与税及契税案件，稽征机关应核发逾核课期间案件同意移转证明书，俾便纳税义务人持凭证办理移转登记”。①

在上述特殊情形中，纳税义务人享有作成课税处分的请求权，倘其申请遭驳回或被置之不理，则得依中国台湾地区“诉愿法”规定提起课予义务诉愿；不服诉愿决定，则可依中国台湾地区“行政诉讼法”第5条的规定，提起课予义务之诉，请求“行政法院”判决稽征机关应为行政处分或应为特定内容之行政处分。

（2）请求作成核定退税处分

中国台湾地区“最高行政法院”2011年度4月第二次“庭长法官联席会议”决议认为，法院查封拍卖农地，依规定应免征土地增值税，如稽征机关误认应予课税而由执行法院扣缴税款完毕，即属适用“法令”错误致债务人溢缴税款，债务人除得对违“法”课税处分为争讼外，亦得依中国台湾地区“税捐稽征法”第28条规定，请求稽征机关退还已扣缴之税款予执行法院。

而土地抵押权人因抵押权系以物之交换价值为内容之物权，就拍卖土地课征土地增值税之处分，因减少该强制执行事件之抵押权人得优先受偿之金额，而减损抵押权之价值，致直接侵害此等抵押权人之抵押权，故此等抵押权人对稽征机关所为课征土地增值税处分有法律上之利害关

---

① 中国台湾地区财政事务主管部门1985年7月23日台财税第19293号函。

系，得对违法课税处分循序提起中国台湾地区“行政诉讼法”第 4 条规定之撤销诉讼，以为救济。

而中国台湾地区“税捐稽征法”第 28 条规定之退税请求，系请求稽征机关作成准退税之行政处分，原应由纳税义务人即债务人为之，唯因上述对违“法”课征土地增值税处分有法律上利害关系之抵押权人，其权利将因债务人是否行使退税请求而直接受影响，自应许其于债务人怠于行使退税请求时，得代位债务人请求稽征机关退还溢缴之税款予执行法院，进而于遭否准后，得循序提起中国台湾地区“行政诉讼法”第 5 条规定之课予义务诉讼，以资救济。

至其余债权人，纵因违“法”课税处分减少其债权受分配之金额，因仅是受清偿程度之经济上利益受影响，并无法律上之利害关系，不得对违“法”课税处分循序提起撤销诉讼，亦无从代位行使中国台湾地区“税捐稽征法”第 28 条规定之退税请求而提起课予义务诉讼。

本书认为，以“法律利害关系人”身份提起行政诉讼，如从“保障民众财产”权观点出发，似不应局限于“公法上之法律利害关系人”，也可包括“民法上法律利害关系人”在内，包括抵押权人以及执行债权人在内，均属之。即如果民众之私法上权利遭受公权力行使侵害时，则基于“有权利侵害，即有权利救济”之诉讼权保障法理，仍应许其提起行政救济。又基于公法上结果除去请求权，法律上利害关系人应得直接提起课予义务诉讼，请求命稽征机关对于纳税义务人作成核定退税处分，而毋庸类推适用中国台湾地区“民法”规定代位行使权利。①

又有关民众申请金钱给付，须由行政机关先作成核准处分者，于行政机关拒绝申请时，申请人须先循序提起课予义务诉愿及课予义务诉讼，请求判令行政机关作成核准处分，而不得直接提起给付诉讼。税捐机关应否依中国台湾地区“税捐稽征法”第 28 条退还溢缴税款，须经税捐机关审核后为“准驳”之行政处分，原告仍不得直接提起给付诉讼，其提起给付之诉，即非合法，应予驳回（中国台湾地区台中“高等行政法院”2002 年

---

① 陈清秀：《公法上权利怠于行使，其债权人可否代位行使?》，载《月旦法学教室》第 115 期，2012 年 4 月 15 日，第 73 ~86 页。

度简字第12号裁定)。[①]

(3)请求废止保全处分

纳税义务人如因欠税被中国台湾地区财政事务主管部门限制出境处分或被稽征机关通知地政机关禁止处分不动产,嗣后,倘上述保全处分所依据之事实,发生有利于纳税人的情事变更,例如已缴清欠税或课税处分已被撤销等,则纳税义务人即享有请求行政机关废止上述保全处分(解除出境限制或涂销禁止处分登记)的公法上权利(参见中国台湾地区"行政程序法"第128条)。倘行政机关对于纳税人的申请,置之不理或予以驳回,则其即可提起"课予义务诉愿"及"课予义务诉讼",请求行政救济机关命其作成所申请之行政处分。

3.课以义务之诉的声明范例[②]

(1)原处分机关及诉愿机关对原告之申请怠为行政处分:

诉之声明

被告对于原告某年某月某日申请之某某事件(注明收文字号),应作成某某某某(原告所申请内容)之行政处分(或作成适合之处分)。

诉讼费用由被告负担。

(2)原处分机关及诉愿机关对原告之申请予以驳回:

诉之声明

诉愿决定及原处分均撤销。

被告对于原告某年某月某日申请之某某事件(注明收文字号),应作成某某某某(原告所申请内容)之行政处分(或作成适合之处分)。

例如,被告对于原告中国台湾地区某年某月某日申请退还地价税事件(注明收文字号),应作成准予退税新台币×××元之行政处分。

(3)原处分机关对原告申请怠为行政处分,原告提起诉愿遭驳回:

诉之声明

诉愿决定撤销。

---

① 在请求征收补偿费事件,采取同说者,参见中国台湾地区台中"高等行政法院"2001年年度诉字第543号裁定。

② 应提起课予义务之情形,如仅提起撤销之诉,即不能实现诉讼目的,可能被认为欠缺权利保护必要。

被告对于原告某年某月某日申请之某某事件(注明收文字号),应作成某某某某(原告所申请内容)之行政处分(或作成适合之处分)。

(三)公法上一般给付诉讼

1. 意义

中国台湾地区"行政诉讼法"第8条第1项规定:民众与行政机关间,因公法上原因发生财产上之给付或请求作成行政处分以外之其他非财产上之给付,得提起给付诉讼。因公法上契约发生之给付,亦同。此即公法上给付诉讼(allgemeineLeistungsklagen)。

公法上给付诉讼与课予义务诉讼之共通点,乃是二者皆为实现公法上请求权而设;二者的区别在于课予义务之诉系请求被告机关作成原告所要求之行政处分,而公法上给付诉讼则是请求作成公法上非属行政处分之高权行政行为。故公法上一般给付之诉相对于课予义务之诉,具有补充性。

2. 公法上给付诉讼之类型

(1)财产上给付诉讼

①退税请求权之行使

就财产法上请求权(金钱给付请求权)而言,例如,中国台湾地区"税法"上溢缴税款或罚锾之不当得利返还请求权以及稽征机关溢退税款之返还请求权。[①] "税法"上不当得利返还请求权,系无法律上原因而履行租税债务关系之请求权,或原有之法律原因嗣后不存在时,所产生之返还请求权。

有关返还请求权之依据,在"税法"上,有中国台湾地区"税捐稽征法"第28条规定纳税义务人对于因适用"法令"错误或计算错误溢缴之税款,得申请退还之规定,另同"法"第38条第2项规定:经依复查、诉愿或行政诉讼等行政救济程序终结决定或判决,应退还税款者,稽征机关应自缴纳该项税额之日起……按日加计利息,一并退还。以及第49条、第50条准用第28条规定,滞纳金、利息、滞报金、怠报金、短估金、罚锾等以

---

① 陈敏:《租税法之返还请求权》,载《政大法学评论》1998年6月第59期,第67页。

及扣缴代征、代缴税款及赔缴税款。如有适用“法令”错误或计算错误而溢缴者,亦得请求退还。

民众无法律上原因而缴纳租税者,即成立租税返还请求权,以下仅就“无法律原因”的几种情形分别说明行政救济之方法:

A. 未经稽征机关核课案件

稽征机关并未作成课税处分,纳税人因误解法律规定于自行结算申报缴纳税款时溢缴税款者,即属无法律原因而缴交租税,成立租税返还请求权。①

因稽征机关并未作成课税处分,故当民众向稽征机关请求退税时,无须先提起撤销诉讼。稽征机关拒绝退税申请或置之不理时,纳税义务人应可毋庸经过诉愿程序,而直接依中国台湾地区“行政诉讼法”第 8 条的规定提起一般给付之诉,请求判决命稽征机关返还税款。②

B. 经稽征机关核课案件

纳税义务人无法律上原因溢缴税款,系根据稽征机关所作成之课税处分,而该当中国台湾地区“税捐稽征法”第 28 条规定的情形者,纳税义务人应依中国台湾地区“行政诉讼法”第 8 条第 2 项于提起撤销课税处分之诉同时,提起一般给付诉讼,请求退还税款。③

有疑义者,如纳税义务人已迟误课税处分的行政救济期间,而于缴纳税款后,再根据中国台湾地区“税捐稽征法”第 28 条的规定,请求退税?就此学者有认为此时原课税处分即构成征收税款之法律上原因,故不得再请求不当得利返还。实务上则似采美国立法例,肯定纳税义务人仍可请求退税,从而如依此见解,则可提起请求作成核定退税处分之课予义务之诉讼。④

C. 法律上原因嗣后消灭

课税处分作成后发生溯及生效的事实,而使其税捐客体的全部或一部丧失,例如,赠与的法律行为嗣后被撤销,则给付赠与税之实体的法律

---

① 陈敏:《租税法之返还请求权》,载《政大法学评论》1998 年 6 月第 59 期,第 76 页。

② 同上,第 99 页。

③ 同上。

④ 就此问题,请参见本书第二章第九节税法上不当得利返还请求权有关权利救济之说明。

上原因即嗣后丧失。如其课税处分因此项新事实而被撤销,则其原缴纳赠与税的程序的法律上原因嗣后也消灭。

纳税义务人如因发生溯及影响租税之事项,而申请退还溢缴税款时,稽征机关本应依中国台湾地区"行政程序法"第128条的规定,重新进行行政程序,废弃或变更原课税处分,同时请求办理退税。如稽征机关予以驳回或置之不理,纳税义务人应依中国台湾地区"诉愿法"第2条的规定提起课予义务诉愿,不服诉愿决定者,依中国台湾地区"行政诉讼法"第5条的规定提起课予义务诉讼,请求作成撤销或变更原课税处分之处分。

②结果除去请求权

关于结果除去请求权(Folgenbeseitingungsanspruch)之行使,亦得以一般给付诉讼主张。即对于因行政处分的执行及其他违法行政行为所直接引起的损害,于该处分被废弃时,得请求排除损害(回复原状)之权利,如其排除行为本身为事实行为时,则可提起一般给付诉讼加以主张。中国台湾地区"行政诉讼法"第196条即规定:行政处分已执行完毕,"行政法院"为撤销行政处分判决时,经原告声请,并认为适当者,得于判决中命行政机关为回复原状之必要处置。例如,对于违"法"课税处分提起撤销之诉,同时一并提起一般给付之诉请求返还已违"法"征收或缴纳之税款,即属之(中国台湾地区"行政诉讼法"第7条、第8条第2项)。

又如,海关因原告涉嫌虚报进口货物之名称、质量,经依中国台湾地区"海关缉私条例"第37条第1项规定科处罚锾及没入货物处分,并已执行完毕,嗣后"行政法院"对于罚锾处分及没入处分判决撤销,并得依原告之请求,于判决中命被告行政机关为回复原状之处置,即判决命退还罚锾及所没入之货物。

③"国家"赔偿

"国家"损害赔偿事件性质上亦属于公法上争议,且系因公法上原因发生财产上之给付,属于公法上给付诉讼之一种。由于"行政法院"乃是行政诉讼(公法上争议)的专业裁判法院,较普通法院民事庭更具有行政法的专业性,因此,"国家"赔偿事件,除普通法院有裁判权(中国台湾地区"国家赔偿法"第12条)外,亦可承认"行政法院"拥有裁判权。此从中国台湾地区"国家赔偿法"第11条第1项但书规定:但已依中国台湾地区

“行政诉讼法”规定,附带请求损害赔偿者,就同一原因事实,不得更行起诉,亦可明了。

例如,稽征机关违“法”课税,倘撤销诉讼判决不能完全除去其损害时,则依规定,民众可于提起撤销诉讼之同一程序中,合并请求损害赔偿或其他财产上给付,以符诉讼经济原则。故此类公法上损害赔偿,亦有向“行政法院”提起给付诉讼的情形存在。

至于民众可否依规定,单独提起公法上给付诉讼请求赔偿,不无疑问。按“国家”赔偿诉讼,性质上亦系因公法上原因发生财产上之给付,因此,于文义解释上以及从“行政法院”专业合理性考虑,“国家”赔偿诉讼亦在第 8 条一般给付诉讼之适用范围。[①] 例如稽征机关在执行欠税的强制执行过程中,又如因移送执行违“法”致损害民众权利时,即应负赔偿责任(中国台湾地区“行政执行法”第 10 条)。此时,受害民众即得提起一般给付诉讼,请求损害赔偿。

唯实务上认为民众不得单独提起公法上给付之诉,其理由认为:中国台湾地区“国家赔偿法”所规定损害赔偿之诉,在性质上虽属公法上之争议,唯依规定,请求当局赔偿之诉讼适用“民事诉讼法”之规定,应循民事诉讼程序救济,此即“行政诉讼法”第 2 条所指之另有规定。从而,现行“行政诉讼法”虽于第 8 条第 1 项规定,因公法上原因发生财产上给付请求权时,可提起给付诉讼,在“国家赔偿法”第 12 条未修正前,自无适用之余地。(中国台湾地区“最高行政法院”2001 年度裁字第 893 号裁定)。[②]

又修正后中国台湾地区“行政诉讼法”第 7 条亦仅规定得于提起行政诉讼时,合并请求损害赔偿或其他财产上给付,而不得单独向“行政法院”提起损害赔偿之诉,否则无异当事人得免除行政处分合“法”性之审查,直接提起给付之请求,致减损行政救济之功能。(中国台湾地区“最

---

① 陈清秀:《行政诉讼法》,2011 年第 4 版,第 196 页以下。

② 同说,中国台湾地区“最高行政法院”2001 年裁字第 705 号裁定;中国台湾地区“最高行政法院”2004 年裁字第 288 号裁定,中国台湾地区“最高行政法院”2006 年裁字第 86 号裁定。

高行政法院”2002 年度判字第 2038 号判决)。[①]

(2)非财产上给付诉讼

中国台湾地区“行政诉讼法”第 8 条第 1 项规定请求作成行政处分以外之其他非财产上给付,得提起给付诉讼。因此,在民众享有请求行政机关应为作为、忍受或不作为之其他非财产上给付的请求权的情形,得提起给付诉讼。即如请求行政机关所为的特定行为并不构成行政处分者,则得提起一般给付诉讼。

例如,纳税义务人起诉请求稽征机关提供销货统一发票,提供有关信息。也可起诉请求稽征机关不得为某种职务上行为。

又纳税义务人依中国台湾地区“行政程序法”第 46 条第 1 项规定享有一阅览卷宗之公法上请求权,如其向稽征机关请求阅览卷宗被拒绝或置之不理时,则税捐义务人可否提起公法上非财产上之给付诉讼,宜分别情形观察,如其申请阅览卷宗系申请复查等行政机关应作成行政处分之前置作业程序上发生,则不得单独就申请阅览卷宗提起给付之诉,而仅得于对实体决定(复查决定)声明不服时一并声明之(中国台湾地区“行政程序法”第 174 条)。

反之,如其申请阅览卷宗并非于行政机关作成行政处分之程序中所发生,则应可单独提起给付诉讼,请求准予阅览、抄录、影印数据,以实现公法上请求权。如认为准许阅览卷宗与否,应作成准驳之行政处分时,则应提起课予义务诉讼。

(3)公法上契约之给付诉讼

民众与行政机关订立公法上行政契约,如就公法契约之给付发生争执,要求履行,亦得提起公法上给付诉讼(中国台湾地区“行政诉讼法”第 8 条第 1 项后段)。但如其约定涉及行政机关应作成行政处分者,有谓应提起课予义务之诉,从而应先践行课予义务诉愿,而不得径行提起公法上

---

① 同说,中国台湾地区“最高行政法院”2005 年裁字第 348 号裁定:经查抗告人并非提起行政诉讼,而于同一程序中,合并请求损害赔偿或其他财产上给付,而系径行提起“国家”赔偿诉讼,核与中国台湾地区“国家赔偿法”第 5 条、第 11 条第 1 项、第 12 条及中国台湾地区“行政诉讼法”第 7 条之规定不符,本诉讼事件自不属“行政法院”之权限。抗告人在原审提起本件诉讼自非合规定,原裁定将抗告人之诉驳回,于规定并无违背。

给付诉讼。

例如,稽征机关与纳税义务人达成税务协谈协议,约定纳税义务人缴清所漏税款,稽征机关同意将中国台湾地区“营业税法”第 51 条所定违章罚锾由 5 倍罚锾变更为 3 倍罚锾。案经纳税义务人依约缴清所漏税款,唯稽征机关不履行其承诺,则纳税义务人即可经诉愿程序后提起课予义务诉讼请求履行公法契约,要求判决命稽征机关应将 5 倍罚锾处分变更为 3 倍罚锾。

3. 一般给付诉讼诉之声明范例

包括公法上原因所生财产上之给付、请求作成行政处分以外之其他非财产上之给付,其诉之声明可比照一般民事诉讼之写法。

(1)金钱请求

诉之声明

被告应给付原告新台币 × ×元及自某年某月某日起至给付日止按年息 5% 计算之迟延利息。

诉讼费用由被告负担。

(2)非财产上请求

诉之声明

被告应将某某课税资料复印件交付予原告。

诉讼费用由被告负担。

(四)公法上确认诉讼

1. 意义

中国台湾地区新“行政诉讼法”第 6 条规定行政诉讼上之确认诉讼,其内容如下:

(1)确认行政处分无效及确认公法上法律关系成立或不成立诉讼,非原告有即受确认判决之法律上利益者,不得提起之。其确认已执行完毕或因其他事由而消灭之行处分为违“法”之诉讼,亦同。

(2)确认行政处分无效之诉讼,须已向原处分机关请求确认其无效未被允许,或经请求后于 30 日内不为确答者,始得提起之。

(3)确认公法上法律关系成立或不成立之诉讼,于原告得提起撤销诉讼者,不得提起之。

(4)确认诉讼以“高等行政法院”为第一审管辖法院。

(5)应提起撤销诉讼,误为提起确认行政处分无效之诉讼,其未经诉愿程序者,“高等行政法院”应以裁定将该事件移送于诉愿管辖机关,并以“行政法院”收受诉状之时,视为提起诉愿。

确认诉讼(Die Feststellungsklage)乃是独立的诉讼种类,为一种诉讼法上制度,其目的并不是在满足原告的实体法上请求权,而只是对于现存的请求权提供特殊种类的权利保护。确认诉讼以追求确定判决的既判力加以确认为目标,其判决并不包含给付命令。如同在民事诉讼上一般,在行政诉讼上,确认诉讼也以法律加以完结的规律。①

2. 确认诉讼的种类

(1)确认公法上法律关系成立或不成立

行政诉讼上的确认之诉,如同民事诉讼,并非无限制的可以提起,而仅能针对确认一个公法上法律关系的存在(积极的确认之诉)或不存在(消极的确认之诉),税捐法律关系可区分为财产法上的税捐债务关系(税捐债务、责任债务、利息、滞纳金、滞报金及怠报金等附带债务)以及非财产法上的税捐义务关系(代征义务、扣缴义务、申报税捐义务及其他协力义务)。至“民事诉讼法”上确认证书真伪之诉,在“行政诉讼法”中并不予承认。例如,提起确认税捐债务不存在之诉,请求确认赠与税税捐债务不存在,或请求确认超过新台币60万税额的部分税捐债务不存在。又一个法律关系的独立部分,也可以作为确认之诉的标的。可起诉请求确认者,不仅是该项法律关系的整体,也包括依据该项法律关系所导出的个别权利义务。例如,确认税捐义务人有无接受查账义务的法律关系存在;确认有行使税务代理人职务的权限存在。

①事实关系的确认

至于事实关系之存否,法律状态之存否及法律规范之效力有无,则非法律关系,不得为确认之诉的标的。

---

① Schmitt Glaeser, Verwaltungsprozeßrecht, 14. Aufl., 1997, S. 207.

②将来的法律关系之确认？

一个法律关系仅存在于由于将法规适用于某一事实关系而在数个当事人间产生法律上关系。至于未来的法律上关系，尚不构成法律关系，因此原则上不能起诉请求确认尚不存在的法律关系。[①]

但对于将来的法律关系之确认之诉或预防的确认之诉（vorbeugende Feststellungsklagen），如果预先加以法律上澄清有特别的利益存在时，仍为法之所许。即对于预防的权利保护之利用，有权利保护利益存在时，即可给予预防的权利保护。[②]

③过去的法律关系的确认？

确认诉讼，通常是在确认“现在的”法律关系的存否，才有实益。但由于确认之诉只是确认是否一个法律关系已经存在或不存在，乃涉及具体的法律关系，因此，在此观点下，对于一个在过去的法律关系存在或不存在，也不妨请求确认。在此情形中，仅须该法律关系表现出反复的危险。即在其法律关系终了之后仍持续发生作用，即有必要的确认利益在。[③] 换言之，基本上只要其实际上影响目前相关权利事项，即使其仅系过去成立或存在与否有争执之法律关系，亦可据以提起确认诉讼。[④]

（2）确认行政处分无效

行政处分本身虽非法律关系，其只是创设、变更或消灭法律关系而已，而由于如以判决确认行政处分无效，即间接同时确认该项行政处分所创设之法律关系不存在，因此在立法政策上乃将法律关系与“无效的”行政处分等同处理，容许确认行政处分无效（Nichtigkeit），[⑤]也可以确认之

---

① Ule, Verwaltungsprozeßrecht, 1987, S. 157.

② Eyermann/Föhler, VwGO, §43 Rn. 5; BVerwG v. 3. 6. 1983, NVwZ1984, S. 168; v. 31. 1. 1975, DÖV 1975, S. 397.

③ Eyermann/Föhler, VwGO, §43 Rn. 6; Ule, aaO., S. 158; BVerwGv. 7. 10. 1955 E Bd. 2. S. 229ff. l BVerwG v. 10. 5. 1984 Bay VBl. 1984, S. 666.

④ 蔡志方：《论行政诉讼上确认之诉》；叶百修、吴绮云撰：《德日行政确认诉讼之研究》。

⑤ 依中国台湾地区“行政程序法”第111条的规定：行政处分有下列情形之一者，无效：不能由书面处分中得知处分机关者。应以证书方式作成而未给予证书者。内容对任何人均属不能实现者。所要求或许可之行为构成犯罪者。内容违背公共秩序、善良风俗者。未经授权而违背“法规”有关专属管辖之规定或缺乏事务权限者。其他具有重大明显之瑕疵者。

诉提起。[①] 又由于行政处分因未经送达而不生效力，也可以确认诉讼加以主张。

至于确认行政处分有效（并非无效）及确认行政处分根本不存在或具有特定的内容，而提起确认之诉，则为法所不许。[②]

确认之诉的提起，并无起诉期间的限制，如果该项行政处分并非无效，而是得撤销，并在撤销诉讼的起诉期间内提起确认无效之诉时，则其诉讼可转换成撤销诉讼。[③]

由于确认行政处分无效之诉与撤销诉讼须经诉愿前置程序者不同，确认诉讼无诉愿前置主义之适用，以“高等行政法院”为第一审“管辖法院”。唯原处分机关如已自行确认其行政处分无效者，自无须提起确认之诉，因此明定提起此项诉讼，须已向原处分机关请求确认其无效未被允许，或经请求后 30 日内不为确答者，始得提起之，俾原处分机关有自行审查，及自行确认其行政处分无效之机会，用之取代诉愿前置主义。

在税务争讼上亦可提起确认课税处分无效之诉，在复查期间已过，而课税处分有重大明显违法瑕疵的情形，则可提起确认之诉，若受有损害，得并为请求损害赔偿。由于无效行政处分仍具有行政处分的外观，因此，一般认为也可以对之提起撤销诉讼。而且由于原告通常无法确定行政处分是否实际上无效，因此可以先位声明提起撤销诉讼，备位声明再提起无效确认诉讼的方式处理。

（3）确认行政处分违法

此外，民众亦可提起确认行政处分为违法之诉讼，即对于已执行完毕或因其他事由（如已被撤销）而消灭之行政处分，于原告之权利或法律上利益有受侵害之危险，且得以确认判决除去者，得提起确认该行政处分违法之诉讼（参见中国台湾地区“行政诉讼法”第 6 条第 1 项后段及其制定说明）。

---

① Eyermann/Fröhler, VwGO, §43 Rn. 8.

② Ule, aaO., S. 158; Redeker/von Oerten, VwGO, §43 Rn. 16; 反对说, Eyermann/Fröhler, VwGO, §43 Rn. 8。

③ Ule, aaO. S. 158f.

①在撤销诉讼中，原告得选择是否变更为确认诉讼

又在行政处分撤销诉讼过程中，如行政处分已执行完毕或因其他事由而消灭，但仍有可供保护之法律上利益者，原告得选择为诉之变更，亦即“因情事变更而以他项声明代最初之声明”（中国台湾地区“行政诉讼法”第111条第3项第3款），以原来提起之撤销诉讼，变更为确认行政处分为违法之诉，[①]而无须对造之同意。

原告亦得不为诉之变更，仍然坚持原提起之撤销诉讼，此观本“法”第7条规定：“提起行政诉讼，得于同一程序中，合并请求赔偿或其他财产上给付”以及第196条规定：行政处分已执行完毕，“行政法院”为撤销行政处分判决时，经原告声请，并认为适当者，得于判决中命行政机关为回复原状之必要处置即可明了。[②]

例如，纳税义务人并未欠缴税款，而稽征机关却依中国台湾地区“税捐稽征法”第24条或中国台湾地区“所得税法”第112条对其为禁止处分登记或停业处分，纳税义务人经诉愿程序后，再向“行政法院”提起撤销诉讼，请求判决命原处分机关撤销禁止处分之登记或停业处分，于诉讼进行中，倘原处分机关自行撤销禁止处分登记或停业处分，则原告可以选择变更为确认诉讼，如原告受有损害，尚可依规定，于确认诉讼程序中，并为请求损害赔偿。[③]

②在课予义务诉讼中，原告得转换为确认诉讼

此外，在课予义务诉讼程序进行中，如行政机关嗣后已作成原告所申请之行政处分，而使原驳回处分或怠为处分已经解决的情形，则原告亦得

---

① 亦有谓此仅系诉之声明转换，并非诉之变更（参见蔡志方：《论行政诉讼上确认之诉》，第50页；陈敏：《行政法总论》，第1106页以下）。

② 曾华松：《“行政诉讼法”修正草案确认诉讼之研究》（上），载《法令月刊》第48卷第5期，第8页。

③ 于此情形，中国台湾地区“最高行政法院”2004年判字第576号判决认为毋庸经过事先协议程序，即得合并请求“国家”赔偿。其判决指出：况中国台湾地区“国家赔偿法”第10条规定须先以书面请求及协议，系予行政机关对其所为是否违“法”有自省机会，减少不必要之诉讼。如民众对行政机关之违“法”处分，已提起行政救济（异议、复查、诉愿等），行政机关认其处分并无违“法”而驳回其诉愿等，受处分人不服该决定而提起行政诉讼，且合并请求请求损害赔偿，若要求其亦应践行“国家赔偿法”之先议程序，行政机关既认其处分无违误，协议结果，必系拒绝赔偿，起诉前之先行协议显无实益。

变更其声明，转而请求确认原驳回处分或怠为处分之行为违法。[①]

例如，限制出境处分有应解除情事而未解除者，欠税人向中国台湾地区财政事务主管部门提出申请解除出境限制，却被驳回，则欠税人可以提起课予义务诉愿，不服诉愿决定者，欠税人得提起课予义务诉讼，请求中国台湾地区财政事务主管部门解除该限制。在诉讼进行中，倘中国台湾地区财政事务主管部门自动解除该限制，则欠税人可以转换请求确认该驳回处分系违法，同时可并为请求损害赔偿。

3. 确认诉讼的补充性

由于确认诉讼并没有期间限制以及诉愿前置程序的规定，而与撤销诉讼及课予义务诉讼均有上述限制规定不同，为避免适用于撤销诉讼及课予义务诉讼的实体判决要件被架空，因此一般认为确认诉讼相对于形成诉讼和给付诉讼，原则上具有补充性。中国台湾地区"行政诉讼法"第6条第3项规定："确认公法上法律关系成立或不成立之诉讼，于原告得提起撤销诉讼者，不得提起之"，即本此意旨。

又确认诉讼的另一前提要件，必须原告有即受确认的法律上利益，始得提起。因此，在此种确认诉讼的限制底下，在税务诉讼上，确认诉讼实际上所要发挥的功能意义有限。

4. 确认诉讼声明范例

(1)确认行政处分无效

诉之声明

确认被告于某年某月某日对原告作成某某某某号之行政处分为无效。

注：主张行政处分无效者，仍可依序提起诉愿、行政诉讼，请求撤销之。

诉讼费用由被告负担。

(2)确认行政处分违"法"[②]

诉之声明

确认被告于某年某月某日对原告作成某某某某号已执行完毕(或因

① Schmitt Glaeser, Verwaltungsprozeßrecht, S. 224.

② 原行政处分已执行完毕或因其他事由而消灭时，如原处分之撤销无可回复之法律上利益，或其权利之回复于事实上或法律上为不可能者，虽欠缺提起撤销诉讼之权利保护必要，但如原告仍有即受确认判决之法律上利益者，即得提起确认行政处分违法之诉。

某某事由已消灭)之行政处分为违“法”。

诉讼费用由被告负担。

(3)确认两造间某某公法上法律关系成立(或不成立)

诉之声明

“确认两造间某某遗产税债务关系不成立。

诉讼费用由被告负担。”

六、行政诉讼之审理

(一)概说

“行政法院”对于行政诉讼,首应审查其是否具备行政诉讼之提起要件,倘若认为不具备起诉要件时,例如,欠缺当事人能力、诉讼能力、诉讼代理权、逾期起诉、重复起诉等,则应以其诉讼不合“法”,裁定驳回之。但其情形可以补正者,审判长应定期间先命补正。又原告之诉,依其所诉之事实,在“法律”上显无理由者,“行政法院”得不经言词辩论,径以判决驳回之(中国台湾地区“行政诉讼法”第 107 条)。

如认为具备起诉要件时,则应就本案进行实体审理。在此,行政诉讼也适用不告不理原则,“行政法院”并不得超过当事人之声明范围而为审理裁判。

故行政诉讼之判决,如系变更原处分或决定者,不得为较原处分或决定不利于原告之判决(中国台湾地区“行政诉讼法”第 195 条),此即所谓“不利益变更禁止原则”。

(二)审理原则

1. 言词审理主义

中国台湾地区“行政诉讼法”采言词审理主义,第 188 条规定:“行政诉讼除另有规定外,应本于言词辩论而为裁判。”言词审理乃是有效查明事实之最佳手段,经由言词审理,法院可以对事实关系更了解,对争点的掌握更精确。

2. 职权探知主义

由于税捐行政处分之撤销诉讼，与公共利益具有密切关系，因此，为求尽可能客观公正妥当的解决，"行政法院"应依职权调查事实及证据，不受当事人之事实主张（含自认）与证据声明之拘束，即采取"职权探知主义"。

中国台湾地区"行政诉讼法"采职权探知主义，第125条即规定"行政法院"应依职权调查事实关系，不受当事人主张之拘束；第133条规定，"行政法院"于撤销诉讼，应依职权调查证据；于其他诉讼，为维护公益者，亦同。因此，在撤销课税处分的诉讼程序中，"行政法院"应本于职权自行进行事实证据之调查，不得直接发回原处分机关，命其重为调查。

例如，课税处分核定甲应纳税款新台币1000万元，甲不服，认为其应纳税额仅有新台币300万元，超过部分请求撤销，则"行政法院"应依职权调查本案应纳税额究为多少，不得发回原处分机关命重为调查。

换言之，新"法"并未规定撤销发回之行政审判制度，而新"法"就第一审采事实审及言词审理，且采取"职权探知主义"，有关裁判前提之事实证据，本应由"行政法院"自行调查厘清，不应怠于职权调查而径行撤销发回重核，①致当事人反复缠讼多年，永无宁日，浪费人力、物力，故解释上，"行政法院"原则上应负有义务本于职权自行查明，使案件成熟达于可裁判之程序。只有在极端例外情形，为减轻法院负担，可认为有重大必要由行政机关进一步调查事实及证据，且考虑当事人间之利害关系亦为适当时，始得撤销原处分发回交由原处分机关重为调查处分（参见《德国行政法院法》第113条第3项）。②

（三）法律上听审请求权

基于法治原则与保障人性尊严的要求，在行政诉讼程序上，也承认当事人为程序之主体，而非单纯法院裁判之客体，即赋予当事人享有法律上听审请求权，得于裁判之前，有表示意见机会，以影响诉讼程序及其结果。

① 同说，吴庚：《行政争讼法论》，1999年修订版，第187页以下。

② 陈清秀：《行政诉讼法》，第4版，第541页。

听审权利乃在于对于应成为“行政法院”裁判之基础的事实关系，于裁判之前，有可以表示意见（以口头或书面）之机会，而且在法院之前，有可以提出声明及进行陈述之机会，当事人尤其必须得以对于对造之立场态度表示意见。换言之，“行政法院”之裁判仅得以当事人已有机会表示意见之事实及证据调查结果为基础。就此中国台湾地区“行政诉讼法”第141条规定：“调查证据之结果，应告知当事人为辩论。”及第189条规定：“行政法院”为裁判时，应斟酌全辩论意旨及调查证据之结果，依论理及经验法则判断事实之真伪。但另有规定者，不在此限。依前项判断而得心证之理由，应记明于判决。均是此一精神之表现。

听审权利之范围乃涉及各种事实及证据调查结果，包括其为“行政法院”于诉讼程序依职权所探知，并欲加以斟酌者在内，另亦包括所调阅之卷宗，讯问笔录，“行政法院”因职务上活动所知悉之事实以及鉴定意见书，履勘（勘验）结果等，均属之。

又听审权利并不包括法律上讨论，即并不要求广泛的讨论法律上观点，“行政法院”并无义务对于当事人预先提示个别的为裁判基准之观点。但由于事实的陈述即为一个法律上重要的陈述，因此，如“行政法院”欲改变向来的判决先例见解，或欲改变其已经当事人加以适应之法律见解，或欲选择新的推计课税方法时，则有必要为相应的提示。①

（四）自由心证主义

有关课税事实之认定，在行政诉讼程序上采取所谓“自由心证主义”。原则上对于一切可利用之证据方法，②进行自由的评价，以认定课税要件事实之存否，而不受强制的（法定的）证明法则之拘束。③ 但仍不得恣意为之，而仍应受论理法则与经验法则之拘束。

有关课税要件事实必须使法官或稽征机关对于事实之真实性的心

① 就此问题，详见陈清秀：《税务诉讼之诉讼标的》，第469页以下；陈清秀：《行政诉讼法》，第162页以下。

② 如果证据方法之取得，乃是经由侵害一般人格权，且基本权利之保护应优越于其证据之利用时，则禁止该项证据方法之利用。在上述要件下，即构成证据利用之禁止。

③ 陈清秀：《论课税要件事实之认定》，第3页，发表于2012年5月19日。

证,达到"接近确实的盖然性"(an SicherheitgrenzendeWahrscheinlich－keit),才可以认定该项事实为真实。

即有关证据证明程度,原则上应达到"通常证明程度"(Regelbeweismaß),[①]使法官获得完全的确信某一项特定的事实关系为真实,达到相当高度的盖然性之确认,而使任何有理性的、熟悉生活事实关系之人并不产生任何怀疑之程度。[②] 在此如果通常证明程度要求不高时,则法官容易确认事实进行裁判,反之,如果高度要求证明程度时,则因为事实不明,而须引用举证责任分配法则进行裁判。因此证明程度之形态构造与举证责任裁判之必要性,二者处于互补关系。

中国台湾地区"最高行政法院"2011 年度判字第 933 号判决即谓:课税要件事实(本件指有关纳入遗产之债权存在之事实),基于证据法则,应由稽征机关负举证责任,在上述客观之举证责任下,其所提本证必须使法院之心证达到确信之程度,始可谓其已尽举证之责,若仅使事实关系陷于真伪不明之状态,法院仍应认定该事实为不存在,而将其不利益归于应举本证之稽征机关;至于民众因否认本证之证明力所提出之反证,因其目的在于推翻或削弱本证之证明力,防止法院对于本证达到确信之程度,故仅使本证之待证事项陷于真伪不明之状态,即可达到其举证之目的,在此情形下,其不利益应由稽征机关承担。

(五)争讼对象:应改采原处分主义

原告提起撤销课税处分之诉,"行政法院"认为原告之诉为有理由时,即应将原处分撤销。所谓"原处分撤销","行政法院"1959 年裁字第 40 号判例谓查关于再审原告所得税部分之原处分及诉愿再诉愿决定,业经本院原判决予以撤销,应由再审被告行政机关依复查程序另为处分。中国台湾地区财政事务主管部门 1978 年 7 月 29 日台财税第 35047 号函及 1979 年 3 月 13 日台财税第 31577 号函均认为"判决主文'原处分撤销'一语,系指撤销原处分机关所为之'复查决定'之处分……"故依实务

① Tipke/Lang,Steuerrecht,20. Aufl. ,2010, §22 Rz. 189.

② Seer,in:Tipke/ Kruse,FGO,2006, §96 Tz. 66.

见解税务行政争讼之对象似偏重于以复查决定为主，其争讼对象采取所谓“裁决主义”，而非“原处分主义”，①但在中国台湾地区“行政诉讼法”施行后，该见解应予以变更，始符法理。盖依中国台湾地区“行政诉讼法”第197条规定有关金钱给付之撤销诉讼，“行政法院”得以确定不同金额之给付或确认代替之。此一规定，在税捐事件，当系指“行政法院”根据自己所调查认定之事实，自行确定应纳税额，变更原课税处分所核定之应纳税额而言。从而，倘若原课税处分未纳入争讼程序标的，而未经法院裁判，则如何作成变更原课税处分所核定之应纳税额之判决？

又从纳税人之有效权利保护而言，实务上所采取裁决主义之见解，在原处分撤销后，仅回复至申请复查程序，如此原课税处分所生违法状态仍然未被排除，而继续损害纳税义务人之权利，其结果，法院并未能给予纳税人充分有效的权利保护。倘若稽征机关无视于“行政法院”之撤销判决，而重为复查决定仍维持原课税处分时，则纳税人势需反复争讼不休。② 因此，在中国台湾地区新“行政诉讼法”实施之后，应改采“原处分主义”，所谓“原处分撤销”应解为原课税处分撤销，即应以原课税处分为税务行政争讼之对象，始符新“行政诉讼法”意旨，对民众权利始能提供有效的保护。故上述“行政法院”判例及中国台湾地区财政事务主管部门函释允宜配合新“法”之实施加以变更。

近年来“行政法院”的见解也已经变更，已经有不少案例将“课税处分”纳入审判范围，例如，有判决：诉愿决定及原处分（复查决定含原核定处分）关于核定被继承人柯明某于1997年12月17日对柯志某死亡前二年内赠与新台币300万元列入遗产总额部分均撤销。③ 又如判决：诉愿决定及原处分（复查决定含原核定处分）均撤销。被告对于原告中国台湾地区2001年8月25日申请就被继承人蔡某某遗产税申报准列配偶剩余财产分配请求之扣除额事件，应依本判决之见解对于原告作成决定。④

另多数判决似仍维持以往传统做法，其判决：“诉愿决定及原处分

---

① 陈清秀：《行政诉讼法》，第4版，第359页以下。

② 同上书，第360页以下。

③ 中国台湾地区高雄“高等行政法院”2004年诉字第798号判决。

④ 中国台湾地区高雄“高等行政法院”2003年诉字第711号判决。

(复查决定)均撤销”,并于判决理由叙明应由被上诉人依原判决意旨重为复查决定。①

中国台湾地区台北“高等行政法院”2002 年度诉字第 3766 号判决对此表示下述看法:目前司法实务上或者认为“原核定因复查决定之作成而被吸收”或者认为为了确保核课处分在中国台湾地区“税捐稽征法”第 22 条第 1 项各款之核课期间内作成,所以原核定处分原则上应被保留(当然这样的意见是否符合程序法理,是有斟酌之余地),因此税务案件之撤销诉讼如为原告胜诉之判决,原则上均只撤销到复查决定为止,以便保留税捐稽征机关重为斟酌之空间。只有在少数案例中,法院才会在原核定处分明显违法,个案中完全没有核课或裁罚之可能时,例外撤销至原核定处分。此项司法实务作业惯例,因为对原告之权利没有实质影响,本院向予尊重。

从而,课税处分的撤销诉讼之程序标的,可能包括:“诉愿决定及原处分(复查决定含原核定处分)”,在事实复杂必须由原处分机关重新调查而重为复查决定的情形,其程序标的也可能只有“诉愿决定及复查决定”二者。

(六)诉讼标的:应改采总额主义

税务诉讼之诉讼标的,即“行政法院”之审判对象范围,学说上向来有“总额主义”与“争点主义”之争论②。兹分述之。

1. 总额主义

此说认为,税务诉讼之诉讼标的,与其他行政处分之撤销诉讼相同,亦应解释为课税处分之违法性全体。因此,就课税处分之内容的违法,即就课税处分所认定之课税标准或税额有争执的情形,该项课税处分之违法性之有无,应取决于上述处分之课税标准或税额,是否超过实际上客观的课税标准或税额,因此,对于课税标准或税额之计算根据之事实的主

① 参见中国台湾地区“最高行政法院”2005 年裁字第 2087 号裁定。

② 详见陈清秀:《税务行政争讼的审理范围——以课税处分之撤销诉讼为中心》,载《月旦法学杂志》第 136 期,2006 年 9 月,第 186 页以下;陈清秀:《税务诉讼之诉讼标的》,台大法研所博士学位论文,第 324 页以下。

张，只不过是单纯的攻击防御方法。即作为处分根据之理由，仅属单纯的攻击或防御之方法，从而于言词辩论之前，均得自由提出之，法院之审判对象并不受课税处分本身之理由的拘束，从而构成“总额主义”之见解，其审理之对象及于作为处分之根据的一切理由，当事人双方均得提出主张原处分之理由以外的事实关系，据以作为原处分之根据或原处分违法之理由。

依此说，课税处分之撤销诉讼的诉讼标的，并非行政处分本身，而是“系争行政处分（或其拒绝或不作为）客观上违法，并因此使原告之权利遭受损害”之原告的权利主张（是否正当）。

因此，撤销诉讼判决原告胜诉时，则系以既判力确认原告之权利主张为正当，即确认系争行政处分违法及原告之权利因之遭受损害。如为驳回判决时，则系以既判力确认系争行政处分合法，或者原告之权利并未因之遭受损害。

要之，总额主义，即结算理论，系鉴于课税基础之从属性（不具有独立性），因此取向于税捐核定之结果（处分事项，核定之税额），据此乃得以将个别的课税基础的错误评价与其他正确的课税基础之评价互相抵销，即适用职权探知主义，独立于当事人之陈述，仅于系争行政处分在结果上已经显明是违法，并损害原告权权时，始得判决原告胜诉。

从而法院审查事实关系，并不限于系争行政处分之基础的事实，而是广泛及于一切可认为与系争行政处分有关联而足以支持该行政处分之处分事项（如核定之税额）的基础事实（所谓全体税捐事件）。例如，纳税义务人于一个历年内取得所得，系争课税处分乃是根据此项所得之确认所作成，因此，“该年度之所得”全部作为事实关系而被提出于法院，故原告仅主张课税处分不准扣除某事业经费新台币 100 万元违“法”，其主张虽有理由，但法院依职权调查发现原处分所漏未发现之租赁所得新台币 100 万元，二者互相抵销结果，其课税所得额并无违误，故就全体而言，系争行政处分并未侵害原告权利，则法院即不待采取诉之变更程序，即可驳回原告之诉，盖于此情形，只是特定的部分事实及“法律”上理由变更而已，其裁判要求（诉之声明）及诉讼标的均未变更，故不发生之变更。

2. 争点主义

(1)与课税处分理由有关之税额的适否

此说认为,税捐争讼之审理对象乃至诉讼标的,乃是与课税处分理由有关之税额的适否,原则上并不承认理由之替换解释,可谓符合法律的趣旨。又对于税捐处分提起撤销诉讼,乃被要求声明不服的前置,其中之一理由,乃为减轻法院的负担,于声明不服的阶段上,尽可能整理事实上及法律上争点之后,乃准许起诉。倘若承认理由之替换,就此点亦有问题。当然,即使在采取争点主义的情形,如解释为绝对的不准由之替换,亦非妥当,而毋宁是应解释为在不丧失作为原处分之理由的基本课税要件事实之同一性的范围内,可承认替换处分理由。如此解释,当亦无给予当事人特别的不利益之情形。

依此见解,课税处分之理由基础事实关系乃特定诉讼标的,同时亦具有界定法院之审理范围的机能,法院不得就课税处分理由之事实关系以外之事实进行调查。换言之,课税处分就其各个个别的课税基础具有可分性,原告可对之部分诉讼,即可将事实关系限定于税捐事件全体之中之个别的部分,“行政法院”必须仅就该事实关系之部分所构成之诉讼标的进行审理判断。

如采取争点主义时,则仅就有关于处分理由之处分的适否,发生判决之既判力,因此,税捐行政机关只要未经过核课期间,即得基于新的理由,进行再作成补税处分,虽然不能期待纷争之一回性解决,但于新的课税要件事实被发现的情形,重新再作成补税处分,如有不服,另循行政救济程序请求救济。结果当符合纳税人之审级利益,又对于税捐行政之改善,亦有帮助。

(2)在申请复查程序中所争执的处分违法事由

中国台湾地区实务上在行政救济程序中,就课税处分理由之追加替换,概予严格限制,又对于课税处分违“法”事由之追加替换主张,亦倾向加以限制,故就审判对象问题,概采争点主义观点。即实务上对于课税处分的撤销诉讼,认为“行政法院”的审判对象乃是原告在申请复查程序中所争执的处分违法事由,至于原告于复查程序中所未争执的部分,则不在法院审理范围。

例如,“行政法院”1973 年判字第 96 号判例谓:行为时适用之中国台湾地区“所得税法”第 82 条第 1 项规定之申请复查,为提起诉愿以前必先践行之程序。若不经过复查而径为行政争讼,即非“法”之所许。本件原告 1967 年度营利事业所得税结算申报,经被告行政机关调查核定后,仅以原料耗用部分申请复查,对于折旧部分并无异议,是其就折旧部分,一并提起诉愿,自非法之所许。同院 1986 年判字第 2063 号判例亦谓:“税捐稽征机关在第一次复查决定作成以前,纳税义务人补提理由,凡与其原来叙明之理由有所关连,复足以影响应纳税额之核计者,税捐稽征机关均应自实体上予以受理审查,并为复查决定。”在上述判例观点下,似倾向于采取狭窄范围的诉讼标的理论,不准民众于行政争讼过程中扩大追加或变更原处分违“法”事由。

此一争点主义之见解,认为“课税处分对应于各个课税基础,具有可分性,纳税义务人仅就特定课税基础表示不服,提起行政争讼,自应以该范围为审查之对象”,[①]税捐事件之行政救济,系采争点主义,即行政救济仅就纳税义务人争执范围为审查,未争执部分之事实即告确定,改制前“行政法院”1973 年判字第 96 判例意旨可资参照,原告此部分合伙主张,于复查及诉愿均未提及此情,其于本件诉讼方行提起,亦有未合。[②] “原告另主张扣除配偶剩余财产分配请求权部分,原告于复查、诉愿程序俱未主张,依争点主义自不得于本件诉讼中再行主张。”[③]

在复查程序中未及主张争执的项目,已经先行确定部分,稽征机关应可另案依职权给予救济。例如,中国台湾地区台中“高等行政法院”2004 年度诉字第 29 号判决:本件原告主张生存配偶剩余财产分配请求权部分(指已经确定部分),诉愿机关中国台湾地区财政事务主管部门已于诉愿决定理由中说明另函请被告就原告此部分请求依职权办理,被告亦称该

---

① 中国台湾地区“最高行政法院”2004 年度判字第 161 号判决。

② 中国台湾地区台中“高等行政法院”2005 年度再字第 89 号判决。同说,中国台湾地区“最高行政法院”2003 年度判字第 309 号判决,中国台湾地区“最高行政法院”2003 年度裁字第 1294 号裁定,“最高行政法院”2003 年度裁字第 1748 号裁定。

③ 中国台湾地区台中“高等行政法院”2003 年度诉字第 669 号判决。

部分已经另案处理中,并予指明。[①]

但如因嗣后情势变更,则应仍可追加争执。例如,中国台湾地区“最高行政法院”2000 年度判字第 1265 号判决:如生存之配偶于遗产税复查决定后始行使该权利(指生存配偶之剩余财产差额分配请求权),且遗产税核课尚未确定,依情事变更原则及中国台湾地区财政事务主管部门 1997 年 2 月 15 日台财税第 851924533 号函释,本件稽征机关应有受理原告依中国台湾地区“民法”第 1030 条之 1 规定行使剩余财产差额分配请求权之义务,将其应分得之财产之价值,自遗产总额中扣除。

在此所谓争点,应指该争执项目而言,至构成其项目之内容为何,则应属攻击防御方法之范畴,若谓构成项目之内容未经申请复查,于诉讼中不得再为主张,显然过度限缩争点主义,有违保障纳税义务人权益之原则,亦非制定之本意(2013 判 714)。

3. 检讨

争点主义之见解,一方面,不当限制民众追加变更争执主张原处分违“法”之机会,而有不当侵犯民众诉讼权的行使的情形;另一方面,行政诉讼的审判,竟受到原告主张违“法”事由的拘束,也不符合中国台湾地区新“行政诉讼法”采取职权探知主义,即“行政法院”审查范围不受当事人主张之拘束的精神。

因此,为了缓和争点主义无法有效保障纳税人权益的缺点,纳税人在发现新事实证据足以证明原课税处分违“法”的情形,可以依中国台湾地区“行政程序法”第 128 条的规定,申请程序重新开始,撤销变更原课税处分。或者在嗣后缴纳税捐后,再依中国台湾地区“税捐稽征法”第 28 条的规定,纳税义务人对于因适用“法令”错误或计算错误溢缴之税款,得自缴纳之日起 5 年内提出具体证明,申请退还;逾期未申请者,不得再行申请。请求退税。

然而为使纷争有效迅速一次解决,并公平实现税捐实体法上之税捐债权。本书认为,有关税务诉讼标的理论,宜废止上述判例,改采德国及

① 同说,中国台湾地区台北“高等行政法院”2002 年诉字第 4121 号判决。

日本通说判例所谓“总额主义”。[1] 换言之,法院的审判对象,应该是系争原课税处分在客观上有无违“法”致因此损害原告的权利,而不是单纯限于原告所主张课税处分基础根据违法的事由部分,有无违法损害原告权利。即从一次纷争(同一课税年度事件)一次解决之诉讼经济以及扩大纳税人之权利救济范围(随时可追加变更主张课税处分之违法事由)考虑,似以采总额主义较能达成程序经济目标。

因此,民间版的中国台湾地区“纳税人权益保障法(草案)”第20条规定:纳税义务人对于课税处分不服,经践行复查程序之后,于提起诉愿或行政诉讼程序进行中,得追加或变更主张原处分违“法”事由,请求行政救济机关或“行政法院”进行审查裁决。其由行政救济机关或“行政法院”依职权发现原处分违“法”致损害纳税义务人权益者,亦同。[2] 即主张采取“总额主义”,以加强保障行政救济权利。

(七)举证责任

1. 举证责任之分配

在民事诉讼上,客观的举证责任之分配,一般采规范说(法律要件说),认为在事实不明的情形,其不利益原则上应归属于由该项事实导出有利之法律效果之诉讼当事人负。换言之,主张权利或权限之人,于有疑义时除法律另有规定外,原则上应就权利发生事实负举证责任,而否认权利或权限之人,或主张相反权利之人,对于权利之障碍或消灭或抑制之事实,负举证责任。

在税捐诉讼上有关举证责任分配的原则,[3]学者也有提出下列应遵

---

① 详见陈清秀:《税务诉讼之诉讼标的》,1992年再版,第320页以下、第382页以下。

② 其制定理由指出:按纳税义务人对于课税处分不服,经提起行政救济之后,该处分即处于尚未确定的状态,除了原先争执的处分瑕疵之外,如果其事后发现原处分有其他违“法”事由致损害纳税义务人权益,为了确保依“法”课税原则,并维护纳税人权益,自应许其一并加以争执,请求行政救济机关或法院进行审查。其由行政救济机关或“行政法院”依据职权主动发现课税处分有其他违法事由致损害纳税人权益者,也应主动给予救济,以贯彻职权调查主义的精神,并避免纳税人因不谙法令致遭违“法”课税。爰参考德国及日本学说判例,予以明定。

③ 陈清秀:《税务行政争讼举证责任相关问题探讨》,载《当代财政》2012年1月,第25~57页。

循的原则。法定原则:由法律明定分配方式。公平原则:应符合事件本质的合理分配。效率原则:由持有课税数据者举证,较符合经济效率。诚信原则:当事人双方在诉讼程序进行中,应本于诚信原则提出相关事实证据。

税捐诉讼上有关举证责任分配,一般通说亦采规范说,原则上任何当事人应对于下述规范之一切(包括消极的)要件之存在负举证责任,[①]此规范如未经适用,则该当事人就其诉讼请求(Prozessbegehren)将未能获得结果。因此,税捐债权人对于下列事实,负担客观的举证责任:就税捐债务之发生及增加之事实。[②]

税捐债务人对于下列事实,应负担客观的举证责任:就税捐免除或减免之事实,包括主张退税请求权或税捐优惠请求权,以及税捐债权消灭(例如,因抵销、罹于征收时效、免除)及请求授益处分等事实,均应由其负举证责任。

中国台湾地区"最高行政法院"2011 年度 12 月第一次"庭长法官联席会议"决议:企业并购取得之商誉,系因收购成本超过收购取得可辨认净资产之公平价值而生。商誉价值为所得计算基础之减项,应由纳税义务人负客观举证责任。纳税义务人应举证证明其主张之收购成本真实、必要、合理,及依《财务会计准则公报》第 25 号第 18 段衡量可辨认净资产之公平价值,或提出足以还原公平价值之鉴价报告或证据。

其理由也指出:"依本院向来所持之见解,就课税处分之要件事实而言,有关营利事业所得加项之收入,由税捐稽征机关负举证责任;有关所得计算基础之减项,即'成本'与'费用',因属于权利发生后之消灭事由,则应由纳税义务人负举证责任。故商誉价值既属所得之减项,自应由纳税义务人负其举证责任。"也可认为是采取相当于规范说之法律要件分类观点。

只是成本费用并非权利发生后之消灭事由,盖税捐债权之发生,并非

---

① 有关税务诉讼之举证责任,详请参照黄士洲:《税务诉讼的举证责任》,2002 年版。

② "行政法院"1990 年 9 月庭长评事联席会议决议即谓:稽征机关依中国台湾地区"所得税法"第 14 条第 1 项第 5 类第 5 款参照当地一般租金调整计算租赁收入时,如其调整结果超过中国台湾地区"土地法"第 97 条第 1 项之限制时,就其超过部分之课税,应以能证明出租人有此项现实收入者为限。

先有收入即发生,成本费用可能发生在前,收入发生在后,二者计算基础上应合并计算,才算出课税所得,而满足课税要件时,税捐债权才发生(参见本书课税要件及税捐债务之发生章节)。故该决议理由之推论似非妥当。

规范说之举证责任分配法则仅是原则而已,仍不排除在具体案件上,依系争法规范之目的而另为不同处理。尤其应考虑与有关课税要件事实的证据距离,按照当事人间的利益状态,加以适当的修正。例如,税捐债务人对于经营上成本费用之支出事实(减少所得),原本应负举证责任。但就必要费用的部分,有认为原则上应由稽征机关负举证责任;只有超过必要费用以外的特别费用部分,才由原告纳税人负举证责任。①

就此学者有提出,证明程度及举证责任应取向于当事人之管领责任:②

(1)有关成立或提高税捐债务之事实

①如果事实不明,是基于纳税人违反协力义务(未充分的协力)时,则对应于其违反协力义务部分,证明程度可以减轻至最大可能的盖然性(推计课税)。

②反之,如果事实不明,而纳税人并未违反协力义务时,则证明程度仍然维持通常证明程度(禁止基于单纯疑义课税)。因此,依据客观的举证责任分配法则,应为不利于税捐债权人之裁判。

(2)有关减免税捐债务之事实

①如果事实不明,是基于纳税人违反协力义务(未充分的协力)时,则维持通常证明程度(禁止违反协力义务之补贴)。因此依据客观的举证责任分配法则,将为不利于纳税义务人之裁判。

②反之,如果事实不明,而纳税人并未违反协力义务时,则证明程度可以减轻至最大可能的盖然性(推计课税)。

上述所谓"通常证明程度"(Regelbeweismaß),一般通说认为,应使法官获得完全的确信,达到相当高度的盖然性之确认,而任何有理性的、熟

---

① [日]金子宏:《租税法》,1996 年第 6 版,第 664 页以下。

② Seer, in: Tipke/Lang, Steuerrecht, 20. Aufl., 2010, §22 Rz. 190.

悉生活事实关系之人并不产生任何怀疑之程度。[①] 在此如果通常证明程度要求不高时，则法官容易确认事实进行裁判，反之，如果高度要求证明程度时，则因为事实不明，而须引用举证责任分配法则进行裁判。因此证明程度之形态构造与举证责任裁判之必要性，二者处于互补关系。

如果法律仅规定要求“释明”时，则事实的认定，仅须有较为优势的盖然性（较大可能性）（überwiegenderWahrscheinlichkeit）即可。而可谓是一种“法定的证明程度减轻”。

依据上述取向于管领领域之证明风险分配之基准，有关举证责任分配法则，可以进一步发展出基本的证明法则如下：[②]

①如果事实解明之欠缺，属于依据规范受益理论之负担举证责任者所管领范围内时，则应按照举证责任分配作成决定，即应由该当事人承担其不利结果。

②如果事实解明之欠缺，是在依据规范受益理论之负担举证责任者所管领范围以外之事项时，则应减轻证明程度。

2. 协力义务之违反与证明程度之减轻

在当事人尤其是纳税义务人因可归责之事由，而妨碍事实关系之解明之情形。例如，毁灭证据或违反税法上协力义务时，原则上可于自由心证之范围内予以斟酌，减轻稽征机关的举证证明程度。[③] 依中国台湾地区“行政诉讼法”第 135 条规定：当事人因妨碍他造使用，故意将证据灭失、隐匿或致碍难使用者，“行政法院”得审酌情形认他造关于该证据之主张或依该证据应证之事实为真实。前项情形，于裁判前应令当事人有辩论之机会。可认为他造当事人关于该证据之主张为正当，或减轻证明程度。于此情形中，一般认为并不发生举证责任转换之效果，但在故意违反义务的情形，则有认为应发生举证责任分配转换之效果。

3. 盖然性推定

表见证明（盖然性推定）（Der Anscheinsbeweis，prima-faci-Beweis）只

---

① Seer，in：Tipke/Kruse，FGO，2006，§96 Tz. 66.

② Seer，in：Tipke/Lang，Steuerrecht，20. Aufl.，2010，§22Rz. 191.

③ 黄士洲：《税务诉讼的举证责任》，第 190 页以下。

表现在典型的事件经过，表见证明是根据下述的经验：某些典型的构成要件事实产生特定的结果，或特定的结果表示某一典型的事件经过。此种经验法则必须可以清楚表明前提要件与结果，其仅单纯援用简单的生活经验，尚有不足。

表见证明是一种利用具有“极为高度之盖然性”之经验法则，由典型事态发展历程，去推论待证事实存在的证明方法。作为表见证明成立基础之典型的事件发展经过可以用下述公式表达：“当有某项 A 事实存在时，则 B 事实几乎总是会发生”，即这个事态发展历程必须具有非常高度的盖然性，以至于事态朝相反方向发展的可能虽然可以想象，但在实际经验上几乎不可能发生。[①]

实务上有关课税事实之认定，常经由盖然性推定方式处理。例如，“行政法院”1980 年 5 月庭长评事联席会议决议：法院得依已明了之事实，推定应证事实之真伪，为中国台湾地区“行政诉讼法”第 33 条准用中国台湾地区“民事诉讼法”第 282 条所明定，依土地登记簿之记载，如已有利息之约定应推定其已经给付。

又如，释字第 217 号解释设定抵押权为担保之债权，并载明约定利息者得推定利息所得实现，但容许当事人提出反证。释字第 221 号解释被继承人死亡前因重病无法处理事务期间举债或出售财产，而其继承人对该项借款或价金不能证明其用途者，该项借款或价金，仍应列入遗产课税。其性质上具有推定作用，至具体案件应税遗产之有无，仍应依举证责任分配之法则，分由税捐稽征机关或纳税义务人尽举证责任。

4. 税务违章处罚行为与举证责任

关于无罪推定原则以及追诉处罚之检察官负担举证责任，乃是处罚法上共通原理，在行政处罚程序上应可直接适用。即在穷尽使用一切可能的证据方法，证据调查结果仍无法查明事实时，则应以有利于行为人之事实状态为基础。[②] 换言之，应适用“有疑，则为有利被告之认定”（in dubio pro reo）之原则。

---

① Schmidt, Die Problematik der objektivenBeweislastimSteuerrecht, 1998, 302ff.; 316.

② Joachim Bohnert, OWiG, §77 Rn. 9.

"行政法院"1950 年判字第 2 号判例亦谓：又行政机关对于民众有所处罚，必须确实证明其违"法"之事实。倘不能确实证明违"法"事实之存在，其处罚即不能认为合"法"。对于处罚要件事实，要求行政机关负举证责任，其见解与无罪推定原则相当。

中国台湾地区"最高行政法院"2009 年度判字第 494 号判决亦谓：违"法"事实应依证据认定之，无证据则不得以拟制推测之方法，推定其违"法"事实，此为司法诉讼及行政程序适用之共通法则。故行政机关本应依职权调查证据以证明违"法"事实之存在，始能据以对民众作成负担处分，即行政机关对于民众违"法"事实之存在负有举证责任，民众本无须证明自己无违"法"事实。如调查所得证据不足以证明民众有违"法"事实，即应为有利于民众之认定，更不必有何有利之证据。

有关课税事实与违章事实之认定，其证明程度仍有差别。例如，中国台湾地区"最高行政法院"2013 年度判字第 816 号判决即谓：税捐征收处分既属行使课税高权的结果，直接影响民众财产权，其证明程度自应以"高度盖然性"为原则，即适用"几近于确实的盖然性"作为诉讼上证明程度的要求。关于租税裁罚处分，与刑事罚类似，基于中国台湾地区"行政诉讼法"保障民众权益，确保行政权合"法"行使的宗旨，其证明程度自应达到使法院完全的确信，始能予以维持。

七、行政诉讼裁判之基准时

（一）概说

有关"行政法院"审理行政处分之违法判断基准时之判断原则，学说见解不一。[①] 此类有关诉讼上裁判基准时的问题，乃是涉及在处理行政处分作成之后，如果事实或法律状态发生变更，倘若"依法足以影响"原处分之合法性或原告之实体上请求权者，则"行政法院"于作成裁判时，

① 参照陈清秀：《行政诉讼法》，2011 年第 4 版，第 559 页以下；李建良：《论行政处分之违法判断基准时》，载中国台湾地区行政法学会主编：《行政法争议问题研究》（下），2000 年版，第 909 页以下；林三钦：《诉愿案件之违法判断基准时》，载《台湾本土法学杂志》第 23 期，第 100 页以下。

是否应加以斟酌之问题。此主要牵涉诉讼法层面之问题。

“行政法院”裁判上应适用之法规，通常乃是涉及“实体法上”问题（所谓实体从旧原则，适用行为时法），而非诉讼法层面之问题。

至于裁判基准时问题，理论上可从实体法观点、事件本质观点与诉讼法原则观点三方加以观察。

即行政处分违法判断基准时之问题，首先应依实体法之规定，决定撤销诉讼上课税处分的合法性之判断，应以何一事实及法律状态为准。[①] 在此所谓实体法，乃包括行政程序法及狭义的实体法在内。[②]

上述行政实体上的规定，例如，依中国台湾地区“税捐稽征法”第48条之3规定：纳税义务人违反本“法”或“税法”之规定，适用裁处时之“法律”。但裁处前之“法律”有利于纳税义务人者，适用最有利于纳税义务人之“法律”，故税务案件之处罚法规，于科处处罚之行政处分行政救济（含行政诉讼）程序进行中，为有利于违章行为人之变更时，应适用最有利民众之处罚法规裁判。

又依中国台湾地区“税捐稽征法”第1条之1第1项规定：中国台湾地区财政事务主管部门依本“法”或“税法”所发布之解释函令，对于据以申请之案件发生效力。但有利于纳税义务人者，对于尚未核课确定之案件适用之。因此，于课税处分之行政争讼中，倘行政机关之令函为有利民众之变更或新发布有利民众之令函时，为维护原告之权益时，应以判决时之令函状态，判断课税处分之合“法”性（另参照释字第287号解释）。

如欠缺特别规定，亦无法依据事件本质加以决定时，则从诉讼法原理

---

① BVerwG v. 25. 11. 1981 E Bd. 64. S. 218 (221f.); DVBl 1982, S. 544; BVerwG v. 26. 8. 1983 NVwZ 1984, S. 648.

② BVerwG v. 29. 9. 1982 E Bd. 66, S. 178 (182)；德国联邦行政法院于1981年11月25日判决，即认为下述内容：“于撤销诉讼之范围，行政处分之合法性，通常应依据最后的行政决定之时点的事实及法律状态，来加以判断”之诉讼法上原则并不存在。至于在撤销诉讼，应以那一事实及法律状态为判断基准，毋宁首先应依据实体法决定之。因此在开发分担金法上，分担金之裁决如于最后事实审言词辩论终结时合法时，法院即不得予以废弃。其后，联邦行政法院1982年9月29日判决亦持相同见解，认为在撤销之诉，事实及法律状态之判断基准时，首先应依据系争实体法决定之，此所谓实体法，包括行政手续法以及狭义的实体法在内，因此，在征收土地税处分，于处分时，虽欠缺税捐行政权，但嗣后于诉讼中，因法律变更而已取得税捐行政权时，其处分瑕疵即被补正，法院于裁判时应予斟酌。

观察,有关裁判基准时问题,主要有下述三说:

1. 处分时说

如无法依行政实体法加以决定,也无法依据事件性质加以考虑时,在行政处分撤销诉讼,有认为基于撤销诉讼之本质,当事人系以撤销之诉要求撤销违法行政处分,其诉讼标的乃是该项行政处分违法以及其权利因之遭受损害之权利主张,因此就行政处分之违法性之判断,必须以行政处分之作成时之事实状态及法律状态为基础,且当事人所争执者,并非在言词辩论时已经变更之事实状态以及法律状态下得否作成行政处分之问题,而是追求行政处分之事后再审查。①

换言之,撤销诉讼之特质,在判决之效果之点上,即使不能否定具有形成诉讼之性质,但其形成的效果(行政处分之撤销)之承认与否,并非基于现在之法律关系而为裁判,而是在于确定行政处分是否果真符合法令上之要件而被作成之特殊的诉讼类型,从而从撤销诉讼之法的构造来看,基本上处分时说乃属妥当之解释。②

又有认为,基于行政权与司法权之权力分立原则,法院并非行政程序之延长,倘若法院可斟酌处分后所变化之情事,以决定应否维持原处分时,则将侵犯行政机关之第一次判断权,并赋予法院如同监督行政机关一般之权能,而有违权力分立原则。③ 另有认为诉愿程序性质上属于行政程序终结后另启的"行政争讼程序",并非原处分机关之行政程序的延长,因此,主张原则上应以"行政处分作成时"为基准时,例外才以"诉愿决定时"为基准时。④

中国台湾地区实务上,亦有采处分时说者。例如,在进口货物完税价格事件,"行政法院"1986 年判字第 225 号判决指出:审查行政处分是否

---

① Ule, Verwaltungsprozeßrecht, §57 II 2, S. 304. Vgl BV-erwG v. 19. 11. 1953 E Bd. 1, S. 37; BVerwG v. 30. 10. 1969 E Bd. 34, S. 155(158); BVerwG v. 17. 7. 1980 E Bd. 60, S. 315; 吴庚:《行政争讼之客体——行政处分》,载《宪政思潮》第 59 期,1982 年 9 月,第 110 页。

② [日]远藤博也、阿部泰隆编:《讲义行政法 II(行政救济法)》,第 249 页。

③ 可部恒雄,违法判断 基准时,实务民事诉讼讲座 8,行政诉讼 I,昭和五十六年(1981 年)版六刷,第 243 页;市原昌三郎,抗告訴訟の本質と判決の效力,一橋論叢,三十七卷三號,頁四二;近藤昭三,違法判斷の基準時,行政判例百選 II,一九七九年,頁四〇九。

④ 林三钦:《诉愿案件之违法判断基准时》,载《台湾本土法学杂志》第 23 期,第 6 页以下。

违“法”,原则上应以原处分作成时有无违“法”情形为准,至发生在后之情事,除原适用“法规”之变更或前后见解之互异,依“法”应溯及适用者外,要与原行政处分不生影响。[①] 依此见解,处分后所发生之新事实,原则上并不得在行政诉讼中,据以指摘原处分之违“法”。

2. 最后的行政决定时说——诉愿决定时说

由于撤销诉讼之对象,乃是经由诉愿决定所获得之形态的原行政处分,因此原则上应将原处分与诉愿决定作为统一体处理,即在诉讼程序上将该等处分视为一个统一的行政决定,共同加以争执,并接受“行政法院”之审查。准此,法院裁判基准时乃应以最后的行政机关之决定时(台湾地区诉愿决定时)为准,而非以原处分时为准。且“行政法院”裁判权之任务,在于控制行政活动,而不应代替行政机关自己进行行政活动。[②] 又在撤销诉讼,原告原则上乃以此项行政处分自始违法为根据,因此原则上亦以此时点(诉愿决定发布时)为准。[③]

德国联邦“行政法院”判决先例概多采此见解,认为在撤销诉讼,原则上应以最后的行政机关之决定,即诉愿决定之时点的事实状态及法律状态为准[④]。

台湾地区学者亦有采此见解者,认为诉愿程序具有行政程序之性质,且诉愿机关为原处分机关之上级机关,原则上原处分得进行全面审查(包括合法性与合目的性审查),因此诉愿机关应以诉愿决定时之事实及法律状态为审查基准。故对于行政处分之违法判断,“原则上以诉愿决定时为基准时”,例外“以原处分作成时”为基准时,此类例外情形,包括下列四种类型:法规特别规定以处分时为准者;基于对原处分机关第一次判断之尊重;基于系争处分之特性;涉及程序违法之问题。[⑤]

---

① 《“行政法院”裁判要旨汇编》,第6辑,第1311页。

② Kopp,VwGO, §79 Rn.4, §113 Rn.23f.

③ Redeker/von Oertzen,VwGO,9. Aufl. ,1988, §108 Rn.17.

④ BverwG v.26.2.1980 E Bd.60,S.79;BVerwG v.20.5.1980 E Bd.60,S.133.

⑤ 李建良:《论行政处分之违法判断基准时》,载中国台湾地区行政法学会主编:《行政法争议问题研究》(下),第914页以下。

3. 判决时说

采判决时说者认为行政诉讼之本来意旨，不应认为是为要求判断过去所为行政处分之效力于处分时是否违法之诉，而是判断其处分于裁判时是否仍然合法而应被维持，即应一并斟酌足以影响过去法律关系之新的发生变更之事实或法律状态，以判断行政处分之合法或是违法，才能决定原处分是否应被维持，因此，应以判决时之事实及法律状态来判断其处分是否合法。①

换言之，法院应审查的，是依据原告之声明，在裁判当时，依据实体法之规定，原告是否有请求行政机关废弃原处分之权利，行政机关是否有废弃原处分之义务，行政机关之维持原处分是否已违法侵害原告之权益。②

此说主要基于诉讼经济及权利保护之观点，倘若原告有请求权，则法院亦应就处分后之新发生的事实或法律状态加以判断，于此情形，即采判决时说。③

（二）税务诉讼

1. 通常情形

在税务诉讼上，由于大部分的税捐行政处分具有宣示的性质，且系对于存在于过去之事实关系相连结，即税捐债权乃是根据课税处分作成前已经终结的被实现的事实关系而发生，原则上嗣后并不变更，因此，关于上述裁判基准时之问题，仅例外的产生此问题。④

换言之，根据税捐"实体法"，一般乃以课税要件已经被实现之期间

---

① ［日］田中二郎等：《行政事件诉讼特例法逐条研究》，1961 年版第 3 刷，第 64 页以下；［日］田中二郎：《新版行政法》（上卷），1983 年版第 35 刷，第 348 页以下；［日］雄川一郎：《行政争讼法》，1925 年再版第 9 刷，第 219 页以下。

② 陈淑芳：《撤销诉讼之裁判基准时点》，载《台湾本土法学杂志》第 90 期，2007 年 1 月，第 65 页。

③ ［日］铃木庸夫：《违法判断の基准时，行政法の争点》，昭和五十五年（1980 年），第 216 页（中译文参见陈清秀译，《植根杂志》，第 5 卷第 2 期，1989 年 2 月，第 26 页以下）。

④ Tipke/Kruse，FGO，§100 Tz. 5；Gräber/von Groll，FGO，§100 Rn. 7；按税捐债务关系之请求权，因构成要件之实现而成立，不待稽征机关之核定，在学说上殆无争论，参见陈敏：《租税债务关系之成立》，载《政大法学评论》第 39 期，1989 年 6 月，第 369 页、第 380 页以下；黄茂荣：《税捐的构成要件》，载《经社法制论丛》第 6 期，1990 年 7 月，第 40 页。

或时点之事实上及法律上状态为基准。[①] 因此，于此情形中，在诉讼法观点下所生裁判基准时之问题，通常并不存在。[②]

中国台湾地区"最高行政法院"2003 年度判字第 646 号判决即认为：撤销之诉判断行政处分合法性之基准时，于课税处分，原则上（除有例外规定）系以课税事实发生时之法律或事实状态为判断核课处分合法性之基准。在行政诉讼或诉愿中其状态变更固不必予以斟酌，即课税事实发生至原处分或复查决定做成之前，法律或事实有所变更亦不影响处分或决定之合法性。[③]

2. 例外情形

在例外情形中，在税法上一般也认为如果课税基础事实或法规，嗣后发生溯及生效之变更时，即于裁判前新发生事实上或法律上情况，而依法足以影响纳税义务（于税捐实体法上或税捐程序法上被允许的情形）时，则基于诉讼经济之考虑以及税捐正义（正确合法课税）之追求，"行政法院"亦得加以斟酌。[④]

此类以判决时为准之类型如下：

(1) 溯及生效之事实关系变更

倘若事实关系发生变更并溯及既往生效时，则"行政法院"应斟酌此项新发生之事实。

例如，纳税义务人标买林地，稽征机关据以课征契税，嗣后经法院判

---

① 中国台湾地区高雄"高等行政法院"2001 年 9 月 19 日年诉字第 24 号判决：就税务诉讼中，有关撤销之诉判断行政处分合法性之基准时，并非单纯以核课（纳税）处分或复查决定时之法律或事实状态为准，其基本原则为：课税事实发生时之法律或事实状态乃判断核课处分合法性之基准。在行政诉讼或诉愿中其状态变更固不必予以斟酌，即课税事实发生至原处分或复查决定做成之前，法律或事实有所变更亦不影响处分或决定之合法性（参阅吴庚先：《行政争讼法论》，1999 年 5 月修订版，第 201 页）。

② Ziemer/Haarmann/Lohse/Beermann, Rechtsschutz in Steuersachen, Tz. 9306.

③ 同说：中国台湾地区"最高行政法院"2003 年判字第 1330 号判决："有关课税之行政处分，其基本原则为：课税事实发生时之法律或事实状态，为判断核课处分合法性之基准。"中国台湾地区高雄"高等行政法院"2000 年诉字第 24 号判决；中国台湾地区台中"高等行政法院"2000 年度诉字第 545 号判决。

④ Ziemer/Haarmann/Lohse/Beermann, Rechtsschutz in Steuersachen, 1977, S. 9307; Gräber/von Groll, FGO, 5. Aufl., 2002, §100 Rn. 12; Tipke/Kruse, FGO, 1998, §100 Tz. 7.

决确定拍卖无效,则“行政法院”对于此项嗣后发生之情况应予斟酌。[①]

又如,房地不动产之买卖移转,稽征机关据以课征房屋契税与土地增值税,纳税义务人不服,提起行政诉讼,在诉讼中买卖双方撤销或解除买卖移转行为,对于此项新事实,“行政法院”于裁判时亦应予以斟酌。[②]

再如,买卖房屋经稽征机关核课契税,纳税人不服提起行政诉讼,在诉讼程序进行中,因标的物有瑕疵诉请法院判决确定解除契约,就此项新的情况,“行政法院”亦应予以斟酌。[③]

唯在此种溯及生效之事实关系之变更的情形,倘认为应维护原告在复查及诉愿之行政救济程序上所享受之“审级利益”时,则似亦可认为至迟应以最后行政决定(诉愿决定)时为基准时,其于诉讼中始发生之课税事实溯及变更,仍应循另一行政程序请求救济。

(2)溯及生效之法律变更

在诉讼程序进行中所发生之法律变更,如具有溯及效力时,亦足以影响行政处分之合法性。例如,在行政处分发布之后,法律始变更,规定溯及发生效力之税捐免除时,对此必须加以斟酌。唯如不利原告之溯及生效之法律变更,则必须先审查该法律在实体法上之合法性,为符合,则必须按照新的法律状态,对于行政处分之合法性加以裁判。[④]

此类溯及生效之法律变更,例如,中国台湾地区“遗产及赠与税法”第 20 条第 2 项规定:1995 年 1 月 14 日以前配偶相互赠与之财产,及婚嫁时受赠于父母之财物在新台币 100 万元以内者,于本项修正公布生效日尚未核课或尚未核课确定者,适用前项第 6 款及第 7 款(不计入赠与总额)之规定。

又如,中国台湾地区“土地税法”第 30 条第 3 项规定:1997 年 1 月 17

---

① 于此情形,中国台湾地区财政事务主管部门 1963 年台财税发第 840 号令亦认为应予退还纳税义务人已缴之契税。

② Ziemer/Haarmann/Lohse/Beermann, Rechtsschutz in Steuersachen, 1977, Tz. 9308.

③ 于此情形,台湾省“财政厅”1973 年 11 月 30 日财税 3 字第 111675 号函亦认为稽征机关应准予申请注销应缴契税。

④ Ziemer/Haarmann/Lohse/Beermann, Rechtsschutz in Steuersachen, 1977, Tz. 9317ff.

日本条修正公布生效日后经法院判决移转、法院拍卖、行政机构核定照价收买或协议购买之案件，于本条修正公布生效日尚未核课或尚未核课确定者，其申报移转现值之审核标准适用第 1 项第 4 款至第 6 款及第 2 项规定。

上述特别规定溯及既往之变更，如于行政诉讼中发生，则“行政法院”自应适用该新规定加以裁判，以审查原课税处分及其复查决定之合“法”性。

(3)基础处分之变更

倘系争课税处分系以某一个基础处分为基础，嗣后该基础处分经变更时，则法院对于系争课税处分(后续处分)之合法性之裁判，即应以基础处分经变更后之内容为基础。[①] 例如，纳税义务人因同一事实涉嫌逃漏营业税与营利事业所得税，经稽征机关调查核定营业税并经“行政法院”判决予以维持确定后，再依营业税部分判决确定之漏税事实，核定补征营利事业所得税，纳税义务人乃对于营利事业所得税之课税处分提起行政诉讼，在诉讼程序进行中，倘若稽征机关发现新事实足认营业税部分核定错误，而依职权或依申请更正营业税部分之原课税处分时，则于此情形中，“行政法院”对于营所税课税处分之合法性之裁判，即应以经更正后之营业税之课税处分为基础。[②]

又如，纳税义务人对于本税之课税处分并未提起诉讼，而仅对于滞纳金或利息之加征处分提起诉讼，于诉讼程序进行中，稽征机关更正减低其本税税额时，则“行政法院”于裁判时即应以更正后之税额为基础，判断滞纳金或利息之加征处分之合法性。[③]

再如，稽征机关根据公告地价以及土地登记面积作成地价税课税处分，在该处分之行政诉讼中，主管机关嗣后发现公告地价错误或登记面积

---

① Ziemer/Haarmann/Lohse/Beermann, Rechtsschutz in Steuersachen, 1977, Tz. 9309. Vgl. BFH v. 27. 9. 1972 BStBl 1973, S. 24.

② 另参见中国台湾地区财政事务主管部门 1977 年 9 月 1 日台财税第 35874 号函。

③ 另参见中国台湾地区财政事务主管部门 1978 年 4 月 4 日台财税第 32171 号函；中国台湾地区财政事务主管部门 1981 年 2 月 9 日台财税第 31062 号函；“行政法院”1978 年判字第 339 号判决，《行政法院裁判要旨汇编》(第 1 辑)，第 349 页；黄茂荣：《论税捐之滞纳金》，载《台大法学论丛》第 16 卷第 2 期，1987 年 6 月，第 37 页。

错误而更正公告地价或更正登记土地面积时,则"行政法院"于判断系争课税处分之合法性时,即应以更正后之公告地价与登记面积为裁判基础。[①]

(三)裁量处分

"行政法院"对于行政机关之裁量处分之审查,一般认为应以最后的行政决定之时点的事实及法律状态为基准。[②] 盖"行政法院"并无权限取代行政机关,而自己进行该项被保留予行政机关之裁量决定。[③] 且于行政诉讼程序进行中,倘若事实及或法律状态发生有利于当事人之变更,则除裁量收缩至零的情形外,由原处分机关及诉愿机关在另一行政程序中进行裁量,而为合目的性之审查,俾给予当事人获得比法院仅能进行合法性审查更广泛之审查机会,其权利救济更充分[④]。

(四)检讨——事后情事变更之有效权利救济

1. 处分时说之检讨

如果事实及法律状态之判断基准时是采取处分时说,则在原处分作成之后,事实及法律状态发生变更时,因无法在行政救济程序中加以斟酌,因此不在诉愿决定及法院裁判拘束力及既判力之拘束范围,而应另循另一个行政程序加以处理。

因此,倘若在最初的行政处分发布之后,事实及法律状态已经为有利原告之变更时,则原告可于任何时间内,申请行政机关作成一个新的、对应于已变更之状态的行政处分。倘若原告不循此途,而于撤销诉讼上要求斟酌已变更之事实及法律状态时,则应理解为其诉讼变更为课予义务之诉。

依处分时说见解,倘若事实或法律状态嗣后为有利原告之变更时,原

---

① 另参见中国台湾地区财政事务主管部门 1980 年 5 月 10 日台财税第 33756 号函。

② Kopp,VwGO,§113 Rn. 23;BVerwG v. 9. 6. 1981 E Bd. 62,S. 280(287). DVBl 1981,S. 786;1982,S. 647;Munster NVwZ 1982,S. 322.

③ BVerwGE 20,S. 316(320);关于行政裁量问题,参见翁岳生:《论"不确定法律概念"与行政裁量之关系》,载翁岳生:《行政法与现代法治国家》,第 37 页以下。

④ Tipke/Kruse,FGO,2006,§100 Tz. 8.

则上原告仅于重新提出申请的范围内得向主管机关主张之，例如，依据中国台湾地区“行政程序法”第128条规定申请撤销或废止原确定之行政处分。

因此，处分时说之见解，将使一个案件，无法一次解决，而必须对于新事实或法律状态之变更，另案处理并另案寻求救济，比较不符合一次纷争、一次解决的诉讼经济要求。也因为一个争讼案件必须分成二阶段二个救济途径解决，因此比较不符合有效的权利救济目标。

2. 判决时说之检讨

反之，采判决时说的优点，是对于同一案件之纷争，一次解决，避免反复争讼，比较符合诉讼经济的原则以及有效的权利保护目的。如采判决时说，则于行政救济过程中所发生之事实或法律状态之变更，足以影响行政处分之合法性或原告主张之公法上请求权者，“行政法院”应给予双方当事人陈述意见之机会，始得采为裁判基础。如能依此执行，则已经赋予行政机关对于新发生之事实或法律状态进行判断之机会，自无侵害行政机关第一次判断权之可言。在此“行政法院”必须审慎考虑事实或法律状态之变更，在实体法上，是否确实“足以影响行政处分之合法性或原告主张之公法上请求权”，而得于裁判上加以斟酌？

由于行政处分之后，事实或法律状态之变更，依法足以影响原行政处分之合法性的情形，实际上并不多见，因此实际上大部分的情形，与采取处分时说的处理结果相同。因为依据实体法规的适用原则，采取实体从旧原则的结果，通常乃是适用课税要件实现时的法规。

八、行政诉讼之裁判

（一）裁定

原告之行政诉讼状有违背法定程序而可以补正者（例如起诉未载明事实及理由），应定期命其补正，于不补正时，以裁定驳回其诉。又其诉状违背法定程序而不能补正者，可径以裁定驳回原告之诉；至原告误列被告机关部分，裁判书内之被告栏，仍应依原告之诉状记载，无庸另命补正，仅于理由内说明其有记载错误即可（“行政法院”1994年1月庭长评事联席会议决议)。

又诉状不合规定程序,逾期不为补正,以违背规定程序,裁定驳回起诉之案件,于裁定正本发送前,当事人已补正到院者,应认为已补正(“行政法院”1988 年 4 月 13 日决议)。

(二)判决

1. 撤销诉讼之判决

(1)概说

“行政法院”对于符合规定提起之行政诉讼,应为实体上判决。依中国台湾地区“行政诉讼法”第 195 条规定:“行政法院认原告之诉为有理由者,除另有规定外,应为其胜诉之判决;认为无理由者,应以判决驳回之。”因此,如认为原处分并无违法,或虽然违反规定但并未损害原告之权利时,即应以其诉讼并无理由判决驳回之。又行政诉讼法系为保护民众权利而设,故适用不利益变更禁止原则,“行政法院”不得较原处分为更不利于原告之裁判。

倘若“行政法院”审理结果,认为原处分违反规定并因此损害原告之权利时,即得判决撤销原处分。此种判决撤销原处分之情形有二:一为撤销原处分以资纠正,二为撤销原处分,由被告行政机关另为处分。前者系认为行政机关不应处分而处分,由“行政法院”予以撤销;后者认为行政机关应为某种处分,然其处分违误,由“行政法院”撤销原处分后,命被告行政机关另为处分。

唯在后者,由于中国台湾地区“行政诉讼法”不若中国台湾地区“民事诉讼法”第 478 条及中国台湾地区“刑事诉讼法”第 399 条至第 401 条有发回或发交之明文规定,故“行政法院”裁判主文只谕知撤销诉愿决定及原处分为已足,而于理由内指明应由被告行政机关另为合“法”适当之处分,期臻妥适。①

又依释字第 368 号解释,“行政法院”撤销原处分之判决,就其所持见解,对于原处分机关具有拘束力,嗣后原处分机关不得违背该见解,反复

---

① “行政法院”1975 年 11 月庭长评事联席会议决议。

作成不利于纳税义务人之处分。

(2)代替判决

依中国台湾地区“行政诉讼法”第197条规定:撤销诉讼,其诉讼标的之行政处分涉及金钱或其他代替物之给付或确认者,“行政法院”得以确认不同金额之给付或以不同之确认代替之。课税处分的内容涉及金钱,因此,在课税处分撤销诉讼如原告之诉有理由,原则上“行政法院”在原告声明范围内得自行判决确认给付金额,不必撤销原处分而发回原处分机关重为处分,以免原处分机关或有拖延不结,甚至置之不理之情形。例如,课税处分核定税额在新台币1000万元,“行政法院”调查的结果发现应缴税额只有新台币500万元,则法院得依新规定第197条规定,自为判决确认应纳税额为新台币500万元。

在裁量处分,“行政法院”如认为其违反规定予以判决撤销时,为尊重行政机关之行政裁量权,原则上“行政法院”不得自为变更判决。“行政法院”1997年2月庭长评事联席会议决议即谓:中国台湾地区“税捐稽征法”第48条之3既明定采从新从轻原则,自应适用有利于纳税义务人之修正后中国台湾地区“营业税法”规定,原处分及一再诉愿决定适用修正前“营业税法”处罚,无可维持,应并予撤销(本院1996年度判字第2020号判决)。其立论基础,系认处罚金额(依倍数计算)多寡,属行政裁量权范围,基于司法不宜干涉行政权,原处罚锾既经撤销命由原处分机关依法重为处分,则由其依职权裁罚即可,无须由本院为径定科罚金额变更判决。

(3)命回复原状之判决

行政处分已执行完毕,“行政法院”为撤销行政处分判决时,经原告声请,并认为适当者,得于判决中命行政机关为回复原状之必要处置(中国台湾地区“行政诉讼法”第196条)。

2. 课予义务诉讼之判决

“行政法院”对于民众依第5条规定请求应为行政处分或应为特定内容之行政处分之诉讼,应为下列方式之裁判:

第一,原告之诉不合“法”者,应以裁定驳回之。

第二,原告之诉无理由者,应以判决驳回之。

第三,原告之诉有理由,且案件事证明确者,应判命行政机关作成原告所申请内容之行政处分。

第四,原告之诉虽有理由,唯案件事证尚未臻明确或涉及行政机关之行政裁量决定者,应判命行政机关遵照其判决之见解对于原告作成决定(中国台湾地区"行政诉讼法"第200条)。

(1)原告之诉有理由

民众依照中国台湾地区"行政诉讼法"第5条向"行政法院"提起课予义务之诉,"行政法院"审理后如认为被告之驳回处分或怠为处分系属违"法",而原告之权利或法律上利益因此受有损害者,则原告之诉为有理由,"行政法院"应为下列判决(中国台湾地区"行政诉讼法"第200条第3款、第4款):

①在案件事证明确的情形,应判命被告行政机关作成原告所申请内容之行政处分。

所谓案件事证明确,即案情达到可为裁判之程度,系指该案件已具备作成终局裁判所必要的事实上及法律上前提要件而言。但"行政法院"仍须谨守权力分立原则,行政诉讼程序系采职权探知主义,原则上"行政法院"应在诉之声明与诉讼标的范围内,自行审查所有系争请求权所应具备之事实上及法律上要件,以使其得就本案作成裁判。倘若"行政法院"为使案件事证明确,而须侵犯行政权所享有的裁量决定空间时,则有悖权力分立原则,自为法所不许。[①]

②案件事证尚未臻明确或涉及行政机关之行政裁量决定者,应判命行政机关遵照其判决之见解对于原告作成决定。

案件事实尚未明确,系指作成一定内容之行政处分,须由行政机关本于专业知识进行调查,或需专业技术机关之参与,而行政机关并未为专业之调查或未经该专业机关参与。

由于"行政法院"未必与行政机关具有同等的专业能力与设备,因此,在案件事证尚未明确的情形,"行政法院"不宜自行调查,宜委诸行政

① 陈清秀:《行政诉讼法》,第4版,第184页。

机关进行,故法院仅能作成“命为决定”之判决。①

在涉及行政机关得为裁量处分情形,本于权力分立原则,“行政法院”自不能以自己之裁量代替行政机关之裁量,“行政法院”仅能为“命为决定”之判决,唯“行政法院”对于行政机关裁量权之行使是否逾越权限或滥用权力,仍得审查(中国台湾地区“行政诉讼法”第201条)。因此,如认为行政机关作成有别于原告所申请内容之行政处分,将构成裁量瑕疵时,即为无瑕疵裁量之结果,仅能导致作成原告所申请内容之行政处分时,则在此“裁量收缩至零”的情形,“行政法院”仍应命行政机关作成原告所申请内容之行政处分。②

又在行政机关享有判断余地的情形,“行政法院”也无权利要求行政机关作成特定内容的行政处分。只有在判断余地因特殊的事实关系而收缩至零的情形,始例外允许之。

由于课税处分之作成,属于羁束处分,并非行政裁量决定,稽征机关亦无判断余地,因此对于课税处分的作成,原则上“行政法院”可判决命稽征机关作成特定内容的课税处分。

(2)原告之诉无理由

如被告稽征机关所为驳回处分并不违法,或驳回处分并未侵害原告之权利或法律上利益,则原告之诉无理由。原告之诉无理由“行政法院”应判决驳回。

倘若案件事证尚未明确,或涉及行政裁量,而原告除请求被告作成实体上决定外,更要求被告机关作成其所申请的特定内容之行政处分时,则请求作成特定内容处分之部分,即无理由,盖“行政法院”基于权力分立原则,本无法代替行政机关而自为裁量决定。③

---

① 陈清秀:《行政诉讼法》,第4版,第185页。

② 廖义男:《课予义务之诉》,第6页以下,发表于1998年11月28日。

③ 陈清秀:《行政诉讼法》,第4版,第186页。

九、行政诉讼判决之既判力

(一)既判力之概念

“行政法院”判决确定后,就该判决中之请求之判断,以后即作为规律当事人间之法律关系之基准,同一事项(同一诉讼标的)如再度发生争执问题时,即不许当事人为与判决内容相矛盾之主张,而争执其判断,法院亦不许为与该判决之判断相矛盾之判断,此种对于确定判决之判断所赋予之拘束力,即称为既判力或实质的确定力(Die materielle Rechtskraft)。中国台湾地区“行政诉讼法”第213条规定:“诉讼标的于确定之终局判决中经裁判者,有确定力。”可谓承认确定判决之既判力之规定。

既判力乃是维持法的安定性与法律和平(Rechtsfrieden)所必要,而不问其裁判实际上是否正确,俾终局的解决纷争,避免反复争讼及裁判矛盾,唯承认既判力之正当化根据,乃在于当事人之程序保障,即当事人在程序上应享有对等的对于诉讼标的进行辩论及实施诉讼之权能及机会,并应有确保裁判正确性之制度施。

(二)既判力客观范围

既判力仅于诉讼标的已被裁判之裁围内,亦即系就裁判标的(Entscheidungsgegenstand)发生(中国台湾地区“行政诉讼法”第213条)。诉讼标的被裁判者,并未踰越系争行政处分及其内容,但既判力之拘束力原则上并非及于该项行政处分之全部范,而毋宁仅止于该项诉讼标的已经“裁判”之范围。关于既判力之基准的裁判,固然仅包含于判决主文之中,但为判断既判力之客观范围,亦必须将事实及裁判理由一起加以考虑而间接的分享既判力。于此意义下,拘束效力亦及于依其判决内容经法院确认其存在或不存在之各项事实以及(根据法院所确认之事实关系)法院所为法律上之评价;反之,法院根本未曾知悉,因此于其裁判中未曾被斟酌之事实,则为既判力之拘束效力所不及,于此情形,依据“税法”上稽征程序规定,稽征机关亦可能得据以为撤销变更原行政处分,而不抵触既判力之拘束效力。

要之,在既判力客观范围上,宜以判决基础之事实关系(包括当事人提出主张以及"行政法院"依职权探知之事实关系)之同一性范围为限,当事人始受既判力之拘束,如于确定判决后发现原确定判决基础事实关系范围以外之新的事实或新的证据方法时,则就此部,并非既判力之拘束效力所及,稽征机关得依规定为有利或不利于原告之变更处分。

例如,稽征机关对于某甲以有营业所得为由,作成新台币1万元之所得税课税处分,某甲起诉主张稽征机关未全部斟酌其营业支出,经调查后某甲之主张为有理由,法院乃废弃原课税处分。则稽征机关根据确定判决,不仅应以法院所确认之某甲实际营业支出金额为基础(除非事后发现新事实或证据方法,足以证明不同金额),而且应循法院之法律见解,不得基于法律上理由(在发现确定判决含有有利于原告之瑕疵的情形),而为对于原告不利益之变更。

反之,稽征机关于嗣后又发现某甲尚有未经原处分所把握之租赁所得(新事实),或发现新的证据方法,足认其有比原处分所已把握者更高的营业收入时,则不妨于新的课税处分中,加以斟酌。

又在法院未废弃原处分,而自行核定另一税额的情形,如稽征机关嗣后对于营业所得发现新事实时,则可有利或不利于纳税义务人,变更法院所核定之税额,但仅发现新的证据方法时,则不得为之(仅能依规定再审)。①

1. 驳回判决之既判力

税务诉讼之判决,原则上仅就裁判标的发生既判力。在驳回原告之诉之判决的情形,其基准性之驳回理由即产生既判力,唯有通过此项驳回理由,始能明了法院已经确认那些事实以及法院表示那些各个见解(稽征机关受此项见解之拘束),因此,倘若新事实或新证据涉及驳回判决之裁判标的时,则不能进行变更处分加以斟酌,只能通过再审程序更正税额;反之,如未涉及裁判标的,则为既判力效力所不及,得依"税法"规定进行变更处分。

例如,原告以特定的营业支出要求减低核定课税处分所核定之税额

① Ziemer/Birkholz, FGO, §110 Tz. 46.

至一定金额，而提起撤销诉讼，经判决驳回时，则已具有既判力而确定：其所主张之营业支出并不能减低税额以及课税处分于此范围内并无违反规定。

又虽然“行政法院”驳回原告之诉，而确定系争行政处分并无违反规定，但正如同民事诉讼当事人在诉讼程序外，得抛弃基于确定判决所生之权利一般，在此，既判力之拘束效力并不妨碍行政机关满足原告被确定判决驳回之要求，即在相同事实及法律状态之下，仍不妨依中国台湾地区“行政程序法”第 117 条及第 128 条等有关规定，本于职权撤销或废止系争原行政处分，或为有利原告之变更，或作成其所要求之行政处分。故稽征机关于驳回原告之诉判决确定后，仍不妨为与判决相异之有利于原告之处置，只要基于公平合理之理由（Billigkeitsgründen）为规定之所许（或被要求）或再为实体审理乃属稽征机关之裁量范围时，即得为之。尤其在原处分显失公平，基于衡平之妥当性理由，行政机关负有义务重新审查原处分。[①] 而在有发现新证据或发生新事实，如经斟酌得为有利民众处分之情形，更应赋予民众有请求作成无瑕疵裁量决定之权利，甚至请求撤销或废止之权利。[②]

就此中国台湾地区实务上早年曾认为在驳回判决确定后，稽征机关固应受判决之拘束，未便自行撤销原处分，但如具备中国台湾地区“税捐稽征法”第 28 条规定情形，仍可办理退税，[③]其结果在实质上仍与上述见解相同。

实务上采取争点主义见解下，中国台湾地区“最高行政法院”2013 年度判字第 86 号判决指出：如果原告获得确定胜诉判决，其既判力仅及于确认“原告对于讼争行政处分有撤销请求权”“讼争行政处分违法，并损

---

① Kopp/Schenke，VwGO，15 Aufl.，2007，§121 Rn. 13. 反对说，认为行政处分经中国台湾地区“最高行政法院”判决确定者，该行政处分并非因法定救济期间经过而确定，原则上即无中国台湾地区“行政程序法”第 128 条程序之适用（2010 年判 1060）。

② 刘建宏：《行政法院裁判既判力与行政程序重新进行及违法行政处分撤销——以财税事件为研究中心》，载中国台湾地区台北市“法务局”编：《诉愿专论选辑——诉愿新制专论系列之 13》，2012 年版，第 78 页以下。

③ 中国台湾地区财政事务主管部门 1984 年 2 月 24 日（1984）台财税第 31422 号函。同说，“行政法院”1985 年判字第 1940 号判决，《税务争讼判决要旨选辑》，第 982 页。

害原告权利或法律上之利益”；如果“行政法院”判决驳回原告之诉确定，其既判力则仅及于确认“原告对于讼争行政处分无撤销请求权”“讼争行政处分并未违法，或损害原告权利或法律上之利益”。

因此，就课税处分的撤销诉讼而言，原告既主张讼争课税处分所依据事由违法，应予撤销，其诉讼标的之范围，即应限于原告所主张课税处分根据违“法”的事由部分，并以此定既判力之范围（未经确定判决的事项，仍有中国台湾地区“税捐稽征法”第21条第2项、第28条第1项、第2项及中国台湾地区“行政程序法”第128条之适用，不受既判力之拘束），且纵令原告败诉确定，其效力亦仅系确认原告对于讼争课税处分经判决认定未违“法”的部分无撤销请求权、该部分课税处分并未违“法”或损害原告权利或法律上之利益，尚难谓认定该部分未违“法”所依据的事由具有既判力及遮断效。

2. 撤销判决之既判力

（1）基于程序上理由之撤销判决

在原告胜诉之撤销判决，如系基于行政处分之手续法上瑕疵之理由，则其既判力仅及于已经法院审查且为裁判基准之撤销理由（Aufhebungsgrunde）。例如，因其处分欠缺书面方式而被撤销，则仅具有既判力的裁判：此一行政处分需要书面方式，至于实体的层面则无任何表示。此时行政机关亦得再度作成内容相同的行政处分，但必须受“行政法院”判决“必须以书面方式为之”的见解的拘束。又如，因其他手续瑕疵（如欠缺管辖权，违反听审）而撤销行政处分，则仅在嗣后的程序中，应遵守“行政法院”之见解，即就该手续瑕疵（欠缺管辖权等）发生既判力，只要避免该瑕疵，仍不妨再作成内容相同之行政处分。

（2）基于实体上理由之撤销判决

行政处分之要件中有一违法事由存在时，其处分既不免被撤销，故有谓撤销判决仅就作为撤销理由之违法事由，发生既判力，此与撤销原判决之上级审判决，仅就作为撤销原因之判断，具有既判力（拘束力）之情形相同；行政处分撤销理由，可能有数个竞合，于此情形，就各违法事由，各个发生既判力，反之，就与撤销原因无关系之违法事由，判决偶然排斥原告之主张，而判断行政处分就该点乃属合法之情形，就此亦不发生既判力。

换言之，撤销判决系就“撤销理由”发生既判力，盖在容许原告之诉之判决，必须溯及裁判理由，以确定该判决对于争执问题已为终局判断之范围，因此，纵然裁判理由未发生既判力，但其裁判理由仍为既判力所涵盖。

例如，原告争执课税处分，主张对其配偶支付之薪资乃属营业支出，经法院判决准许扣除而相应减低核定税额时，则已具有既判力的确定：系争课税处分，在其未曾承认配偶之薪资列为营业支出之范围内，乃属违法。稽征机关在嗣后的课税处分中，于事实关系未变更之范围内，不得否准该配偶之薪资作为营业支出。但此项裁判之既判力并不妨碍稽征机关将以往所未曾发现之资本所得列入课征所得税。

又如，中国台湾地区财政事务主管部门 1985 年 5 月 20 日台财税第 16261 号函谓“行政法院”撤销原决定及原处分之裁判，如指明由被告机关另为(复查)处分者，则“行政机关于撤销重核中，若本于职权调查结果，另行发现未经斟酌之事实或证据，证明原处分并无违反规定或不当，仍得为与前被撤销相同之决定”，即只要发现原判决所未斟酌之新事实及证据，即不受原判决既判力之拘束，而得据以为相同内容之处分。

十、上诉审程序

(一)概说

对于中国台湾地区“高等行政法院”之终局判决，除另有规定外，得上诉于中国台湾地区“最高行政法院”(中国台湾地区“行政诉讼法”第 238 条第 1 项)。此一上诉制度目的在保护纳税义务人之个人权利，以及促进个别案件正义，因此被告稽征机关也可以担任上诉人进行上诉。

简易诉讼程序事件第一审由各地法院行政诉讼庭裁判，不服裁判者，得上诉或抗告于管辖之“高等行政法院”。简易诉讼程序事件采二审终结，对于第二审裁判不得上诉或抗告(中国台湾地区“行政诉讼法”第 235 条)。即原则上以“高等行政法院”为简易诉讼案件之第二审法院，并定位为“法律审”。简易诉讼程序事件将上诉或抗告要件,必须以原裁判违背“法令”为理由(法律审)。对于简易诉讼程序裁判之上诉或抗告,应于上诉或抗告理由中表明下列事由之一,提出于原法院行政诉讼庭为之:(1)原裁判所违背之“法令”及其具体内容。(2)依诉讼资料可认为原裁判有违背“法令”之具体事实(中国台湾地区“行政诉讼法”第236条之1)。

在例外情形,为统一见解,才移送由中国台湾地区“最高行政法院”审理。即为避免简易诉讼程序事件因以中国台湾地区“高等行政法院”为终审,而衍生裁判见解不统一之问题,特别规定中国台湾地区“高等行政法院”认有确保裁判见解统一之必要者,应以裁定移送中国台湾地区“最高行政法院”裁判之,此移送裁定对当事人并无不利,故规定前述移送裁定,当事人不得声明不服。

例如,原审裁判所适用之命令有抵触“法律”之虞;就同类事件所表示之见解,与其他“高等行政法院”所表示之见解互相抵触,或就同类事件所表示之见解,与中国台湾地区“最高行政法院”所表示之见解互相抵触,而有由中国台湾地区“最高行政法院”确认或统一见解之必要(参见中国台湾地区“最高行政法院”2007判1986,2010裁1104)。

设若中国台湾地区“最高行政法院”认移送之诉讼事件并未涉及裁判见解统一之必要者,应以裁定发回。受发回之“高等行政法院”不得再将诉讼事件裁定移送中国台湾地区“最高行政法院”,以免案件来回摆荡,影响当事人诉讼权益。(中国台湾地区“行政诉讼法”第235条之1)。

(二)法律审

行政诉讼第二审为法律审,中国台湾地区“行政诉讼法”第242条规定:对于中国台湾地区“高等行政法院”中国台湾地区宪制性规定判决之上诉,非以其违背“法令”为理由,不得为之。在此所谓“法令”,包括中国台湾地区宪制性规定(参见“大法官”释字第9号解释)、“法律”、协议、国际法之一般法则、“地方法规”、“法规性命令”(但“行政法院”对于“法规命令”有违“法”审查权）、习惯法以及一般法律原则，也包括宪制性规定位阶之一般法律原则，例如，法院有效的权利保护、禁止恣意，再如，以显然不合理的衡量为裁判基础、比例原则、信赖保护原则、公法上所适用之诚实信用原则、权利失效之原则、程序公正性之要求，均属之。

1. 所谓判决违背“法令”，概有下述情形：

判决不适用“法规”或适用不当

判决不适用“法规”或适用不当者，为违背“法令”（中国台湾地区“行政诉讼法”第 243 条第 1 项）。

2. 判决有重大程序瑕疵

中国台湾地区“行政诉讼法”第 243 条第 2 项，列举下述 6 款违反程序法上重要规定之情形，定为当然违背“法令”，得上诉于中国台湾地区“最高行政法院”：

（1）判决法院之组织不合“法”者。

（2）依“法律”或裁判应回避之法官参与裁判者。

（3）“行政法院”于权限之有无辨别不当或违背专属管辖之规定者。

（4）当事人于诉讼未经合“法”代理或代表者。

（5）违背言词辩论公开之规定者。

（6）判决不备理由或理由矛盾者。

在法律审程序上，原则上不许主张新的事实及证据方法，也不得提出申请主张实体上权利或行使选择权。中国台湾地区“最高行政法院”依规定应受“高等行政法院”判决认定事实之拘束。在例外情形中，原判决认定事实有程序瑕疵或其证据评价违反经验法则等，中国台湾地区“最高行政法院”才能就该项事实进行调查认定。[1] 如嗣后发生或发现具有显著影响判决结果之重要新事实或新证据，毋庸调查即可确认者，基于诉讼程序经济原则，法律审法院亦得加以斟酌[2]。

---

① Seer, in: Tipke/Lang, Steuerrecht, 20. Aufl., 2010, §22 Rz. 241.

② Eyermann, VwGO, 13. Auf1., 2010, §137 Rn. 60ff.; Thomas/Putzo, ZPO, 33. Aufl., 2012, §559 Rn. 12f.; BGH NJW 08, 1661; 09, 3783/3786; Seer, in: Tipke/Kruse, FGO, 2013, §118 Tz. 93. 参见陈清秀：《行政诉讼法》，2013 年第 6 版，第 736 页。

参考文献

一、中文

王建煊:《租税法》,2006 年第 30 版。

王泽鉴:《税捐、工资与抵押权》,载王泽鉴:《民法学说与判例研究》(第 4 册),1994 年版。

中国台北市“法规会”编印:《委托经营管理法制/行政法规影响评估》,2003 年版。

丘昌泰:《建立行政机关法规影响分析机制暨实证研究》,2004 年版。

[日]北野弘久:《实质课税原则》,许志雄译,载《财税研究》第 17 卷第 5 期。

[日]吉良实:《推计课税固有之适法要件》(上、下),李英哲译,载《植根杂志》第 11 卷第 1 期。

[日]吉良实:《实质课税主义》,郑俊仁译,载《财税研究》第 19 卷第 5 期。

李建良:《论行政处分之违法判断基准时》,载中国台湾地区行政法学会主编:《行政法争议问题研究》(下),2000 年版。

Harvey S. Rosen:《财政学》,李秉正译,2005 年再版。

Weber-Grellet:《民主法治国税法上的法律补

究》,李庭熙译,载《植根杂志》第 8 卷第 4 期。

李惠宗:《使用税务人头的罪与罚》,载《法令月刊》第 61 卷第 7 期。

李平雄:《租税回避论》,1995 年版。

李平雄:《租税争讼与举证责任》,1981 年版。

[日]金子宏:《租税法》,蔡宗羲译,1985 年版。

吴庚:《行政法之理论与实用》,1990 年版。

吴庚:《行政争讼法论》,2008 年版。

吴东都:《德国税务行政诉讼》,2009 年版。

吴东都:《行政执行之停止执行制度研究》,发表于"2006 行政管制与行政争讼学术研讨会"系列之一,2006 年。

吴金柱:《租税法论》,1988 年版。

林三钦:《诉愿案件之违法判断基准时》,载《台湾本土法学杂志》第 23 期。

林明昕:《行政争讼上停止执行之实体审查标准》,发表于"2005 行政管制与行政争讼学术研讨会"系列,2005 年版。

林进富:《租税法新论》,1990 年版。

林世铭、李慧雯:《美国州及地方政府课税权之研究》,载《财税研究》第 29 卷第 1 期。

林锡尧:《行政法要义》,1998 年版。

徐伟初、欧俊男、谢文盛:《财政学》,2005 年版。

城仲模主编:《行政法之一般法律原则》,1994 年版。

施智谋:《民法之规定如何适用于租税法》,载《财税研究》第 12 卷第 1 期。

施智谋:《从租税债务关系谈民法规定之适用》,载《宪政思潮》第 34 期。

施正文:《税收程序法论——监控征税权运行的法理与立法研究》,2003 年版。

洪家殷、江彦佐:《漏税处罚诉讼案件举证责任之研究》,载《月旦财经法杂志》第 11 期。

洪家殷:《行政罚法论》,2006 年版。

林锡尧:《行政罚法》,2005 年版。

翁岳生编:《行政法》(上、下),2000 年版。

柯格钟:《论量能课税原则》,载《成大法学》第 14 期。

盛子龙:《宪法解释与税捐稽征经济原则》,载《宪法解释与纳税义务人之权利保障》(下册),2009 年版。

马骏:《政府间财政转移支付——九个国家的比较》(上),载《财税研究》第 29 卷第 2 期。

陈清秀:《行政诉讼法》,2010 年第 4 版。

陈清秀:《税务诉讼之诉讼标的》,台大法研所博士学位论文,1992 年。

陈清秀:《利益均衡在税法上之运用》,载《东吴法律学报》第 20 卷第 3 期。

陈清秀:《推计课税与处罚》,载《月旦法学杂志》第 181 期。

陈清秀:《宪法上人性尊严》,载《现代国家与宪法》,1997 年版。

陈清秀:《税法上行政规则之变更与信赖保护》,载《法学新论》第 18 期。

陈清秀:《加值型营业税之"所漏税额"之计算——释字第 660 号解释评析》,载《东吴法律学报》第 21 卷第 4 期。

陈清秀:《现代税法原理与国际税法》,2010 年第 2 版。

陈清秀:《德国之租税罚则》(上、下),载《植根杂志》第 7 卷第 12 期。

陈清秀:《租税违章自首免罚制度》(上、下),载《植根杂志》第 7 卷第 7 期。

陈清秀:《税务行政争讼的审理范围——以课税处分之撤销诉讼为中心》,载《月旦法学杂志》第 136 期。

陈清秀:《社会国家原则在税法上之运用》(上),载《台湾法学杂志》第 164 期。

陈清秀:《社会国家原则在税法上之运用》(下),载《台湾法学杂志》第 165 期。

陈清秀:《营业税法上课税主体及逃漏税之认定问题探讨》,载《月旦法学杂志》第 189 期。

陈清秀:《税法上暂时权利保护——课税处分之暂时停止执行》。

陈清秀:《税法学研究方法论初探》,载《台湾法学杂志》第199期。

陈清秀:《暂时性行政处分——以德国立法例及学说实务见解为中心》,载《月旦法学杂志》第205期。

《德国租税通则》,陈敏译,1985年版。

陈敏:《宪法之租税概念及其课征限制》,载《政大法学评论》第24期。

陈敏:《租税课征与经济事实之掌握——经济考察方法》,载《政大法学评论》第26期。

陈敏:《租税法之返还请求权》,载《政大法学评论》第59期。

陈敏:《租税法之解释函令》,载《政大法学评论》第57期。

陈敏:《行政法院有关依法行政原则裁判之研究》,载《政大法学评论》第36期。

陈敏:《租税债务关系之成立》,载《政大法学评论》第39期。

陈敏:《溯及影响租税债务之事项》,载《政大法学评论》第41期。

陈敏:《租税法之连带债务》,载《政大法学评论》第28期。

陈敏:《租税债务关系之变更》,载《政大法学评论》第30期。

陈敏:《租税法之消灭时效》,载《政大法学评论》第32期。

陈敏:《租税稽征程序之协力义务》,载《政大法学评论》第37期。

陈敏:《租税秘密之保护》,载《政大法学评论》第35期。

陈敏:《课予义务诉讼之制度功能及适用可能性》,2000年版。

陈新民:《宪法基本权利之基本理论》(上册),1980年版。

陈新民:《行政法学总论》,1995年版。

陈薇芸:《社会福利与所得税法》,2009年版。

[德]卡尔·拉伦茨:《法学方法论》,陈爱娥译,1996年版。

陈爱娥:《应否及如何对公法人与行政机关开放行政救济管道》,载《月旦法学杂志》第77期。

张剑寒主持,翁岳生、城仲模、朱志宏:《古登美参与研究》,载《行政制裁制度》,1979年版。

张昌邦:《税捐稽征法论》,1991年版。

张庆辉、郑文辉、曹添旺、郭炳伸:《所得税涉外课税问题之研究》,1989年版。

葛克昌:《所得税与宪法》,2009年版。

葛克昌:《行政程序与纳税人基本权》,2005年版。

葛克昌、陈清秀:《中小企业与租税法——税务代理人制度之研究》,2000年版。

葛克昌主编:《纳税人权利保护》,2010年版。

葛克昌:《税法基本问题》,1996年版。

葛克昌:《所得税与宪法》,1999年版。

葛克昌:《行政程序与纳税人基本权》,2005年版。

葛克昌:《纳税人权利保障法可行性之研究》,2005年版。

康炎村:《租税法原理》,1987年版。

许宗力:《法与国家权力》,1994年版。

许宗力:《行政秩序罚的处罚对象》,载廖义男主持:《行政不法行为制裁规定之研究》。

黄士洲:《税务诉讼的举证责任》,2002年版。

黄士洲:《税务行政诉讼事件专题研究计划——推计课税案件中裁罚问题之研究》,2008年版。

黄茂荣:《法学方法与现代民法》,1993年版。

黄茂荣:《税捐法论衡》,1994年版。

黄茂荣:《税法总论》(第1册),2005年版。

黄茂荣:《税法总论——税捐法律关系》(第3册),2008年版。

黄茂荣:《税捐法专题研究(各论)》,2001年版。

黄茂荣:《税法总论》,(第1册),2012年第3版。

黄源浩:《论经营管理不干涉原则》,载《月旦财经法杂志》第13期。

汤德宗:《行政立法之研究——美国行政程序法本土化应用之尝试》,载翁岳生主持:《行政程序法之研究》,1990年版。

汤德宗:《论诉愿之正当程序》,载《诉愿程序与行政程序相关专论暨法律选辑》,2000年版。

叶百修、吴绮云撰:《德日行政确认诉讼之研究》,1991年版。

杨仁寿:《法学方法论》,1991 年版。

廖义男:《行政不法行为制裁规定之研究》,1990 年版。

蔡震荣:《行政执行法》,2000 年版。

刘春堂:《论租税之优先受偿位序》,载《财税研究》第 22 卷第 2 期。

刘剑文、熊伟:《税法基础理论》,2004 年版。

刘永伟:《国际税法的基本原则》,载刘剑文主编:《国际税法学》。

颜庆章:《租税法》(上册),1989 年版。

钟典晏:《所得税法上扣缴义务及其宪法界限》,台大法研所硕士学位论文,2004 年。

中国台湾地区财政事务主管部门“财税人员训练所”:《间接证明所得查核法之研究》,1984 年版。

税务旬刊社:《税法活页版》,2009 年版。

二、日文

[日]中村芳昭:《税务行政的改革》,2002 年版。

[日]北野弘久:《税法学原论》,1992 年第 3 版、2007 年第 6 版。

[日]北野弘久编:《判例研究日本税法体系 1》,1982 年版。

[日]金子宏:《租税法》,2010 年第 14 版。

[日]金子宏编:《所得税的理论课题》,2001 年。

[日]田中二郎:《租税法》,1990 年版。

[日]田中二郎:《行政法总论》,1987 年版。

[日]吉良实:《实质课税论的展开》,1980 年版。

[日]南博方、小高刚:《注释行政不服审查法》,1988 年版。

[日]清永敬次:《税法》,2007 年版。

[日]远藤博也、阿部泰隆编:《讲义行政法Ⅱ(行政救济法)》,1991 年版。

[日]荻野丰:《实务国税通则法》,2005 年版。

[日]志场喜德郎等编:《国税通则法精解》,2007 年版。

三、德文

Diettr Birk, Steuerrecht I, Allgemeines Steuerrecht, 1986.

Dieter Birk, Steuerrecht, 12. Aufl., 2009.

Franzen/Gast/Joecks, Steuerstrafrecht, 6. Aufl., 2005.

Franzen/Gast/Joecks, Steuerstrafrecht, 7. Aufl., 2009.

Georg Crezelius, Steuerrechtliche Rechtsanwendung und allgemeine Rechtsordnung, 1983.

Gräber/von Groll, FGO, 5. Aufl., 2002.

Gräber/von Groll, FGO, 6. Aufl., 2010.

Heinrich Wilhelm Kruse, Lehrbuch des Steuerrechts, Band I Allgemeiner Teil, 1991.

H. W. Kruse, Steuerrecht I. Allgemeiner Teil, 3. Aufl., 1973.

Hübschmann/Hepp/Spitaler, AO, Kommentar, 1985.

Hübschmann/Hepp/Spitaler, AO, Kommentar, 2012.

Hüschmann/Hepp/Spitaler, FGO, 1987.

Hüschmann/Hepp/Spitaler, FGO, 2012.

Jakob, Umsatzsteuer, 4. Aufl., 2009.

Kolmann, Steuerstrafrecht, 4. Aufl., 1984.

Kohlmann, Steuerstrafrecht, 2005.

Koch, AO, Kommentar, 1986.

Klein/Orlopp, AO, 3. Aufl., 1986.

Klein, AO, 10 Aufl., 2009.

Klein, AO, 11. Aufl., 2012.

Klaus Tipke, Die Steuerrechtsordnung, Band 3, 1993.

Kühn-Kutter-Hofmann, Abgabenordnung/Finanzgerichtsordnung, 15. Aufl., 1987.

Kühn-Kutter-Hofmann, Abgabenordnung/Finanzgerichtsordnung, 17. Aufl., 1995.

Rolf Kühn/Alexander von Wedelstädt, AO und FGO, Kommentar, 20. Aufl. , 2011.

Michael I. Saltzman, IRS Practice and Procedure, 7A – 18 (2d. ed. 1991).

Patricia T. Morgan, Tax Procedure And Tax Frand in a Nutshell. , 1990.

Pahlke/Koenig, Abgabenordnung, 1. Aufl. , 2004.

Saltzman, IRS PRACTICE AND PROCEDURE, 2d. ed. 1991.

Tipke/Kruse, FGO, 16. Aufl. , 1998/2010.

Tipke/Kruse, AO, 1987.

Tipke/Kruse, AO, 2010.

Tipke/Lang, Steuerrecht, 20. Aufl. , 2010.

Tipke (Hrsg.), Grenzen der Rechtsfortbildung durch Rechtsprechung und Verwaltungsvorschriften im Steuerrecht, 1982.

Volker Kluge, Das Internationale Steuerrecht, 4. Aufl. , 2000.

Weber-Fas, Allgemeines Steuerrecht, 1979.

Ziemer/Haarmann/Lohse/Beermann, Rechtsschutz in Steuersachen, 1977.

Ziemer/Birkholz, Finanzgerichtsordnung, 3. Aufl. , 1978.

附录一　税法总论考试参考试题

答题注意事项：标准答案以教科书内容与上课说明为准。

选择题为单选题。

一、是非题

1. 为维护纳税人之基本生存权，有关纳税人之所得，应先扣除其个人及家庭基本生活费所需所得，不纳入课税范围。

2. 税捐优惠也应注意平等原则之要求，在优惠对象之选择上，应从事件本质公平考虑。

3. 实质课税原则不论有利于纳税人或不利于纳税人，均应一体适用。

4. 客观的净额所得原则，强调课税所得的计算，应就其收入减除成本费用及损失后，以其净额为所得额，而不应以毛收入作为课税计算基准。

5. 移转价格税制乃是对于国际关系企业不合常规安排之税捐规避行为的防制对策，如关系企业间交易有通过交易价格显著偏低的手法，将境内企业之营业利益输送至境外租税天堂国家或地区时，则应基于独立企业之常规交易原则，加以调整补税。

6. 在税法上由于税捐债务属于法定债务，不容许稽征机关处分抛弃税捐债权，因此原则上不得容许税捐债权的和解契约，但就有关课税事实经依据职权调查仍无法查明者，依据中国台湾地区“行政程序法”第 136 条得订立行政和解契约以协议解决争议。

7. 实用性原则要求制定者或行政机关有关于类型化处理的规定，应取向于通常的情形或平常的情形，并不可过分损害个别案件正义。因此，以行政规则进行类型化处理应只是具有推定的作用，原则上不得加以拟制，以免有违量能课税的精神。

8. 纳税人如果已经诚实申报税捐，那么稽征机关于审查时因疏于注意而短少定税款，事后不得任意依据职权撤销变更原课税处分，再补征税款，否则即有违诚实信用原则。

9. 间接税例如一般消费税（加值型营业税）所以采取比例税率，是考虑竞争的中立性原则，以免在转嫁消费者负担时，发生税负不公平的差别待遇。

10. 实质课税原则是通过课税要件事实的认定，将当事人因为规避税捐而迂回采取的法律形式，类推适用于税法规定之与经济事实相当的法律形式之税捐负担效果。

11. 中国台湾地区修正“税法”公布后，对于民众不利，则就修正之前已经发生，但尚未终结之事实关系，倘亦加以适用，将损害民众信赖保护至巨时，则除“法律”另有特别的过渡期间规定外，仍应适用之。

12. 在理论上，有关加值型营业税所漏税额之计算，如果不准纳税义务人嗣后补报扣抵进项税额时，则将虚增纳税人之当期“客观应纳税额”，且实质上可能变成仅以当期“销项税额”作为所漏税额，进行处罚计算基础，不符“加值型”之制度精神，有违实质课税原则与量能课税原则。

13. 财产税捐的课征，固然是侵犯民众的财产权的行为，但仍有其界限，即其税捐负担，乃是针对其可能的应有收益课税，如果不可归责于纳税人，毫无收益时，则应有减免税捐之机制。

14. 释字第 620 号解释中国台湾地区“民法”第 1030 条之 1（1986 年 6 月 3 日修正公布）明定联合财产关系消灭时，夫或妻之剩余财产差额分配请求权,可以适用到 1986 年 6 月 4 日修正生效之前所取得之财产,乃是采取不真正溯及既往之理论,而不顾及一方配偶可能产生信赖损失,其法理基础主要考虑男女平等及婚姻家庭之保障之精神。

15. 税捐原则上是供统收统支用途,以满足一般公共任务用途之财政需要为目的;而目的税则应专款专用,此种目的税的缴纳义务人与该公共任务之行政目的间,应具有紧密的连结关系,以受益者负担原则处理。

16. 规费的征收原则,原则上应采费用填补原则或等价原则,原则上以回收行政服务之成本费用或与提供行政服务之价值相当,即为已足。

17. 纳税人所选择的法律形式,是否滥用,而构成税捐规避行为,应考虑其有无合理的经济上理由或其他正当理由。

18. 税法上类型化观察法应取向于通常平均的类型情形,以符合量能课税的精神,原则上并应采取推定作用,对于特殊例外情形,容许举证推翻,或给予特别调整的机制,以实现个别案件正义。

19. 税法规定的法律漏洞补充,如果对于民众有利,为了贯彻制定目的,并实现公平原则,自应被许。但应注意避免创设或加重民众的税捐负担,以免民众产生无法预测的损害。

20. 如果营业人与交易相对人约定买卖价金之外,营业税由买受人负担,则其约定本于私法自治精神,在税法上也应加以尊重,故在税法上营业税纳税义务人即配合变更为买受人。

21. 夫妻合并申报课税,如因适用累进税率而加重税捐负担时,构成对于婚姻之惩罚,违反平等权以及婚姻及家庭制度保障。

22. 税法上课税应注意征纳双方利益均衡,避免危害产业经济活动之正常发展,以使中国台湾地区及民众均能永续发展。

23. 税捐优惠应以实现促进公共利益为目的(社会政策目的),并符合比例原则及平等原则。

二、选择题

1. 下列何者不适用于特别公课?

A. 限定其特定用途

B. 对于与公课目的有特定关系之民众所课征

C. 纳入财政作为统收统支之款项

2. “地方税”制定权之划分，应考虑：

A. 民众生活条件之统一性

B. 经济秩序及法律交易秩序之统一性

C. 中国台湾地区及各地自治团体之利益均衡

D. 以上均是

3. 2009 年 5 月 27 日修正公布中国台湾地区“税捐稽征法”第 12 条之 1 规定实质课税原则有下列适用情形：

A. 涉及租税事项之“法律”，其解释应本于租税法律主义之精神，依各该制定目的，衡酌经济上之意义及实质课税之公平原则为之

B. 税捐稽征机关认定课征租税之构成要件事实时，应以实质经济事实关系及其所生实质经济利益之归属与享有为依据

C. 以上均是

4. 如果台湾当局“法律”对于各地课予法定的义务负担时，则应给与

A. 各地参与决策机会

B. 同时有填补其所需相关费用的规定（筹措财源义务）

C. 以上均是

5. 有关事实认定基准的“行政令函”，例如，中国台湾地区财政事务主管部门公布律师、会计师的费用标准为 30%

A. 此项“令函”乃是主管机关公布之行政规则，“行政法院”及民众均不受其拘束

B. 此种类型化只具有“推定”的作用，纳税义务人可以提出“反证”推翻之

C. 以上均是

6. 法律漏洞的补充，如果创设民众的税捐负担，则

A. 妨害纳税人的预测可能性，使其遭受不测的损害

B. 违背税捐法定主义

C. 以上均是

7. 解释法律应考虑情理法，注意通情达理，并进行利益衡量，兼顾下

列因素，以实现社会正义：

A. 当事人利益

B. 利害关系人利益

C. 社会大众的公共利益

D. 稽征机关行政效能

E. 纳税人之守法成本

F. 以上均是

8. 有关税法上信赖保护原则，下列叙述何者正确？

A. 释字第 287 号解释对于税法上信赖保护以行政处分是否确定为准，而非以经济活动之信赖为准，仍有不足

B. 释字第 525 号解释已经注意到解释令函之变更，如对于民众不利，宜有过渡期间，以考虑民众信赖保护

C. 中国台湾地区“税捐稽征法”第 1 条之 1 已经修正落实释字第 525 号解释意旨

D. 以上均是

9. 假设中国台湾地区“遗产及赠与税法”有关遗产税之课税规定，于 2008 年 10 月 1 日修正公布，已从税率 50% 降低至 10%，某甲之父于 2005 年死亡，未曾于规定申报税捐期间 6 个月内申报遗产税，涉嫌逃漏遗产税，稽征机关于 2007 年查获补税处罚，经某甲提起行政救济，目前仍在处理中，则

A. 应仍依旧“法”课税

B. 改依新“法”从轻课税

C. 视情况而定

10. 类推适用的前提，是两个案件类型有类似性，是否性质类似的判断标准：

A. 法规的制定目的

B. 平等原则

C. 法律的体系

11. 下列何者，可作为税法上目的性限缩依据？

A. 基于应予限缩的规范本身的意旨及目的

B. 事物之本质

C. 基于对于某特定的案件类型应优先适用的法律原则(如诚实信用原则或比例原则等)

D. 基于另一规范的较优越的目的,否则将无法达成该目的

E. 以上均是

12. 体系化的思考,有助于了解税法的整体规范的关联性,下列何者为是:

A. 利用抽象概念建立外部体系

B. 利用法律上的构造类型建立外部体系利用各项法律原则建立内部体系

C. 以上均是

13. 某甲在住宅区违规营业

A. 依法行政机关应予取缔,故在税法上应统一处理,不予课税,以免违章行为合"法"化

B. 依实质课税原则,既然有销售货物或劳务的营业行为,应予课税,以维公平原则

C. 由稽征机关行政裁量决定

14. 中国台湾地区境内公司利用境外租税天堂国家或地区设立纸上公司,再来中国台湾地区投资,减少税捐负担,此种做法

A. 属于合"法"节税规划,不予补税处罚

B. 属于违"法"逃漏税,应予补税处罚

C. 属于税捐规避,如果在申报税捐时有适当揭露相关事实关系,并未隐匿税捐规划之事实时,原则上应调整补税而不罚

15. 实质课税原则的适用:

A. 不得违反税捐法定主义,实务上认为毋庸有法律依据,即可适用

B. 无论有利于或不利于纳税人均应一体适用

C. 以上均是

16. 小偷某甲偷鸡一只,也蚀把米,其税法上之处理:

A. 违规不法行为所生收入应纳入所得课税,因获得违规收入之费用支出(一把米),原则上亦可纳入扣除,以符量能课税

B. 如被罚金新台币 3 万元,则不准作为费用扣除

C. 以上均是

17. 中国台湾地区“税捐稽征法”第 48 条之 3 规定从新从轻原则,对于罚锾的处罚,其适用时点最长及于:

A. 行政处分时

B. 诉愿决定时

C. “行政法院”判决时

18. 中国台湾地区“税捐稽征法”第 1 条之 1 规定中国台湾地区财政事务主管部门解释函令之效力,如新令函系变更以前解释,对于纳税人更不利时,则新令函

A. 除确定案件外,应追溯既往自“法规”生效日有其适用

B. 原则上向将来生效,不溯既往

C. 由主管机关决定

19. 法律条文的解释,应注意制定当时的背景,尤其是制定者当时的构想目的,避免与之抵触,此乃遵守民主原则的表现,其解释方法为:

A. 体系解释

B. 历史的解释

C. 目的解释

20. 国际租税协议有关课税方式规定,相对于境内“税法”规定:

A. 属于特别法,应优先适用租税协议规定

B. 租税协议位阶较境内“税法”规定为低,因此仍应优先适用境内“税法”规定

C. 以上均是

三、问答题

请从实质课税原则观点,请附记理由说明下述问题:

1. 在借牌营业的情形,其营业行为应归属于出名营业人课税或其幕后借用牌照之人课税? 无效法律行为,实际上当成有效执行时;或者有效法律行为,实际上并未被执行时;在“税法”上均应以何者为准? 税捐规

避行为在税法上应如何处理较为妥当?

2. 请问中国台湾地区“税捐稽征法”第1条之1规定,有关中国台湾地区财政事务主管部门公布之解释令函变更,如果对于纳税义务人不利,应自何时开始生效适用?理由为何?如果中国台湾地区财政事务主管部门有关于税务违章案件之裁罚基准变更时,稽征机关对于过去已经查获违章案件,而目前处理裁罚时,应适用修正前之裁罚基准或新裁罚基准?理由为何?

3. 税法解释适用所应考虑之因素为何?

4. 如果解释法规应当参照议事记录所登载制定理由说明,其代表意义为何?如果解释法规应采取目的解释方法,何为目的解释?如果文字意义超越制定目的时,可以如何解释适用以实现制定目的?在哪些情况可以类推适用?解释适用结果的最佳状态为何?

附录二　税法总论考试参考试题

答题注意事项：标准答案以教科书内容与上课说明为准。

选择题为单选题。

一、是非题

1. 公司会计等员工共同帮助公司逃漏税捐，除公司因监督疏失而应受处罚漏税罚锾外，如果公司负责人在选任监督员工执行报税业务上，也有故意或重大过失时，依据中国台湾地区“行政罚法”规定，原则上也应处罚公司负责人，但最高罚锾金额，原则上不得超过新台币100万元。

2. 公司清算人违反义务未将公司剩余财产新台币50万元清偿公司欠税新台币100万元，而分配剩余财产与股东时，其赔缴责任范围应为新台币100万元。

3. 公司负责人依规定不必负担连带缴纳公司欠税的责任，但如果欠税金额新台币50万元而被行政执行处限制出境处置时，则依据现行最新实务见解，该负责人如有不服，仅能依据中国台湾地区“行政执行法”声明异议，不得提起诉愿及行政诉讼。

4. 在公司欠税之强制执行程序中,公司法人在执行官面前于担保书上签名承诺如果公司无法缴清欠税时同意负责缴纳,则公司如不履行清偿责任时,执行处得以公司负责人之财产强制执行。

5. 买卖土地契约当事人一方因诈欺胁迫,经他方依规定撤销意思表示并回复原状时,则为尊重民事法律秩序,可溯及既往消灭因该买卖土地移转所有权所发生之土地增值税之税捐债务。

6. 中国台湾地区"大法官"释字第 622 号解释认为:被继承人生前欠税,继承人仅就遗产范围内负担缴纳义务,不得适用中国台湾地区"民法"继承规定负担继承欠税之责任。

7. 在 2006 年 2 月 5 日中国台湾地区"行政罚法"施行后,在税务违章案件之处罚上,除中国台湾地区"税法"另有规定外,亦应适用之。但中国台湾地区"税捐稽征法"为特别法应优先适用。

8. 稽征机关在查核遗产税未偿债务是否存在时,应依据职权认定课税要件事实,但当然亦应受普通法院刑事确定判决所确认私法上债务之拘束。

9. 税法上,亦可类推适用民事规定,承认免责的税捐债务承担,故买卖契约约定,出卖人土地增值税由买受人负担,此时土地增值税的纳税义务人即由出卖人转换为买受人。

10. 在课税处分经"行政法院"判决维持确定之后,于法理上如事后稽征机关发现新事实证据,足以认定原处分确有错误时,参照院字第 1557 号解释精神,稽征机关仍得依据中国台湾地区"行政程序法"第 117 条或第 128 条等规定撤销或变更原处分,而不受判决既判力之限制。

11. 稽征机关在税捐债权成立之后,为行使税捐债权,应作成核定税捐之课税处分,此一核课期间,在实体法上具有请求权行使之时效期间性质。

12. 税法上欠税征收期间为 5 年,如移送强制执行无效果而发给债权凭证时,其时效中断,重新起算 5 年。

13. 纳税义务人申请阅览稽征机关依据职权所调查的课税资料,如是属于其主张或维护其法律上利益所必要者,原则上不得拒绝。

14. 释字第 275 号解释,对于行政秩序罚案件,有关行为罚部分,采取推定过失，则在 2006 年 2 月 5 日中国台湾地区“行政罚法”施行之后，有关“税法”上行为罚，仍应继续推定过失。

15. 行政救济程序是为保障民众权利所设置之制度，行政机关并非民众，因此，行政机关如果涉及逃漏税而被捕征税捐及处罚时，如有不服，只能申请共同上级机关与稽征机关协调解决，不得提起诉愿及行政诉讼。

16. 依实务见解，课税处分未经提起复查行政救济维持者，仍可以适用“法令”错误或计算错误为由，依据中国台湾地区“税捐稽征法”第 28 条规定申请退税。

17. 税捐机关认定课税事实的存在与否，除中国台湾地区“法律”另有规定外，可以适用法定证据主义，由中国台湾地区财政事务主管部门统一规定认定事实所必须举出之证据。

18. 课税资料应予保密，故债权人纵经取得民事确定判决，也不能申请阅览纳税义务人之财产所得资料。

19. 地政机关因为测量错误，而溢算土地面积而溢缴地价税，嗣后发现错误，纳税人可以依据中国台湾地区“税捐稽征法”第 28 条规定申请退税。

20. 稽征程序的内在价值，包括稽征程序的公正性与效率价值。有关稽征程序过程的公正与结果的公正应相互兼顾，不可偏废。

21. 纳税是民众的义务，并不是权利，因此，被继承人生前遗留许多遗产土地，继承人虽然急着缴纳遗产税以便办理继承登记，但纳税义务人对于稽征机关就遗产税课税处分之作成，仍无法律上请求权。

22. 中国台湾地区“税捐稽征法”于 2010 年 1 月 6 日修正公布增订纳税义务人权利保护专章，其中规定中国台湾地区财政事务主管部门依本“法”或“税法”所发布之“法规命令”及行政规则，不得增加或减免纳税义务人“法”定之纳税义务。

23. 依据中国台湾地区“行政罚法”规定，帮助犯及教唆犯，除有特别规定外，并未纳入秩序罚之处罚范围。

24. 逃漏税案件，如果已经被人向“调查局”检举有案，正在调查中，则为免被处罚，仍得依据中国台湾地区“税捐稽征法”第 48 条之 1 规定自动报缴免罚。

25. 律师、会计师如果协助纳税人逃漏税捐，并代理税捐申报，参与实施逃漏税捐之行为时,则依中国台湾地区“行政罚法”第 14 条第 2 项规定,仍得以共同正犯被处科处漏税罚。

26. 中国台湾地区实务上认为故意以诈术或其他不正当方法逃漏税捐,包括单纯短漏报税捐以及未申报税捐而短漏税捐之行为。

27. “行政法院”对于税捐债务存在与否之证据证明程度,原则上应以原则的证明程度为准。但纳税义务人违反协力义务时,得减轻稽征机关之证明程度。

28. 客观的举证责任,可采取规范有利说立场,主张对于自己有利之法规规定者,原则上应就该规定之前提要件事实负担举证责任。

二、选择题

1. 依“大法官”释字第 368 号解释,“行政法院”判决撤销原处分时,就其中哪一既判事项,原处分机关应受拘束?

A. 法律见解

B. 事实认定

C. 以上均是

2. 稽征机关对于逃漏税案件科处巨额漏税罚锾,不在纳税义务人原先申报税捐范围

A. 依据中国台湾地区“行政程序法”规定,毋庸事先给予受处分者表示意见的机会

B. 应符合中国台湾地区“行政程序法”所规定的比例原则与平等原则

C. 以上均是

3. 有关农业所得,纳税人如未保存有关成本费用之资料,实务上对于其成本费用之推计

A. 按照收入之 100% 计算,实质上给与免税

B. 按照收入之 30% 计算,按照七成计算所得

C. 以上均非

4. 公司若逃漏税捐,公司挂名负责人应否负法律责任?

A. 负逃漏税罪责任

B. 负赔缴责任(实务见解)

C. 以上均非

5. 税法的秩序罚,理论上应能够剥夺违规者的不法利益,以免其继续违规。在公司故意违规的情形,公司负责人如因自己违规执行职务或疏于监督,而有故意或重大过失时

A. 依据中国台湾地区“行政罚法”规定应同时处罚公司负责人

B. 但原则上处罚最高金额以新台币 100 万元为限

C. 以上均是

6. 税务违章行为,就主观责任要件方面

A. 纳税人对于不谙税务法令之税捐事务,应有咨询税务专家之一般客观注意义务

B. 纳税人对于受雇人或所委托之代理人应有选任监督之一般客观注意义务

C. 如果纳税人违反一般客观的注意义务,又按照纳税人个人之主观的经验知识,应认为有注意能力,而不注意时,即可认为有过失

D. 以上均是

7. 税务违章行为,就下列哪一情形,可认为有正当理由,并无过失:

A. 善意信赖合格的税务专家的咨询意见

B. 善意信赖中国台湾地区财政事务主管部门相关解释令函

C. 在申报税捐时,已经诚实揭露说明相关课税有关之事实关系

D. 以上均是

8. 纳税人对于课税处分依法申请复查,稽征机关迟延不处理

A. 纳税人径行提起诉愿后,稽征机关方始作成决定驳回复查申请

B. 此时纳税人仅能撤回原先之诉愿,重新对于复查决定提起诉愿

9. 课税处分如合“法”但显然不当(过于严苛)时,依规定可如何处理?

A. 仍应依法征收税捐

B. 可依中国台湾地区“税捐稽征法”第 40 条规定报经中国台湾地区行政事务主管部门核准后,停止执行,以实现个别案件正义

C. 只能由制定者修正解决

D. 现行规定别无救济之途

10. 一般税捐优先权,应优先于

A. 抵押权

B. 普通债权

C. 工资优先权

11. 中国台湾地区行政事务主管部门对于纳税义务人某甲以其欠税金额达“法”定限制出境金额以上,而通知中国台湾地区“入出境及移民署”对于某甲为限制出境之处分,副本通知某甲。对此某甲应如何救济?

A. 应等到中国台湾地区“入出境及移民署”对于某甲为限制出境之处分时,才能提起诉愿及行政诉讼

B. 可以缴清税款或提供相当担保以解除出境限制

C. 此为保全措施,现行规定尚无救济之途

12. 对于欠税执行,如有不服,应如何救济?

A. 可对于本税的课税处分依法提出行政救济,并申请暂时停止本税的强制执行

B. 如果事后有妨碍执行的事由,可对于稽征机关提起债务人异议之诉

C. 以上均是

13. 推计课税的指导原则

A. 力求客观合理

B. 使与纳税人之实际所得额相当

C. 以维税捐公平原则

D. 以上均是

14. 下列哪一种同业利润标准最客观合理?

A. 同一地区类似同业者之同业利润标准

B. 中国台湾地区同业利润标准

C. 同一地区同业利润标准

15. 就同一漏税目的行为,其准备行为与漏税行为分别触犯税法规定,理论上行为罚与漏税罚应如何处理?

A. 两者并罚

B. 原则上择一从重处罚

C. 以上皆非

16. 稽征机关依据中国台湾地区“银行存款法”对于纳税义务人推计课税并补征所得税之后，就处罚部分，下列叙述何者正确？

A. 可以续行推计处罚

B. 可就补征税款认定为逃漏税金额，再依据中国台湾地区“所得税法”第110条规定处罚一倍之逃漏税罚锾

C. 仍应从严认定逃漏税金额，才能科处逃漏税捐罪之刑罚

17. 纳税义务人为主张自己之权益，并避免被认定违章，可以在申报税捐时，检附说明书诚实的说明有关事实及所持见解。此时，如稽征机关所持见解与纳税义务人不同而有应补征税捐时

A. 仍可调整补税

B. 原则上应予免罚

C. 以上均是

18. 纳税人违反协力义务，拒不提示账证，除得科处罚锾外，可如何处理？

A. 径行强制执行，使稽征机关的调查义务限缩，减轻其证明程度，甚至可进行推计课税

B. 举证责任转换

C. 虽无法律规定依据，也应使其发生失权效果

19. 纳税人提供之纳税资料

A. 稽征机关负有保密义务，原则上不得作为追诉其犯罪之证据

B. 保密义务优先于告发义务

C. 以上均是

20. 依中国台湾地区“税捐稽征法”第28条规定，以适用“法令”错误或计算错误为由，申请退税，下列叙述何者正确？

A. 在原来有作成课税处分而确定的情形，可提起课予义务诉愿及课予义务之行政诉讼，请求作成核定退税之处分

B. 如果课税处分所依据之解释令函，被“大法官”宣告违反台湾地区宪制性规定应不予适用，原先所违反规定征收之税款，理论上得以适用“法令”错误为由，请求退税

C. 以上均是

21. 现行中国台湾地区财政事务主管部门所订定之税务违章案件之裁罚基准(罚税务违章案件裁罚金额及倍数参考表),下列何者为是?

A. 性质上属于行政规则,具有拘束稽征机关内部效力

B. 如果处罚处分依据该裁罚基准处罚,但漏未斟酌中国台湾地区“行政罚法”第 18 条规定裁罚应考虑之因素

C. “行政法院”也不得加以审查其合法性

D. 以上均是

22. 中国台湾地区“大法官”解释如果宣告“税法”之解释令函违法违反中国台湾地区宪制性规定,而未同时规定其失效之日期时,则理论上下列何者为是?

A. 应属自始违“法”无效,对于尚未确定之案件,稽征机关及“行政法院”均应依据新的解释处理

B. 对于已经行政处分确定,但尚未经“行政法院”确定判决之案件,纳税义务人应得依据中国台湾地区“税捐稽征法”第 28 条规定请求退税

C. 以上均是

23. 课税处分之违法判断基准时。下列何者为非?

A. 在通常情形下,应以课税要件实现时之法规为准

B. 在课税处分之后,于诉讼程序进行中,如果发生溯及生效之事由,依据判决时说,仍可加以斟酌

C. 在课税处分之后,如果发生溯及生效之事由,依据处分时说,不得加以斟酌,虽然纳税人求诉无门,也是法律漏洞之缺失

D. 以上均是

24. 为追求个别案件正义之实现,如果“税法”规定适用结果,于特殊个案显失公平,过于严苛时

A. 则理论上可依据中国台湾地区“税捐稽征法”第 40 条给与停止执行之救济

B. 现行规定毫无救济之途,仅能通过修正解决

C. 以上均是

图书在版编目(CIP)数据

税法总论 / 陈清秀著. -- 北京 : 法律出版社，2019
(法律文明史研究院文库 / 何勤华主编)
ISBN 978 - 7 - 5197 - 3719 - 1

Ⅰ. ①税… Ⅱ. ①陈… Ⅲ. ①税法 - 法的理论 - 中国 Ⅳ. ①D922.220.1

中国版本图书馆 CIP 数据核字(2019)第 175838 号

税法总论
SHUIFA ZONGLUN

陈清秀 著

策划编辑 沈小英
责任编辑 陈 妮
装帧设计 李 瞻

出版 法律出版社
总发行 中国法律图书有限公司
经销 新华书店
印刷 中煤(北京)印务有限公司
责任校对 马 丽
责任印制 吕亚莉

编辑统筹 法治与经济出版分社
开本 710 毫米 × 1000 毫米 1/16
印张 55
字数 810 千
版本 2019 年 9 月第 1 版
印次 2019 年 9 月第 1 次印刷

法律出版社 / 北京市丰台区莲花池西里 7 号(100073)
网址 / www.lawpress.com.cn
投稿邮箱 / info@lawpress.com.cn
举报维权邮箱 / jbwq@lawpress.com.cn
销售热线 / 400 - 660 - 8393
咨询电话 / 010 - 63939796

中国法律图书有限公司 / 北京市丰台区莲花池西里 7 号(100073)
全国各地中法图分、子公司销售电话：
统一销售客服 / 400 - 660 - 8393/6393
第一法律书店 / 010 - 83938432/8433　西安分公司 / 029 - 85330678　重庆分公司 / 023 - 67453036
上海分公司 / 021 - 62071639/1636　深圳分公司 / 0755 - 83072995

书号：ISBN 978 - 7 - 5197 - 3719 - 1　**定价**：196.00 元
(如有缺页或倒装，中国法律图书有限公司负责退换)